Réflexe

BTS AG PME-PMI

ASSISTANT DE GESTION PME-PMI

W0393670

Toutes les matières

ÉCONOMIE - DROIT
Pascal BESSON (Économie)
Laurence GARNIER (Droit)
Bernard MALO (Économie)

MANAGEMENT DES ENTREPRISES
Marie-José CHACON
Patrice GILLET
Anne-Gaëlle SAÏAH

ACTIVITÉS 1 ET 2
Xavier LE VEN (A1)
Dominique SICARD-LOTTICI (A1 et A2)

ACTIVITÉS 4, 5.3 ET 7.1
Anne CAPO (A7.1)
Madeleine DOUSSY (A4 et A5.3)
Marianne GREFFE-GUIMARD (A4)

ACTIVITÉ 8
Madeleine DOUSSY
Xavier LE VEN

ACTIVITÉS 3, 5.1 ET 5.2
Madeleine DOUSSY (A3)
Éric TACCONE (A5.1 et A5.2)

ACTIVITÉS 6 ET 7.2 À 7.5
Madeleine DOUSSY (A6 et A7.2 à A7.5)
Xavier LE VEN (A6)
Marianne GREFFE-GUIMARD (A6 et A7.2 à A7.5)
Éric TACCONE (A6 et A7.2 à A7.5)

FRANÇAIS - ANGLAIS
Yannick ARTIGNAN (Français)
Charlotte BERHEIM (Anglais)

Nathan

Matières enseignées donnant lieu à une épreuve obligatoire du BTS AG PME-PMI

Matières	Nom et coefficient de l'épreuve	Voie scolaire dans un établissement public ou privé sous contrat, CFA ou section d'apprentissage habilité Formation professionnelle continue dans les établissements publics habilités	Formation professionnelle continue dans les établissements publics habilités	Voie scolaire dans un établissement privé, CFA ou section d'apprentissage non habilité Formation professionnelle continue dans les établissements publics non habilités ou en établissement privé Enseignement à distance Candidats justifiant de 3 ans d'expérience professionnelle
		Type et durée	Type et durée	Type et durée
Économie Droit	E3.1 Économie Droit **2**	Écrite **2 heures**	CCF 2 situations d'évaluation	Écrite **2 heures**
Management des entreprises	E3.2 Management des entreprises **1**	Écrite **3 heures**	CCF 2 situations d'évaluation	Écrite **3 heures**
Communication et relations avec les acteurs internes et externes	E4.1 Gestion des relations avec les clients et les fournisseurs **4**	CCF 1 situation d'évaluation	CCF 1 situation d'évaluation	Orale et pratique **30 minutes + 30 minutes***
	E4.2 Communication professionnelle **4**	CCF 3 situations d'évaluation	CCF 3 situations d'évaluation	Orale **40 minutes + 20 minutes***
Organisation et gestion de la PME	E5 Organisation et gestion de la PME **5**	Écrite **4 heures**	Écrite **4 heures**	Écrite **4 heures**
Pérennisation et développement de la PME	E6.1 Analyse du système d'information et des risques informatiques **2**	CCF 1 situation d'évaluation	CCF 1 situation d'évaluation	Orale et pratique **20 minutes + 20 minutes***
	E6.2 Projet de développement de la PME **5**	Orale **30 minutes**	Orale **30 minutes**	Orale **30 minutes**
Français	E1 Culture générale et expression **6**	Écrite **4 heures**	CCF 3 situations d'évaluation	Écrite **4 heures**
Langue vivante 1	E2.1 : – Compréhension de l'écrit et expression écrite – Production orale en continu et interaction **4**	Écrite **2 heures** Orale **20 minutes + 20 minutes***	CCF 2 situations d'évaluation	Écrite **2 heures** Orale **20 minutes**
	E2.2 Compréhension de l'orale **2**	CCF 1 situation d'évaluation	CCF 1 situation d'évaluation	Orale 20 à 25 minutes
Langue vivante 2	EF1 Langue vivante étrangère 2 (1)	Orale	Orale **20 minutes + 20 minutes***	Orale **20 minutes + 20 minutes***

** Temps de préparation*

(1) La langue vivante étrangère choisie au titre de l'épreuve facultative est obligatoirement différente de celle choisie au titre de l'épreuve obligatoire. Seuls les points au-dessus de la moyenne sont pris en compte.

Édition : M. Hubert – Cl. Léon-Darras – S. Zylberberg
Coordination artistique : I. Jalfre
Fabrication : M. Pauliat
Conception intérieure : T. Méléard
Conception de la couverture : E. Audureau/D. Mourain
Mise en pages : JPM

ISBN : 978-2-09-161426-7

SOMMAIRE

Matières technologiques

ÉCONOMIE – DROIT
MANAGEMENT DES ENTREPRISES
ACTIVITÉS 1 ET 2
ACTIVITÉS 4, 5.3 ET 7.1

1 LE FONCTIONNEMENT DU MARCHÉ

Le marché est au centre du fonctionnement de notre système économique. Sa fonction est d'organiser le mieux possible les échanges. Des règles sont mises en place pour qu'il fonctionne le plus efficacement possible.

1 La fonction du marché

1. L'organisation des échanges

a) La définition du marché

Tout bien ou service qui ne peut pas être obtenu librement dans la nature fait l'objet d'un échange sur le marché. Le marché des produits est le lieu de la rencontre réelle (exemple : marché alimentaire traditionnel) ou fictive (exemple : site Internet marchand) de l'offre et de la demande d'un bien ou d'un service. Il y a marché chaque fois qu'il y a échange.

b) Les participants au marché

Les offreurs (vendeurs) et les demandeurs (acheteurs) qui souhaitent échanger se manifestent sur le marché. L'objectif des offreurs est de vendre à un prix qui dégage un bénéfice aussi élevé que possible. Celui des demandeurs est d'acquérir des produits destinés à satisfaire leurs besoins à un prix compatible avec leur revenu.

c) La recherche de l'efficacité

L'organisation de la vie quotidienne rend impossible la production par un individu de tous les biens nécessaires à la satisfaction de ses besoins. Le recours à l'échange lui permet de se procurer les biens et les services fabriqués par d'autres individus spécialisés à un prix accessible pour une qualité acceptée.

2. Les différents types de marchés

L'observation de la nature des échanges permet de distinguer trois types de marchés : des biens et services, du travail, du capital.

a) Le marché des biens et services

Le marché des biens et services est le marché sur lequel s'échangent les biens et services marchands qui regroupent tous les biens matériels et immatériels destinés à la vente.
Les biens marchands sont des marchandises. Les services marchands sont vendus par les entreprises. Les services non marchands sont fournis par les administrations et les associations.

b) Le marché du travail

Le marché du travail est le lieu de confrontation de la demande de travail émanant des employeurs (offres d'emplois) et de l'offre de travail formulée par les individus (demandes d'emplois). La rencontre aboutit à la détermination du salaire qui représente le prix du travail.

c) Le marché des capitaux

Le marché des capitaux est le lieu de rencontre des agents qui disposent d'une épargne disponible (agents à capacité de financement) avec les agents qui souhaitent emprunter (agents à besoin de financement).

2 Les principes de fonctionnement

1. L'économie de marché

L'économie de marché est le système économique d'échange le plus répandu aujourd'hui dans le monde. Il repose sur les lois du marché, principalement celle de l'offre et de la demande, dans un environnement concurrentiel. Il s'accompagne le plus souvent d'une certaine forme de régulation par l'autorité publique.

2. La concurrence

La concurrence traduit la rivalité entre les acteurs qui ont pour objectif d'obtenir le plus grand avantage possible. L'existence d'une concurrence constitue le meilleur argument en faveur de l'efficacité de l'économie de marché.
La concurrence libre signifie avant tout la liberté de produire, de vendre ou d'acheter un produit pour chaque participant dans le respect des règles.
Le non-respect des règles de concurrence entraîne des dysfonctionnements qui réduisent l'efficacité du marché. Les principaux sont : l'abus de position dominante, les ententes entre intervenants sur le marché et la concurrence déloyale.

3. Les garanties pour les intervenants

Les règles du marché garantissent le libre accès des participants au marché et contribuent de ce fait à l'efficacité économique de l'économie de marché. Le cas échéant, le cadre juridique du marché est imposé par les tribunaux aux acteurs du marché récalcitrants.

a) L'accès à l'information

Acheteurs et vendeurs doivent disposer en temps utile des bonnes informations pour intervenir de façon bénéfique dans l'échange. Dans le cas contraire, la concurrence est faussée, on dit qu'elle devient imparfaite. L'accès inégal à l'information entre les différents participants constitue un manque de transparence qui porte atteinte à la crédibilité de tous les participants et nuit à l'efficacité du marché.

EXEMPLE

L'étiquetage obligatoire des produits garantit que les consommateurs disposent d'une information complète sur le produit, afin de protéger leur santé et leurs intérêts.

b) La garantie de bonne exécution des contrats

L'échange repose sur l'existence d'un contrat, écrit ou non, posant les droits et les obligations de chacun. La garantie de bonne exécution des contrats est centrale dans l'échange car la multiplication des défauts d'exécution aboutirait très vite à une perte de confiance dans le marché et à une diminution des transactions.

c) La confiance mutuelle entre les participants

L'échange est basé sur la confiance entre celui qui vend et celui qui achète. Les règles du commerce se sont longtemps transmises oralement : elles reposaient sur la réputation de chacun des acteurs. Aujourd'hui, cette confiance est renforcée par l'existence de garanties qui accompagnent la vente du produit.

2 LE PRIX ET LES DÉCISIONS DES AGENTS ÉCONOMIQUES

La fixation d'un prix est le principal résultat de la confrontation d'une offre et d'une demande sur un marché. Une fois établi, le prix va influencer la décision des agents de produire ou d'acheter, d'investir ou d'épargner.

1 La détermination du prix

1. La fixation du prix de marché

a) La loi de l'offre et de la demande

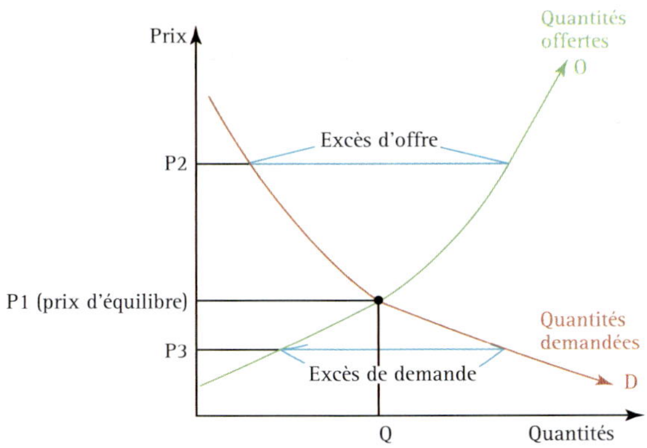

Un prix de marché se fixe au moment de la rencontre entre l'offre et la demande. La loi de l'offre et de la demande désigne le mécanisme selon lequel le prix diminue lorsque l'offre est supérieure à la demande et augmente lorsque la demande est supérieure à l'offre. Cela induit un rééquilibrage jusqu'à un prix, le prix d'équilibre, pour lequel l'offre et la demande s'égalisent.

b) Le prix, indicateur de rareté

Plus un bien est rare et plus l'offre de ce bien est faible. Si la demande est inchangée, le prix va alors augmenter. Si par contre le bien est en quantité excessive compte tenu des besoins à un moment donné, le prix peut baisser de façon importante. Le prix exprime ainsi la rareté des ressources disponibles.

2. La fixation des prix selon la nature du marché

a) Le marché concurrentiel

Sur un marché concurrentiel, le nombre de vendeurs et d'acheteurs est tel qu'aucun des intervenants ne peut influencer le prix pratiqué. Le prix du marché est une donnée préétablie qui ne se négocie pas.

b) Le monopole

L'entreprise en situation de monopole fixe elle-même son prix tout en tenant compte de la demande. Pour un même niveau de profit, elle arbitre entre produire une grande quantité de produits vendus à un prix faible ou une petite quantité vendue à un prix élevé.

c) L'oligopole

L'oligopole correspond à une situation dans laquelle l'offre est constituée de quelques entreprises confrontées à un grand nombre de demandeurs. Deux stratégies sont possibles pour les entreprises :

- l'affrontement avec les concurrents, en particulier sur la variable prix ;
- l'entente sur les prix ou sur le partage du marché.

EXEMPLE

Le marché des opérateurs de téléphonie mobile.

2 Le rôle du prix dans les décisions des agents

1. La décision de consommer

Pour les consommateurs, les prix transmettent des informations qui entraînent ou non leur décision d'achat. Le prix influence les décisions des ménages, qui vont adapter leur niveau de consommation aux prix. Ainsi, la baisse du prix d'un bien est favorable à l'achat d'une plus grande quantité de ce bien.

2. La décision de produire

L'augmentation du prix d'un bien indique aux producteurs une situation de rareté relative. Elle peut alors inciter à produire davantage ou à entrer sur le marché pour les nouveaux producteurs.

D'une façon générale, les offreurs se positionnent sur la production d'un bien ou d'un service en fonction du prix du marché pour obtenir une rentabilité suffisante. Dans le cas où aucune entreprise n'est intéressée, il revient aux pouvoirs publics de juger de l'opportunité de compenser la défaillance du marché.

Les prix influencent également le choix d'une combinaison productive qui utilise les facteurs de production les moins chers.

3. Les décisions à long terme

a) L'arbitrage

Les décisions des ménages et des entreprises, en particulier en matière d'épargne et d'investissement, se basent sur la prise en compte des avantages et des risques pour chacun des choix possibles.

Ils procèdent à des prévisions qui intègrent les éléments de prix ou de coût, de rentabilité et de risques. L'arbitrage consiste à choisir la décision optimale qui concilie prise de risque, coût et rentabilité.

b) L'anticipation

Plus l'échange porte sur une valeur élevée, plus les agents sont sensibles à l'incertitude de l'évolution des prix. En fonction des anticipations qu'ils effectuent sur cette évolution, ils avancent ou retardent l'achat ou la vente.

EXEMPLE

Malgré la chute de 40 % du nombre de transactions immobilières à Paris, la baisse des prix des biens immobiliers est minime. D'une part, les acheteurs réservent leur achat en attendant une baisse significative. D'autre part, les vendeurs préfèrent retirer leur bien du marché pour attendre des jours meilleurs.

5 L'ÉTAT ET LE FONCTIONNEMENT DU MARCHÉ

➔ L'État intervient de deux façons pour garantir les conditions de fonctionnement des marchés. D'une part, il met en place un cadre institutionnel qui régule la concurrence. D'autre part, il intervient pour corriger les inefficacités du marché.

1 L'existence d'un cadre institutionnel

1. La circulation de l'information

Les consommateurs comme les entreprises prennent souvent des décisions sur la base d'informations incomplètes sur le prix et la qualité des biens mis sur le marché.
L'État agit alors par la loi ou par l'intermédiaire d'une autorité de régulation pour améliorer l'information disponible sur les marchés.

EXEMPLE

L'Autorité des marchés financiers (AMF) veille à ce que l'information diffusée par les sociétés cotées à la Bourse de Paris soit exacte pour protéger les épargnants.

2. Le respect de la concurrence

L'État intervient pour améliorer l'exercice de la concurrence sur les marchés et pour protéger les consommateurs. La réglementation, française et européenne, interdit les pratiques anticoncurrentielles (entente et abus de position dominante), qui ont pour objet ou effet d'éliminer la concurrence. Sont également prohibés la revente à perte, les pratiques discriminatoires ou abusives ou encore le refus de vente entre professionnels.
En France, l'Autorité de la concurrence a comme mission de veiller au respect de la concurrence. Dans le cadre de l'UE, cette mission est attribuée à une direction générale de la Commission européenne à Bruxelles.

EXEMPLE

La législation de l'Union européenne interdit les pratiques commerciales trompeuses et réprime toute publicité mensongère.

2 La correction des inefficacités du marché

1. Les externalités

a) Les externalités négatives et positives

L'externalité est une défaillance du marché et désigne une situation économique dans laquelle un acte de consommation ou de production d'un agent a un effet direct positif ou négatif sur la situation d'un autre agent. Par effet direct, on entend un effet qui ne fait pas l'objet de transaction sur un marché.
L'externalité est négative lorsqu'elle s'accompagne d'un préjudice pour les agents qui la subissent.

EXEMPLE

Une activité industrielle ou agricole qui aboutit à la pollution d'une rivière porte atteinte au bien-être des autres utilisateurs de cette rivière, les pêcheurs par exemple.

L'externalité est positive lorsque ses conséquences sont favorables aux agents économiques qui la reçoivent.

EXEMPLE

L'entretien du paysage par les agriculteurs apporte des avantages à l'ensemble de la société. Mais cela ne fait l'objet ni d'une rémunération, ni d'un échange économique.

Les externalités, négatives et positives, sont ignorées lorsque l'étude des phénomènes économiques se limite à l'observation du marché.

b) L'intervention de l'État

L'intervention de l'État est liée au fait que le marché ne sait pas gérer les externalités.
L'État dispose d'outils pour limiter ou réparer les externalités négatives, par exemple la taxation des pollueurs pour financer le préjudice subi par la population ou la fixation d'une norme de pollution. Cette dernière solution oblige les entreprises à investir dans des dispositifs antipollution coûteux pour atteindre la norme.
L'État peut aussi encourager la production des externalités positives. Comme le marché n'investit pas assez dans les externalités positives, l'État subventionne les activités porteuses d'effets bénéfiques.

EXEMPLE

Le développement des zones de montagnes procure des externalités positives grâce à la valorisation des paysages dont profitent les activités touristiques : location de gîtes, vente de produits locaux...

2. Les biens publics

a) Définition

Les biens publics sont des biens, services ou ressources qui bénéficient à tous. La consommation d'un bien public par un individu n'empêche pas sa consommation par un autre et personne ne peut être exclu de la consommation de ce bien.
Il est impossible d'établir l'avantage que retire chaque membre de la communauté, et de l'obliger à payer pour cet avantage. De plus, il est impossible de priver de cet avantage les personnes qui refusent d'en partager le coût.

EXEMPLES

Même si la plupart des gens attribuent une valeur positive au confort et à la sécurité d'une ville éclairée la nuit, les personnes ou les entreprises privées ne sont aucunement incitées à investir en vue de fournir un tel service d'éclairage. La signalisation routière, les infrastructures de transport constituent d'autres exemples de biens publics.

b) L'intervention de l'État

Lorsque la production d'un bien public est laissée au bon vouloir du secteur privé, il en résulte toujours une sous-estimation de la demande de ce bien, donc une production insuffisante des biens et services correspondants.
Ainsi, peu d'entreprises privées trouvent intérêt à produire un bien dont les ménages profitent gratuitement. Cette situation impose à l'État d'intervenir pour financer les biens publics par l'impôt.

6 L'OUVERTURE DES ÉCONOMIES

L'ouverture des économies est croissante dans le temps. Elle résulte de l'accroissement des flux d'échanges de biens, de services et de capitaux qui sont facilités par la stabilité des devises.

1 La mesure de l'ouverture de l'économie

1. La progression des échanges internationaux

Depuis la fin de la Seconde Guerre mondiale, le volume des échanges commerciaux augmente plus vite que la production mondiale. On observe aussi que leur rythme s'accélère. Le taux de croissance des échanges internationaux était de 4 % dans les années 1970, il est maintenant de l'ordre de 7 %.

2. Le taux d'ouverture de l'économie

C'est le ratio de la production échangée sur la production totale. Au niveau mondial, il s'élève à 25 %. Calculés par secteurs, certains taux sont encore plus importants. Par exemple, dans le secteur de l'électronique, le rapport est de 50 % : 1 bien sur 2 est produit pour l'échange.

3. Les différences selon les pays et les secteurs

a) L'inégale ouverture des pays sur l'extérieur

Les pays ne participent pas de manière égale aux échanges : 22 pays assurent à eux seuls 75 % du commerce mondial. De nombreux pays en développement (notamment d'Afrique) restent encore à l'écart du commerce mondial.

b) Les secteurs abrités ou exposés à la concurrence internationale

Tous les secteurs ne sont pas exposés de la même manière à la concurrence internationale.
L'agriculture est un secteur protégé pour assurer la sécurité alimentaire, l'entretien du milieu naturel, et un revenu aux agriculteurs. Elle bénéficie de soutiens publics. Seulement 10 % de la production agricole mondiale fait l'objet d'échanges internationaux.
Certaines branches industrielles (textile, chimie, automobile, acier, bois, etc.) sont aussi protégées par des tarifs douaniers et sont abritées de la concurrence mondiale.
Les services sont souvent de nature publique (éducation, santé) et échappent à l'échange ; d'autres services sont protégés : secteurs des transports, des télécommunications, du cinéma.

2 L'influence du taux de change

1. Le marché des changes

Les échanges internationaux nécessitent des échanges en devises, le plus souvent en dollars. Le taux de change est le prix d'une monnaie exprimé en une autre monnaie. Le marché des changes est le marché sur lequel s'effectuent les opérations d'achat ou de vente de devises ou monnaies étrangères. Les transactions sur ce marché sont cent fois supérieures à celles des biens et des services.

2. Volatilité des changes et comportement des entreprises

Les variations importantes, qu'on appelle la volatilité des taux de change, provoquent, pour les entreprises, une incertitude quant au chiffre réel des exportations escomptées ou sur le coût réel des matières importées.

EXEMPLE

Pour une compagnie pétrolière fortement importatrice de pétrole brut et exportatrice de pétrole raffiné, la volatilité du cours du dollar provoque une grande incertitude sur le résultat anticipé.

Certains observateurs ont cru aussi remarquer que certaines entreprises européennes délocalisent leur production en zone dollar quand l'euro, par son niveau élevé, pénalise les exportations.

3. Le taux de change et la compétitivité des entreprises

a) La compétitivité en prix

Une monnaie forte renchérit les exportations et favorise les importations. La compétitivité dépend toutefois de la sensibilité (ou élasticité) des demandeurs par rapport au prix. L'achat d'essence est, par exemple, relativement peu réactif au prix (inélastique).

b) La compétitivité hors prix

De nombreux acheteurs, particuliers ou entreprises, tiennent compte d'autres facteurs que le prix : la qualité, les goûts, etc. Ces facteurs atténuent l'effet du taux de change sur la compétitivité.

3 Le compte des transactions courantes

1. Les flux de marchandises et de services

Le compte des transactions courantes retrace, dans la balance des paiements d'une nation, les flux de marchandises et de services.
Si les exportations (X) sont supérieures aux importations (M), le solde est excédentaire ($X > M$).
Le compte est déficitaire si la valeur des exportations ne compense pas les dépenses des importations ($X < M$).

2. L'interprétation du solde des transactions courantes

On peut considérer qu'un déficit des comptes courants est dû à une consommation excessive par rapport au revenu disponible.
Une autre analyse met l'accent sur l'approche financière : le déficit de la balance courante correspond à un excès des investissements (besoins de financement) par rapport à l'épargne privée et publique (capacités de financement).
La deuxième approche est devenue la principale. Elle met l'accent sur les deux déterminants que sont l'épargne et l'investissement. On en déduit ensuite l'évolution de la balance commerciale.

9 LE DÉVELOPPEMENT ÉCONOMIQUE

➔ Le développement se distingue de la croissance par sa nature qualitative. Il suppose une adaptation des structures et des institutions de la société.

1 La distinction entre croissance et développement

1. La croissance, condition du développement

La croissance économique représente l'accroissement durable de la production globale d'une économie. Le développement désigne l'expansion des activités économiques qui entraîne l'amélioration des conditions de vie et de bien-être de la population. Il implique une transformation radicale des structures économiques, sociales, culturelles et institutionnelles d'un pays.

Le développement se distingue de la croissance par sa nature qualitative. On considère que la croissance est une condition nécessaire du développement, mais qu'elle n'est cependant pas suffisante.

2. Les critères du développement

a) La richesse

La richesse est appréciée par le produit intérieur brut (PIB) par habitant qui représente la valeur des biens et services produits durant l'année par un pays, divisée par le nombre de ses habitants.

b) La santé

L'efficacité d'un système de santé se définit par l'espérance de vie à la naissance ou la durée de vie moyenne qu'un groupe d'individus peut s'attendre à vivre à un âge de la vie.

c) L'éducation

L'éducation concerne d'une part la formation initiale des enfants, mesurée par le taux de scolarisation. Ce taux représente le pourcentage d'enfants en âge d'aller à l'école qui la fréquentent effectivement. L'éducation concerne d'autre part l'alphabétisme des adultes mesuré par le taux d'alphabétisme. Ce taux est défini comme le pourcentage de la population de 15 ans et plus qui sait lire et écrire.

La scolarisation et l'alphabétisation contribuent au développement économique, social et culturel de la société.

2 Les indicateurs du développement

1. Les limites du PIB par habitant

Le PIB par habitant est l'indicateur le plus utilisé pour mesurer le développement économique. Il correspond à une moyenne de revenu par habitant et ne fournit aucune indication sur les disparités au sein de la population. Il ne reflète pas non plus le niveau de vie réel puisqu'il ne comptabilise pas l'économie informelle.

2. L'indicateur de développement humain (IDH)

Les économistes de l'ONU ont élaboré un indicateur de développement humain (IDH). Les éléments pris en compte dans le calcul sont : le PIB par habitant, le niveau d'éducation, le niveau sanitaire et l'espérance de vie de la population. L'évolution de l'IDH permet d'apprécier l'amélioration des conditions de vie d'un pays.

3. Les indicateurs de pauvreté humaine (IPH)

a) Dans les pays en développement

L'IPH-1 est construit à partir de trois indicateurs mesurant la longévité (pourcentage de décès avant 40 ans), l'instruction (taux d'analphabétisme des adultes) et les conditions de vie.

b) Dans les pays développés

L'IPH-2 agrège quatre indicateurs mesurant la longévité (pourcentage de décès avant 60 ans), l'instruction (taux d'illettrisme des adultes), les conditions de vie (pourcentage de personnes vivant en dessous de la demi-médiane de revenu disponible des ménages) et l'exclusion (taux de chômeurs depuis plus de 12 mois).

Plus les indicateurs sont élevés, plus le pays est pauvre.

3 Les différents niveaux de développement

1. Les pays développés

Dans les pays développés (États-Unis, UE, Japon, Corée du Sud, etc.), la plus grande partie de la population satisfait ses besoins vitaux et accède à un certain confort, ainsi qu'aux soins et à l'éducation.

2. Les pays émergents ou NPI

Le groupe des nouveaux pays industrialisés (NPI) est hétérogène. Il englobe des économies dont le point commun est une croissance industrielle très rapide. Ce sont des pays très exportateurs et fortement intégrés au commerce mondial (Chine, Inde, Brésil, etc.). Leurs économies sont largement ouvertes aux capitaux étrangers. Leur niveau de vie se rapproche de celui des pays riches.

3. Les pays en transition

L'expression «transition vers le capitalisme» désigne l'introduction des mécanismes de marché dans tous les domaines de l'économie : libéralisation des prix, transfert du pouvoir économique de l'État au secteur privé et ouverture sur l'extérieur. Certains pays d'Europe centrale et orientale ont achevé cette transition pour entrer dans l'Union européenne à partir de 2004. D'autres, les ex-républiques de l'URSS par exemple, se trouvent encore dans une phase transitoire.

4. Les pays en développement

D'après la classification de la Banque mondiale, les pays en développement regroupent des pays en situation intermédiaire avec une croissance relative de leur économie qui les distingue des pays les moins avancés. Ils se situent en majorité en Asie, en Afrique et en Amérique du Sud.

5. Les pays les moins avancés (PMA)

Les PMA regroupent environ 2,9 milliards de personnes vivant avec moins de 2 dollars par jour. L'Afrique est le continent le plus concerné par le sous-développement. Dans l'est et le sud de l'Asie, près de 1,3 milliard de personnes vivent en situation de dénuement absolu. Les PMA constituent le groupe de pays le plus éloignés du développement.

10 LE DÉVELOPPEMENT DURABLE

➔ Le développement durable vise à concilier l'objectif de croissance avec la satisfaction des besoins des générations futures. Il influence la prise de décisions au niveau des États comme au niveau des entreprises et des individus.

1 Les principes du développement durable

1. Les conséquences négatives de la croissance

a) L'épuisement des ressources naturelles

La croissance épuise les ressources non renouvelables de la planète. La surexploitation des ressources renouvelables (exemples : forêts, zones de pêche) menace de les faire disparaître.

b) L'accroissement des inégalités entre les pays

Les inégalités s'accentuent entre pays riches et pauvres et entraînent des risques de conflits internes et externes.

c) Des dégradations et des risques écologiques majeurs

La pollution des sols, de l'eau, la fragilisation des écosystèmes, constituent autant de facteurs de risques écologiques majeurs. Le réchauffement climatique dû aux gaz à effet de serre a des répercussions sur l'agriculture (sécheresse), entraîne des pénuries d'eau pour la population, des inondations des zones côtières, etc.

2. Les principes d'un développement durable

En 1987, la Commission mondiale de l'environnement et du développement présidée par G. H. Brundtland définit le développement durable comme «un développement qui répond aux besoins du présent sans compromettre la capacité des générations futures de répondre aux leurs». C'est un développement économiquement efficace, socialement équitable et écologiquement soutenable.

a) La solidarité avec les générations futures

La solidarité avec les générations à venir nécessite d'économiser les ressources renouvelables (exemple : la pêche) et de prévoir le remplacement des ressources non renouvelables (exemple : le pétrole).

b) La solidarité avec les populations de la planète

Le développement doit profiter à toutes les populations. Dans les pays pauvres, la croissance doit permettre de répondre aux besoins des populations et d'éviter la surexploitation des ressources.

c) Le principe de précaution

Ce principe s'applique en cas de doute sur l'impact environnemental ou sanitaire d'un produit ou d'un procédé. Il conduit à y renoncer plutôt que de risquer des dommages irréversibles pour l'homme ou l'environnement.

d) La participation de tous les acteurs de la société civile

Les objectifs du développement durable ne peuvent être atteints que si l'ensemble des acteurs agit en commun : État, entreprises, ONG, syndicats et citoyens.

2 Les indicateurs du développement durable

1. L'empreinte écologique

L'empreinte écologique mesure la surface productive nécessaire à une population pour répondre à sa consommation de ressources (nourriture, chauffage, habitat) et pour absorber ses déchets. Elle reflète le degré d'utilisation de la nature par l'homme à des fins de production et de consommation.

2. Les indicateurs de bien-être

a) L'indicateur de bien-être économique durable

Cet indicateur combine les contributions au bien-être durable relevant de l'économique (niveau de vie), du social (égalité), de l'environnemental, ainsi que des activités non monétaires.

b) L'indice de progrès véritable

Cet indice ajoute à la consommation des ménages diverses contributions à la « vraie » richesse et au bien-être (exemples : une activité bénévole, le travail domestique). Puis il soustrait la valeur estimée des richesses perdues, notamment naturelles (exemple : destruction de ressources non renouvelables), mais aussi sociales (exemples : accidents de la route, progression des inégalités).

3 Les politiques du développement durable

1. Le protocole de Kyoto

Le protocole de Kyoto, adopté en 1997 lors de la troisième conférence-cadre des Nations unies sur le changement climatique, impose à 38 pays industrialisés de réduire, d'ici à 2012, leurs rejets de gaz à effet de serre dans l'atmosphère de 5,2% par rapport aux émissions de 1990.

2. Les actions dans le cadre de l'UE

L'Union européenne établit une stratégie à long terme en faveur du développement durable, qui s'articule autour de quatre thèmes : lutter contre le changement climatique, assurer des transports écologiquement viables, limiter les risques pour la santé publique et gérer les ressources de manière responsable.

Pour atteindre les objectifs de réduction d'émission de gaz à effet de serre, l'UE a mis en place deux instruments : la Bourse d'échange de droits à polluer (permis négociables) et la taxe carbone (écotaxe).

3. Les actions à l'initiative du marché

Le développement durable représente un double enjeu pour les entreprises : d'une part, un enjeu économique, leur survie à long terme, et d'autre part, leur contribution aux enjeux de société.

Il devient un moyen pour se différencier des concurrents au même titre que la qualité et les services. L'évolution de la réglementation, destinée à préserver les ressources naturelles, incite aussi les entreprises à aller dans le sens du développement durable.

11 LES FACTEURS DE CROISSANCE

L'analyse des facteurs de croissance permet d'apprécier les contributions du travail et du capital. Le progrès technique joue un rôle essentiel dans la croissance car il la pérennise. Il résulte principalement de l'investissement dans l'innovation et la formation.

1 Les facteurs de production et la croissance

1. L'utilisation des facteurs comme source de croissance

La croissance économique correspond à l'augmentation de la production. Or la production résulte de l'utilisation et de la combinaison la plus efficace possible des facteurs capital et travail.

La taille de la population active et son taux d'activité déterminent la quantité de travail disponible pour alimenter la croissance. Sur un plan qualitatif, plus la qualification professionnelle des individus est élevée plus la croissance sera favorisée.

Le facteur capital correspond aux biens nécessaires à la production. On distingue la quantité de capital (machines, outillages, bâtiments...) et la qualité de ce capital (savoir-faire, connaissances technologiques).

2. La croissance extensive

La croissance extensive correspond à l'augmentation de la quantité de travail et de capital. Elle favorise l'augmentation de la production d'un pays. Elle permet d'employer la main-d'œuvre disponible, mais elle n'augmente pas fortement le niveau de vie puisque chaque individu est limité par la quantité de production qu'il peut fournir.

EXEMPLE

Lorsqu'un agriculteur veut augmenter sa production, il peut acheter de nouvelles terres et embaucher des ouvriers agricoles. Son mode de croissance est extensif car il choisit d'augmenter les facteurs de production utilisés.

3. La croissance intensive

La croissance intensive correspond à l'augmentation de la productivité du travail et du capital et à l'amélioration de la combinaison entre ces deux facteurs. Elle est plus pérenne que la croissance extensive. Ce mode de croissance est à privilégier car en augmentant la productivité par travailleur, elle contribue à l'augmentation du niveau de vie.

EXEMPLE

Si le même agriculteur choisit d'utiliser plus d'engrais et de machines, il opte pour une croissance intensive.

2 Le progrès technique et la croissance

1. Le rôle du progrès technique

Le progrès technique représente l'ensemble des innovations qui entraînent une transformation des moyens et des méthodes de production, des produits et des marchés. Il contribue aux gains de productivité, avec la mise en place de processus de production innovants.

2. La productivité

a) La mesure de la productivité

La productivité correspond au rapport entre la quantité produite d'un bien ou d'un service et la quantité de facteur nécessaire pour cette production. Elle constitue une mesure de l'efficacité avec laquelle une économie utilise ses ressources disponibles pour produire.

b) Les gains de productivité

Les gains de productivité peuvent avoir pour origine, outre le progrès technique, une organisation plus rationnelle du travail ou une élévation du niveau de qualification des travailleurs.

c) Les déterminants économiques de la productivité

Plusieurs facteurs économiques exercent une influence sur la croissance de la productivité : l'investissement et le développement des savoir-faire, l'innovation et la diffusion de la technologie (les TIC) et le développement des infrastructures publiques.

3 Les investissements

1. La relation entre investissements et croissance

La formation de capital humain, qui englobe les connaissances et les qualifications, contribue à la croissance économique en améliorant le rendement de l'individu au travail.

La recherche et le développement (R&D) constituent une source essentielle du progrès technique.

Les investissements en infrastructures réalisés par l'État ou les collectivités territoriales favorisent l'implantation d'entreprises et facilitent les échanges internationaux.

2. L'effet d'entraînement de l'innovation

Pour l'économiste autrichien J. Schumpeter, le progrès technique est au centre de la croissance de l'économie. Les innovations apparaissent en grappe ou essaims. Après une innovation majeure due à un progrès technique ou scientifique (exemples : le moteur à explosion, les circuits intégrés, Internet, les nanotechnologies), d'autres innovations apparaissent, rendues possibles par ces découvertes.

3. Les incitations à investir

Les défaillances du marché en matière d'investissement conduisent les pouvoirs publics à intervenir :

- le financement direct pour l'acquisition d'équipements. L'intervention publique est le plus souvent réservée aux entreprises qui présentent un intérêt certain pour le développement économique ;
- des incitations fiscales pour favoriser la création d'emploi et la formation des salariés. L'une des priorités porte sur l'amélioration de la qualité et de la mobilité de la main-d'œuvre ;
- une participation directe par la mise en place d'un système portant l'effort de recherche et développement à un niveau nettement plus élevé (aides aux entreprises innovantes, augmentation des budgets des centres publics de recherche).

12 LES FIRMES MULTINATIONALES DANS L'ÉCONOMIE MONDIALE

➔ La plupart des grandes entreprises conçoivent, produisent et commercialisent leurs produits comme si le monde était un seul pays. La stratégie d'implantation de ces firmes multinationales se traduit par des investissements directs à l'étranger.

1 La division internationale du processus productif

1. Les firmes multinationales (FMN)

a) Le fonctionnement des FMN

Les multinationales ont l'objectif de rationaliser leur processus productif en fabriquant les éléments nécessaires à l'élaboration de leurs produits dans différents pays. Elles cherchent à réduire leurs coûts en profitant de la spécialisation et des avantages comparatifs de chaque pays.
Ce processus correspond à la division (ou décomposition) internationale du processus productif (DIPP).

b) L'organisation des FMN

Une multinationale est une entreprise implantée dans plusieurs pays par le biais de filiales. Le centre de décision reste souvent dans le pays dont la firme est originaire (siège social), même si une partie importante du chiffre d'affaires est réalisée dans d'autres pays.

2. Les investissements directs à l'étranger (IDE)

a) Définition des IDE

L'IDE est l'acquisition, la prise de participation ou la création d'une entreprise à l'étranger pour exercer une influence significative.
On parle d'IDE dès lors qu'un investisseur possède, directement ou indirectement, au moins 10 % des droits de vote d'une entreprise non résidente.

b) Les FMN à l'origine des IDE

Les 2/3 du commerce mondial sont assurés par les FMN : 1/3 est constitué d'échanges intrafirmes (entre filiales d'une même multinationale) et 1/3 d'échanges extrafirmes (entre clients et fournisseurs qui ne dépendent pas de la même FMN).
Longtemps originaires d'Europe, des États-Unis et du Japon, les IDE proviennent désormais des FMN des pays émergents qui concurrencent les FMN occidentales.

c) La localisation des investissements

En s'implantant à l'étranger, les multinationales recherchent des avantages en termes :
- de coûts (approvisionnement, main-d'œuvre, transport) qui permettent d'obtenir des gains de productivité par rapport à la localisation dans le pays d'origine ;
- de proximité des marchés de consommation (acheteurs) ou de production (matières premières) ;
- de diminution du risque de change puisqu'en produisant dans un pays au lieu d'y exporter des marchandises, l'achat et le règlement sont effectués dans la même monnaie ;
- d'acquisition de compétences (qualification, savoir-faire) qui permettent d'améliorer le savoir-faire industriel ou commercial.

2 Les stratégies des FMN

1. Les critères d'implantation

Les critères d'implantation varient selon l'activité des filiales créées.
Pour les FMN qui recherchent des débouchés, la taille et la facilité d'accès au marché, son taux de croissance et les infrastructures sont les critères prépondérants.
Pour les firmes qui s'implantent pour produire, la proximité des matières premières ou des fournisseurs, le coût de la main-d'œuvre et/ou sa qualification sont déterminants.
Pour toutes les FMN, les avantages fiscaux et les incitations offerts par le pays d'accueil sont des critères souvent décisifs.

2. Les effets dans les pays d'accueil

a) Les effets positifs attendus

Quel que soit le pays d'accueil, industrialisé ou au contraire en développement, les IDE ont pour effet :
- la création d'emplois ;
- l'augmentation du PIB (en particulier pour les pays émergents) ;
- le transfert de compétences et de technologies ;
- l'amélioration de la productivité ;
- le développement de l'économie locale par effet d'entraînement ;
- l'augmentation des exportations.

b) Le développement de l'attractivité du territoire

La plupart des États cherchent à attirer les investissements étrangers dans le cadre de leur politique d'aménagement du territoire pour bénéficier de leurs effets positifs.
Pour cela, ils promeuvent leurs atouts, mettent en place des réseaux de prospection et offrent des aides aux entreprises étrangères (accueil, avantages fiscaux).

3. Les effets dans les pays d'origine

a) Les conséquences négatives

La stratégie d'implantation d'une FMN entraîne parfois une délocalisation de ses activités au détriment de son pays d'origine. Ce phénomène se traduit par :
- les suppressions d'emploi pour les salariés les moins qualifiés ;
- la baisse ou la stagnation des salaires face aux menaces de délocaliser lorsque les syndicats revendiquent des augmentations ;
- la désindustrialisation des régions touchées.

b) Les conséquences positives

Le pays d'origine est incité à mieux exploiter ses avantages comparatifs et à renforcer sa spécialisation dans les échanges internationaux.
Du fait de la concurrence internationale, le prix des produits importés diminue, induisant une hausse du pouvoir d'achat. Enfin, les recettes fiscales augmentent grâce à l'élévation des profits des multinationales qui ont délocalisé leur production.

13 LA FORMATION DES SALAIRES

➔ Les mécanismes de formation des salaires expliquent en grande partie les inégalités de revenus. Des facteurs sociaux et économiques entrent aussi en compte.

1 Les mécanismes de formation des salaires

1. La notion de salaire

Le salaire constitue la rémunération du travailleur salarié lié à son employeur par un contrat de travail : il perçoit un salaire net, égal au salaire brut diminué des cotisations sociales à sa charge.
Le coût salarial représente ce que coûte au total le salarié à son employeur. Il englobe le salaire brut et les cotisations sociales patronales à la charge de l'employeur.

2. La distinction salaire nominal/salaire réel

Le salaire nominal est celui qui figure sur le contrat de travail. Il est mesuré en prix courants. Le salaire réel renseigne sur le pouvoir d'achat du salarié. Il est mesuré à prix constants.

3. La formation des salaires sur le plan théorique

a) La conception des classiques

Le salaire naturel, selon D. Ricardo, est le revenu minimum qui permet au salarié d'assurer la reproduction de sa force de travail, c'est-à-dire de subvenir à ses besoins physiologiques et à ceux de sa famille.

b) La conception marxiste

Pour K. Marx, le salaire est un minimum qui permet la reproduction de la force de travail, mais aussi la satisfaction des besoins sociaux (santé, éducation, logement).

c) La conception moderne

Selon J. R. Hicks, le salaire est fixé par la négociation entre les représentants syndicaux et les représentants de la direction de l'entreprise. Les conventions collectives, négociées par les partenaires sociaux, fixent les grilles de classification, les grilles de salaires et les salaires minima mensuels.

2 Les facteurs expliquant les inégalités salariales

1. Les facteurs économiques

a) La rareté

Suivant la loi de l'offre et de la demande, lorsque dans un secteur ou une région, l'offre de travail par les salariés est abondante par rapport à la demande de travail des entreprises, les salaires sont bas. Dans le cas contraire, la rareté de l'offre augmente le niveau des salaires.

b) La productivité

La productivité varie d'une branche d'activité à une autre. Dans les branches où la recherche de gains de productivité est importante, les entreprises vont valoriser les efforts de productivité du personnel par des salaires plus élevés. À l'inverse, dans celles où la productivité augmente faiblement, les augmentations de salaires seront limitées.

c) La mondialisation

La mondialisation, à travers la concurrence des pays à bas salaires, a aussi des effets sur l'évolution des inégalités salariales dans les pays développés. La demande de travailleurs peu qualifiés diminue alors que celle de travailleurs qualifiés augmente, ce qui a pour conséquence d'augmenter le chômage des travailleurs peu qualifiés et d'entraîner les salaires à la baisse.

2. Les facteurs sociaux

a) Le dialogue social

Le dialogue social se définit comme l'ensemble des processus de consultation, de négociation ou d'échanges d'informations entre les partenaires sociaux. La qualité du dialogue social rend possible la signature des conventions collectives.

b) Les caractéristiques du salarié

Le niveau de formation explique les disparités de salaires car la productivité étant liée à la qualification, plus le diplôme est élevé, plus le salaire est élevé.
L'âge, synonyme d'expérience, intervient aussi, ainsi que le sexe, malgré l'interdiction des discriminations. À diplôme égal, les femmes ont un salaire environ 20 % plus faible que celui des hommes.

3 L'action de l'État sur la formation des salaires

1. La fixation d'un salaire minimum

Le salaire minimum interprofessionel de croissance (SMIC) est le salaire minimum légal en France depuis 1970. Il constitue l'une des limites légales au principe de la libre fixation des salaires. Il est revalorisé au 1er janvier de chaque année en fonction de l'évolution de l'indice des prix à la consommation. Le gouvernement peut aussi ajouter un coup de pouce à ces augmentations.

2. La fonction publique

Les trois fonctions publiques (d'État, territoriale et hospitalière) emploient environ 5 millions de personnes, soit 1 salarié sur 5. Le niveau de rémunération et les négociations sur les rémunérations des fonctionnaires influencent le niveau des salaires dans le secteur privé.

EXEMPLE
Le salaire des infirmières travaillant dans le privé est supérieur à celui de l'hôpital public pour attirer le personnel qualifié.

3. L'intervention de l'État dans le secteur privé

En plus de la fixation du SMIC, l'État intervient dans le secteur privé en incitant les entreprises à négocier sur les salaires. Le Code du travail oblige toute entreprise où une section syndicale est constituée à négocier annuellement sur les salaires, soit au niveau de sa branche professionnelle, soit au niveau de l'entreprise.

14 LES INÉGALITÉS DE REVENUS ET DE PATRIMOINE

La répartition des richesses se déroule en deux étapes : la répartition primaire rémunère les facteurs de production ; puis la répartition secondaire redistribue les richesses pour réduire les inégalités de revenu disponible, de niveau de vie et de patrimoine.

1 La répartition des revenus

1. Le partage de la valeur ajoutée (VA)

a) Les trois parts

La valeur ajoutée issue de l'activité productive des entreprises se partage en trois parts :

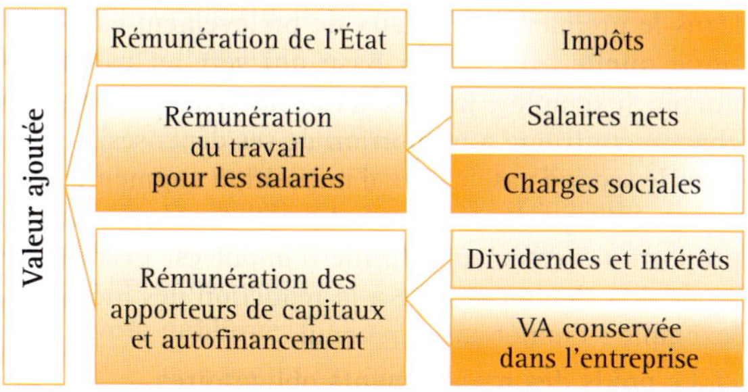

b) Les enjeux de la répartition

Le partage de la valeur ajoutée a des conséquences économiques. Il détermine le niveau de la consommation et de l'investissement. L'importance de la part de la VA accordée au travail influence le niveau de la consommation des ménages. Une part plus importante pour rémunérer le capital encourage les investissements.

Le partage de la valeur ajoutée révèle, sur le plan social, le pouvoir des salariés dans les négociations salariales. La part accordée au travail dans la valeur ajoutée augmente avec la baisse du chômage. Ce partage est souvent source de conflit entre salariés et direction d'entreprise.

2. La formation du revenu disponible

a) Le revenu primaire

Le revenu primaire est le revenu perçu par les ménages. Il est composé :

- des revenus salariaux ou revenus du travail (salaires) ;
- des revenus de la propriété ou revenus du capital (revenus des valeurs mobilières, revenus fonciers ou immobiliers) ;
- des revenus mixtes des entrepreneurs individuels, qui rémunèrent à la fois le travail et le capital.

b) La répartition secondaire

La répartition secondaire est une opération de redistribution des revenus. Son objectif est de diminuer les inégalités entre les ménages. Elle s'effectue grâce au prélèvement d'impôts et de cotisations sociales et au versement de revenus de transferts (allocations familiales, indemnités chômage, allocation logement, RSA, etc.).

c) Le revenu disponible

Le revenu disponible résulte des revenus issus de la répartition primaire et de la répartition secondaire opérée par l'État.

Revenu disponible = revenu primaire – impôts et cotisations sociales + revenus de transferts.

2 Les inégalités de niveau de vie

1. La mesure des inégalités

a) Le revenu médian

Le revenu médian partage la distribution des revenus des ménages en deux parts égales : 50 % des ménages sont en dessous du revenu médian et 50 % au-dessus.

b) Le découpage par quantiles

Les quantiles (déciles, centiles...) regroupent les ménages par tranches (10 %, 1 %...) selon leur revenu ou leur patrimoine.

Le rapport interdécile permet de comparer le revenu des 10 % de ménages les plus riches à celui des 10 % de ménages les plus pauvres.

c) La courbe de Lorenz et l'indice de Gini

La courbe de Lorenz représente la répartition des revenus ou du patrimoine au sein de la population.

L'indice de Gini est un coefficient qui évalue la concentration des revenus à partir de la courbe de Lorenz. Il est toujours compris entre 0 et 1 : 0 correspond à une société égalitaire et 1 à la situation dans laquelle un seul individu concentre toutes les richesses.

2. Les inégalités de patrimoine

Le patrimoine d'une personne (physique ou morale) est l'ensemble des biens qu'elle possède à un moment donné : biens meubles ou immeubles, droits, créances et éléments inaliénables et transmissibles. Les inégalités de répartition du patrimoine sont beaucoup plus fortes que celles des revenus. Elles constituent la principale source des inégalités sociales. Les héritages sont en général plus élevés dans les familles à hauts revenus. D'autre part, des revenus plus élevés génèrent une plus forte capacité d'épargne et d'endettement, et donc, année après année, une plus forte accumulation patrimoniale.

3. L'évolution des inégalités de niveau de vie

S. Kuznets a étudié les relations entre la croissance économique et la répartition des revenus. Il montre que le revenu par habitant augmente au cours de la phase de transition d'une économie de l'agriculture vers l'industrie et que les inégalités de revenus augmentent également. Elles commencent à baisser lorsque le capital humain est de plus en plus valorisé en parallèle au développement des services.

Les faits ont donné raison à S. Kuznets jusque dans les années 1980, mais cette théorie est remise en cause aujourd'hui avec l'augmentation des inégalités dans les pays industrialisés.

4. Les inégalités au niveau mondial

Les inégalités continuent à progresser dans 2/3 des pays du monde, dont les pays développés. Les écarts se creusent car les hauts revenus augmentent beaucoup plus vite que les revenus moyens et bas.

17 L'INÉGALITÉ DES RICHESSES AU NIVEAU MONDIAL

La croissance des revenus au niveau mondial s'est accompagnée d'inégalités accrues entre les pays les plus riches et les pays les plus pauvres. Parmi les pays en voie de développement, les pays émergents rattrapent les pays développés alors que les pays les moins avancés ne voient pas leur richesse augmenter.

1 La fracture entre pays riches et pays pauvres

1. La mesure des inégalités au niveau mondial

a) La richesse par habitant

Les inégalités de richesses entre les pays se mesurent par les écarts des revenus moyens de chaque pays. Le PIB par habitant est l'indicateur le plus utilisé pour apprécier les écarts de niveau de vie entre les pays.

b) Le seuil de pauvreté

La Banque mondiale a établi un seuil de pauvreté absolu à 2 dollars par jour. 50 % de la population mondiale vit en dessous de ce seuil.

c) Les conditions de vie

La mondialisation n'a pas abouti à un niveau de vie plus égalitaire pour tous les peuples dans tous les pays du monde.
La malnutrition, l'espérance de vie réduite et l'analphabétisme sont les principales conséquences de la pauvreté.

2. Les principales évolutions

L'observation de l'évolution du PIB par habitant de 1973 à nos jours montre que certains pays en développement (Chine, Inde) rattrapent une partie de leur retard économique par rapport aux pays les plus riches. Ils bénéficient des conséquences de la mondialisation qui se traduit par la création d'emplois et la production de richesses.
Dans le même temps, les pays les plus pauvres, essentiellement africains, ont connu une croissance très faible de leur richesse par habitant. L'ONU a défini une sous-catégorie au sein des pays en développement qui regroupe les pays les plus pauvres : les pays les moins avancés (PMA). Ces pays appartiennent surtout aux continents africain et asiatique et sont au nombre de 50. Leur revenu national brut par habitant est inférieur à 900 dollars. Ils sont très vulnérables économiquement.

2 Les pays émergents

1. Le développement économique

a) L'ouverture économique des pays émergents

De nombreux pays émergents, tels que la Chine, l'Inde, le Brésil, la Russie, ont réformé leur économie dans deux directions : la libéralisation des échanges à l'intérieur du pays et l'ouverture au marché mondial.
En conséquence, les investissements directs étrangers se sont développés, entraînant des transferts de technologies importants. La compétitivité de ces pays leur a permis d'atteindre un niveau de croissance élevé jusqu'en 2008.

b) Les pays émergents dans la mondialisation financière

Les pays émergents participent à la mondialisation financière en investissant à leur tour dans les entreprises des pays développés par des prises de participation ou en acquérant des entreprises.

2. Le rattrapage des pays développés

a) La croissance des pays émergents

Les économies des pays émergents ont assuré plus de la moitié de la production mondiale depuis 2005. Leur croissance économique représente plus de la moitié de l'augmentation du PIB mondial.
La Chine a doublé son revenu réel par habitant en 10 ans alors que les États-Unis et le Royaume-Uni ont eu besoin de 50 ans au cours de leur révolution industrielle entre le XIXe et le début du XXe siècle.

b) La productivité des pays émergents

Les pays émergents combinent à la fois des gains de productivité importants et des salaires plus faibles que ceux des pays développés.
L'amélioration de la productivité du travail favorise les exportations vers les pays développés. Les populations des pays riches bénéficient ainsi d'importations moins coûteuses qui améliorent leur pouvoir d'achat mais mettent en danger les productions nationales.

3. Les conséquences négatives du décollage économique

a) Les atteintes à l'environnement

La croissance économique exceptionnellement rapide des pays émergents a des effets néfastes sur l'environnement naturel dont la dégradation devient alarmante.

EXEMPLES

Déboisement au Brésil, pollution dans les villes chinoises.

b) Le creusement des inégalités internes

Les inégalités internes résultent du partage des richesses au sein du pays. Ces inégalités se traduisent par les écarts de revenus entre les différentes catégories de population.
La croissance soutenue de l'économie s'est accompagnée dans certains pays d'un accroissement des inégalités économiques qui a entraîné des mouvements sociaux dans les villes comme dans les campagnes.

EXEMPLE

En Chine, dans les zones où les anciennes entreprises d'État sont en voie de disparition, des mouvements se sont développés pour préserver la protection sociale héritée de l'économie socialiste. Des protestations ont également éclaté dans les villages contre la pression fiscale et les abus de la bureaucratie.

18 LES MODALITÉS DE FINANCEMENT DES ACTIVITÉS ÉCONOMIQUES

Le financement des activités économiques se réalise soit sur ressources propres (autofinancement), soit par recours à l'endettement. On distingue deux formes d'endettement : l'endettement bancaire classique et l'endettement sur le marché. L'activité sur le marché monétaire et sur les marchés financiers s'est développée ces dernières années.

1 Le financement interne

1. L'autofinancement

Le financement est interne si les agents économiques possèdent les ressources pour financer leurs opérations d'investissement et de gestion courante. Pour une entreprise, l'autofinancement provient de la marge brute d'autofinancement (MBA) dégagée qui est constituée de la part des bénéfices non distribués mise en réserve, des dotations aux amortissements et des provisions pour charges à venir.

2. Les agents à capacité de financement

Les ménages sont, au niveau global, les agents qui disposent le plus de capacité de financement : leur capacité d'épargne excède leur besoin de financement.

3. Les agents à besoin de financement

Les entreprises qui ne disposent pas d'une marge brute d'autofinancement suffisante doivent s'endetter, soit en recourant à l'emprunt auprès d'un établissement de crédit, soit en émettant des titres qui seront directement souscrits par les apporteurs de capitaux. Les titres se négocient en ce cas sur des marchés spécialisés, monétaires ou financiers. Les établissements de crédit ou l'État recourent aussi à ce type de financement externe par les marchés.

2 Le financement externe direct par le marché

1. Le financement à court terme sur le marché monétaire

Le marché monétaire européen est constitué du marché interbancaire (réservé aux agents financiers) et du marché des titres de créances négociables où tous les agents peuvent intervenir en émettant, en souscrivant ou en s'échangeant des titres de créances.

a) Le marché interbancaire

Il s'agit d'un marché réservé à la Banque centrale européenne (BCE), aux banques centrales nationales, aux établissements de crédit ou spécialisés, et aux trésors publics.

b) Le marché des titres de créances négociables

C'est un compartiment ouvert du marché monétaire. Tous les agents y ont accès, résidents ou non résidents. Les titres négociés sont des titres à échéance courte ou moyenne.

2. Le financement à long terme sur le marché financier

Le marché financier est le marché où s'échangent les titres à longue échéance (actions, obligations).

a) Le marché primaire et le marché secondaire

Le marché primaire est celui sur lequel les titres sont émis et achetés pour la première fois. Sur le marché secondaire, les souscripteurs ont la possibilité de revendre les titres avant l'échéance à un cours qui est fonction de l'offre et de la demande.

b) L'émission et la souscription d'actions

Les actions sont des titres qui représentent une part du capital d'une société. Elles sont la propriété des associés. Il existe différentes catégories d'actions : selon leurs formes, elles donnent droit à une part des bénéfices (dividendes) et/ou des droits de vote aux assemblées générales d'actionnaires.

c) L'émission et la souscription d'obligations

Une obligation est un titre de créance à long terme. Le titre constate un prêt fait par un agent créancier à un débiteur. Une obligation donne droit au remboursement du capital prêté et à un intérêt.
Il existe plusieurs catégories d'obligations (à taux fixe, variable, remboursable en actions, etc.). Le Trésor public émet souvent des emprunts obligataires qui ont l'avantage d'offrir la garantie de l'État.

3 Le financement externe indirect (ou intermédié)

1. L'intermédiation bancaire classique

Les banques sont l'intermédiaire classique entre les agents non financiers à capacité de financement et ceux qui ont des besoins de financement. Une banque dispose en permanence de dépôts à vue ou à court terme excédentaires. Elle en utilise une fraction pour octroyer des prêts à moyen ou long terme.

2. L'intermédiation bancaire de marché

Les banques apportent désormais des capitaux aux agents à besoin de financement en utilisant le marché : elles souscrivent les titres qu'ils ont émis sur le marché monétaire ou sur le marché financier.

3. Les crédits des institutions financières non bancaires

a) Les établissements spécialisés non bancaires

Certains établissements sont spécialisés dans l'attribution de crédits spécifiques (exemple : prêts immobiliers). Les sociétés de crédit-bail sont assimilées à des établissements de crédit. Elles ne consentent pas de crédit mais aident les industriels en achetant leur bien d'investissement et en le leur louant.

b) Les OPCVM

Les organismes de placements en valeurs mobilières (OPCVM) sont constitués des sociétés d'investissement à capital variable (SICAV) et des fonds communs de placements (FCP). Acquéreurs de titres sur les marchés monétaires et financiers, les OPCVM concurrencent directement les banques en finançant l'économie.

19 LE MARCHÉ FINANCIER

Les titres de créances à échéance longue sont émis et revendus sur le marché financier. Le marché primaire procure les capitaux aux agents qui en ont besoin ; le marché secondaire garantit aux souscripteurs de pouvoir revendre leur créance avant l'échéance.

1 Le marché financier primaire

1. La justification du marché primaire

Lorsqu'une organisation (entreprise, État, collectivité territoriale) a besoin d'investir, elle peut se procurer des ressources propres à long terme en émettant des actions (ou titres assimilés : certificats d'investissement, titres participatifs) ou des obligations sur le marché primaire. Il s'agit de l'apport de capitaux nouveaux (actions) ou d'emprunts (obligations) représentés par des titres, souscrits par les agents à capacité de financement sur le marché primaire.

2. Le financement des grandes entreprises

Depuis 2005, la Bourse de Paris dispose d'une liste unique de valeurs mobilières cotées : Eurolist. C'est un marché réglementé : les entreprises qui désirent y accéder doivent satisfaire à des conditions d'information et de transparence identiques.

Le règlement des titres se fait généralement au comptant. Les très grandes entreprises ont toutefois la possibilité de régler ou de remettre les titres en fin de mois sur le service à règlement différé (SRD).

3. Un marché pour les PME

Pour les PME qui ne satisfont pas aux conditions d'accès d'Eurolist, un autre marché, moins réglementé, existe : Alternext.

2 Le marché financier secondaire

1. La Bourse des valeurs

a) La définition

Les titres sont échangés sur la Bourse des valeurs par des intermédiaires financiers. Le prix du titre (cours) dépend de l'offre et de la demande : il ne correspond pas nécessairement à la valeur réelle de la firme. Il présente des occasions de plus-values ou de moins-values entre la valeur d'achat et celle de revente du titre.

b) Les fonctions de la Bourse des valeurs

Si la revente des valeurs avant l'échéance de l'emprunt (pour une obligation) ou la fin de la société (pour une action) n'était pas possible, les investisseurs seraient en nombre limité. L'intérêt d'un titre réside dans la possibilité de gains par sa revente à tout moment.

Le marché secondaire des titres « d'occasion » permet au marché primaire des titres « neufs » d'exister. Il n'apporte pas, en revanche, de capitaux nouveaux : seul le nom du possesseur du titre change, sans effet sur le capital ou l'emprunt de l'émetteur.

2. La liquidité des titres

L'activité, c'est-à-dire le nombre d'offres et de demandes d'un titre, indique la facilité avec laquelle il est possible de se procurer de la liquidité en revendant son titre. La liquidité d'un titre rassure les investisseurs et facilite l'émission de titres nouveaux destinés à financer la croissance des sociétés et la réalisation d'investissements.

3. L'évaluation des actifs

a) Les anticipations des cours

L'activité d'un titre dépend des anticipations de profits, de la perspective de dividendes. Une société qui ne réalise pas de bénéfices est peu attractive pour les investisseurs. À l'inverse, les perspectives de croissance d'une société, par exemple dans le domaine des nouvelles technologies de l'information et de la communication, incitent à l'achat du titre et font espérer la réalisation de plus-values.

b) Les variations des cours

Le marché boursier est un marché spéculatif. Les investisseurs courent deux types de risques : le risque global d'une évolution défavorable des cours (le risque du marché) et le risque lié au titre.

Le risque du titre s'élimine en diversifiant son portefeuille de titres, pour se prémunir d'un « accident » affectant une valeur : les autres valeurs compensent.

Concernant le risque du marché, les analyses théoriques montrent que celui-ci est imprévisible et que de grandes variations peuvent survenir. Le comportement mimétique des agents (des ventes en période de baisse, des achats en période de hausse) amplifie souvent les fluctuations initiales du marché.

c) La notion de capitalisation boursière

La capitalisation boursière d'une société se calcule en multipliant le nombre de titres émis par son prix sur le marché financier. C'est le marché qui détermine la valeur boursière des entreprises cotées. Il ne faut pas confondre la capitalisation boursière et la valeur réelle d'une entreprise (déterminée par expertise) qui peut être très différente.

3 Les autres marchés de la Bourse de Paris

1. Le marché à terme international de France

Le MATIF est un compartiment très spécialisé de la Bourse de Paris. C'est un marché à terme, c'est-à-dire qu'il est possible d'acheter des contrats dont le règlement n'interviendra qu'à une date ultérieure fixée (le terme). Ce marché est réservé aux grandes sociétés ou banques qui l'utilisent pour y faire des opérations de « couverture » contre les évolutions des taux d'intérêt ou du cours des matières premières.

2. Le marché des options négociables de Paris

Le MONEP est un autre compartiment « technique » : les titres négociés sont des options, c'est-à-dire des droits d'acquérir (ou de vendre) des valeurs à un cours déterminé.

20 LES INSTITUTIONS FINANCIÈRES BANCAIRES

➔ Les institutions financières deviennent complémentaires des marchés financiers organisés. Marchés et institutions constituent le système financier dans son ensemble.

1 La spécificité de l'activité bancaire

1. La définition de l'établissement de crédit

Les établissements de crédit sont toutes les personnes morales qui effectuent à titre de profession habituelle des opérations de banque. Celles-ci consistent à recevoir des fonds du public, à effectuer des opérations de crédit et à mettre à la disposition de la clientèle des moyens de paiement.

2. La création de monnaie par l'établissement de crédit

L'opération de prêt d'un établissement de crédit correspond à une opération de création monétaire lorsque l'établissement crédite le compte de son client par un simple jeu d'écritures, sans nécessairement de dépôts d'épargnants à sa disposition. L'avoir inscrit sur le compte du client est par nature de la monnaie scripturale. La banque a donc créé, de fait, de la monnaie. Il y aura destruction de monnaie lorsque le prêt sera remboursé. La création de monnaie par les banques commerciales est contrôlée par l'intervention des banques centrales.

3. Le contrôle du crédit par les autorités monétaires

a) Le refinancement des établissements de crédit

La banque centrale dispose du monopole d'émission des billets. Pour faire face aux retraits de leurs clients et aux sorties de monnaie scripturale au profit d'autres banques (par virements, chèques, etc.), les banques doivent se procurer de la liquidité auprès de l'institut d'émission. La banque centrale offre régulièrement de la monnaie sur le marché interbancaire à un prix qui est le taux directeur du marché.

b) Les réserves obligatoires

Pour les opérations de refinancement, les banques commerciales disposent d'un compte ouvert auprès de la banque centrale nationale dont elles dépendent. La banque centrale peut les obliger à garder sur ce compte une fraction des crédits qu'elles accordent. Ces dépôts, non rémunérés, constituent les réserves obligatoires.

c) L'influence du taux directeur sur le coût du crédit

Un taux directeur élevé renchérit de fait le coût du refinancement pour les banques qui en répercutent le coût sur les emprunteurs. Une politique de taux élevé signifie que la banque centrale désire restreindre le volume de crédits octroyés à l'économie (pour éviter l'inflation). Un taux faible signifie que les banques peuvent financer la croissance ou en faciliter la reprise en cas de circonstances exceptionnelles.

EXEMPLE

L'abaissement régulier du taux directeur de la Banque centrale européenne (BCE) au début de l'année 2009 répondait à une volonté de relancer l'activité économique après la crise financière.

2 La complémentarité des institutions financières et du marché

1. La réduction des imperfections et défaillances du marché

a) La diminution des coûts de transaction

Les agents non financiers ont, *a priori*, une connaissance imparfaite des marchés et des opportunités. Acquérir les informations prend du temps et c'est une opération coûteuse. Les institutions financières, au contraire, gèrent des informations économiques. Elles conservent en mémoire toutes les informations acquises et bénéficient du savoir-faire sur les marchés financiers. Elles en font bénéficier les apporteurs de capitaux en leur indiquant, à moindre coût, les opportunités d'investissement.

b) La limitation des conséquences de l'asymétrie d'information

Dans le domaine financier, l'objet d'une transaction porte sur la réalisation d'un projet que l'emprunteur envisage de faire financer. L'information n'est ni parfaite, ni symétrique. L'emprunteur connaît le projet, sa rentabilité, ses risques. Le prêteur potentiel l'ignore et peut craindre que le prix ne reflète pas les risques réels ou que l'emprunteur utilise l'information privilégiée qu'il détient à son détriment (exemples : dissimulation de résultats, d'évolutions futures connues des seuls «initiés»).
La réalisation des transactions par un professionnel limite le risque d'asymétrie d'information.

2. L'évolution des institutions financières bancaires

a) La mobiliérisation

Les banques acquièrent des titres de créances directement sur le marché financier ou sur le compartiment des titres de créances négociables (TCN) du marché monétaire. Les valeurs mobilières acquises gonflent l'actif des banques. Les banques émettent elles-mêmes des titres à courte échéance, négociables : les certificats de dépôt. L'importance des valeurs mobilières dans le bilan des banques caractérise le phénomène de mobiliérisation des bilans.

b) La marchéisation

L'activité des établissements de crédit sur le marché entraîne des conséquences pour le refinancement. Désormais, une part de celui-ci peut s'effectuer en vendant des titres de créances. Le taux du marché des titres négociés tend à se substituer au taux directeur de la banque centrale pour déterminer les conditions des prêts. Cette influence du marché sur le taux des prêts bancaires s'appelle la marchéisation.

21 LA GLOBALISATION FINANCIÈRE

La globalisation financière résulte d'une longue évolution du marché international des capitaux vers la libéralisation, qui est quasi-totale dans les années 1980. Les dernières entraves sont levées avec la déréglementation, le décloisonnement des marchés et la désintermédiation.

1 Les caractéristiques de la globalisation financière

1. La suppression des obstacles à la libre circulation des capitaux

La finance est globale quand le marché des capitaux internationaux est «traité comme un tout» (H. Bourguinat). Les produits financiers sont mobiles d'un marché à un autre, avec des coûts de transaction faibles. Trois conditions sont nécessaires à la globalisation : les 3 D.

a) La déréglementation

La déréglementation est l'ensemble des mesures qui ont, dans les années 1980, atténué ou supprimé les dispositions susceptibles de freiner les flux de capitaux au niveau international. La circulation des capitaux s'affranchit du contrôle des États.

EXEMPLES

La suppression du contrôle des changes qui limitait les transferts de devises d'un pays à un autre ; l'assouplissement de la fiscalité.

b) Le décloisonnement

Les agents financiers et non financiers ont la possibilité de passer facilement d'un marché à un autre. Le décloisonnement des marchés résulte de l'ouverture des marchés nationaux aux capitaux étrangers. L'éclatement des compartiments résulte aussi de réformes nationales.

EXEMPLE

En France, la réforme de 1985-1986 a ouvert le marché monétaire aux agents non financiers. Il était auparavant réservé aux banques.

c) La désintermédiation par la titrisation

La désintermédiation consiste à permettre aux agents non financiers (entreprises, administrations et particuliers) d'intervenir directement sur les marchés financiers sans recourir à des intermédiaires. La désintermédiation s'effectue par la titrisation des créances.

La banque transfère une partie de ses prêts à une entité juridiquement distincte : un fonds commun de créances (FCC). Le FCC émet en contrepartie des parts de capital qui sont souscrites par des investisseurs internationaux. Le risque des créances cédées est supporté par le FCC et ses souscripteurs, et non plus par la banque qui a ouvert le crédit.

2. Le recours aux nouvelles technologies

La globalisation s'accompagne de l'informatisation des opérations bancaires, abolissant les frontières des transactions internationales. L'information est diffusée immédiatement et les mouvements sont réalisés par des réseaux informatiques, sans délai ni coût importants, 24 heures sur 24. Les flux de capitaux en sont facilités.

3. Les flux financiers internationaux

La répartition de l'épargne est devenue mondiale. En France, l'ouverture des marchés boursiers nationaux aux investisseurs étrangers permet de financer 50 % des emprunts publics. 46 % de la valeur des titres en Bourse est apportée par des agents non résidents.

Ce financement provient souvent de fonds souverains, ou fonds de réserves publiques. Ce sont des fonds de placements financiers détenus par un État. Ils gèrent et investissent l'épargne nationale.

EXEMPLE

Le premier fonds souverain, par l'importance des capitaux gérés (875 milliards de dollars), est le fonds des Émirats arabes unis : Abu Dhabi Investment Authority (ADIA).

2 Les effets attendus de la globalisation financière

1. L'accélération de la croissance mondiale

a) L'amélioration de l'allocation des ressources financières

On attend de la globalisation qu'elle améliore la capacité du système financier à allouer les ressources. Les investisseurs disposent d'une information générale sur les marchés. Les placements devraient normalement s'orienter vers les secteurs et les pays les plus dynamiques, en particulier les pays émergents.

b) Le rattrapage des pays en développement

L'apport de capitaux internationaux est favorable à la croissance des économies en développement qui contribue pour 50 % à la croissance économique mondiale. Ces pays ont recours, pour leur financement, à des titres d'emprunts en monnaie locale. Cela développe leurs marchés financiers et rend les placements attractifs pour les investisseurs. Les capitaux nouveaux devraient permettre de combler le retard de développement.

2. De nouveaux instruments de protection contre les risques

L'intégration financière transfrontière renforce le risque qu'un événement éloigné se propage au niveau mondial.

EXEMPLE

Une hausse des taux d'intérêt dans les pays en développement pour attirer les capitaux pourrait, par un effet de contagion, provoquer une hausse généralisée des taux mondiaux et assécher le crédit.

Pour s'assurer contre ces risques, de nouveaux contrats financiers sont apparus. Ils sont réalisés, pour la plupart, à l'aide de techniques utilisant les marchés à terme et les marchés d'options négociables.

La globalisation a favorisé l'émergence de ces innovations financières destinées à réaliser des opérations qui doivent être *in fine* sans gain ni perte pour les agents dont l'objectif n'est pas la spéculation.

22 LES RISQUES FINANCIERS

Les marchés financiers génèrent des risques spécifiques. La globalisation financière fait émerger un risque de crises mondiales qui peuvent perturber durablement l'activité économique.

1 Les catégories de risques

1. Les risques des transactions financières

a) Le risque de liquidité

Le placement doit être facilement convertible en monnaie, c'est-à-dire être liquide.

S'il a un besoin de trésorerie, l'investisseur doit pouvoir récupérer rapidement sa mise pour ne pas risquer d'être insolvable.

b) Le risque de contrepartie

Le risque de contrepartie est le risque de défaut de paiement du débiteur. Le risque de défaillance de l'emprunteur est limité par la présence d'agences de notation (agences de rating) qui indiquent le niveau de risque de certains titres achetés par les investisseurs.

c) Le risque de revenu

La baisse du revenu résulte des variations des cours boursiers. Deux types de risques existent sur les marchés financiers :

- le risque du titre correspond à l'imprévisibilité du sens et de l'ampleur des variations du prix d'une valeur. Il peut fluctuer, à la hausse ou à la baisse, en fonction de l'offre et de la demande spécifiques au titre ;
- le risque du marché résulte de la tendance de l'ensemble des valeurs. Celle-ci se mesure par un indice (exemple : le CAC 40 du marché de Paris).

La possession d'un portefeuille contenant plusieurs valeurs diversifiées limite le risque du titre. En moyenne, les fluctuations se compensent et le risque lié aux évolutions erratiques d'un titre est annulé. Le seul risque qui subsiste pour l'investisseur est le risque de la tendance générale du marché.

2. Le risque de mimétisme des agents

Au lieu d'avoir un comportement rationnel, les agents semblent simplement suivre la tendance, ce qui peut faire douter de la qualité de leurs décisions.

Ils achètent en période de hausse et, réciproquement, vendent en période de baisse, ce qui amplifie les variations des cours.

3. Le risque moral

La titrisation sépare les établissements qui ouvrent un crédit et ceux qui, à la suite du transfert des créances, supportent le risque de défaillance.

L'établissement qui ouvre le crédit a tendance à accorder les prêts avec moins de rigueur. C'est un risque moral : il accroît le nombre de créances douteuses sur le marché.

2 L'accroissement des risques par la globalisation

1. L'instabilité du système financier

a) La survenance de crises

L'origine d'une crise est généralement exogène au système financier, c'est-à-dire qu'elle trouve sa cause dans un choc extérieur.

EXEMPLE

Aux États-Unis, des prêts immobiliers à risque (*subprimes*) ont été accordés aux ménages à faible revenu. Le crédit était garanti par une hypothèque prise sur le bien acheté. La hausse des prix de l'immobilier permettait ce type de prêts. Quand la conjoncture s'est retournée en 2007 sur le marché de l'immobilier, la valeur des maisons a baissé et les taux ont augmenté, rendant difficiles les remboursements. De nombreux débiteurs ont été défaillants.

b) La propagation des crises

Le transfert des créances à des fonds communs déplace le risque mais ne l'élimine pas. En cas de défaillance des débiteurs, ce sont les investisseurs qui ont acquis les parts du fonds commun de créances (FCC) qui supportent le risque d'impayé.

EXEMPLE

Dans la crise dite « des *subprimes* », les premiers investisseurs exposés ont été les banques américaines et européennes. Les pertes qu'elles ont subies ont diminué la confiance des agents dans l'ensemble des institutions bancaires. Les dépôts se sont raréfiés alors que les banques devaient satisfaire des demandes de retraits.

2. Le ralentissement de l'activité économique

a) L'interdépendance entre sphères financière et réelle

Des phénomènes non financiers (exemple : crise de l'immobilier) affectent les marchés financiers (exemple : marché des parts de FCC). À leur tour, ces derniers peuvent conduire les banques à limiter les crédits et freiner ainsi la croissance. Il y a interdépendance entre la sphère de la finance et la sphère réelle des échanges, de l'investissement et de l'emploi.

b) Les canaux de transmission des risques

En cas de perte de confiance dans le système bancaire, les agents à capacité de financement restreignent leurs dépôts. Pour faire face au manque de liquidité, les banques sont obligées de vendre des actions, ce qui fait baisser leur niveau de richesse et chuter les cours des valeurs sur les marchés financiers. C'est l'effet de richesse.

La diminution des dépôts limite les crédits bancaires. Les investissements des entreprises sont donc différés et la croissance de l'activité économique est ralentie. Dans les cas les plus graves, la crise peut se transformer en récession, caractérisée par la baisse du PIB, la chute des prix et le chômage.

23 LA SITUATION ÉCONOMIQUE

➔ L'observation de la situation économique relève d'institutions nationales et internationales. On distingue l'observation de la conjoncture et l'observation des évolutions structurelles.

1 L'observation de la situation économique

1. Les institutions nationales

a) L'INSEE

L'Institut national de la statistique et des études économiques (INSEE) réalise des études sur l'économie nationale : conjoncture, étude des grands équilibres économiques et financiers, analyse par secteur d'activité économique.

L'INSEE mesure les principaux indicateurs. Il effectue des prévisions sur l'évolution de l'économie française à court terme et propose des projections sur les évolutions à moyen et long terme.

b) L'OFCE

L'Observatoire français des conjonctures économiques (OFCE) est un centre de recherche et de prévisions économiques créé en 1981. Son rôle est d'étudier la conjoncture de l'économie française et d'établir des prévisions économiques à court, moyen et long terme.

c) Le Conseil d'analyse économique

Le Conseil d'analyse économique est rattaché au Premier ministre. Il a pour mission d'éclairer les choix du gouvernement en matière économique en confrontant les points de vue et les analyses.

2. Les institutions internationales

a) La Banque centrale européenne (BCE)

La BCE est la banque centrale des pays de la zone euro. Elle collecte les informations statistiques nécessaires à l'accomplissement de ses missions auprès des autorités nationales compétentes, mais aussi directement auprès des agents économiques.

b) L'OCDE

L'Organisation de coopération et de développement économiques (OCDE) regroupe 30 pays développés. Elle analyse et prévoit les évolutions économiques concernant les échanges, l'environnement, l'agriculture, la technologie, la fiscalité, etc. Elle étudie également les changements qui affectent la société.

c) Le Fonds monétaire international (FMI)

Le FMI publie des données sur la politique économique et financière des 185 États membres. Il fournit également des informations sur l'évolution de la situation économique et financière pour aider les investisseurs et faciliter le fonctionnement des marchés.

2 L'analyse de la situation économique

1. Le champ d'action

L'analyse de la situation économique peut porter sur le court terme (moins de 1 an). Elle constitue alors le champ d'action de la politique conjoncturelle.

Lorsque la portée de l'analyse est supérieure à 1 an, c'est-à-dire le long terme, elle entre dans le champ d'action de la politique structurelle.

2. Les indicateurs

a) Les indicateurs conjoncturels

Les évolutions conjoncturelles correspondent aux variations de l'activité économique à court terme avec des déséquilibres temporaires repérés par différents indicateurs : taux de croissance du PIB, taux d'inflation, taux de chômage et solde de la balance des transactions courantes.

b) Les indicateurs structurels

Les indicateurs structurels reflètent le fonctionnement en profondeur d'une économie. Ils varient suivant les priorités des gouvernants. L'Union européenne les a regroupés en six domaines : le contexte économique général, l'emploi, l'innovation et la recherche, la réforme économique, la cohésion sociale ainsi que l'environnement.

3 L'appréciation par les agents

1. Les déséquilibres économiques

Un déséquilibre reflète le décalage qui existe sur un marché donné entre l'offre et la demande. On distingue les déséquilibres entre :

- l'offre et la demande de biens et services qui entraînent des changements de prix et des répercussions sur le pouvoir d'achat des ménages ;
- l'offre et la demande de travail qui sont créateurs de chômage avec des conséquences sur le revenu des ménages.

Un déséquilibre peut aussi provenir de décisions prises par les pouvoirs publics en matière de finances publiques qui ont des répercussions sur la répartition des revenus et du patrimoine des ménages.

2. Le comportement des agents économiques

Les agents économiques réagissent en temps réel aux évolutions de la situation économique aux niveaux national, européen et mondial. Tous les changements qui risquent d'entraîner des conséquences sur leurs ressources disponibles ont une influence sur leurs comportements et leurs décisions.

a) L'appréciation de la situation par les ménages

Les ménages réagissent aux évolutions des prix en adaptant leur comportement. Les modifications qui touchent leur revenu disponible les obligent à arbitrer entre consommation et épargne.

b) Les conséquences pour les entreprises

Les entreprises doivent en permanence anticiper les décisions des ménages en matière de consommation. Elles utilisent pour cela les informations statistiques fournies par les organismes nationaux et internationaux. Elles mettent aussi en place des études spécifiques (enquête d'opinion, panel de consommation, étude de notoriété) pour suivre les comportements des consommateurs et l'évolution des tendances de consommation.

24 LES POLITIQUES ÉCONOMIQUES

➔ Les politiques économiques regroupent l'ensemble des moyens mis en œuvre par les pouvoirs publics pour atteindre d'une part des objectifs liés à la conjoncture et, d'autre part, des objectifs touchant aux structures de l'économie. De plus en plus, les politiques économiques doivent être coordonnées au niveau international, en particulier pour les États membres de l'Union européenne.

1 La notion de politique économique

1. Définition de la politique économique

Le fonctionnement normal du marché ne permet pas toujours d'aboutir à une situation d'équilibre satisfaisante. Cette limite à la régulation par le marché justifie la mise en œuvre d'une politique économique par l'État.
La politique économique désigne l'ensemble des mesures prises par les pouvoirs publics pour atteindre les grands équilibres économiques, pour modifier l'affectation des ressources et pour redistribuer le revenu national.

2. Le schéma des politiques économiques

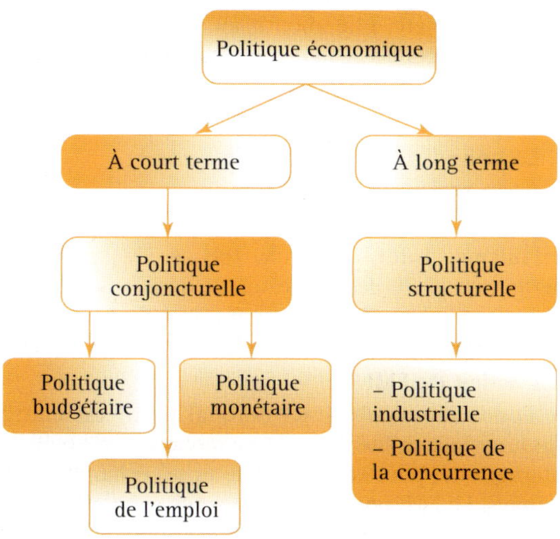

3. Les objectifs de la politique économique

a) La croissance du PIB

La croissance du PIB est l'objectif principal de la politique économique. L'État cherche à promouvoir une croissance économique forte et durable qui contribue au bien-être de la population et au plein-emploi.

b) Le plein-emploi

Le rôle de l'État est de favoriser la création d'emplois directement ou indirectement pour atteindre le plein-emploi.
En situation de plein-emploi, le chômage est à niveau minimal incompressible qui correspond à la durée entre la fin d'un travail et le début d'un nouveau.

c) La stabilité des prix

L'État cherche à garantir le pouvoir d'achat des agents économiques en luttant contre l'inflation.
Il recherche la stabilité des prix car toute augmentation importante des prix constitue une source de déséquilibre qui compromet la croissance.

d) L'équilibre des échanges extérieurs

L'équilibre des échanges extérieurs signifie que les exportations permettent de couvrir les importations. Il est mesuré par le solde de la balance commerciale.
Une balance déficitaire correspond à une croissance économique déséquilibrée qui se traduit par une augmentation des importations au détriment de la production nationale.

e) La finalité sociale de la politique économique

La politique économique a également une finalité sociale avec la lutte contre la pauvreté et l'exclusion sociale, contre l'inégalité hommes-femmes au travail, contre les discriminations à l'embauche.

2 Les instruments des politiques économiques

1. Les composantes de la politique économique

La politique économique se compose d'une dimension conjoncturelle et d'une dimension structurelle.

a) La politique conjoncturelle

La conjoncture correspond au bulletin de santé au jour le jour de l'économie. La politique économique conjoncturelle vise à corriger les déséquilibres macroéconomiques qui apparaissent à court terme.
Elle se compose de deux domaines d'action principaux : la politique budgétaire et la politique monétaire. La politique de l'emploi peut être considérée comme une troisième composante pour toutes les actions sur le marché du travail menées à court terme.

b) La politique structurelle

La politique économique structurelle est une politique sur le long terme visant à modifier durablement la structure de l'économie (la politique industrielle, le fonctionnement de la concurrence, etc.).
Elle peut avoir comme conséquence de modifier les institutions et les comportements des agents économiques.

c) La distinction entre les deux politiques

La distinction entre politique conjoncturelle et politique structurelle est souvent floue car les deux sont liées. Une politique systématiquement conjoncturelle a des conséquences structurelles et une politique structurelle impose souvent des mesures conjoncturelles.

EXEMPLE

La création de contrats précaires pour faire baisser les statistiques du chômage a conduit à une modification structurelle du marché du travail sur le long terme.

24 LES POLITIQUES ÉCONOMIQUES (suite)

2. Les instruments de la politique conjoncturelle

a) La politique budgétaire

La politique budgétaire consiste à utiliser certains instruments budgétaires (dépenses publiques, endettement public, prélèvements fiscaux) pour influer sur la conjoncture économique.

b) La politique monétaire

La politique monétaire a pour objectif d'assurer la stabilité de la valeur de la monnaie.
Le contrôle de la quantité de monnaie en circulation dans l'économie permet de réguler les mouvements de prix.

3. Les instruments de la politique structurelle

La politique structurelle porte sur des domaines traditionnels tels que :
- l'industrie ;
- l'aménagement du territoire ;
- le soutien à l'innovation.

Elle intègre aussi toutes les actions en faveur du développement durable.
Elle s'appuie sur des moyens juridiques (exemple : normes) et financiers (exemples : subventions, allégements fiscaux).

4. Les outils de contrôle des politiques économiques

Des indicateurs permettent de contrôler que la politique économique atteint ses objectifs.

Objectifs	Outils de contrôle
Une croissance économique forte et durable	Le taux de croissance du PIB
La création d'emplois directement ou indirectement	Le taux de chômage en % de la population active
La stabilité des prix pour garantir le pouvoir d'achat	Le taux d'inflation
L'équilibre des comptes extérieurs	Le solde de la balance des paiements en % du PIB

3 L'interaction des politiques économiques

1. Les contraintes internationales

La mondialisation des échanges a conduit à une ouverture des économies et par voie de conséquence à la transmission d'un pays à l'autre des effets des politiques internes.
Chaque État ne peut donc mener une politique économique indépendamment, sans se soucier de son efficacité au regard des actions engagées par ses partenaires économiques.
Les dérèglements de l'économie mondiale avec la crise financière de 2008-2009, les déficits accumulés du budget américain, les aléas des mouvements de prix des matières premières, etc., ont convaincu les gouvernements de la nécessité d'une réelle coordination des politiques économiques.

2. L'appartenance à l'UE

a) L'appartenance à l'UE et à la zone euro

La politique économique de la France se trouve depuis de nombreuses années encadrée par son adhésion à l'UE et à la monnaie unique.
Chaque pays de la zone euro s'est engagé vis-à-vis de ses partenaires à respecter un certain nombre de critères économiques qui restreignent sa liberté d'action en matière de politique économique. Ces critères font l'objet du Pacte de stabilité et de croissance (PSC).
Il s'agit de :
- la stabilité des prix ;
- la maîtrise du déficit public qui doit être inférieur à 3 % du PIB annuel ;
- la maîtrise de la dette publique qui doit être inférieure à 60 % du PIB annuel.

Ces critères ont été temporairement assouplis pour permettre aux États membres de mettre en place des plans de relance de leur économie nationale et de faire face à la crise financière de 2008-2009.

b) La solidarité entre les pays membres

La politique régionale de l'Europe est basée sur la solidarité financière. Elle aboutit au transfert de plus de 35 % du budget de l'Union, des États membres les plus riches vers les régions présentant des handicaps sociaux ou économiques.

3. La coordination des politiques économiques mondiales

Pour coordonner leurs politiques économiques, certains organismes internationaux, tels le FMI et l'OMC, mettent en place des processus de décisions conjoints pour définir les grandes orientations de la politique économique au niveau mondial.

a) L'action du FMI

Le Fonds monétaire international (FMI) est chargé d'assurer la stabilité du système monétaire et financier international pour rendre possibles les échanges entre les pays. Le FMI poursuit les objectifs suivants :
- la stabilité économique et la prévention des crises ;
- la résolution des crises ;
- la croissance ;
- la réduction de la pauvreté.

b) L'action de l'OMC

L'Organisation mondiale du commerce (OMC) agit indirectement sur la politique économique des États. Elle permet aux gouvernements membres de résoudre les problèmes commerciaux auxquels ils sont mutuellement confrontés.
L'OMC édicte des règles que doivent prendre en compte les politiques économiques des États adhérents dans le domaine de la libéralisation des échanges commerciaux et de la protection des consommateurs et de l'environnement.

25 LA POLITIQUE CONJONCTURELLE

Les objectifs conjoncturels concernent la recherche de l'équilibre en matière de croissance, d'emploi, de prix et d'échanges commerciaux. Les instruments utilisés sont la politique budgétaire et la politique monétaire.

1 Les objectifs de la politique conjoncturelle

1. Le carré magique de Kaldor

a) L'élaboration du carré magique

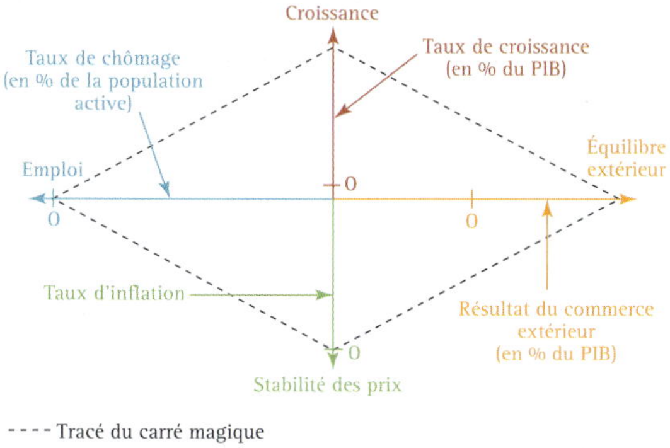

Le carré magique de l'économiste britannique N. Kaldor représente graphiquement la situation conjoncturelle idéale d'un pays à un moment donné : un taux de croissance le plus élevé possible, un commerce extérieur excédentaire, une situation proche du plein-emploi, un taux d'inflation le plus faible possible.

b) L'interprétation du carré magique

Le carré de Kaldor est qualifié de magique car il est impossible d'atteindre simultanément les quatre objectifs. L'observation de la surface réelle du quadrilatère d'un pays montre les priorités de sa politique économique. Ainsi, une déformation vers le sud-est caractérise des objectifs de stabilité des prix et d'excédent commercial au détriment de la croissance et du plein-emploi.

2. Les liens entre les objectifs de la politique conjoncturelle

a) Le dilemme entre inflation et chômage

L'économiste néo-zélandais A. W. Phillips a constaté une relation décroissante entre l'augmentation des salaires et l'augmentation du chômage. Cette relation s'explique par le fait qu'à partir d'un certain niveau de chômage, les salariés sont en position de faiblesse pour obtenir des augmentations de salaires des entreprises.

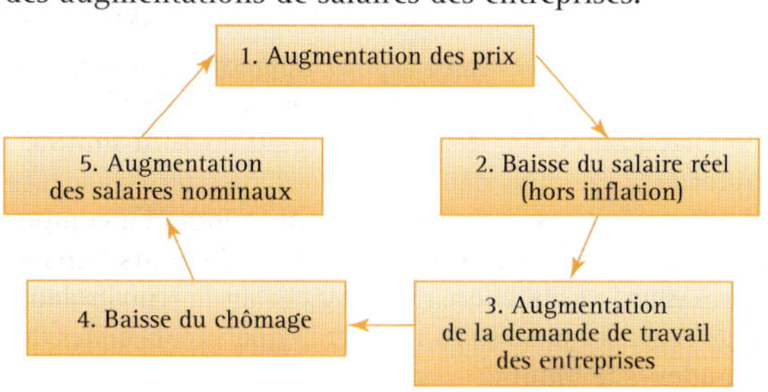

Compte tenu de la relation étroite entre la progression des salaires nominaux et l'inflation, les pouvoirs publics doivent choisir entre la lutte contre le chômage au prix d'une augmentation de l'inflation et la lutte contre l'inflation avec comme conséquence l'augmentation du chômage.

b) La relation entre croissance et emploi

En période de forte croissance, comme pendant les Trente Glorieuses (1945-1975), on observe une corrélation entre la croissance et l'emploi. Plus la croissance du PIB est élevée, plus les créations d'emplois sont importantes. Toute politique en faveur de la croissance aboutit à des créations d'emplois qui elles-mêmes entraînent la distribution de revenus supplémentaires.

3. Le choix d'une politique conjoncturelle

a) La politique de relance

La politique de relance, d'inspiration keynésienne, privilégie les objectifs de stimulation de la croissance et de lutte contre le chômage. Les moyens utilisés pour atteindre ces objectifs sont tout d'abord une politique budgétaire visant à soutenir la demande globale au prix d'un éventuel déficit, mais aussi une politique monétaire expansionniste favorisant l'offre de monnaie.

b) La politique de rigueur

La politique de rigueur privilégie quant à elle la lutte contre l'inflation, l'assainissement financier et la réduction du déficit extérieur. La politique budgétaire recherche l'équilibre et la limitation des dépenses publiques. La politique monétaire se concentre sur la stabilité des prix.

2 La politique budgétaire

1. La mise en œuvre d'une politique budgétaire

a) Le principe de la politique budgétaire

La politique budgétaire regroupe l'ensemble des mesures qui utilise les dépenses publiques ou les recettes fiscales pour agir sur l'activité économique.

Pour J. M. Keynes, l'intervention de l'État dans l'économie doit compenser les dysfonctionnements du marché. En intervenant sur la demande de consommation par un accroissement des dépenses publiques, l'État favorise la croissance.

b) Le mécanisme de la politique budgétaire

Il s'agit de stimuler une croissance trop faible. L'État peut décider de réduire les impôts, d'augmenter ses dépenses ou les deux. Le mécanisme obéit au principe du multiplicateur keynésien :

- l'augmentation des revenus des ménages et des entreprises entraîne une demande supplémentaire de biens et services de consommation et de production ;
- pour faire face aux ventes supplémentaires, les entreprises investissent, ce qui entraîne des créations d'emplois ;
- l'augmentation de l'emploi entraîne un accroissement des revenus distribués aux agents économiques ;

25 LA POLITIQUE CONJONCTURELLE (suite)

– ces revenus supplémentaires conduisent à leur tour à un accroissement de la consommation.

2. Les limites de la politique budgétaire

a) La désincitation au travail et à l'épargne

L'économiste A. Laffer considère qu'un taux d'imposition trop élevé incite les ménages et les entreprises à réduire leurs activités de travail au profit des loisirs. Plus la pression fiscale augmente, plus les recettes fiscales de l'État augmentent, mais au-delà d'un certain seuil elles finissent par diminuer.

Face à l'augmentation des prélèvements obligatoires, les investisseurs renoncent à investir car leurs gains sont en grande partie amputés par l'impôt.

L'analyse d'A. Laffer peut être représentée par une courbe en cloche :

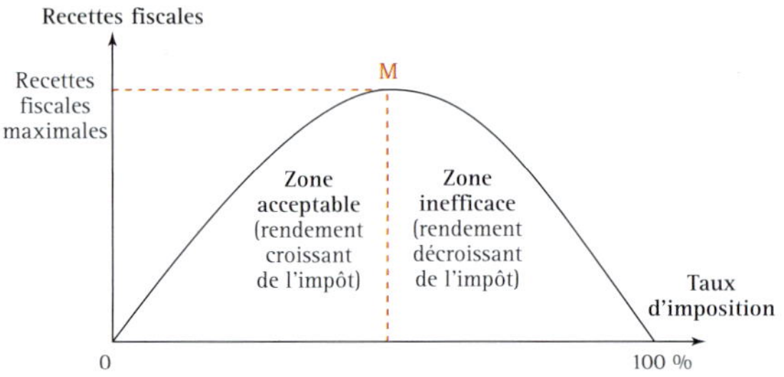

b) La fuite des capitaux ou expatriation fiscale

La fuite des capitaux consiste pour une personne ou une entreprise à changer légalement de résidence fiscale afin de trouver un pays ou une zone économique offrant une fiscalité relativement plus favorable. Certains de ces pays ou zones sont qualifiés de paradis fiscaux.

L'expatriation fiscale a des conséquences négatives pour les États qui subissent une baisse de recettes fiscales. Elle fait peser un poids plus lourd sur ceux qui n'échappent pas à l'impôt.

c) L'effet d'éviction

Lorsque l'État a recours à l'emprunt pour financer le déficit des finances publiques, il s'adresse au marché des capitaux. Il entre alors en concurrence avec les entreprises privées qui empruntent des capitaux pour financer leurs investissements.

Les entreprises n'obtiennent pas ces prêts du fait du besoin de financement élevé des États : ce phénomène est qualifié d'effet d'éviction.

d) La condition de soutenabilité

Chaque État de la zone euro peut mener une politique budgétaire dans la limite où le déficit et la dette publique restent en dessous des seuils fixés respectivement à 3 % et à 60 % de son PIB.

Pour financer le déficit par l'emprunt, les recettes doivent couvrir les dépenses à long terme. Une succession de déficits alourdit la dette de l'État et provoque un effet « boule de neige » : la charge d'intérêt de la dette augmente le déficit qui accroît l'endettement de l'État, et ainsi de suite.

3 La politique monétaire

1. Les principes de la politique monétaire

a) La définition de la politique monétaire

La politique monétaire regroupe les mesures qui concernent les conditions du financement de l'économie. Elle est mise en œuvre par la banque centrale du pays.

Dans la zone euro, la politique monétaire est décidée à l'échelle européenne par la Banque centrale européenne. La BCE est totalement indépendante et est entièrement protégée de toute intervention politique. Mais en l'absence d'un gouvernement économique de l'Europe, elle décide d'une seule politique monétaire qui ne correspond pas nécessairement aux besoins de seize pays différents.

b) L'objectif de stabilité des prix

Le principal objectif est la lutte contre l'inflation. La hausse des prix a pour origine une trop grande quantité de monnaie en circulation dans l'économie. La politique monétaire vise donc à contrôler la quantité de liquidité disponible pour les agents économiques en déterminant la norme de progression de la masse monétaire.

2. La mise en œuvre de la politique monétaire

a) Le principe du taux d'intérêt

L'instrument privilégié d'une banque centrale est le taux d'intérêt à court terme. En augmentant ce taux, elle contraint les banques à augmenter les taux de crédit qu'elles accordent à leurs clients. Cette augmentation freine le recours à l'emprunt des ménages et des entreprises et limite l'inflation, même au prix d'un ralentissement de la croissance économique.

b) L'*open market*

Pour agir sur le taux d'intérêt, la banque centrale intervient directement sur le marché monétaire (ou *open market*) en injectant ou retirant des liquidités pour faire varier le taux d'intérêt et donc freiner ou favoriser le financement de l'activité économique.

c) Le financement des banques

Elle peut également agir sur les taux d'intérêt directeurs des prêts qu'elle accorde aux banques lorsque celles-ci ont un besoin urgent d'argent. Les banques répercutent alors ce coût aux clients qui viennent leur emprunter de l'argent.

La BCE agit enfin en imposant aux banques de constituer des réserves obligatoires pour se prémunir d'une éventuelle crise du crédit.

4 La politique de l'emploi

La politique de l'emploi a pour objectif de rapprocher l'offre et la demande de travail afin d'atteindre le plein-emploi. Elle comporte un volet quantitatif (exemple : aides à la création d'emplois) pour susciter davantage d'offres d'emploi de la part des entreprises. Elle présente également un volet qualitatif (exemple : soutien à la formation) car le chômage provient en partie du décalage entre les postes proposés et la qualification des demandeurs d'emploi.

26 LA POLITIQUE STRUCTURELLE

➔ La politique structurelle vise à améliorer le fonctionnement des marchés pour favoriser la croissance et la compétitivité des économies nationales. Dans l'Union européenne, la mise en œuvre de la politique structurelle relève des États membres tout en s'inscrivant dans le cadre de la stratégie de Lisbonne.

1 Le cadre institutionnel

1. Les décisions communautaires

Dans l'Union européenne, la politique structurelle s'appuie sur les décisions communautaires prises dans les domaines de la politique de la concurrence, de la politique industrielle, de la politique agricole, de la politique de l'environnement et de la politique sociale.

Toutes ces politiques sont coordonnées par les grandes orientations de politique économique (GOPE). Les GOPE visent à créer les conditions d'une amélioration de la croissance et de l'emploi pour garantir la stabilité économique.

2. La stratégie de Lisbonne

a) Le contenu

La stratégie de Lisbonne désigne l'axe principal de la politique économique de l'Union européenne entre 2000 et 2010.

Définie par le Conseil européen de Lisbonne en 2000, elle consiste à faire de l'Union européenne « l'économie de la connaissance la plus compétitive et la plus dynamique du monde d'ici à 2010, capable d'une croissance économique durable accompagnée d'une amélioration quantitative et qualitative de l'emploi et d'une plus grande cohésion sociale ».

Elle comporte quatre domaines d'action prioritaires : la connaissance (éducation, recherche et innovation), l'exploitation du potentiel des entreprises, l'augmentation des possibilités d'emploi et la mise en place d'une politique énergétique.

b) Le rôle des États membres

La mise en œuvre de la stratégie de Lisbonne est de la responsabilité des États membres. La Commission européenne analyse les performances de chaque État et fait des recommandations si l'État membre concerné doit encore renforcer ou accélérer ses efforts dans un domaine.

3. La politique de cohésion européenne

a) Les principes

Une partie de la politique structurelle est conduite directement au niveau communautaire : il s'agit de la politique de cohésion. Celle-ci vise à réduire les écarts de développement entre les régions de l'Union par un transfert de ressources des régions les plus riches vers les plus démunies.

Elle s'appuie sur les principes de solidarité et de proximité pour favoriser la cohésion économique, sociale et territoriale de l'Union.

b) Les objectifs

L'objectif de convergence consiste à aider les régions en retard de développement (dont le PIB est inférieur à 75 % de la moyenne communautaire).

L'objectif de compétitivité régionale vise à renforcer la compétitivité et l'attractivité des régions ainsi que l'emploi.

La coopération territoriale européenne promeut un développement harmonieux et équilibré de l'Union.

2 Les principales orientations

1. L'amélioration du fonctionnement des marchés

a) La politique de concurrence

La politique de concurrence de l'UE garantit que la concurrence n'est pas faussée dans le marché intérieur en veillant à ce que des règles similaires s'appliquent à l'ensemble des entreprises qui y opèrent.

L'UE a mis en place un ensemble de règles visant à condamner, mais aussi à prévenir, les comportements anticoncurrentiels des entreprises comme l'entente (pour contrôler les prix ou se répartir les marchés) ou l'abus de position dominante (de la part d'une entreprise leader qui cherche à exclure ses concurrents du marché).

b) La mise en place d'organes de régulation

Au niveau européen et au niveau français, des organes de régulation des marchés ont été mis en place. En France, il s'agit d'autorités administratives indépendantes des pouvoirs publics comme des entreprises du secteur concerné. Ces organismes accompagnent essentiellement des secteurs d'activité engagés dans un processus de déréglementation et d'ouverture à la concurrence.

Au niveau européen, il s'agit d'agences communautaires qui remplissent une tâche de nature technique, scientifique ou de gestion bien spécifique.

EXEMPLE

L'Agence européenne de la sécurité aérienne.

2. L'adaptation des économies européennes

Depuis 2005, la stratégie définie à Lisbonne a été simplifiée. Elle ne comporte plus que deux grands objectifs : un taux d'investissement dans la recherche et le développement égal à 3 % du PIB européen et un taux d'emploi de 70 %.

Il s'agit des deux objectifs jugés indispensables pour adapter les économies européennes à la mondialisation.

3. L'Europe sociale

L'Europe sociale désigne l'ensemble des politiques sociales de l'UE qui traitent de l'emploi, des conditions de travail et de la protection sociale. Quatre grands domaines concentrent les réalisations de l'UE en matière d'Europe sociale :

- la libre circulation des travailleurs et la coordination des régimes de sécurité sociale ;
- la protection des droits individuels et collectifs sur le lieu de travail ;
- la lutte contre les discriminations et pour l'égalité de traitement des hommes et des femmes au travail.

27 LES ENJEUX DE LA RÉGULATION DU COMMERCE MONDIAL

➔ La libéralisation et l'augmentation des échanges conduisent en principe à des gains mutuels pour les pays participants. Cependant, des comportements opportunistes et protectionnistes peuvent se développer. L'organisation du commerce mondial consiste à les empêcher en fixant des règles communes.

1 Les effets positifs du commerce mondial

1. La stimulation de la concurrence

a) La loyauté des pratiques

Le but du libre-échange est de promouvoir une concurrence ouverte et loyale sur de larges marchés. Les règles du commerce mondial combattent toute mesure de discrimination à l'échange et visent à éliminer les pratiques déloyales (exemples : *dumping*, subventions).

b) La compétitivité des industries

La compétitivité est, au niveau mondial comme au niveau national, une condition de survie pour les entreprises. Une firme non compétitive en prix disparaît face à ses concurrents.

c) Les gains de productivité

La compétitivité impose aux firmes de réaliser des gains de productivité. La productivité est un facteur de croissance de la production et la recherche de moyens pour réaliser les gains de productivité suscite des efforts d'innovation.

2. La convergence des rémunérations

Les écarts de salaires sont encore très importants entre les nations.

EXEMPLE

Un travailleur mexicain gagne environ 2 € l'heure tandis que le salaire horaire moyen d'un salarié aux États-Unis excède 15 €.

Le libre-échange favorise la convergence des rémunérations. L'ouverture des pays sous-développés aux capitaux des nations industrielles permet aux entreprises de réaliser des investissements qui augmentent la productivité des salariés, leurs salaires et leur qualification. Le libre-échange permet donc le développement des pays les plus pauvres.

3. Le rattrapage des pays les moins avancés

De nombreux pays en retard de développement par rapport aux pays industriels modifient leur stratégie. D'un développement autocentré qui consiste à partir de ses propres ressources pour produire pour le marché national, les pays dits émergents ou en transition, se tournent vers une stratégie de promotion des exportations. L'organisation du commerce mondial doit inciter les pays industriels à ouvrir leurs marchés aux exportations de ces pays dont l'industrie n'a pas encore atteint le stade du décollage industriel et qui comptent de nombreuses industries naissantes.

2 Les entraves au libre-échange

1. Le risque du « passager clandestin »

L'attitude du « passager clandestin » consiste, pour un pays, à bénéficier d'un accord sans en respecter les règles. Une nation, à titre individuel, peut chercher à profiter des avantages que représente l'ouverture des marchés pour ses exportations, tout en protégeant son économie en érigeant des barrières pour limiter ses importations.

2. Les formes de la protection

a) Les barrières tarifaires

Il s'agit de taxes prélevées sur les produits en provenance de l'étranger lors de leur passage en douane. Les droits de douane augmentent les prix des produits importés, ce qui permet aux produits nationaux de rester compétitifs. Les tarifs douaniers ont le mérite d'être visibles.

b) Les barrières non tarifaires

Dans le cas des contingentements (ou quotas), un pays limite la quantité d'une catégorie de biens qu'il importe. À l'opposé, les restrictions volontaires d'exportations consistent, pour un pays, à accepter de limiter la quantité de marchandises qu'il exporte.
Le protectionnisme déguisé correspond aux normes de sécurité, techniques, sanitaires, etc., qui assurent souvent une protection efficace des industries nationales.
Enfin, les aides directes à un secteur économique (subventions publiques) visent à pallier le manque de compétitivité d'un secteur ou d'une entreprise sur les marchés internationaux.

3 La coordination internationale

Pour organiser les relations internationales et éviter le phénomène du passager clandestin, les nations ont créé des institutions où sont débattus les grands problèmes économiques mondiaux.

1. L'OCDE

Créée en 1960, l'Organisation de coopération et de développement économiques regroupe les 30 pays les plus riches et représente un lieu de rencontre et de discussion, en particulier sur la mondialisation.

2. La CNUCED

Depuis 1964, le but de la Conférence des Nations unies pour le commerce et le développement est d'aider les pays en développement à tirer le meilleur parti des possibilités du commerce et des investissements pour s'intégrer dans l'économie mondiale.

3. L'OMC

Créée en 1995, l'Organisation mondiale du commerce fournit un cadre institutionnel aux accords sur le commerce et les tarifs douaniers. Le traité fondateur est l'accord du GATT (1947). Il est né d'une volonté de paix entre les États, après le repli des nations des années 1930. L'OMC organise des négociations entre ses 153 pays membres et leur sert de lieu d'arbitrage pour assurer le bon fonctionnement du commerce international.

28 L'ORGANISATION MONDIALE DU COMMERCE

Créée en 1995, l'Organisation mondiale du commerce (OMC) offre un cadre pour les négociations multilatérales relatives au commerce mondial. Il en émane des règles qui ont pour objectif principal le libre-échange entre les nations.

1 Les fondements de l'organisation

1. Les objectifs

a) Le libéralisme

L'institution de l'actuelle OMC (1995) est le prolongement du GATT. Cet accord résulte de la volonté des peuples, au lendemain de la Seconde Guerre mondiale, de promouvoir la liberté du commerce entre les nations. L'OMC continue dans cette voie et défend le libéralisme qui repose sur une concurrence loyale.

b) L'équité

La règle de base prône un commerce ouvert, équitable entre les membres. En particulier, les échanges doivent s'effectuer sans discrimination ni préférence, c'est-à-dire sans privilégier les relations entre un pays et un autre (ou avec un groupe de pays).

2. Le champ d'application

Les domaines du commerce se répartissent en trois grands accords.

L'accord général sur les tarifs douaniers et le commerce (GATT) est l'accord fondateur sur les marchandises. Il avait pour but, en 1947, d'éliminer progressivement les mesures protectionnistes. Il y est parvenu, même s'il subsiste encore des entraves au commerce. L'accord originel demeure le cœur du système actuel.

L'accord général sur le commerce des services (AGCS) est un accord complémentaire relatif au commerce des services : transports, télécommunication, etc.

L'accord sur les droits de la propriété intellectuelle concernant le commerce (ADPIC) vise à protéger les marques, les brevets, etc.

3. Le contrôle des politiques

Les politiques commerciales des États membres de l'OMC font l'objet d'un examen, à intervalles réguliers, pour s'assurer que les règles sont bien respectées. Cet examen est réalisé tous les 2 ans pour l'Union européenne, les États-Unis et le Japon.

4. L'organe de règlement des différends

L'OMC est dotée d'un organe de règlement des différends (ORD) pour régler les litiges commerciaux entre les pays membres. Quand un pays considère que son partenaire viole les accords, les parties sont consultées par l'ORD et un groupe spécial (experts, représentants des pays) est créé. Des sanctions peuvent être prononcées en cas de non-respect des règles après injonction.

2 Les principales clauses de l'OMC

1. La clause de la nation la plus favorisée

La clause de «la nation la plus favorisée» impose au pays qui consent un avantage à l'un de ses partenaires commerciaux d'étendre cette mesure à tous ses partenaires.

2. L'interdiction de la vente déloyale à bas prix

La vente déloyale à bas prix (*dumping*) est une technique qui consiste à exporter à un prix inférieur au prix national du pays exportateur pour accroître les parts de marché. Le *dumping* contrevient aux principes de la concurrence loyale.

3. La clause de sauvegarde

En cas d'urgence, un pays peut restreindre, temporairement, les importations d'un produit qui cause ou menace de causer un dommage (exemple : pertes d'emplois).

3 Les négociations commerciales multilatérales

1. Le multilatéralisme

Le multilatéralisme signifie que les gouvernements doivent s'entendre pour négocier ensemble des règles valables pour tous. Des décisions prises collectivement prévaudront automatiquement sur les décisions nationales. L'OMC veille à ce que les décisions soient fondées sur un large consensus.

2. L'objet des négociations

a) La baisse des droits de douane

L'instauration de droits de douane à l'importation est la barrière la plus importante aux échanges commerciaux. Les négociations de l'OMC ont ramené le taux des droits perçus sur les produits industriels à moins de 5 %.

b) L'élimination des obstacles non tarifaires

Le but de l'OMC est de supprimer les barrières quantitatives comme le contingentement qui font obstacle au libre-échange. Les autres mesures (procédures administratives, normes) doivent aussi être allégées pour favoriser la liberté du commerce.

3. Les cycles de négociation (*rounds*)

a) Les principaux cycles achevés

Le cycle des «négociations Kennedy» (1964-1967) a réduit les droits de douane sur les produits industriels de 35%.

Les négociations de Tokyo (1973-1979) ont consacré une nouvelle baisse tarifaire de 34% sur les produits industriels et un consensus a été adopté concernant les obstacles non tarifaires.

Le cycle d'Uruguay (1986-1994) a abouti à la création de l'OMC.

b) Le programme de Doha pour le développement

Lors de la conférence ministérielle de Doha (Qatar), en 2001, les membres de l'OMC ont ouvert un nouveau cycle de négociations portant sur les questions spécifiques aux pays en développement.

Les pays en développement (PED) bénéficient d'un «traitement spécial et différencié» : ils sont, par exemple, autorisés à copier et à distribuer des médicaments.

29 LES LIMITES DE LA GOUVERNANCE MONDIALE

L'OMC a pour mission de renforcer la libéralisation des échanges et tente de l'étendre à des biens et des services qui relèvent de nouveaux domaines. Le consensus mondial émerge difficilement, d'autant plus que les négociations multilatérales doivent tenir compte d'accords régionaux ou bilatéraux entre les membres.

La notion de gouvernance est une expression récente. Il s'agit de réfléchir à la façon dont l'économie mondiale est gouvernée en l'absence d'un gouvernement mondial. En effet, les nations sont autonomes, mais interdépendantes. On s'intéresse donc à la façon dont sont définies et appliquées les règles collectives.

1 La transversalité des thèmes abordés

1. L'environnement

Certaines mesures nationales, de nature environnementale, ont un impact direct sur le libre-échange.

EXEMPLE

Les États-Unis ont décidé d'interdire les importations de produits à base de thon pêché par du matériel qui ne correspond pas aux normes américaines de protection des dauphins.

L'OMC considère que des dispositions unilatérales prises par un pays, même pour protéger les animaux ou les ressources naturelles, contreviennent aux règles multilatérales du commerce.

2. Les normes du travail

Des produits font l'objet d'un commerce alors qu'ils sont fabriqués dans des conditions de travail contraires aux règles de l'Organisation internationale du travail (travail des enfants, absence de syndicalisation, etc.). L'OMC travaille avec l'OIT pour édicter des règles communes.

3. La libéralisation des services

La libéralisation des services définis dans l'Accord général sur le commerce des services (AGCS) recouvre un vaste domaine qui va de la banque au tourisme, en passant par les services publics (santé, éducation). L'enjeu est considérable car les services tirent l'économie mondiale.

4. L'ouverture des marchés agricoles

Les pays exportateurs de produits agricoles, Australie et Brésil en tête, demandent le démantèlement des subventions à l'agriculture. L'Europe et le Japon, au contraire, militent pour leur maintien ; ils défendent le principe de multifonctionnalité selon lequel l'agriculture fournit des services et des produits qui vont au-delà des denrées agricoles (exemple : espaces verts).

5. Les échanges intrafirmes

Les échanges entre filiales, ou entre filiales et sociétés mères de firmes multinationales, représentent près du tiers des échanges. Ces flux échappent, pour le moment, à la gouvernance de l'OMC.

6. Le commerce des produits numériques dématérialisés

Des produits (livres électroniques, morceaux de musique, vidéos, etc.) font l'objet de relations transnationales par voie électronique ; c'est un mode de diffusion et d'échanges qui nécessite de nouvelles règles.

7. La propriété intellectuelle

Les États-Unis souhaitent renforcer la protection de la propriété intellectuelle. Les pays en développement, Inde en tête, s'y opposent, estimant que c'est un moyen, pour les pays développés, de faire du protectionnisme déguisé.

8. La culture

La France désire maintenir sa politique de soutien aux activités culturelles, en particulier les quotas et les subventions accordées au secteur audiovisuel, le prix unique du livre, etc., au nom de la protection de la diversité culturelle. Les États-Unis ne reconnaissent pas cette « exception culturelle », selon laquelle les biens culturels ne sont pas des biens comme les autres ; ils en réclament la suppression.

2 Les accords régionaux

1. La multiplicité des accords régionaux

Pratiquement tous les pays adhèrent à une union douanière, une zone de libre-échange ou un accord bilatéral. Au sein d'une union douanière, les échanges sont libres et la protection douanière uniforme.

EXEMPLES

L'Union européenne et le MERCOSUR (marché commun d'Amérique du Sud) sont des unions douanières.

À l'intérieur d'une zone de libre-échange, le commerce est libre et chaque pays conserve la liberté de fixer ses droits de douane.

EXEMPLES

Accord de libre-échange nord-américain (ALENA), Association des nations de l'Asie du Sud-Est (ASEAN).

Un accord bilatéral est conclu entre deux pays.

EXEMPLE

L'accord commercial de rapprochement économique entre l'Australie et la Nouvelle-Zélande.

2. L'enjeu pour la gouvernance mondiale

Les accords bilatéraux entre pays ou le développement de zones régionales de commerce sont, en principe, en contradiction avec le principe de l'égalité de traitement entre toutes les nations et constituent une autre limite à la gouvernance mondiale par l'OMC.

Des arrangements régionaux contreviennent aux règles de l'OMC, par exemple en érigeant des tarifs douaniers communs autour de la zone.

Cependant, certains accords ne créent pas d'obstacles au commerce avec les autres pays. Ils renforcent au contraire le libre-échange en facilitant les échanges intrazone et préparent la négociation d'accords multilatéraux.

30 LA COOPÉRATION INTERNATIONALE : UNE OFFRE DE BIENS PUBLICS MONDIAUX

La mondialisation fait prendre conscience de besoins globaux qui ne sont pas satisfaits par le marché. L'absence d'un gouvernement mondial pour produire les biens publics qui pallieraient cette insuffisance du marché implique qu'ils soient produits et gérés grâce à la coopération des États.

1 L'émergence de la notion de bien public mondial

1. La dimension internationale

Ch. Kindleberger (1986) définit les biens publics mondiaux comme « l'ensemble des biens accessibles à tous les États qui n'ont pas nécessairement un intérêt individuel à les produire ».
La définition souligne deux aspects. D'une part, l'intérêt tiré du bien dépasse le cadre des frontières nationales. D'autre part, il appartient aux puissances publiques de produire les biens qui concourent au bien-être mondial.

2. La dimension intergénérationnelle

Les biens publics mondiaux ont une portée intergénérationnelle. Ainsi, les mesures visant à limiter l'accumulation des gaz à effet de serre bénéficient à la génération présente et aux générations futures. Il en est de même de la biodiversité, de l'éradication des pandémies, de la stabilité climatique, de la stabilité financière et commerciale.

2 Les caractéristiques des biens publics mondiaux

Un bien public mondial est un bien dont la consommation est collective au niveau international. Le bien public mondial est pur s'il satisfait aux deux conditions de non-exclusion et de non-rivalité énoncées par P. Samuelson (1954).

1. La non-exclusion

L'acquisition d'un bien marchand exclut ceux qui ne l'ont pas acheté de sa consommation. Au contraire, un bien public ne fait pas l'objet d'une appropriation individuelle : il n'y a aucune exclusion et le financement du bien est assuré par des fonds publics.

EXEMPLE

La stabilité climatique n'a pas de prix de marché et bénéficie à tous les habitants de la planète.

2. La non-rivalité

La consommation du bien par les habitants d'un pays ne réduit pas la consommation du bien qui en est faite dans les autres États. Il n'y a aucune rivalité pour la détention du bien.

EXEMPLE

La consommation d'informations publiques produites par des campagnes destinées à éradiquer des pandémies (sida, variole) ne limite pas l'usage de ces mêmes informations par d'autres nations. L'information est libre et abondante.

3. Les biens publics impurs

La notion de bien public s'étend à des biens dits « impurs », où l'une des deux caractéristiques fait défaut.

a) Les biens de club : non-rivalité et exclusion

Les biens de club s'utilisent sans rivalité mais leur accès est limité par un prix d'entrée (exclusion). Il faut adhérer à un groupement et s'acquitter d'un droit pour en bénéficier.

EXEMPLES

Canal de Suez, de Panamá.

b) Les biens communs : non-exclusion et rivalité

Les biens communs sont gratuits (non-exclusion) mais s'épuisent quand ils sont consommés. Le problème à résoudre est celui de leur surexploitation et de la rivalité qui en résulte pour s'approprier la ressource gratuite en l'absence d'un marché. La gestion publique des ressources corrige les anomalies du marché sans remettre en cause la liberté du commerce.

EXEMPLE

La surexploitation des forêts, sans respecter le temps de reboisement, satisfait l'intérêt individuel de l'exploitant forestier, mais compromet l'équilibre écologique à long terme.

3 La production de biens publics mondiaux

1. La production par un fournisseur hégémonique

a) Le principe

Un État (ou un groupement d'États) peut être à l'origine de la fourniture du bien public mondial.

EXEMPLE

Les États-Unis ont été à l'origine du système monétaire international de Bretton Woods, en 1945. Ils ont aussi favorisé les premières négociations du GATT pour libéraliser le commerce mondial.

b) Les limites de la production hégémonique

La production du bien public par un producteur dominant est soumise à des conditions qui en font un cas limité :
- la stabilité de l'État ;
- la capacité à fournir le bien public ;
- la volonté politique d'être le producteur unique ;
- la supériorité des bénéfices retirés de l'opération par rapport aux coûts engagés.

2. La production par la coopération internationale

a) Le phénomène du « passager clandestin »

La théorie économique montre que la production d'un bien public mondial par un pays qui n'est pas de taille hégémonique n'est pas rationnelle. La production du bien par un seul pays profiterait à l'ensemble de la collectivité. Or, il est impossible d'en faire payer le prix. Aucun État n'a donc intérêt à le produire de manière

30 LA COOPÉRATION INTERNATIONALE : UNE OFFRE DE BIENS PUBLICS MONDIAUX

individuelle. Chaque nation a, au contraire, intérêt à adopter un comportement de « passager clandestin », c'est-à-dire à attendre l'initiative des autres pour en profiter.

Dans ces conditions, le bien public mondial risque de n'être jamais produit. C'est un échec du marché puisque le comportement individuel des agents ne parvient pas à maximiser le bien-être mondial.

b) L'échec des États

La difficulté à produire un bien public mondial signale aussi un échec des États car les décisions à prendre concernent les gouvernements.

Une autorité publique supranationale doit donc se substituer au marché et aux États individuels pour réaliser l'allocation optimale des ressources. Faute d'un gouvernement unique mondial, il revient à la coopération internationale d'organiser la production et la gestion du bien public.

4 Les modalités de gestion du bien public mondial

1. Le recours à des institutions internationales

Les nombreuses organisations internationales (Organisation mondiale du commerce, de la santé, Conseil de sécurité de l'ONU, Organisation internationale du travail, etc.) fournissent un cadre de réflexion débouchant sur des traités générateurs d'obligations juridiques, des protocoles actant des résolutions communes, ou des communiqués annonçant des mesures d'urgence.

EXEMPLE

Face à la crise financière déclenchée en 2007, le groupe des 20 pays les plus riches du monde (G20), réuni à Londres en avril 2009, a rappelé que la prospérité mondiale était « un bien indivisible ». Les États se sont engagés à accorder 1 100 milliards de dollars pour soutenir le crédit, la croissance et l'emploi. Le communiqué prévoit un renforcement de la supervision financière, une réforme du Fonds monétaire international et de la Banque mondiale pour fonder « un nouvel ordre économique mondial ».

2. Les mesures contraignantes

Des mesures fiscales sont parfois utilisées pour contraindre les auteurs d'externalités négatives à supporter dans leurs coûts une partie du coût social qu'ils font supporter à la collectivité.

EXEMPLE

Pour compenser le coût de l'instabilité économique due à la spéculation, l'économiste J. Tobin propose de taxer les transactions financières.

3. Les incitations et l'instauration de marchés adaptés

L'introduction d'un droit ou permis peut permettre de réaliser la production du bien public mondial en utilisant les mécanismes du marché. Ainsi, le protocole de Kyoto comporte des objectifs de réduction des émissions de gaz à effet de serre. Les États et les entreprises ont la possibilité d'échanger des permis d'émission sur un marché. Le dépassement de leurs objectifs devient coûteux, ce qui les incite à respecter leurs engagements.

EXEMPLE

Le Japon a un objectif de réduction de 6 % de ses émissions de CO_2 entre 2008 et 2012. En 2007, il a négocié avec la Hongrie pour lui acheter des « droits » et tenir ainsi ses engagements.

5 Les limites de la coopération internationale

1. La nécessité de nouvelles régulations

Les États ne peuvent pas traiter individuellement d'importantes questions mondiales. Par ailleurs, les institutions traditionnelles (Fonds monétaire international, Organisation mondiale du commerce) semblent en crise : contestation par les organisations non gouvernementales, longueur des discussions de l'OMC, nécessaire rénovation du FMI pour gérer la crise financière mondiale, etc.

La mondialisation fait apparaître la nécessité de nouvelles régulations. La gouvernance mondiale suggère la création de nouvelles institutions supranationales. Par exemple, la création d'une organisation mondiale de l'environnement. Pour le moment, la seule solution à la question d'une « gouvernance mondiale » réside dans les discussions multilatérales et la coopération.

2. La conciliation des intérêts particuliers

La coopération nécessite de s'accorder sur les finalités et le partage des responsabilités, ce qui suppose de hiérarchiser les priorités. La multiplicité des acteurs rend l'ordre des priorités difficile à établir. Les discussions sont souvent longues et complexes avant d'aboutir à un accord satisfaisant pour l'ensemble des parties.

3. Le financement des actions

Le financement du bien public est assuré par le budget des États. La répartition des charges entre les États dépend des modes de contribution et des négociations multilatérales. Deux méthodes sont possibles : une contribution proportionnelle à la taille ou au poids économique de chaque État ou une contribution différenciée en fonction de l'avantage retiré de la réalisation de l'objectif.

EXEMPLE

Les États-Unis ont justifié leur retrait du protocole de Kyoto par des raisons économiques, la répartition du financement entre les signataires leur semblant désavantageuse.

exercice 1 La rationalité des agents économiques

On propose un jeu à deux étudiants, A et B : on met à la disposition de A 100 euros avec pour seule obligation de partager cette somme avec B, qui peut accepter ou refuser l'offre. Si B accepte, les deux étudiants partent avec leurs gains respectifs ; s'il refuse, personne n'obtient rien. La théorie économique nous enseigne que chaque individu agit dans son propre intérêt. Selon ce principe, le joueur A devrait offrir le minimum (1 euro) à B, qui devrait accepter car il s'agit pour lui d'un gain positif, supérieur à zéro. Le test effectué montre que A offre presque toujours plus que 1 euro : il est plus généreux que ne le postule la théorie. Quant à B, il refuse systématiquement toute offre qu'il estime insuffisante et préfère tout perdre (en faisant aussi perdre A qu'il punit). L'actualité économique quotidienne abonde en situations similaires. Par exemple, des salariés licenciés qui refusent des primes conséquentes et préfèrent choisir de s'opposer à leur entreprise, quoi qu'il leur en coûte.

ENTRAÎNEZ-VOUS

1. Pourquoi A n'offre-t-il pas 1 euro dans la réalité ? Que pense-t-il ?

2. À votre avis, le comportement de B est-il rationnel ?

CORRIGÉS p. 42

exercice 2 Les revenus primaires

L'essentiel de la production de richesses, quelle qu'en soit la provenance, se transforme en revenus primaires destinés à l'ensemble de la population. Lorsqu'on parle de revenus primaires, on pense avant tout à ceux qui sont issus du travail, et plus rarement à ceux tirés du patrimoine.

Journaléco, mars 2008.

ENTRAÎNEZ-VOUS

1. Comment s'organise la distribution primaire des revenus ?

2. Donnez des exemples de revenus primaires touchés par les agents économiques.

CORRIGÉS p. 42

exercice 3 La dématérialisation de la monnaie

Au Moyen Âge, la monnaie ne représentait pas une valeur ; elle était une valeur, une marchandise, puis elle est progressivement devenue un instrument de mesure. Aujourd'hui, la monnaie tend à se dématérialiser, à ne devenir qu'un pur signe, comme en témoignent la croissance rapide de la part des transactions en monnaie scripturale au détriment de la part des échanges en monnaies fiduciaire et métallique et le développement récent de la monnaie électronique. La disparition du franc au profit de l'euro masquerait-elle la disparition de la monnaie comme élément matériel ?

http://classes.bnf.fr/franc/pistes/theme5.htm.

ENTRAÎNEZ-VOUS

1. Présentez les principales caractéristiques des différentes formes de la monnaie.

2. Expliquez la notion de monnaie dématérialisée.

CORRIGÉS p. 42

corrigés

exercice 1 page 39

1. La théorie économique classique postule que les individus sont égoïstes et cherchent à maximiser leur profit. En réalité, A offrira certainement plus que 1 euro car il se méfie des représailles. B peut estimer qu'il est trop avare, se sentir blessé par une offre humiliante et la rejeter. En ce cas, B perd 1 euro, somme minime. Il a la satisfaction de faire perdre 99 euros à A.

2. B est rationnel, mais il intègre d'autres paramètres que les prix. Les agents économiques sont des êtres complexes et répondent à des réactions humaines. La décision de B est ici une réaction à l'injustice. A anticipe cette réaction et en tient compte pour proposer son offre. Ce cas d'économie expérimentale pointe une des failles de l'économie : c'est une science humaine, or le comportement des hommes est complexe à analyser.

exercice 2 page 39

1. Les revenus primaires correspondent à des revenus issus de l'activité productive et de la propriété. Ils ont pour origine la valeur ajoutée créée par les agents économiques. Il s'agit principalement des salaires perçus par les personnels et des bénéfices des entreprises.
La répartition primaire des revenus organise la distribution de richesses aux agents économiques ayant contribué à leur création, c'est-à-dire les ménages, les entreprises et les administrations publiques.

2. Exemples de revenus primaires touchés par les agents économiques :
- les ménages perçoivent une rémunération du travail sous la forme de : salaires, traitements, gages, soldes, revenus des entrepreneurs individuels ; ils encaissent également des revenus issus de la propriété de leur patrimoine : loyers, dividendes, intérêts ;
- les entreprises disposent des profits non distribués aux actionnaires dont une partie, l'excédent brut d'exploitation (EBE), sert à financer leurs investissements. Les apporteurs de capitaux (associés, actionnaires) reçoivent leur part des profits distribués sous forme de dividendes ;
- les administrations participent à la distribution des revenus primaires en encaissant la TVA, des droits de douane, la taxe professionnelle, l'impôt sur le revenu des personnes physiques et l'impôt sur les sociétés.

exercice 3 page 39

1. Les différentes formes de la monnaie sont les suivantes :
- la monnaie marchandise (sel, thé, coquillage, bétail, etc.), qui est la première forme de monnaie qui se substitue au troc. Un bien est utilisé pour payer l'achat d'un autre bien ;
- la monnaie métallique : or, argent, cuivre ;
- la monnaie fiduciaire, qui comporte la monnaie divisionnaire (les pièces) et les billets ;
- la monnaie scripturale, constituée par les dépôts à vue auprès des banques ;
- la monnaie électronique ou monnaie dématérialisée (porte-monnaie électronique, carte de paiement, TIP, etc.).

2. L'augmentation des échanges économiques et l'importance croissante prise par la monnaie scripturale entraînent une dématérialisation de la monnaie qui signifie que la monnaie devient immatérielle. Les anciennes monnaies disposaient d'un support matériel (métal, papier, etc.), ce qui n'est plus le cas de la monnaie scripturale, qui correspond à une simple écriture sur un compte bancaire. Dans un premier temps, la monnaie fiduciaire s'est substituée progressivement aux pièces. Puis la monnaie scripturale a, à son tour, réduit le poids de la monnaie divisionnaire et fiduciaire dans les échanges. Le développement de la carte bancaire, du porte-monnaie électronique et des virements bancaires amplifie encore le phénomène de dématérialisation monétaire.

exercice 4 page 40

1. L'IDH est l'indicateur mis au point par le Programme des Nations unies pour le développement (PNUD) qui permet de classer l'ensemble des pays à partir d'un indice agrégé reflétant trois dimensions : le bien-être matériel (*via* le PIB par habitant), la santé (*via* l'espérance de vie à la naissance) et l'éducation (*via* le taux de scolarisation et le taux d'alphabétisation des adultes).

2. Le PIB ne prend en compte ni l'utilité réelle ni les conditions dans lesquelles sont produites les richesses. Ainsi, il ne donne aucune place aux enjeux écologiques de la croissance.
Le PIB est utilisé afin de refléter l'état d'une société. Or, la comptabilité nationale ne permet pas de rendre parfaitement compte de cet état des choses puisqu'elle ne tient pas compte des activités dites « non monétaires » comme le travail domestique ou le bénévolat, bien que ces activités soient créatrices de richesses sociales. On ne comptabilise pas non plus les activités destructrices de richesses dont

corrigés

les coûts ne sont pas directement monétaires, tels les dégâts causés à l'environnement ou à l'homme.

3. L'IDH est un instrument peu adapté pour mesurer les inégalités au sein des pays développés. Les critères retenus témoignent d'une vision du développement fondé en particulier sur l'éducation, la santé et l'espérance de vie, qui ne reflète pas vraiment les différences de niveau de vie entre les groupes sociaux d'un pays comme la France.
La définition de nouveaux indicateurs de croissance doit permettre d'expliquer pourquoi certaines personnes dans les pays riches ne voient pas leurs conditions de vie s'améliorer lorsque le PIB augmente.

exercice 5 page 40

1. L'empreinte écologique est une estimation de la superficie dont la Terre a besoin pour subvenir à nos besoins, sans épuisement des ressources. Notre empreinte écologique permet de mesurer notre influence directe sur la nature. Nous prenons à la planète des ressources naturelles, non seulement pour nous nourrir, mais aussi pour nous déplacer, nous loger ou gérer nos déchets.
Pour une seule personne vivant en Europe, la Terre a besoin en moyenne de 10 terrains de foot pour subvenir à ses besoins sans épuisement des ressources. La moyenne mondiale est d'environ 5 terrains de foot par personne. En hectares, il y a environ 1,8 ha disponible par habitant sur Terre alors que nous consommons aujourd'hui quelque 2,3 ha par habitant. Cela veut dire que nous sommes en train d'épuiser les ressources naturelles.

2. Historiquement, l'évolution technologique permet d'améliorer les performances des machines. Pour limiter notre empreinte écologique, en particulier pour réduire notre consommation d'énergie, il faudrait utiliser une machine plus efficace pour les mêmes prestations.
Ainsi, le secteur des transports est le principal responsable de l'augmentation de notre consommation d'énergie, malgré l'augmentation du rendement des moteurs, simplement parce que nous voulons rouler plus longtemps dans des voitures plus confortables. De même, le nombre de voitures augmente, en particulier si elles deviennent de plus en plus efficaces.

exercice 6 page 41

1. Laisser tomber les banques reviendrait à mettre en péril l'ensemble de l'activité économique. Si tous les déposants décident de retirer leurs capitaux au même moment, la banque est incapable de faire face aux retraits et les agents manquent de disponibilités pour acheter. C'est une crise de liquidité.
De plus, les banques financent l'activité économique des entreprises. Leur chute entraînerait automatiquement, par un effet domino, la disparition d'entreprises et donc d'emplois. C'est ce qui s'est passé dans les années 1930.

2. Cette phrase souligne que si les banques ne remboursent pas les prêts consentis par les États, ceux-ci auront avancé des crédits irrécouvrables. Le budget des États étant financé principalement par l'impôt et les taxes, la facture devra *in fine* être réglée par les contribuables.

3. La sphère de l'économie réelle et la sphère de l'économie financière sont liées. Les échanges et l'emploi constituent l'activité économique réelle. Leur perturbation par une crise d'origine financière risque d'entraîner une grave récession économique (baisse des prix et chômage).
Lors du retournement de conjoncture de 2007, les placements réalisés par les établissements financiers internationaux (banques, compagnies d'assurance, fonds de pension) se sont révélés catastrophiques. L'opacité des mécanismes financiers n'avait pas permis de voir que les placements reposaient sur des créances hypothécaires douteuses. Le risque de disparition des établissements investisseurs a déstabilisé l'ensemble des marchés financiers. Les États ont adopté des plans de relance de façon concertée.
Pour les économistes classiques et néoclassiques, la monnaie est un « voile » qui n'affecte pas les transactions. L'exemple de la crise des *subprimes* montre qu'en réalité, la monnaie n'est pas neutre : des phénomènes monétaires peuvent affecter durablement l'économie réelle.

exercice 7 page 41

1. Un bien public mondial possède les caractéristiques des biens publics : la non-exclusion et la non-rivalité. Il s'agit de biens publics accessibles à tous au niveau international. Les États doivent se coordonner pour organiser la production du bien public à l'échelle mondiale.

2. L'auteur souligne la dimension intergénérationnelle du bien public mondial. Les investissements publics actuels bénéficieront aussi aux générations futures ; à l'inverse, le non-investissement dans la production d'un bien public est susceptible de compromettre l'équilibre à long terme.
C'est le cas des mesures de maintien de la biodiversité, des changements de mode de production visant à limiter les émissions de gaz à effet de serre, des dépenses de santé publique et des efforts faits pour maintenir la stabilité du système économique et financier mondial.

DROIT

1 L'ACCÈS À L'EMPLOI

Les principes communautaires et constitutionnels affirment le droit d'accès à une activité professionnelle qui peut prendre différentes formes.

1 Les principes

En matière d'accès à l'emploi, les principes communautaires et constitutionnels sont primordiaux, sachant que le droit d'obtenir un emploi est à concilier avec la liberté d'entreprendre.

1. Les principes communautaires

Le traité de l'Union européenne consacre un certain nombre de libertés communautaires fondamentales. Ce sont les éléments essentiels du marché intérieur caractérisé par l'abolition, entre les États membres, des obstacles à la libre circulation des hommes, des marchandises, des services et des capitaux, et à la liberté d'établissement.

a) La liberté de circulation

La liberté de circulation des personnes est la reconnaissance à tout citoyen de l'Union européenne du droit de chercher et d'obtenir un emploi, sans discrimination liée à la nationalité, et de circuler et séjourner librement sur le territoire des États membres.

b) La liberté d'entreprendre

Elle figure dans la Charte des droits fondamentaux de l'Union européenne, qui précise : « La liberté d'entreprise est reconnue conformément au droit communautaire et aux législations et pratiques nationales. »

c) La liberté d'établissement

Les personnes juridiques ont la faculté de s'établir dans l'un quelconque des États membres pour y exercer leur activité. La liberté d'établissement implique le droit d'accéder à toute activité indépendante non salariée (commerciale, industrielle, artisanale ou libérale), et de l'exercer, ainsi que le droit de créer et gérer une entreprise en vue d'exercer une activité professionnelle permanente dans tout État membre aux conditions prévues pour les ressortissants de cet État.

d) Le droit à l'emploi

Il s'agit d'un droit proclamé tant au niveau national que communautaire affirmant que la société doit garantir à chaque citoyen la sécurité économique et la participation effective à l'activité commune. Il reste cependant en construction. Le nombre de chômeurs en témoigne.

2. Les principes constitutionnels

Le préambule de la Constitution de 1946, auquel renvoie celui de la Constitution de 1958, a consacré pour la première fois des droits sociaux, comme le droit au travail, le droit syndical et le droit de grève. Le Conseil constitutionnel cherche à les concilier avec d'autres libertés de valeur identique, telles que la liberté du travail, la liberté d'entreprendre, voire de choisir ses collaborateurs pour l'employeur.
S'il existe un droit du travail, le principe d'un droit au travail est à relativiser dans des économies où l'on peut favoriser l'emploi sans pouvoir le garantir à tous.

2 Le choix d'un régime juridique de travail

Le choix d'une activité professionnelle entraîne l'application d'un régime juridique. Quel que soit le régime, l'accès à l'activité est encadré par le législateur. Chaque régime confère des droits et assujettit à des obligations.

1. Les critères du choix d'un régime

Les personnes désireuses d'accéder à l'emploi doivent faire leur choix d'activité professionnelle en fonction de critères qui doivent être mûrement réfléchis. Il peut s'agir en effet de travailler en toute indépendance ou au contraire dans le cadre d'un lien de subordination.
Les personnes désireuses d'accéder à l'emploi doivent aussi s'interroger sur leurs propres motivations en termes de rémunération, de stabilité professionnelle, de durée de leur engagement, d'étendue de leur protection sociale, de risques encourus et de responsabilité. Une fois ces motivations déterminées, elles peuvent opter pour l'un des régimes juridiques du travail.

2. Les différents régimes juridiques de travail

a) Le salarié de droit privé

Travailler dans le cadre d'un lien de subordination juridique à l'égard d'un employeur privé, revient à opter pour le régime juridique du salarié de droit privé. Le lien de subordination est caractérisé par l'exécution d'un travail sous l'autorité d'un employeur qui a le pouvoir de donner des ordres et des directives, d'en contrôler l'exécution et de sanctionner les manquements de son subordonné.

b) Le fonctionnaire

Il travaille dans le cadre d'un lien de subordination juridique à l'égard d'un employeur public.

c) Le travailleur indépendant

Travailler dans un contexte d'indépendance consiste à opter pour des professions telles que commerçant ou membre d'une profession libérale.

3. Des déontologies différentes

La déontologie recouvre un ensemble de règles que se donne une profession. Il s'agit d'un véritable droit professionnel qui traduit la demande de contrôle émanant, d'une part, de la société qui veut se protéger contre des pratiques désordonnées et, d'autre part, de la profession qui a besoin d'afficher une garantie de qualité.

a) Le service de l'intérêt de l'entreprise

À l'origine, la déontologie a été créée par les professions libérales mais on constate son extension, voire sa généralisation, aux autres régimes soucieux d'améliorer leur fonctionnement et donc leur image. Elle se traduit par des chartes professionnelles et des codes de bonne conduite.

b) Le service de l'intérêt général

Pour les fonctionnaires, la déontologie prend la forme d'une réglementation liée à leur statut, dont le contrôle est assuré par l'État.

2 LE RÉGIME JURIDIQUE DU SALARIÉ

➔ En adoptant le régime juridique du salarié, l'individu travaille dans un contexte de subordination juridique à un employeur privé. Le droit du recrutement est très réglementé, permettant à l'employeur et au salarié d'opter pour diverses formes de contrat de travail, dans le respect des droits et des obligations de chacun.

1 Le droit du recrutement

L'employeur est libre de recruter tout salarié de son choix dès lors qu'il se conforme à la réglementation en vigueur, protectrice des salariés.

1. L'égalité de traitement

a) La publication d'une offre d'emploi

En cas de recrutement extérieur à l'entreprise, l'employeur doit publier une offre d'emploi datée, rédigée en français, correspondant à un emploi disponible, sans limite d'âge, ni fausses allégations.

b) La non-discrimination

L'employeur ne peut écarter un candidat en raison de son âge, son sexe, ses mœurs, sa situation de famille, sa race, sa religion, ses opinions politiques ou syndicales. Toute discrimination est passible de sanction.

2. Le respect des libertés individuelles

L'employeur doit utiliser des méthodes de recrutement loyales et les porter à la connaissance du candidat. L'objectif est de concilier les prérogatives légitimes de l'entreprise avec le respect des libertés individuelles des candidats à l'emploi.

Les questions posées par l'employeur doivent être en lien direct avec le poste à pourvoir et les aptitudes professionnelles du candidat. Ce dernier, quant à lui, doit répondre avec loyauté aux questions qui lui sont posées.

2 Les différents contrats de travail

1. Le contrat de travail à durée indéterminée (CDI)

Si l'on exclut les conditions relatives à la période d'essai, ce contrat est conclu pour un temps dont les parties n'ont pas fixé le terme dès l'origine de leurs rapports. L'une ou l'autre des parties peut y mettre fin à tout moment sous réserve du respect d'un préavis réciproque. Ce contrat ne prend fin que par la démission, le licenciement ou le départ à la retraite du salarié.

2. Le contrat de travail à durée déterminée (CDD)

a) Définition

Le CDD est un contrat conclu entre un employeur et un salarié pour un temps fixé à l'avance. Une date, la survenance d'un événement ou l'achèvement d'un travail précis peuvent, par exemple, fixer cette limite. La tâche précise et temporaire pour laquelle il est conclu ne peut être liée à l'activité normale de l'entreprise. Le CDD est un contrat écrit qui doit mentionner obligatoirement les tâches pour lesquelles il est conclu, le terme du contrat, la rémunération et la convention collective applicable.

b) Les cas de recours

Les cas de recours sont les suivants : remplacement d'un salarié absent pour maladie, accroissement temporaire d'activité, accomplissement d'une tâche occasionnelle, emplois saisonniers ou pour lesquels il n'est pas d'usage de recourir aux CDI (exemples : activités du spectacle, hôtellerie-restauration).

c) La durée

Le CDD peut être renouvelé une fois pour une durée éventuellement supérieure à celle de la période initiale, sans excéder 18 mois, sauf cas particuliers.

EXEMPLE

Un contrat de 8 mois peut être renouvelé sans excéder 10 mois.

En cas de remplacement d'un salarié absent, le CDD est conclu avec un terme imprécis et sa durée maximale correspond à la réalisation de l'objet pour lequel il a été conclu.

d) Les droits des salariés

Pendant la durée du contrat, le salarié a les mêmes droits et avantages que les autres salariés titulaires d'un CDI de l'entreprise. Si à la fin du CDD, le salarié n'est pas embauché définitivement par l'entreprise, il a droit à une indemnité (10 % du montant de la rémunération brute perçue pendant la durée du contrat) destinée à compenser la précarité de sa situation. Si les relations contractuelles se poursuivent après le terme prévu, le contrat devient à durée indéterminée.

3. Le contrat de travail temporaire (CTT)

a) Définition

Le CTT, ou contrat de mission, est conclu entre une agence d'intérim et un salarié, l'intérimaire. L'agence d'intérim embauche et rémunère l'intérimaire et le met à la disposition provisoire et sous le contrôle de l'entreprise utilisatrice.

b) Les deux contrats

Il existe deux contrats : un contrat de travail liant l'intérimaire à l'agence d'intérim et un contrat de prestation de services entre l'agence d'intérim et l'entreprise utilisatrice.

c) Les cas de recours

L'entreprise ne peut faire appel à un intérimaire que pour l'accomplissement d'une tâche précise et temporaire, « la mission », et seulement dans certains cas : le remplacement d'un salarié en cas d'absence, de suspension de son contrat de travail, d'attente de la suppression définitive du poste du salarié ayant quitté définitivement l'entreprise ou en cas d'attente de l'entrée en service d'un salarié recruté par CDI afin de pourvoir le poste vacant. Il peut aussi s'agir de répondre à un accroissement temporaire de l'activité de l'entreprise. Enfin, le CTT est utilisé pour les emplois saisonniers ou pour lesquels il n'est pas d'usage de recourir à un CDI. Le motif doit être inscrit dans le contrat.

2 LE RÉGIME JURIDIQUE DU SALARIÉ (suite)

d) Les règles

Le contrat comporte un terme fixé et sa durée maximale, renouvellement compris, ne peut excéder 18 mois. La rémunération ne peut être inférieure à celle que percevrait, dans la même entreprise, un salarié embauché avec un CDI, de qualification équivalente et occupant les mêmes fonctions. À l'issue de chaque mission, une indemnité, dont l'objectif est de compenser la précarité de cette situation, est versée au salarié (10 % de la rémunération totale brute perçue au cours de la mission). Si, après le terme convenu au contrat, le salarié continue de travailler dans l'entreprise utilisatrice, le contrat de travail temporaire est requalifié en CDI.

4. Les autres formes de contrats

a) Le contrat de travail à temps partiel

Ce contrat prévoit une durée de travail inférieure à la durée légale ou conventionnelle. Obligatoirement écrit, il peut être à durée déterminée ou indéterminée.

EXEMPLE

20 heures par mois.

b) Le contrat de professionnalisation

Il a pour objectif de favoriser l'insertion ou la réinsertion professionnelle par l'acquisition d'une qualification et est accessible à tous les jeunes de 16 à 25 ans ainsi qu'aux demandeurs d'emploi âgés de 26 ans et plus sous la forme d'un CDD ou d'un CDI. Il est d'une durée minimale de 6 à 12 mois, pouvant être allongée à 24 mois pour les personnes sorties du système scolaire sans qualification professionnelle. L'employeur s'engage à assurer une formation mise en œuvre par son entreprise ou un organisme de formation.

c) Les autres contrats

D'autres contrats incitent les entreprises à embaucher ou permettent à des demandeurs d'emploi de suivre une formation.

EXEMPLE

Contrat d'apprentissage.

3 Les droits et les obligations des salariés

1. Les droits

La règle de droit confère au salarié un socle minimal de droits que l'employeur doit respecter.

Ces droits sont la contrepartie des obligations de l'employeur qui fournit au salarié le travail convenu et en vérifie la bonne exécution, moyennant rémunération. En outre, le salarié a le droit au respect de sa vie personnelle et de ne pas subir de discrimination, ni de harcèlement moral ou sexuel.

EXEMPLE

L'égalité hommes-femmes implique le droit à l'égalité des salaires selon le principe « à travail égal, salaire égal ».

2. Les obligations

Le salarié doit respecter un certain nombre d'obligations inhérentes au lien de subordination qui le rattache à l'employeur. Il doit bien sûr exécuter le travail qui lui est confié avec conscience professionnelle, en respectant les directives qui lui ont été données ainsi que les dispositions contenues dans le règlement intérieur. Il doit aussi se garder de se livrer à des actes de concurrence vis-à-vis de son employeur.

4 Les clauses contractuelles

L'employeur peut imposer un certain nombre de clauses contractuelles dont le but est de favoriser l'adaptation des salariés et de l'entreprise à l'évolution du contexte économique.

1. La clause de mobilité

a) Définition

Cette clause autorise l'employeur, sous certaines conditions, à modifier le lieu de travail du salarié durant l'exécution du contrat de travail, à condition de ne pas révéler de la part de l'employeur un abus de droit. Elle doit être inscrite dans le contrat de travail du salarié.

b) Les conditions de validité

Pour être licite, la clause de mobilité doit respecter plusieurs critères :
- être prévue dans l'intérêt de l'entreprise, c'est-à-dire être indispensable à la protection des intérêts de l'entreprise et être proportionnée au but recherché, compte tenu de l'emploi occupé par le salarié ;
- ne pas aboutir à modifier la rémunération du salarié auquel, par ailleurs, un délai raisonnable doit être accordé entre l'annonce de la mutation et sa prise d'effet ;
- comporter une zone géographique précise ne pouvant être modifiée unilatéralement par l'employeur.

2. La clause de non-concurrence

a) Définition

En signant cette clause, le salarié s'interdit, lorsqu'il quitte l'entreprise, d'exercer certaines activités pouvant nuire à son ancien employeur. Contenue dans le contrat de travail, elle est souvent conclue avec des salariés en contact avec les clients de l'entreprise. L'employeur entend ainsi se protéger d'un éventuel détournement de sa clientèle.

b) Les conditions de validité

Pour être valable, cette clause doit à la fois protéger les intérêts légitimes de l'entreprise et respecter la liberté de travailler du salarié. Elle doit donc réunir quatre conditions cumulatives :
- être inscrite dans le contrat de travail signé par le salarié et tenir compte des spécificités de son emploi ;
- être indispensable à la protection des intérêts légitimes de l'entreprise ;
- être limitée dans le temps et dans l'espace ;
- fixer l'obligation pour l'employeur de verser au salarié, après la rupture du contrat, une contrepartie financière « non dérisoire » pour indemniser le salarié dont les possibilités d'exercer un autre emploi sont limitées.

3 LE RÉGIME JURIDIQUE DU FONCTIONNAIRE

➔ Le fonctionnaire exerce sa fonction de façon subordonnée à un employeur public avec vocation de remplir une mission de service public pour servir l'intérêt général.

Un fonctionnaire est une personne employée et nommée par une personne publique dans un emploi permanent et titularisée à son poste dans un grade de la hiérarchie administrative. Contrairement aux personnels du secteur privé, sa situation n'est pas régie par un contrat. La loi et le règlement organisent le statut de fonctionnaire.

1 L'accès à la fonction publique

Pour être fonctionnaire, il convient d'avoir la nationalité française ou celle d'un autre pays de l'Union européenne sous certaines conditions, de jouir de ses droits civiques, d'être en situation régulière au regard du service national.

1. Le concours de recrutement

Le concours est le principal mode de recrutement des fonctionnaires : près de 90 % des agents civils de l'État sont recrutés par concours. Prévu par la loi, le recrutement par voie de concours garantit à tous les citoyens l'égalité d'accès à la fonction publique.

2. Les emplois de la fonction publique

Les fonctionnaires ont des statuts juridiques différents selon qu'ils appartiennent à la fonction publique d'État, territoriale ou hospitalière.
Les fonctionnaires d'État appartiennent à des corps rassemblant l'ensemble des fonctionnaires soumis au même déroulement de carrière.
Les emplois sont répartis en trois catégories, suivant le niveau de recrutement et les responsabilités à assurer. Le niveau d'études requis varie selon la catégorie du concours concerné.
Les fonctionnaires sont titulaires d'un grade divisé en échelons. Le parcours professionnel des personnels titulaires se déroule selon une logique d'avancement et de promotion, variable selon les statuts.

2 Les droits des fonctionnaires

1. Le droit à la protection juridique ou fonctionnelle

L'État doit protéger ses fonctionnaires contre tous les agissements dont ils pourraient être victimes dans l'exercice de leurs fonctions.

2. La liberté d'opinion

Les fonctionnaires bénéficient d'une liberté d'opinion et d'expression limitée seulement par leurs obligations de neutralité et d'objectivité puisqu'ils représentent l'État. Ils sont libres dans leurs opinions politiques, religieuses, etc.

3. Le droit de grève et syndical

Les fonctionnaires peuvent librement créer des organisations syndicales, y adhérer et y exercer des mandats. Ils ont le droit de grève, qui est cependant très réglementé.

4. Le droit à la formation et à la rémunération

Les fonctionnaires ont droit à la formation professionnelle et, « après service fait », à une rémunération leur permettant de percevoir à ce titre un traitement accompagné le cas échéant de primes.

5. Le droit à la carrière et la garantie de l'emploi

Les fonctionnaires ont la possibilité d'accomplir une carrière et le droit à la continuité dans l'emploi.

3 Les obligations des fonctionnaires

Le fonctionnaire exerce auprès de son administration des missions de service public. Dans ce cadre, l'agent doit se soumettre à des obligations statutaires qui relèvent soit de l'exercice même de ses fonctions, soit du comportement qu'il doit adopter en toutes circonstances vis-à-vis de l'usager, de sa hiérarchie, de son employeur. La méconnaissance ou le manquement à ces obligations est de nature à entraîner des sanctions disciplinaires civiles ou pénales.

1. L'obligation générale de servir

Les fonctionnaires sont au service de l'intérêt général.

2. L'obligation de réserve

Les fonctionnaires sont tenus au devoir de réserve qui les contraint à observer une certaine retenue dans l'expression de leurs opinions, notamment politiques.

3. L'obligation de discrétion et le secret professionnel

La discrétion professionnelle interdit aux fonctionnaires de divulguer des faits, des informations ou des documents dont ils ont connaissance dans l'exercice ou à l'occasion de l'exercice de leurs fonctions. Cette obligation a pour objectif de garantir le fonctionnement de l'administration en empêchant la divulgation d'informations relatives au service.
Le secret professionnel vise à empêcher la révélation d'informations ayant un caractère professionnel et secret, dont les agents publics peuvent être dépositaires, du fait de leur profession ou de leurs fonctions.

4. L'obligation d'obéissance hiérarchique

Lorsqu'il est en service, le fonctionnaire est placé sous l'autorité d'un supérieur hiérarchique auquel il doit obéissance en exécutant les tâches qui lui sont confiées conformément aux directives reçues. Le refus d'obéissance doit être motivé et manifestement lié à l'illégalité d'un ordre donné. Il n'appartient pas au fonctionnaire de se prononcer sur l'opportunité d'une démarche ou d'une décision.

5. L'obligation d'information du public

Le fonctionnaire a le devoir de satisfaire aux demandes d'information du public dans le respect des dispositions législatives et réglementaires sur le libre accès aux documents administratifs.

4 LE RÉGIME JURIDIQUE DU TRAVAILLEUR INDÉPENDANT

➔ Le travailleur indépendant est une personne physique exerçant une activité intellectuelle, commerciale ou libérale, dans le cadre d'un contrat d'entreprise et non dans le cadre d'un contrat de travail.

1 Les conditions d'accès

1. Les caractéristiques du régime

Le travailleur indépendant gère son activité librement, en accord avec ses clients en dehors de tout lien de subordination avec un employeur. Il est généralement propriétaire de ses instruments de travail et exerce à son profit une activité professionnelle dont il supporte les risques.
Sa rémunération se fait sous forme d'honoraires qu'il fixe librement et il paie ses charges sociales à l'Urssaf.

2. Le cas des commerçants et des professions libérales

a) Les commerçants

L'activité commerciale est réalisée par un commerçant individuel ou par une société. Pour être commerçant, toute personne physique ou morale doit :
- réaliser des actes de commerce qui se distinguent en actes de commerce par nature (exemple : opérations de banque), actes accomplis pour l'exercice du commerce (exemple : achat d'une camionnette de livraison) et actes de commerce par la forme (exemple : lettre de change) ;
- réaliser ces actes de commerce de façon répétée pour pouvoir en vivre, en agissant pour son propre compte, en son nom personnel (le vendeur salarié au contraire travaille pour le compte de son employeur).

b) Les professions libérales

L'activité professionnelle est considérée comme libérale dès qu'elle n'est pas assimilée à une activité salariée et qu'elle ne relève pas des secteurs de l'artisanat, du commerce, de l'industrie et de l'agriculture.

EXEMPLES

Architecte, vétérinaire, avocat, expert-comptable.

Il est possible d'exercer une activité libérale à la suite d'une nomination par l'autorité publique (exemple : notaire) ou en relevant d'un ordre professionnel (exemple : pharmacien).

3. La déclaration d'existence

Les travailleurs indépendants doivent déclarer l'existence de leur activité en procédant à une démarche obligatoire s'effectuant en un même lieu, en une seule fois, avec un dossier unique auprès du Centre de formalités des entreprises (CFE) compétent. Le CFE permet en effet de remplir l'ensemble des formalités administratives, fiscales et sociales et les transmet ensuite aux différents organismes concernés (caisses de protection sociale, centre des impôts, etc.).
Pour les commerçants, le CFE compétent est celui de la chambre de commerce et d'industrie. Pour les professions libérales, la déclaration d'existence se fait auprès du CFE de l'Urssaf du lieu d'activité.

2 Les restrictions d'accès à la profession

1. Les restrictions dans le cas des commerçants

a) Les restrictions liées à la personne : les incompatibilités

En principe, toute personne peut devenir commerçante. Cependant, les incapables (exemples : mineurs, certains majeurs en raison de l'altération de leurs facultés mentales) ne peuvent exercer cette profession.
Certains commerces sont réglementés et nécessitent une autorisation préalable (exemple : activité de spectacle) ou un diplôme (exemple : pharmacien). Certaines professions sont incompatibles avec l'exercice du commerce (exemples : fonctionnaires, notaires, huissiers).
Les étrangers peuvent être commerçants en France s'ils sont ressortissants d'un État de l'Union européenne. Les autres doivent être titulaires d'une carte de séjour temporaire autorisant l'exercice d'une activité commerciale.

b) Les restrictions liées à l'activité : les interdictions

Les personnes qui ont été condamnées à certaines peines (exemples : condamnation pour crime, vol, escroquerie, abus de confiance) se voient interdire l'exercice d'une profession commerciale.

2. Les restrictions dans le cas des professions libérales

Les professions libérales sont soumises à des exigences de nationalité, de compétence et de probité. Il existe un certain nombre d'incompatibilités professionnelles en liaison notamment avec les activités commerciales. Les activités commerciales sont interdites aux officiers ministériels (notaires, huissiers) et aux avocats.

3. La justification des restrictions d'accès

Ces restrictions ont pour but, selon les cas :
- de contrôler et d'organiser la profession concernée en s'assurant des aptitudes requises ;
- d'écarter les personnes ne présentant pas les garanties morales nécessaires, afin d'assurer la moralité du commerce.

Les mineurs et les incapables majeurs ne peuvent exercer le commerce car cette activité comporte des risques financiers.
Pour les professions libérales, l'objectif est aussi de protéger leur indépendance par rapport à l'esprit de profit étroitement lié à l'activité commerciale.

3 Les droits et les obligations du travailleur indépendant

Le travailleur indépendant peut se prévaloir de la législation le concernant et adhérer à un centre de gestion.
Le commerçant doit s'immatriculer auprès du registre du commerce et des sociétés et le professionnel libéral auprès de son ordre professionnel. Le travailleur indépendant doit informer et conseiller au mieux ses clients et tenir une comptabilité professionnelle.

5 L'ADAPTATION À L'EMPLOI PAR LA FORMATION

La formation professionnelle a pour objectif d'assurer l'employabilité des salariés ainsi que l'adaptation à leur emploi. De nombreux dispositifs doivent être mis en place entraînant des droits et des obligations pour les salariés et les employeurs.

1 Les dispositifs de formation

1. Le plan de formation

Ce document écrit et annuel regroupe toutes les formations retenues par l'employeur dans l'intérêt de l'entreprise. Il s'agit d'actions d'adaptation au poste de travail qui peuvent être :
- liées à l'évolution ou au maintien dans l'emploi dans l'entreprise et exécutées sur le temps de travail ;
- liées au développement des compétences et réalisées en dehors du temps de travail.

L'employeur peut planifier, après consultation des représentants du personnel, un certain nombre de formations dans l'année ou sur une période plus longue. Il lui incombe également de financer la formation et de maintenir la rémunération et la protection sociale du salarié en formation.

2. Le droit individuel à la formation (DIF)

Le DIF permet aux salariés de se constituer un crédit d'heures de formation. L'initiative d'utiliser les droits à formation ainsi acquis appartient au salarié qui est libre d'utiliser ou non son droit. La mise en œuvre du DIF requiert l'accord de l'employeur sur le choix de l'action de formation qui a généralement lieu hors du temps de travail.
Après un licenciement ou une démission, les heures de formation liées au DIF et non utilisées par le salarié sont considérées comme valides. En accord avec le nouvel employeur, le salarié peut utiliser son DIF dans les 2 années suivant l'embauche.

3. Le congé individuel de formation (CIF)

Le CIF est le droit de s'absenter de son poste de travail pour suivre une formation de son choix. Pour en bénéficier, le salarié doit remplir certaines conditions et présenter sa demande à l'employeur, selon une procédure déterminée. Les actions de formation doivent permettre aux salariés de changer d'activité, de profession, de s'ouvrir plus largement à la culture et à la vie sociale, ou d'accéder à un niveau supérieur de qualification.

4. La validation des acquis de l'expérience (VAE)

La VAE permet aux salariés de faire reconnaître leur expérience, professionnelle ou non, afin d'obtenir un diplôme, un titre ou un certificat de qualification professionnelle. Le salarié rassemble toutes les preuves de ses acquis (anciens diplômes, bulletins de salaire, attestations de travail, comptes rendus d'entretien d'évaluation, documents professionnels, etc.), puis remet son dossier à l'organisme chargé de la validation.

5. Les périodes de professionnalisation

Elles visent le maintien dans l'emploi de salariés en CDI rencontrant des difficultés particulières, grâce à des actions de formation.

2 La mise en œuvre de la formation

1. Les droits et obligations du salarié

a) Le droit à la formation

Le salarié est en droit d'attendre de l'employeur qu'il assure son adaptation à son poste de travail tout au long de sa vie professionnelle. La loi du 4 mai 2004 « relative à la formation professionnelle tout au long de la vie » réaffirme le droit des salariés à bénéficier des formations nécessaires. Le temps de formation est considéré comme du temps de travail effectif et donne lieu au maintien de la rémunération.

b) L'obligation de se former

Si l'employeur le propose et que l'intérêt de l'entreprise l'exige, les salariés sont contraints de se former et encourent une mesure de licenciement en cas de refus non légitime.

2. Les obligations de l'employeur

a) L'objectif des formations

Le Code du travail impose aux employeurs d'« assurer l'adaptation de leurs salariés à leur poste de travail et de veiller au maintien de leur capacité à occuper un emploi, au regard notamment de l'évolution des emplois, des technologies et des organisations ». L'objectif est de faire face, par exemple, à l'entrée de nouvelles technologies dans l'entreprise.
En cas de suppression d'emploi, l'employeur a l'obligation de reclasser les salariés concernés pour assurer leur adaptation au nouvel emploi, par le biais d'une formation adéquate et suffisante. La formation peut être organisée en interne ou chez un prestataire extérieur.
Un employeur qui néglige la formation de ses salariés commet une faute pouvant le conduire devant les tribunaux.

EXEMPLE
Un employeur peut être amené à verser des dommages et intérêts au salarié qui n'aurait pas été suffisamment formé.

b) La participation au financement

L'employeur doit verser une contribution obligatoire fixée à 0,55 % de la masse salariale dans les entreprises de moins de 10 salariés, 1,05 % de la masse salariale dans les entreprises de 10 à 19 salariés et 1,60 % de la masse salariale dans les entreprises de 20 salariés et plus. Rien ne l'empêche de contribuer davantage.

3. L'obligation de négocier

Dans le cadre de la négociation collective, le droit oblige les partenaires sociaux à se réunir tous les 3 ans au moins pour négocier les objectifs et les moyens de la formation professionnelle des salariés.

6 LA MODIFICATION DE LA RELATION DE TRAVAIL

La relation de travail prévue initialement peut évoluer dans le temps en fonction d'un certain nombre d'événements. Le droit intervient pour assurer la protection du salarié et du fonctionnaire dans ce contexte.

1 La modification des éléments du contrat de travail

1. Le changement des conditions de travail

Le chef d'entreprise peut décider de modifier unilatéralement les conditions de travail qui n'ont pas fait l'objet d'un accord contractuel.

EXEMPLES

Changement de planning, affectation à un poste équivalent.

Si la modification, qui s'apprécie de façon objective, est peu importante, le refus du salarié d'accepter ce simple aménagement constitue une faute. Le salarié s'expose, en cas de refus, à un licenciement, en principe pour faute grave.

2. La modification du contrat de travail

À l'inverse, lorsque la modification porte sur un élément essentiel prévu dans le contrat, l'employeur doit solliciter l'accord du salarié.

EXEMPLES

La fonction, la rémunération, les horaires (passage d'un horaire de jour à un horaire de nuit, par exemple), le lieu de travail sont considérés comme essentiels au moment de la conclusion du contrat de travail.

Les modifications essentielles doivent obligatoirement reposer sur un motif économique. Soit le salarié accepte la modification et le contrat se poursuit après signature d'un avenant. Soit il la refuse, ce qui ne constitue pas une faute. Si l'employeur maintient sa décision, le salarié est licencié pour motif économique.
Le salarié peut contester cette mesure en saisissant le conseil de prud'hommes. Si le juge considère que la modification ne repose pas sur un motif économique, le licenciement sera qualifié d'abusif. L'employeur devra alors verser au salarié une indemnité de licenciement abusif.

3. La continuité du contrat de travail lors du transfert de l'entreprise

En cas de modification dans la situation juridique de l'employeur (exemples : succession, cession de l'entreprise), les contrats de travail doivent être maintenus en vertu de l'article 1224-1 du Code du travail.

a) Les conditions du maintien des contrats de travail

Le principe du maintien des contrats de travail s'applique, selon la jurisprudence, à tout transfert d'une entité économique qui conserve son identité et dont l'activité est poursuivie ou reprise.
Tous les actes de transfert liant les employeurs successifs, à titre gratuit ou onéreux, entraînent le maintien des contrats en cours.
La même activité doit être poursuivie même si elle a connu une interruption temporaire. Mais si le cessionnaire modifie, ne serait-ce que partiellement, l'activité de l'entreprise, il gère une nouvelle entité économique et peut se dégager de la charge des contrats de travail conclus par son prédécesseur.

b) Les effets du maintien des contrats de travail

Les contrats de travail en cours au jour de la modification sont transmis de plein droit au nouvel employeur. Ils subsistent dans les mêmes conditions (exemples : même salaire, même ancienneté) avec le nouvel employeur qui est garant des sommes dues aux salariés par l'ancien employeur. Le nouvel employeur doit conserver les salariés. Il peut aussi les licencier ou leur proposer une modification de leurs contrats s'il justifie d'un motif économique.

2 La recherche d'adaptation ou de reclassement du salarié

L'employeur a une obligation de formation et d'adaptation du salarié à son poste de travail pour assurer son reclassement. En effet, le licenciement économique d'un salarié ne peut intervenir que si son reclassement est impossible, c'est-à-dire si aucun poste correspondant à ses compétences n'est disponible dans la société.

1. Les propositions de reclassement

Avant de commencer la procédure de licenciement, l'employeur est tenu de tout mettre en œuvre pour former et adapter le salarié à l'évolution de son emploi. Le cas échéant, il doit chercher à le reclasser dans l'entreprise ou dans le groupe auquel elle appartient dans un emploi relevant de la même catégorie que celui qu'il occupe ou sur un emploi équivalent ou, à défaut et avec l'accord exprès du salarié, sur un emploi d'une catégorie inférieure.

2. La localisation de l'activité

La jurisprudence a peu à peu défini le périmètre de l'obligation de reclassement. Elle s'étend à toutes les entreprises du groupe, même celles établies à l'étranger dès lors qu'une permutation est possible.
Si l'employeur ne peut se soustraire à l'obligation de reclassement, il peut toutefois limiter ses recherches de solution si le salarié lui fait part de restrictions géographiques.

3 La situation des fonctionnaires

Pour optimiser le fonctionnement des services publics, les fonctionnaires sont soumis à l'autorité hiérarchique qui organise leur service et peut favoriser leur mobilité. Les fonctionnaires bénéficient cependant de la garantie fondamentale de leur carrière, entraînant la séparation de leur grade et de leur emploi, ce qui empêche leur licenciement en cas de suppression d'emploi.
En outre, le fonctionnaire est titulaire de son grade et l'employeur public doit lui fournir une affectation correspondant à ce grade, accompagnée le cas échéant d'une formation pour prise de poste.

7 LA REPRÉSENTATION DU PERSONNEL

➔ Les représentants du personnel jouent un rôle très important dans le cadre de l'adaptation de l'entreprise et de ses salariés face aux évolutions de l'activité professionnelle.

1 Les instances représentatives du personnel (IRP)

1. Les délégués du personnel (DP)

Ils sont élus pour 4 ans parmi les salariés des entreprises où sont employés au moins 11 salariés. Leur nombre varie de 1 à 9.

Ils veillent à l'application de la réglementation du travail et présentent à l'employeur les réclamations individuelles ou collectives du personnel. Ils lui transmettent ces réclamations lors d'une réunion mensuelle. Les DP sont aussi consultés sur les conditions de travail et l'emploi dans l'entreprise et peuvent émettre avis et propositions.

2. Le comité d'entreprise (CE)

L'élection tous les 4 ans des membres du comité d'entreprise se fait dans les entreprises comptant au moins 50 salariés. Le CE rassemble une fois par mois l'employeur, qui en est le président, et des salariés élus.

a) Une fonction économique

Le CE a un rôle consultatif sur la gestion de l'entreprise, il est consulté sur l'emploi et les conditions de travail dans l'entreprise (exemple : durée du travail). L'employeur doit fournir au CE des informations (exemple : rapport d'activité de l'entreprise). Le CE doit de plus être informé et consulté préalablement à tout projet de restructuration ou de mesures risquant de modifier les conditions de travail ou d'emploi dans l'entreprise. Le CE fait des propositions pour améliorer les conditions de vie et de travail dans l'entreprise.

b) Une fonction sociale

Le CE assure une fonction sociale et contrôle la gestion des activités sociales et culturelles instituées dans l'entreprise au bénéfice des salariés et de leurs familles. Il gère certaines activités (exemples : bibliothèque, centres de vacances, clubs sportifs).

3. Les délégués syndicaux (DS)

Le délégué syndical, désigné par un syndicat, représente celui-ci auprès de l'employeur pour lui exprimer des revendications et défendre l'intérêt des membres du syndicat. Le délégué syndical peut également représenter un salarié devant le conseil de prud'hommes.

4. La délégation unique du personnel (DUP)

Pour alléger et simplifier la représentation du personnel dans les PME, toute entreprise de 50 à 200 salariés peut mettre en place « la délégation unique du personnel » qui, élue pour 2 ans, joue à la fois le rôle des délégués du personnel et celui du CE.

2 Les droits des IRP

1. Les moyens matériels

Les IRP disposent d'une liberté de déplacement dans ou hors l'entreprise dans le cadre d'un crédit d'heures par mois considéré comme temps de travail.

Le CE dispose d'une subvention de fonctionnement égale à 0,2 % de la masse salariale brute, d'une contribution de l'entreprise pour les activités sociales et culturelles et d'un local aménagé.

2. Le droit à l'information et à la consultation

Les représentants du personnel sont régulièrement informés, voire consultés, sur l'évolution de la marche de l'entreprise et des emplois.

3 La gestion prévisionnelle de l'emploi et des compétences (GPEC)

1. L'objectif

Le but est d'adopter une gestion anticipative et préventive des ressources humaines prenant en compte les contraintes de l'environnement et les choix stratégiques de l'entreprise.

Tous les 3 ans, les partenaires sociaux doivent se rencontrer dans tout établissement de 150 personnes ou tout groupe de plus de 300 salariés. Les négociations portent sur les modalités d'information et de consultation du comité d'entreprise, sur la stratégie de l'entreprise et ses effets prévisibles sur l'emploi et sur les salariés.

Les partenaires sociaux doivent mettre en place un dispositif de GPEC prévoyant des mesures de formation, de VAE, de bilan de compétences et d'accompagnement de la mobilité des salariés.

2. Le dispositif

Un volet détecte en amont les ajustements possibles relatifs à l'évolution des métiers, des emplois, des compétences, des effectifs. Un volet individuel prévoit le développement des capacités d'évolution et de l'employabilité de chaque salarié.

4 Le plan de sauvegarde de l'emploi

Le PSE tente de résoudre une situation conjoncturelle difficile que l'entreprise n'a pu anticiper. Il est destiné à éviter les licenciements ou à en limiter le nombre et à faciliter le reclassement du personnel.

L'employeur élabore un programme avec le CE ou les DP afin de déterminer les mesures de reclassement, l'échelonnement et l'ordre des licenciements.

Dans les entreprises de 50 salariés et plus, un plan de sauvegarde de l'emploi est obligatoire pour tout projet de licenciement économique visant 10 salariés ou plus sur une même période de 30 jours.

Dans les PME de moins de 50 salariés, tout projet de licenciement de 10 salariés ou plus nécessite la mise en œuvre de mesures destinées à éviter les licenciements envisagés ou à en limiter le nombre. L'employeur est tenu de réunir et consulter les DP.

8 LA RUPTURE DE LA RELATION DE TRAVAIL

→ L'adaptation de l'emploi aux évolutions professionnelles peut se traduire par une rupture du contrat de travail. Dans ce cas, le législateur encadre la protection des salariés.

1 Les cas de rupture de la relation de travail par l'employeur

1. Le licenciement pour motif économique

a) Définition

Ce licenciement est effectué par l'employeur pour un ou plusieurs motifs non inhérents à la personne du salarié, résultant d'une suppression ou d'une transformation d'emploi, d'une modification refusée par le salarié d'un élément essentiel du contrat de travail, consécutives notamment à des difficultés économiques ou à des mutations technologiques. La cause économique doit être réelle et sérieuse, mettant l'employeur dans l'impossibilité de conserver le salarié.

b) Les mesures protectrices

Le législateur impose aux employeurs d'adapter les salariés à l'évolution de leurs emplois et de les reclasser au sein de l'entreprise. S'il ne peut proposer de reclassement sérieux, l'employeur devra prouver cette impossibilité. À défaut, le licenciement sera considéré comme sans cause réelle et sérieuse.

En outre, un plan de sauvegarde de l'emploi (PSE) doit être établi dans les entreprises d'au moins 50 salariés lorsque l'effectif à licencier porte sur 10 salariés au moins sur 30 jours. Le PSE a pour but de limiter le nombre de licenciements et de reclasser les salariés concernés sur des postes équivalents.

La consultation des instances représentatives du personnel est prévue par la loi pour les licenciements importants en nombre. Des réunions sont prévues avec les DP, voire avec le CE.

2. Le licenciement pour motif personnel

a) Le licenciement pour faute

Il tient à la personne du salarié. Il doit être fondé sur un motif réel, c'est-à-dire objectif, les faits étant vérifiables, et sérieux, c'est-à-dire reposant sur des griefs suffisamment graves pour rendre impossible la poursuite du contrat. Il existe plusieurs degrés de gravité de la faute.

b) Le licenciement en l'absence de faute

L'employeur peut reprocher au salarié une insuffisance professionnelle ou de ses résultats. Ce reproche doit reposer sur des faits concrets, établis par l'employeur (exemple : manque d'efficacité dans l'atteinte des objectifs fixés).

Les faits allégués par l'employeur doivent être vérifiables pour éviter tout risque d'arbitraire.

2 La rupture de la relation de travail par le salarié

Le salarié peut décider de quitter son poste en donnant sa démission. Il doit manifester une volonté libre, sérieuse et sans équivoque de quitter définitivement son emploi. Il ne doit pas y avoir été contraint par un comportement fautif de l'employeur.

3 Les dispositifs de protection du salarié licencié

1. Le respect du contradictoire à travers l'énonciation de la cause

Le projet de licenciement doit donner lieu à l'envoi en recommandé d'une lettre de convocation à un entretien préalable. Cette lettre doit informer le salarié de la mesure que l'employeur envisage de prendre à son encontre. Elle doit mentionner l'objet, la date, l'heure et le lieu de l'entretien ainsi que la faculté de se faire assister par une personne appartenant au personnel de l'entreprise.

Lors de l'entretien préalable au licenciement, l'employeur indique au salarié les motifs précis justifiant la mesure qu'il envisage de prendre. Le salarié s'explique sur les faits et le débat est contradictoire.

L'employeur dont la décision est prise doit adresser au salarié la mesure de licenciement par lettre recommandée avec accusé de réception. La date de présentation de la lettre marque le point de départ du délai de préavis. La lettre doit contenir le ou les motifs du licenciement, car en cas de litige, les juges en apprécieront la portée.

2. Le délai de préavis

Le salarié licencié a le droit de bénéficier d'un délai de préavis sauf s'il a commis une faute grave ou lourde. Il s'agit de la période qui sépare la notification du licenciement de la cessation effective du travail. L'objectif est d'atténuer l'effet immédiat de la rupture. La durée du préavis dépend de l'ancienneté du salarié dans l'entreprise.

3. Le versement d'indemnités

Le salarié licencié, justifiant d'un an d'ancienneté et n'ayant pas commis de faute grave ou lourde, a le droit de bénéficier d'une indemnité de licenciement destinée à compenser son préjudice. Cette indemnité est la même qu'il s'agisse d'un licenciement pour motif personnel ou pour motif économique. Elle s'élève à 1/5 de salaire mensuel par année d'ancienneté. À partir de 10 ans d'ancienneté, elle est augmentée de 2/15 par année.

Le salarié doit en outre percevoir une indemnité compensatrice de congés payés, sauf en cas de licenciement pour faute lourde.

4 La protection supranationale du salarié

La relation de travail est aussi protégée aux niveaux international et communautaire. Elle l'est de plus en plus au niveau européen avec la mise en place progressive d'un droit social européen.

EXEMPLE

La convention de l'Organisation internationale du travail du 22 juin 1982 dispose que « tout licenciement doit être motivé ».

9 L'ÉVOLUTION DE LA RELATION DE TRAVAIL PAR LE DROIT NÉGOCIÉ

Le droit du travail français évolue vers un droit négocié par les partenaires sociaux. Le législateur intervient pour lui donner force de loi. La négociation collective entre les représentants des employeurs et des salariés porte sur les conditions de travail, la formation professionnelle et les garanties sociales.

1 Les acteurs de la négociation collective

1. Les représentants des employeurs

Les employeurs peuvent participer aux négociations de façon isolée ou par l'intermédiaire de leurs groupements d'employeurs.

EXEMPLES

Le Mouvement des entreprises de France (MEDEF), la Confédération générale des petites et moyennes entreprises (CGPME).

2. Les représentants des salariés

a) Les syndicats représentatifs

Un syndicat est représentatif par son influence et son activité au profit d'un nombre significatif d'adhérents. Il se trouve le mieux placé pour représenter les intérêts des salariés et exprimer au mieux leurs aspirations. La loi du 20 août 2008 portant rénovation de la démocratie sociale a bouleversé la notion de représentativité syndicale.

Pour être représentatifs dans l'entreprise, les syndicats doivent satisfaire à sept critères de représentativité :

- respect des valeurs républicaines (exemple : garantie de la liberté d'opinion) ;
- indépendance vis-à-vis de l'employeur ;
- transparence financière ;
- ancienneté d'au moins 2 ans ;
- audience suffisante (au moins 10 % des suffrages exprimés au premier tour des élections professionnelles) ;
- influence caractérisée par l'activité et l'expérience ;
- effectifs suffisants d'adhérents et de cotisations.

b) Les prérogatives des syndicats représentatifs

Les syndicats représentatifs peuvent désigner un délégué syndical pour négocier au sein de l'entreprise. Ils peuvent conclure des conventions collectives, des accords d'intéressement et de participation, exercer des actions individuelles en justice, etc.

Dans les entreprises de plus de 1 000 salariés, ils bénéficient d'un local propre lorsqu'ils ont créé une section syndicale.

c) Le représentant de la section syndicale (RSS)

La loi de 2008 a créé ce nouvel interlocuteur dans l'entreprise dont la fonction est d'animer la section syndicale. Il s'agit de permettre aux syndicats n'ayant pas encore fait la preuve de leur représentativité d'être présents dans l'entreprise.

Un syndicat représentatif peut désigner un délégué syndical, tandis que celui qui ne l'est pas peut désigner un RSS. Il peut ainsi espérer obtenir aux élections professionnelles suivantes les résultats lui permettant d'être reconnu comme représentatif.

Le RSS bénéficie des mêmes prérogatives que le délégué syndical (liberté de déplacement, distribution de tracts, etc.).

d) Le cas des entreprises dépourvues de délégués syndicaux

Dans ce cas, l'employeur peut conclure des accords collectifs avec un représentant du personnel (membre élu du comité d'entreprise ou délégué du personnel) ou, à défaut, un salarié mandaté par une organisation syndicale.

2 L'objet des négociations

Les textes négociés peuvent contenir des dispositions plus favorables aux salariés que les lois et règlements. On distingue la convention collective conclue entre les partenaires sociaux, traitant de l'ensemble des conditions d'emploi, de travail et des garanties sociales, et l'accord collectif qui ne traite que d'un ou plusieurs sujets déterminés dans cet ensemble (exemple : accord salarial).

3 Les niveaux de négociation

1. La hiérarchie entre les niveaux

Chaque convention ou accord précise son champ d'application géographique, qui peut être national, régional ou départemental. Ces textes peuvent être conclus à trois niveaux.

a) Le niveau interprofessionnel

À ce niveau sont signés des accords nationaux interprofessionnels (ANI) visant à couvrir tous les secteurs d'activité et tous les emplois au niveau national, pour traiter des problèmes sociaux communs à tous les secteurs d'activité.

EXEMPLE

L'ANI de 2008 sur « la modernisation du marché du travail » introduit la rupture conventionnelle du contrat de travail, le CDD à objet défini, l'allongement de la période d'essai.

b) Le niveau de la branche

Il s'agit de conventions régissant les conditions de travail de tout un secteur d'activité (exemple : accord de branche de la chimie). Le Code du travail impose une négociation annuelle sur les salaires, une négociation triennale sur la formation, l'égalité professionnelle, la gestion de l'emploi et des compétences et le handicap, et une négociation quinquennale sur les classifications professionnelles.

c) Le niveau de l'entreprise, de l'établissement ou du groupe

Il s'agit d'adapter les règles du Code du travail aux spécificités de l'entreprise.

d) Le rôle des différents niveaux

Chaque niveau joue un rôle différent :

11 LES CRITÈRES DE CHOIX D'UNE STRUCTURE

➔ Le choix d'une structure juridique dépend des motivations du créateur de l'organisation.

1 Le choix de la structure en fonction des motivations patrimoniales et matrimoniales

1. Le patrimoine de l'entrepreneur individuel

L'entreprise et l'entrepreneur sont confondus : profit et responsabilité sont liés à la personne de l'entrepreneur qui doit accepter de prendre des risques puisqu'il engage son patrimoine afin de garantir ses dettes professionnelles. Le législateur, conscient des problèmes posés à l'entrepreneur individuel, a tempéré le principe de l'engagement sans limite de l'entrepreneur individuel : les lois de 1994, 2003 et 2008 permettent à l'entrepreneur de « protéger » ses biens personnels des créanciers.

2. Le patrimoine des associés

En principe, les sociétés commerciales de capitaux (SA, SAS) et la SARL ou l'EURL sont des structures qui permettent aux associés de n'engager leur patrimoine qu'à hauteur de leurs apports. Cependant, les banquiers demandent généralement une garantie sur les biens personnels des associés pour l'octroi d'un prêt. Cette pratique amoindrit la portée du principe.

3. La protection des biens du couple

a) Le régime de la communauté réduite aux acquêts

Ce régime est celui des personnes qui se marient sans passer de contrat devant le notaire. Les biens acquis à titre onéreux pendant le mariage, les « acquêts », sont communs aux époux et sont donc engagés dans le cadre de l'activité professionnelle. Cette règle n'est pas valable pour les biens propres à chacun des époux (biens acquis avant le mariage).
Ce régime matrimonial est déconseillé à ceux qui veulent entreprendre seuls ou dans le cadre d'une société de personnes entraînant la responsabilité illimitée des associés.

b) Le régime de la séparation de biens

Ce régime est le plus adapté à la vie des affaires car il aboutit à dissocier les biens de chacun des époux : tout ce qui a été acquis par chacun, avant et pendant le mariage, lui appartient personnellement et ne peut donner lieu à saisie du fait d'une difficulté d'exploitation de l'autre membre du couple.
Le PACS (pacte civil de solidarité) aboutit aux dispositions de ce dernier régime.

2 Le choix de la structure en fonction des motivations sociales et fiscales

1. La motivation sociale

Le créateur d'entreprise peut choisir d'avoir le statut de salarié en dirigeant une société de capitaux ou en étant gérant non majoritaire d'une SARL. Il bénéficie alors des assurances sociales (maladie, maternité, accidents du travail, vieillesse) mais ne bénéficie pas de l'assurance-chômage.
Il peut à l'inverse choisir le statut de travailleur indépendant s'il exploite une entreprise individuelle, s'il est gérant associé d'une SNC ou d'une EURL, ou s'il est gérant associé majoritaire d'une SARL. Il ne bénéficie alors pas du régime général de la Sécurité sociale mais d'un régime social spécifique. Il doit cotiser à des caisses d'assurance complémentaires s'il veut obtenir un statut social satisfaisant.
Ce critère de choix n'est plus décisif car les différences entre les statuts se sont estompées : le coût des cotisations sociales est proche de celui des assurances acquittées par les travailleurs indépendants.

2. La motivation fiscale

L'activité professionnelle génère des profits donnant lieu à des prélèvements fiscaux. Le choix se fait entre l'imposition de la personne *via* l'impôt sur le revenu (IR) ou celle de la structure *via* l'impôt sur les sociétés (IS). L'IR vise les bénéfices réalisés selon un barème progressif, dont la tranche supérieure est actuellement fixée à 40 %. L'IS représente un prélèvement proportionnel, à hauteur de 33,33 % des bénéfices.
Il n'existe pas d'arbitrage idéal entre ces deux options car chacun doit intégrer divers paramètres : profits attendus de l'entreprise, situation personnelle et familiale.

3 Les motivations liées à l'organisation de l'entreprise

1. Le fonctionnement de l'entreprise

Le créateur optant pour les sociétés de capitaux et la SARL dispose d'un pouvoir à la hauteur de son engagement financier et des risques qu'il assume. Lors des assemblées générales, chaque associé détient une quantité de droits de vote à proportion de ses apports à la constitution du capital.
Dans les sociétés de personnes comme la SNC, la prééminence de l'*intuitu personae* entraîne la règle de l'unanimité lors des votes en assemblée générale.
Les statuts laissent de la liberté aux associés pour aménager l'organisation de leurs pouvoirs dans la société. La loi permet ainsi aux SAS de choisir librement la répartition des pouvoirs ou leur concentration entre les mains d'un seul dirigeant.

2. Le financement de l'entreprise

Certaines SA « rassurent » les banques en raison de l'importance de leurs capitaux propres ; elles obtiennent des crédits. À l'inverse, les petites entreprises, individuelles ou sociétaires, semblent plus fragiles et sont donc plus limitées dans la réalisation de leurs objectifs.

12 L'ÉVOLUTION DE LA STRUCTURE JURIDIQUE DES ORGANISATIONS

L'objectif des organisations est généralement de croître tout en limitant les risques liés à l'activité économique et en trouvant de nouveaux partenaires. Des préoccupations patrimoniales, financières ou stratégiques sont généralement à l'origine de l'évolution de leur structure juridique.

1 Le processus d'évolution des organisations

1. La recherche de la croissance

Toute entreprise, quelle que soit sa taille, est un jour ou l'autre tentée par le développement de son chiffre d'affaires et l'augmentation de ses parts de marché. Les stratégies de croissance des organisations peuvent prendre la forme de la croissance interne ou celle de la croissance externe.

En optant pour la croissance interne, l'entreprise souhaitant rester indépendante s'autofinance progressivement pour rester maîtresse de son évolution. Elle développe ses propres moyens de production. L'entreprise individuelle peut aussi, en cas de besoin, changer sa structure juridique si son intention est de s'étendre sur le marché.

Une entreprise qui fait le choix de la croissance externe prend le contrôle d'autres organisations ou se regroupe avec d'autres structures par le mécanisme de la fusion.

2. Les différentes préoccupations

a) Les préoccupations patrimoniales

Afin d'éviter la confusion entre son entreprise et lui, l'entrepreneur individuel peut souhaiter changer de structure juridique. Il peut adopter le statut de sociétaire ou bien d'associé dans une société de capitaux afin de protéger son patrimoine personnel des risques de son entreprise. Il en est de même pour les associés d'une société qui doivent fournir des garanties sur leurs biens personnels afin d'obtenir des crédits.

La transmission de l'entreprise individuelle à ses enfants est une autre préoccupation patrimoniale. L'adoption du statut de société peut faciliter l'opération. En effet, la cession ou la transmission des parts peut se faire totalement ou partiellement, à une ou à plusieurs personnes de son choix, sauf si une procédure d'agrément est prévue par les statuts (exemples : accord unanime des autres associés dans une SNC, approbation de la majorité des associés représentant les 3/4 du capital dans une SARL).

b) Les préoccupations financières

Pour se développer, l'entreprise a besoin de moyens importants. Or l'accès à des modes de financement conséquents est réservé à certaines structures.

EXEMPLE

L'introduction en Bourse est seulement possible pour des sociétés de capitaux importantes.

c) Les préoccupations stratégiques

Le droit prévoit de nombreux moyens pour accompagner les structures qui souhaitent opter pour des stratégies de croissance.

EXEMPLES

Techniques de filialisation, de prise de contrôle, de fusion.

2 Les modifications de la structure juridique

L'apport en société de l'entreprise individuelle et la modification de la forme sociale servent aussi la croissance de l'activité économique de l'organisation.

1. L'apport en société de l'entreprise individuelle

L'entrepreneur individuel qui veut faire grandir son entreprise doit adopter le statut de société. Pour cela, il peut apporter son fonds de commerce à la constitution du capital de la société à naître, qu'elle soit unipersonnelle s'il veut en garder le total contrôle, ou pluripersonnelle s'il s'associe à d'autres personnes. Son pouvoir dépendra de la valeur de son apport dans le capital.

2. La modification de la forme sociale

a) Le passage de l'EURL à la SARL

Une EURL (entreprise unipersonnelle à responsabilité limitée) est créée par un associé unique pour exploiter seul son activité. Mais cette structure peut être un frein à la croissance recherchée car la limitation de la responsabilité rend difficile l'obtention de financement : les banques demandent des garanties et des cautions personnelles. Si cette structure est bien adaptée pour l'entrepreneur individuel qui veut être seul maître à bord, il peut arriver que l'associé unique souhaite faire entrer d'autres personnes dans sa société en vue d'un développement ultérieur. Les nouveaux associés pourront en effet apporter des compétences nouvelles et/ou une augmentation de capital en vue de la croissance recherchée.

L'EURL n'étant pas une forme juridique à part entière, puisqu'elle est en fait une SARL constituée d'un seul associé, le passage en SARL se fait sans aucune formalité, par le simple fait de céder des parts sociales à une autre personne.

b) L'évolution de la SARL vers les sociétés de capitaux

Pour mener des projets d'envergure, le choix peut s'orienter vers les sociétés de capitaux : société anonyme (SA), société par actions simplifiée (SAS). Leurs structures évolutives facilitent les partenariats et apportent de la crédibilité vis-à-vis des partenaires (banquiers, clients, fournisseurs).

Ainsi, lorsque la SARL est en plein développement et qu'elle a besoin de capitaux importants, il peut s'avérer judicieux de la transformer en SA. En effet, la SA dispose d'une grande souplesse de financement puisqu'elle peut faire appel public à l'épargne et émettre divers titres sur le marché.

Lorsque la SARL compte plus de 100 associés, elle doit se transformer en SA dans un délai de 2 ans, à moins que le nombre d'associés ne redevienne inférieur ou égal à 100.

13 LA PRÉVENTION ET LE TRAITEMENT DES DIFFICULTÉS DE L'ENTREPRISE

L'entreprise peut connaître des difficultés. La prévention est privilégiée par le droit. Le législateur se fixe trois objectifs : le redressement de l'entreprise, le maintien de l'emploi et le paiement des créanciers.

1 L'évolution du droit de l'entreprise en difficulté

La question de la pérennité de l'entreprise n'a pas toujours été appréhendée de la même façon par le droit. Jusqu'en 1985, le droit était caractérisé par la volonté de punir le chef d'entreprise qui avait failli et qui devait être destitué du droit d'administrer ses biens. Le droit des faillites a évolué vers la volonté d'appréhender le plus tôt possible les difficultés de l'entreprise et de préserver ses chances de survie pour défendre les intérêts des créanciers, des salariés, des associés, de l'entrepreneur, voire de la société elle-même.
La loi de sauvegarde des entreprises du 26 juillet 2005 vise le traitement en amont des difficultés des entreprises et encourage les dirigeants à s'adresser rapidement aux tribunaux.

2 La prévention des difficultés

La détection précoce des difficultés et les solutions de sauvetage de l'entreprise facilitent le recours à la justice pour des chefs d'entreprise réticents à la saisir.

1. L'obligation de publier les comptes

La détection des difficultés suppose une transparence de l'information assurée par l'obligation de publier les comptes. C'est pourquoi les sociétés commerciales doivent déposer leurs comptes annuels, le rapport de gestion et le rapport des commissaires aux comptes au greffe du tribunal de commerce. Ils disposent d'un délai de 1 mois après l'approbation par l'assemblée générale.

2. Le droit et le devoir d'alerte

Le comité d'entreprise, les associés et le président du tribunal de commerce peuvent déclencher l'alerte afin d'attirer l'attention du chef d'entreprise. Pour le commissaire aux comptes, il s'agit d'un devoir.

3. La procédure contractuelle de conciliation

La conciliation, limitée en principe à 4 mois, permet au dirigeant de diriger et maîtriser la procédure. Aucun créancier ne peut demander l'ouverture d'une procédure de redressement ou de liquidation judiciaire, ni le président du tribunal se saisir d'office. Le dirigeant peut proposer au tribunal le nom d'un conciliateur dont la mission sera de favoriser la conclusion d'un accord amiable entre les créanciers et le débiteur pour le paiement de ses dettes.

3 Le traitement des difficultés

Le droit des entreprises en difficulté propose d'une part des procédures choisies par le chef d'entreprise et d'autre part des procédures subies.

1. Les procédures

a) La sauvegarde

Toute entreprise qui justifie de difficultés qu'elle n'est pas en mesure de surmonter peut être placée sous sauvegarde.
La procédure est déclenchée à l'initiative du chef d'entreprise. Elle lui permet de bénéficier de mesures prononcées par le juge qui s'imposent aux créanciers (exemples : arrêt des poursuites individuelles, suspension des échéances des dettes).
La procédure débute par une période d'observation de l'entreprise permettant de dresser l'inventaire de son patrimoine. Un plan de sauvegarde est ensuite arrêté par le tribunal, qui prévoit les mesures nécessaires au rétablissement de l'entreprise (exemples : délais de paiement, remises de dettes).

b) Le redressement judiciaire

La procédure de redressement judiciaire doit être mise en œuvre par toute entreprise en situation de cessation de paiements, c'est-à-dire qui ne peut pas faire face au passif exigible avec l'actif disponible. Elle permet la poursuite de l'activité de l'entreprise, avec désignation d'un ou de plusieurs administrateurs pour assister le dirigeant, le maintien de l'emploi et l'apurement du passif. Elle donne lieu à un plan de redressement arrêté par jugement à l'issue d'une période d'observation.

c) La liquidation judiciaire

En cas d'échec des tentatives de sauvetage, l'entreprise est conduite à la liquidation judiciaire. Cette procédure concerne les entreprises en cessation de paiements et dont le redressement est manifestement impossible. Il s'agit de mettre fin à l'activité de l'entreprise ou de vendre tous ses biens afin de rembourser les créanciers dans la mesure du possible.

2. Les critères de choix d'une procédure

Le choix d'une procédure dépend de différents critères :
- le niveau de difficultés atteint par l'entreprise (cessation de paiements ou pas) ;
- la confidentialité de la procédure : si un accord amiable est homologué, et donc révélé au public, il peut freiner le dirigeant dans ses relations avec les tiers. Mais certains créanciers, dont les banques, peuvent préférer cette solution en raison de la sécurité juridique que leur procure l'homologation ;
- les effets de la procédure sur la gestion du chef d'entreprise : poursuite de la gestion, désignation d'un administrateur ou remplacement par un liquidateur ;
- le rôle des créanciers : recours en revendication de biens, accords possibles pour échelonner les paiements ;
- le maintien de l'emploi : licenciements ou non ;
- l'aspect contractuel ou judiciaire : accord amiable ou jugement ;
- les risques de sanction en cas d'actes graves des dirigeants ayant conduit aux difficultés de l'entreprise.

14 LA PROTECTION DES CRÉANCIERS DE L'ENTREPRISE EN DIFFICULTÉ

Le droit des entreprises en difficulté est marqué par la nécessité d'arbitrages entre des intérêts contradictoires. Véritables acteurs des procédures s'appliquant aux entreprises en difficulté, les différents créanciers possèdent des droits, dont celui du paiement de leurs créances.

1 Les objectifs de la protection des créanciers

1. Le maintien de l'emploi

L'objectif principal du législateur en 2005 a été de renforcer les chances effectives de sauvetage de l'entreprise en favorisant l'anticipation des difficultés et leur résolution par la négociation. Il s'agit de pérenniser l'entreprise et de maintenir les emplois des salariés dans le cas des procédures de sauvegarde, de redressement et de liquidation.

2. Le règlement des dettes

Le paiement des créances est un des objectifs du traitement des difficultés de l'entreprise. La négociation et la finalisation d'accords avec les créanciers, en vue de l'obtention de remises de dettes, sont au cœur des procédures. Le paiement du passif s'effectue en fonction des actifs restant pour régler les dettes.

2 La distinction entre les créanciers

Tous les créanciers ne sont pas traités de la même façon.

1. Les créanciers superprivilégiés

Les salariés sont des créanciers particuliers du fait du caractère alimentaire de leur créance. La rémunération qui leur est due au titre des 60 derniers jours de travail qui précèdent le jugement d'ouverture bénéficie d'un superprivilège. C'est une créance prioritaire, qu'il s'agisse d'une procédure de sauvegarde, de redressement ou de liquidation judiciaires.
Si les fonds appartenant à l'entreprise en difficulté en permettent le paiement, les salariés doivent être payés dans les 10 jours suivant le jugement d'ouverture. Si les fonds sont insuffisants, les salaires sont pris en charge par l'Association pour la gestion du régime de garantie des créances des salariés (AGS). L'AGS devient créancier de l'entreprise et prend la place du salarié dont elle a avancé les créances pour récupérer les sommes avancées.

2. Les créanciers privilégiés

Il s'agit des créanciers qui peuvent, en vertu de la loi, obtenir le recouvrement de leur créance avant les autres. Le Trésor public et les organismes sociaux font partie des créanciers privilégiés car ils sont porteurs des créances de la collectivité. Leur paiement doit donc être prioritaire (exemple : les frais de justice).

3. Les créanciers chirographaires

Ce sont des créanciers simples, sans privilège, ni garantie, ne bénéficiant donc d'aucune priorité de paiement (exemple : les fournisseurs).

a) Les créanciers antérieurs à la procédure collective

Le jugement ouvrant la procédure interdit de payer toute créance née antérieurement. Il arrête les poursuites judiciaires engagées par les créanciers pour obtenir le paiement de leurs créances. En outre, les créances nées antérieurement au jugement d'ouverture et non encore payées ne peuvent pas produire d'intérêts.

b) Les créanciers postérieurs à la procédure collective

Les créanciers qui, avertis des difficultés de l'entreprise en situation de sauvegarde ou de redressement, continuent de travailler avec elle ont des avantages et bénéficient de garanties de paiement accrues.

EXEMPLE

Un fournisseur qui continue de livrer un client en cessation de paiements, lui permet de poursuivre sa production et contribue à favoriser son redressement.

Ces créanciers postérieurs bénéficient ainsi d'un traitement de faveur dans la mesure où leurs créances doivent être payées à leur échéance tandis que le paiement de toutes les autres créances nées avant le jugement d'ouverture de la procédure est suspendu jusqu'à la décision finale du tribunal.
Devenant créanciers privilégiés, ils disposent d'une priorité de paiement sur la majorité des créanciers antérieurs. Ainsi, si l'entreprise connaît une aggravation de ses difficultés rendant impossible le recouvrement de la créance à la date prévue, le créancier bénéficie d'un privilège, à mettre en œuvre le jour du règlement définitif de la situation.

3 Le sort des créanciers

1. Dans le cas de la continuation de l'entreprise

Le tribunal peut décider d'un plan de continuation ou d'un plan de redressement en prenant des mesures sur le long terme, 10 ans au maximum. Il donne ainsi des chances de survie à l'entreprise en difficulté.

EXEMPLES

Échelonnement des échéances ; effacement de dettes.

Les créanciers sont consultés avant l'adoption définitive des mesures, par l'intermédiaire d'un administrateur qui négocie directement avec les créanciers pour les PME ou avec des comités représentant les créanciers dans les grandes entreprises.

2. Dans le cas de la liquidation de l'entreprise

Il y a vente, de gré à gré ou aux enchères, de tous les éléments de l'actif de l'entreprise pour apurer son passif. Un liquidateur répartit les fonds issus de la cession des actifs entre les différents créanciers, en tenant compte de l'ordre de paiement prévu par le droit : d'abord les titulaires d'une créance privilégiée, ensuite les créanciers chirographaires, qui se partagent le reliquat en fonction des montants respectifs de leur créance.
Enfin, le tribunal constate la clôture de la liquidation et, le cas échéant, l'insuffisance d'actif.

15 LA CONCLUSION DES CONTRATS ENTRE PROFESSIONNELS

Le contrat est un outil juridique essentiel dans la circulation des richesses. Il représente un élément de stabilité des relations mises en place par les entreprises dans leur activité économique. Il permet l'adaptation au contexte économique, notamment international, et sécurise les transactions entre les parties.

1 La formation des contrats

1. Le contrat

a) La place du contrat

Les actes juridiques sont des manifestations de volonté d'une ou de plusieurs personnes ayant pour objectif de produire des effets de droit. La convention est un acte juridique car cet accord entre deux ou plusieurs personnes produit des effets de droit.

Le contrat est une convention entre deux ou plusieurs personnes ayant pour but de faire naître des obligations. En pratique, le terme «contrat» désigne plutôt le document et la «convention» le contenu du contrat, c'est-à-dire ce à quoi les signataires se sont engagés.

b) Le rôle du contrat entre professionnels

Pour l'entreprise, le contrat est le mode d'organisation de ses rapports avec tous ses partenaires. Par cette convention, elle s'oblige envers une ou plusieurs autres entreprises à donner (transférer la propriété), à faire ou à ne pas faire quelque chose (exemples : s'équiper, approvisionner).

2. Les conditions de validité des contrats

a) Le consentement

Le consentement doit être libre et non vicié. Les vices du consentement sont :
- l'erreur : croyance fausse au sujet d'un élément du contrat ;
- le dol : manœuvre frauduleuse destinée à tromper une personne pour l'amener à contracter ;
- la violence : contrainte physique ou morale.

b) La capacité des parties

Les parties doivent être capables pour conclure un contrat. La capacité comprend :
- la capacité de jouissance qui consiste en l'aptitude à être titulaire de droits (exemple : droit de propriété) ;
- la capacité d'exercice qui est l'aptitude à exercer ces droits (exemple : vendre son bien).

Sont considérées comme incapables les personnes qui sont dans l'incapacité de passer des contrats ou ne peuvent être commerçants en raison de leur jeune âge (moins de 18 ans) ou de l'altération de leurs facultés personnelles. Toutes ces personnes ont interdiction soit d'exercer temporairement le commerce, soit de diriger une société (exemples : personne condamnée à une sanction pénale pour crime, délit ; fraude entraînant la liquidation d'une entreprise).

c) L'objet

L'objet du contrat est l'opération juridique voulue par les parties. Il doit exister, être certain, c'est-à-dire déterminé et déterminable, possible et licite, c'est-à-dire conforme à la loi et aux bonnes mœurs.

d) La cause

La cause est la raison qui a poussé les contractants à s'engager. Elle doit exister et être licite.

3. La portée des engagements contractuels

Le contrat a force de loi entre les parties, c'est-à-dire qu'il s'impose à elles comme la loi s'impose aux citoyens. La force obligatoire du contrat et le respect de la parole donnée sont indispensables pour sécuriser le commerce. Le contrat n'a d'effet qu'entre les parties. Sauf exceptions, il n'engage pas les tiers, qui, cependant, ne peuvent pas totalement ignorer son existence.

2 Les particularités des contrats professionnels

1. L'équilibre des obligations

Le contrat doit être exécuté de bonne foi, ce qui se traduit entre professionnels par l'obligation de loyauté réciproque. La déloyauté consiste, par exemple, à ne pas avertir l'autre partie alors qu'on a décidé de rompre.

Les contrats types favorisent l'équilibre des prestations et aident à l'égalité des parties en standardisant les relations juridiques car ils sont totalement ou partiellement élaborés avant la négociation.

2. La volonté des parties en cas de rapport déséquilibré

La liberté de négociation en matière contractuelle est souvent illusoire en raison des déséquilibres du rapport de force entre les parties. En effet, les contractants professionnels sont réputés avoir négocié librement les conditions de leur accord ; mais en pratique, tout dépend de la position du client et des intérêts financiers en jeu.

En cas de litige, il convient de se demander si les parties ont voulu l'accord conclu et si elles étaient aptes à le vouloir. Il faut ensuite s'interroger sur le contenu du contrat en recherchant ce que les parties ont voulu et pourquoi elles l'ont voulu. Il s'agit ainsi de rétablir entre les parties l'égalité trop souvent rompue par la supériorité technique ou économique de l'une d'elles.

Le contenu des contrats doit être recherché dans ce que les parties ont voulu plus que dans la lettre du contrat. Les parties ne doivent pas faire preuve de malice en se retranchant derrière une application à la lettre de la convention ou au contraire en profitant des lacunes du contrat.

3. La détermination du prix

Le prix se définit comme la somme d'argent que l'un des contractants doit payer à l'autre en contrepartie d'un bien ou d'un service. Le prix de la vente doit être déterminé et désigné par les parties. À défaut le contrat n'existe pas.

Aucune des parties ne devant être soumise à l'arbitraire de l'autre, le prix, même s'il n'est pas fixé le jour du contrat, doit être déterminable et dépendre d'éléments objectifs.

16 LA NÉGOCIATION D'ACCORDS ENTRE PROFESSIONNELS

La conclusion d'un contrat est souvent précédée d'une longue période de négociation ponctuée d'accords préparatoires. Les professionnels peuvent se faire représenter pendant cette période en utilisant la technique de la représentation juridique.

1 La période précontractuelle

Cette période se caractérise par la liberté d'aller jusqu'au contrat ou d'y renoncer. Un contrat entre professionnels met souvent en jeu des intérêts considérables et ne se signe pas sur un coup de tête. Au contraire, il est la plupart du temps précédé d'une longue période de négociation qui est ponctuée de nombreux actes préparatoires.

1. Les pourparlers

Ils représentent la phase préliminaire de discussion durant laquelle les clauses du contrat envisagé sont étudiées. Les parties ne sont pas encore engagées et sont encore libres de se dédire.

Les pourparlers peuvent se terminer à l'amiable ou donner lieu à un contentieux. Le cas échéant, celui qui a commis une faute dans la rupture des pourparlers est obligé de la réparer.

2. La promesse unilatérale de contrat

Il s'agit de la convention par laquelle une personne, le promettant, consent à une autre personne, le bénéficiaire, la faculté d'acheter ou de vendre un bien à un prix déterminé ou déterminable.

Le promettant s'engage à conclure le contrat envers le bénéficiaire à des conditions prédéterminées, notamment le prix.

Le bénéficiaire accepte les termes de l'offre qui lui est faite sans être encore engagé à signer le contrat. Il dispose d'un délai, qui correspond à la durée de la promesse, pour se décider et faire connaître sa décision à son cocontractant.

EXEMPLE

Dans le cadre d'une promesse unilatérale de vente, le vendeur s'engage à vendre un bien au bénéficiaire de la promesse. Il s'interdit de proposer le bien à la vente à toute autre personne pendant le délai de la promesse.

Le bénéficiaire jouit d'un droit d'option :
- soit il signe le contrat et il lève l'option selon les termes prévus dans la promesse ;
- soit il y renonce. Il est généralement prévu à sa charge le versement au promettant d'une somme, l'indemnisation d'immobilisation, en contrepartie du fait que l'objet de la promesse est bloqué pendant un certain temps.

3. L'avant-contrat

Avant de signer le contrat définitif, les parties peuvent conclure un avant-contrat temporaire qui détermine avec précision les conditions dans lesquelles se réalisera le contrat définitif.

L'avant-contrat peut prendre la forme d'un pacte de préférence avec la promesse faite par l'une des parties à une autre qui l'accepte, de lui proposer en priorité la conclusion d'un contrat lorsque l'autre sera décidée à conclure.

EXEMPLE

Dans le contrat de vente, l'une des parties s'engage à acheter un bien dès que sa demande de financement aura été accordée par l'organisme de crédit.

Cet accord contient généralement une clause relative au secret et à la confidentialité, qui interdit la divulgation des informations sensibles échangées en cours de négociation. Il peut contenir aussi des clauses spécifiques aux négociations, comme une clause d'exclusivité qui interdit la conduite de négociation parallèle avec un tiers, ou une clause d'agrément qui interdit de transmettre le bénéfice du projet de contrat à un tiers sans l'autorisation du partenaire. Il peut s'agir enfin d'une clause pénale qui fixe le montant forfaitaire des pénalités dues en cas de manquement à l'une des clauses de cet avant-contrat.

2 Le mécanisme de la représentation

Les professionnels peuvent conclure directement des contrats ou bien se faire représenter. Les relations contractuelles entre professionnels conduisent ainsi à différencier la personne juridique qui s'engage et le signataire du contrat, ce que permet la technique de la représentation juridique.

1. Le pouvoir de représentation

Généralement, les professionnels négocient eux-mêmes leurs contrats ; toutefois, il leur arrive de faire intervenir un intermédiaire qui peut les représenter lors de la négociation du contrat.

L'origine du pouvoir du représentant peut être légale.

EXEMPLE

Le directeur général d'une société anonyme représente celle-ci dans ses rapports avec les tiers.

La représentation peut trouver aussi son origine dans un contrat, *via* la technique du mandat. Il s'agit d'un acte par lequel une personne, le mandant, donne à une autre, le mandataire, le pouvoir de faire quelque chose pour le mandant et en son nom.

Le mandant donne au mandataire les moyens d'exécuter sa mission et le rémunère sous forme d'honoraires. Il est ensuite engagé comme s'il avait traité lui-même avec les tiers qui signent avec le mandataire.

2. La prise de qualité du représentant

En signant le contrat, le représentant agit au nom du représenté. Il fait donc connaître à son cocontractant sa qualité d'intermédiaire. À ce titre, il doit exécuter la mission qui lui est confiée dans le respect des consignes et pouvoirs qui lui ont été donnés.

3. La volonté de contracter

Le professionnel qui est représenté mandate le représentant de conclure des contrats pour lui. La volonté de ce dernier doit être vérifiée tant par le représenté que par le cocontractant car il s'engage pour le représenté.

19 L'ENCADREMENT DE L'OFFRE COMMERCIALE ÉLECTRONIQUE

➔ L'offre commerciale recourt de plus en plus à des moyens virtuels qui peuvent être très intrusifs. La vente par Internet pose le problème de l'effectivité de la protection des cocontractants et de ses limites.

1 L'offre commerciale électronique

La loi sur la confiance dans l'économie numérique (LCEN) de juin 2004 définit le commerce électronique comme « l'activité économique par laquelle une personne propose ou assure à distance et par voie électronique la fourniture de biens ou de services ». Le commerce électronique est l'ensemble de toutes les activités, communications et transactions exécutées par voie électronique.
L'offre commerciale électronique recouvre aussi bien l'offre de marchandises dont la livraison passe par les procédés traditionnels, que les ventes de biens fournis directement par voie électronique (exemple : logiciel téléchargeable) ou encore l'accès à des services en ligne (exemple : base de données d'informations).

2 La protection du cocontractant

1. L'enjeu de la protection

Il s'agit d'assurer le développement du commerce électronique en renforçant la confiance des consommateurs dans ce nouveau mode de transaction et en protégeant la partie au contrat jugée la plus faible. Les dispositions s'inspirent des techniques du Code de la consommation, mais elles s'appliquent le plus souvent aussi bien au bénéfice du consommateur qu'à celui du non-professionnel, c'est-à-dire celui qui acquiert un bien ou un service en dehors de son domaine professionnel.

2. L'effectivité de la protection

Au niveau de la législation nationale, la crainte qu'Internet ne crée un espace sans protection juridique n'est pas fondée puisque le droit de la consommation s'applique. Mais la vente par Internet efface les frontières : une multitude de droits nationaux est donc applicable et le respect du droit national par les vendeurs situés à l'étranger est difficile à garantir.

3 Les règles à respecter

1. Le respect de l'ordre public

La LCEN est la transposition de la directive européenne de juin 2000 visant à harmoniser les législations des États membres. Elle impose des obligations au vendeur et accorde des droits au consommateur.
Les dispositions d'ordre public, comme le respect des bonnes mœurs, la sécurité, la protection des mineurs, de la santé publique et des consommateurs, doivent être expressément respectées.
Dans toute offre de vente d'un bien ou de fourniture d'une prestation de services faite à distance, le professionnel est tenu d'indiquer le nom de son entreprise, ses coordonnées téléphoniques ainsi que l'adresse de son siège et, si elle est différente, celle du fabricant.
Le droit français stipule que chacun a le droit de savoir ce qu'il achète. Les cyber-acheteurs doivent pouvoir avoir accès au descriptif des caractéristiques essentielles du bien ou du service proposé, qui doit donc être clair et précis. Les notices doivent être rédigées en français. L'auteur de l'offre reste engagé par elle tant qu'elle est accessible par voie électronique.

2. Le respect de la vie privée

a) Le consentement préalable en *B to C*

La sursollicitation des internautes a conduit la LCEN à consacrer le régime de l'*opt-in* pour la prospection électronique, conformément à la directive « vie privée dans les communications électroniques ». La prospection directe au moyen d'un automate d'appel, d'un télécopieur ou d'un courrier électronique est interdite si la personne sollicitée n'a pas exprimé son consentement préalable à recevoir ce type de prospection.

b) Le droit d'opposition en *B to B*

La Commission nationale de l'informatique et des libertés (CNIL) considère que la prospection par courrier électronique dans le cadre professionnel n'est pas soumise au consentement préalable des personnes physiques prospectées. Le professionnel peut toutefois s'opposer à toute utilisation commerciale de ses coordonnées : c'est le principe de l'*opt-out*.

3. L'obligation de loyauté

L'obligation de loyauté implique que toute offre en ligne doit pouvoir être clairement identifiée comme telle. Il s'agit de permettre l'identification du partenaire et des produits proposés. Les caractéristiques qualitatives et quantitatives de l'offre doivent être décrites précisément et sans équivoque.

4. L'obligation de transparence

a) Les caractéristiques de l'offre

Le cybermarchand doit préciser les services concernés, la zone géographique, la durée de l'offre, la disponibilité du bien ou du service au moment de la passation de la commande. Les conseils d'utilisation et de précaution doivent être mentionnés, ainsi que les modes de livraison.
Le prix doit être indiqué de manière claire et non ambiguë. Les taxes, les frais annexes (exemple : frais d'envoi), les réductions doivent être détaillés.

b) Les étapes de la conclusion du contrat

Toute offre de contrat sous forme électronique proposée par un professionnel doit comprendre les étapes à suivre pour conclure le contrat. Elle explique les moyens techniques qui permettent de corriger les erreurs commises dans la saisie des données.

c) Les conditions contractuelles

L'obligation légale de procéder à l'affichage électronique des conditions contractuelles renforce la transparence de l'offre et permet au consommateur d'être totalement informé avant de s'engager.

20 LE CONTRAT ÉLECTRONIQUE

➔ Dans l'univers virtuel, la formation et l'exécution des contrats se réalisent dans le cadre de règles spécifiques assurant la sécurité juridique des transactions.

Avec l'avènement du commerce électronique, des écrits numériques proposant une offre commerciale sont échangés en nombre croissant (conditions générales de vente, bons de commande, etc.) et quotidiennement sur Internet. Il est possible d'user de la voie électronique pour « mettre à disposition des conditions contractuelles ou des informations sur des biens ou services ». Les informations demandées peuvent être transmises par courrier électronique en vue de la conclusion d'un contrat ou au cours de son exécution « si leur destinataire a accepté l'usage de ce moyen ».

1 La détermination du droit applicable

Les contrats sont souvent conclus *via* Internet ou un autre réseau (exemple : commande par échange de courriels) entre des personnes établies dans des États différents. Si un litige survient entre elles (exemple : défaut de livraison), la partie qui entend engager des poursuites judiciaires doit identifier le tribunal compétent et la loi qui régit le litige.

1. Les principes communautaires

Conformément à une directive européenne de juin 2000, l'acheteur français bénéficie pour tout site européen d'une protection identique à celle accordée par le droit français.
La loi applicable à l'activité de commerce électronique est celle de l'État sur le territoire duquel le vendeur est établi. Une personne est considérée comme établie en France dès lors qu'elle y est installée d'une manière stable et durable pour exercer effectivement son activité, quel que soit, s'agissant d'une personne morale, le lieu d'implantation de son siège social.

2. Les critères de compétence des tribunaux

Le critère de compétence générale est déterminé par le territoire du domicile du défendeur. Ainsi, les litiges des personnes domiciliées sur le territoire d'un État, quelle que soit leur nationalité, peuvent être jugés devant les juridictions de cet État.
La loi donne donc compétence au tribunal du lieu où l'obligation qui sert de base à l'action a été ou doit être exécutée.

a) La vente de marchandises et la fourniture de services

Lorsqu'il s'agit d'une vente de marchandises, le lieu d'exécution est celui où, en vertu du contrat, les marchandises ont été ou auraient dû être livrées.
En ce qui concerne la fourniture de services, le lieu d'exécution est celui où les services ont été ou auraient dû être fournis.

b) L'exécution en ligne

Dans l'hypothèse d'une exécution en ligne, la compétence est attribuée au juge du lieu où ont été reçues les données téléchargées, et non au juge du lieu depuis lequel elles ont été envoyées.

2 Les étapes du processus de formation du contrat électronique

1. Les obligations du vendeur

En ce qui concerne la vente par Internet, le fournisseur doit faire figurer plusieurs éléments dans son offre. Il en est ainsi des caractéristiques du bien ou service, de l'identité du vendeur, de son adresse et de son numéro de téléphone. Il doit en outre faire figurer le prix TTC du produit ou du service, les conditions générales de vente, les frais de livraison, les modalités de paiement et de livraison.
L'attention du client doit être attirée sur l'existence de son droit de rétractation, de la durée de validité de l'offre, du coût de la communication à distance utilisée si elle dépasse le tarif de base et, s'il s'agit de la fourniture continue d'un service ou d'un bien, sa durée minimale. Les conditions générales de vente doivent être accessibles et imprimables.
Le vendeur doit également informer son acheteur des étapes à suivre pour conclure le contrat (exemples : comment sélectionner les produits ou services retenus, modes de paiement proposés), des langues disponibles et des modalités de sauvegarde du contrat. Il doit présenter clairement les moyens techniques permettant de corriger des erreurs possibles lors de la saisie des données. L'acheteur doit être en mesure de distinguer les étapes de la passation de commande et la validation finale de l'achat pour ne pas être engagé sans l'avoir expressément voulu.

2. La vérification de la commande

Pour être valable, un contrat de vente par voie électronique doit permettre au client de vérifier en ligne le détail de sa commande (description et quantité des produits ou services) et le prix total de la facture. L'acheteur doit en effet, compte tenu de l'absence d'un échange face à face avec le vendeur et donc de conseils, disposer de la faculté de corriger d'éventuelles erreurs.
La possibilité doit lui être donnée de confirmer son achat au moyen d'un double clic.

3. La confirmation

Avant de confirmer son acceptation de l'offre, le consommateur doit vérifier le détail de sa commande.
Pour prévenir toute erreur de manipulation des internautes, la loi sur la confiance dans l'économie numérique prévoit que la conclusion d'un contrat électronique doit se faire, sauf exception, en deux étapes. Le contrat ne sera conclu définitivement entre les deux parties que lorsque le consommateur aura matériellement réitéré l'acceptation du contrat par le procédé du « double clic ».

20 LE CONTRAT ÉLECTRONIQUE (suite)

a) Le premier « clic » pour accepter

Le cybervendeur doit permettre à l'acheteur de vérifier le détail de sa commande et son prix total et de corriger éventuellement sa première saisie.

Dans un premier temps, le consommateur confirme la commande contenant toutes les précisions sur les produits ou services concernés, le prix total TTC, les réductions de prix éventuelles, le mode de paiement et de livraison.

Dans ces conditions, la faculté offerte au client d'accéder au récapitulatif de sa commande et, le cas échéant, de la modifier avant de la confirmer, le protège de toute erreur de manipulation.

b) Le second « clic » pour confirmer

Puis l'internaute confirme sa commande et valide ainsi la transaction.

Le contrat électronique n'est valablement formé que lorsque le consommateur a cliqué une deuxième fois pour confirmer sa commande. L'acceptation doit être pure, simple et sans réserve.

c) Une protection réservée au non-professionnel

Cet important formalisme requis pour encadrer les contrats *B to C* n'est pas nécessaire dans le cadre d'une relation *B to B* où le principe de la liberté contractuelle prime.

Échappent donc à ces obligations, les contrats de fourniture de biens et de services conclus exclusivement par échange de courriers électroniques ainsi que les contrats conclus en ligne entre professionnels.

3 Le paiement du contrat électronique

1. Le règlement

Dans le contrat classique, la signature du contrat entraîne le paiement. Dans le contrat électronique, c'est le paiement qui conditionne la formation du contrat.

Le règlement peut s'effectuer immédiatement par carte bancaire ou porte-monnaie électronique rechargeable ; dans ce cas, le paiement est irrévocable. Il peut se faire aussi de manière différée à la livraison du bien ou lors de l'exécution de la prestation. Il est alors réalisé par virement bancaire, chèque ou espèces.

2. Le droit et le délai de rétractation

a) Le cadre de la rétractation

Lorsqu'il effectue sa commande, le consommateur doit être informé de l'existence ou de l'inexistence du droit de rétractation concernant les biens et services qu'il achète.

Le consommateur dispose d'un délai de 7 jours pour se rétracter à compter de la réception de son achat pour la vente de biens et à compter de l'acceptation de l'offre pour les prestations de services. Il n'a pas à justifier de motifs ni à payer de pénalités. Les frais de retour du produit sont à sa charge.

b) Le remboursement

Le vendeur ou prestataire rembourse l'acheteur dans les meilleurs délais et au plus tard dans les 30 jours suivant la date de rétractation. Le vendeur est tenu de rembourser la totalité des sommes versées dans les meilleurs délais : le montant de la commande ainsi que les frais de livraison.

4 L'exécution du contrat électronique

1. Le respect des délais

Le cybercommerçant a l'obligation d'accuser réception sans délai injustifié et par voie électronique de la commande qui lui a été adressée. En pratique, un premier courriel de confirmation de commande est rapidement envoyé. Il est généralement accompagné d'une adresse électronique permettant de suivre l'avancement de la livraison.

Le vendeur est tenu d'indiquer, avant la conclusion du contrat, la date limite à laquelle il s'engage à livrer le bien ou à exécuter la prestation de service. La livraison doit se faire dans un délai maximal de 30 jours à compter du lendemain de la réception de la commande, sauf accord contraire entre les parties.

Si le fournisseur ne peut respecter ce délai, par exemple à la suite d'une rupture de stock, le client doit en être informé clairement et surtout il peut, s'il le souhaite, être remboursé dans un délai maximal de 30 jours suivant le paiement.

Toutefois, et à la seule condition que cette possibilité ait été prévue lors de la conclusion initiale du contrat, le vendeur peut lui proposer un produit ou un service à un prix équivalent.

2. La livraison

En cas de retard de plus de 7 jours par rapport à la date annoncée et non justifié par la force majeure, le consommateur peut dénoncer sa commande par courrier recommandé avec accusé de réception et obtenir un remboursement intégral des sommes versées dans le mois qui suit.

Au plus tard au moment de la livraison du produit ou du service, le cybervendeur doit fournir les informations relatives au service après-vente, aux garanties commerciales et aux conditions de résiliation du contrat si celui-ci est à durée indéterminée ou supérieure à 1 an.

3. La responsabilité du professionnel

S'il ne respecte pas ses obligations, le vendeur est responsable vis-à-vis de l'acheteur des dommages subis.

L'e-commerçant est en effet présumé responsable de plein droit de l'inexécution ou de la mauvaise exécution de la prestation, quand bien même celles-ci seraient dues à un intermédiaire de la chaîne de contrat, à charge pour lui de se retourner contre cet intermédiaire.

Le vendeur peut toutefois s'exonérer de sa responsabilité en apportant la preuve que l'inexécution ou la mauvaise exécution du contrat est imputable à l'acheteur.

Il en va de même en cas de fait imprévisible et insurmontable, de tiers étranger à la fourniture de prestations prévues, ou de force majeure.

21 LA PROTECTION DES DROITS D'AUTEUR DANS L'UNIVERS NUMÉRIQUE

Dans l'univers numérique, les œuvres de l'esprit donnent naissance à des valeurs économiques nouvelles qui doivent être encouragées et protégées.

1 Les droits d'auteur et l'univers numérique

1. La protection des œuvres de l'esprit

Le droit de la propriété littéraire et artistique reconnaît à l'auteur d'une œuvre de l'esprit l'exclusivité de la production, de la publication, de la vente et de la distribution de son œuvre.

Les droits d'auteur naissent du seul fait de la création d'une œuvre de l'esprit originale, même éphémère. Dès lors qu'elle est le reflet de l'activité créatrice propre de l'auteur, l'œuvre de l'esprit est protégée, quels que soient sa forme d'expression, son support et son mode d'extériorisation (écrit, oral, analogique, numérique...).

EXEMPLES

Texte littéraire reproduit dans un livre, architecture graphique d'un site Internet, musique *live*, tirage photographique, logiciel.

2. Les prérogatives de l'auteur

Le droit d'auteur s'acquiert du seul fait de la création, sans aucune formalité de dépôt. Il confère des droits patrimoniaux (droit de reproduction et de représentation) et un droit moral (notamment droit au respect de l'œuvre).

La protection du droit moral est perpétuelle tandis que la durée de la protection des droits patrimoniaux s'éteint 70 ans après le 1er janvier de l'année civile suivant la mort de l'auteur. L'œuvre tombe alors dans le domaine public. Elle devient librement utilisable.

L'auteur a un monopole d'exploitation sur son œuvre. Toute représentation ou reproduction intégrale ou partielle (exemples : traduction, adaptation, arrangement) réalisée sans le consentement de l'auteur ou de ses ayants droit (exemple : les héritiers) est illicite.

EXEMPLE

Copier une œuvre protégée et la mettre à la disposition du public *via* Internet sans l'autorisation de l'auteur est un acte de contrefaçon.

3. L'évolution du droit d'auteur dans l'univers numérique

a) Les défis du numérique

Le développement technologique augmente les possibilités de diffusion des connaissances sans pour autant garantir pleinement le respect de l'immatériel et sa protection par le droit d'auteur. L'univers numérique permet ainsi de reproduire les œuvres sur des supports performants et peu contrôlables. Il devient possible d'accéder aux œuvres en contournant le droit d'auteur et le versement des redevances qui y sont associées. Le droit moral et les droits patrimoniaux attachés au droit d'auteur se trouvent, de fait, affaiblis.

EXEMPLE

Les logiciels *peer to peer* (ou P2P) permettent aux internautes d'échanger des fichiers en contournant le droit d'auteur.

b) Le cadre juridique

Les droits communautaire et français s'efforcent de poser un cadre juridique à cette évolution.

La loi du 12 juin 2009 favorisant la diffusion et la protection de la création sur Internet a pour objectif de dissuader les internautes de télécharger illégalement des œuvres. Elle institue un système de « riposte graduée » allant de l'avertissement par courriel à la suspension de la connexion à Internet. Une autorité administrative, la Haute Autorité pour la diffusion des œuvres et la protection des droits sur Internet (Hadopi), sera chargée de la prévention du piratage.

Le Parlement européen a affirmé que l'accès à Internet d'un utilisateur ne peut être restreint sans l'intervention d'un juge.

2 Le droit des créations numériques

1. Les bases de données

a) Définition

Le Code de la propriété intellectuelle définit la base de données comme un « recueil d'œuvres, de données ou d'autres éléments indépendants, disposés de manière systématique ou méthodique, et individuellement accessibles par des moyens électroniques ou par tout autre moyen ».

b) Les particularités juridiques et leur protection

La directive européenne de 1996 qui définit le régime juridique spécifique aux bases de données a été transposée en France en juillet 1998.

Le producteur d'une base de données a pris l'initiative et le risque des investissements. Il a le droit de réagir contre les extractions ou la réutilisation par mise à disposition du public de la totalité ou d'une partie qualitativement ou quantitativement substantielle du contenu de sa base de données. La durée de cette protection est de 15 ans à compter de l'achèvement de la constitution de la base de données. Celui qui viole les droits du producteur de la base encourt des sanctions pénales et civiles.

2. Les sites Internet

Un site Internet est un ensemble de documents et d'applications placés sous une même autorité et accessibles par la Toile à partir d'une même adresse universelle. C'est une œuvre littéraire et artistique en raison de son architecture graphique, des textes et de la musique qu'il contient.

22 LA SÉCURISATION DES DONNÉES À CARACTÈRE PERSONNEL

Le développement des activités numériques favorise la collecte et le traitement de données personnelles. Les TIC démultiplient les risques d'atteinte aux libertés individuelles.

1 Les données à caractère personnel

1. Le cadre juridique européen et national

Des directives de 1995, 1997 et 2002 assurent un niveau élevé de protection de la vie privée au sein de l'Union européenne, en harmonisant les législations sur la protection des données.

En France, la loi «Informatique et Libertés» de 1978, modifiée en 2004 pour protéger les personnes physiques à l'égard des traitements de données à caractère personnel, précise : « Constitue une donnée à caractère personnel toute information relative à une personne physique identifiée ou qui peut être identifiée, directement ou indirectement, par référence à un numéro d'identification ou à un ou plusieurs éléments qui lui sont propres.» Les données à caractère personnel permettent donc d'identifier directement ou indirectement des personnes.

EXEMPLES

Numéro de téléphone, adresse de messagerie électronique.

2. La collecte et le traitement des données

Un traitement de données consiste en la collecte, l'enregistrement, l'utilisation, la transmission, la communication et la conservation d'informations personnelles. Toute exploitation de fichiers ou bases de données, notamment les recoupements de fichiers, constitue un traitement de données.

Tout traitement automatisé d'informations personnelles doit faire l'objet d'une déclaration auprès de la CNIL préalablement à sa mise en œuvre, sous peine de sanctions.

2 Les règles de protection des droits de la personne

1. Le droit à une information préalable et claire

Tout individu dont les données sont collectées doit être informé de l'identité du responsable du fichier, de sa finalité, des destinataires des données ainsi que de ses droits d'opposition, d'accès et de rectification. Cette information doit lui être fournie clairement, quel que soit le support utilisé (exemple : questionnaire d'enquête écrit).

Ainsi, l'expéditeur d'un e-mailing doit à tout moment laisser la possibilité au destinataire de se désinscrire, de s'opposer à toute transmission des informations à des tiers (exemple : partenaires commerciaux) et de consulter et modifier les données personnelles le concernant.

2. Le respect du droit d'opposition

Les personnes doivent être en mesure de s'opposer à l'utilisation commerciale de leurs données, par la revente de fichiers, avant la validation d'une commande ou la signature d'un contrat. En pratique, la CNIL estime qu'une case à cocher doit désormais figurer sur tout support de collecte écrit. Lorsqu'une personne exerce son droit d'opposition, l'organisation doit en informer toutes les sociétés auxquelles elle avait déjà transmis des données concernant cette personne.

3. La possibilité d'exercer ses droits sur place ou à distance

Les droits d'opposition, d'accès aux données et de rectification peuvent s'exercer, après justification de son identité, sur place ou à distance.

EXEMPLE

Le client d'une banque peut exercer ses droits dans une agence bancaire ou par courrier postal.

L'intéressé doit obtenir une réponse dans un délai maximal de 2 mois. En cas de refus, la décision doit être motivée et indiquer les voies et délais de recours.

4. Les obligations du responsable de fichiers

Le responsable d'un traitement de données personnelles a de nombreuses obligations légales, comme la notification de l'existence de traitements à la CNIL avant leur mise en œuvre, la communication préalable à la personne auprès de laquelle sont recueillies des données à caractère personnel d'un certain nombre d'informations. Il doit également préserver la confidentialité des données personnelles recueillies et ne les conserver que le temps nécessaire.

3 Les organes de contrôle

1. La Commission nationale de l'informatique et des libertés

La CNIL, autorité administrative indépendante, a pour mission de protéger la vie privée et les libertés individuelles ou publiques. Elle veille au respect de la loi «Informatique et Libertés» avec missions principales de recenser les fichiers et de surveiller la sécurité des systèmes d'information en s'assurant que toutes les précautions sont prises pour empêcher la déformation et la communication à des personnes non autorisées.

La CNIL établit des normes simplifiées afin que les traitements les plus courants et les moins dangereux pour les libertés fassent l'objet de formalités allégées.

EXEMPLE

Déclaration préalable à un traitement sous forme de déclaration en ligne plutôt que de demande écrite d'avis.

2. Le correspondant Informatique et Libertés

Institué en 2004, il est désigné par le responsable du traitement des données au sein d'une organisation. Il a un rôle de conseil et de suivi de la légalité de la gestion des données à caractère personnel. Il joue également un rôle pédagogique auprès des membres de l'organisation et un rôle d'interface avec la CNIL. Une organisation dotée d'un CIL n'est pas obligée de faire une déclaration préalable des traitements ordinaires et courants.

23 LES DROITS DES SALARIÉS FACE AUX TIC

Le développement des TIC a des conséquences sur l'exécution du contrat de travail. L'employeur peut utiliser ces outils pour gérer les informations recueillies lors du recrutement et tout au long de l'exécution du contrat de travail.

1 Les TIC, outil de contrôle des salariés

1. Les droits de l'employeur

L'employeur peut pratiquer une cybersurveillance dans son entreprise en contrôlant les usages des nouveaux outils technologiques par les salariés dans le respect des règles en vigueur.

a) La protection des intérêts de l'entreprise

L'utilisation des technologies de l'information et de la communication (TIC), en particulier d'Internet ou d'un réseau intranet par les salariés, peut être lourde de conséquences pour l'entreprise.

EXEMPLES

Perte de productivité, violation de la confidentialité sur la stratégie de l'entreprise, risques pour la sécurité informatique, téléchargement de contenus illégaux.

Le contrôle des courriers électroniques des salariés, des téléchargements qu'ils effectuent et des sites Internet qu'ils visitent répond ainsi généralement au souci légitime de l'employeur de protéger les intérêts de son entreprise. L'employeur cherche notamment à éviter les abus dans l'utilisation de l'ordinateur et de la messagerie électronique à des fins personnelles pendant le temps de travail. En effet, la plupart des salariés travaillant dans des bureaux ont accès à un ordinateur attribué qui leur permet de stocker des informations à caractère professionnel mais aussi à caractère personnel.

b) Le pouvoir de contrôle

Sont considérées comme usage à titre personnel toutes les correspondances ou visites de sites Internet ne rentrant pas dans la fonction du salarié. La limitation de cette utilisation fait partie intégrante du pouvoir de direction et de contrôle de l'employeur.

EXEMPLE

L'employeur peut bloquer l'accès à certains sites Internet depuis les ordinateurs de l'entreprise.

Comme pour le téléphone ou les photocopies, l'utilisation privée de la connexion Internet de l'entreprise doit rester raisonnable, le salarié étant tenu d'une obligation de loyauté vis-à-vis de son employeur. En cas d'abus, la sanction serait justifiée.

2. Les limites qui s'imposent à l'employeur

a) Le principe

Le salarié bénéficie des mesures protectrices édictées par le Code du travail, notamment en matière de libertés individuelles. Le droit de surveillance et de contrôle de l'employeur sur l'activité des salariés doit se concilier avec les libertés fondamentales des salariés.

En effet, bien que ces préoccupations paraissent légitimes à l'employeur, les salariés, à l'inverse, n'apprécient guère les restrictions à l'utilisation de leur messagerie électronique et à Internet.

b) La vie privée informatique

La Cour de justice de l'Union européenne et la Cour européenne des droits de l'homme reconnaissent qu'il peut y avoir du temps privé au bureau. L'employeur est soumis au secret des correspondances, et plus généralement des informations personnelles du salarié contenues dans son ordinateur, principes relevant du droit au respect de la vie privée.

La CNIL rappelle « qu'un usage raisonnable, susceptible de ne pas amoindrir les conditions d'accès professionnel au réseau et ne mettant pas en cause la productivité paraît généralement et socialement admis par la plupart des entreprises ou administrations ». L'utilisation d'Internet ou d'une messagerie électronique à but privé ne constitue donc pas une faute professionnelle, sauf si cet usage est abusif.

La jurisprudence, après la reconnaissance d'un droit à la vie privée informatique du salarié, a évolué vers un droit égal d'accès de l'employeur qui précise désormais les limites de « la vie privée informatique » du salarié pendant son temps de travail face au pouvoir de contrôle de l'employeur.

Les dossiers, fichiers et courriels du salarié sont présumés être professionnels, sauf lorsque figure la mention « personnel ». Si un fichier est identifié comme personnel, l'employeur ne peut y avoir accès qu'en présence du salarié, ou si celui-ci a été dûment contacté au préalable, ou en cas de risque ou événement particulier (exemple : intrusion d'un virus).

En outre, l'usage de la connexion Internet de l'entreprise est présumé être professionnel. Toute navigation ne peut donc pas être protégée par le droit à la vie privée du salarié.

c) La transparence

L'employeur doit au préalable informer les salariés de la finalité du dispositif de contrôle, de ses modalités et de la durée pendant laquelle les données de connexion sont conservées. Cette information doit être effective, compréhensible et mise à jour afin que les salariés aient une réelle connaissance du dispositif.

Les règles d'utilisation d'Internet au travail peuvent apparaître dans divers documents tels que les notes de service, le contrat de travail, la charte d'utilisation du système d'information et de communication ou encore le règlement intérieur.

EXEMPLE

La CNIL recommande que les modalités d'accès aux données stockées sur l'environnement informatique d'un employé absent soient préalablement définies en concertation et diffusées auprès de l'ensemble des salariés susceptibles d'être concernés, *via* une charte par exemple.

Outre l'obligation d'information, la mise en place d'outils visant la collecte de données sur l'usage fait d'Internet par les salariés doit être déclarée à la CNIL.

25 L'IDENTIFICATION DU RISQUE

La conception de la faute fondée sur le comportement de l'individu laisse progressivement la place à une responsabilité sans faute fondée sur le risque. Le droit s'est construit peu à peu avec l'apparition de nouveaux risques.

1 Les fondements de la responsabilité civile

La responsabilité civile suppose un lien de cause à effet direct entre un fait dommageable et un dommage.

1. Le fait générateur

Le fait générateur est un fait matériel, fondé sur la faute ou sur le risque.

a) La faute

La faute est une défaillance de conduite, qu'elle soit volontaire ou non ou prenne la forme d'une omission. Commet une faute celui qui n'agit pas comme il devrait.

EXEMPLE

L'entrepreneur qui néglige la sécurité de ses employés commet une faute.

b) Le risque

Le risque est un événement aléatoire dont la réalisation ne dépend pas exclusivement de la volonté de l'individu et qui est susceptible de causer un dommage aux personnes et/ou aux biens.

Le risque apparaît historiquement, dans la jurisprudence puis dans la loi, pour fonder le droit à réparation dans certains domaines d'activité générant des dommages accidentels, même sans faute identifiée.

Certains risques peuvent avoir des incidences collectives : leur survenance peut provoquer un nombre important de victimes sans toutefois permettre l'identification du responsable.

EXEMPLE

Pollution liée à la progression des activités industrielles.

2. Le dommage

Le dommage, appelé aussi préjudice, est un dégât matériel ou physique causé à une chose ou une personne.

Pour pouvoir donner lieu à réparation, le dommage doit être certain, c'est-à-dire déjà subi, et direct, c'est-à-dire résultant directement du fait reproché au responsable.

Il doit être déterminé et déterminable.

Il peut être matériel (exemple : destruction d'un bien appartenant à la victime), corporel (exemples : préjudice esthétique, blessures, incapacités) ou moral (exemples : douleur provoquée par la perte d'un être cher, atteinte à la réputation).

Il existe une grande variété de dommages qui résultent de la lésion d'intérêts patrimoniaux (exemple : frais médicaux) ou extrapatrimoniaux (exemple : atteinte au respect de la vie privée) de la victime.

Le dommage est une notion évolutive.

EXEMPLE

Apparition du préjudice écologique avec la multiplication des catastrophes industrielles.

3. La réparation

Que le fait dommageable soit une faute ou la réalisation d'un risque, le droit prévoit une réparation pour celui qui subit le dommage. Elle peut être en nature pour faire disparaître le dommage (exemple : remise en état d'un bâtiment) ou par équivalent avec l'attribution de dommages et intérêts à la victime pour compenser le préjudice subi.

4. La distinction entre responsabilité contractuelle et responsabilité délictuelle

Quand un dommage causé à une victime résulte de l'inexécution d'un contrat, la responsabilité civile est dite « contractuelle ». S'il est causé en dehors de tout contrat, la responsabilité est dite « délictuelle ». La principale source de responsabilité délictuelle est la faute. C'est celui dont le comportement est à l'origine du dommage qui est personnellement responsable.

a) L'obligation de résultat inhérente à la responsabilité contractuelle

Le contrat impose un résultat : l'obligation de résultat engage le débiteur à s'exécuter en vue de parvenir à un résultat précis. Sa non-réalisation emporte l'obligation pour le débiteur de réparer le dommage, à charge pour lui de s'exonérer en prouvant l'existence d'une cause étrangère (sauf lorsque l'obligation n'est que de « moyens » pour certains professionnels).

La responsabilité contractuelle peut être engagée à quatre conditions : l'existence d'un contrat régulièrement formé, l'existence d'une faute (refus d'exécution, retard d'exécution ou mauvaise exécution), l'existence d'un dommage et l'existence d'un lien de causalité entre les deux. La preuve de la faute pèse sur le créancier.

b) La responsabilité délictuelle du commettant du fait de son préposé

Dans le cas de la responsabilité des employeurs du fait de leurs salariés, on parle de responsabilité « de plein droit ». La victime n'a pas à prouver la faute puisque l'employeur est présumé fautif.

L'employeur ne peut se dégager de sa responsabilité en prouvant qu'il n'a pas commis de faute, sauf en cas de cause étrangère ou si le dommage a été commis en dehors des fonctions du salarié.

2 L'évolution de la notion de risque

1. Les causes

La notion de risque a évolué avec le temps. La conception subjective de la faute, fondée sur le comportement de l'individu, a laissé peu à peu la place à une responsabilité sans faute fondée sur le risque. On a assisté au déclin de la faute et au développement de la théorie du risque.

a) L'évolution technologique

À partir du XIXe siècle, la révolution industrielle s'est accompagnée de l'essor du machinisme entraînant de

nombreux accidents et occasionnant de graves dommages sans qu'ils puissent être réparés dans la mesure où aucune faute ne pouvait être reprochée à quiconque. Ce fondement conforme au système libéral favorable à la liberté d'entreprendre conduisait à favoriser ceux qui prenaient des risques, au détriment de ceux qui en subissaient les conséquences.
La faute comme fondement exclusif de la responsabilité est devenue dès lors inadaptée car la preuve est souvent difficile à rapporter.

b) La valorisation de la victime

L'évolution en faveur des victimes s'est opérée compte tenu de l'accroissement des activités dangereuses, lié à l'évolution technologique, et de la valorisation de la personne.
L'idée s'est développée de proposer de fonder la responsabilité civile sur la théorie du risque : c'est à la personne qui tire profit d'une activité d'assumer les risques qu'elle crée. Ainsi, le chef d'entreprise qui, par l'activité qu'il dirige, crée des risques pour les tiers doit prendre à sa charge les dommages qui pourraient en résulter. L'avantage d'un tel fondement est de permettre une mise en œuvre beaucoup plus facile de la responsabilité civile puisqu'il n'est plus nécessaire de prouver une faute.

c) L'apparition de la responsabilité sans faute

Progressivement, la conception de la responsabilité individuelle a été fortement remise en cause, faisant apparaître une conception nouvelle de «responsabilité sans faute». On s'attache moins à la faute, à l'origine de l'accident, à l'auteur présumé du dommage et à l'établissement de sa culpabilité, qu'à la victime et aux indemnisations qu'elle est en droit de réclamer en vertu de l'obligation de réparation.
De nombreuses lois ont instauré des régimes spéciaux de responsabilité sans faute (exemple : la pollution nucléaire).

2. Les risques professionnels

La loi relative aux accidents du travail du 9 avril 1898 a, la première, consacré la théorie du risque en prévoyant la responsabilité de l'employeur même en l'absence de faute de sa part. Elle permet au salarié victime d'un accident du travail de demander réparation, sans avoir à prouver la faute de son employeur. Une responsabilité sans faute accompagnée d'une réparation forfaitaire est ainsi instaurée.
Le Code pénal et la jurisprudence ont aggravé les sanctions encourues par les employeurs en cas d'accident de travail ou de maladie professionnelle, et plus particulièrement en cas de faute inexcusable reconnue dans le cas de manquement à l'obligation de sécurité due par l'employeur à ses salariés.

3. La responsabilité du fait des produits défectueux

a) L'objectif

La loi du 19 mai 1998, transposant une directive européenne de 1985, a introduit dans le Code civil la responsabilité du fait des produits défectueux. Un produit est considéré comme défectueux dès qu'il n'offre pas «la sécurité à laquelle on peut légitimement s'attendre». Le défaut du produit peut être invoqué comme cause directe du dommage.
L'objectif est d'indemniser l'utilisateur d'un produit qui s'est révélé dangereux, même en dehors de toute faute du professionnel.
La distinction entre responsabilité contractuelle et responsabilité délictuelle est écartée car on ne se préoccupe pas de la nature de la relation pouvant exister entre la victime et l'auteur du dommage. Il s'agit avant tout de faciliter la protection de la victime.

b) Un régime de responsabilité sans faute

La transposition en droit français de la directive communautaire de 1985 a donné naissance à une responsabilité de plein droit, indépendante de toute référence à l'existence d'un lien contractuel entre le producteur et la victime. Qu'il soit producteur, importateur ou distributeur, le professionnel est réputé responsable de tout défaut de sécurité présenté par un produit défectueux mis sur le marché.

c) Les conditions de mise en œuvre

La victime n'a pas à prouver la faute du producteur, mais seulement l'existence d'un défaut du produit, puis celle d'un dommage subi et, enfin, le lien de causalité entre défaut et dommage.
Le producteur pourra être mis en cause pendant 10 ans à compter de la mise en circulation du produit. La victime dispose d'un délai de 3 ans à compter de la date où elle a eu connaissance du dommage, du défaut et de l'identité du producteur, pour mettre ce dernier en cause sous peine de prescription de son action.

d) Les causes d'exonération

Il s'agit d'une législation protectrice du consommateur ; les moyens de défense du producteur sont donc limités, mais il peut néanmoins s'exonérer dans certaines circonstances. Tout d'abord, il peut démontrer qu'il n'a pas mis volontairement le produit en circulation ou que le produit n'était pas destiné à la vente ou à toute autre forme de distribution. En outre, il peut prouver que le défaut n'existait pas lors de la mise en circulation. La responsabilité du producteur peut également être réduite, voire supprimée, si le dommage résulte d'une faute de la victime.
Par ailleurs, le producteur n'est pas responsable s'il prouve que l'état des connaissances scientifiques et techniques au moment où il a mis le produit en circulation ne permettrait pas de déceler l'existence du défaut : c'est l'exonération du « risque de développement ». Mais le producteur redevient responsable si, en présence d'un défaut qui se révèle dans un délai de 10 ans à compter de la mise en circulation, il ne prend pas les dispositions propres à prévenir les conséquences dommageables.

26 L'ANTICIPATION DU RISQUE

Face à l'apparition de nouveaux risques et à la volonté sociale d'éliminer leurs conséquences négatives, la prévention consiste à les anticiper pour les supprimer ou les réduire. Si le risque est inconnu et ne peut donc être prévenu, il faut appliquer le principe de précaution.

1 La prévention des risques au travail

1. Le principe de prévention

Le principe de prévention consiste à anticiper et à prendre des mesures permettant d'éviter objectivement un risque, ce qui suppose sa connaissance.
La prévention passe d'abord par l'évaluation du risque. Au niveau de l'entreprise, il s'agit tant de prévenir les risques technologiques et environnementaux que d'agir pour la prévention en matière de protection de la santé du salarié au travail. Celle-ci est devenue une préoccupation majeure sous l'impulsion du droit communautaire.

EXEMPLE

Une directive du 12 juin 1989 impose à l'employeur « d'assurer la sécurité et la santé des travailleurs dans tous les aspects du travail » et de prendre « les mesures nécessaires pour la protection de la sécurité et de la santé des travailleurs, y compris les activités de prévention des risques professionnels », notamment en évitant les risques, en évaluant ceux qui ne peuvent être évités, en les combattant à leur source et en planifiant la prévention.

Désormais, le législateur et le juge s'attachent à construire une véritable politique de protection de la santé en milieu de travail.

EXEMPLE

Depuis 2008, la Cour de cassation permet aux magistrats d'exercer un contrôle préalable des décisions d'un employeur en matière d'hygiène ou de sécurité de ses salariés.

2. Les risques liés à la santé au travail

a) Les atteintes à la santé physique et mentale

Les conditions de travail peuvent comporter des risques pour la santé physique des salariés, ainsi que des risques psychosociaux. Il revient à l'employeur d'évaluer ces risques et de prendre les mesures nécessaires pour assurer et protéger la santé physique et mentale ainsi que la sécurité de ses salariés.

EXEMPLE

Un accord national interprofessionnel (ANI) a été conclu le 2 juillet 2008 pour lutter contre le stress lié au travail ; dépression, suicides.

b) Le harcèlement moral

Le harcèlement moral d'un salarié se définit ainsi comme « les agissements répétés qui ont pour objet ou pour effet une dégradation des conditions de travail susceptible de porter atteinte à ses droits et à sa dignité, d'altérer sa santé physique ou mentale ou de compromettre son avenir professionnel ».

L'employeur doit rappeler dans le règlement intérieur l'interdiction de toute pratique de harcèlement moral. Au-delà de ce rappel, il doit être un véritable acteur de la prévention du harcèlement moral dans son entreprise en planifiant des actions de sensibilisation sur le sujet ou un système d'alerte.
En cas d'échec de sa politique de prévention, l'employeur doit user de son pouvoir disciplinaire pour mettre fin au harcèlement et préserver la santé des salariés. Il doit licencier le salarié coupable de harcèlement.
Le harcèlement moral est condamné par la justice, depuis la fin des années 1980, sur le fondement de la bonne foi dans l'exécution du contrat de travail et de l'obligation de protéger la santé des travailleurs. La loi de modernisation sociale du 17 janvier 2002 a introduit la notion de harcèlement moral en droit français. La sanction pénale du harcèlement moral est de 1 an d'emprisonnement et de 3 750 euros d'amende selon le Code du travail ou de 15 000 euros selon le Code pénal.
S'il appartient au salarié d'établir la matérialité des faits qu'il invoque, les juges doivent, quant à eux, appréhender ces faits dans leur ensemble et rechercher s'ils permettent de présumer l'existence du harcèlement allégué. Il revient alors à l'employeur d'établir qu'ils ne caractérisent pas une situation de harcèlement.

3. Une obligation de résultat de sécurité de l'employeur

a) La responsabilité de l'employeur

Une obligation de résultat de sécurité est à la charge de l'employeur.
L'employeur doit assurer à chaque travailleur le résultat attendu, c'est-à-dire la protection de sa santé au travail. En cas de défaut de résultat, c'est-à-dire en cas de dégradation de la santé causée, même seulement en partie, par le travail, l'employeur est présumé responsable d'une défaillance fautive.
L'obligation de sécurité de l'employeur est une obligation de résultat. Par conséquent, seul un cas de force majeure peut l'exonérer de sa responsabilité.

b) La méthodologie de la prévention

L'employeur doit repérer le risque et l'identifier pour le supprimer en le combattant à la source. Dans le cas où il ne pourrait l'éradiquer, il doit mettre en place des protections collectives et individuelles, complétées par des mesures d'information et de formation des salariés.
L'employeur doit organiser la prévention dans toutes les fonctions et tous les niveaux de son entreprise selon « les principes généraux de prévention », dont celui de l'évaluation des risques professionnels. Il doit planifier sa démarche dans des dispositions humaines, techniques et organisationnelles en vue de l'amélioration continue des situations de travail. Un décret de décembre 2008 lui impose de tenir à jour un « document unique d'évaluation des risques professionnels ».

4. Le rôle des autres intervenants

a) Le médecin du travail

La médecine du travail est une médecine exclusivement préventive qui a pour objet d'éviter toute altération de la santé des salariés du fait de leur travail. Le médecin du travail surveille l'état de santé des salariés, les conditions d'hygiène du travail et les risques de contagion.

La médecine du travail est obligatoirement organisée, sur le plan matériel et financier, par les employeurs et placée sous la surveillance des représentants du personnel. La médecine du travail bénéficie à tous les salariés, quelle que soit la taille de l'entreprise.

Le médecin du travail conseille l'employeur sur l'amélioration des conditions de vie et de travail dans l'entreprise, la sécurisation et l'adaptation des postes.

b) L'inspecteur du travail

Il contrôle l'application de la réglementation du travail dans tous ses aspects et contribue notamment à la prévention des risques professionnels, ainsi qu'à l'amélioration des conditions de travail et des relations sociales.

c) Le comité d'hygiène, de sécurité et des conditions de travail (CHSCT)

Émanation du comité d'entreprise, le CHSCT est sollicité pour tout ce qui a trait à la santé et la sécurité des salariés dans l'entreprise. Sa consultation est obligatoire, par exemple, pour la mise en place de l'élaboration du document unique d'évaluation des risques professionnels.

Constitué dans tous les établissements occupant au moins 50 salariés, il a pour mission de contribuer à la protection de la santé et de la sécurité des salariés ainsi qu'à l'amélioration des conditions de travail.

d) Le droit d'alerte et de retrait

Une loi de décembre 1982 a reconnu un droit d'alerte et de retrait au bénéfice du salarié qui a un motif raisonnable de penser que la situation dans laquelle il se trouve présente un danger grave et imminent pour sa vie ou sa santé.

Le droit du travail donne ainsi aux salariés un rôle dans la prévention des risques dans l'entreprise. Le droit d'alerte et de retrait leur permet notamment d'avertir l'employeur et/ou d'arrêter leur travail en cas de danger grave et imminent pour leur vie ou leur santé.

La notion de danger grave et imminent est une menace immédiate susceptible de porter atteinte à l'intégrité physique des travailleurs. Il ne s'agit pas d'un risque habituel inhérent à la nature même d'un travail reconnu dangereux.

2 Le principe de précaution

1. L'énoncé du principe

La précaution est une attitude et un principe d'action face à un risque potentiel plausible, bien qu'encore incertain d'un point de vue scientifique. Né de considérations environnementales relativement récentes, le principe de précaution est invoqué si le risque est inconnu : les incertitudes ne doivent pas retarder l'adoption des mesures préventives.

Il s'agit de guider les actes des dirigeants des organisations en renforçant l'expertise, la transparence et l'anticipation des risques de leur activité. Le principe de précaution doit permettre un bon équilibre entre l'anticipation et la prudence d'une part, le développement et l'innovation d'autre part.

EXEMPLES

Affaires de «la vache folle», du sang contaminé, des antennes relais de téléphonie mobile, des OGM.

Le principe de précaution oblige à mettre en œuvre des actions de prévention face à des risques dont l'existence n'est pas scientifiquement avérée, sans attendre les certitudes sur l'existence du danger, l'étendue des dommages ou les relations de causes à effet.

2. La valeur juridique du principe

Le principe de précaution s'impose en France *via* la Charte de l'environnement. Il s'agit d'une loi constitutionnelle de mars 2005 à laquelle renvoie le préambule de la Constitution.

Il tend à s'imposer en Europe, *via* le traité de Maastricht de 1992, dans les domaines de l'environnement, de la sécurité alimentaire et de la santé. L'Union européenne s'engage progressivement dans un processus de généralisation du principe de précaution.

3 L'obligation de sécurité

Le «risque sécurité» inhérent aux ventes de biens et services articule les principes de prévention et de précaution.

1. La précaution face au risque sécurité

Depuis 1983, il existe une obligation générale de sécurité applicable à tous les produits et à tous les services. Le Code de la consommation définit ainsi cette obligation : «Les produits et les services doivent, dans des conditions normales d'utilisation ou dans d'autres conditions raisonnablement prévisibles par le professionnel, présenter la sécurité à laquelle on peut légitimement s'attendre et ne pas porter atteinte à la santé des personnes.»

Les produits disponibles à la vente ne doivent pas, dans des conditions normales ou prévisibles d'utilisation clairement portées à la connaissance du consommateur, présenter de dangers pour la santé ou la sécurité de celui-ci.

Les professionnels ont donc une obligation générale de sécurité concernant les produits et services qu'ils fabriquent, réalisent ou commercialisent.

2. La prévention du risque sécurité

Les pouvoirs publics interviennent pour réglementer ou, le cas échéant, interdire la mise sur le marché de produits et de services dangereux.

Lorsqu'un bien présente un risque sécurité, il doit être retiré du marché suivant une procédure rapide et simple.

27 LA COLLECTIVISATION DU RISQUE

L'activité de l'entreprise peut générer des dommages corporels, matériels et moraux engageant sa responsabilité. La demande sociale exige davantage de sécurité et conduit à la mise en place de mécanismes de collectivisation par les assurances ou par l'État.

1 L'objectivation de la responsabilité

1. Le développement des responsabilités objectives

On assiste au développement de l'objectivation de la responsabilité civile, c'est-à-dire que celle-ci se détache de plus en plus de toute connotation morale. L'évolution contemporaine a permis de prendre conscience des limites d'une responsabilité fondée sur la faute au profit d'une responsabilité objective détachée de l'idée de faute.

Ce recul de la faute et le passage à une responsabilité modernisée, fondée sur le risque, se tournent essentiellement vers la défense des intérêts des victimes.

2. Un instrument juridique au profit des victimes

C'est la volonté de protéger les victimes qui a poussé au développement de responsabilités objectives techniquement plus faciles à mettre en œuvre et permettant en principe d'obtenir plus rapidement l'indemnisation, en évitant un débat sur la faute.

La responsabilité civile consiste désormais moins en la sanction d'un comportement illicite qu'en un instrument juridique permettant à une victime d'obtenir réparation des dommages qu'elle a subis. Les manifestations de cette tendance sont perceptibles à travers le développement des lois d'indemnisation.

EXEMPLE

La loi du 5 juillet 1985 a été adoptée pour améliorer la situation des victimes d'accidents de la circulation. En vertu de cette loi, elles peuvent obtenir réparation des dommages subis sans avoir à prouver l'existence d'une faute imputable à l'auteur des dommages.

Le mouvement d'objectivation de la responsabilité, qui conduit à s'attacher à la réparation du dommage plutôt qu'au seul comportement du sujet responsable, nécessite d'assurer une collectivisation de la responsabilité afin de diluer la charge de l'indemnisation.

2 La mutualisation par les assurances

1. L'origine de l'assurance

L'activité d'assurance trouve son origine dans la volonté des agents économiques, individus et entreprises, de se protéger contre les aléas de l'existence, qu'il s'agisse de dommages aux biens (exemples : automobile, habitation) ou aux personnes (exemples : santé, invalidité, décès), que ceux-ci aient été causés involontairement à autrui (responsabilité civile) ou à soi-même.

2. Le mécanisme de l'assurance

a) La mutualisation

L'assurance permet le partage des risques entre une multitude de personnes : en contrepartie du paiement d'une cotisation sous la forme du versement d'une prime, chaque assuré a le droit de recevoir une indemnité en fonction de la nature et de l'importance des dommages subis en cas de sinistre ou d'accident. L'assuré bénéficie donc du droit à percevoir une indemnité en cas de réalisation du risque.

EXEMPLE

Un individu qui en blesse un autre accidentellement ne paiera pas lui-même les dommages et intérêts auxquels il est condamné s'il bénéficie d'une assurance responsabilité civile. Ainsi, la charge de la condamnation civile ne repose pas nécessairement sur le condamné mais sur l'assureur, et finalement sur la collectivité des assurés.

Sur le plan technique, tout assureur organise le regroupement d'un grand nombre de risques de nature semblable et la mutualisation des moyens de telle sorte que les sinistres des uns sont compensés par les cotisations versées par tous.

La mutualisation est la division de la charge des dommages entre tous. Elle permet de compenser mutuellement les risques encourus par chacun, l'assureur étant l'organisateur de cette mutualisation matérialisée par un contrat d'assurance conclu avec chaque personne assurée.

b) Le bien assurable

L'assurance repose sur une appréciation statistique du risque. Le bien assurable doit être soumis à un aléa, qui peut porter sur la survenance d'un événement concernant le bien (exemple : le vol) ou sur la date de réalisation d'un événement certain (exemple : le décès dans le cas de l'assurance-décès).

L'aléa est le caractère principal de tout contrat d'assurance. Il doit être suffisamment courant pour qu'on puisse calculer sa probabilité, sans être trop courant au point d'être quasi certain, car alors il ne pourrait être couvert qu'à un tarif prohibitif.

c) Le sinistre

Il s'agit de la réalisation du risque contre lequel on s'est prémuni. En assurance de responsabilité, c'est la réclamation de la victime qui constitue le sinistre.

d) La garantie

La garantie est l'engagement pris par l'assureur de couvrir le sinistre selon les termes du contrat d'assurance. Lorsque le risque se réalise, l'assureur doit payer, dans le délai convenu, l'indemnité ou la somme déterminée d'après le contrat conclu avec l'assuré.

L'assureur doit fournir de façon loyale une information complète sur le prix et le contrat préalablement à sa signature afin que l'assuré connaisse le contenu du contrat auquel il va adhérer. Il doit à ce titre attirer l'attention de l'assuré sur les exclusions possibles, c'est-à-dire les conséquences du dommage causé qui ne sont pas garanties (exemples : amendes, incendie volontaire).

3. Le contrat d'assurance de biens

L'assurance de biens, aussi appelée assurance de dommages, couvre l'assuré pour les dommages qu'il subit. La souscription d'une telle assurance garantit l'organisation contre les risques qui la menacent (exemples : incendie, inondation) et lui permet de transférer les conséquences qu'elle ne peut assumer seule.

4. Le contrat d'assurance de responsabilité

L'assurance de responsabilité couvre les dommages causés aux tiers (exemple : les clients) par une organisation. Cependant, les juges considèrent que la garantie contractuelle peut valablement être exclue d'une assurance de responsabilité.

EXEMPLE

Un loueur de scooters de mer installé sur une plage est assuré si son salarié blesse une personne en manipulant l'engin. En revanche, si un client est blessé en raison d'un défaut de fabrication ou d'entretien du scooter, le loueur n'est pas couvert car il s'agit d'un dommage « contractuel ».

3 La socialisation par la solidarité nationale

1. Une exigence croissante de sécurité

La société actuelle refuse la fatalité et évolue vers une exigence croissante de sécurité et la volonté de garantir la réparation. La solidarité nationale s'est donc développée pour permettre l'indemnisation de risques mal identifiés *a priori* ou dont le coût prohibitif rend difficile la couverture par le seul jeu des mécanismes classiques d'assurance. Elle répond à l'évolution des risques eux-mêmes et de leur perception.

EXEMPLES

Accidents médicaux, risques technologiques, menaces liées à l'environnement, à l'alimentation.

L'évolution ainsi constatée vers une plus grande « socialisation du risque » ou prise en charge du risque par la société se justifie par l'idée qu'il y a des risques dont il serait injuste de ne pas partager la charge entre les individus.

EXEMPLES

Indemnisation des victimes de catastrophes naturelles, d'actes terroristes ou de contamination.

2. Le rôle de la puissance publique

La puissance publique a souvent un rôle moteur dans l'évolution vers une socialisation accrue du risque en tant qu'acteur et régulateur face à des risques dont elle ne peut se désintéresser. Selon la logique de solidarité nationale, l'État répare les dommages qui se rattachent à l'exercice de ses compétences, même s'ils n'ont pas été causés par une personne publique.

EXEMPLES

Indemnisation des accidents du travail par la Sécurité sociale ; carence de l'État dans la prévention des risques liés à l'exposition des travailleurs aux poussières d'amiante.

L'intérêt général doit aussi, le cas échéant, être protégé au travers de la sanction pénale, prévue par les droits français et communautaire.

EXEMPLE

La loi du 2 août 2008 relative à la responsabilité environnementale renforce les sanctions encourues en cas de rejets volontaires ou involontaires dans la mer. La peine est de 15 millions d'euros en cas de faute intentionnelle. Cette loi adapte le droit national au règlement européen de décembre 2006.

3. Les fonds d'indemnisation

Ils représentent un système mixte combinant solidarité et assurance. Ces fonds permettent de séparer la question de la responsabilité de celle de la réparation et d'accorder prioritairement une indemnisation aux victimes.

Certains fonds répondent aux risques naturels ou sociaux, pour des dommages ne se rattachant à aucune responsabilité (exemples : calamités agricoles, aléas thérapeutiques) ou lorsque le responsable n'est pas identifié, pas assuré ou insolvable (exemples : terrorisme, victimes d'infractions pénales). D'autres fonds répondent à l'apparition de nouveaux risques de masse (exemple : indemnisation des préjudices résultant de la contamination par le VIH causée par une transfusion).

L'intérêt des fonds est de permettre des financements croisés par la solidarité nationale.

EXEMPLE

La loi du 9 septembre 1986 crée un fonds de garantie des victimes d'actes de terrorisme pour les dommages corporels, financé par un prélèvement sur les contrats d'assurance de biens.

4. Le risque de dilution de la responsabilité

La socialisation accrue du risque présente des limites en termes de coûts pour la société, ainsi que le danger d'une déresponsabilisation des acteurs de l'économie.

La responsabilité civile est axée sur la réparation, ce qui peut se traduire par une dilution du concept de responsabilité. Les acteurs ne sont pas incités à réfléchir aux conséquences dommageables potentielles de leur activité ou de leur comportement. Et ce d'autant moins que la réparation est prise en charge par la collectivité.

corrigés

exercice 1 page 80

1. Le contexte
Les acteurs : Mme Z., salariée, et son employeur.
Les faits : Mme Z. est salariée d'une entreprise et a été licenciée par son employeur pour avoir entretenu une correspondance personnelle par mail sur son temps de travail.

2. Le problème juridique
Un employeur peut-il licencier un salarié au motif qu'il s'est consacré à de la correspondance privée sur son temps de travail ?

3. La qualification juridique
Il s'agit de savoir si la surveillance par l'entreprise des correspondances électroniques de ses salariés constitue une atteinte illicite aux libertés individuelles.

4. Exploitation de la décision de justice et exposé des règles
– L'enseignement de l'arrêt de la Cour de cassation en date du 30 mai 2007
Le problème qui se pose à la Cour est de savoir si les messages du salarié constituent de la correspondance privée dont l'employeur ne peut prendre connaissance ou si les fichiers pouvaient être consultés par l'employeur.
La limite soulevée par la Cour est de savoir si ces fichiers avaient été identifiés comme personnels. Cette décision laisse comprendre que si les fichiers sont identifiés comme personnels, l'employeur ne peut en prendre connaissance, alors que dans le cas contraire, l'employeur peut les considérer comme professionnels, et donc contrôlables.
– Les règles de droit
L'employeur est en droit de contrôler et surveiller l'activité de ses salariés pendant le temps de travail, à condition que les salariés aient été avertis de l'existence d'un système de surveillance.
Afin d'éviter les abus, il existe des limites à l'utilisation par le salarié de l'ordinateur à des fins personnelles. Dans le même temps, l'employeur est soumis au secret des correspondances, et plus généralement des informations personnelles du salarié contenues dans l'ordinateur. Ces principes relèvent du droit au respect de la vie privée.
Doivent être considérées comme usage à titre personnel toutes les correspondances ou visites de sites Internet ne rentrant pas dans la fonction du salarié. La limitation de cette utilisation fait donc partie intégrante du pouvoir de direction et de contrôle de l'employeur.
Cependant, la CNIL estime « qu'un usage raisonnable, susceptible de ne pas amoindrir les conditions d'accès professionnel au réseau et ne mettant pas en cause la productivité paraît généralement et socialement admis par la plupart des entreprises ou administrations ».
Il faut donc préciser que l'utilisation d'Internet ou des messageries électroniques à but privé ne constitue pas une faute professionnelle en tant que telle, sauf si cet usage est abusif.

5. Dans les circonstances relatées ici, le problème de la vie privée ne peut être soulevé dans la mesure où l'employeur n'a fait que constater l'existence de ces mails sans les ouvrir. Il est probable que les juges écartent l'atteinte à la vie privée car les messages n'ont pas été ouverts par l'employeur. De plus, il ne s'agit pas d'une utilisation occasionnelle de la messagerie à des fins personnelles. En l'espèce, l'employeur pouvait reprocher à la salariée « la fréquence et l'importance en volume de telles communications ». Le licenciement semble pleinement justifié.

6. Si on se limite aux éléments rapportés, Mme Z. serait probablement déboutée de sa demande. Dans l'entreprise et pendant le temps de travail, le salarié est soumis à l'autorité de l'employeur. Il ne fait donc pas ce qu'il veut et doit obéir à des ordres et à des directives. Alors qu'*a priori* l'employeur n'a pas à intervenir dans la vie personnelle du salarié, il en a le pouvoir, même si celui-ci est réglementé, dans sa vie professionnelle.

exercice 2 page 81

1. Cet extrait d'article de presse est issu de *L'Entreprise* du 14 mai 2009.
– **Les faits** : la société Hertz vient de décider de diminuer la rémunération des salariés « en attendant la reprise ».
– **Le problème de droit** : existe-t-il une possibilité de baisser la rémunération des salariés dans le contexte particulier de la crise économique ?
– **L'analyse** : la rémunération du salarié est un élément du contrat de travail, et à ce titre, elle est un des trois critères nécessaires à la conclusion d'un contrat de travail (un travail effectif pour le compte et au profit d'un employeur, une rémunération, un lien de subordination juridique).
– **Le sens et la portée de la règle de droit** : si le salaire est modifié par l'employeur, il y a modification du contrat de travail qui ne peut être imposée unilatéralement par l'employeur.
– **La solution proposée** : un employeur ne peut modifier à la baisse la rémunération de salariés qu'avec leur accord et en respectant une stricte procédure rappelée dans le document.

2. Les principes remis en cause sont l'intangibilité des conventions signées entre les parties et l'impossibilité de remettre en cause le salaire, élément essentiel du contrat de travail.

PRÉSENTATION DE L'ÉPREUVE

Comment se présente l'épreuve d'Économie-Droit au BTS ?

1 Objectifs, durée et coefficient

L'épreuve d'Économie-Droit du BTS se décompose en deux parties indépendantes : une partie juridique et une partie économique. Chaque partie est notée de 0 à 20. La note finale est obtenue en calculant la moyenne des deux notes, arrondie au point entier supérieur.
Cette épreuve écrite vise à évaluer vos compétences économiques et juridiques, ainsi que votre capacité à les mobiliser pour analyser une ou plusieurs situations juridiques et économiques.

► **Chaque partie de l'épreuve dure 2 heures et se voit appliquer un coefficient 1.**

2 La forme de l'épreuve

En Droit comme en Économie, le sujet se présente sous la forme d'un dossier documentaire. Votre analyse de la situation décrite et de son contexte est guidée par des questions qui vous permettent de mobiliser vos connaissances et de mettre en œuvre vos compétences.

EXEMPLES

En Droit, vous devez être capable, entre autres, d'identifier les différents régimes juridiques d'exercice de l'activité professionnelle et leurs effets dans une situation donnée et d'analyser les difficultés d'une entreprise et de caractériser la procédure à mettre en œuvre ou à préconiser.
En Économie, vous devez notamment savoir apprécier la situation d'un pays ou d'une région en termes de niveau de vie et de développement et exploiter une note de conjoncture.

Vous devez rédiger des réponses précises et argumentées et utiliser le vocabulaire juridique ou économique approprié.
L'épreuve de Droit évalue plus particulièrement votre capacité à :
- analyser une situation juridique dans un contexte précis, à partir d'un ensemble de documents ;
- procéder à la qualification juridique d'une situation, en raisonnant et argumentant en termes juridiques.

L'épreuve d'Économie évalue votre capacité à :
- analyser une situation à l'aide des mécanismes et des théories économiques ;
- synthétiser une documentation économique ;
- construire une argumentation cohérente.

Les conseils génériques à garder à l'esprit

Aborder le sujet avec méthode et respecter quelques règles pratiques peut faire gagner beaucoup de points. Souvenez-vous qu'il est toujours tenu compte de la pertinence de votre analyse, de la rigueur de votre démarche, de l'exactitude de vos connaissances et de la logique de votre raisonnement.

1 Soyez précis dans vos réponses

Prenez connaissance des questions et réfléchissez-y avant de commencer la lecture des documents proposés. Cette lecture permet d'éclairer la réflexion, mais elle n'apporte pas toutes les réponses. Le danger est de paraphraser des documents qui ne couvrent pas tout le sujet de l'étude proposée.
Analysez le sujet en repérant les mots clés et la consigne.
Prêtez toute votre attention aux verbes directeurs qui seront utilisés :
- *déterminer* = délimiter de façon précise ;
- *dégager* = retrouver un raisonnement ;
- *expliquer* = mettre en évidence ;
- *analyser* = examiner en décomposant ;
- *qualifier* = faire apparaître les traits caractéristiques.

Vous pouvez constituer un répertoire définissant les principales consignes pour faciliter l'acquisition des compétences méthodologiques exigées dans cette épreuve.

EXEMPLE

Entre la description pure entraînée par les verbes « définir » ou « exposer » et la prise de position engendrée par les verbes « critiquer » ou « discuter », le degré d'implication personnelle varie considérablement.

Mettez ensuite en évidence la problématique juridique ou économique soulevée par le cas, puis répondez de façon précise, justifiée et argumentée aux questions.

2 Soyez attentif à la gestion du temps

Vous disposez de 2 heures pour chacune des parties. Si vous pouvez choisir l'ordre dans lequel les parties seront traitées, il est préférable de commencer par celle où vous vous sentez le plus en confiance.
Plutôt que de vous précipiter sur la première question ou sur celle qui paraît la plus facile, consacrez quelques minutes à repérer les caractéristiques du sujet.
De plus, pour réussir l'épreuve, n'hésitez pas à vous entraîner.

Les méthodologies de droit à utiliser lors de l'épreuve

1 L'analyse de documents juridiques

Il peut s'agir d'articles juridiques, de textes réglementaires, de décisions de justice, de contrats, etc.
Il convient de rappeler le titre, la source, la date et le type de document étudié.
Une analyse structurée de documents juridiques fait apparaître :
- les faits ;
- le problème de droit ;
- les éléments de droit positif (règles juridiques) qui s'appliquent à cette situation, leur sens et leur portée ;
- la solution proposée.

a) L'analyse du sens et de la portée d'une décision de justice

Une décision de justice peut vous être fournie dans le dossier documentaire. Il faut expliciter son sens et sa portée dans le contexte proposé pour en retirer des éléments de réponse à la question qui vous est posée. Votre travail préparatoire doit être organisé de la manière suivante.

Titre : Analyse de la décision de ... en date du ...

1. Les faits : quelle est l'histoire qui donne lieu au litige ? Quels sont les intervenants ?
2. La procédure : qui est à l'origine de la procédure ? Qui la subit ? Devant quelle juridiction ?
3. Le problème de droit : quelle est la nature du problème juridique qui oppose les parties ?
4. L'argumentation des parties :
   - Quelles sont les prétentions :
     - du demandeur (1er degré) ?
     - de l'appelant (cour d'appel) ?
     - du demandeur au pourvoi (Cour de cassation) ?
   - Quelles sont les prétentions :
     - du défendeur (1er degré) ?
     - de l'intimé (cour d'appel) ?
     - du défendeur au pourvoi (Cour de cassation) ?
5. La décision : en quoi consiste le jugement ou l'arrêt ? Qui est condamné ? À quoi ?
6. L'analyse de la décision : quel est son sens ? Comment la juridiction justifie-t-elle sa décision ?

b) L'analyse d'un contrat

Un contrat peut vous être fourni dans la documentation jointe. Vous pouvez en retirer des éléments de réponse à la question qui vous est posée. Pour l'analyser et comprendre son sens, votre réflexion doit être organisée de la manière suivante.

1. Nature et caractéristiques :
   - la nature du contrat : de quel type de contrat s'agit-il ? de vente ? de location ? de travail ?
   - les caractéristiques du contrat : synallagmatique ? à exécution successive ?
2. Le contenu du contrat :
   - les parties : qui est le vendeur ? Qui est l'acheteur ? Qui est le salarié ? Qui est l'employeur ?
   - l'objet du contrat : en quoi consiste la prestation à fournir ?
   - les obligations des parties.
3. Le domaine de droit concerné
4. Les clauses particulières du contrat
5. Les réponses aux questions posées dans le sujet

2 La qualification juridique d'une situation contextualisée

Le dossier documentaire présente une situation juridique contextualisée. Il faut donc intégrer le contexte de la situation dans la réflexion et qualifier cette situation sur le plan juridique.

L'opération de qualification juridique consiste à rattacher la problématique concrète, c'est-à-dire les faits relevés, à une catégorie juridique abstraite afin d'en tirer des conclusions quant aux règles de droit applicables. La qualification juridique permet d'appliquer au cas particulier (1) la règle de droit (2) afin de proposer une solution (3).

1. La situation
   - les acteurs et les faits : il s'agit de les rappeler de manière neutre, tels qu'ils sont donnés dans le contexte. Il ne faut pas mêler à ces faits des éléments de droit, et encore moins des solutions ;
   - le problème de droit : il convient d'identifier la problématique soulevée par la situation proposée ;
   - la qualification juridique : il s'agit de traduire en termes juridiques la situation.
2. La règle de droit
   Il faut se référer au droit positif qui est l'ensemble des règles juridiques institutionnelles, c'est-à-dire en vigueur actuellement sur les territoires français et européen. Les sources peuvent être variées : Constitution, lois, règlements, directives et règlements communautaires, jurisprudence nationale et communautaire. Il convient d'énoncer les règles qui peuvent s'appliquer pour apporter une ou des réponses au cas.
3. La solution juridique
   Cette phase s'attache à tirer les conséquences de l'analyse précédente par une déclinaison logique des règles de droit à appliquer. C'est l'étape de la vraie démonstration juridique. Il s'agit de rapprocher les faits, juridiquement qualifiés, des règles de droit qui leur sont applicables. On parle de « syllogisme juridique ». Il convient de faire preuve de logique : on a d'une part la proposition mineure des faits, à laquelle il faut confronter une proposition majeure, la règle de droit, afin d'en tirer la conclusion qui sera la solution.

Les méthodologies d'économie à utiliser lors de l'épreuve

1 L'exploitation d'une documentation économique

L'exploitation d'une documentation économique (texte, graphique, tableau) constitue la base du travail demandé lors de l'épreuve.

Pour un tableau ou un graphique, il est important d'identifier son titre, l'unité ou les unités retenues, la signification de ses axes ou de ses lignes/colonnes, son échelle, sa légende, sa source et sa date.

Les données sont à retraiter par des calculs et des regroupements sont à effectuer pour :
- faciliter l'interprétation du document ;
- réaliser des comparaisons dans le temps ou dans l'espace.

À partir de l'identification et du retraitement des données, vous allez ensuite :
- dégager les informations et tendances générales ;
- sélectionner uniquement les éléments en rapport avec le travail demandé ;
- résumer en une phrase l'information principale du document puis la compléter à l'aide des informations jugées utiles.

2 L'exploitation d'un texte économique

Le travail méthodologique d'exploitation d'un texte économique nécessite de découvrir la nature du travail à effectuer avant d'analyser le texte :

- le repérage du travail à faire commence par l'identification des caractéristiques du texte (titre, source, date, auteur et structure du texte) et se poursuit par l'analyse des questions. Les consignes sont principalement définies par des verbes dont le sens doit être correctement interprété (*identifiez, montrez, expliquez*, etc.) ;
- l'analyse du texte suppose, dans un premier temps, de comprendre l'idée générale du texte et sa structure. Le plus souvent, un texte économique est organisé en paragraphes au sein desquels vous matérialiserez (en les soulignant ou en les annotant) les éléments directement en relation avec chacune des questions.

3 La synthèse de documents

La synthèse s'appuie sur l'exploitation d'une documentation économique.

Trois objectifs différents peuvent être attendus de vous selon le sujet posé :

- répondre à une question précise ;
- respecter le cadre d'un thème délimité par une phrase ou un court texte ;
- faire ressortir l'idée principale si aucune consigne n'est fournie.

La démarche de synthèse se déroule en trois étapes.

1. L'analyse des documents :
   - rechercher l'idée maîtresse de chaque document ;
   - créer des rubriques pour identifier les informations (exemples : description du fait, historique, aspect théorique, causes, conséquences, solutions).

2. La comparaison des documents :
   - distinguer les informations de même nature, celles qui diffèrent et celles qui se complètent ;
   - classer les informations au besoin en numérotant vos idées et en les regroupant suivant leur logique.

L'objectif est d'éviter les répétitions pour la rédaction finale de la synthèse.

3. La rédaction de la synthèse :
   - élaborer un plan en faisant apparaître l'enchaînement des paragraphes définis par des titres et des sous-titres ;
   - rédiger une courte introduction pour annoncer le thème et le plan de la synthèse en réponse à la question : de quoi parle-t-on ?
   - restituer l'essentiel des propos contenus dans les documents sans y ajouter de connaissances ni d'idées personnelles ;
   - faire une transition entre les différentes parties ;
   - conclure en portant un regard d'ensemble sur les documents : la conclusion de la synthèse ne doit pas comporter d'ouverture sur un sujet plus vaste.

La synthèse est à rédiger directement sur la feuille d'examen.

MANAGEMENT DES ENTREPRISES

1 ENTREPRENDRE : LA LOGIQUE ENTREPRENEURIALE

Dans une économie de marché, les entreprises sont au cœur du système productif. Toutes les politiques industrielles tendent à favoriser la création d'entreprise car cette dernière est considérée comme le meilleur moyen pour soutenir l'activité d'un pays et diminuer le chômage.
Toutes les études et démarches de l'entrepreneur pour aboutir à la création d'entreprise sont désignées sous le terme « entrepreneuriat ». La logique d'anticipation et d'innovation de l'entrepreneur dans sa recherche d'opportunités et sa prise de risques inhérentes au projet de création d'entreprise est qualifiée de « logique entrepreneuriale ».

1 L'entrepreneur

1. L'esprit d'entreprise

Tout entrepreneur est animé par un esprit d'entreprise qui va l'amener à rechercher de nouvelles opportunités sur le marché et à prendre des risques pour les saisir.
Notre compréhension de l'entrepreneur doit beaucoup aux travaux de l'économiste autrichien J. Schumpeter (1883-1950), qui a montré que ce dernier était au centre du développement économique car il était celui qui prenait des risques pour innover et donc pour créer de nouvelles opportunités sur le marché. Les innovations, en déstabilisant le marché, engendrent une destruction créatrice qui, selon l'économiste, permet le renouvellement du tissu productif et assure la croissance de l'économie à long terme.

EXEMPLE
La mise sur le marché des baladeurs MP3 a précipité le déclin des lecteurs de CD portables mais a redonné un nouveau souffle au marché des baladeurs en créant une nouvelle demande.

2. Les caractéristiques des entrepreneurs

Tous les entrepreneurs ne se ressemblent pas ; cependant, ils partagent certaines caractéristiques :
- dynamique et motivé, l'entrepreneur a un besoin de réalisation ;
- indépendant, il n'aime pas se plier à l'autorité ;
- intuitif, créatif et opportuniste, il cherche à innover ;
- persévérant et travailleur, il se passionne pour son projet.

En conséquence, être un entrepreneur suppose d'avoir :
- la capacité de repérer les opportunités et de réunir les ressources nécessaires pour les exploiter ;
- la volonté de prendre des risques pour concrétiser ses idées ;
- les compétences pour bâtir un projet et le mener à bien ;
- la détermination nécessaire pour créer son propre emploi.

EXEMPLES
On peut manifester son sens de l'entrepreneuriat en créant son entreprise comme Francis Bouygues ou en développant une entreprise familiale comme Édouard Michelin.

2 La création d'entreprise

L'entrepreneur ne sera reconnu comme tel que lorsque son projet de création d'entreprise aura abouti. Cependant, malgré les aides et les incitations, cela reste un projet risqué puisque, au bout de 5 ans, seules la moitié des entreprises créées sont toujours en activité et plus de 87 % d'entre elles n'ont pas de salarié.

1. Les différentes formes de création d'entreprise

On distingue deux types de création.

a) La création absolue ou pure

Cette création d'entreprise est l'expression la plus simple de l'entrepreneuriat. Elle désigne l'exploitation d'une activité nouvelle qui n'a jamais été exercée au même endroit par une autre entreprise.

b) La reprise

On parle de « création par reprise » lorsqu'il y a reprise de tout ou partie des moyens de production d'une autre entreprise ou rachat d'un fonds de commerce.

2. Le processus entrepreneurial

Compte tenu des aléas du projet entrepreneurial, il importe d'étudier avec soin son processus :

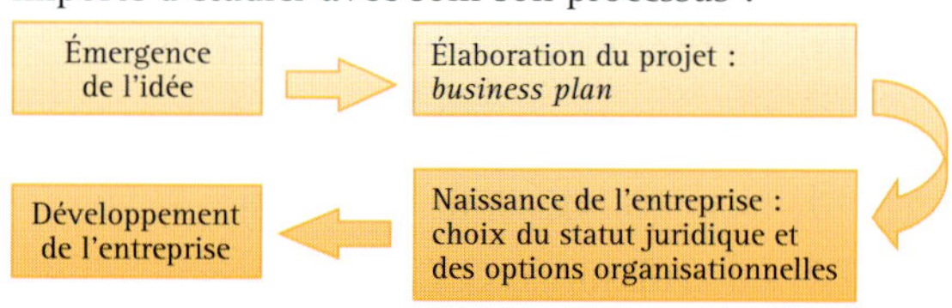

a) L'émergence de l'idée innovante

Le projet de création d'entreprise démarre avec l'émergence de l'idée innovante chez l'entrepreneur. On distingue quatre grandes sources d'idées :
- l'expérience : l'entrepreneur connaît déjà le secteur dans lequel il souhaite développer son projet pour y avoir travaillé ou l'avoir étudié ;

EXEMPLE
Parmi les cinq nouveaux chefs consacrés trois étoiles par le guide Michelin 2007, on compte seulement une femme : Anne-Sophie Pic.
Une troisième étoile qu'elle conquiert 10 ans à peine après avoir repris les commandes aux fourneaux de la maison Pic à Valence, où son père et son grand-père avaient, en leur temps, reçu eux aussi cette distinction suprême de la gastronomie, et qui en fait la seule femme chef trois étoiles actuellement en France, et la quatrième depuis 1933.

- l'observation : l'idée innovante résulte de l'analyse du marché et d'une observation attentive des nouveaux produits et concepts qui se développent dans d'autres pays ;

EXEMPLE
Les sociétés de livraison de pizzas à domicile existaient depuis fort longtemps aux États-Unis quand Spizza 30 débuta son activité, pionnière en France en 1988.

- l'opportunité : l'entrepreneur répond à un nouveau besoin des consommateurs lié à une évolution de l'environnement;

EXEMPLE

Une nouvelle législation entraîne la création d'un nouveau marché : le contrôle technique obligatoire des véhicules a généré de nombreuses opportunités de création de centres de contrôle.

- l'innovation : elle peut prendre la forme de nouveaux produits, de nouvelles méthodes de production, de nouvelles formes d'organisation du travail ou de nouvelles matières premières.

Quelle que soit l'origine de l'idée, il faudra la valider au regard des compétences de l'entrepreneur et des caractéristiques de l'environnement de la future entreprise.

b) Le *business plan*

Afin d'élaborer son projet, l'entrepreneur va devoir réaliser un *business plan* (plan d'affaires). Celui-ci doit lui permettre de mesurer les risques liés au projet et d'en confirmer la viabilité, notamment dans le domaine financier. En outre, le *business plan* constitue un outil de communication indispensable face aux banquiers et aux investisseurs.

Le plan se construit en deux temps :

- l'étude des opportunités du marché, ou étude de marché, permet :
  - de définir les caractéristiques des produits ou des services,
  - de préciser les besoins auxquels ils répondent,
  - de cerner la clientèle visée,
  - de fixer les prix de vente prévisionnels,
  - de choisir les modes de distribution et de communication les plus adaptés,
  - d'étudier la concurrence,
  - de choisir un lieu d'implantation.

  À l'issue de l'étude de marché, l'entrepreneur doit être en mesure de définir son plan de marchéage : politiques de produit, de prix, de communication et de distribution;
- l'étude des besoins de financement, ou plan de financement : le plan de financement initial est la première étape de l'analyse financière. Il consiste à déterminer les besoins et les ressources initiaux de l'entreprise. Le projet de création d'entreprise ne sera viable que si l'entrepreneur est en mesure d'équilibrer les besoins et les ressources pour démarrer son activité :

Besoins	Ressources
- Frais d'établissement - Investissements initiaux : terrains, locaux, matériel, véhicules, etc. - Besoins liés à l'exploitation : stocks, trésorerie, etc.	- Apports du créateur - Apports des associés ou actionnaires - Autres ressources : subventions, emprunts bancaires, etc.

c) Le statut juridique et les options organisationnelles

Pour que l'entreprise puisse voir le jour en toute légalité, il importe de choisir un statut juridique. Aucune structure juridique n'est idéale : l'entrepreneur doit déterminer celle qui correspond le mieux à ses objectifs.

Le premier choix se fait entre :

- l'entreprise individuelle : solution simple et peu onéreuse adoptée par la plupart des commerces et des activités artisanales;
- la société : solution plus formelle et plus onéreuse, elle limite la responsabilité du chef d'entreprise quant aux dettes de l'entreprise.

De nombreux critères entrent dans le choix d'un statut juridique. Nous retiendrons les suivants :

- l'activité : certaines activités sont réglementées et limitent les formes juridiques possibles;

EXEMPLE

Les débits de tabac doivent obligatoirement être exploités en entreprise individuelle ou en société en nom collectif.

- la volonté de s'associer ou de rester indépendant;
- les frais de constitution et de fonctionnement : la société est plus onéreuse que l'entreprise individuelle;
- l'étendue de la responsabilité patrimoniale : constituer une société limite la responsabilité du chef d'entreprise;
- le régime d'imposition des bénéfices;
- la recherche de capitaux : la création d'une société peut être indispensable pour permettre aux investisseurs de prendre part au capital.

Une fois le statut juridique déterminé, il faut mettre en place l'organisation des activités.

Dans une entreprise individuelle, cette organisation est simplifiée puisque l'entrepreneur, complètement autonome, prend seul les décisions. Cette organisation simplifiée peut également concerner certaines sociétés comme les EURL et les nombreuses entreprises créées sans salarié, soit 87 % d'entre elles.

Cependant, le plus souvent, dans une société, la direction de l'entreprise est confiée à un ou plusieurs gérants nommés parmi les associés ou en dehors d'eux. Le fonctionnement de l'entreprise requiert alors des mécanismes de coordination. L'entrepreneur devra faire des choix organisationnels tels que :

- l'internalisation ou l'externalisation de certaines tâches, la comptabilité par exemple;
- le recrutement ou le licenciement de personnel selon les besoins spécifiques et le volume d'activité attendu ou réel;
- la définition d'un organigramme, de procédures;
- etc.

2 GÉRER : LA LOGIQUE MANAGÉRIALE

Dès le démarrage de l'activité et pour assurer le développement de l'entreprise, l'entrepreneur va devoir endosser un nouveau rôle, celui de « manager » ou gestionnaire. Il adopte alors une logique managériale de gestion des ressources, des contraintes et des compétences pour assurer la pérennité de son entreprise.
La logique managériale se distingue de la logique entrepreneuriale car c'est une logique de gestion des ressources existantes et non une logique d'accroissement des ressources de l'entreprise.

1 Le manager

D'après H. Mintzberg, le manager est un individu responsable d'une organisation ou d'un sous-ensemble de celle-ci.
Tout manager est investi d'une autorité formelle liée au statut qui lui est attribué.

1. Le rôle du manager

Notre compréhension du rôle de manager doit beaucoup aux travaux du théoricien français du management, H. Fayol (1841-1925).
Les travaux de Fayol amènent à définir le rôle du manager en cinq points :
- planifier : fixer les buts et les objectifs, bâtir les stratégies appropriées pour accroître la rentabilité et l'efficacité de l'entreprise ;
- organiser : optimiser l'utilisation des ressources humaines, matérielles et technologiques dont dispose l'entreprise ;
- commander : diriger les hommes ;
- coordonner : harmoniser les tâches pour atteindre un objectif commun ;
- contrôler : vérifier les résultats obtenus et prendre les mesures correctives qui s'imposent.

En s'appuyant sur le système d'information de l'entreprise, le manager doit donc diriger et gérer celle-ci rationnellement. Dans le cadre d'un projet de création ou de reprise d'entreprise, il commencera par structurer ou restructurer l'entreprise : il mettra en place (ou optimisera, dans le cadre d'une reprise) l'organisation de la production et de la distribution, assurera ou supervisera la gestion administrative et financière, recrutera des collaborateurs, etc.

2. Les compétences managériales

Pour tenir son rôle, le manager doit développer certaines compétences en matière :
- d'orientation : il doit savoir identifier les priorités sans se laisser déborder par les détails et sans perdre de vue les objectifs poursuivis ;
- de conduite de l'action : il doit maîtriser l'organisation, la délégation des responsabilités, la coordination et le contrôle des tâches au sein de son équipe ;
- de gestion d'équipe : il doit savoir choisir, motiver et encadrer ses collaborateurs.

Le manager agit avec raison, applique des méthodes et des normes de gestion pour limiter la prise de risque et assurer la pérennité de l'entreprise.

2 La complémentarité des logiques entrepreneuriale et managériale

Dans la pratique, logiques entrepreneuriale et managériale sont complémentaires. En effet, la survie de l'entreprise repose à la fois sur sa bonne gestion mais également sur sa capacité à s'adapter et à innover pour sauvegarder sa place sur le marché. L'entrepreneur devra donc apprendre à gérer l'entreprise et le manager devra apprendre à innover pour pouvoir intégrer les nouveaux projets dans les processus existants.
Diriger et gérer une entreprise, c'est prendre à la fois :
- des décisions opérationnelles, courantes et répétitives, suivant une logique managériale ;

EXEMPLE
La décision de réapprovisionner le stock de marchandises est une décision opérationnelle.

- des décisions stratégiques, uniques et lourdes de conséquence, faisant appel à une logique entrepreneuriale.

EXEMPLE
La décision d'investir dans un nouveau local est une décision stratégique.

1. L'entrepreneur-manager

Dés le démarrage de l'activité, l'entrepreneur doit pratiquer tous les métiers : la production, le commercial, les finances et l'administration, sans perdre de vue la stratégie.
Il doit planifier, hiérarchiser, formaliser et appliquer des méthodes et des normes de gestion, ce qui n'est pas toujours aisé pour un individu dont la vocation est la prise de risques et la recherche d'opportunités.
Certains entrepreneurs ne deviennent jamais de bons managers car cela implique de passer d'un fonctionnement intuitif et rapide à une façon d'agir plus rationnelle et mesurée.

2. Le manager-entrepreneur

Pour faire face à la concurrence, l'entreprise doit constamment innover tant en termes de produits, de services ou de procédés qu'en termes d'organisation ou de distribution.
Le manager, dans sa gestion de l'entreprise, va devoir intégrer ces innovations tout en se préoccupant de maintenir et d'améliorer le rendement des activités existantes.
Pour faire face à l'évolution rapide de l'environnement de l'entreprise, les managers doivent donc développer des compétences entrepreneuriales de recherche d'opportunités et de prise de risque. Ils doivent apprendre à prendre des décisions rapides et à en accepter la rationalité limitée. Enfin, l'intégration de nouvelles activités aux opérations existantes les amène à redéfinir sans cesse des processus innovants.

3 LES FINALITÉS DE L'ENTREPRISE

Les finalités de l'entreprise traduisent sa raison d'être. Elles reflètent les aspirations de son ou ses créateurs et lui apportent sa légitimité. Les finalités de l'entreprise sont influencées par les valeurs partagées par la communauté humaine qui la constitue, les statuts et l'histoire de l'entreprise, les attentes du personnel et les contraintes imposées par l'environnement.

EXEMPLE

Certaines entreprises ont d'abord des finalités financières et doivent dégager des profits pour rémunérer leurs actionnaires. D'autres ont avant tout des finalités sociales et veulent assurer le bien-être de leurs salariés. D'autres encore ont des finalités sociétales prédominantes et souhaitent préserver l'environnement.

1 Les finalités financières

L'analyse microéconomique traditionnelle ne trouvait à l'entreprise que des finalités financières : la maximisation du profit, la minimisation des coûts, la création de richesse, etc. Si cette analyse paraît aujourd'hui réductrice, les finalités financières ne peuvent être écartées car, dans une économie de marché, la pérennité de l'entreprise dépend de sa capacité à dégager des profits, c'est-à-dire des revenus résultant de l'excédent des produits sur les charges.
L'obtention de profits apparaît donc comme une finalité commune à toutes les entreprises car elle constitue leur principal moyen de survie. Elle ne revêt toutefois pas le même degré de prépondérance dans toutes les entreprises.

EXEMPLES

Une entreprise privée appartenant à de nombreux actionnaires se devra de réaliser des bénéfices pour être en mesure de distribuer des dividendes alors qu'une entreprise publique aura pour finalité première la production de services publics. De même, les entreprises coopératives ont pour principale finalité de servir au mieux leurs sociétaires.

2 Les autres finalités de l'entreprise

L'économiste P. Drucker (1909-2005) a montré que la recherche du profit n'est pas une fin en soi pour l'entreprise. Il fait figure de pionnier en affirmant que le but premier de l'entreprise est de créer, maintenir et développer une clientèle. Ceci maîtrisé, le profit n'est plus une cause mais un effet de l'excellence du management.
Les finalités propres de l'entreprise résultent de la satisfaction des acteurs qui interviennent dans son fonctionnement (les parties prenantes). Elles peuvent donc être de différents types : économiques, sociales, environnementales ou sociétales.

1. Les finalités économiques

L'entreprise a pour finalités économiques de produire des biens et des services destinés à être vendus sur un marché dans la perspective de créer, maintenir et développer une clientèle.
Certaines entreprises ajoutent à ces finalités le souci de ne pas produire de biens inutiles, nocifs ou dangereux pour l'homme ou pour l'environnement en allant au-delà des obligations légales en matière de sécurité.

2. Les finalités sociales

Toutes les politiques en faveur de la création d'entreprise mettent en avant les finalités sociales des entreprises : créer un ou plusieurs emplois et assurer des revenus aux employés, mais également participer à la formation continue. Les finalités sociales peuvent également se décliner en termes de biens et services offerts à la clientèle sans discrimination.

EXEMPLE

La Banque postale ouvre des comptes à ses clients sans minimum de dépôt ni conditions de ressources, pour que chacun puisse bénéficier d'un compte bancaire.

3. Les finalités environnementales

De plus en plus d'entreprises mettent en avant leurs finalités environnementales, qui se traduisent par des modes de production préservant l'environnement et les ressources naturelles et garantissant la qualité et la sécurité des produits aux consommateurs.

EXEMPLE

La marque Patagonia n'emploie que du coton biologique au lieu de celui cultivé avec des pesticides.

4. Les finalités sociétales

Toutes les entreprises ont indirectement des finalités sociétales puisqu'elles améliorent la société en finançant par l'impôt le développement économique, en participant à la formation des jeunes, en finançant la recherche, etc. De plus, certaines entreprises créent et financent des fondations d'entreprises pour faire avancer des causes spécifiques.

3 La responsabilité sociétale de l'entreprise (RSE)

Selon le livre vert de la Commission européenne de 2001, la responsabilité sociale des entreprises est l'intégration volontaire des préoccupations sociales et écologiques des entreprises à leurs activités commerciales et leurs relations avec les salariés, les consommateurs et les collectivités locales.
Il s'agit pour l'entreprise de décliner les principes du développement durable à son échelle : satisfaire les besoins présents tout en permettant aux générations futures de satisfaire les leurs.
La prise en compte de la RSE va se traduire dans l'entreprise par la mise en place de dispositifs visant à :
- réduire l'impact de ses activités sur l'environnement, la santé et la sécurité ;
- valoriser ses employés au travers d'une politique sociale adaptée ;
- multiplier ses engagements citoyens (politiques de mécénat, de recherche, etc.).

6 LES DÉCISIONS ET LE PROCESSUS DE DÉCISION

→ Diriger une entreprise consiste essentiellement à exercer ou à déléguer un pouvoir de décision. La décision est un acte volontaire, d'un ou de plusieurs décideurs, qui conduit à un choix entre plusieurs solutions possibles, compte tenu d'un ou de plusieurs critères d'évaluation, et qui apporte une réponse à un problème donné. La décision est l'aboutissement d'un cheminement ou processus de réflexion : le processus décisionnel.

1 Les décisions

Les décisions sont inhérentes au management de l'entreprise car elles sont préalables à toute détermination d'objectifs et à toute action portant sur la mise en œuvre des ressources. En conséquence, des milliers de décisions sont prises quotidiennement dans les entreprises à tous les niveaux hiérarchiques et dans tous les domaines d'activité.

1. La notion de décision

Pour prendre une décision, le décideur s'appuie sur les informations et les connaissances dont il dispose en fonction des objectifs poursuivis par l'entreprise. Plusieurs théories se sont succédé pour décrire et expliquer le comportement du décideur.

a) La théorie du décideur rationnel

Cette théorie, inspirée du modèle économique classique, a été élaborée dans les années 1920. Elle repose sur l'hypothèse que l'entrepreneur est un décideur unique et rationnel. Selon M. Allais, économiste français qui a obtenu le prix Nobel d'économie en 1988, « un homme est réputé rationnel lorsque a) il poursuit des fins cohérentes avec elles-mêmes ; b) il emploie des moyens appropriés aux fins poursuivies ».

Dans ce cadre, le décideur recherche donc la maximisation du profit et la minimisation des coûts, c'est-à-dire la solution optimale dans un environnement certain. Ses décisions s'appuient sur des informations parfaites qui lui permettent d'appréhender l'ensemble des solutions.

b) La théorie de la rationalité limitée

Dès 1955, H. Simon, économiste américain, prix Nobel en 1978, a montré que les décideurs ont des limites physiques et intellectuelles et ne peuvent envisager toutes les solutions. Leur rationalité est limitée par les contraintes de temps, de budget, d'information, de raisonnement, etc.

Si le décideur recherche la solution optimale, il est le plus souvent contraint d'adopter une solution simplement satisfaisante compte tenu des informations dont il dispose et de sa capacité à comprendre la situation à laquelle il se trouve confronté.

2. La diversité des décisions

L'étude de la diversité des décisions met en évidence le fait que les décisions présentent des contenus, induisent des effets sur l'activité et l'entreprise et s'appuient sur des processus qui diffèrent selon leur degré de répétitivité, leur horizon temporel, le domaine de gestion dans lequel elles s'exercent et le niveau hiérarchique où elles sont prises.

Dès 1965, I. Ansoff distingue trois types de décisions dans l'entreprise :

Caractéristiques \ Type de décision	Stratégique	D'organisation	Opérationnelle
Horizon temporel	Long terme	Moyen terme	Court terme
Niveau hiérarchique	Direction générale	Directions fonctionnelles	Chefs de service ou chefs d'atelier
Domaine de gestion	Stratégie : relation de l'organisation avec son environnement	Gestion : gestion des ressources humaines, financières, etc., de l'organisation	Exploitation : utilisation des ressources pour assurer le fonctionnement de l'organisation
Répétitivité	Décision unique	Répétition éventuelle	Répétition fréquente
Exemples	Absorption d'un fournisseur, lancement d'une nouvelle gamme de produits	Recrutement d'une équipe de commerciaux, lancement d'un nouveau produit	Réapprovisionnement des stocks, établissement d'un plan de tournée, expédition, facturation

2 Le processus de décision

Le processus décisionnel est un processus complexe qui peut se décomposer en plusieurs étapes allant de l'identification du problème au choix d'une solution satisfaisante et à l'évaluation de son efficacité.

1. Les étapes du processus décisionnel

Dès les années 1950, H. Simon a proposé un schéma explicatif de ce processus sous le nom de « modèle IMC ». Ces travaux constituent le socle de la plupart des modèles de décomposition du processus de prise de décision :

I (Intelligence) :
phase d'analyse et de compréhension du problème à l'aide de l'information disponible

↓

M (Modélisation) :
phase de conception des solutions en tenant compte des risques et des opportunités

↓

C (Choix) :
phase de sélection de la solution qui semble la meilleure compte tenu des diverses contraintes

Cependant, dans une perspective managériale, le processus de décision ne peut s'arrêter au choix de la solution et doit se poursuivre par la mise en œuvre des choix et le contrôle des effets de la décision :

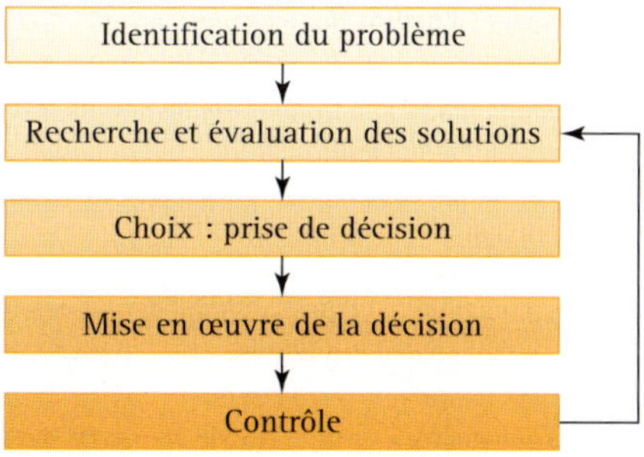

L'analyse du processus décisionnel montre alors comment les logiques entrepreneuriale et managériale peuvent s'articuler dans une même entreprise : la logique entrepreneuriale de prise de risques et de recherche de solutions s'impose dans les trois premières phases du processus décisionnel alors que la mise en œuvre de la décision et le contrôle des résultats s'appuient sur une logique managériale de gestion des ressources.

2. Les facteurs de contingence

Des facteurs de contingence tels que la structure de l'entreprise, le niveau de rationalité et la nature de la décision influencent la prise de décision et déterminent sensiblement le choix des solutions adoptées.

a) La structure de l'entreprise

La structure de l'entreprise traduit ses principes d'organisation et d'exercice du pouvoir de décision.

Schématiquement, le pouvoir de décision peut être détenu par un petit nombre de dirigeants au sommet de la hiérarchie, il s'agit alors d'une structure centralisée, ou, au contraire, être réparti au sein des divisions opérationnelles, il s'agit, dans ce cas, d'une structure décentralisée :

- une structure centralisée favorise la cohérence des décisions car elles sont prises par un petit nombre de décideurs, mais l'efficacité des solutions est réduite du fait du manque de concertation avec la base écartée du processus ;
- une structure décentralisée permet une meilleure pertinence des décisions, prises par des décideurs proches des problèmes à résoudre et mises en œuvre par des salariés plus impliqués, mais ces décisions risquent de s'écarter rapidement de l'objectif commun, ce qui nécessite la mise en place de procédures de contrôle efficaces.

b) Le niveau de rationalité de la décision

La prise de décision est soumise à des contraintes économiques, temporelles et techniques, tant internes qu'externes, qui limitent le niveau de rationalité de la décision.

On distingue six types de contraintes :

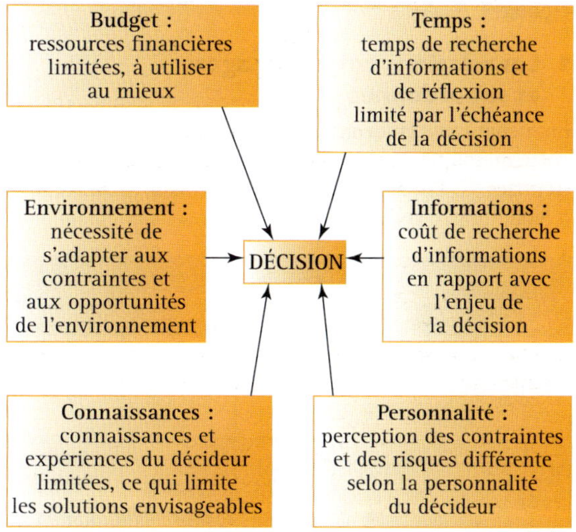

c) La nature de la décision

La nature de la décision influence également la prise de décisions :

- les décisions stratégiques, difficilement réversibles, s'inscrivent dans un processus décisionnel long afin de réduire le taux de risque et d'incertitude ;
- les décisions opérationnelles courantes s'inscrivent dans des processus décisionnels courts, voire automatisés.

EXEMPLE

Les commandes de pièces sur les chaînes de fabrication automobiles sont entièrement gérées par ordinateur et transmises automatiquement aux fournisseurs.

7 LES STYLES DE DIRECTION

Les dirigeants exercent leur pouvoir avec un certain style qui résulte d'une combinaison de leur personnalité, de leurs orientations et du contexte dans lequel ils agissent. Le style de direction est un facteur de contingence qui influence fortement le processus décisionnel et détermine sensiblement le choix des solutions adoptées.

1 La diversité des styles de direction

Il existe de nombreux critères pour caractériser un style de direction. Nous en retiendrons toutefois deux principaux.

1. Les relations entre managers et subordonnés

En menant une étude approfondie des relations existantes entre managers et subordonnés dans de nombreuses entreprises, R. Likert, psychologue américain (1903-1981), a isolé quatre styles de direction :

Caractéristiques / Styles	Autoritaire	Paternaliste	Consultatif	Participatif
Confiance accordée	Aucune	Confiance condescendante	Grande confiance mais sous contrôle	Confiance totale
Communication	Faible, toujours descendante	Faible, surtout descendante	Modérée, ascendante et descendante	Intense, ascendante, descendante et horizontale
Niveau de prise de décision	Au sommet de la hiérarchie	Au niveau de la direction générale et des directions opérationnelles	Au niveau de la direction générale et des directions opérationnelles	À tous les niveaux hiérarchiques
Participation aux décisions	Aucune	Suggestions	Consultation	Participation large

D'après J.-P. Helfer, M. Kalika et J. Orsoni, *Management – Stratégie et Organisation*, 6e édition, Éditions Vuibert, 2006.

À l'issue de l'étude, le style participatif apparaît comme le plus efficace car il est source de motivation des hommes. Cependant, il peut également limiter la cohérence des décisions.

2. L'orientation donnée à l'action

L'activité des managers repose sur deux dimensions complémentaires : la dimension technique ou de production et la dimension humaine ou relationnelle.

R. Blake et J. S. Mouton ont caractérisé cinq styles de direction selon l'intérêt porté par le dirigeant à la production (abscisses) et aux relations humaines (ordonnées) :

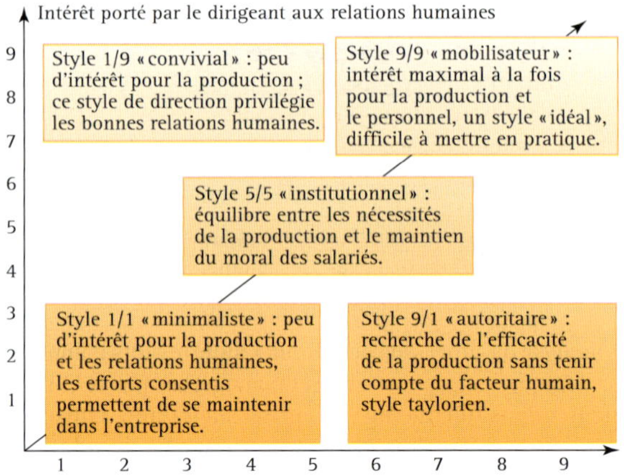

D'après R. Blake et J. S. Mouton, *La Troisième dimension du management*, Éditions d'Organisation, 1975.

2 Le choix d'un style de direction

Dans une même entreprise peuvent se côtoyer différents styles de direction en fonction des domaines, des personnes, des périodes, des opportunités ou des contraintes de l'environnement. Il n'existe donc pas de style de direction « idéal ». Le choix d'un style de direction se fait en fonction de trois séries d'influence : celle du leader, celle des subordonnés et celle du contexte.

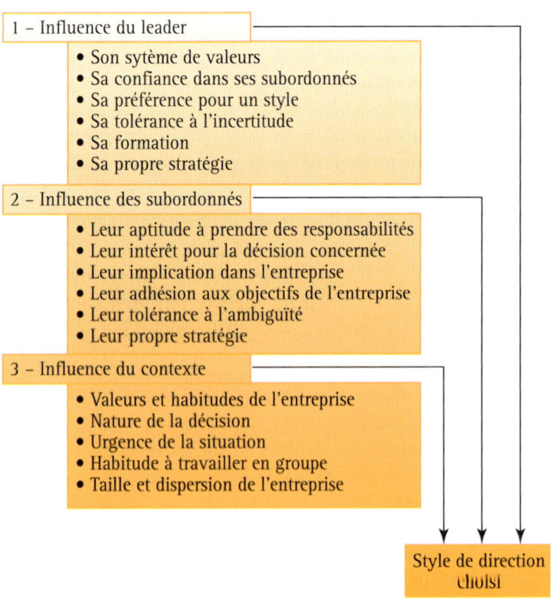

D'après J.-P. Helfer, M. Kalika et J. Orsoni, *Management – Stratégie et Organisation*, 6e édition, Éditions Vuibert, 2006.

8 LES PARTIES PRENANTES ET LES CONTRE-POUVOIRS

➔ Le fonctionnement de toute entreprise est source de conflits de pouvoir car il repose, en interne, sur des individus et des groupes, les salariés, qui ont des objectifs propres et rarement concordants, et, en externe, sur les agents économiques, consommateurs, clients, fournisseurs, actionnaires, administrations, etc., qui agissent également en fonction de leurs propres objectifs. La nature des relations qui se nouent entre les acteurs au sein de l'entreprise et avec les partenaires extérieurs influence de façon déterminante son mode de gouvernance. Le dirigeant doit en permanence arbitrer entre les attentes des différentes parties prenantes, qui peuvent constituer autant de contre-pouvoirs.

1 Les parties prenantes internes

L'expression « parties prenantes » fait référence à la volonté de chacun des acteurs de bénéficier d'une fraction de la valeur ajoutée produite par l'entreprise.
Les premiers bénéficiaires de la répartition de la valeur ajoutée sont les salariés au travers des salaires.

1. Les salariés et leurs représentants

a) Les salariés

Les salariés constituent le capital humain essentiel à l'activité et au développement de l'entreprise et donc, de fait, un contre-pouvoir puisque les objectifs de l'entreprise ne peuvent être atteints sans leur participation active, alors même que leurs objectifs personnels divergent parfois des objectifs communs.
Pour défendre leurs intérêts, les salariés s'appuient sur leurs élus :
- les délégués du personnel dans tous les établissements de plus de 10 salariés ;
- le comité d'entreprise, obligatoire dans les entreprises de plus de 50 salariés.

b) Les syndicats

Les syndicats représentent un contre-pouvoir à la fois interne, grâce aux représentants syndicaux de l'entreprise, et externe, au niveau national. Selon les termes du Code du travail, ils sont seuls habilités à représenter les salariés dans le cadre des négociations collectives des conditions générales de travail. Leur contre-pouvoir s'exprime souvent de façon conflictuelle (grève, etc.).

2. Les relations de pouvoir dans l'entreprise

Les dirigeants doivent en permanence arbitrer entre les objectifs des salariés et l'objectif commun. Ceci amène les économistes R. Cyert et J. March à montrer que les objectifs poursuivis par l'entreprise ne seront donc pas rationnels, mais représentent le meilleur compromis possible entre les objectifs des diverses coalitions d'individus qui la composent.
Ces coalitions d'individus ayant des buts différents, elles doivent négocier entre elles, ce qui conduit aux prises de décisions.
Pour éclairer le jeu de pouvoirs et contre-pouvoirs dans l'entreprise, M. Crozier, sociologue français, montre que, dans l'entreprise, tout le monde peut avoir du pouvoir car il est le produit de relations, négociations et confrontations dont l'issue reste toujours incertaine.

2 Les parties prenantes externes

1. Les consommateurs et les clients

L'intérêt des clients et des consommateurs, acheter au meilleur prix, est parfois contradictoire avec celui de l'entreprise, qui consiste à fixer des prix qui lui permettent de réaliser des profits et de satisfaire ainsi à ses objectifs de rentabilité.
Les consommateurs et les clients de l'entreprise exercent deux types de contre-pouvoir : actif par le biais des associations de consommateurs et passif en faisant jouer la concurrence sur les prix.

2. Les acteurs de la société civile

L'État et les administrations prélèvent une part de la valeur ajoutée de l'entreprise en impôts, taxes et cotisations diverses. Mais c'est au travers des lois et des règlements qu'ils exercent une contrainte collective et donc un contre-pouvoir.
En outre, la société civile impose à l'entreprise d'être socialement responsable, c'est-à-dire de se soucier de sa rentabilité et de sa croissance, mais également de ses impacts environnementaux et sociaux.

3. Les actionnaires

Les actionnaires sont les propriétaires de l'entreprise, si elle a la forme d'une société de capitaux, qui ont délégué leur pouvoir de décision.

a) La gouvernance de l'entreprise

La gouvernance constitue un mode d'arbitrage entre les intérêts contradictoires des différentes parties prenantes et, en particulier, entre les actionnaires et les dirigeants.
Lorsque l'entrepreneur est l'unique ou le principal propriétaire de l'entreprise, les problèmes de gouvernance n'existent pas.
Mais dès lors qu'il existe une séparation entre les propriétaires et les dirigeants salariés, se pose la question de la pratique du pouvoir compte tenu des divergences d'intérêts qui peuvent exister entre eux.
On distingue deux modèles de gouvernance :
- la gouvernance managériale laisse aux dirigeants la plus grande part du pouvoir ;
- la gouvernance actionnariale se traduit par un contrôle direct de l'entreprise par les actionnaires et s'impose depuis les années 1980.

b) Les enjeux liés aux intérêts des actionnaires

Les actionnaires exercent leur contre-pouvoir au sein des assemblées générales et des conseils d'administration. Ils suivent les nominations des dirigeants, leur rémunération, l'orientation stratégique de l'organisation, etc. Ceux-ci devront donc exercer leur pouvoir de gestion en tenant compte du contre-pouvoir des actionnaires et en assurant une rentabilité minimale des capitaux pour satisfaire à leurs exigences de dividendes.

9 LA DÉMARCHE STRATÉGIQUE

La stratégie permet à une entreprise d'atteindre ses finalités et ses objectifs. Elle doit être définie au niveau global puis se décliner sur chacun des domaines d'activité de l'entreprise. L'utilisation des outils d'analyse stratégique, une planification et un contrôle appropriés assureront le succès de la démarche stratégique. Cela étant, il faudra également tenir compte des aspects contingents, inhérents à toute stratégie, comme la taille, le métier et le type d'entreprise concerné.

1 La notion de stratégie d'entreprise

1. Une stratégie d'entreprise en accord avec sa finalité et ses objectifs

La stratégie est l'ensemble des opérations coordonnées menées pour réaliser une finalité.
La démarche stratégique doit donc prendre appui sur les finalités de l'entreprise.
Ces finalités sont traduites par des objectifs stratégiques à long terme qui concernent les orientations importantes définies par les dirigeants. Les cadres de l'entreprise vont ensuite définir des objectifs tactiques à moyen terme qui seront réalisés par chaque service. Enfin, les objectifs opérationnels à court terme permettront aux exécutants de réaliser les objectifs tactiques.

2. Une stratégie en cohérence avec le(s) métier(s) de l'entreprise

Le métier est le savoir-faire, l'habileté, les compétences acquises dans l'exercice d'une profession. Les entreprises peuvent avoir plusieurs métiers. Il est toutefois utile de se référer au métier de base en rapport avec l'activité principale et avec les compétences que l'entreprise maîtrise le mieux. La démarche stratégique, pour être couronnée de succès, doit fixer les objectifs qui permettront de valoriser au mieux les compétences que l'entreprise peut déployer dans le cadre de son métier.

3. Une stratégie qui se décline dans les DAS de l'entreprise

Les entreprises peuvent avoir différentes activités demandant des compétences distinctes. Un domaine d'activité stratégique (DAS) est un sous-ensemble d'une entreprise auquel il est possible d'allouer ou de retirer des ressources de manière autonome. Une entreprise peut intervenir sur plusieurs DAS. Sa stratégie d'ensemble doit se décliner par domaines d'activités pour être plus efficace.
La segmentation stratégique permet de définir les différents domaines d'activités stratégiques de l'entreprise en divisant les activités de l'entreprise en segments homogènes (ou DAS) régis par des facteurs clés de succès identiques. Cette segmentation stratégique ne doit pas être confondue avec la segmentation marketing, dont le but est de définir des groupes de consommateurs ayant des besoins différents à assouvir et auxquels va s'adresser le marketing mix de l'entreprise.

EXEMPLE
Une entreprise dont le métier est la vente automobile peut avoir deux DAS différents : la commercialisation de véhicules neufs et de véhicules d'occasion et, pour chacun de ces DAS, les segments marketing ciblés peuvent être les entreprises, les administrations et les particuliers.

2 Les différentes facettes de la stratégie d'entreprise

1. La stratégie délibérée ou émergente

La définition de la stratégie peut résulter d'un choix délibéré. Les dirigeants vont alors planifier les actions à mettre en œuvre pour mener à bien leur stratégie. Elle peut aussi se construire de façon moins rationnelle, plus informelle, en fonction des événements qui affectent l'activité de l'entreprise. La stratégie « émerge » alors des activités de l'entreprise. Dans la réalité, la stratégie résulte souvent d'une combinaison des deux : une démarche planifiée et une stratégie émergente.

2. Les stratégies de domaine et globale

a) Les stratégies de domaine

Les stratégies de domaine (*business strategies*) commencent par le choix des DAS qui permettent d'exploiter au mieux les facteurs clés de succès (FCS) sur lesquels l'entreprise peut s'appuyer.
Ces FCS au sein du DAS sont des points forts sur lesquels l'entreprise peut compter pour obtenir un avantage concurrentiel comme, par exemple :
- un bon rapport qualité/prix ;
- des ressources et des compétences particulières ;
- un effet d'expérience ou un avantage technologique ;
- une bonne capacité d'innovation ou un capital marque ;
- un réseau de distribution performant.

Ensuite, les stratégies de domaines permettent de définir si l'entreprise adoptera sur son DAS une politique de minimisation des coûts, si elle se différenciera en offrant des avantages uniques aux consommateurs ou si elle se focalisera sur un produit ou un marché donné.

b) La stratégie globale

Quand les DAS sont fixés, la stratégie d'entreprise (*corporate strategy*) détermine au niveau global si cette dernière doit se spécialiser ou se diversifier et si elle doit externaliser ou intégrer ses activités.

3 Les outils d'analyse stratégique

1. L'apport du modèle LCAG

Learned, Christensen, Andreus et Guth ont mis en place un processus d'analyse interne et externe de l'entreprise connu sous le sigle « LCAG » du nom de ses auteurs. Ce modèle fournit un cadre général pour l'analyse stratégique :

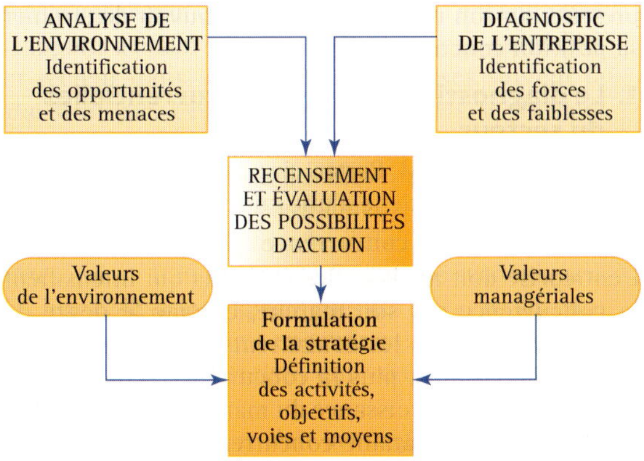

Le modèle LCAG comporte deux axes d'analyse :

- l'analyse externe identifie les opportunités et les menaces présentes dans l'environnement de l'entreprise ainsi que les valeurs de l'environnement dans lequel évolue cette dernière ;
- l'analyse interne révèle les forces et les faiblesses de l'entreprise ainsi que les valeurs sur lesquelles les dirigeants veulent s'appuyer.

Le modèle LCAG montre que la prise en compte de ces deux analyses, interne et externe, permet de recenser les possibilités d'action qui conduiront à la formulation d'une stratégie efficiente en fonction du contexte de l'entreprise et de son environnement.

2. L'apport de l'analyse FFOM (forces, faiblesses, opportunités, menaces)

Cette matrice reprend les deux axes du modèle LCAG :

	Interne	Externe
Bon	FORCES	OPPORTUNITÉS
Mauvais	FAIBLESSES	MENACES

L'analyse FFOM est un outil simple permettant de réaliser :

- l'analyse externe qui conduit à l'identification des opportunités et des menaces. Elle permet d'identifier les actions qui permettent de s'adapter à l'environnement dans lequel évolue l'entreprise ;
- l'analyse interne qui permet de réaliser un diagnostic de l'entreprise à partir de ses principales forces et faiblesses et donc d'identifier les FCS. Il permet aussi de cerner les faiblesses de l'organisation et de mener une stratégie qui permettra de les limiter pour ne pas se faire devancer par les concurrents.

La matrice FFOM constitue un outil simple et performant pour déterminer une démarche stratégique adaptée aux caractéristiques de l'entreprise et à celles de son environnement.

4 La planification et le contrôle de la stratégie adaptée

1. La démarche de planification

Pour garantir le succès de leur démarche stratégique, beaucoup d'entreprises mettent en place une planification qui peut suivre le schéma suivant :

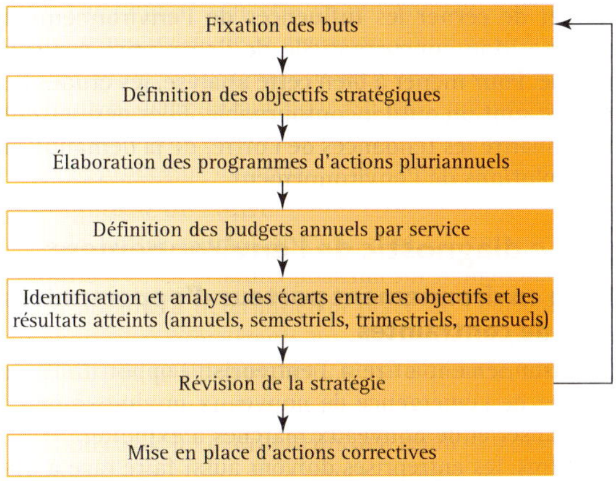

2. Le contrôle de la planification

Les programmes d'actions fixent les performances à réaliser. Ils sont chiffrés sur plusieurs années et le plus souvent établis par fonctions (commerciale, ressources humaines, production, etc.).

EXEMPLE

Si le but de l'entreprise est d'être plus compétitive, l'objectif pourra être de réduire le coût de production. Les programmes d'actions vont donc inclure des investissements en biens de production, en formation, etc.

Après l'établissement des programmes d'actions, le plan est annualisé sous la forme de budgets qui déterminent les ressources allouées par service.

Les performances sont contrôlées chaque année, chaque semestre ou chaque trimestre et les écarts sont analysés pour envisager des actions correctives.

5 L'aspect contingent de la démarche stratégique

Une démarche stratégique ne peut être un processus identique pour toutes les entreprises. La démarche stratégique varie selon différents critères :

- la taille de l'entreprise : une planification formulée sur un horizon de plusieurs années est courante dans les grandes entreprises mais pas dans les PME ;
- le type d'entreprise : une entreprise multiactivité doit adopter une stratégie globale ainsi qu'une stratégie au niveau de chaque domaine d'activité alors qu'elles seront confondues pour une entreprise monoactivité ;
- le métier sur lequel l'entreprise a décidé de déployer ses compétences de façon à s'appuyer sur les savoir-faire et les compétences pour obtenir un avantage concurrentiel sur le marché ;
- les étapes du cycle de vie de l'entreprise : par exemple, la stratégie en phase de lancement de l'entreprise doit être axée sur les investissement à réaliser alors qu'en phase de déclin, elle aura comme priorité de proposer une nouvelle offre commerciale pour maintenir l'activité.

11 LE DIAGNOSTIC STRATÉGIQUE INTERNE

Le diagnostic stratégique interne a pour objectif d'analyser le fonctionnement interne de l'entreprise. Il s'agit de cerner son potentiel (ses ressources matérielles, humaines, financières, commerciales, immatérielles, organisationnelles et en recherche et développement) et de vérifier que l'entreprise a les compétences qui, combinées à ces ressources, lui assureront un avantage concurrentiel.

1 La prise en compte de la chaîne de création de valeur

L'analyse de la chaîne de création de valeur permet de comprendre le fonctionnement interne de l'entreprise. Elle mettra notamment en évidence les activités sources d'un avantage concurrentiel.

1. L'analyse de la chaîne de valeur

La chaîne de valeur, proposée par M. Porter, identifie les différentes activités de l'entreprise :

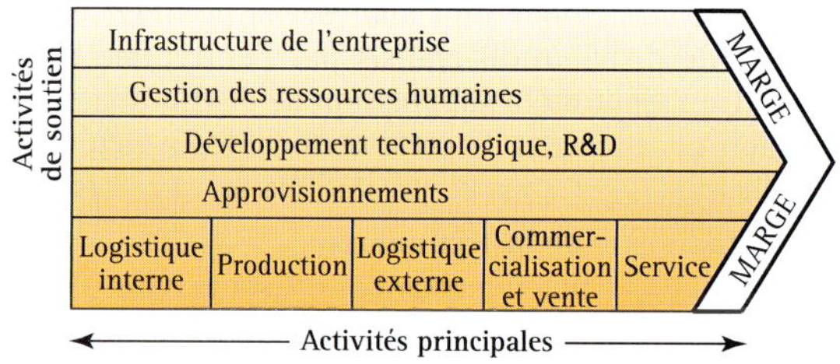

Deux types d'activités participent à la création de valeur dans l'entreprise :
- les activités principales (ou fonctions opérationnelles), directement créatrices de valeur : la logistique, la production, la commercialisation et les services qui permettent un accroissement de la valeur de l'offre (SAV, installation, financement, etc.) ;
- les activités de support (ou fonctions support) qui permettent aux premières de fonctionner : les approvisionnements, la recherche et développement, la gestion des ressources humaines (recrutement, formation, rémunération, plan de carrière, etc.) et l'infrastructure (comptabilité, gestion, système d'information).

2. Le diagnostic de la chaîne de valeur

Le diagnostic stratégique permet de repérer les actions à mener au niveau des différentes activités de façon à avoir une chaîne de valeur plus efficiente que celles des concurrents. Il met en évidence les activités clés de l'entreprise qui permettent d'avoir un avantage au niveau des coûts ou de se différencier de manière à acquérir un avantage concurrentiel.

Le diagnostic de la chaîne de valeur permet d'identifier :
- au sein de chaque activité, les facteurs clés de succès à l'origine d'un avantage concurrentiel ;
- les activités qui ne créent pas de valeur et qui pourraient être externalisées ;
- les complémentarités entre activités : les différentes activités de l'entreprise sont interdépendantes le long de la chaîne de valeur, ce qui nécessite une bonne gestion des liens entre ces activités.

EXEMPLE

Une mauvaise logistique provoque une perte de chiffre d'affaires et donne une mauvaise image de l'entreprise.

2 Le diagnostic du potentiel de l'entreprise

Le potentiel de l'entreprise aux niveaux technologique, humain, financier et organisationnel influence de manière déterminante sa capacité à assurer sa position concurrentielle. Le diagnostic stratégique doit analyser à la fois le potentiel lui-même et sa flexibilité.

1. Les ressources humaines

Les ressources humaines constituent la principale ressource d'une entreprise car ce sont les qualités d'un personnel performant et motivé qui peuvent faire la différence entre deux organisations concurrentes.

Le diagnostic stratégique doit analyser :
- le potentiel en termes de quantité et qualité du personnel ;
- la pyramide des âges, sachant qu'un effectif jeune est moins coûteux, plus dynamique et mieux formé, mais également plus revendicatif.

2. Les ressources financières

Le diagnostic stratégique doit également porter sur les ressources financières actuelles de l'entreprise ainsi que sur sa capacité à accéder à des ressources nouvelles, en envisageant les possibilités :
- d'autofinancement : le moyen de financement le moins cher et préservant l'autonomie de l'entreprise ;
- de financement par augmentation de capital ;
- de cessions d'actif ;
- de financement grâce à l'emprunt dans certaines limites (l'objectif est d'éviter un endettement excessif).

3. Les ressources matérielles et immatérielles

Les décisions d'investissement sont déterminantes, dès la création de l'entreprise, car elles conditionnent sa survie et sa croissance. Le diagnostic doit vérifier leur bien-fondé au niveau des investissements :
- matériels (les locaux, le matériel et l'outillage) ;
- immatériels (les efforts en recherche et développement, la maîtrise des technologies nouvelles, les structures organisationnelles et commerciales, etc.).

3 Le diagnostic des compétences

1. La notion de compétence

La notion de compétence émerge dès le milieu des années 1980, face à celle de qualification, marquant l'apparition d'une nouvelle logique de plus en plus éloignée du taylorisme. En effet, la notion de qualification renvoie au modèle du « poste de travail » défini par rapport aux tâches à effectuer sur un poste. Les qualités humaines ne sont jamais identifiées directement et pour elles-mêmes mais uniquement par l'intermédiaire des capacités requises pour un poste ou un emploi.

La « logique compétence » qualifie les individus et réseaux d'individus en fonction des qualités professionnelles qu'ils ont acquises tout au long de leur carrière et qu'ils mettent en œuvre dans différentes situations de travail.

2. Les compétences individuelles

Les compétences individuelles sont la capacité d'une personne à comprendre et interpréter des problèmes professionnels dans un contexte spécifique de manière à y apporter une solution. Il s'agit donc de connaissances en action. Les compétences individuelles permettent au salarié d'être plus performant en combinant divers facteurs :
- le « savoir agir » (le savoir, le savoir-faire et le savoir être) ;
- le « pouvoir agir », qui dépend des possibilités de prise de responsabilités ;
- le « vouloir agir » qui dépend de la motivation de l'individu.

3. Les compétences collectives

Les compétences collectives sont la manière dont l'organisation utilise l'ensemble des savoirs et savoir-faire collectifs. Elles se forgent dans l'expérience et se construisent dans le temps.

Ces compétences sont influencées par :
- la qualité de circulation de l'information ;
- la coopération et la communication des connaissances et du savoir-faire au sein du personnel.

L'ensemble des technologies, des compétences, de l'expérience et des savoir-faire maîtrisés vont former le domaine de compétence de l'organisation.

4. Les compétences managériales

Les compétences managériales constituent la capacité à mobiliser, à animer et à motiver les hommes autour d'une stratégie. Leur développement permet une utilisation pertinente des compétences individuelles et collectives présentes dans l'entreprise.

5. Les compétences spécifiques et transversales

a) La théorie des ressources et compétences

La théorie des ressources et compétences de E. Penrose analyse l'entreprise comme un ensemble de ressources :
- tangibles : équipements, ressources financières et humaines ;
- intangibles : réputation, image, savoirs, savoir-faire du personnel, savoirs organisationnel et managérial et ressources technologiques.

Ces ressources, associées à des compétences, permettent l'accroissement des profits à long terme. La stratégie a pour objectif d'obtenir un avantage concurrentiel en adaptant ses ressources et compétences internes aux caractéristiques de l'environnement.

Dans cette optique, la prise en compte de l'environnement de l'entreprise devient prioritaire : il s'agit d'en saisir les opportunités et d'en transformer les contraintes en atouts dans le but de façonner un contexte concurrentiel qui soit favorable à l'entreprise. Elle modèle ainsi son environnement plus qu'elle ne le subit.

b) Le développement de compétences spécifiques et transversales

L'entreprise doit développer des compétences spécifiques et transversales. Le diagnostic stratégique doit analyser :
- les compétences spécifiques liées aux métiers de l'entreprise (la maîtrise d'une technologie particulière, son savoir-faire, sa capacité d'innovation) ;
- les compétences transversales assurant à l'entreprise la maîtrise de ses processus internes (circulation de l'information dans l'entreprise, mise en place d'une norme qualité) et externes (ceux qui lient l'entreprise à ses partenaires tant au niveau de l'approvisionnement que de la distribution).

4 Le repérage des compétences fondamentales

1. La notion de compétence fondamentale

Les compétences fondamentales, issues d'un apprentissage organisationnel intégrant des ressources et des compétences individuelles, permettent d'acquérir un avantage concurrentiel. G. Hamel et C. K. Prahalad définissent les « compétences fondamentales » de l'entreprise (*core competencies*) comme les aptitudes essentielles, techniques et organisationnelles qu'elle doit développer pour obtenir un avantage compétitif.

Ce sont les « compétences clés » (technologie, savoir-faire, communication) que l'entreprise doit avoir car elles sont à l'origine des facteurs clés de succès qui lui permettront de détenir un avantage concurrentiel.

2. L'identification d'une compétence fondamentale

Selon C. K. Prahalad et G. Hamel, trois critères permettent de repérer les compétences fondamentales :
- elles permettent d'accéder à une grande variété de marchés ;
- elles contribuent de manière déterminante à la valeur des produits offerts sur le marché ;
- elles sont difficilement copiables ou accessibles aux concurrents.

L'apprentissage collectif de l'organisation permet de forger des compétences clés ou fondamentales, principalement en agissant sur la coordination des compétences de production et sur la prise en compte des nouveaux courants technologiques.

Ce n'est qu'en associant ses ressources et ses compétences que l'entreprise pourra développer une compétence fondamentale capable de lui assurer un avantage concurrentiel. Elle devra alors le conserver en :
- limitant le *turn-over* de son personnel ;
- protégeant ses compétences fondamentales de façon à dissuader les entreprises concurrentes de les acquérir ou de les développer ;
- favorisant leur développement au sein de l'entreprise.

12 LES STRATÉGIES GLOBALES

➔ La stratégie globale de l'entreprise (*corporate strategy*) détermine les orientations stratégiques générales les plus opportunes. Elle permet notamment de répondre aux deux questions suivantes : l'entreprise doit-elle se spécialiser ou se diversifier ? Doit-elle opter pour une stratégie d'externalisation de ses activités ou, au contraire, les intégrer ?

1 Les stratégies de spécialisation ou de diversification

1. La stratégie de spécialisation

a) Le choix d'une stratégie de spécialisation

Cette stratégie consiste, pour l'entreprise, à se focaliser sur un seul domaine d'activité afin d'en avoir la maîtrise. Elle permet donc à cette dernière de se spécialiser sur le métier dans lequel elle a un bon niveau d'expérience et de compétence pour s'assurer un avantage concurrentiel décisif.

La stratégie de spécialisation sur un métier est souvent choisie par des PME disposant d'un important savoir-faire dans un domaine d'activité donné.

b) Les raisons de la spécialisation

Une entreprise peut chercher à se spécialiser quand :

- elle a mis au point un produit innovant ayant des caractéristiques uniques pour le consommateur. Elle peut chercher à centrer toute son activité sur sa commercialisation. Toutefois, cette stratégie comporte le risque, pour l'entreprise, d'être copiée par les concurrents et de perdre son leadership sur le marché. Elle peut aussi être dépassée si elle ne prépare pas la relève avec de nouveaux produits répondant aux attentes des consommateurs lorsque son produit phare arrive en phase de déclin ;
- elle cherche à s'implanter sur une niche : ce créneau de marché concerne des besoins très spécifiques et il est souvent délaissé par la concurrence car la clientèle est réduite. Toutefois, si cette niche représente l'intégralité de l'activité de l'entreprise, cette stratégie présente un risque en cas de changement de la demande.

2. La stratégie de diversification

a) Le choix de la diversification

D'après I. Ansoff, la diversification implique une évolution de l'entreprise en termes de produit, de marché et de technologie. Elle se différencie d'une simple expansion qui serait orientée vers la même industrie ou vers des secteurs caractérisés par des produits ou des missions similaires à ceux de l'entreprise. Elle implique un changement de domaine d'activité stratégique et donc la prise en compte d'un nouvel ensemble de facteurs clés de succès.

Pour réussir une stratégie de diversification, il faut que l'entreprise soit capable :

- de maîtriser la technologie de sa nouvelle activité ;
- d'adopter la communication pertinente ;
- de s'introduire dans les réseaux de distribution adaptés.

C'est donc une stratégie qui présente des risques financiers, technologiques, commerciaux et humains puisqu'elle nécessite d'acquérir de nouvelles compétences et de former et d'impliquer le personnel de l'entreprise.

b) Les raisons de la diversification

Les entreprises peuvent chercher à se diversifier pour :

- améliorer leur rentabilité en investissant dans des secteurs plus rentables ;
- limiter les risques en se constituant un portefeuille d'activités qui leur permettra de mieux gérer le cycle de vie des produits en s'orientant vers de nouvelles activités avant le déclin de ces derniers.

c) Les types de diversification

L'entreprise peut opter pour différents types de diversification :

- la diversification technique permet de développer de nouvelles activités ayant des synergies entre elles de manière à pouvoir proposer aux clients une offre transversale composée de différents produits ;

EXEMPLE

Une compagnie aérienne peut se diversifier dans l'hôtellerie pour proposer un produit complet à ses clients composé du billet d'avion et de la location d'une chambre d'hôtel.

- la diversification commerciale peut passer par :
  - une diversification géographique quand l'entreprise sort de son marché et cible une autre région du monde dans laquelle les facteurs clés de succès sont différents,
  - une diversification dans sa filière d'activité suite à une intégration verticale des activités en amont ou en aval. La constitution d'une filière peut avoir comme objectif de sécuriser les approvisionnements (intégration vers l'amont) ou de s'assurer une gestion plus performante de la distribution (intégration vers l'aval) ;

EXEMPLE

Lorsqu'une compagnie pétrolière prend à sa charge à la fois les activités d'extraction, de raffinage, de transport et de commercialisation, elle se diversifie dans l'ensemble de la filière.

- la diversification conglomérale se traduit par une rupture totale des liens avec le secteur sur lequel l'entreprise était présente, tant au point de vue de la technologie et du produit que du marché. C'est le cas, par exemple, lors du rachat d'une entreprise particulièrement rentable par une autre entreprise qui a des ressources financières à placer.

2 Les stratégies d'externalisation ou d'intégration

1. La stratégie d'externalisation

a) Le choix de l'externalisation

L'externalisation a pour objectif de s'associer avec d'autres entreprises de façon à faire faire à l'extérieur certaines activités.

Les entreprises avec lesquelles des relations sont nouées gardent leur autonomie juridique, même si elles peuvent tomber sous une réelle dépendance économique. En effet, bien qu'elle sauvegarde l'autonomie juridique, l'externalisation peut conduire à une réelle dépendance économique ou commerciale, surtout lorsqu'il s'agit d'une grande entreprise qui fait appel à une PME pour externaliser une partie de son activité.

Les modalités de mise en place de ces associations peuvent être diverses. Il est en effet possible de passer un contrat de sous-traitance, de franchise ou de concession, de créer un groupement d'intérêt économique (GIE) ou encore de constituer des filiales communes.

b) Les raisons de l'externalisation

Plusieurs raisons peuvent pousser une entreprise à opter pour une stratégie d'externalisation. Il peut s'agir :

- de bénéficier des services de spécialistes en confiant à des entreprises plus spécialisées certaines activités jugées non essentielles pour la compétitivité de l'entreprise ;

EXEMPLE

Une entreprise confie à un sous-traitant son activité informatique ou de maintenance ou encore sa comptabilité.

- de chercher à flexibiliser l'activité en cas de variation d'activité de l'entreprise ;

EXEMPLE

Une entreprise qui a une activité saisonnière peut, lors d'un pic d'activité, recourir à des sous-traitants pour augmenter ses capacités de production. Ce peut être le cas pour un chocolatier qui, pour répondre à l'augmentation de la demande avant Pâques et Noël, confie le surplus de production à un partenaire extérieur.

- de se recentrer sur son métier de base et de rester rentable en confiant les autres activités à des partenaires extérieurs.

EXEMPLE

Une entreprise dont le métier de base est l'agroalimentaire et qui s'est diversifiée dans d'autres domaines, comme l'habillement, peut vouloir se recentrer sur son métier de base à la suite de problèmes d'organisation ou de manque de compétences. Elle confiera alors ses activités dans l'habillement à des partenaires extérieurs et se recentrera sur son métier de base, l'agroalimentaire, dans lequel elle a le plus d'expérience et de compétences.

L'externalisation n'est pas sans risque pour l'entreprise à différents niveaux :

- il peut y avoir une perte du contrôle des opérations et de connaissances fondamentales ;
- la maîtrise des informations peut s'en trouver affectée du fait de la perte de leur confidentialité ;
- le partenaire externe choisi peut se révéler moins fiable que prévu, voire disparaître ;
- l'opération peut ne pas être très réversible si l'entreprise souhaite « réinternaliser » (ou backsourcer) l'activité.

2. La stratégie d'intégration

a) Le choix d'une stratégie d'intégration

Opter pour une stratégie d'intégration consiste, pour l'entreprise, à opérer une activité en son sein au lieu de la faire faire à l'extérieur.

La stratégie d'intégration conduit à un regroupement d'entreprises qui fait perdre son autonomie juridique à l'une d'entre elles, voire provoque sa disparition.

Contrairement aux stratégies d'externalisation qui laissent subsister juridiquement les entreprises antérieures en formant des associations où les partenaires gardent une relative indépendance, les stratégies d'intégration entraînent, en général, la disparition de certaines entreprises ou leur prise de contrôle financier. L'intégration est souvent réalisée par la fusion de deux entreprises.

b) Les raisons de l'intégration

La stratégie d'intégration peut être motivée par différentes raisons. Il peut s'agir pour l'entreprise :

- de s'assurer la régularité et la fiabilité des approvisionnements au meilleur rapport qualité/prix. Dans ce cas, elle cherchera à intégrer ses fournisseurs ;
- de s'assurer une commercialisation plus efficiente de ses produits et qui véhicule l'image souhaitée par l'entreprise. Dans ce cas, elle cherchera à intégrer ses distributeurs ;
- de limiter le nombre d'intermédiaires en amont ou en aval pour intégrer leurs profits et contrôler la filière.

La stratégie d'intégration est donc souvent motivée par des raisons liées à la sécurité, la fiabilité et la rentabilité des moyens d'approvisionnement et de distribution.

c) La mise en œuvre d'une stratégie d'intégration

L'intégration est mise en place pour créer une association plus ou moins poussée :

- elle est totale quand toutes les activités sont maîtrisées par la même entreprise. Il y a alors formation d'une filière (une compagnie pétrolière intègre les activités de recherche de pétrole, d'extraction, de raffinage et de distribution) ;
- elle peut se situer en amont : l'intégration vise ici les fournisseurs ;
- elle peut se situer en aval : l'intégration vise alors les commercialisateurs.

13 LES STRATÉGIES DE DOMAINE

Les stratégies de domaine (*business strategies*) portent sur le choix des domaines d'activités stratégiques. Elles sont essentielles car elles déterminent les combinaisons d'armes concurrentielles sur lesquelles l'entreprise va s'appuyer. Elles définissent notamment les avantages concurrentiels à utiliser au sein de chaque domaine d'activité. Ces avantages concurrentiels sont décisifs s'ils sont durables, c'est-à-dire s'ils ne peuvent être copiés ou érodés par l'action des concurrents et si l'évolution de l'environnement économique ne les rend pas obsolètes. Trois stratégies de domaine sont envisageables : la domination par les coûts, la différenciation et la focalisation.

1 La stratégie de domination par les coûts

1. Le choix d'une stratégie de domination par les coûts

La stratégie de domination par les coûts consiste à devenir le fabricant ayant les coûts les plus faibles. L'objectif de l'entreprise est de conquérir le marché par de meilleurs prix tout en étant très rentable.

Cette stratégie conduit souvent à une production ou à une distribution de masse en grande série de façon à atteindre la taille suffisante ou taille critique. Cette dernière permettra, en effet, de générer des économies d'échelle et de bénéficier d'effets d'expérience.

2. Les moyens pour dominer par les coûts

a) La recherche de la taille critique

Pour mener à bien une stratégie de domination par les coûts, l'entreprise doit tenter d'atteindre sa taille critique. Cette dernière constitue la dimension minimale qu'elle doit avoir pour s'introduire, survivre ou se développer sur un marché. On parle aussi de « masse critique » ou de « seuil dimensionnel ». Si la taille critique n'est pas atteinte, l'entreprise n'a pratiquement aucune chance de succès sur ce marché puisqu'elle ne pourra accéder aux technologies ou aux actions commerciales nécessaires pour réussir.

b) La recherche d'économies d'échelle

L'entreprise réalise des économies d'échelle lorsqu'elle parvient à diminuer son coût de production unitaire du fait de l'augmentation de la quantité produite ou distribuée. Ce phénomène s'explique par la répartition des charges fixes sur un nombre d'unités produites ou distribuées plus grand. En diminuant son coût de revient unitaire, l'entreprise améliore sa rentabilité et donc ses chances de succès. Elle sera par conséquent en meilleure position pour se confronter à ses concurrents et les dominer grâce à ses coûts plus faibles.

Les économies d'échelle se font souvent grâce à des synergies obtenues quand la complémentarité ou la coopération entre plusieurs ressources permet une plus grande efficacité. En effet, l'entreprise est plus qu'une juxtaposition de ressources, elle est un ensemble cohérent où les différents potentiels sont interdépendants et doivent se combiner, se compléter.

En mettant en œuvre toutes les synergies possibles, l'entreprise améliore son efficacité, sa rentabilité et sa compétitivité.

c) L'apport de l'effet d'expérience

L'expérience représente les compétences et les connaissances acquises par une pratique prolongée d'une activité donnée. Dans une entreprise, l'effet d'expérience se traduit par le fait que la pratique engendre des mécanismes et des savoir-faire qui permettent de déjouer certains pièges et d'acquérir plus de dextérité. L'effet d'expérience permet d'améliorer la productivité de l'entreprise grâce à une meilleure habileté, une meilleure formation des salariés, des technologies, du matériel et une organisation du travail plus efficients.

3. Les limites de la domination par les coûts

La stratégie de domination par les coûts a ses limites car :

- elle provoque une contre-attaque des concurrents qui chercheront à leur tour à réduire leurs coûts ;
- elle n'est, en général, pas applicable par toutes les entreprises du secteur. En effet, toutes les entreprises n'ont pas l'expérience suffisante ou les ressources nécessaires pour mettre en place des investissements permettant d'accéder à des moyens performants et d'atteindre la taille critique indispensable à la domination par les coûts ;
- de plus, ce n'est pas parce que les coûts sont abaissés que le prix va l'être et que le consommateur peut en profiter. Dans certains cas, l'entreprise peut profiter de la rationalisation de ses coûts pour augmenter ses marges et accroître son bénéfice.

2 La stratégie de différenciation

1. Le choix d'une stratégie de différenciation

a) Qu'est-ce que la stratégie de différenciation ?

La stratégie de différenciation consiste à proposer aux clients des produits et des services ayant des caractéristiques différentes, mieux adaptées aux besoins, que celles qu'offrent les concurrents. Cela peut souvent permettre de demander un supplément de prix.

Cette stratégie permet à une entreprise de faire face à la concurrence en se basant sur les caractéristiques de ses produits. Par exemple, grâce à des innovations techniques ou commerciales, les produits peuvent avoir des caractères distinctifs par rapport à ceux des concurrents. Ils donneront donc une bonne position concurrentielle à l'entreprise, qui sera également moins menacée par les produits de substitution.

b) Les objectifs stratégiques de la différenciation

La différenciation a un effet d'attraction de la clientèle vers le produit ou la gamme de produits de l'entreprise. Elle permet une communication spécifique en fonction du segment de clientèle visé. Par ailleurs, elle limite la concurrence. Dans le meilleur des cas, quand l'entreprise produit et/ou commercialise un produit issu d'une innovation qu'elle a brevetée, elle peut avoir un monopole temporaire sur le marché. Dans les autres cas, la différenciation va rendre les comparaisons directes avec les concurrents plus difficiles et mettre en valeur le produit de l'entreprise.

2. Les différents types de différenciation

Une entreprise peut différencier ses produits par rapport à ceux de la concurrence de différentes manières :
- par la marque (exemples : produits pharmaceutiques, produits de luxe) ;
- par les caractéristiques techniques du produit (exemple : une innovation technique qui confère des performances particulières) ;
- par les services liés au produit (exemples : les garanties, le SAV) ;
- par le conditionnement (exemple : la mise en place d'un packaging plus pratique) ;
- par les actions commerciales (exemple : un mode de distribution ou de communication spécifique aux produits de l'entreprise).

Plusieurs de ces éléments ou la totalité d'entre eux peuvent être utilisés conjointement pour se renforcer mutuellement et dégager des synergies.

3. Les limites de la différenciation

La stratégie de différenciation connaît certaines limites :
- la différenciation doit être suffisamment évidente pour convaincre les clients potentiels d'y adhérer et d'accepter de payer un supplément de prix. Selon les marchés, ce n'est pas toujours possible ;
- une entreprise peut être contrainte d'offrir un produit différencié au même prix que ceux des concurrents dans la mesure où les consommateurs ne sont pas prêts à payer un supplément de prix pour ce type de produit. La différenciation lui permettra alors de garder ses parts de marché, mais pas d'obtenir un supplément de prix.

3 La stratégie de focalisation

1. Le choix de la stratégie de focalisation

La stratégie de focalisation présentée par M. Porter en 1980 consiste à éviter la confrontation directe avec les entreprises déjà présentes sur l'ensemble du marché en se focalisant sur un marché spécifique ou sur une zone géographique étroite.

Cette stratégie peut s'avérer être la moins coûteuse et la moins risquée pour un nouvel entrant sur un marché car elle réduit les coûts d'entrée et les risques de représailles des entreprises déjà présentes. En effet, en montrant des ambitions limitées, le nouvel entrant peut ne pas déclencher de réactions adverses agressives.

EXEMPLE

L'entreprise Benetton a mis en œuvre une stratégie de focalisation pour pénétrer le marché de la restauration rapide grâce à sa filiale Autogrill. Autogrill s'est, au départ, contenté de déployer ses restaurants exclusivement le long des principales autoroutes françaises. Ce marché de petite taille n'intéressait pas les grandes entreprises de la restauration rapide en France.

La stratégie est optimisée par rapport à un segment très particulier.

L'entreprise cherche à avoir un avantage concurrentiel sur ce segment à défaut de pouvoir l'avoir sur l'ensemble du secteur.

2. Les formes de focalisation possibles

a) La focalisation sur un marché

La focalisation peut avoir lieu sur un marché spécifique. Il s'agit alors de s'intéresser à un segment du marché sur lequel la clientèle a des besoins spécifiques que l'entreprise pourra satisfaire mieux que ses concurrents du fait de sa maîtrise des facteurs clés de succès liés.

EXEMPLE

Une entreprise du secteur automobile ayant les compétences nécessaires peut se focaliser sur le segment des véhicules spécialisés pour les personnes à mobilité réduite ou sur celui des véhicules sans permis (comme Microcar).

b) La focalisation géographique

La focalisation géographique consiste à se concentrer sur une localisation géographique très spécifique. En ne s'intéressant qu'à un certain nombre de zones géographiques, une entreprise peut s'implanter sur un marché sans se confronter directement aux grandes entreprises en place. Cela lui permet de se protéger de la concurrence, en proposant une offre très différenciée.

La zone géographique peut être choisie en fonction de critères comme sa qualité esthétique (essentielle pour les activités touristiques, par exemple), les activités qui s'y trouvent (proximité des fournisseurs, réseau de sous-traitants, etc.), la qualité de l'environnement ou la proximité culturelle et linguistique. Le choix peut aussi prendre en compte l'image forte que peut véhiculer la zone géographique d'implantation choisie.

EXEMPLE

Certains lieux sont adaptés au haut de gamme, comme les Champs-Élysées à Paris, d'autres à une certaine catégorie de produits, comme la Provence pour les senteurs florales telles que celles de la lavande.

14 LA CROISSANCE ET L'INTERNATIONALISATION DE L'ENTREPRISE

➔ La croissance est l'accroissement de la taille de l'entreprise. La croissance d'une entreprise peut être organique, externe ou conjointe. Cette augmentation quantitative de la taille s'accompagne, le plus souvent, d'une évolution des caractéristiques de l'entreprise. La croissance peut, par ailleurs, conduire à l'internationalisation de l'entreprise.

1 La croissance organique ou interne

1. Le choix de la croissance organique ou interne

La croissance interne est la création par l'entreprise d'une capacité nouvelle. Elle constitue le mode de croissance d'une entreprise le plus classique.

Lorsque l'entreprise a choisi d'opérer seule sa croissance, elle s'appuie, en général, sur ses métiers traditionnels pour profiter de la demande forte de ses produits, de ses efforts de recherche et développement, de ses capacités financières ou de son potentiel humain.

Ce type de croissance permet de mettre en valeur les ressources et les compétences internes, ce qui peut être motivant pour le personnel. De plus, la croissance interne permet de faire croître l'entreprise sans les problèmes de réorganisation que peut provoquer la fusion d'entreprises ayant des cultures et des modes de fonctionnement différents.

Toutefois, ce type de croissance peut avoir des limites liées :
- à l'accroissement de l'endettement, car il faut que l'entreprise ait en interne les moyens suffisants pour financer les investissements nécessaires à la création d'une nouvelle capacité ;
- aux délais de mise en œuvre, qui sont parfois longs.

2. La réalisation de la croissance interne

Deux modalités de croissance interne existent :
- la fabrication par l'entreprise elle-même d'actifs physiques : par exemple, l'entreprise produit des machines pour assurer sa croissance ;
- l'achat d'actifs physiques : l'entreprise achète des machines ou des usines.

Ce type de croissance demande donc de disposer des ressources financières nécessaires au paiement de ces actifs (autofinancement ou emprunt).

2 La croissance externe

1. Le choix de la croissance externe

La croissance externe se réalise par l'acquisition d'entreprises ou d'actifs existants (matériels, immatériels, financiers). Ce type de croissance a la faveur des entreprises car :
- il est immédiatement opérationnel et permet de saisir les opportunités du marché ;
- il favorise pour l'entreprise l'obtention de la taille critique nécessaire sur un marché ;
- il facilite les opérations de diversification.

Toutefois, ce type de croissance n'est pas sans risques : il peut en effet aggraver l'endettement de l'entreprise, provoquer une dilution du pouvoir du fait de l'arrivée de nouveaux partenaires et poser des problèmes d'intégration des entreprises acquises.

2. Les objectifs stratégiques de la croissance externe

La croissance externe peut permettre de consolider sa position concurrentielle en contrant l'offensive de concurrents ou en les éliminant afin d'acquérir rapidement des parts de marché supplémentaires. Elle peut aussi rendre possible le contrôle des quantités de produits offertes sur un marché.

Elle permet également à l'entreprise de se diversifier en ayant plus facilement accès à un marché extérieur ou en changeant de métier grâce à la conquête de techniques nouvelles et de nouvelles compétences apportées par les entreprises acquises.

La croissance externe peut également être synonyme de création de valeur pour l'entreprise qui profite d'effets de synergie *via* la rationalisation de ses efforts de recherche ou grâce à une meilleure utilisation de son outil de production. Par ailleurs, ce type de croissance peut assurer un meilleur contrôle de la régularité des approvisionnements (intégration amont) et des débouchés (intégration aval). Enfin, elle peut permettre à l'entreprise de placer ses capitaux dans d'autres entreprises de manière rentable.

3 La croissance conjointe

On peut parler de croissance conjointe quand deux ou plusieurs entreprises qui souhaitent mener à bien un projet ou une action mettent en commun leurs moyens et compétences plutôt que d'être en concurrence. L'objectif principal de la croissance conjointe est donc, avant tout, la recherche de complémentarités.

Pour mener à bien ce type de croissance, une entreprise peut mettre en œuvre des partenariats avec d'autres entreprises.

Il peut s'agir de négocier un contrat de sous-traitance ou de franchise, de concession, de créer un groupement d'intérêt économique (GIE), une joint-venture ou une filiale commune.

4 L'internationalisation de l'entreprise

L'internationalisation est souvent l'aboutissement des décisions stratégiques et de la croissance de l'entreprise.

1. Le choix de l'internationalisation de l'entreprise

a) L'internationalisation dans le cadre d'une stratégie globale (*corporate strategy*)

L'internationalisation peut faire partie de la stratégie globale mise en œuvre par l'entreprise :
- une stratégie de spécialisation peut débuter sur le marché local puis se poursuivre à l'international.

Quant à la diversification, elle peut concerner le choix de nouvelles zones géographiques et conduire à internationaliser l'activité ;
- la stratégie d'intégration choisie par l'entreprise peut concerner des fournisseurs ou des distributeurs étrangers. Quant à l'externalisation, elle est souvent menée dans des pays étrangers où les ressources sont plus facilement accessibles et moins coûteuses.

b) L'internationalisation dans le cadre d'une stratégie de domaine (*business strategy*)

L'internationalisation peut être l'aboutissement des trois types de stratégie de domaine possibles :
- une stratégie de domination par les coûts peut conduire à l'internationalisation vers des pays à bas coût ;
- une stratégie de différenciation des produits (promotions, caractéristiques du produit, distribution, qualité, services, etc.) peut conduire à l'internationalisation pour élargir le marché domestique ;
- enfin, un marché étranger peut être la cible choisie par l'entreprise dans le cadre d'une stratégie de focalisation.

c) Pour réaliser la croissance de l'entreprise

L'internationalisation est le plus souvent l'aboutissement de la stratégie de croissance de l'entreprise. Elle permet, en effet, de développer le marché, d'élargir les débouchés pour les produits et donc d'augmenter les parts de marché potentielles.

2. Les raisons de l'internationalisation

a) La baisse des coûts

L'internationalisation est souvent mise en œuvre par une entreprise pour faire baisser ses coûts. Il s'agit notamment de profiter des avantages en termes de coûts des matières premières et des ressources humaines offerts par certains pays.

b) La conquête de nouveaux marchés

L'internationalisation est synonyme de nouveaux débouchés pour l'entreprise.

Quand, par exemple, l'entreprise se trouve sur un marché en phase de maturité ou de déclin, l'internationalisation permet de relancer les ventes sur des marchés étrangers encore peu exploités.

De même, lors du développement d'un produit innovant, elle permet d'élargir le marché de l'entreprise en s'adressant à des pays à forte croissance.

c) La défense d'une position concurrentielle sur un marché mondial

La mondialisation de l'économie conduit les entreprises qui veulent rester compétitives à l'internationalisation. En effet, délaisser des marchés émergents comme la Chine et l'Inde peut conduire une entreprise à perdre sa place de leader dans la course concurrentielle.

3. Les avantages et les inconvénients de l'internationalisation

L'internationalisation présente de multiples avantages en termes de coûts car elle permet, par exemple, de réaliser des économies d'échelle suite à une production et à une commercialisation en plus grandes quantités ou de trouver des matières premières moins chères.

Elle peut aussi donner la possibilité de prolonger le cycle de vie des produits sur de nouveaux marchés.

Mais ces avantages ne doivent pas faire oublier les risques qu'elle comporte en cas :
- de mauvaise information, qui pourrait nuire à l'intégration de la culture des différents pays ;
- de mauvaise coordination et de mauvaise gestion de la taille de l'entreprise ;
- de mauvaise gestion des risques politiques, sociaux et fiscaux par rapport aux pays concernés.

4. Les étapes de l'internationalisation

L'internationalisation peut être menée par le biais :
- du recours aux exportations, qui est souvent la première étape de la stratégie d'internationalisation. Elle est la moins risquée et permet de se familiariser avec le marché étranger. Toutefois, comme pour tout type d'internationalisation, l'adaptation du marketing mix doit tenir compte des spécificités locales très souvent rencontrées en matière de distribution, de médias et de comportement du consommateur ;
- de partenariats, qui peuvent prendre la forme de joint-ventures, de filiales communes ou de franchises et qui permettent de profiter des ressources, des compétences, de l'image et de la connaissance du pays étranger dont dispose l'entreprise partenaire ;
- d'une implantation d'unités dans le pays étranger : ce choix est souvent la dernière étape de la stratégie d'internationalisation. Il est souvent fait pour profiter des avantages en termes de coûts des matières premières et des ressources humaines offerts par certains pays. Ce type d'internationalisation se traduit souvent par des délocalisations d'activités vers des pays où les ressources et les compétences sont facilement accessibles, beaucoup moins chères et de bonne qualité. Dans ce cadre, la proximité culturelle avec les pays vers lesquels s'internationalise l'entreprise est un facteur clé de succès.

EXEMPLE

C'est la raison pour laquelle certaines entreprises françaises implantent une unité de centre d'appels dans des pays du Maghreb où de jeunes diplômés parfaitement formés et parlant correctement le français vont traiter les demandes des clients pour des salaires beaucoup plus bas que ceux pratiqués en France.

15 LA STRUCTURE DE L'ENTREPRISE

➔ Pour mettre en œuvre sa stratégie, l'entreprise doit s'appuyer sur une structure solide et en cohérence avec son environnement. La structure est traditionnellement schématisée dans un organigramme. Mais cette représentation est insuffisante pour illustrer les mécanismes de coordination et de contrôle.

1 La notion de structure

1. Définition

La structure est une combinaison d'éléments et de mécanismes qui visent à répartir, coordonner et contrôler les activités de l'entreprise afin d'atteindre avec efficacité et efficience les objectifs stratégiques.
La structuration organisationnelle est l'action du manager qui permet de développer ou de modifier la structure.

2. L'organigramme

L'organigramme est une représentation schématique de la structure, de ses membres et de leurs fonctions. Il met en évidence les liens hiérarchiques et fonctionnels qui les relient.
Un lien hiérarchique représente un rapport d'autorité entre un subordonné et son supérieur. Un lien fonctionnel indique un rapport lié à l'exécution de certaines tâches qui met deux membres de l'entreprise en relation.

2 Les caractéristiques de la structure

1. La division du travail

À partir du moment où dans une entreprise, les tâches se répètent et nécessitent plusieurs personnes, la division du travail s'impose. On distingue :
- la division verticale qui détermine le nombre de lignes hiérarchiques. C'est la hauteur de l'organigramme ;
- la division horizontale qui détermine le nombre de fonctions ou de services. C'est la largeur de l'organigramme.

2. Les mécanismes de coordination

La coordination des activités doit permettre aux composantes de l'entreprise d'agir en cohérence. H. Mintzberg a mis en évidence six formes de coordination.

a) L'ajustement mutuel

Ce mécanisme permet à des salariés de se consulter directement sans passer par un supérieur hiérarchique. Il est dominant dans les entreprises naissantes et de petite taille.

b) La supervision directe

Elle intervient dans une structure hiérarchisée : un supérieur donne des ordres à son ou ses subordonnés et contrôle la réalisation des tâches. Dans cette forme de coordination, l'information est essentiellement descendante.

c) La standardisation

Quand la structure continue de grandir, il faut rationaliser l'organisation, ce qui conduit à standardiser le travail. Quatre formes de coordination par la standardisation existent :
- la standardisation des résultats consiste à définir précisément les performances à réaliser ou les caractéristiques du produit à réaliser ;
- la standardisation des procédés consiste à définir avec précision les tâches à réaliser ainsi que leur succession. Cette forme de coordination permet de formaliser les méthodes de travail ;
- la standardisation des qualifications consiste à s'appuyer sur le savoir-faire, les compétences acquises grâce à des formations ;
- la standardisation des normes consiste à s'appuyer sur un système de valeurs pour organiser le travail. Cette forme de coordination se trouve souvent dans des organisations non marchandes.

3. La décentralisation

La décentralisation est un processus par lequel le pouvoir détenu par le sommet hiérarchique est réparti en différentes unités. Chaque unité fonctionne alors comme un centre de profit autonome.
Le succès de la décentralisation exige la mise en place de procédures de contrôle qui soient vérifiées et respectées. Cette centralisation du contrôle est indispensable pour préserver l'unité de l'entreprise et conserver une communication homogène.

3 Les structures classiques

1. La structure simple

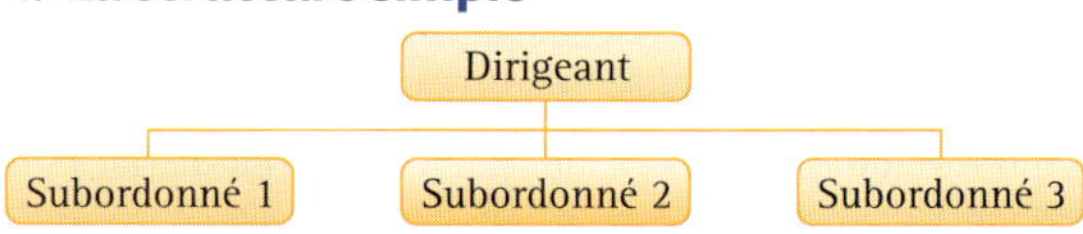

La structure simple correspond à des entreprises de petite taille dans lesquelles le dirigeant s'entoure d'une équipe de salariés motivés et réactifs. Dans cette structure, le salarié n'a qu'un seul supérieur. Cette structure s'avère vite insuffisante quand l'entreprise grandit car le dirigeant ne peut centraliser tous les pouvoirs.

2. La structure fonctionnelle

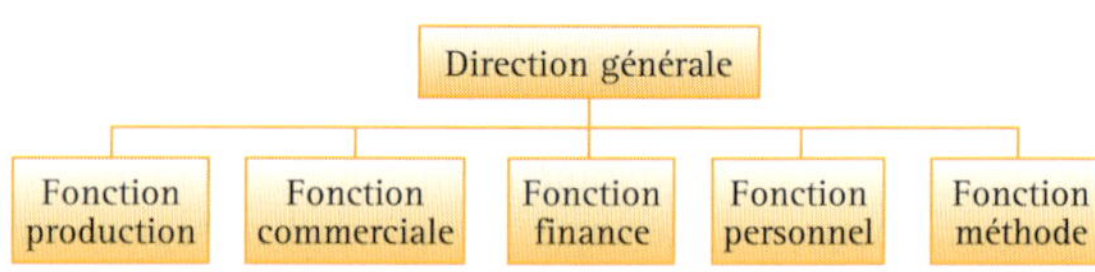

La structure fonctionnelle correspond à des entreprises développant une seule activité. Elle permet une spécialisation de l'entreprise par fonction.

3. La structure divisionnelle

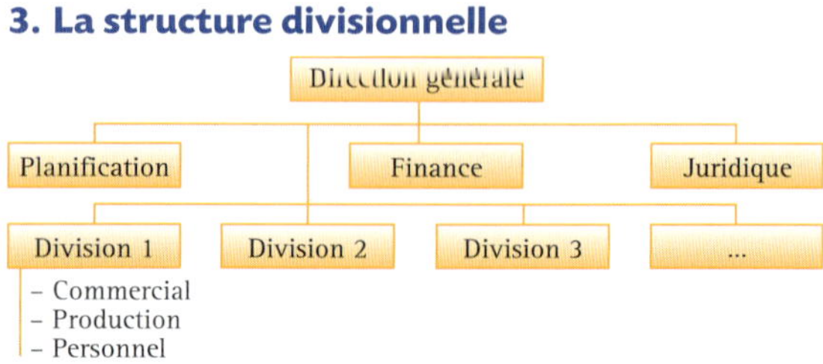

Quand l'entreprise développe plusieurs activités (stratégie de diversification) ou s'étend géographiquement (stratégie d'internationalisation), elle met en place une structure divisionnelle. Les critères de définition des divisions sont le plus souvent l'activité ou la zone géographique. La direction peut s'étoffer de services en charge de fonctions globales (finances, juridique) ou stratégiques (planification).

EXEMPLE

Siemens a réparti ses activités en trois divisions : énergie, santé, transport.

4. La structure matricielle

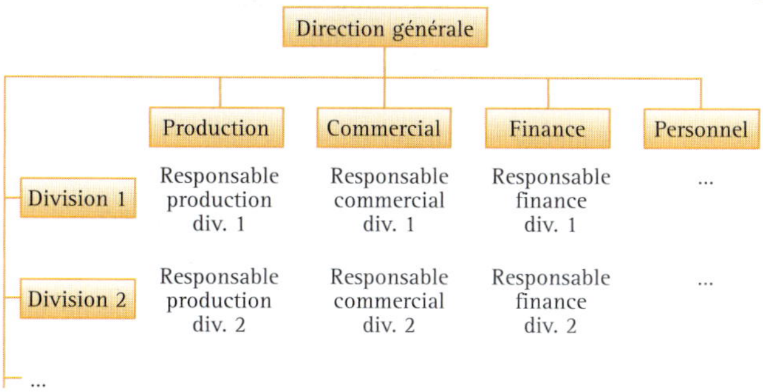

La structure matricielle découpe l'activité selon deux ou trois critères (fonction, géographie, activité, projet). Elle donne à l'entreprise une souplesse de fonctionnement. La structure matricielle fait dépendre un salarié d'au moins deux supérieurs.

4 Les configurations structurelles

H. Mintzberg propose une représentation de la structure d'entreprise comme un assemblage de différents composants. Il appelle ces combinaisons des « configurations structurelles ».

1. Les composants de la configuration structurelle

H. Mintzberg identifie cinq composants de la configuration structurelle :

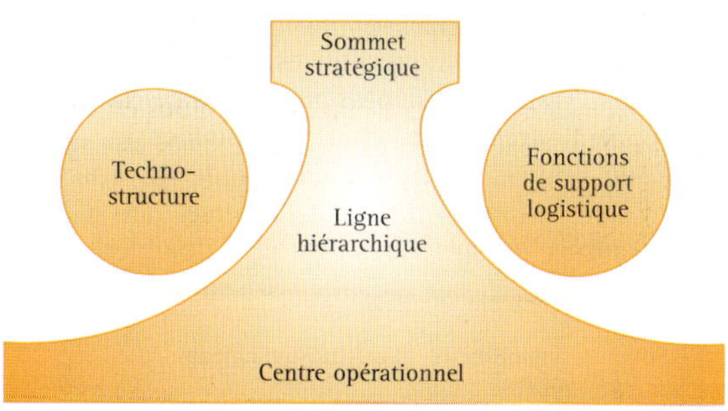

Le sommet stratégique détermine la stratégie, fixe les objectifs et contrôle l'exécution. Il est composé de l'équipe dirigeante.

La ligne hiérarchique relie la direction générale aux agents opérationnels. Elle part des cadres dirigeants pour descendre aux agents de maîtrise.

Le centre opérationnel est composé des ouvriers, des employés qui exécutent le travail de production et de commercialisation.

La technostructure aide l'organisation en standardisant les procédures et en élaborant études, analyses et conseils.

La fonction de support logistique offre les services permettant au centre opérationnel de fonctionner (transport, informatique, courrier).

2. La typologie des configurations structurelles

Afin de prendre en compte différents facteurs qui agissent sur la structure, H. Mintzberg met en évidence cinq configurations structurelles.

a) La configuration simple

Elle convient à la PME dont le patron assume l'ensemble des fonctions à responsabilité. La supervision directe est la forme dominante de coordination.

b) La configuration mécaniste

Elle apparaît quand la rationalisation du travail devient nécessaire (entreprise industrielle). On assiste à une standardisation qui s'opère par les procédés grâce à une technostructure émergente.

c) La configuration professionnelle

On la trouve dans les organisations où l'activité dépend des compétences professionnelles de ses membres (cabinet d'avocats, d'expertise comptable, hôpital, etc.). La standardisation par les qualifications est forte.

d) La configuration divisionnelle

Elle caractérise les entreprises diversifiées. La coordination repose sur la standardisation par les résultats.

e) La configuration adhocratique (ou organisation innovante)

Elle est capable de s'adapter aux contraintes engendrées par la complexité des tâches à effectuer. Ce type de configuration convient aux entreprises dont l'environnement est incertain et instable. L'ajustement mutuel y est prédominant. C'est la configuration de la start-up, de l'entreprise réalisant des productions à l'unité ou de l'entreprise recourant à des technologies de pointe. Les entreprises ayant adopté ce type de configuration ont généralement peu de niveaux hiérarchiques. L'organigramme est plutôt plat. L'autocontrôle est préféré au contrôle. Les cadres, en raison de leur expertise, ont des fonctions de coordination horizontale.

Une structure matricielle est de type adhocratique.

EXEMPLE

Google est une configuration adhocratique. Son organigramme est assez plat. Le niveau de qualification des salariés est très élevé, ce qui leur confère la capacité à évoluer dans un environnement complexe.

16 LES FACTEURS DE CONTINGENCE

➔ La structure d'une entreprise n'est pas déterminée à l'avance, ni définitivement. De nombreux éléments viennent en permanence la modifier : ce sont les facteurs de contingence.

1 L'influence de l'environnement sur la structure

1. Structure mécanique et structure organique

Lorsque la concurrence s'accentue, que les clients deviennent plus exigeants et nécessitent une plus grande réactivité, que la pression des fournisseurs se renforce, l'entreprise doit adapter sa structure pour intégrer ces variables multiples et complexes.

Deux auteurs, T. K. Burns et G. M. Stalker, ont mis en évidence deux types de structures en lien avec l'environnement :

- la structure mécanique repose sur une forte division du travail. La hiérarchie est très présente. La communication s'appuie sur un ensemble de règles précises et respectées. Les décisions sont centralisées. Ce type de structure convient à un environnement stable et certain ;
- la structure organique repose sur une organisation flexible et redéfinie en permanence. La direction s'efface devant la réalisation des projets. La communication est peu formalisée et horizontale. Les décisions sont fortement décentralisées. Les entreprises ayant une telle structure sont très réactives et savent s'adapter à un environnement complexe.

2. Intégration et différenciation

P. R. Lawrence et J. W. Lorsch ont prolongé cette analyse en montrant que dans un environnement stable, les entreprises optent pour l'intégration de leur structure, c'est-à-dire qu'elles centralisent les décisions sur le sommet stratégique.

Inversement, quand l'incertitude augmente, les entreprises ont tendance à différencier leur structure. Elles découpent alors la structure en entités autonomes afin de rendre chaque élément plus apte à affronter les changements.

2 L'influence de la stratégie sur la structure

Ce sont les travaux d'A. D. Chandler qui ont mis en évidence l'influence de la stratégie sur les structures.

Quand l'entreprise exploite un unique domaine d'activité stratégique (DAS), elle adopte une stratégie de spécialisation. Sa structure est simple ou de type fonctionnel.

En revanche, quand l'entreprise opte pour une stratégie de diversification en exploitant plusieurs DAS, sa structure évolue vers des formes divisionnelles ou matricielles.

3 L'influence du système technique sur la structure

J. Woodward montre que la structure d'une entreprise est conditionnée par le système de production utilisé pour réaliser le produit. Elle distingue trois systèmes :

- le système de production unitaire ou en petite unité (exemple : la construction d'un immeuble par une entreprise de BTP) favorise les structures souples et réactives de type organiques ;
- le système de production en série (exemple : la fabrication d'écrans LCD) est routinier. Il entraîne des structures mécanistes ;
- le système de production en continu (exemple : la coulée continue d'acier) suppose des structures mixtes capables de standardiser fortement le travail tout en restant souples pour réagir rapidement aux imprévus sans mettre en danger la production.

4 Les autres facteurs d'influence

1. La taille

Quand l'entreprise est de petite taille (moins de 500 employés), elle peut fonctionner avec un faible degré de spécialisation et de division du travail. L'ajustement mutuel est la forme de coordination la plus courante. Les procédures de travail sont réduites. Les structures sont simples.

Quand la taille augmente, le dirigeant ne peut plus conserver une structure simple et un lien direct avec ses salariés. Il embauche des responsables par fonction.

Plus la taille augmente, plus les activités se diversifient, s'autonomisent et tendent vers une structure divisionnelle ou matricielle.

2. La culture

Les travaux conduits par G. Hofstede montrent que la culture d'un pays induit des comportements qui, à leur tour, déterminent la structure de l'entreprise. Deux critères sont retenus pour définir quatre structures types :

- le contrôle de l'incertitude : selon les cultures, les entreprises éprouvent un besoin plus ou moins fort de maîtriser leur environnement. Ce besoin est fort dans les pays européens ;
- la distance hiérarchique : le respect de la hiérarchie ou de la tradition est plus marqué dans la culture européenne (respect du chef, vouvoiement).

Ainsi, en France, on trouve davantage de structures pyramidales et fonctionnelles. À l'inverse, dans les pays anglo-saxons, les structures sont plus flexibles.

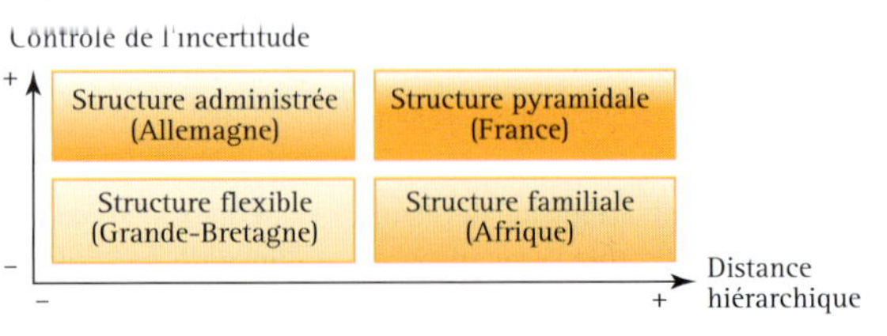

17 LES CONFIGURATIONS FLEXIBLES

➔ Les mutations de l'environnement obligent les entreprises à adapter en permanence leur structure, à tel point que le changement est devenu la norme. Les configurations deviennent flexibles, ce qui déplace les frontières de l'entreprise.

1 Les reconfigurations structurelles

1. Les facteurs de changement structurel

Les raisons qui obligent une entreprise à faire évoluer sa structure peuvent être regroupées en quatre ensembles.

a) L'instabilité des marchés

L'instabilité des marchés oblige l'entreprise à revoir les produits qu'elle offre. Certaines activités disparaissent, d'autres montent en puissance. Des marchés sont saturés, obligeant l'entreprise à diversifier son activité. La structure suit ce mouvement.

b) Les innovations technologiques

Classiquement, les innovations technologiques sont à l'origine de nouveaux produits. Mais elles peuvent également faire émerger de nouveaux circuits de distribution.

EXEMPLE

Le développement de la vente sur Internet oblige les entreprises à revoir leur structure dans la mesure où l'accueil des clients et la fonction logistique prennent une dimension stratégique.

Les innovations peuvent aussi porter sur les processus de fabrication et l'organisation interne.

EXEMPLE

Le développement des systèmes d'information a, d'une part, fait émerger un nouveau service chargé de sa gestion et, d'autre part, modifié la façon de travailler de l'ensemble des services.

c) L'individualisation de la demande

Les demandes des clients évoluent vers davantage d'individualisation. L'entreprise doit s'organiser afin d'écouter le client (veille économique) et répondre plus rapidement que le concurrent à ses attentes.

EXEMPLE

Face à une demande de consommation de proximité, la grande distribution fait évoluer ses implantations vers les surfaces commerciales de taille moyenne au détriment de l'hypermarché.

d) Les exigences des parties prenantes

Les parties prenantes internes (salariés et actionnaires) constituent de véritables contre-pouvoirs que les dirigeants ne peuvent ignorer.

Les parties prenantes externes (clients, associations de consommateurs, groupes de pression, médias et fournisseurs) obligent l'entreprise à être plus réactive (pour répondre aux attentes des clients) et plus flexible.

Face à ces pressions, les entreprises doivent adopter des structures organiques (au sens de T. K. Burns et G. M. Stalker) ou adhocratiques (au sens de H. Mintzberg).

2. La logique de processus

a) Les caractéristiques du processus

La logique de processus est la réponse permettant d'adapter la structure à son environnement. Elle conduit le dirigeant à revoir l'ensemble de son organisation. M. Hammer et J. Champy traduisent cette tendance à travers la notion de reconfiguration (en anglais, *reengineering*).

En recomposant l'entreprise en processus, le dirigeant apporte un supplément de valeur à l'ensemble. Il s'agit en effet de renoncer au cloisonnement fonctionnel pour organiser l'activité en processus qui répondent aux besoins des clients.

Un processus est défini en ces termes par la norme ISO 9000 : « un ensemble d'activités corrélées et interactives qui transforment des éléments d'entrées (*input*) en éléments de sorties (*output*) ».

EXEMPLE

Dans une structure fonctionnelle, la demande d'un client peut passer par cinq services cloisonnés : commercial, gestion du stock et livraison, financement, facturation, après-vente. Dans une logique de processus, le client est en relation avec un seul interlocuteur qui gère l'ensemble de l'opération, depuis le démarchage commercial jusqu'au SAV.

Les configurations organisées en processus ont en commun : une organisation transversale (en processus), un nombre de niveaux hiérarchiques réduit et une coordination renforcée des tâches.

b) L'impact sur la structure

La logique de processus conduit à d'importants changements dans la structure :

- les salariés intégrés dans les processus sont responsabilisés dans la mesure où les postes sont interdépendants. La rémunération est conditionnée aux performances ;
- la réponse aux attentes des clients est plus efficace car les informations sont plus accessibles et leur traitement est plus rapide ;
- la culture d'entreprise évolue car une grande capacité d'adaptation de l'ensemble des salariés est nécessaire.

3. La configuration en projet

a) La définition du projet

La configuration en projet est une variante de la structure en processus. Le projet est un processus réalisé de façon unique.

EXEMPLE

Un chantier naval construit un paquebot de croisière. Il s'agit d'un projet : le produit réalisé est unique. Ce projet va mobiliser une multitude d'équipes au service de la satisfaction du client.

b) Le fonctionnement d'une structure en projet

Le projet peut être intégré dans les fonctions existantes mais pour être vraiment performant, il doit être sorti de la structure afin de donner aux équipes une réelle autonomie.

17 LES CONFIGURATIONS FLEXIBLES (suite)

Pour qu'une structure en projet fonctionne, il faut que les conditions suivantes soient remplies :
- l'opération doit avoir un caractère exceptionnel ;
- l'opération nécessite la coopération des opérateurs fonctionnels (acteurs métier) ;
- le mode projet réduit les coûts et les risques ;
- des délais stricts sont respectés à chaque étape du projet. C'est en particulier le cas lors de la réalisation de travaux publics dans le cadre de marchés publics. Les conventions passées prévoient des échéances précises et des pénalités en cas de retards.

2 Les nouvelles frontières de l'entreprise

1. Les enjeux de la redéfinition des frontières

Les incertitudes de l'environnement et la recherche de l'efficacité obligent les entreprises à retravailler en permanence sur leur chaîne de valeur. Elles doivent alors s'interroger sur leur cœur de métier et son éventuel déplacement. Elles peuvent être conduites à externaliser les activités non stratégiques en nouant des partenariats.

2. La mise en œuvre

Pour mettre en œuvre ces nouvelles configurations, deux voies principales sont envisagées : la réduction de l'intégration verticale et la réduction de la diversification.

a) La réduction de l'intégration verticale

L'entreprise développe la sous-traitance et les partenariats avec les fournisseurs. Elle externalise toutes ses activités non stratégiques (maintenance, paye, marketing, etc.). Les entreprises mettent en œuvre de nombreuses techniques de partenariats : sous-traitance simple, sous-traitance gigogne, création de coentreprise (joint-venture).

EXEMPLE

Danone se recentre sur les produits liés à la santé (produits laitiers, eaux minérales) en abandonnant les emballages et les biscuits. La firme s'implante en Asie en s'associant avec des entreprises locales.

L'externalisation des services devient si forte que l'on parle parfois d'entreprise virtuelle ou modulaire.

EXEMPLES

Si eBay est une société dans le siège social se trouve physiquement à San José aux États-Unis, son activité est virtuelle car réalisée grâce aux milliers d'ordinateurs de ses clients qui effectuent quotidiennement des opérations d'achats et de ventes sur la plate-forme.

L'entreprise Nike est essentiellement centrée sur la distribution d'articles de sport. Toute la production est réalisée par des entreprises indépendantes qui fonctionnent comme des modules autonomes.

b) La réduction de la diversification

La mondialisation intensifie la concurrence. La préservation de la compétitivité oblige de grandes entreprises conglomérales à se « respécialiser » en cédant des activités sans lien avec l'activité stratégique.

c) L'intégration des TIC

La réussite de ces entreprises repose sur des systèmes d'information performants qui accélèrent la circulation de l'information entre les salariés et qui renforcent les liens entre l'entreprise et ses partenaires.
Cette intégration croissante des technologies de l'information et de la communication contribue à alléger les structures et à rendre les frontières de l'entreprise de plus en plus floues.

3. L'entreprise réseau

a) Les caractéristiques

L'entreprise réseau rassemble plusieurs entreprises ou entités interdépendantes ayant chacune une compétence spécifique et qui vont intervenir de façon unique ou récurrente sur un processus global.

EXEMPLES

Les structures suivantes s'apparentent à des entreprises en réseau :
- l'entreprise étendue comme Airbus dans laquelle les sous-traitants sont directement associés à la conception et à la fabrication ;
- l'entreprise modulaire comme Whirlpool ou Nike ;
- l'entreprise virtuelle comme eBay.

Cette représentation est en rupture avec le schéma classique de l'entreprise intégrée dans laquelle l'ensemble des étapes, depuis la conception du produit jusqu'à sa distribution, est assuré par la même entité.

b) Le fonctionnement

Le réseau est constitué de multiples membres : les fournisseurs, les transporteurs, les distributeurs, les financeurs mais aussi d'anciens salariés qui réalisent des missions spécifiques (*outsourcing*) ou les collectivités locales. Les clients sont également intégrés au réseau.
Tous ces membres partagent leurs informations afin de réaliser un projet commun. Mais ils ne sont pas dépendants d'un seul partenaire. Ils conservent la liberté de réaliser d'autres transactions avec d'autres entreprises ou d'autres réseaux.

EXEMPLE

La construction d'un Airbus repose sur un réseau d'entreprises qui travaillent en étroite collaboration :
- les sous-traitants qui fabriquent les différentes pièces de l'avion ;
- les transporteurs qui convoient les pièces ;
- les ateliers qui assurent l'assemblage des composants ;
- le client qui est intégré pour finaliser les aménagements intérieurs spécifiques.

18 LE CHANGEMENT STRUCTUREL

Face aux évolutions de l'environnement et aux réorientations stratégiques, les dirigeants d'entreprise doivent conduire le changement efficacement. Ils doivent identifier les résistances de la part des salariés qui y sont confrontés et les dépasser.

1 La notion de changement structurel

1. Définition

Le changement structurel est un processus par lequel la structure d'une entreprise dans sa globalité ou dans quelques caractères est modifiée pour atteindre un niveau de performance meilleur. Dans le contexte économique actuel, les changements de stratégies étant plus fréquents, ils entraînent les changements structurels.

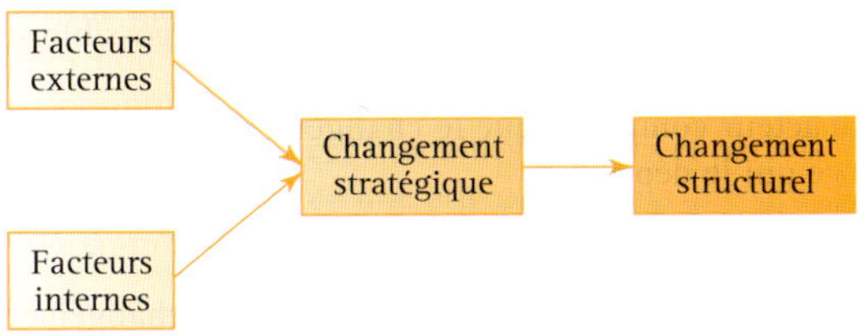

2. Les caractéristiques du changement structurel

Plusieurs critères peuvent être retenus pour caractériser un changement structurel.

a) Le rythme du changement

Le rythme du changement permet de distinguer le changement rapide, souvent décidé dans une situation de crise, et le changement progressif.

b) La volonté de changement

Le degré de volonté de changement oppose le changement voulu par les dirigeants et le changement subi.

c) L'ampleur du changement

L'ampleur du changement sépare le changement majeur, concernant l'ensemble de l'organisation, et le changement mineur, portant sur quelques activités.

EXEMPLE

La Banque populaire et la Caisse d'épargne vont fusionner leurs deux structures. Ce changement stratégique est provoqué par la crise financière et les problèmes de leur filiale commune, Natexis. Cette opération entraîne la formation d'une nouvelle équipe dirigeante et à terme un rapprochement des réseaux. Ce changement structurel est rapide, subi et majeur.

3. La conduite du changement

Pour réussir, le changement doit passer par trois phases principales selon Kurt Lewin.

a) La phase de dégel

Le dégel est la phase de prise de conscience au cours de laquelle les dirigeants réalisent la nécessité du changement.

b) La phase de mouvement

Le mouvement est la phase de réalisation du changement structurel. Il convient de faire accepter le changement aux différents acteurs et de limiter les résistances qui peuvent apparaître.

c) La phase d'enracinement

L'enracinement est la phase d'intégration du changement par les acteurs qui doivent retrouver un nouveau mode de fonctionnement dans des structures nouvelles.

2 Les phases de croissance et les crises des structures

Quand les entreprises grandissent, elles passent par des phases successives de croissance et de crises. À chaque phase correspond un changement structurel. Ces étapes ont été décrites par L. E. Greiner.

1. La phase entrepreneuriale

L'entreprise qui démarre est centrée sur la production et la commercialisation. L'organisation du travail est faible et essentiellement centrée sur le dirigeant. La coordination repose sur l'ajustement mutuel. La structure est simple.

Progressivement, le manque de méthodes et d'organisation engendre les premières tensions : c'est la crise de *leadership*.

2. La phase collective

La mise en place de procédures plus rationnelles donne à l'entreprise davantage d'efficacité. L'organisation du travail reste centralisée et la supervision directe est dominante. Une structure fonctionnelle se développe.

Pourtant, le contrôle trop centralisé et l'absence de délégation font naître un besoin d'autonomie chez les subordonnés. C'est la seconde crise.

3. La phase de décentralisation

Elle apparaît avec l'expansion des marchés de l'entreprise. Le dirigeant a décentralisé les responsabilités. La standardisation par les résultats est la forme dominante de coordination. La structure est fonctionnelle (si l'entreprise est spécialisée) ou divisionnelle (diversification).

Le danger à ce stade est l'excès d'autonomie donnée aux unités décentralisées. Une reprise en main par le sommet stratégique est nécessaire. C'est la crise du contrôle.

EXEMPLE

Le groupe international d'audit Altran était composé d'une multitude de consultants ou de PME qui maîtrisaient la relation avec les clients. Cette autonomie a fait perdre à Altran la relation directe avec le client. Altran a décidé de recentraliser ces différentes unités afin de mieux contrôler son image et son action.

4. La phase de coordination

L'activité est désormais mieux contrôlée. Les services fonctionnels se renforcent tout en contrôlant l'action

19 LA GESTION PRÉVISIONNELLE DES EMPLOIS ET DES COMPÉTENCES (suite)

1. Le diagnostic et l'analyse des écarts

Un diagnostic est nécessaire pour évaluer les besoins et vérifier que les ressources humaines de l'entreprise permettent la mise en œuvre de sa stratégie et la réalisation de ses objectifs. Ce diagnostic doit analyser les besoins en termes quantitatifs (emplois) et qualitatifs (compétences) en fonction de la stratégie adoptée par l'entreprise. Ensuite, l'analyse des écarts entre les ressources humaines de l'entreprise et ses besoins permet d'envisager des actions adaptées.

2. Les actions quantitatives

Les actions quantitatives de gestion des ressources humaines permettent d'anticiper les besoins en ressources humaines de façon que l'entreprise ait l'effectif nécessaire au bon moment et au bon endroit.

a) Le recrutement

Les actions de recrutement consistent à augmenter l'effectif, mais également à rechercher de nouvelles compétences, en recourant à du personnel déjà dans l'entreprise (recrutement interne) ou par l'embauche d'un personnel extérieur (recrutement externe).

EXEMPLE

Le Train pour l'emploi et l'égalité des chances de La Poste s'arrête dans les gares pour informer et recevoir en entretien des candidats de tous horizons et de tous niveaux. L'entreprise a reçu en 2009 le label Top Employeurs qui distingue les entreprises qui ont su développer les talents au sein de leur organisation.

b) La réduction d'effectif

La réduction d'effectif consiste à diminuer la quantité du personnel de l'entreprise par des licenciements, des départs à la retraite, des départs volontaires. Elle permet de faire face à l'évolution d'un secteur, d'un métier ou de la stratégie.

La GPEC consiste aussi à accompagner toute politique de réduction d'effectif de procédures favorisant le dialogue et la justice sociale.

EXEMPLE

La stratégie de Total l'amène à réduire ses effectifs de plus de 555 postes de façon prévisionnelle en 2009 dans les secteurs du raffinage et de la pétrochimie. Un accord de GPEC devrait permettre d'éviter des effets néfastes sur le climat social alors que l'entreprise a réalisé des bénéfices de près de 14 milliards d'euros en 2008.

c) L'impartition

L'impartition consiste à «faire faire» à l'extérieur, à externaliser des activités de l'entreprise, par exemple sous la forme de la sous-traitance.

L'accord de GPEC doit prévoir les conditions de sa mise en œuvre, mais aussi l'accompagnement nécessaire pour limiter ses effets néfastes sur le climat social de l'entreprise.

EXEMPLE

L'externalisation des services informatiques s'explique par la recherche d'un personnel externe spécialisé, flexible, à un coût avantageux.

3. Les actions qualitatives

Les dispositifs de GPEC doivent inscrire le développement des compétences des salariés au cœur de leurs actions car le manque de compétence est un handicap source de démotivation, pour les salariés qui sont dépassés par les évolutions de leur métier.

a) La formation

La formation est l'outil majeur de développement de compétences nouvelles. L'entreprise est légalement obligée d'affecter au moins 1,6 % de sa masse salariale aux dépenses de formation. Dans le cadre du DIF (droit individuel à la formation), chaque salarié a droit à 20 heures de formation par an.

Pour développer des compétences clés et obtenir un avantage concurrentiel, l'entreprise doit aller au-delà des obligations légales et mettre en place une politique d'investissement en formation.

EXEMPLE

Le groupe Evialis, spécialiste de la nutrition-santé animale, a signé un accord de GPEC, dénommé «Cap compétences», qui vise à développer le capital humain, en particulier par le renforcement des actions de formation.

b) La mobilité

La mobilité est un changement de situation du personnel. Il peut s'agir de mobilité géographique (changement de lieu de travail), de mobilité professionnelle (changement de métier), ou de mobilité sectorielle (changement de secteur d'activité). Alliée à la formation, elle permet aux salariés d'acquérir des expériences sources de nouvelles compétences.

La GPEC favorise la mobilité de façon à mettre en valeur les compétences présentes dans l'entreprise et à mieux les répartir.

EXEMPLE

L'accord de GPEC de Carrefour prévoit que les salariés en parcours de mobilité bénéficieront d'un accompagnement individualisé avec des programmes de formation, d'intégration dans la nouvelle fonction et des mesures d'accompagnement à la mobilité géographique.

c) Le partage des savoirs

Les compétences détenues par chaque salarié contribuent à forger les compétences collectives, le savoir-faire de l'entreprise, à condition qu'elles soient répertoriées et que leur transfert des salariés les plus expérimentés vers les moins expérimentés soit favorisé.

L'accord de GPEC définit les modalités de transfert des compétences, particulièrement entre les générations. La mixité des équipes contribue au développement des compétences de tous les salariés.

EXEMPLE

L'accord de GPEC de Schneider Electric privilégie des modalités de travail permettant le transfert des compétences entre les générations, notamment à travers les contrats d'apprentissage et le tutorat.

20 LA FLEXIBILITÉ DES RESSOURCES HUMAINES

➔ La flexibilité permet de s'adapter au contexte socio-économique et aux aléas de l'activité. Ses sources sont internes et externes à l'entreprise.

1 Les enjeux de la flexibilité

1. S'adapter au contexte socio-économique

Dans un contexte instable, l'entreprise doit anticiper et adapter ses ressources aux évolutions du microenvironnement comme du macroenvironnement. Celles-ci peuvent être rapides et radicales et seules les entreprises flexibles peuvent s'y adapter rapidement et efficacement.

EXEMPLES

Au niveau du microenvironnement, le contexte de crise économique soumet les entreprises à une concurrence très vive qui peut conduire à rechercher des contrats de travail plus flexibles.
Au niveau du macro-environnement, la baisse du pouvoir d'achat amplifie les creux d'activité imposant plus de souplesse du temps de travail.

2. Faire face aux aléas de l'activité

La flexibilité permet d'adapter les effectifs en fonction de l'intensité de l'activité. L'entreprise peut être soumise à des pics d'activité de façon plus ou moins régulière. Le recours à des horaires et à des contrats flexibles, à un personnel polyvalent lui permet de répondre plus facilement à ces variations.
La flexibilisation de l'activité améliore donc la compétitivité de l'entreprise.

2 Les limites de la flexibilité

La flexibilité comporte aussi des limites (conditions de travail stressantes et anxiogènes, charge de travail excessive) qui nuisent à la santé, la motivation, l'épanouissement et l'implication des salariés.
Le risque pour l'entreprise est d'avoir un personnel moins stable, des conflits sociaux et une détérioration du climat social conduisant à la baisse des performances des ressources humaines et donc de l'entreprise dans son ensemble. L'accord de GPEC peut constituer un «garde-fou» pour la flexibilité.

3 Les sources de flexibilité

1. Les sources externes de flexibilité

La flexibilité peut être recherchée dans le recours à des partenaires extérieurs, comme dans le cas de la sous-traitance.
La sous-traitance de capacité permet d'augmenter les quantités produites en cas de pic d'activité. Quant à la sous-traitance de spécialité, elle permet de bénéficier des compétences spécifiques du sous-traitant.

EXEMPLE

Les constructeurs automobiles reportent l'effet de leur baisse d'activité en période de crise sur leurs sous-traitants qui, comme Valéo, sont contraints de mettre au chômage technique leurs salariés.

2. Les sources internes de flexibilité

a) Le temps de travail

Le temps de travail peut être flexibilisé par le recours aux heures supplémentaires ou à l'annualisation du temps de travail. La GPEC prévoit les modalités de flexibilisation du temps de travail en veillant à ce qu'elle ne nuise pas à la santé et à la motivation des salariés.

b) Les rémunérations

L'individualisation est un mode de rémunération flexible permettant de moduler le salaire en fonction de la performance, du mérite, de l'implication, de l'expérience et des résultats de chacun. Elle permet d'associer le salarié, de le motiver et de le pousser à travailler davantage.
Les accords de GPEC prévoient les conditions de la flexibilisation des rémunérations, tout en garantissant aux salariés un mode de rétribution juste et équitable.

EXEMPLE

L'accord salarial 2008 des Autoroutes du sud de la France (ASF) comprend un volet sur l'individualisation d'une partie des rémunérations des salariés. Lors de la négociation, l'objectif était de clarifier les critères d'attribution des augmentations individuelles.

c) Les contrats de travail

Le recours aux contrats de travail précaires, comme le contrat à durée déterminée (CDD) et l'intérim, constitue une source de flexibilité. La GPEC doit contribuer à éviter les dérives qui sont source de démotivation pour le personnel.

EXEMPLE

En période de crise, les TPE (très petites entreprises, employant moins de 10 salariés) recourent deux fois plus aux contrats précaires que les entreprises de plus de 10 salariés. 41,5 % des salariés employés par une TPE travaillent en CDD, à temps partiel ou en contrat aidé.

d) La polyvalence

La polyvalence est la capacité du personnel à occuper plusieurs postes. Source interne de flexibilité qualitative, elle rend l'organisation du travail plus souple. Lorsque plusieurs personnes peuvent occuper différents postes, il est possible de réorganiser facilement les équipes en fonction des fluctuations des commandes, des congés ou des absences du personnel. La formation, incluse dans l'accord de GPEC, permet de développer la polyvalence.

EXEMPLE

Dans l'industrie automobile, le travail à la chaîne faisant appel à des ouvriers spécialisés est de plus en plus souvent accompagné d'îlots de fabrication confiés à des équipes de travailleurs polyvalents.

21 LA MOTIVATION ET L'IMPLICATION DES SALARIÉS

La motivation est un mécanisme complexe qui doit permettre l'implication du salarié, au service de la performance de l'entreprise. Elle repose sur des facteurs individuels mais aussi collectifs, au premier rang desquels se trouve la culture de l'entreprise.

1 La motivation au travail

1. Définition et enjeux de la motivation

La motivation est un ensemble d'actions intériorisées qui vont déterminer un comportement et inciter la personne à agir. Elle est propre à chaque individu.

La motivation est déterminée par des facteurs personnels (besoin d'argent, recherche de reconnaissance) ou collectifs (culture de l'entreprise, climat social, environnement socio-économique, etc.).

La compréhension des facteurs de motivation est essentielle pour les dirigeants car elle détermine la performance de l'entreprise. Un salarié motivé va tout mettre en œuvre pour atteindre un objectif (efficacité) et améliorer sa productivité (efficience). Il contribue ainsi au succès de son entreprise.

2. Les approches théoriques de la motivation

a) La hiérarchie des besoins

Un individu va d'abord être motivé par le désir de satisfaire des besoins personnels. A. Maslow a hiérarchisé ces besoins :

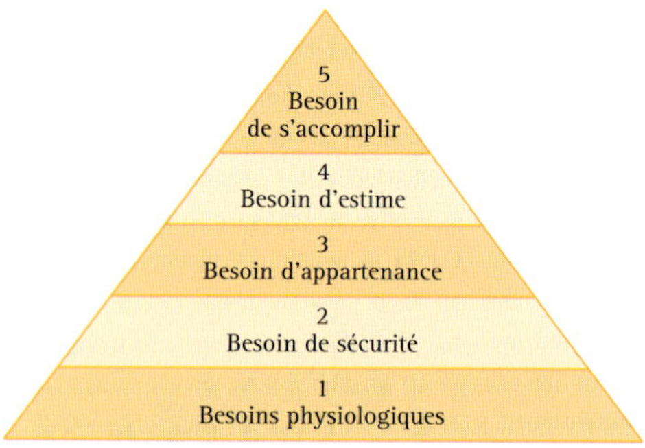

L'aspiration à satisfaire le besoin de rang 2 n'est envisageable que si le besoin de rang 1 est satisfait. Dans cette logique, le manager qui souhaite renforcer le sentiment d'appartenance des salariés à l'entreprise doit d'abord s'assurer que leurs besoins physiologiques et de sécurité sont satisfaits.

b) L'analyse bifactorielle

F. I. Herzberg a également étudié les facteurs qui agissent sur la motivation. Il distingue deux ensembles de facteurs :

– les facteurs extérieurs ou facteurs d'hygiène : leur présence engendre un mécontentement qui empêche la motivation ;

EXEMPLES

De mauvaises conditions de travail, un mauvais climat social, des rapports avec les supérieurs trop tendus, un niveau de salaire trop bas.

– les facteurs valorisants génèrent la satisfaction du salarié et contribuent à sa motivation.

EXEMPLES

La reconnaissance du travail réalisé, la responsabilisation du salarié, les perspectives d'avancement.

c) La théorie des attentes

V. Vroom montre que la motivation résulte de la combinaison de trois facteurs :

attente × instrumentalité × valence.

L'attente répond à la question « suis-je capable de faire le travail que l'on attend de moi ? ».

L'instrumentalité répond à la question « ce travail sera-t-il récompensé ? ».

La valence répond à la question « la récompense est-elle à la hauteur de l'effort que j'ai accompli ? ».

Un salarié motivé répond positivement à ces trois questions. Si une des réponses est nulle, cela signifie qu'il est démotivé.

EXEMPLES

Si on confie à un salarié un travail qu'il ne sait pas faire (attente = 0), il sera démotivé.

Si on propose à un salarié de compenser ses heures supplémentaires par des jours de récupération alors qu'il attend davantage de salaire (valence = 0), il ne sera pas motivé.

d) La théorie de l'équité

Dans la continuité des travaux de V. Vroom, J. S. Adams explique qu'un individu détermine un ratio entre ce qu'il retire de son travail (le salaire) et l'effort qu'il fournit pour obtenir ce résultat. Si son score est égal à celui des membres de son groupe, il sera motivé car il aura le sentiment d'une rétribution équitable. Si les scores sont inégaux, il sera démotivé car il aura le sentiment de ne pas être payé pour le travail accompli ou il n'aura plus la même perception du travail effectué.

3. Les instruments au service de la motivation

Ils peuvent être liés à la personne mais aussi à la relation entre le salarié et le groupe auquel il appartient.

a) Les instruments financiers

Dans la logique des travaux de F. W. Taylor, on trouve la rémunération. Si la détermination du salaire repose le plus souvent sur des grilles de rémunération négociées, il peut exister une part variable. Cette part est déterminée par les performances (salaire au rendement) mais elle comprend aussi des éléments périphériques directs (prime de rendement, prime liée à la performance individuelle) ou indirects (intéressement, participation).

b) Les instruments portant sur l'environnement de travail

Il existe aussi des facteurs de motivation qui vont améliorer l'environnement de travail et montrer au salarié l'intérêt qu'on lui porte. On trouve parmi ces instruments : la gestion des compétences (formation, perspectives de carrière) et l'aménagement du travail (polyvalence, enrichissement des tâches).

c) Les instruments collectifs de motivation

Ils sont liés au climat social : qualité des relations de travail entre pairs et entre supérieurs et subordonnés. Ils dépendent également de la communication interne de l'entreprise et de sa culture. Les valeurs qu'elle promeut peuvent être source de motivation pour les salariés.

2 La culture d'entreprise

C'est un élément déterminant pour créer une motivation collective au sein de l'entreprise.

1. Définition et enjeux de la culture d'entreprise

a) Définition

La culture d'entreprise peut se définir comme un ensemble cohérent d'attitudes communes à toutes les parties prenantes internes. Ces attitudes sont en partie déterminées par une histoire.

Elle repose sur des valeurs partagées. Elle permet de fédérer les personnes autour des objectifs communs.

La culture se construit progressivement. C'est un processus dynamique d'apprentissage.

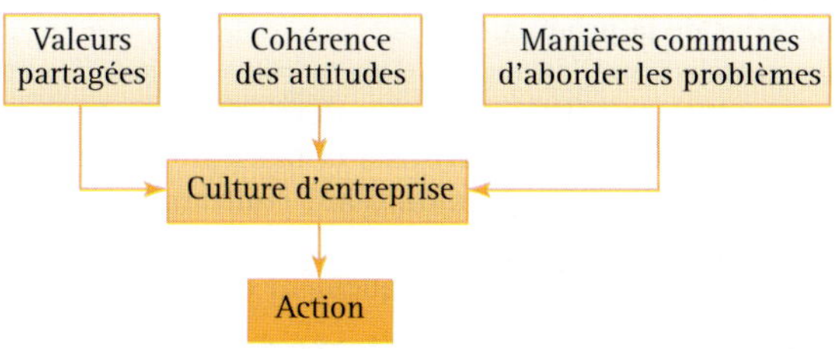

b) Les enjeux de la culture d'entreprise

La culture d'entreprise apparaît comme un moyen de « faire vivre ensemble » une communauté de personnes. Les intérêts de ces parties prenantes peuvent être divergents. Des conflits naissent parfois de ces divergences. La culture d'entreprise, en s'appuyant sur des valeurs fortes, sur des traditions et des règles, doit contribuer à réguler ces conflits et à apaiser les divergences.

C'est le sens des travaux de J. March et R. Cyert. Ces auteurs ont montré que les individus ayant des intérêts différents se coalisent pour les défendre. Les objectifs de l'organisation résultent de la capacité à négocier entre ces coalitions d'individus et à trouver un compromis satisfaisant pour tous. Une culture forte contribue à la réconciliation.

c) Les signes culturels

La culture d'entreprise est visible à travers différents signes :

- les mythes : histoires et anecdotes qui circulent dans l'entreprise ;
- les héros : ce sont les fondateurs, les dirigeants ou les salariés qui servent de référence parce qu'ils ont sauvé ou développé l'entreprise ;
- les tabous : ce sont des situations, des événements qu'il ne faut jamais évoquer dans l'entreprise ;
- les symboles : ce sont des signes chargés d'informations culturelles. Ce sont des éléments de communication interne et externe ;
- les rites : ce sont des actes et comportements répétitifs destinés aux membres de l'entreprise. Ils servent à fixer la culture de l'entreprise et à développer le sentiment d'appartenance.

2. Les déterminants de la culture d'entreprise

Une véritable culture d'entreprise n'est pas spontanée. Elle se construit dans le temps et s'appuie sur une multitude de variables.

a) Les variables externes

La culture d'entreprise est imprégnée de la culture nationale, c'est-à-dire de l'ensemble des valeurs et des croyances autour desquelles se retrouve la grande majorité de la population d'un pays. Ce sont ces valeurs qui forment l'identité individuelle (relation avec soi-même) et l'identité collective.

EXEMPLE

La culture française est traversée par deux tendances paradoxales :
- la recherche d'un grand formalisme : centralisation des décisions, règles, recours au droit ;
- la recherche du désordre sous-tendu dans la notion de débrouillardise.

La seconde variable externe est la culture du métier. Chaque profession possède des valeurs, des savoirs, des règles propres. Ces cultures professionnelles sont un facteur d'identité fort.

b) Les variables internes

On peut mettre en évidence trois grandes familles :

- l'histoire de l'entreprise permet de dégager des tendances ou des valeurs profondes de l'entreprise. Elle prend appui sur les hommes marquants de l'entreprise, ses structures, les grandes dates et les relations de l'entreprise avec l'environnement ;
- le système de valeurs de l'entreprise correspond à un mode de pensée, à un ensemble de croyances qui guide le personnel de l'entreprise ;
- les dirigeants marquent l'évolution de l'entreprise par leur action.

3. Les limites de la culture d'entreprise

L'évolution de la situation économique peut remettre en cause l'efficacité de la culture d'entreprise comme instrument d'implication des salariés.

La montée de la précarité interroge sur le sentiment d'appartenance et l'implication de salariés qui savent dès leur embauche qu'ils ne resteront pas dans l'entreprise.

Des opérations de fusion d'entreprises ont été mises en difficulté en raison de l'incompatibilité des cultures d'entreprises (exemple : Alcan et Péchiney dans l'aluminium). Les résistances au changement sont si importantes qu'il devient impossible de construire un système de valeurs communes.

22 L'ORGANISATION DE LA PRODUCTION

Les choix stratégiques visent à créer de la valeur et nécessitent une organisation efficace de la production. C'est le rôle du système de production mis en place par l'entreprise.

1 Le système de production

1. Définition

Le système de production est un ensemble d'éléments matériels (équipement, matières), immatériels (brevets) et humains relié par des flux (physiques ou d'informations) permettant la conception et la fabrication de produits (biens ou services) répondant aux attentes des clients.

2. L'articulation avec les autres composants

Le système de production est en relation avec les autres composants de l'entreprise :
- le système d'approvisionnement pour disposer «juste à temps» des matières nécessaires pour réaliser la production ;
- le système de gestion des ressources humaines pour disposer de salariés en nombre suffisant et ayant les compétences requises ;
- le système commercial pour concevoir et mettre en fabrication les produits répondant aux attentes des clients.

3. Les modes d'organisation de la production

Plusieurs critères permettent de caractériser l'organisation de la production :
- le processus technique distingue l'organisation de la production en continu, c'est-à-dire que le processus ne peut être interrompu sans détruire le produit (exemple : haut-fourneau fabriquant de l'acier), ou en discontinu ;
- la quantité produite permet de séparer la production à l'unité (exemple : un immeuble), en petite série (exemple : des Airbus A380) ou en grande série (exemple : des automobiles) ;
- la contrainte exercée par le client et la politique de gestion des stocks ont également une incidence sur l'organisation de la production. On oppose la production en flux tendus (la commande du client déclenche la production et les stocks sont minimaux) et la production en flux poussés (la production est stockée puis vendue).

2 Les relations entre stratégie et production

1. Les objectifs d'une organisation efficace de la production

a) L'efficience

Elle permet d'atteindre les objectifs stratégiques en respectant les moyens mis à disposition. Pour atteindre cet objectif, le responsable de la production doit minimiser les coûts. Le premier coût que l'on cherche à réduire est celui du travail. L'organisation scientifique du travail s'inscrit pleinement dans cette démarche. Mais la réduction des coûts peut être plus globale (élimination de tous les gaspillages) et continue : on parle de «*lean management*».

b) La qualité

Cette démarche bénéficie à l'activité (moins de pertes et de gaspillage), à l'image de l'entreprise, à l'organisation de la production (moins de pannes, de rupture de stocks) et aux salariés, plus impliqués dans le processus de fabrication.

c) La flexibilité

Elle est essentielle pour répondre aux attentes des consommateurs qui exigent des produits de plus en plus différenciés. Le développement de l'automatisation et des techniques de production assistée par ordinateur facilite la réalisation de cet objectif.

2. L'impact de la croissance de l'entreprise

On observe différentes étapes dans la croissance de l'entreprise. À chaque étape correspondent une stratégie et une organisation de la production dominante. Ainsi l'entreprise artisanale repose sur l'omniprésence de son dirigeant fondateur et son intervention à tous les niveaux de la production.
En grandissant, l'entreprise doit recruter des salariés et rationaliser son organisation productive. La production doit se standardiser et favoriser la fabrication en série.
Enfin, l'entreprise est aujourd'hui contrainte par des impératifs sociétaux. Elle doit modifier son appareil de production pour être écologiquement responsable.

3. L'impact des options stratégiques

Le choix de la stratégie est directement lié à la préservation et au développement de l'avantage concurrentiel. L'entreprise doit en permanence s'interroger sur ses domaines d'activité stratégique (DAS) pour adapter ensuite son système de production.

a) Domination par les coûts ou différenciation

Quand l'entreprise spécialisée choisit de développer une domination par les coûts, elle va s'efforcer de réaliser des productions en série. En effet, cette standardisation permet de réduire les coûts de production.
À l'inverse, le choix de la différenciation oblige l'entreprise à modifier régulièrement ses produits. Sa production doit donc privilégier des petites séries et une grande flexibilité pour pouvoir modifier la fabrication.

b) Externalisation ou intégration

L'entreprise qui choisit d'externaliser une grande partie de ses activités productives va limiter celles qu'elle conserve en interne, souvent réduites à l'assemblage. En revanche, elle devra mettre en place un système de contrôle de ses différents fournisseurs et sous-traitants pour garantir la qualité.
À l'opposé, une entreprise qui choisit d'intégrer ses activités contrôle en interne l'ensemble de sa production, depuis l'approvisionnement en matières premières jusqu'au produit fini.

23 LES ENJEUX ET LES MODALITÉS DES POLITIQUES D'INNOVATION

L'innovation est au cœur du processus de création de valeur. Elle est essentielle pour optimiser les ressources de l'entreprise.

1 Les enjeux de la politique d'innovation

1. Les caractéristiques de la politique d'innovation

La politique d'innovation consiste à mobiliser l'ensemble des ressources techniques (recherche et développement) et humaines (management des compétences) afin d'introduire efficacement sur le marché de nouveaux produits (biens ou services) ou de nouveaux procédés.

a) L'environnement

Pour réussir, la politique d'innovation a besoin d'un environnement interne ouvert sur la nouveauté, d'une recherche fondamentale dynamique et d'infrastructures performantes.

b) La distinction entre invention et innovation

L'invention est une réponse technique nouvelle apportée à une situation nouvelle ou à un problème rencontré. Elle nécessite une protection assurée par les brevets.

L'innovation est un processus par lequel une invention va se transformer en produit, en service ou en procédé et engendrer une création supplémentaire de valeur.

c) La typologie des innovations

J. A. Schumpeter a identifié cinq types d'innovations :

Type d'innovation	Forme d'innovation	Exemple
Innovation produit	Création d'un produit nouveau	Les alicaments
Innovation marché	Découverte d'un débouché nouveau	La vente sur Internet
Innovation de procédé de production	Nouvelle organisation de la production	La robotisation d'une chaîne de fabrication
Innovation organisationnelle	Nouvelle organisation du travail	Les équipes polyvalentes dans un atelier
Innovation énergie	Nouvelle énergie ou matière première	L'énergie éolienne

2. Les enjeux économiques

L'innovation est le premier moyen permettant à l'entreprise de conserver son avantage concurrentiel.

Dans un environnement fortement concurrentiel, l'innovation permet de produire en plus grande quantité et de réduire les coûts de production. Les marges supplémentaires ainsi réalisées financent la R&D.

Dans un environnement moins concurrentiel, l'entreprise dégage des marges supplémentaires en augmentant plus librement ses prix, ce qui contribue également au financement de la R&D.

Lorsque l'entreprise est spécialisée, l'innovation permet de créer un effet de volume en réalisant des économies d'échelle. En effet, les innovations accélèrent l'effet d'expérience. L'avantage ainsi créé permet à l'entreprise de conserver en permanence une technologie d'avance.

EXEMPLE

L'Oréal a construit son avantage en s'appuyant sur une recherche et développement performante qui lui permet d'avoir une innovation d'avance sur ses concurrents.

Lorsque l'entreprise pratique la différenciation, l'innovation est le moyen d'apporter la réponse attendue par le client.

EXEMPLE

Seb invente la friteuse sans huile, ce qui lui permet de renforcer sa position dans le petit électroménager. C'est une innovation produit.

3. Les enjeux sociétaux

Les parties prenantes exercent sur les entreprises des pressions croissantes afin qu'elles adoptent une démarche de responsabilité sociale (RSE) :
- les clients réclament des produits écologiquement sains avec un bon rapport qualité/prix ;
- les pouvoirs publics introduisent des règles contraignantes (exemples : taxe carbone, malus écologique et autres réglementations issues de la mise en œuvre du Grenelle de l'environnement) ;
- les ONG développent des stratégies de confrontation (exemple : Greenpeace) ou de collaboration.

L'innovation constitue la réponse aux attentes légitimes de ces partenaires tout en contribuant à la réduction des coûts de production. Elle permet également de passer d'une démarche de RSE subie à une démarche volontaire.

EXEMPLE

Lafarge développe des bétons répondant aux attentes décoratives des clients tout en consommant moins d'énergie lors de leur fabrication.

2 Les modalités de l'innovation

1. La veille technologique

a) Définition

La veille technologique est l'activité constituée par l'ensemble des techniques permettant la collecte, l'analyse, la diffusion et l'exploitation des informations indispensables à l'entreprise pour affronter ses concurrents et développer ses compétences métiers. Elle se situe en amont du processus d'innovation.

b) Les objectifs

La veille technologique cherche d'abord à comprendre l'émergence des produits futurs et leurs fonctions.

EXEMPLE

Les fabricants de téléphones mobiles ont dû anticiper les besoins des consommateurs dans le domaine du multimédia et adapter leurs produits en conséquence.

23 LES ENJEUX ET LES MODALITÉS DES POLITIQUES D'INNOVATION (suite)

Elle permet ensuit d'identifier les innovations des concurrents et leur potentiel, en collaboration avec les services de veille concurrentielle. La veille technologique alimente les décideurs stratégiques en identifiant les entreprises qui conduisent des stratégies proches.
Enfin elle évalue les techniques nouvelles et leur rythme d'évolution.

c) Les sources d'information

L'efficacité de la veille technologique repose sur la capacité de l'entreprise à collecter des informations. Ces informations peuvent être librement accessibles : quotidiens, magazines professionnels, conférences, salons, foires, banques de données sur Internet, etc.
Les informations peuvent également être fermées et provenir des clients, des fournisseurs, des sous-traitants, de visites chez les concurrents ou d'achats de produits et d'échantillons.
Il existe aussi une forme illégale de veille : l'espionnage industriel.

2. La recherche et développement (R&D)

La recherche et développement est l'ensemble des processus permettant de transformer une invention en une innovation techniquement et commercialement exploitable.
Dans l'entreprise, elle s'appuie sur l'ensemble des recherches réalisées à différents niveaux :
- la recherche fondamentale s'efforce de faire avancer la connaissance scientifique. Elle est réalisée par des chercheurs, le plus souvent au sein d'organismes publics (CNRS, INSERM, INRA...) ;
- la recherche appliquée permet de transformer les résultats de la recherche fondamentale en applications.

EXEMPLE

La technologie du laser est issue de la recherche fondamentale sur l'amplification de la lumière. Elle donne naissance à de multiples innovations dans les domaines médical, musical, etc.

Dès que la R&D a inventé un produit ou une technique nouvelle, il faut protéger l'invention afin de préserver l'avantage concurrentiel qui doit potentiellement en découler. Il faut également limiter les risques de contrefaçon. C'est la fonction du dépôt de brevet et d'une façon plus globale de la protection industrielle.

3. La qualité

La démarche qualité se définit comme un processus qui permet à l'entreprise de répondre aux attentes du client (rapport qualité/prix) en produisant le bien ou le service à un coût économiquement acceptable.
La qualité prend différentes dimensions :
- les caractéristiques intrinsèques du produit : on dit qu'un produit est de bonne qualité quand ses composants sont eux-mêmes de qualité ;
- la satisfaction des attentes du client : un produit de qualité répond à ses préoccupations du moment ;
- le respect de normes définies en interne ou en externe : un produit certifié ISO répond à des normes strictes.

a) Le contrôle *a posteriori*

À l'origine, la démarche qualité est née du besoin croissant de garantir aux clients un produit répondant à ses attentes en réduisant les effets dévastateurs de la non-qualité (perte de clients, surcoût lié au gaspillage, détérioration de l'image). Cette première démarche reposait le plus souvent sur un contrôle *a posteriori* de la qualité.

b) L'intégration en amont de la production

Progressivement, la démarche qualité a associé d'autres acteurs en amont : services chargés de la conception des produits en liaison avec les services commerciaux chargés de la relation clients. C'est la période du règne des « cinq zéros » : zéro défaut, zéro stock, zéro panne, zéro papier, zéro délai.
Cette démarche a connu un nouvel essor dans les années 1970 avec le développement des cercles de qualité. Elle permet de faire travailler ensemble des salariés qui ne se seraient jamais rencontrés autrement et de préparer ainsi les nouvelles organisations de la production (exemple : équipes polyvalentes).

c) La certification

Enfin, la démarche qualité est sortie de l'entreprise, toujours sous la pression des exigences du client et d'un besoin de « certitude » accrue sur le produit offert. Des normes internationales se sont développées (exemple : normes ISO) et des organismes sont chargés de les mettre en œuvre dans les entreprises (exemple : AFNOR). Ils auditent le fonctionnement de l'entreprise, mettent en place des procédures de travail et délivrent finalement la certification.

d) La qualité totale

Aujourd'hui, on parle de TQM (*Total Quality Management*) pour qualifier l'ensemble des procédures de qualité qui intègrent également le management.

4. Les partenariats technologiques

L'entreprise peut construire sa propre recherche et développement et en assurer la protection. Mais ce processus est long et incertain. C'est la raison pour laquelle elle opte parfois pour des partenariats avec d'autres organisations.
Au niveau de la recherche fondamentale, l'entreprise peut collaborer avec un centre de recherche.

EXEMPLE

Dans le domaine médical, laboratoires publics et entreprises pharmaceutiques collaborent fréquemment pour développer des médicaments.

Deux entreprises peuvent également décider de collaborer pour permettre une innovation. Elles vont alors créer une coentreprise. Les exemples sont nombreux dans le domaine des technologies de la communication.

24 LE MANAGEMENT DES CONNAISSANCES

➔ Le rôle des dirigeants est de mettre en réseau les savoirs des salariés pour permettre à chacun d'enrichir l'ensemble en faisant de l'entreprise une organisation apprenante.

1 Les fondements du management des connaissances

1. Définitions

Le management des connaissances (en anglais, *knowledge management*) est un processus qui vise à exploiter les compétences en créant une culture de l'apprentissage. Ce processus s'appuie sur la capacité des acteurs à accumuler des connaissances et à les partager systématiquement pour faire progresser toute l'organisation.
Ces connaissances peuvent être individuelles (attachées à une personne) ou collectives (partagées par un ensemble de personnes). Elles peuvent être fondées sur les études (la formation) ou la pratique (expérience). Elles peuvent être explicites (formalisées dans un document, une procédure) ou tacites (expériences ou savoir-faire non formalisés).

2. Les niveaux d'apprentissage

On distingue trois niveaux d'apprentissage. L'apprentissage individuel repose sur la formation individuelle. L'apprentissage du groupe repose sur la réalisation de projets par des équipes de travail. L'apprentissage global apparaît quand toute l'entreprise devient apprenante : elle met en place des structures et une culture qui permettent la capitalisation et le partage des compétences.

3. Les enjeux

a) L'enjeu organisationnel

Le management des connaissances nécessite un système d'information performant. Mais il faut également que l'information collectée et mémorisée soit exploitée et diffusée.

b) L'enjeu humain

Le management des connaissances exige l'implication de tous les membres de l'entreprise et un niveau de confiance qui permette le partage.

c) L'enjeu culturel

Le management des connaissances ne peut se développer que dans une entreprise dont la culture est ouverte à l'écoute et à l'échange. Cela suppose que les dirigeants en soient les premiers animateurs.

d) L'enjeu concurrentiel

Le management des connaissances permet de dégager des compétences uniques sur lesquelles l'entreprise peut s'appuyer pour construire son avantage concurrentiel.

2 Les modalités du management des connaissances

1. La matrice SECI

I. Nonaka et H. Takeuchi ont montré comment la connaissance implicite détenue par un individu est progressivement partagée par le groupe et devient explicite. Ce processus engendre une « spirale des connaissances » qui permet à l'entreprise de devenir apprenante par appropriations successives.

	Connaissances individuelles	Connaissances collectives
Connaissance tacite	1. Socialisation du savoir tacite (partage sur le lieu de travail, apprentissage)	2. Externalisation du savoir tacite au savoir explicite (modélisation des savoirs qui les rend transmissibles)
Connaissance explicite	4. Intériorisation du savoir explicite au savoir tacite à un niveau plus élevé (organisation apprenante)	3. Combinaison des savoirs explicites (gestion électronique documentaire, réseaux des connaissances)

2. Les outils du management des connaissances

Les pratiques sont multiples. Elles ont en commun d'utiliser abondamment les technologies de l'information. On peut cependant identifier trois ensembles :
- la rationalisation de l'organisation de l'information existante pour la rendre plus pertinente et plus performante ;
- l'organisation de la diffusion des connaissances à partir des bases de données enrichies et jusqu'alors dispersées afin de mettre en commun des pratiques ;

EXEMPLE
Les logiciels *help desk* (centre d'assistance) permettent aux utilisateurs de disposer d'une assistance pour gérer des problèmes informatiques. Cette base s'enrichit des incidents qui lui sont soumis.

- le partage des connaissances qui s'appuie sur des outils de travail collaboratif. Ces outils permettent à des groupes distants d'échanger et de construire ensemble des connaissances. On aboutit alors à l'émergence de communautés de pratiques.

3. Les limites du management des connaissances

La compétence technique fait parfois défaut aux décideurs qui, par ailleurs, renoncent difficilement au contrôle de l'information, souvent associée au pouvoir. Ensuite, le risque existe de réduire le management des connaissances à la collecte et au stockage de l'information, en oubliant le partage. De plus, il faut accepter la « pédagogie de l'erreur » pour progresser. Or ce type de pratique est coûteux et chronophage, ce qui dissuade les acteurs. Enfin, la démarche s'inscrit dans une nouvelle relation entre employeurs et salariés fondée sur la réciprocité des intérêts (investissement personnel du salarié contre formation et valorisation des compétences). Cette conception est peu compatible avec la précarisation du marché du travail.

25 LES BESOINS DE FINANCEMENT DE L'ENTREPRISE

➔ Pour garantir sa pérennité, l'entreprise doit trouver les financements nécessaires à la mise en œuvre de sa stratégie et à la poursuite de ses activités. On distingue les besoins de financement liés au cycle d'investissement et ceux liés au cycle d'exploitation.

1 Le financement du cycle d'investissement

1. Le cycle d'investissement

L'investissement représente l'acquisition par l'entreprise de biens durables (locaux, machines, véhicules...) dans le but d'en retirer un profit futur. Les investissements engagent donc l'entreprise pendant une longue période et le cycle d'investissement est un cycle long qui accompagne le développement de l'entreprise. Pour préserver l'équilibre financier, le cycle d'investissement doit être financé par des ressources financières à long terme.

EXEMPLE

Dès la création de sa pizzeria, M. Pepino a dû acquérir un four, une chambre froide et du matériel de cuisson. Pour les financer, il a complété son apport personnel par un emprunt bancaire sur 5 ans.

2. L'impact des stratégies sur le cycle d'investissement

Au cours de la vie de l'entreprise, le rythme et l'importance des investissements dépendront des stratégies mises en œuvre.
Les stratégies de focalisation ou de spécialisation, sans accroissement d'activité, ne nécessitent souvent que des investissements de remplacement lorsque les équipements sont obsolètes ou insuffisamment performants.
Les stratégies de diversification, de domination par les coûts et de croissance interne, imposent des investissements de modernisation ou de capacité importants et à un rythme soutenu.
Les stratégies de croissance externe ou d'internationalisation exigent souvent des investissements financiers ponctuels mais importants (acquisitions, prises de participation, etc.).

EXEMPLE

Poursuivant une stratégie de domination par les coûts et donc un objectif d'économies d'échelle, Michelin investit 350 millions de dollars sur 4 ans pour agrandir et moderniser ses unités de Caroline du Sud (États-Unis).

3. Le fonds de roulement (FR)

Les capitaux employés pour financer les investissements sont indisponibles durant de longues périodes. On inscrit donc les investissements à l'actif du bilan de l'entreprise comme « immobilisations ». Pour garantir son équilibre financier, l'entreprise doit financer ses investissements par des ressources financières à long terme (capitaux propres, emprunts...) que l'on inscrit au passif du bilan comme « capitaux permanents ».

Le calcul du fonds de roulement (FR) permet de vérifier que l'équilibre financier est réalisé :

FR = Capitaux permanents – Actifs immobilisés

Si le résultat est négatif, l'équilibre financier n'est pas respecté, ce qui fragilise l'entreprise.
L'entreprise doit s'assurer de l'adéquation entre la stratégie choisie et les ressources financières dont elle dispose ou peut disposer préalablement à toute mise en œuvre.

2 Le financement du cycle d'exploitation

1. Le cycle d'exploitation

Le cycle d'exploitation comprend l'ensemble des opérations successives réalisées entre l'achat et la vente (achat, stockage, production, distribution, vente). C'est en général un cycle court.
Entre le paiement des achats et des charges et l'encaissement des ventes, l'entreprise doit disposer d'une réserve suffisante pour financer son cycle d'exploitation.

2. Le besoin en fonds de roulement (BFR)

Le cycle d'exploitation fait apparaître des besoins mais également des ressources de financement :
- le montant et la durée du stockage représentent une charge d'exploitation importante à financer ;
- le montant et la durée des créances clients consécutives aux délais de paiement que l'entreprise accorde à ses clients engendrent des besoins de financement de courte durée mais constamment renouvelés ;
- le montant et la durée des dettes fournisseurs consécutives aux délais de paiement que les fournisseurs accordent à l'entreprise constituent une ressource de financement de courte durée mais récurrente.

La différence entre les besoins liés aux stocks et aux créances clients et les ressources provenant des dettes aux fournisseurs détermine le besoin de financement lié au cycle d'exploitation ou besoin en fonds de roulement.

EXEMPLE

La société Distrivert dispose de stocks pour faire face à 80 jours d'activité et ses clients la règlent à 60 jours. Le cycle d'exploitation total est donc de 140 jours. Cependant, ses fournisseurs lui accordent un délai de paiement de 30 jours. Son BFR est donc équivalent à 110 jours de chiffre d'affaires moyen.

3. L'impact des stratégies sur le BFR

Les besoins de financement du cycle d'exploitation évoluent le plus souvent proportionnellement à l'activité : lorsque le chiffre d'affaires augmente, le BFR augmente également. Toutes les stratégies ayant un impact sur l'activité de l'entreprise ont donc un impact sur le BFR. Les stratégies de croissance vont entraîner une augmentation du BFR. Les stratégies de diversification peuvent en modifier la structure puisque chaque activité aura un cycle d'exploitation propre et donc des besoins spécifiques.

26 LES MODES DE FINANCEMENT DE L'ENTREPRISE

Pour fonctionner et se développer, l'entreprise a de multiples besoins de financement. Elle doit choisir ses modes de financement selon la nature des besoins, ressources à long terme pour financer les investissements et ressources à court terme pour financer l'exploitation, en tenant compte du risque et du coût.

1 Les modes de financement des investissements

Le cycle d'investissement est un cycle long qui nécessite des ressources financières stables. Pour satisfaire ces besoins, l'entreprise doit choisir entre les financements internes (autofinancement, augmentation de capital) et les financements externes (emprunts, crédit-bail).

1. L'autofinancement

L'autofinancement est la capacité de l'entreprise à générer des capitaux grâce à son activité. C'est un mode de financement interne des investissements qui utilise les fonds propres résultant de la politique de répartition du résultat et qui préserve l'indépendance financière de l'entreprise. Il est cependant limité par l'activité et se constitue au détriment de la distribution de dividendes.

2. L'augmentation de capital

L'augmentation de capital permet de trouver des ressources supplémentaires grâce à l'émission d'actions ou de parts sociales nouvelles. S'il est fait appel aux actionnaires d'origine, il s'agit d'une ressource interne, mais si l'augmentation se fait grâce à de nouveaux associés, on peut la considérer comme une ressource externe.

3. L'emprunt

Les emprunts mettent en relation l'entreprise et un ou des prêteurs (banques, établissements de crédit). L'entreprise s'engage à rembourser le capital mis à sa disposition en une ou plusieurs échéances fixées contractuellement et à verser une rémunération périodique : les intérêts. Les prêteurs analysent la situation financière de l'entreprise avant de consentir un emprunt et d'en fixer le montant ; ils exigent souvent des garanties.

4. Le crédit-bail

L'entreprise qui a besoin d'un bien durable peut renoncer à l'acheter elle-même et faire appel au crédit-bail. Ce mode de financement n'apparaît pas au bilan de l'entreprise.

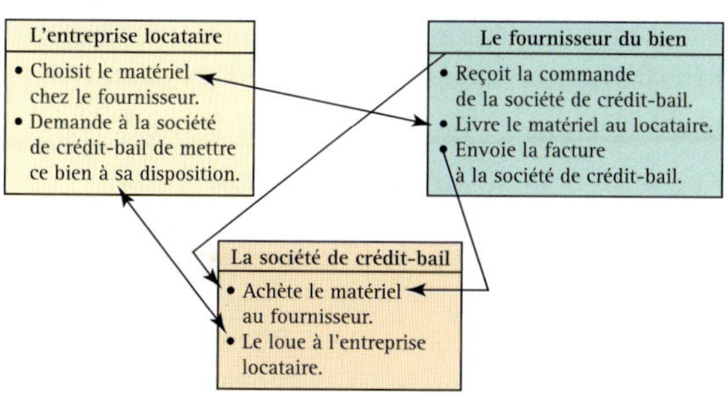

Mode de financement	Niveau de risque	Coût
Auto-financement	Peu risqué, stable et non remboursable	Coût apparent nul mais coût d'opportunité
Augmentation de capital	Peu risqué, sauf dilution du capital et impact sur la gouvernance	Coût maîtrisé car l'entreprise ajuste chaque année le montant des dividendes versés
Emprunt	Risque de perte d'indépendance financière	Coût élevé et variable selon les taux d'intérêt
Crédit-bail	Peu risqué mais limité à certains investissements	Coût des loyers élevé

2 Les modes de financement de l'exploitation

L'entreprise doit pouvoir avancer l'argent pour faire face aux dépenses issues de son cycle d'exploitation avant d'espérer encaisser le produit de ses ventes. Elle doit normalement financer son besoin en fonds de roulement grâce à ses ressources internes issues du fonds de roulement. Cependant, le fonds de roulement est souvent insuffisant et l'entreprise doit faire appel à des financements à court terme.

1. Les concours bancaires

Les concours bancaires désignent l'ensemble des crédits accordés par des banques à court terme : facilités de caisse pour les décalages passagers, crédits relais pour faire face aux besoins exceptionnels, lignes de crédits pour faire face aux variations du BFR et autres crédits à moins d'un an.

2. Le crédit interentreprises

En fonction de leur puissance de négociation, les entreprises obtiennent des délais de paiement de leurs fournisseurs (le crédit fournisseurs) plus ou moins importants qui leur permettent de financer une partie du BFR. La loi de modernisation de l'économie du 4 août 2008 limite le délai accordé à 60 jours à compter de la date d'émission de la facture.

Mode de financement	Niveau de risque	Coût
Concours bancaires	Risque de dépendance financière	Coût très élevé (agios)
Crédit inter-entreprises	– Dépendance vis-à-vis des fournisseurs – Risque client pour le fournisseur	– Coût très faible – Perte de l'escompte dont le client bénéficie parfois lorsqu'il paye comptant

exercice 1 Le choix d'une stratégie adaptée

Une filiale pour mieux rationaliser les dépenses consacrées par La Poste à sa flotte automobile

Didier Négiar, directeur des services partagés au sein du groupe La Poste, dont fait partie Véhiposte, filiale chargée de la gestion de la flotte automobile, détaille ses projets en la matière.

Deuxième flotte automobile de l'Hexagone derrière l'État avec 52 000 véhicules, La Poste a opté depuis 2007 pour l'externalisation. Le groupe a ainsi créé Véhiposte, filiale dédiée à la location et chargée de gérer la flotte. Objectif affiché : rationaliser les coûts et améliorer la qualité de service. « Outil de production essentiel pour le groupe », près de deux véhicules sur trois étant dédiés à la distribution du courrier et du colis, la flotte automobile est en effet l'un des principaux postes de dépenses. En intégrant les services complémentaires comme l'assurance, la gestion de la sinistralité et la fourniture de carburant, le budget global consacré en 2008 par La Poste à sa flotte automobile devrait dépasser les 350 millions d'euros. Un enjeu donc important pour renforcer les bons résultats financiers du groupe.

Pourquoi le groupe La Poste a-t-il décidé d'externaliser la gestion de sa flotte et de la confier à une filiale ?

Dans le cadre du plan stratégique « Performance et Confiance », La Poste a souhaité mettre l'accent sur l'amélioration des performances des services partagés. La formule magique, c'est de permettre aux quatre métiers du groupe (Courrier, Colis-Express, Banque postale et Enseigne) de se focaliser sur leur cœur de métier. Tout le reste est mis à part avec comme mission de devenir des spécialistes dans le domaine. C'est le cas de l'ensemble de la gestion de la flotte pour laquelle il a été décidé de créer une filiale. Cela nous permet d'accumuler des savoir-faire et des compétences spécifiques, de réaliser des économies d'échelle importantes en packageant les services mais aussi de mieux gérer les problèmes opérationnels comme le financement, la maintenance ou la revente de véhicules.

Comment cette organisation fonctionne-t-elle ?

Véhiposte est une filiale dédiée à la location. Elle loue les véhicules aux différentes entités de La Poste et en assure tous les services. C'est une structure légère, de taille volontairement compacte pour être compétitive, qui fait également appel à trois prestataires externes. Elle fonctionne dans le cadre d'une relation interne prestataire-clients avec 18 entités du groupe. Véhiposte doit donc répondre à leurs besoins en termes de coûts mais aussi en termes de qualité de service. Nous faisons régulièrement des benchmark prix et des enquêtes de satisfaction auprès des clients et des utilisateurs. Les détails techniques (caractéristiques des véhicules, mode de facturation, reporting...) sont réglés avec chaque entité cliente. Avec le métier Courrier, qui est notre principal client, les échanges sont quotidiens et portent sur tous les sujets relatifs à la flotte : il s'agit d'un véritable partenariat. Sur le plan stratégique, les grandes orientations sont quant à elles prises en dialogue avec la direction du groupe.

Parmi ces grandes orientations, La Poste souhaite s'équiper en véhicules propres.

Dès 2003, La Poste s'est engagée dans une politique de développement durable avec l'acquisition de huit voitures électriques nouvelle génération. Deux ans après, le test est concluant et nous avons lancé, à la demande du Courrier, une consultation européenne portant sur 500 véhicules électriques à l'issue de laquelle deux associations de constructeurs ont été retenues. Il ne s'agit que d'une première étape : en cas de succès, un plan d'équipement à grande échelle est prévu. Les besoins du groupe sont importants, nous estimons le potentiel à au moins 10 000 véhicules. La Poste a également lancé une consultation européenne pour la livraison de 300 quads électriques dès le début 2009 puis 3 000 d'ici à 2012 si l'expérience est concluante. L'objectif est de réduire nos émissions de CO_2 pour être un moteur en matière de développement durable.

Propos recueillis par Jérôme Marin, www.LaTribune.fr, 29 mai 2008.

ENTRAÎNEZ-VOUS

1. Présentez l'objectif du plan stratégique « Performance et Confiance » de La Poste.
2. Pourquoi le groupe La Poste a-t-il décidé d'externaliser la gestion de sa flotte ?
3. Présentez la manière dont La Poste a mené à bien sa stratégie d'externalisation.

CORRIGÉS p. 13

exercice 2 Le développement et la croissance de l'entreprise

Annexe 1 – Elles courent, elles courent, les gazelles

Les PME sont sur le devant de la scène. Il y a 2 ans, le gouvernement a créé de toutes pièces un statut spécifique : l'entreprise de croissance, joliment baptisée « gazelle ». [...] Les gazelles symbolisent aussi une certaine catégorie de PME. [...] « Ce sont des entreprises françaises de 20 à 250 salariés qui ont connu une croissance de leur masse salariale de plus de 15 % durant les deux derniers exercices », expliquait Renaud Dutreil [...] lors d'une soirée de célébration des gazelles. Un an auparavant, le ministre des PME a voulu mettre l'accent sur ces sociétés en pleine croissance. En effet, ces futures pépites de l'économie française ne sont pas légion. Sur 2,5 millions d'entreprises recensées par l'INSEE dans notre pays, seules 5 000 ont atteint le cap de 250 salariés, d'après les statistiques du ministère des PME. Insuffisant. Pour les aider à passer ce cap, Renaud Dutreil a donc pris le taureau par les cornes et créé un statut spécifique, la PME de croissance. [...]

Stéphanie Fontana-Bérard, *Chef d'entreprise Magazine*, n° 19, 1er juin 2007.

Annexe 2 – Les freins à la croissance des PME

Mais qui sont les gazelles, ces championnes économiques de demain ? [...] La plupart d'entre elles ont fait preuve d'originalité et d'innovation pour se démarquer de leurs concurrents et rafler des parts de marché.

Ces PME, dont la croissance est souvent fulgurante, ont besoin d'être épaulées. Sans quoi la chute risque d'être rapide et brutale. Le danger qui les guette ? Le défaut de financement. Confrontées à une montée rapide de leurs charges, nombre de ces gazelles doivent puiser dans leur fonds de roulement pour faire face à la hausse de leur carnet de commandes. D'où ce paradoxe : parce que la croissance coûte cher, certaines entreprises, pour faire face à leurs charges, sont contraintes de freiner leur développement ! C'est justement pour remédier à cette situation que le nouveau statut de PME de croissance a vu le jour. [...] Concrètement, le dispositif inventé par le ministre des PME donne droit à toute une batterie d'avantages fiscaux et sociaux. Au premier rang desquels figure un gel de l'impôt sur les sociétés permettant de neutraliser la pression fiscale durant la période de croissance. « Cette mesure permet aux petites entreprises de réinvestir leurs économies fiscales en créant des emplois ou en modernisant leurs équipements », argumente Jean-Marc Durand, d'Osée. Depuis 2006, quelque 6 000 PME hexagonales ont pu profiter de ce coup de pouce fiscal.

Stéphanie Fontana-Bérard, *Chef d'entreprise Magazine*, n° 19, 1er juin 2007.

ENTRAÎNEZ-VOUS

1. Présentez les critères de sélection des « gazelles » et montrez leur importance dans l'économie.

2. Mettez en évidence les facteurs de croissance des PME.

3. Présentez les freins à la croissance des PME. Pensez-vous que ces derniers soient les mêmes que ceux des grandes entreprises ?

CORRIGÉS p. 131

exercice 3 Le financement des entreprises

[Le groupe pharmaceutique] Pfizer a annoncé avoir 29 créanciers pour lui apporter la totalité des 22,5 milliards de dollars de prêts dont il a besoin afin d'acquérir Wyeth pour un montant de 68 milliards de dollars.

AOF, 13 mars 2009.

ENTRAÎNEZ-VOUS

1. Repérez la stratégie choisie par le groupe Pfizer.

2. Identifiez les investissements liés à cette stratégie et qualifiez les besoins de financement associés.

3. Présentez les avantages et les contraintes des modes de financement retenus.

CORRIGÉS p. 131

exercice 4 L'intérêt d'une GPEC

Air France : accord triennal de gestion prévisionnelle de l'emploi Personnel Sol 2006-2009

Dotée aujourd'hui d'une flotte récente et moderne, moins consommatrice en carburant, d'un réseau qui permet d'offrir à ses clients une combinabilité de tarifs avec un large choix de destinations, proposant une qualité de services en adaptation permanente aux attentes de ses clients, Air France possède tous les atouts pour poursuivre sa stratégie industrielle de leader mondial dans son activité.
Elle doit pour cela affronter une concurrence sans cesse plus aguerrie, qu'elle provienne, en Europe même, des compagnies *low cost* ou du TGV, des compagnies américaines, ou des compagnies asiatiques.

Conscients de ces enjeux et de la nécessité de maintenir la compétitivité de l'entreprise par une adaptation permanente aux attentes des clients, aux mutations technologiques et aux contraintes économiques, les parties signataires conviennent d'élaborer par cet accord des dispositifs permettant d'anticiper les conséquences de ces évolutions.
En effet, les mutations, quelles qu'elles soient, sont susceptibles de générer des changements structurels profonds dans la définition et l'exercice de nos métiers. Nous allons devoir adapter nos processus, acquérir les compétences nécessaires à la maîtrise et la mise en œuvre de nouveaux outils et redéployer les ressources internes sur les métiers et les lieux en croissance.

http://www.anact.fr

ENTRAÎNEZ-VOUS

1. Montrez les défis auxquels doit faire face Air France.

2. Mettez en évidence les objectifs de la signature d'un accord de GPEC.

CORRIGÉS p. 131

exercice 5 La structure de l'entreprise

La SAS TCMB est spécialisée dans la rénovation de bâtiments depuis 1975. Elle est dirigée depuis sa création par Henri Garbarek ; son effectif est passé de 4 à 67 salariés. Le DG continue à assurer le développement commercial et contrôle la réalisation des chantiers en s'appuyant sur 5 chefs de chantier.
Il s'est adjoint un responsable administratif et financier et un responsable des approvisionnements. Des conflits internes ont montré la nécessité de faire évoluer la structure car il devient difficile au DG de contrôler toutes les décisions et de répondre en temps réel aux salariés.
Henri Garbarek a reçu récemment de nombreuses demandes de ses clients concernant des installations photovoltaïques. Comme il ne dispose pas des ressources pour mettre en œuvre sa propre R&D, il a contacté un laboratoire de recherche situé dans la technopole voisine. Une coentreprise a été créée.
Il envisage par ailleurs de créer une division Énergie (en complément des divisions Rénovation et Ravalement) dotée d'un responsable (promotion d'un chef de travaux) et de mettre en place une démarche qualité en recrutant un qualiticien qui lui sera directement rattaché car la pression des clients rend cette démarche indispensable. Un directeur commercial viendra le décharger. Le directeur administratif et financier a obtenu la création d'un poste de responsable des ressources humaines sous son autorité, auquel un employé sera rattaché.

ENTRAÎNEZ-VOUS

1. Caractérisez la structure de l'entreprise TCMB. Indiquez les modes de coordination, le degré de centralisation et le degré de division du travail.

2. Caractérisez le système de production de l'entreprise.

3. Comment la politique d'innovation est-elle mise en œuvre par le dirigeant ?

4. Identifiez les facteurs qui obligent le DG à faire évoluer la structure de TCMB.

5. Représentez la nouvelle structure de TCMB. Qualifiez-la et montrez en quoi elle répond aux difficultés rencontrées par la société.

CORRIGÉS p. 132

exercice 1 page 128

1. L'objectif du plan stratégique « Performance et Confiance » de La Poste est de rationaliser les coûts tout en améliorant la qualité des services partagés. Il s'agit d'améliorer la performance des quatre métiers de La Poste en se focalisant sur le cœur de métier de l'entreprise.

2. Le groupe La Poste a décidé d'externaliser tout ce qui ne concerne pas son cœur de métier. La gestion de sa flotte a ainsi été externalisée au sein d'une filiale, Véhiposte. Cette stratégie traduit la volonté de La Poste de se recentrer sur son cœur de métier et de limiter les coûts.
Grâce à cette stratégie, chacun des quatre métiers du groupe, à savoir le Courrier, le Colis-Express, la Banque postale et Enseigne, pourront se centrer sur leur cœur de métier, tout en bénéficiant des services de spécialistes pour les activités périphériques comme la gestion de la flotte. Ainsi, non seulement chaque métier pourra bénéficier des compétences de ces entreprises spécialisées, mais en plus, d'importantes économies d'échelle pourront être réalisées.

3. Pour mener à bien la stratégie d'externalisation de sa flotte, La Poste a créé une filiale, Véhiposte, de manière à mettre en place un réseau d'entreprises ayant une véritable relation de partenariat.
Véhiposte concentre les compétences spécifiques et le savoir-faire en matière de gestion de la flotte (gestion, location, maintenance, revente des véhicules, etc.) de façon à améliorer la qualité du service rendu et à devenir un spécialiste en la matière. Elle permet ainsi à chaque métier du groupe de ne plus s'occuper de la gestion de sa flotte et de l'externaliser auprès d'un spécialiste. En effet, Véhiposte devient la filiale spécialisée dans la location de véhicules aux différentes entités du groupe et assure les services liés de façon à laisser chaque entité se centrer sur son cœur de métier.

exercice 2 page 129

1. Pour être sélectionnée en tant que « gazelle », une entreprise doit répondre à différents critères :
- être une entreprise française ;
- avoir entre 20 et 250 salariés ;
- avoir connu une croissance de sa masse salariale supérieure à 15 % sur ses deux derniers exercices.

L'importance des « gazelle » dans l'économie est encore trop faible en France. En effet, sur les 2,5 millions de PME referéncées par l'INSEE, seules 5 000 ont atteint ces seuils.

2. Les facteurs de croissance des PME tiennent principalement à leur dynamisme, à leur capacité d'innovation et à leur aptitude à se démarquer des concurrents.

3. Les freins à la croissance des PME concernent essentiellement leurs problèmes de financement qui entravent leur capacité à croître. En effet, en cas de croissance, l'entreprise a besoin de fonds pour investir et embaucher. Or, les PME peinent à trouver ces capitaux.
Le cas est souvent différent pour les grandes entreprises qui ont des moyens financiers plus importants et qui peuvent plus facilement faire appel aux banques. En effet, les banques ont plus de mal à prêter de l'argent à des PME peu connues et qui apportent peu de garanties par rapport aux grandes entreprises.

exercice 3 page 129

1. Pfizer a choisi une stratégie de croissance externe par l'acquisition de l'entreprise Wyeth.

2. Les investissements nécessaires à la mise en œuvre de cette stratégie s'élèvent à 68 milliards de dollars. Pfizer doit donc trouver des ressources financières importantes et stables pour financer cet investissement.

3. Pfizer a retenu deux modes de financement pour financer son investissement. En effet, l'entreprise ne recherche que 22,5 milliards de dollars de prêts, cela signifie qu'elle dispose en interne des ressources financières pour compléter ce financement à hauteur des 68 milliards nécessaires. L'autofinancement présente les avantages d'être stable, non remboursable et d'un coût réduit au coût d'opportunité. En revanche, il est limité et dans ce cas ne suffit pas à financer tout le projet. Le recours aux prêteurs, donc aux ressources externes, présente comme avantage de préserver une partie des ressources internes, mais il dégrade l'indépendance financière de l'entreprise et engendre un coût financier élevé.

exercice 4 page 130

1. Air France doit faire face à de nombreux défis provenant de son microenvironnement (la concurrence de plus en plus vive), tout comme de son macroenvironnement (les évolutions technologiques, le prix des carburants, la situation économique).

2. L'accord de GPEC permet d'établir un dialogue social avec les partenaires sociaux dans l'entreprise de façon à prévoir les conséquences sur l'emploi de ces défis.

Ces défis peuvent faire évoluer la stratégie de l'entreprise et provoquer des changements structurels profonds. La GPEC permet d'anticiper les besoins humains nouveaux et de s'y adapter. Elle prévoit les compétences nécessaires et les mesures d'adaptation (formation, développement de la polyvalence) à mettre en œuvre. C'est une démarche qui permet d'anticiper le changement de façon à adapter l'emploi aux variations de l'environnement et de la stratégie de l'entreprise.

exercice 5 page 130

1. La structure de l'entreprise TCMB est de type fonctionnel avec une direction et trois fonctions rattachées.
Le mode de coordination est la supervision directe. Le dirigeant exerce en effet un contrôle sur les chantiers.
La centralisation est importante. La prise de décision repose sur le dirigeant.

2. La société TCMB réalise des travaux de rénovation et de ravalement de façades. Chaque chantier est spécifique. La production est donc réalisée à l'unité. Elle est effectuée à la demande du client et réalisée en discontinu.

3. Un travail de veille en relation avec les clients a permis au dirigeant d'identifier un nouveau besoin. La politique d'innovation qui en découle s'appuie sur un partenariat avec un laboratoire de recherche. Une démarche qualité est également engagée avec le recrutement d'un qualiticien.

4. Les facteurs qui obligent l'entreprise à faire évoluer sa structure sont internes :
- difficultés liées à la centralisation excessive des décisions : le dirigeant ne peut plus tout contrôler. Il devient nécessaire de déléguer ;
- conflits internes reflétant cette situation.

Il existe également des facteurs externes :
- montée d'une nouvelle demande des clients pour les installations solaires ;
- demande d'une démarche qualité.

5. La nouvelle structure de TCMB s'apparente désormais à une structure divisionnelle dans laquelle trois divisions par activités ont été créées.
La création d'une fonction de responsable commercial permet de décharger le dirigeant.
La création du qualiticien et d'un responsable Énergie répond aux attentes du marché et des clients.

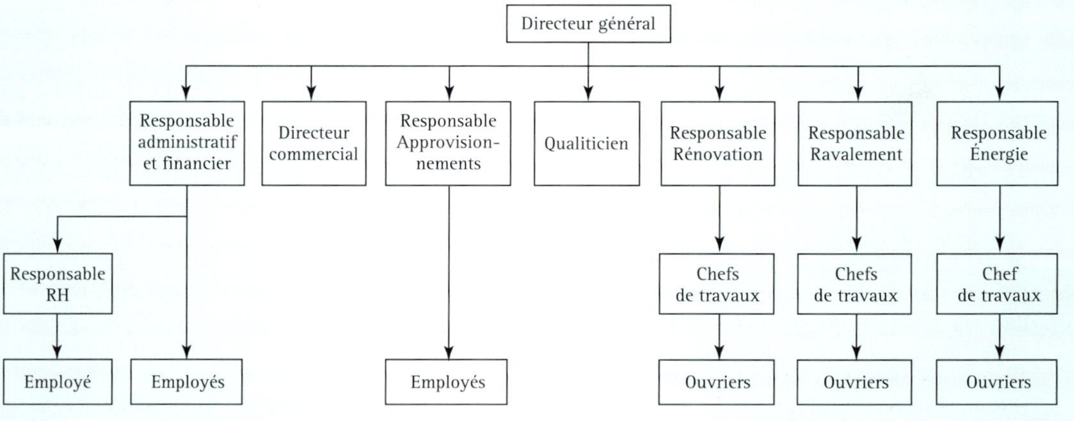

PRÉSENTATION DE L'ÉPREUVE

Comment se présente l'épreuve de Management des entreprises au BTS ?

1 Objectifs, durée et coefficient

L'épreuve vise à évaluer les savoirs et les compétences acquis au cours des deux années de formation. Elle permet de vérifier votre capacité à les mobiliser pour analyser des pratiques de management des entreprises. C'est une épreuve écrite.

L'épreuve dure 3 heures et se voit appliquer un coefficient 1.

2 Les critères d'évaluation

L'épreuve vise à évaluer vos capacités à :
- analyser le fonctionnement, les modes de management, les choix stratégiques et opérationnels, la structure de l'entreprise à l'aide des outils pertinents ;
- identifier, expliciter et caractériser le ou les problèmes de management et établir un diagnostic (ou une partie de diagnostic) pour préparer la prise de décision ;
- proposer des solutions pertinentes et envisager leur mise en œuvre dans le contexte présenté ;
- argumenter vos analyses et vos propositions.

3 La forme de l'épreuve

Le sujet est composé de trois parties :
- la description d'une situation contextualisée qui présente une ou des entreprises ainsi que leur environnement et une situation de management ;
- une série de questions qui permet d'analyser la situation, identifier le problème de management et proposer des solutions ;
- un dossier documentaire composé de documents ressources.

Les conseils pour réussir l'épreuve

Pour réussir l'épreuve de Management des entreprises, vous devez :
- utiliser vos connaissances et les mettre au service de la résolution d'un problème de management ;
- recourir à des outils de management appropriés ;
- exploiter les ressources documentaires pour résoudre le problème qui vous est soumis ;
- reformuler les questions pour mieux en comprendre la portée et dégager les notions de référence ;
- adopter une démarche en trois temps :
  - analyser la situation ;
  - identifier le problème de management ;
  - apporter des solutions.

Il convient donc d'éviter les pièges suivants :
- exposer toutes vos connaissances des notions et des théories sans faire le lien avec le problème de management ;
- faire un inventaire d'outils de management ;
- paraphraser les ressources documentaires sans les replacer dans leur contexte ;
- passer trop rapidement à la phase de rédaction sans avoir perçu la globalité de la situation.

La méthodologie de résolution d'un cas de management

1 Lire attentivement la situation de management

La description de la situation doit vous permettre d'identifier la nature de l'entreprise à étudier et de situer son environnement. Vous devez également repérer le problème de management que vous aurez à résoudre.
Les questions doivent alors vous guider dans l'analyse du cas de management. Il faut repérer le fil conducteur, c'est-à-dire identifier la cohérence existant entre les questions.

2 Lire le dossier documentaire de façon approfondie

Vous devez effectuer une lecture guidée des différents documents. Pour cela, vous devez extraire les informations utiles des documents fournis.
Vous pouvez réaliser au brouillon un tableau qui peut prendre la forme suivante :

	Idée principale	Informations utiles pour comprendre...		
		... le contexte	... le problème	... les solutions
Doc. 1				
Doc. 2				
...				

3 Mobiliser ses connaissances

Les connaissances acquises au cours des deux années doivent être mises en perspective avec le cas de management qui vous est soumis. Il s'agit d'exposer vos connaissances en relation avec le contexte du cas. Outre les savoirs, vous devez également mobiliser les outils d'analyse et les mettre en œuvre lors du traitement des questions.

EXEMPLE

Pour répondre à la question «*Réalisez un diagnostic externe de l'entreprise.*», vous devez recourir à vos connaissances sur les objectifs du diagnostic. Il s'agit dans ce cas de repérer les opportunités et les menaces de l'environnement. Vous devez également utiliser les techniques d'analyse telles que la méthode PESTEL et les forces concurrentielles de Porter.

Notez au brouillon les notions et les outils d'analyse que vous pensez devoir utiliser.

4 Répondre aux questions

Le problème de management est désormais clair : vous l'avez identifié et vous avez les éléments de solutions à apporter. Vous devez maintenant associer vos connaissances, les outils et les documents pour répondre aux questions.
En reprenant les questions, vous devez construire votre réponse à partir des informations collectées dans les étapes préparatoires. Ce travail est à réaliser au brouillon.
Vous devez vous assurer de la cohérence de la démarche :

Contexte de l'entreprise ⇨ Problème(s) de management ⇨ Solutions au(x) problème(s) de management

5 Rédiger ses réponses

Vos réponse doivent être rédigées et construites. La rédaction des réponses se fait directement sur la copie à partir de l'ensemble des notes prises lors des étapes précédentes.
Relisez-vous pour corriger les fautes d'orthographe et de grammaire.

ACTIVITÉ 1
GESTION DE LA RELATION AVEC LA CLIENTÈLE

1 L'IDENTIFICATION DE LA CLIENTÈLE

➔ Afin d'élaborer son offre commerciale, l'entreprise doit analyser sa clientèle et étudier le processus qui va conduire à l'acte d'achat.

1 La démarche mercatique

Le marketing peut se définir comme l'ensemble des moyens qui permettent à l'entreprise de conquérir, fidéliser et développer une clientèle. Il repose sur une démarche mercatique qui consiste à détecter les besoins des clients pour élaborer une offre.

Schéma de la démarche mercatique

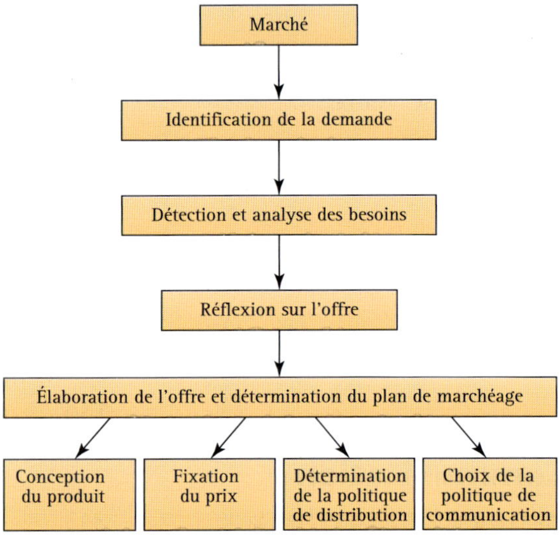

L'esprit mercatique nécessite de se placer systématiquement du point de vue du client. Pour réussir cette démarche, l'entreprise doit connaître sa clientèle.

2 La typologie de la clientèle

Selon son secteur d'activité, l'entreprise sera confrontée à des clientèles différentes. Il existe plusieurs types de clientèles que l'on peut classer en trois catégories.

1. Les particuliers

Le particulier représente le consommateur final. Il recherche très souvent sa satisfaction personnelle à travers ses achats.

2. Les professionnels

L'acheteur professionnel a pour objectif de rechercher le meilleur achat possible pour son entreprise. Son souci est de trouver le produit ou le service lui offrant le meilleur rapport qualité/prix, acquis avec de bonnes conditions (de paiement et de livraison).

3. Les distributeurs

Le distributeur achète des produits pour les revendre. Il recherche les produits qui lui permettront de satisfaire sa clientèle et d'augmenter son chiffre d'affaires en lui assurant une marge satisfaisante.

3 La segmentation de la clientèle

1. Qu'est-ce que la segmentation ?

La segmentation consiste à découper la clientèle en sous-ensembles ayant des caractéristiques, des comportements et des besoins homogènes.
Le but de la segmentation est de proposer une offre commerciale adaptée aux spécificités de chacun des différents segments.

2. Les critères de segmentation

L'entreprise dispose de plusieurs critères de segmentation qui vont lui permettre de découper sa clientèle en groupes homogènes.

Les principaux critères de segmentation

Critères de segmentation	Caractéristiques
Critères sociodémographiques	Différenciation de la clientèle en fonction de l'âge, du sexe, des catégories socioprofessionnelles (CPS) ou des revenus.
Critères géographiques	Identification de différents segments en fonction du lieu d'habitation, du type d'habitat ou du climat.
Critères de personnalité	Segmentation en fonction de traits de caractère décelés au sein de la clientèle (ex. : introverti, extraverti, sceptique, réaliste, rationnel, intuitif).
Critères de style de vie	Classement des clients au sein de segments ayant des attitudes, des valeurs, des habitudes de consommation homogènes (ex. : bobos, papyboomers, adulescents, célibattantes, métrosexuels, etc.).
Critères de situation d'achat	Distinction des clients en fonction de leurs comportements d'achat : des quantités achetées (petits, moyens, gros clients), des fréquences d'achat, des situations d'achat (achats professionnels, achats personnels).

4 Les variables explicatives du comportement d'achat

Le comportement d'achat résulte de la combinaison de plusieurs variables.

1. Les besoins

Un besoin est une sensation de manque accompagnée de l'envie de la satisfaire.
On distingue :
- les besoins primaires dont la non-satisfaction met la vie en danger ;

EXEMPLES

Faim, soif, etc.

- les besoins secondaires dont la non-satisfaction ne met pas la vie en danger mais la rend plus agréable.

EXEMPLES

Se distraire, effectuer une activité sportive, etc.

Maslow a distingué plusieurs types de besoins : les besoins physiologiques, les besoins de sécurité, les besoins d'appartenance à des groupes sociaux, les besoin de reconnaissance, les besoins d'auto-accomplissement.

Le rôle de l'entreprise est d'identifier ces différents besoins et de proposer des produits ou services susceptibles de les satisfaire.

2. Les motivations

Une motivation est une force ou un motif qui pousse le client à acheter.

On distingue :

- les motivations hédonistes, où le client cherche son plaisir personnel à travers ses achats ;
- les motivations oblatives, où l'acheteur cherche à faire plaisir aux autres ;
- les motivations d'auto-expression, où le client cherche à exprimer ce qu'il est à travers ses actes d'achat.

3. Les freins

Un frein est une force qui empêche une personne d'acheter. On distingue :

- les freins financiers (le client n'a pas les moyens financiers pour acquérir le produit proposé) ;
- les freins psychologiques ;

EXEMPLES

Peur, préjugés.

- les freins culturels.

EXEMPLE

Croyances religieuses.

Le rôle de l'entreprise est d'identifier ces freins et de trouver des réponses permettant aux clients potentiels de les surmonter.

4. Les facteurs personnels

Les facteurs personnels sont l'ensemble des éléments qui caractérisent un individu.

EXEMPLES

Âge, personnalité, profession, niveau scolaire, revenus.

5. Les facteurs d'environnement

Les facteurs d'environnement sont des facteurs extérieurs à l'individu qui peuvent influencer son comportement de façon plus ou moins importante.

EXEMPLES

Culture, groupes d'appartenance (famille, classe sociale, milieu professionnel).

5 La décision d'achat

La décision d'achat est un processus en plusieurs étapes qui peut faire intervenir différents acteurs.

1. Les intervenants dans la décision d'achat

Les intervenants dans la décision d'achat se composent des personnes qui exercent une action dans l'acquisition d'un produit.

Intervenants	Caractéristiques
Acheteur	Personne qui réalise l'acte d'achat. Elle définit les conditions d'achat et choisit les fournisseurs.
Utilisateur	Personne utilisant le produit acheté.
Prescripteur	Personne n'achetant pas le produit mais conseillant son achat.
Agent d'influence	Personne qui, de part sa position sociale, sa notoriété, sa fonction, peut influencer l'achat de tel ou tel produit.
Décideur	Personne qui va prendre la décision finale lors d'une vente à des professionnels. C'est très souvent le rôle du dirigeant dans les PME-PMI.

2. Le processus d'achat

Le processus d'achat regroupe l'ensemble des étapes qui vont conduire à l'acte d'achat.

Il peut se schématiser de la façon suivante :

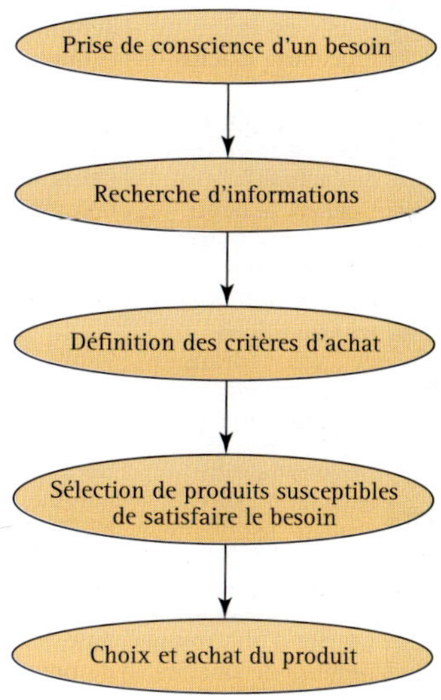

2 LA PROSPECTION DE LA CLIENTÈLE

Prospecter consiste, pour l'entreprise, à conquérir de nouveaux clients. La prospection va permettre à la PME-PMI d'accroître son chiffre d'affaires et de gagner des parts de marché. Face à un environnement concurrentiel et à une clientèle de plus en plus versatile, la prospection va donner la possibilité de compenser les pertes éventuelles de clients par l'arrivée de nouveaux clients.

1 La connaissance de la clientèle actuelle et potentielle

Pour prospecter et développer une relation avec sa clientèle actuelle et potentielle, l'entreprise doit d'abord recueillir et organiser les informations qui lui permettront de la connaître.

1. Les informations à recueillir

	B to B (entreprises s'adressant à une clientèle professionnelle)	*B to C* (entreprises proposant des biens de grande consommation aux particuliers)
Catégories	Entreprises, collectivités locales, administrations, associations, etc.	Ménages, individus.
Qualifications	Prospect (personne susceptible de devenir cliente), client (personne ayant déjà acheté à l'entreprise), utilisateur, acheteur, décideur, prescripteur.	
Indicateurs de comportement	Quels sont les fournisseurs actuels? Quelle est la procédure d'achat? Quelle est la fréquence d'achat? Quel est le volume des achats? Quel est le degré d'exigence (normes à respecter)? Quelles sont les conditions de l'achat (délais de règlement, de livraison)?	Quelles sont les habitudes d'achat? Où les achats se déroulent-ils? À quels moments? Quelles sont les quantités consommées? Quels sont les besoins à satisfaire?
Éléments d'identification	Dénomination sociale, n° SIRET, adresse, téléphone, mail, noms des dirigeants, etc.	Nom, prénom, adresse, téléphone, mail, etc.
Indicateurs de situation	Chiffre d'affaires, nombre de salariés, historique de l'entreprise, etc.	Âge, nombre de personnes composant le ménage, revenus, catégorie socio-professionnelle, type de logement, etc.

2. Le recueil des informations

Pour obtenir des informations sur la clientèle, l'entreprise dispose de sources internes et externes.

Sources internes	Sources externes
Service marketing : – informations issues d'études commerciales – demandes de renseignements recueillies sur Internet – service client – campagnes promotionnelles (jeux, concours, coupons-réponses) **Service commercial :** remontées d'informations des commerciaux lors de campagnes de prospection, de salons, etc. **Service comptable :** – historique de la relation – règlements	**Fournisseurs d'informations :** – Internet – presse, etc. **Sociétés spécialisées dans la connaissance du client :** – Consodata – Nielsen – Secodip – etc. **Organismes consulaires :** – chambres de commerce et d'industrie – chambres des métiers **Annuaires professionnels :** – Kompass – Bottin – etc. **Relations publiques :** – colloques – salons – foires – etc. **Annuaires téléphoniques :** – Pages jaunes – Pages blanches

3. L'exploitation des informations clients et prospects

L'entreprise peut stocker toutes les informations recueillies sur la clientèle actuelle et potentielle dans une base de données.

L'exploitation de cette base de données permet la mise en place d'une gestion de la relation client (GRC), qui vise à développer des relations personnalisées avec chaque client ou prospect repéré.

À travers la GRC et l'utilisation de la base de données, l'assistant de gestion peut :
- cibler les clients et les prospects;
- planifier des actions de prospection;
- gérer les agendas des commerciaux et planifier leurs tournées.

L'utilisation d'une base de données n'est efficace que si elle est enrichie et actualisée en permanence.

2 Les outils de la prospection

Pour mener les actions de prospection, l'entreprise dispose d'un ensemble d'outils : publipostage, e-mailing, phoning.

Le rôle de l'assistant de gestion consiste à préparer ces outils pour faciliter le travail des commerciaux et par la suite à établir un bilan de ces actions.

1. Présentation des principaux outils de prospection

Outils	Caractéristiques	Avantages	Inconvénients
Publipostage (mailing)	Lettre personnalisée adressée aux prospects Les éléments du publipostage : – un dépliant commercial – une enveloppe porteuse – un bon de réponse – une enveloppe réponse préaffranchie	– Offre personnalisée – Description détaillée de l'offre	– Coût élevé – Faible taux de retour – Saturation des destinataires face au nombre élevé de courriers commerciaux reçus
E-mailing	Offre personnalisée envoyée sur la boîte électronique des prospects	– Rapide à mettre en place – Faible coût – Interactif (possibilité d'insérer des liens vers le site de l'entreprise) – Rapidité des réponses reçues (moins de 72 h) – Efficacité : taux de retour compris entre 5 et 15 %	– Conservation limitée : suppression fréquente après lecture – Difficulté pour passer les barrières antispam – Risque de saturation par rapport au nombre important de mails reçus
Phoning	Appel téléphonique adressé aux prospects à leur domicile ou sur leur lieu de travail	– Contact direct et personnalisé – Possibilité d'argumenter et de répondre aux objections – Rendement efficace	– Lassitude des cibles – Liste rouge – Créneaux horaires limités pour les particuliers

2. L'évaluation de la prospection

Analyse de l'efficacité du publipostage	
Taux de retour	Nombre de réponses / Nombre de courriers envoyés × 100
Taux de rendement brut	Nombre de commandes / Nombre de courriers envoyés × 100
Taux de rendement net	Nombre de commandes / Nombre de réponses × 100
Montant moyen des commandes	Chiffre d'affaires réalisé / Nombre de commandes reçues
Analyse de l'efficacité d'une campagne de phoning	
Validité du fichier	Nombre d'appels aboutis / Nombre d'appels effectués × 100
Taux de rendement brut	Nombre de commandes / Nombre d'appels émis × 100
Taux de rendement net	Nombre de commandes / Nombre d'appels aboutis × 100
Montant moyen des commandes	Chiffre d'affaires réalisé / Nombre de commandes obtenues
Analyse de l'efficacité d'une campagne de e-mailing	
Taux de validité du fichier	Nombre de retours pour adresses non valides / Nombre de mails envoyés × 100
Taux d'ouverture	Nombre de mails ouverts / Nombre de mails envoyés × 100
Taux de rendement	Nombre de réponses obtenues / Nombre de mails envoyés × 100 Nombre de visites générées sur le site de l'entreprise / Nombre de mails envoyés × 100 Nombre de commandes obtenues / Nombre de mails envoyés × 100
Rentabilité de l'opération de prospection	CA réalisé – Coût de l'opération Marge commerciale – Coût de l'opération

3. Le plan de prospection

Le plan de prospection se présente sous la forme d'un document synthétique qui recense toutes les actions de prospection prévues par l'entreprise. Il rappelle les objectifs de la campagne, présente une planification des actions, une estimation de leurs coûts et des tableaux de bord permettant de mesurer leur efficacité.

3 L'OFFRE COMMERCIALE

L'offre commerciale est une réponse écrite à un besoin détecté chez un client ou un prospect. L'assistant de gestion va aider le commercial à rédiger la proposition commerciale qui peut se révéler un élément déterminant dans la décision d'achat du client ou du prospect.

1 Comment structurer une offre commerciale ?

Pour construire une offre commerciale pertinente, il convient de présenter une proposition structurée démontrant l'adéquation entre les solutions proposées par l'entreprise et les besoins du client.

1. Les besoins du client

Dans un premier temps, l'offre commerciale va présenter de manière objective les besoins du client. Il s'agira de rappeler le contexte dans lequel ce dernier se trouve actuellement, sa problématique, les opportunités à saisir.

2. Les solutions apportées

Dans un deuxième temps, l'offre commerciale va présenter les solutions que l'entreprise peut apporter à son client. Il ne s'agit pas de faire du prosélytisme mais de démontrer clairement comment les produits ou services de l'entreprise vont permettre au client de résoudre son problème ou de lui ouvrir de nouvelles opportunités de développement.

Les solutions proposées doivent être personnalisées. Il ne faut pas faire un déballage de toutes les caractéristiques de l'offre mais choisir celles qui apporteront réellement un avantage au client.

Pour rassurer le client, il ne faut pas hésiter à citer les distinctions, labels ou certifications obtenus.

Les retours d'expériences, c'est-à-dire les témoignages de clients actuels, peuvent également être mentionnés.

3. La proposition tarifaire

L'assistant de gestion va élaborer une proposition tarifaire détaillée. Cette proposition peut se présenter sous la forme d'un devis intégrant les remises, rabais et autres ristournes éventuellement accordés. Elle doit être accompagnée d'informations sur les modes de règlement possibles.

Il peut être opportun d'apporter des informations complémentaires telles que le retour sur investissement. Ce ratio permet de comparer les revenus issus de l'investissement par rapport au montant initialement investi.

Pour justifier économiquement le projet, l'offre commerciale peut contenir une évaluation des économies réalisables.

4. La présentation de la société et des interlocuteurs

Cette partie a pour but de présenter la société et les différents interlocuteurs auprès de qui le client pourra se référer pour obtenir des informations complémentaires.

5. Les informations détaillées

Sous forme de fiches produits, cette rubrique porte à la connaissance du client des informations détaillées sur l'offre :
- performance ;
- détails techniques ;
- etc.

6. La foire aux questions (FAQ)

La FAQ recense toutes les questions que le client est susceptible de se poser. Les questions peuvent être présentées sous différentes rubriques :
- l'entreprise ;
- les produits et services ;
- les tarifs et conditions de vente ;
- etc.

2 Comment rédiger une offre commerciale ?

L'offre commerciale doit être personnalisée et non stéréotypée. Elle va au-delà d'un simple devis car, outre l'information sur les tarifs, elle démontre au client que la proposition répond à ses besoins et le rassure.

La conception d'un dossier de présentation d'une offre commerciale nécessite de suivre quelques règles :
- la page de garde doit comprendre un titre et le logo de l'entreprise ;
- si le dossier est volumineux, l'offre doit contenir un sommaire ;
- l'offre peut contenir des éléments visuels : photos, schémas, graphiques, etc. ;
- les termes techniques doivent être expliqués ou faire l'objet d'un glossaire.

3 Les documents d'accompagnement

Outre le dossier de présentation de l'offre, la proposition commerciale peut s'accompagner d'un certain nombre d'éléments : une lettre d'accompagnement, une plaquette, un catalogue, un prospectus.

De manière générale, ces documents doivent respecter les règles de mise en forme suivantes :
- le style, les couleurs utilisés respectent la charte graphique de l'entreprise ;
- les éléments importants sont mis en valeur (gras, surlignage, etc.) ;
- les documents ne contiennent aucune faute d'orthographe ni de grammaire.

1. La lettre d'accompagnement

a) Comment structurer une lettre d'accompagnement ?

Cette lettre accompagne impérativement la proposition commerciale. Elle se structure autour de quatre points :
- un rappel du contexte remémore les conditions d'un éventuel premier contact, la problématique et les besoins identifiés chez le client ;
- un résumé présente les points forts de l'offre et les principaux bénéfices que le client va en retirer ;

- un engagement de l'entreprise à respecter l'offre proposée dans toutes ses modalités apporte au client l'assurance d'un suivi après la réalisation de la prestation ou la livraison du produit ;
- l'évocation d'un prochain contact facilite la relance afin de présenter oralement l'offre, d'apporter des informations complémentaires et de répondre à toutes les questions que le client serait susceptible de se poser.

Outre la formule de politesse, la lettre est signée et porte le nom et la fonction du contact commercial du client au sein de l'entreprise.

b) Comment présenter une lettre d'accompagnement ?

Sur la forme, la lettre respecte quelques règles :
- faire des phrases courtes avec une idée par phrase ;
- opter pour une présentation aérée.

2. La plaquette commerciale

La plaquette commerciale est un document qui va servir de support à l'argumentation commerciale. C'est une carte de visite de l'entreprise qui doit susciter l'intérêt du client.

a) Le contenu de la plaquette commerciale

Avant de se lancer dans la réalisation d'une plaquette commerciale, il convient de bien réfléchir à son contenu et aux informations que l'entreprise souhaite diffuser à travers ce document.

Exemples d'informations	Commentaires
Présentation de l'entreprise	Elle doit être brève : historique, activités principales, récompenses, labels, normes ISO, etc.
Chiffres clés	Ils peuvent concerner l'évolution du chiffre d'affaires, les effectifs, etc. Ils servent à démontrer la réussite de l'entreprise.
Descriptif des produits phares	Il ne s'agit pas de présenter tous les produits de l'entreprise mais les produits vedettes qui connaissent un succès commercial et entretiennent sa notoriété.
Photos, illustrations	Les photos et les illustrations proposées doivent être récentes et montrer une image valorisante de l'entreprise.

b) La mise en forme de la plaquette

La plaquette contient des titres et des sous-titres permettant une lecture transversale. Les éléments essentiels doivent être rapidement identifiés par le lecteur. L'insertion de paragraphes courts permet une lecture plus approfondie.
Le langage utilisé est accessible à tous.
Les photos et illustrations sont accompagnées d'un bref commentaire.

3. Le catalogue

Le catalogue est un document de plusieurs pages référençant les articles vendus par l'entreprise.
Il peut présenter l'ensemble des produits proposés par l'entreprise. Dans ce cas, il est généralement publié une à deux fois par an.
En fonction de sa stratégie commerciale, l'entreprise peut choisir de ne présenter dans son catalogue qu'une partie de son offre.

EXEMPLES

Les meilleures ventes ou les promotions en cours.

L'entreprise peut également définir le contenu de son catalogue en fonction d'une catégorie de produits ou d'un segment de clientèle ciblé.
Le contenu du catalogue doit être clair et lisible. Un index permet de guider le lecteur et de l'orienter en fonction de ses intérêts ou besoins.
Les produits sont accompagnés d'une description plus ou moins exhaustive.

EXEMPLES

Caractéristiques, prix, conditions d'utilisation, délais de livraison, conditions de paiement, etc.

4. Le prospectus

Le prospectus ou imprimé sans adresse (ISA) est un document commercial très utilisé par les petites entreprises, les artisans et les commerçants.
Le document ne doit comporter qu'une seule offre : il faut éviter de faire passer plusieurs messages ou des messages compliqués.
L'accroche peut se présenter sous la forme d'un slogan. Elle doit être courte, percutante et facilement mémorisable. En quelques mots, il faut susciter la curiosité du lecteur et l'inviter à poursuivre la lecture du prospectus.
Le prospectus recense les points forts de l'offre commerciale. Cette étape consiste en une argumentation exposant au lecteur les multiples avantages de l'offre. La démonstration doit être courte, explicite et simple à comprendre.
L'objectif du prospectus est d'inciter le lecteur à agir. Pour précipiter son action, il est recommandé d'inclure un délai de validité de l'offre.

4 LES APPELS D'OFFRES

L'assistant de gestion est amené à gérer des appels d'offres de marchés publics ou privés afin de répondre aux besoins d'organismes ou d'entreprises et conclure de nouveaux contrats en matière de travaux, de fournitures ou de services. Les contrats portent sur les caractéristiques précises de l'appel d'offres : la période d'exécution des travaux, les prix, les quantités et la qualité des prestations.

1 Les types d'appels d'offres

1. Les appels d'offres de marchés publics

Les travaux, prestations de services ou achats de fournitures effectués par l'État ou une collectivité territoriale font l'objet d'une publicité sous forme d'appel d'offres public. Ce principe garantit l'égalité de traitement des candidats et la transparence des procédures d'attribution.

Les appels d'offres portent sur la nature et l'étendue des besoins à satisfaire, déterminés avec précision par l'organisme émetteur. Ils peuvent être découpés en lots successifs facilitant l'accès de ces marchés aux PME-PMI.

L'assistant peut consulter les appels d'offres publics sur divers sites.

EXEMPLE

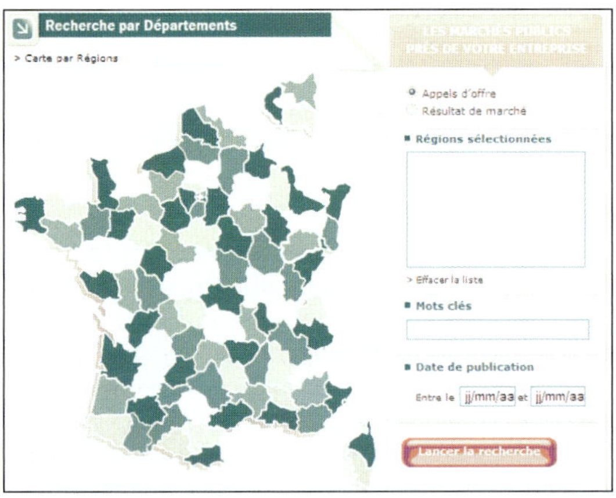

www.boamp.fr

L'Union européenne a procédé en 2004 à la réglementation des marchés publics. Transposé en France en 2006, le nouveau Code des marchés publics précise que les gros marchés d'un montant égal ou supérieur à 4 000 € HT sont obligatoirement précédés d'une publicité. Les marchés d'un montant inférieur à 4 000 € HT peuvent se passer sans publicité ni mise en concurrence.

2. Les appels d'offres de marchés privés

Les appels d'offres privés émanent d'entreprises privées à la recherche de fournisseurs. L'assistant de gestion peut proposer la candidature de la PME-PMI en respectant la procédure définie par le donneur d'ordre.

Il peut consulter les appels d'offres privés sur divers sites.

EXEMPLE

emballage Conditionnement à façon

N° LORRAINE

Fabricant de lubrifiants industriels recherche : Un prestataire pour réaliser un emballage à façon; il s'agit de poches avec bouchon pour conditionner du lubrifiant. Matière : A définir selon ce qui existe sur le marché et suivant les conseils des fournisseurs. Contenances comprises entre 4 et 10 L. Contraintes d'ordre chimiques à prendre en compte car les poduits sont à base d'hydrocarbure. Recherche liée à la demnde d'un client. Avantages escomptés : Diminution du coût de recyclage et réduction du volume occupé par ce conditionnement une fois vide. L'idéal serait de rencontrer des sociétés capables de proposer cette solution et pouvant également effectuer le conditionnement à façon. Echéance : Dès que possible. Le budget n'est pas défini car la société ne connaît pas encore ce produit.

www.123industries.com

2 Les procédures de marchés publics

L'assistant répond à un appel d'offres (soumissionne) selon le type de procédure à suivre.

La procédure ouverte	Elle laisse la possibilité à toutes les entreprises de proposer leur offre.
La procédure restreinte	Seules les entreprises invitées spécifiquement par l'organisme émetteur de l'offre (pouvoir adjudicateur) ont la possibilité de soumissionner. Cette procédure se déroule en deux temps : d'abord, la PME-PMI fait acte de candidature en communiquant les documents nécessaires à la constitution du dossier; puis, si l'entreprise est sélectionnée, sa proposition commerciale est étudiée.
La procédure négociée	Elle permet la consultation des entreprises par le pouvoir adjudicateur afin de négocier les conditions d'attribution du marché dans le respect du cahier des charges de l'appel d'offres et de choisir la proposition la plus avantageuse pour l'organisme adjudicateur.

3 Répondre à un appel d'offres

1. La constitution du dossier de candidature

L'assistant de gestion qui soumissionne à un appel d'offres doit constituer un dossier conforme, faute de quoi l'offre sera rejetée. Pour récupérer l'ensemble des documents nécessaires au dossier, il peut :

– les télécharger sur divers sites;

EXEMPLES

www.economie.gouv.fr

Lettre de candidature et habilitation du mandataire par ses cotraitants DC4 et sa notice explicative
Déclaration du candidat DC5 et sa notice explicative
Déclaration relative à la lutte contre le travail dissimulé DC6 et sa notice explicative
État annuel des certificats reçus DC7 et sa notice explicative
Acte d'engagement DC8 et sa notice explicative
Annexe de l'acte d'engagement relative aux demandes de précisions ou de compléments sur la teneur des offres de candidats DC11 et sa notice explicative
Annexe de l'acte d'engagement relative à la mise au point du marchés / de l'accord-cadre DC12 et sa notice explicative
Annexe à l'acte d'engagement relative à la présentation d'un sous-traitant ou acte spécial DC13 et sa notice explicative

www.bercy.gouv.fr

– les retirer auprès des organismes qui passent le marché.
L'assistant de gestion peut obtenir toutes les informations légales utiles sur www.legifrance.gouv.fr.
Le dossier se compose de deux parties distinctes comportant la candidature et l'offre.

Composition du dossier	Contenu	Exemples de documents
Première partie : présentation de l'entreprise	Documents relatifs à la candidature de l'entreprise	– Présentation de la PME-PMI – Lettre de candidature (DC4) – Déclarations du candidat (DC5) – Déclaration relative à la lutte contre le travail dissimulé (DC6) – État annuel des certificats (DC7) – Kbis (extrait du RCS : registre du commerce et des sociétés), etc.
Seconde partie : proposition tarifaire	Détail de l'offre selon le cahier des charges	– Acte d'engagement (DC8) – Annexes à l'acte d'engagement (DC11,12,13) – Fiches techniques, etc.

2. La remise du dossier de candidature

L'assistant de gestion doit adresser à l'organisme son dossier de candidature dûment complété avant la date et l'heure de clôture des candidatures.
Le dossier peut être :
– envoyé en recommandé avec accusé de réception ;
– remis en main propre et horodaté ;
– envoyé en ligne.

3. L'analyse du dossier de candidature

Après avoir rejeté tous les dossiers parvenus au-delà des délais prévus, l'organisme adjudicateur étudie les diverses candidatures d'entreprises et fait une première sélection. Seules les offres tarifaires des entreprises présélectionnées sont étudiées. Une entreprise est alors sélectionnée ; le contrat est conclu.

4 La dématérialisation des procédures d'appels d'offres

1. Une procédure simplifiée

En 2001, le Code des marchés publics a simplifié la procédure de candidature aux appels d'offres. Les documents administratifs ont été allégés pour en faciliter l'accès aux PME-PMI. Le nouveau Code des marchés publics de 2006 a permis la dématérialisation sur Internet des procédures de passation des marchés, facilitant ainsi la mise en relation des offreurs et des demandeurs.

2. Une procédure dématérialisée

La mise en ligne des appels d'offres permet d'envoyer et de recevoir l'ensemble des documents et bordereaux composant le dossier. Cela rend le dispositif plus efficace et le traitement des offres transparent. Aujourd'hui, toutes les entreprises peuvent consulter et répondre à un appel d'offres sous forme électronique.
La procédure est la suivante :
– inscription de la PME-PMI sur un site de consultation d'appels d'offres ;
– demande de certificat électronique ;
– recherche d'avis d'appels d'offres (veille) ;
– consultation des appels d'offres ;
– sélection des appels d'offres ;
– téléchargement des documents utiles mis en ligne ;
– soumission (rédaction du dossier de réponse) ;
– attente de la réponse en ligne.

3. Les avantages de la dématérialisation

La dématérialisation des appels d'offres procure beaucoup d'avantages :
– détection et consultation facilitées des avis d'appels d'offres donnant accès à des marchés jusqu'alors méconnus par les PME-PMI ;
– simplification de l'ensemble des procédures administratives et mise en ligne des documents (de consultation des offres, de candidatures et d'offres) ;
– signature électronique des candidatures et des offres ;
– procédure électronique sécurisée ;
– réduction des coûts de réponse et des délais de transmission ;
– horodatage des documents et de leur réception.

5 LES CONDITIONS GÉNÉRALES DE VENTE ET LE CONTRAT DE VENTE

➔ Les conditions générales de vente (CGV) sont à la base de la négociation commerciale entre la PME-PMI et ses clients. Elles sont reprises sous forme de clauses dans le contrat de vente après acceptation. L'article L. 441-6 du Code de commerce définit les CGV entre professionnels : « Tout producteur, prestataire de services, grossiste ou importateur est tenu de communiquer ses conditions générales de vente à tout acheteur de produits ou tout demandeur de prestations de services qui en fait la demande pour une activité professionnelle. » L'article L. 134-1 définit les CGV entre professionnels et particuliers : « Les professionnels vendeurs ou prestataires de services doivent remettre à toute personne intéressée qui en fait la demande un exemplaire des conventions qu'ils proposent habituellement. »

1 Les conditions générales de vente (CGV)

1. La communication des CGV

Les CGV sont communiquées au client de façon très lisible sur les documents de la PME-PMI : devis, bon de commande, courriers, etc. Aucune forme n'est imposée par la loi mais une information verbale des CGV ne suffit pas.
Le devis doit comporter la signature de l'entreprise, ainsi que celle du client en cas d'acceptation : l'assistant de gestion doit s'assurer que cette modalité est respectée.
Selon la loi du 2 août 2005, l'assistant peut proposer des CGV différentes selon la catégorie de clientèle concernée.

2. Le contenu

Les conditions générales de vente doivent contenir un certain nombre de mentions obligatoires et peuvent également prévoir des mentions recommandées à communiquer à la clientèle. Selon l'article L. 441-6 du Code de commerce, les mentions obligatoires portent sur les points suivants.

a) Les conditions de vente

Les conditions de vente précisent l'ensemble des conditions de transfert de propriété de la marchandise, les délais et modalités de livraison :
- les références, les quantités disponibles, les délais de fabrication ;
- les prix pratiqués unitaires, HT et TTC, les réductions ;
- les demandes d'avances et acomptes ou d'arrhes ;
- les frais de transports (franco, port dû, port payé) ;
- les modalités de transport, etc.

Les conditions de vente sont mentionnées sur le devis et le bon de commande.

b) Les barèmes de prix

L'assistant de gestion a la possibilité de prévoir des barèmes de prix différenciés, selon les quantités commandées, le montant facturé, la catégorie de client, le lieu de livraison ou toutes autres conditions particulières (comme le yield management, qui fixe des prix différenciés selon des critères de segmentation tels la période, les horaires, les âges, etc.).

EXEMPLE

Les tarifs aériens.

c) Les réductions de prix

L'assistant peut appliquer diverses réductions de prix telles que :
- les réductions commerciales. On en distingue trois types :

Les remises	Réductions habituelles accordées au client selon des critères quantitatifs ou qualitatifs.
Les rabais	Réductions exceptionnelles qui tiennent compte d'une défaillance sur le produit.
Les ristournes	Réductions accordées au client pour le remercier de sa fidélité, qui sont généralement calculées sur le CA d'une période.

- les réductions financières. Elles sont liées aux modalités et aux délais de paiement du client ; il s'agit de l'escompte accordé au client.

d) Les conditions de règlement

De nouveaux délais de paiement sont applicables entre les professionnels depuis le 1er janvier 2009, selon la loi de modernisation de l'économie du 4 août 2008, afin que les PME-PMI puissent obtenir des délais de paiement raisonnables.
Deux options sont possibles : soit 45 jours fin de mois, soit 60 jours, et ce à compter de la date d'émission de la facture. Le délai de paiement est librement négocié entre les parties puis devient contractuel.
Le non-respect de ces délais de paiement est sanctionné par des pénalités de retard dès le lendemain de l'échéance de la facture ; le taux d'intérêt appliqué est celui de la BCE majoré de 10 %. Ces pénalités sont exigibles sans qu'un rappel soit nécessaire.

3. Les sanctions de non-communication des CGV

Plusieurs sanctions sont prévues par la loi en cas de non-communication des CGV par la PME-PMI.

Loi Chatel Janvier 2008	Le défaut de communication des CGV n'est plus sanctionné pénalement. Seule une action en responsabilité peut être faite par le client au tribunal de commerce.
Article L. 441-6 du Code de commerce	Une amende de 15 000 € est prévue à l'encontre de la PME-PMI si elle ne respecte pas les délais de paiement, si elle oublie des mentions obligatoires concernant les conditions de règlement ou lorsque les pénalités de retard et conditions d'exigibilité ne sont pas conformes à la loi.
Loi de modernisation de l'économie Août 2008	Les clients d'une même catégorie doivent bénéficier des mêmes CGV sous peine de sanctions pour pratiques abusives.

4. Les conditions internationales de vente (CIV)

Les conditions internationales de vente (*incoterms*) sont précisées entre le vendeur et l'acheteur lors de la proposition commerciale, afin de réduire l'incertitude qu'entraîne toute transaction internationale concernant la livraison de marchandises.

a) Le rôle des CIV

Les CIV permettent de préciser les responsabilités et obligations des parties respectives au contrat de vente international, telles que :
- l'endroit où se situe le transfert des risques du vendeur à l'acheteur lors du transport de la marchandise ;
- qui du vendeur ou de l'acheteur supporte les frais et assurances liés à l'acheminement de la marchandise et jusqu'à quel lieu.

Les CIV ou *incoterms* ont été mis en place par la Chambre de commerce internationale de Paris, en 1936, puis révisés en avril 2004.

Elles sont organisées en quatre groupes (E, F, C et D), qui précisent la répartition des frais et des risques entre acheteur et vendeur.

b) La typologie des CIV

Groupe E À l'usine	
EXW	Départ usine
Groupe F Transport principal non acquitté	
FAS	Franco le long du navire
FOB	Franco à bord
Groupe C Transport principal acquitté	
CFR	Coût et fret
CAF	Coût, assurance et fret
CPT	Port payé jusqu'à...
CIP	Port payé, assurance comprise, jusqu'à...
Groupe D À l'arrivée	
DAF	Rendu frontière
DES	Rendu ex-navire
DEQ	Rendu à quai
DDU	Rendu droits non acquittés
DDP	Rendu droits acquittés

2 Le contrat de vente

Le contrat de vente est conclu entre le vendeur et l'acheteur dès qu'il y a accord sur la chose et sur le prix. Le principe qui prévaut est la liberté contractuelle d'acheter ou de ne pas acheter. L'écrit n'est pas obligatoire mais recommandé pour les contrats internationaux.

1. Le transfert de propriété

L'accord entre le vendeur et l'acheteur entraîne le transfert de propriété, qui implique pour l'acheteur d'assumer les risques liés au produit. L'assistant peut prévoir d'inclure au contrat une clause de réserve de propriété afin de différer le transfert de propriété et des risques jusqu'à la conclusion totale du contrat.

EXEMPLE

Transfert de propriété et des risques au paiement du solde.

2. Les obligations du vendeur

- Le vendeur doit livrer au client la marchandise correspondant en tous points aux termes du contrat.
- Le vendeur donne l'assurance au client qu'il peut utiliser le bien acheté librement : c'est la clause de garantie d'éviction.
- La garantie légale de conformité et des vices cachés protège l'acheteur contre la non-conformité ou les vices cachés du bien vendu concernant les ventes de biens meubles conclues à partir du 19 février 2005.
  La garantie légale de conformité assure au client que le vendeur a livré un bien conforme au contrat et la garantie légale des vices cachés intervient si les trois conditions suivantes pour en bénéficier sont réunies : il y a un vice, il est caché et le délai de 2 ans pour agir est respecté.
  La directive européenne du 25 mai 1999 appliquée au droit français depuis le 1er janvier 2002 précise que le client dispose de 2 mois pour dénoncer le défaut à partir du moment où il en a pris connaissance.
- Le vendeur peut proposer une garantie supplémentaire appelée garantie contractuelle, prévue dans le contrat au moment de sa conclusion, qui coexiste alors avec la garantie légale.

3. Les obligations de l'acheteur

L'acheteur s'engage à payer le prix convenu au contrat. S'il a payé des arrhes, il a la possibilité de renoncer à son achat en abandonnant la somme versée. S'il a payé un acompte, il ne peut renoncer à son achat ; l'acompte sera simplement déduit de la somme restant à payer.

L'acheteur a l'obligation de prendre livraison du bien à la conclusion de la vente. Si le client ne prend pas possession de la marchandise et que le défaut de retirement entraîne un préjudice chez le vendeur, le client peut être sanctionné de dommages et intérêts.

4. Les particularités du contrat de vente international

Outre les clauses habituelles du contrat de vente, le contrat de vente international comporte des clauses particulières telles que les CIV *(incoterms)*, les modalités et moyens de paiement internationaux, la clause de force majeure, la langue utilisée et la juridiction compétente en cas de litige entre les parties.

6 LE SUIVI DES VENTES ET DES LIVRAISONS

Le suivi des ventes s'effectue par le contrôle des commandes et des livraisons. L'assistant de gestion doit s'assurer que les produits vendus sont en stock, que le client est solvable et que les modalités de livraison sont respectées.

1 Le suivi des ventes

1. Le traitement des commandes

L'assistant a pour mission de réceptionner et de gérer les commandes des clients.
Il en accuse réception afin de préciser les termes et les conditions générales de vente.
Puis il enregistre la commande du client, lui attribue un numéro et la saisit dans un logiciel de gestion commerciale ou un progiciel de gestion intégré (PGI).

EXEMPLES

EBP ou Cegid.

Le suivi des commandes donne la possibilité à l'assistant de gestion d'obtenir la prévision de facturation du mois suivant.

EXEMPLE

Bon de commande en ligne

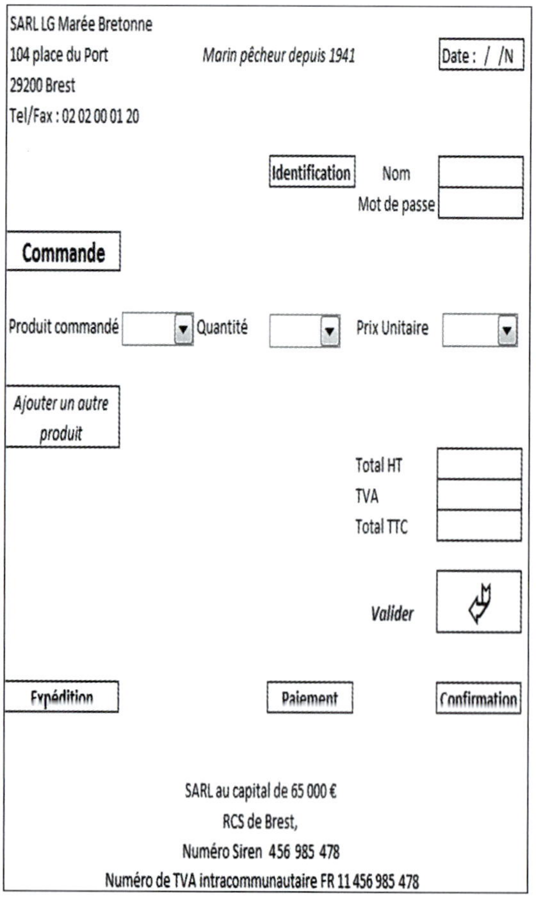
SARL LG Marée Bretonne
104 place du Port
29200 Brest
Tel/Fax : 02 02 00 01 20

Marin pêcheur depuis 1941

Date : / /N

Identification — Nom — Mot de passe

Commande

Produit commandé — Quantité — Prix Unitaire

Ajouter un autre produit

Total HT
TVA
Total TTC

Valider

Expédition — Paiement — Confirmation

SARL au capital de 65 000 €
RCS de Brest,
Numéro Siren 456 985 478
Numéro de TVA intracommunautaire FR 11 456 985 478

2. Le contrôle des commandes

L'assistant doit effectuer plusieurs contrôles qui permettent de traiter les commandes dans de bonnes conditions et d'améliorer les relations avec les clients.

La solvabilité du client	L'assistant peut vérifier la solvabilité, c'est-à-dire la capacité à payer, d'un client en consultant le site www.infogreffe.fr. En cas d'insolvabilité du client, il peut demander un paiement au comptant ou annuler la commande.
Les créances du client	L'assistant doit vérifier, dans l'échéancier, les créances du client et s'assurer qu'il est à jour de ses règlements de factures.
Les conditions générales de vente	Si les conditions générales de vente ne sont pas respectées, l'assistant doit en aviser le client et les rectifier (ex. : rappeler les délais de paiement).
Les éléments de la commande	L'assistant doit vérifier que les produits sont référencés et au bon prix. Dans le cas contraire, il doit en aviser le client et proposer un geste commercial.
Les quantités en stock	L'assistant doit s'assurer que les quantités commandées sont disponibles en stock. Dans le cas contraire, le client sera prévenu et un geste commercial sera proposé.

3. La traçabilité des produits commandés

L'entreprise doit communiquer les éléments utiles au suivi du produit afin d'assurer le client de la qualité du produit vendu. Cette traçabilité se matérialise, en France, par la codification Gencod EAN 13 (codes-barres), codification standard universelle.
Celle-ci permet d'identifier l'entreprise, le produit, sa composition, son origine, et ce à tous les stades du processus, y compris la livraison.
Toutes les données sont archivées par la PME-PMI. Elles permettent de retrouver à tout moment les informations concernant le produit, de sa fabrication au client final, afin de faire face à un problème éventuel. C'est un gage de sérieux et de sécurité pour le client.

EXEMPLE

La traçabilité des viandes.

2 Le suivi des livraisons

1. Le bon de livraison

La livraison permet de mettre à la disposition du client les produits commandés à la date et au lieu convenus.
L'assistant de gestion établit les documents nécessaires à la livraison.
Le bon de livraison n'est pas obligatoire. Toutefois, il permet d'attester la livraison et donne la possibilité au client, en même temps qu'il appose sa signature, d'émettre ses réserves le cas échéant.

EXEMPLE

Bon de livraison

SARL LG Marée Bretonne
104 place du Port
29200 Brest
Tél./Fax : 02 02 00 01 20

Marin pêcheur depuis 1941

Brest
Le

Bon de livraison n°

Désignation des produits	Quantité	Prix unitaire	Montant HT
		Total HT	
		TVA	
		Total TTC	

Poids total KG

Nombre de cagettes

SARL au capital de 65000 €
RCS de Brest, Numéro SIREN 456 985 478,
Numéro de TVA intracommunautaire FR 11 456 985 478

2. Les frais de transport

L'assistant de gestion doit prévoir qui finance les frais de transport : le client ou la PME-PMI. Le paiement peut être de différentes sortes.

Franco de port	Les frais de transport sont payés par la PME-PMI et gratuits pour le client.
Port dû	Les frais de transport sont payés par le client au moment de la livraison des produits.
Port payé	Les frais de transport sont payés par la PME-PMI puis facturés au client avec les produits.

3. Les modalités de livraison

La PME-PMI livre la marchandise	Le bon de livraison accompagne souvent les marchandises ; il permet de vérifier la livraison. Un exemplaire (bon de réception) est alors signé par le client qui accepte la livraison.
Un transporteur achemine la marchandise	En plus du bon de livraison, une lettre de voiture (contrat de transport) est établie entre l'expéditeur et le transporteur. Elle précise les obligations des parties (vendeur, acheteur et transporteur), ainsi que leurs responsabilités, en particulier lors d'une détérioration des marchandises. Elle est visée par le destinataire à la réception des marchandises.

EXEMPLE

Lettre de voiture

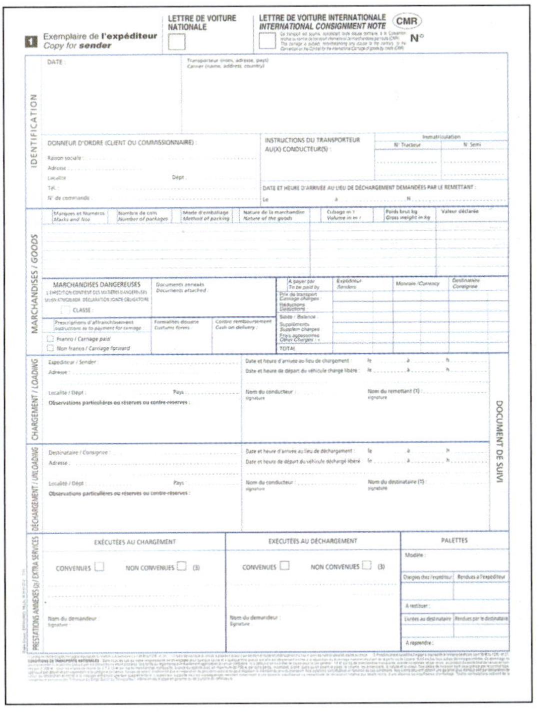
1 Exemplaire de l'expéditeur
Copy for sender
LETTRE DE VOITURE NATIONALE
LETTRE DE VOITURE INTERNATIONALE
INTERNATIONAL CONSIGNMENT NOTE
CMR
N°
IDENTIFICATION
MARCHANDISES / GOODS
CHARGEMENT / LOADING
DÉCHARGEMENT / UNLOADING
PRESTATIONS ANNEXES / EXTRA SERVICES
DOCUMENT DE SUIVI
EXÉCUTÉES AU CHARGEMENT
EXÉCUTÉES AU DÉCHARGEMENT
PALETTES

7 LES RÈGLES COMPTABLES LIÉES À LA VENTE

Les règles comptables liées à la vente concernent l'obligation légale et fiscale de facturer toutes les opérations commerciales entre les professionnels.

1 La facture de doit

La facture de doit est établie en double exemplaire, dont un pour le client, dans le courant du mois civil qui suit la transaction entre professionnels et doit être conservée de 3 à 10 ans. En ce qui concerne les opérations entre la PME-PMI et les clients particuliers, la facture n'est pas obligatoire et peut être remplacée par un ticket de caisse ou une note. La PME-PMI peut choisir d'établir une facture à sa propre initiative ou à la demande de l'acheteur, surtout s'il s'agit d'une vente à distance (CGI art. 258 A, 258 B et 289-1-1 b) ou d'une vente intracommunautaire.

1. Les mentions obligatoires de la facture de doit

La facture comporte plusieurs mentions obligatoires.

Identification de la PME-PMI	– La dénomination sociale – La forme juridique – Le capital social – Le numéro d'identification SIREN unique pour chaque société – Le numéro d'immatriculation au registre du commerce et des sociétés (RCS) suivi du nom de la ville où se trouve le greffe d'immatriculation – Le numéro d'immatriculation de TVA intracommunautaire
Identification du client	– Le nom et l'adresse du client – Le numéro de TVA intracommunautaire du client
Identification de la facture	– Le numéro de facture attribué par l'assistant de façon chronologique attestant que la facture est unique – La mention « Doit » – La date de la facture
Opérations réalisées	– La désignation précise des produits vendus – Les quantités – Le prix unitaire HT brut – Les rabais, remises, ristournes – Le transport – L'emballage – Le taux de TVA – Le total hors taxes – Le montant total de la TVA – Le montant TTC
Mentions relatives au paiement de la facture	– La date d'échéance du règlement – Le taux de pénalité exigible le jour suivant la date de règlement inscrite sur la facture – Les conditions d'escompte

Les conditions générales de vente sont souvent précisées au verso de la facture. Concernant la vente à distance, les modalités d'application du délai de rétractation de 7 jours ainsi que les garanties légales et contractuelles doivent être précisées.

En cas d'omission de l'une des mentions obligatoires, la PME-PMI peut être soumise à des sanctions pénales.

2. L'enregistrement comptable de la facture de doit

L'enregistrement comptable consiste à matérialiser l'opération de vente constituée d'un flux entre la PME-PMI et son client dans le journal des ventes. L'écriture comptable respecte le principe de base de la partie double afin d'équilibrer le débit et le crédit des comptes utilisés.

a) Les réductions commerciales

Les réductions commerciales doivent apparaître clairement sur la facture et se déduisent du montant brut des articles afin d'obtenir le net commercial.

b) Les réductions financières

L'escompte est lié aux conditions de paiement du client. Il est accordé en cas de paiement anticipé ou au comptant et détermine le net financier.
L'escompte est enregistré dans le compte 665 « Escompte accordé ».

c) Les frais de transport

Lorsque la vente nécessite une livraison, les frais peuvent être facturés au client : ils sont alors enregistrés dans le compte 7085 « Port et frais accessoires facturés ». Les frais de port sont soumis à la TVA.

d) Les avances et acomptes

Il peut être demandé au client de payer une somme anticipée à déduire du montant total de la facture.
Il s'agit :
- d'une avance si la commande n'est pas exécutée ;
- d'un acompte si la commande est partiellement exécutée.

Une facture doit être émise à réception des avances et acomptes perçus. Le paiement est enregistré dans le compte 4191 « Clients – Avances et acomptes reçus sur commandes ».

EXEMPLE

		Le / / N		
512		Banque	X	
	4191	Clients, avances et acomptes reçus sur commandes		X
		Règlement de l'acompte		

e) La TVA collectée sur les ventes

La TVA est un impôt que la PME-PMI collecte sur les ventes (TVA collectée) et paye sur les achats (TVA déductible).
La PME-PMI doit périodiquement calculer le solde, le déclarer et le régulariser vis-à-vis de l'État.
La TVA collectée sur les ventes s'enregistre au crédit du compte 44571 « TVA collectée » car il s'agit d'une dette à restituer à l'État.
Les taux applicables sont de 2,1 % (taux super réduit), 5,5 % (taux réduit) et 19,6 % (taux normal).

EXEMPLE

Vente de sacs de céréales par Les Moulins d'Indiana à la SARL Rodal.

"Les Moulins d'Indiana"
45 avenue des Cordeliers
28000 Chartres
Tél./Fax : 04 02 10 03 45

SARL Rodal
2093 rue de la Vieille Ville
28000 Chartres

Facture n° 2401
Doit

Chartres,
Le 28 février N

Désignation	Quantités	Prix unitaire HT	Montant HT
sacs de blé dur type 45, 10 kg	520	3,12	1 622,40
sacs de blé dur type 55, 10 kg	300	3,47	1 041,00
sacs d'orge AOC, 5 kg	600	1,26	756,00
	Montant brut		3 419,40
	Remise 5 %		170,97
	Net commercial		3 248,43
	Escompte 2 %		64,97
	Net financier		3 183,46
	Port forfaitaire		130,00
	TVA 5,5 %		182,24
	Net à payer		3 495,70

Règlement à 45 jours fin de mois.

SARL au capital de 32 000 €
RCS de Chartres, Numéro SIREN 452 452 222,
Numéro de TVA intracommunautaire FR 12 452 452 222

	28/02/N		
411	Client Rodal	3 495,70	
665	Escompte accordé	64,97	
701	Vente de produits finis		3 248,43
7085	Port et frais accessoires		130,00
44571	TVA collectée		182,24
	facture n° 2401		

2 La facture d'avoir

En cas de problème sur une facture de doit, une facture d'avoir est établie afin de corriger les retours de marchandises et les erreurs.

La facture d'avoir permet également d'accorder au client une réduction commerciale supplémentaire sur la globalité de ses achats afin de le fidéliser et de conserver de bonnes relations.

L'avoir peut se traduire par un remboursement ou par une réduction sur les futurs achats du client.

1. Les mentions obligatoires

La facture d'avoir est établie en deux exemplaires. Elle comporte la mention « Avoir », ainsi que :
- les références de la facture initiale ;
- le montant HT des marchandises remboursées ;
- le montant HT de la remise consentie ;
- le montant de la TVA correspondante.

2. L'enregistrement comptable de la facture d'avoir

a) Le retour de marchandise ou l'erreur sur facture de doit

La facture d'avoir corrige d'éventuelles erreurs concernant la facture de doit initiale. Elle prend donc en compte les diverses réductions accordées et répercute le montant de la TVA collectée. En revanche, le port n'est pas remboursé car il correspond à la livraison initiale de la marchandise.

EXEMPLE

La SARL Rodal retourne à son fournisseur Les Moulins d'Indiana 56 sacs de blé dur type 45 détériorés :

"Les Moulins d'Indiana"
45 avenue des Cordeliers
28000 Chartres
Tél./Fax : 04 02 10 03 45

SARL Rodal
2093 rue de la Vieille Ville
28000 Chartres

Avoir n° A45

Chartres,
Le 5 mars N

Désignation	Quantités	Prix unitaire HT	Montant HT
sacs de blé dur type 45, 10 kg	56	3,12	174,72
	Montant brut		174,72
	Remise 5 %		8,74
	Net commercial		165,98
	Escompte 2 %		3,32
	Net financier		162,66
	TVA 5,5 %		8,95
	Net à votre crédit		171,61

SARL au capital de 32 000 €
RCS de Chartres, Numéro SIREN 452 452 222,
Numéro de TVA intracommunautaire FR 12 452 452 222

	5 mars N		
701	Vente de produits finis	165,98	
44571	TVA collectée	8,95	
411	Client Rodal		171,61
665	Escompte accordé		3,32
	avoir n° A45		

b) La réduction commerciale

Lorsqu'une réduction commerciale supplémentaire est accordée à un client, une facture d'avoir est établie et la réduction est enregistrée au débit du compte 709 « Rabais, remises ristournes accordées ». La réduction commerciale est soumise à la TVA.

709	RRRA	X	
44571	TVA collectée	X	
411	Client		X
	Remise accordée, Avoir n°		

8 LE SUIVI DE LA FACTURATION

➔ La vente de produits donne lieu à une facturation dont l'échéance est plus ou moins longue. En général, les clients payent sans difficultés mais pour certains, étourdis ou de mauvaise foi, une relance est nécessaire. Toute PME-PMI soucieuse de sa trésorerie doit mettre en œuvre une procédure rigoureuse de suivi de sa facturation car les retards de paiement et les impayés peuvent mettre en péril une rentabilité parfois fragile.

1 L'intérêt du suivi de la facturation

La PME-PMI peut rencontrer des problèmes de trésorerie à cause du décalage qui existe entre les décaissements liés aux charges inhérentes à l'activité et les encaissements des factures clients.
Ainsi, les retards de paiement des créances clients peuvent mettre en péril la trésorerie de la PME-PMI, qui sera contrainte d'avoir recours aux découverts bancaires ou à d'autres modes de financement, comme les crédits à court terme.

2 Le suivi des échéances

L'assistant de gestion doit être en veille permanente afin de suivre les échéances, s'assurer du paiement des factures et éviter les impayés. Pour cela, il doit mettre en œuvre une procédure de relance des créances clients.
Le suivi des échéances consiste à vérifier et contrôler les échéances des factures clients : à partir d'un logiciel de comptabilité ou d'un PGI, il est possible d'éditer une balance âgée qui présente le récapitulatif des créances clients non réglées à leur date d'échéance.

EXEMPLE

Balance âgée

Balance âgée : Clients		Exercice du 01/01/N au 31/12/N		Date : N	
Comptes clients	Intitulés	Soldes	< à 30 j	de 31 à 60 j	> à 60 j

Mais il est également possible d'établir sur un tableur, notamment, un tableau de bord, échéancier de suivi de la trésorerie clients, qui, mis à jour quotidiennement, permet de consulter le règlement des créances et l'évolution des relances.

EXEMPLE

Tableau de bord échéancier

N° du compte client	Nom du client	N° de facture	Date de la facture	Montant TTC	Date d'échéance	Montant du règlement	Date de la 1re relance	Montant du règlement	Date de la 2e relance	Montant du règlement	Date de la mise en demeure	Montant du règlement

3 La procédure de relance clients

Lorsque la date d'échéance est dépassée, il est nécessaire de relancer le client afin d'obtenir le paiement. La procédure de relance comporte trois étapes.

1. La première relance

La première relance peut se faire par téléphone ou par courrier. Le ton est alors agréable. Les références de la facture sont rappelées ainsi que son montant et la date de son échéance. Le paiement est demandé sous un délai raisonnable. Les clients étourdis règlent généralement après cette relance et la procédure de relance s'arrête là.

EXEMPLE

Première lettre de relance

Société ...
Adresse
Code postal, Ville

Ville,
Le .../.../N

Objet : Demande de paiement

Société ...
Adresse
Code postal, Ville

Monsieur,

Sauf erreur de notre part, le règlement de la facture n° ... du .../.../N, d'un montant de ... €, ne nous est pas parvenu à échéance.

Nous vous remercions de bien vouloir nous adresser un chèque de ... € sous huitaine à compter de la réception de ce courrier.

Dans l'attente de votre règlement,

Nous vous prions de croire, Monsieur, en nos respectueuses salutations.

L'assistant de gestion

2. La seconde relance

Lorsque le paiement n'est pas obtenu après la première relance, il est nécessaire d'effectuer une seconde relance, par courrier recommandé. Le ton est alors plus ferme. Les références et la date de la première relance sont rappelées, ainsi que les références complètes de la facture impayée, son montant et la date d'échéance.

Un paiement rapide sous huitaine est demandé au client, sous peine d'être mis en demeure de payer.

3. La mise en demeure

a) Le courrier

Lorsque le client, après les deux premières relances, n'a pas réglé sa facture, il est mis en demeure de payer dans un courrier recommandé avec accusé de réception.

L'assistant de gestion précise au client que si le paiement ne lui parvient pas « par retour de courrier » « immédiatement », « sous 48 heures », une procédure de recouvrement sera mise en œuvre à son encontre auprès du tribunal compétent.

À réception de cette lettre, beaucoup de clients se manifestent, parfois pour payer un acompte quand leur situation financière est véritablement difficile.

EXEMPLE

Lettre de mise en demeure

Société ...
Adresse
Code postal, Ville

Ville,
Le .../.../N

Objet : Mise en demeure
Lettre recommandée avec AR

Société ...
Adresse
Code postal, Ville

Monsieur,

Suite à nos relances du .../.../N et du .../.../N concernant la facture n° ... du .../.../N, d'un montant de ... €, votre règlement ne nous est pas parvenu.

Sans paiement par retour de courrier, nous serons contraints de procéder à une mise en recouvrement par notre service contentieux et une demande d'injonction de payer sera déposée au tribunal de commerce de ... (ville).

Dans l'attente de votre règlement,

Agréez, Monsieur, nos salutations.

L'assistant de gestion

4. L'injonction de payer

Si la facture reste impayée après la mise en demeure, l'assistant de gestion peut effectuer une requête en injonction de payer en présentant un dossier comportant l'ensemble des documents constitutifs du préjudice :

- auprès du greffe du tribunal de commerce compétent s'il s'agit d'un litige entre professionnels ;
- au greffe du tribunal d'instance s'il s'agit d'un litige avec un client particulier qui dépasse 4 000 € ;
- ou au greffe de la juridiction de proximité si le litige est inférieur à 4 000 €.

Cette procédure peu coûteuse et rapide permet d'obtenir, une injonction de payer, titre exécutoire rendu par le juge qui permet d'obtenir, par l'intermédiaire d'un huissier de justice, le paiement du client. Cette procédure est parfaitement adaptée aux PME-PMI.

EXEMPLE

Lettre de demande d'injonction de payer

Société...
Adresse
Code postal, Ville

Ville,
Le .../.../N

Objet : demande d'injonction de payer
PJ : justificatifs
Lettre recommandée avec AR

Tribunal de commerce
Adresse
Code postal, Ville

À l'attention de Monsieur le Greffier

Monsieur,

Veuillez trouver ci-joint notre demande d'injonction de payer à l'encontre de notre client, Société ..., accompagnée de nos pièces justificatives.

Nous vous remercions d'adresser notre requête au Président du Tribunal de commerce afin qu'il puisse statuer.

Veuillez agréer, Monsieur, nos respectueuses salutations.

L'assistant de gestion

5. L'externalisation de la procédure de recouvrement

Si le courrier de mise en demeure est resté sans effet, l'assistant peut faire appel à un cabinet de recouvrement spécialisé pour obtenir le paiement de sa créance. Ce dernier prend alors en charge la totalité de la procédure de recouvrement en s'adressant directement au client, et ce moyennant des honoraires proportionnels au montant de la facture impayée.

4 L'affacturage

La PME-PMI a la possibilité de sous-traiter la gestion de son portefeuille de créances clients à une entreprise d'affacturage appelée factor. Le factor assume la gestion et le recouvrement des factures de la PME-PMI contre une commission proportionnelle à leur montant en rémunération du crédit et du risque garantis.

Cette procédure permet à la PME-PMI d'obtenir le paiement immédiat de ses factures, montant de la commission due déduit, de se décharger du risque d'impayés et des procédures de relance.

exercice 1 Prospecter un nouveau segment de clientèle

Vous êtes assistant de gestion dans la PME Gimat, située route du Château, 47600 Nérac, qui fabrique et installe des couvertures automatiques pour piscines traditionnelles. Afin de développer la clientèle, vous proposez à votre chef d'entreprise de participer à la foire d'Agen en septembre N.

ENTRAÎNEZ-VOUS

1. **Concevez une fiche prospect à utiliser sur le stand de la foire.**

2. **Rédigez un modèle de publipostage à envoyer à vos nouveaux prospects afin de leur proposer une visite-diagnostic.**

CORRIGÉS p. 154

exercice 2 Répondre à un appel d'offres

La PME Noterra est une entreprise lilloise spécialisée dans le dallage en extérieur. Elle réalise des travaux de construction et de rénovation de terrasses, esplanades, bordures de piscine, etc.

Assistant de gestion, vous avez détecté une offre de marché public présentée en annexe.

Annexe – Offre de marché public

AVIS DE MARCHÉ
Département de publication : **02**
Annonce n° 10-RTV632B
Aménagement

Nom et adresse officiels de l'organisme acheteur : Ville de Saint-Quentin

Correspondant : M. Juguy, Mairie de Saint-Quentin – 1, place des Vosges, 02100 Saint-Quentin, tél. 03 78 71 20 06, télécopieur : 03 78 71 20 05, courriel : mcjuguy@villedestquentin.org.

Objet du marché : Carrelage de la cour intérieure du Musée municipal, ville de Saint-Quentin.

Lieu d'exécution et de livraison : Musée municipal, place de la Tour, 02100 Saint-Quentin

Caractéristiques principales : Carrelage de la cour intérieure, 1 500 m^2, marbre rose et gris.

Durée du marché ou délai d'exécution : 3 mois à compter de la notification du marché.

Date prévisionnelle de commencement des travaux : 6 octobre N.

Unité monétaire utilisée : euro.

Justifications à produire quant aux qualités et capacités du candidat :

Dossier de candidature à télécharger sur le site : http://www.minefe.gouv.fr, thème : marchés publics, à compléter selon les critères suivants :

Critères d'attribution :
- le prix : 30 % ;
- la qualité technique : 70 %.

Date limite de réception des offres : 26 avril N, à 18 heures.

Délai minimum de validité des offres : 150 jours à compter de la date limite de réception des offres.

Conditions de remise des offres ou des candidatures :

Remise des offres à la Mairie de Saint-Quentin, 1 place des Vosges, 02100 Saint-Quentin, de 9 heures à 12 heures et de 14 heures à 16 heures contre récépissé ou envoi par lettre recommandée avec avis de réception postal.

Date d'envoi du présent avis à la publication : 24 janvier N.

Adresse auprès de laquelle des renseignements d'ordre administratif et technique peuvent être obtenus :

M. Juguy, Mairie de Saint-Quentin – 1, place des Vosges, 02100 Saint-Quentin, tél. 03 78 71 20 06, télécopieur : 03 78 71 20 05, courriel : mcjuguy@villedestquentin.org.

exercices

ENTRAÎNEZ-VOUS

1. Rédigez le courrier de candidature pour ce marché public.

2. Précisez quels sont les documents qui composent le dossier de candidature.

3. Expliquez quel est l'intérêt de la dématérialisation des offres.

CORRIGÉS p. 154

exercice 3 La facturation et le suivi des règlements

Vous êtes assistant de gestion au sein de la PME Textile BBA, grossiste en vêtements, située route du Village, 48000 Mende. Vous êtes chargé de la facturation et du suivi des règlements arrivant à échéance.

Le lundi 3 novembre N, vous avez des factures à établir (annexe 1) et vous devez contrôler le tableau de bord des factures arrivées à échéance fin octobre N (annexe 2). Vous constatez qu'un client n'a pas réglé.

Annexe 1 – Factures

Facture n° 345 adressée au client EURL Daisy Mode, avenue du Volcan, 63000 Clermont-Ferrand, concernant :
- des chemises à carreaux référence DZE409, 5 unités taille M et 10 unités taille L à 30,50 € HT pièce ;
- chemises unies blanches référence DZE420, 6 unités taille L à 25,30 € HT pièce ;
- tee-shirts coton, coloris assortis, référence FRY520, taille unique, 20 unités à 12 € HT pièce.

Vous accordez à ce client 3 % de remise et 2 % d'escompte.
Les frais de port s'élèvent forfaitairement à 40 € ; la TVA est au taux normal.
Paiement par chèque à 60 jours.

Facture n° 346 adressée au client Société NPL, allée des Coquelicots, 11430 Gruissan, concernant :
- chemises à carreaux référence DZE409, 20 unités dans les tailles S, M et L à 30,50 € HT ;
- chemises unies blanches référence DZE420, 20 unités dans les tailles M et L à 25,30 € HT pièce.

Vous accordez à ce client, qui a réglé à la commande 700 € d'acompte, une remise de 5 % et un escompte de 2 %.
Le port forfaitaire s'élève à 40 € ; la TVA est au taux normal.
Paiement par chèque à 45 jours fin de mois.

Avoir n° A28 concernant la société Easy, 43 avenue des Neiges, 38000 Grenoble, qui retourne 5 vestes référence VD851, vendues au comptant par chèque, 43 € HT pièce avec une remise de 3 % et un escompte de 2 % ; TVA au taux normal.

Annexe 2 – Tableau de bord

Nom	Adresse	N° facture	Date facture	Montant TTC en €	Acompte en €	Date échéance	Solde en €
Richaud SA	25 Cap Nord 16000 Angoulême	328	16/08/N	4 251,00	500,00	16/10/N	
EURL Noy	785 ZI Roc 42660 Jonzieux	335	19/09/N	7 562,00		31/10/N	7 562,00
Sté Verdier	Avenue du Parc, n° 40 65110 Cauterets	341	10/10/N	254,80		30/11/N	
SARL Aubry	69 route du Rocher 21500 Montbard	342	18/10/N	5 698,50	700,00	18/12/N	

ENTRAÎNEZ-VOUS

1. Présentez et enregistrez au journal les factures n° 345, 346 et A28.

2. Adressez la première lettre de rappel au client retardataire.

CORRIGÉS p. 155

corrigés

exercice 1 page 152

1. Modèle de fiche prospect

PROSPECT Société Gimat Route du Château 47600 Nérac	Date :
Nom : **Prénom :** Adresse : Code postal : Ville : Tél. : E-mail : ....@................. Propriétaire : Oui Non	**Piscine :** Coque ☐ Traditionnelle ☐ Forme : .... Dimensions : ....
Type de produit souhaité :	Potentiel d'achat : Oui ☐ Non ☐ Échéance :
Exigences particulières du prospect :	Observations :

2. Modèle de publipostage

Société Gimat
Route du Château
47600 Nérac

Gimat le spécialiste
des couvertures automatiques

«titre» «nom» «prénom»
«adresse 1»
«adresse 2»
«code postal» «ville»

Objet : visite-diagnostic

Nérac, le ....

«Titre»,
Nous avons eu le plaisir de vous rencontrer sur notre stand de la foire d'Agen en septembre N.

Afin de vous faire découvrir l'ensemble de notre gamme de couvertures automatiques pour piscines et évaluer l'ensemble de vos besoins, nous vous proposons :

une visite-diagnostic gratuite
le .... N
à partir de 18 h

Nous vous remercions de nous confirmer ce rendez-vous en nous retournant le coupon-réponse ci-dessous.

Dans l'attente de votre confirmation,

Nous vous prions d'agréer, «Titre», l'expression de nos respectueuses salutation.

Le Directeur.

✂--

Visite-diagnostic

Le .... N à partir de 18 h

Rendez-vous confirmé ☐
Rendez-vous annulé ☐
Rendez-vous reporté le : .... **N à** .... **h**

Coupon à renvoyer à Société Gimat, route du Château, 47600 Nérac

exercice 2 page 152

1. La candidature à un appel d'offres se fait sur DC4 ou par courrier simple.

Société Noterra
59000 Lille

Monsieur Juguy
Mairie de Saint-Quentin
1 place des Vosges
02100 Saint-Quentin

Objet :
Candidature appel d'offres
n° 10-RTV632B

Lilles,
le 5 avril N

Lettre recommandée avec AR

Monsieur,

Nous vous remercions de prendre acte de notre candidature à l'offre de marché public engagée par la ville de Saint-Quentin le 24 janvier N par annonce n° 10-RTV632B, dont les coordonnées sont les suivantes :
Correspondant : M. Juguy, Mairie de Saint-Quentin, 1 place des Vosges, 02100 Saint-Quentin.
Téléphone : 03 78 71 20 06,
Fax : 03 78 71 20 05,
Courriel : mcjuguy@villedestquentin.org

L'objet est le suivant :
– Carrelage de la cour intérieure du Musée municipal, ville de Saint-Quentin : 1 500 m², marbre rose et gris.

Lieu d'exécution des travaux : Musée municipal, place de la Tour, 02100 Saint-Quentin.

Nous vous remercions d'enregistrer notre candidature.

Veuillez agréer, Monsieur, nos salutations distinguées.

Le Directeur

2. Les documents qui composent un dossier d'appel d'offres, outre le DC4, sont :
- la déclaration du candidat DC5 ;
- la déclaration relative à la lutte contre le travail dissimulé DC6 ;
- l'état annuel des certificats reçus DC7 ;
- l'acte d'engagement DC8 ;
- l'annexe de l'acte d'engagement relative aux demandes de précisions ou de compléments sur la teneur des offres de candidats DC11 ;
- l'annexe de l'acte d'engagement relative à la mise au point du marché DC12 ;
- l'annexe de l'acte d'engagement relative à la présentation d'un sous-traitant DC13.

3. La dématérialisation des offres permet, sur Internet, sous forme électronique :
- la consultation et l'analyse des offres ;
le téléchargement des documents et bordereaux composant le dossier ;
- la soumission et le dépôt du dossier de candidature en ligne.

exercice 3 page 153

1. Présentation et enregistrement au journal des factures 345, 346 et A28.

Présentation de la facture n° 345

Textile BBA
Route du Village
48000 Mende
SIREN 321 452 000

EURL Daisy Mode
Avenue du Volcan
63000 Clermont-Ferrand

Facture n° 345
Doit

Mende
Le 3 novembre N

Référence	Désignation	Taille	Quantité	Prix unitaire HT	Montant HT
DZE409	Chemises carreaux	M	5	30,50	152,50
DZE409	Chemises carreaux	L	10	30,50	305,00
DZE420	Chemises unies blanches	L	6	25,30	151,80
FRY520	Tee-shirts coton coloris assortis	U	20	12,00	240,00
			Montant brut		849,30
			Remise 3 %		25,48
			Net commercial		823,82
			Escompte 2 %		16,48
			Net financier		807,34
			Port forfaitaire		40,00
			TVA 19,6 %		166,08
			Net à payer		1 013,42

Règlement à 60 jours.

SARL au capital de 12 000 €
Numéro de TVA intracommunautaire FR 11 321 452 000

Enregistrement de la facture n° 345

		03/11/N		
411		Client Daisy Mode	1 013,42	
665		Escompte accordé	16,48	
	707	Vente de marchandises		823,82
	7085	Port et frais accessoires		40,00
	44571	TVA collectée		166,08
		Facture n° 345		

Présentation de la facture n° 346

Textile BBA
Route du Village
48000 Mende
SIREN 321 452 000

Société NPL
Allée des Coquelicots
11430 Gruissan

Facture n° 346
Doit

Mende
Le 3 novembre N

Référence	Désignation	Taille	Quantité	Prix unitaire HT	Montant HT
DZE409	Chemises carreaux	S	20	30,50	610,00
DZE409	Chemises carreaux	M	20	30,50	610,00
DZE409	Chemises carreaux	L	20	30,50	610,00
DZE420	Chemises unies blanches	M	20	25,30	506,00
DZE420	Chemises unies blanches	L	20	25,30	506,00
			Montant brut		2 842,00
			Remise 5 %		142,10
			Net commercial		2 699,90
			Escompte 2 %		54,00
			Net financier		2 645,90
			Port forfaitaire		40,00
			TVA 19,6 %		526,44
			Acompte		700,00
			Net à payer		2 512,34

Règlement à 45 jours fin de mois.

SARL au capital de 12 000 €
Numéro de TVA intracommunautaire FR 11 321 452 000

Enregistrement de la facture n° 346

		03/11/N		
4191		Client – Avances et acomptes	700,00	
411		Client NPL	2 512,34	
665		Escompte accordé	54,00	
	707	Vente de marchandises		2 699,90
	7085	Port et frais accessoires		40,00
	44571	TVA collectée		526,44
		Facture n° 346		

Présentation de l'avoir n° A28

Textile BBA
Route du Village
48000 Mende
SIREN 321 452 000

Société Easy
43 avenue des Neiges
38000 Grenoble

Avoir n° A28

Mende
Le 3 novembre N

Référence	Quantité	Prix unitaire HT	Montant HT
VD851	5	43,00	215,00
	Montant brut		215,00
	Remise 3 %		6,45
	Net commercial		208,55
	Escompte 2 %		4,17
	Net financier		204,38
	TVA 19,6 %		40,06
	Net à votre crédit		244,44

SARL au capital de 12 000 €
Numéro de TVA intracommunautaire FR 11 321 452 000

Enregistrement de l'avoir n° A28

		03/11/N		
707		Vente de marchandises	208,55	
44571		TVA collectée	40,06	
	411	Client Easy		244,44
	665	Escompte accordé		4,17
		Avoir n° A28		

2. Première lettre de rappel

Le client Richaud SA devait payer le solde de sa facture le 16/10/N, soit un montant de :
4 251 € – 500 € = 3 751 €.

Textile BBA
Route du Village
48000 Mende

Richaud SA
25 Cap Nord
16000 Angoulême

Objet : rappel

Mende,
Le 3 novembre N

Monsieur,

Sauf erreur de notre part, nous n'avons pas reçu le solde de la facture n° 328 du 16 août, d'un montant de 3 751 €, arrivant à échéance le 16 octobre N.

Nous vous remercions de bien vouloir nous adresser un chèque de cette somme sous huitaine à compter de la réception de ce courrier.

Dans l'attente de votre règlement,

Nous vous prions de croire, Monsieur, en nos respectueuses salutations.

L'assistant de gestion

ACTIVITÉ 2
GESTION DE LA RELATION AVEC LES FOURNISSEURS

1 LE SYSTÈME D'INFORMATION CLIENT ET FOURNISSEUR

Le système d'information client et fournisseur est une composante du système d'information mercatique de la PME-PMI. Il se présente sous la forme d'une base de données commerciale, outil d'aide à la décision. Celle-ci rassemble les informations concernant les clients afin de mieux les connaître et les satisfaire, ainsi que les fournisseurs afin d'optimiser les approvisionnements et de tisser des liens de partenariat.

1 Le système d'information de la PME-PMI

1. La mise en œuvre

Dans la PME-PMI, un système de gestion de bases de données simple (SGBD) ou relationnel (SGBDR) suffit pour développer les bases de données clients et fournisseurs. Toutefois, l'utilisation d'un progiciel de gestion intégré (PGI) permet aux collaborateurs de la PME-PMI d'exploiter l'ensemble des données recueillies en temps réel.

L'assistant de gestion doit veiller à ce que le système d'information mis en place soit de qualité et en particulier :
- déclarer les fichiers commerciaux à la CNIL (Commission nationale de l'informatique et des libertés) avant de les exploiter pour préserver la confidentialité des informations ;
- protéger le système contre les malveillances et intrusions possibles. La norme de qualité ISO 20000, basée sur la norme de qualité ISO 9001, permet de certifier que le système informatique de l'entreprise est de qualité et la norme ISO 27001 « management de la sécurité de l'information » assure de la haute sécurité du système d'information, etc. L'intérêt est de protéger l'intégrité du système informatique et la confidentialité des données recueillies.

2. Les étapes de la mise en œuvre

a) La collecte des informations

Les informations recueillies, qualitatives ou quantitatives, émanent de sources internes (fiches prospects) ou externes (journaux professionnels). Pour être exploitables, elles doivent être objectives, pertinentes, précises, fiables, récentes et disponibles. Ces informations regroupées dans des fichiers clients et fournisseurs sont en permanence complétées, mises à jour, triées, afin d'être utilisées comme outil d'aide à la décision.

b) Le traitement et l'analyse des informations

Les informations collectées sont traitées de façon à être exploitées. Un suivi des fichiers clients et fournisseurs très fin et pertinent facilite la mise en place d'actions commerciales.

EXEMPLES

La segmentation des clients, l'envoi de publipostages, de cartes de fidélité, le référencement des fournisseurs, l'échange de données informatisées ou le développement d'un partenariat.

c) Le contrôle des performances

Le système d'information de l'entreprise permet l'évaluation des performances des outils mis en œuvre, *a posteriori*, sous forme de statistiques, de graphiques ou de tableaux de bord. Ce contrôle sert à améliorer les stratégies mises en place.

2 Le système d'information client

1. La mise en œuvre

Le système d'information client permet de recueillir et d'analyser toutes les informations utiles sur la clientèle, les produits, les concurrents et l'environnement commercial. La base de données permet de recueillir des informations sur les clients, de conserver un historique des diverses actions commerciales mises en œuvre, d'en calculer la rentabilité.

2. La gestion de la relation client

Le système d'information client permet de développer une gestion de la relation client (GRC) ou *Customer Relationship Management* (CRM) performante. Il s'agit d'une stratégie commerciale qui aide à individualiser l'offre et à fidéliser le client, en regroupant des informations sur :
- sa personne (date de naissance, âge des enfants, lieu d'habitation, type d'habitation) ;
- ses habitudes d'achat (fréquence, récence, montant des achats, types de produits achetés, quantités, marques, prix) ;
- sa rentabilité (chiffre d'affaires [capital client], évolution des achats, etc.).

Grâce à la GRC, l'assistant de gestion crée une relation interactive avec les clients, propose des offres individualisées, améliore la valeur client et la rentabilité des actions commerciales, optimise la gestion de l'après-vente.

EXEMPLE

Proposer des cartes de fidélité.

3 Le système d'information fournisseur

1. La mise en œuvre

Le système d'information fournisseur permet de collecter toutes les données utiles sur les fournisseurs afin de rationaliser le processus d'approvisionnement, de l'achat des marchandises à la facturation. Il dynamise la chaîne d'approvisionnement grâce aux nouvelles technologies utilisées par les partenaires PME-PMI et fournisseurs, interconnectés dans une interface commune.

L'assistant de gestion peut améliorer la qualité de l'information en amont en automatisant son système d'information fournisseur et en effectuant de l'e-sourcing (automatisation de la recherche de fournisseurs) à l'aide d'un PGI ou d'un logiciel spécifique au sourcing. Lorsque la PME-PMI n'a pas à sa disposition les outils informatiques nécessaires, elle a la possibilité d'externaliser la gestion de son système d'information fournisseur. Il s'agit alors d'out-sourcing.

2. L'échange de données informatisées (EDI)

Le réseau d'échange de données informatisées (EDI) est une plate-forme de communication automatisée entre la PME-PMI et ses fournisseurs. L'EDI permet à l'assistant de gestion d'avoir une connaissance parfaite des catalogues de produits fournisseurs, d'utiliser des bons de commande en ligne ou d'obtenir tout type de documents diffusés par les fournisseurs, tels que bons de livraison, notices d'utilisation, etc.
Ainsi, l'assistant de gestion peut acheter les produits directement sur le site du fournisseur à partir du catalogue électronique. Pour cela, il utilise la fiche EDI qui permet la saisie en ligne rapide et sûre des informations techniques (références, dimensions, etc.) et commerciales (tarifs, escomptes, etc.) concernant les produits à commander.

EXEMPLE

L'EDI

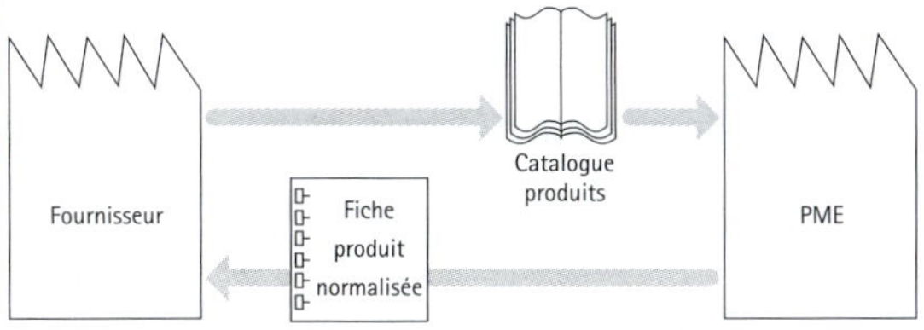

L'EDI permet également de suivre et contrôler l'ensemble de la chaîne des approvisionnements. Les relations de partenariat avec les fournisseurs s'en trouvent ainsi facilitées.

4 Le progiciel de gestion intégré (PGI) et le système d'information de la PME-PMI

1. L'organisation du PGI

Le PGI est un regroupement de logiciels qui intègrent l'ensemble des fonctions et procédures de gestion de l'entreprise, la comptabilité courante, la gestion commerciale des achats et des ventes, la gestion de la relation client, etc.
Le PGI permet de saisir, stocker et analyser toutes les informations utiles à la gestion de la PME-PMI à partir d'une base unique, utilisable par tous les collaborateurs sous réserve de leurs droits d'accès. Sans aucune ressaisie des données, la saisie d'informations par un collaborateur déclenche automatiquement les mises à jour nécessaires. Par ailleurs, il est aisé d'enrichir la base de données du PGI par l'importation de bases de données externes.

EXEMPLE

Organisation des modules du logiciel Cegid

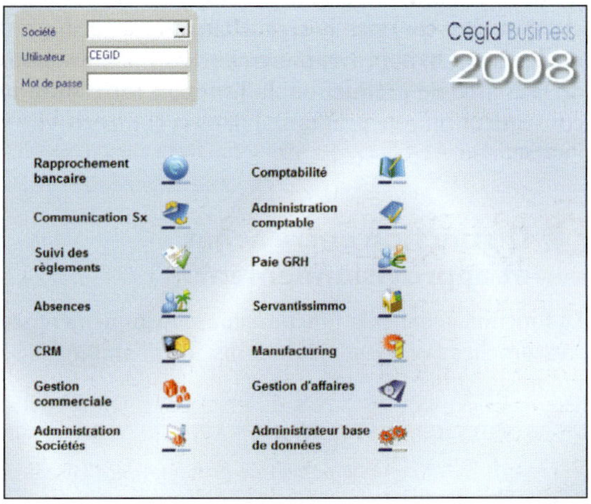

2. Présentation de quelques applications sur PGI

L'assistant de gestion qui utilise un PGI peut notamment, à partir du module Vente de la gestion commerciale, créer un devis, le transformer après acceptation du client en un bon de commande, puis en facture et émettre un bon de livraison pour le transporteur. Le stock de produits se met instantanément à jour.
Parallèlement, à partir du module CRM, l'assistant de gestion a la possibilité de suivre les clients et les prospects, de leur envoyer des publipostages promotionnels individualisés, etc.

EXEMPLE

Module CRM du logiciel Cegid

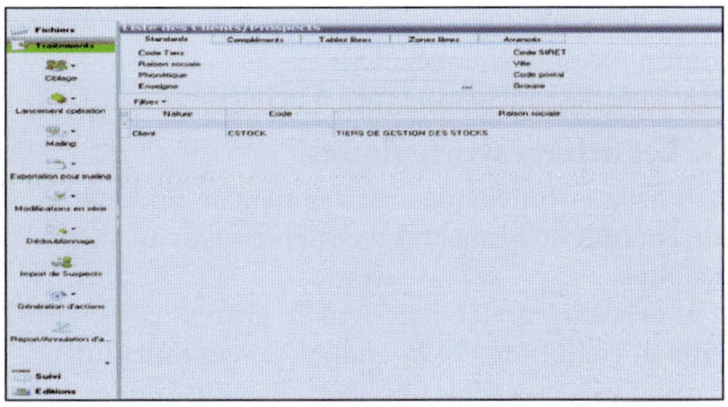

L'assistant de gestion peut aussi, à partir du module Achat de la gestion commerciale, saisir des informations sur le fournisseur (coordonnées postales et bancaires, conditions de règlements, etc.) et ajouter des remarques diverses utiles au suivi des affaires (retard de livraison, rupture de stock, etc.) afin de compléter son système d'information fournisseur.

2 LES ACHATS

➔ La fonction achat consiste à approvisionner la PME-PMI aux meilleures conditions possible avec les produits nécessaires à son activité. Les achats représentent souvent une lourde charge qui implique la recherche d'un approvisionnement optimal. En amont de la chaîne de production, la fonction achat joue par conséquent un rôle primordial dans la compétitivité de l'entreprise.

1 Distinction entre achat et approvisionnement

La fonction achat et la fonction approvisionnement sont très proches ; on peut néanmoins les distinguer de la façon suivante.

La fonction achat	– À long terme Elle permet de rationnaliser l'ensemble des coûts de la PME-PMI. – À court terme Elle doit permettre à la PME-PMI de posséder les produits utiles à son activité dans le respect du budget défini. Exemple : référencement des fournisseurs.
La fonction approvisionnement	Elle consiste à gérer les entrants, les stocks et les coûts analytiques liés aux achats. Exemple : budget des approvisionnements.

2 La typologie des achats de biens et services

Les achats de l'entreprise désignent non seulement les biens et services destinés à la production mais aussi ceux qui sont utiles au fonctionnement de la PME-PMI (fournitures, téléphone, etc.).

Il y a deux principaux types d'achats.

1. Les achats stratégiques

Les achats stratégiques représentent le principal poste de charges de beaucoup d'entreprises, avant même les salaires.

Ces achats interviennent dans le processus de fabrication et conditionnent la qualité des produits finis.

Lorsqu'ils sont « achats de spécialité », ils sont essentiels à l'entreprise car ils sont étroitement liés au cœur de métier.

Parmi les achats stratégiques, on peut distinguer les biens d'équipement des biens incorporables de la façon suivante.

Les biens d'équipement	Ils comprennent les immobilisations et investissements indispensables au fonctionnement de la PME-PMI. Exemples : grues, camions, micro-ordinateurs, etc.
Les biens incorporables	Ils comprennent : – les matières premières, nécessaires à la fabrication du produit. Exemples : le sable, l'acier ; – les composants et accessoires, qui sont des produits intégrés dans la fabrication. Exemple : les rétroviseurs ; – les emballages, qui permettent de conditionner le produit fini. Exemples : les cartons, les palettes.

2. Les achats courants

Les achats courants sont les produits et services annexes à la production ; régulièrement achetés, ils ne sont pas stratégiques.

Peu valorisés dans l'entreprise, ils représentent toutefois des coûts importants, qui justifient un suivi rigoureux.

On peut distinguer deux types d'achats courants.

Les biens de consommation	Exemples : vêtements de travail, fournitures de bureau, petit mobilier, énergies, etc.
Les services	Exemples : transports, assurances, etc.

3 Les éléments d'évaluation des achats

L'assistant de gestion doit optimiser les achats afin de permettre à l'entreprise de réaliser des gains sur les prix de vente et améliorer le résultat de l'entreprise. Plusieurs critères doivent être étudiés.

Le prix des produits	Le prix d'achat a une incidence directe sur le coût de revient. L'assistant de gestion doit être attentif à l'élasticité du prix et à sa stabilité. Exemple : le prix du pétrole.
La qualité des produits	Les produits achetés doivent répondre aux besoins de l'entreprise et à son cahier des charges. Les normes et certifications procurent à l'assistant de gestion la garantie de la qualité souhaitée. Exemple : la volaille.
La fiabilité des relations d'achat	Les liens privilégiés que la PME-PMI tisse avec ses partenaires fournisseurs permettent d'instaurer des relations saines et fiables qui contribuent à un achat de qualité et à une bonne gestion des stocks.

4 La gestion des demandes d'achat

1. Le recensement des besoins

Afin d'éviter que chacun ne passe commande individuellement, l'assistant de gestion recense les besoins en achats du personnel sur un document de demande d'achat. Il valide ainsi les commandes, en les soumettant éventuellement au chef d'entreprise pour accord.

EXEMPLE

La demande d'achat

DEMANDE D'ACHAT

Date:

DEMANDEUR
NOM :
Prénom :
Service :
Poste occupé :

ARTICLES

Désignations	Quantités	Observations

Signature du demandeur :

Signature
Pour accord

2. L'analyse des demandes d'achat

Chaque demande d'achat est analysée à partir des éléments suivants :

- la date (pour connaître la périodicité) ;
- le service ou la personne concernée (pour savoir d'où émane la demande) ;
- le détail de la demande (afin de connaître les besoins).

Cette analyse permet à l'assistant de gestion de vérifier la cohérence des demandes (délais, produits, quantités appropriées, prix, etc.) et d'éviter les abus éventuels en apportant les corrections nécessaires.

L'assistant peut rassembler les diverses demandes d'achat dans un document récapitulatif.

Dates	Services	Postes	Noms	Produits demandés	Caractéristiques demandées	Quantités commandées	Observations

3. Les intervenants de la demande d'achat

L'acheteur	Personne rassemblant les demandes d'achat émises par les utilisateurs, recherchant les fournisseurs et passant commande (ex. : l'assistant de gestion).
Les utilisateurs	Consommateurs du produit sur leur poste de travail, qui communiquent leurs demandes d'achat à l'acheteur (ex. : le comptable).
Le décideur	Responsable qui confirme ou infirme les choix de l'acheteur (ex. : le chef d'entreprise).
Les prescripteurs internes	Personnels de l'entreprise qui influencent le choix de l'acheteur et des utilisateurs (ex. : l'ingénieur qualité).
Les prescripteurs externes	Personnes extérieures à la PME-PMI, qui émettent un avis influençant l'acheteur ou les utilisateurs (ex. : les experts professionnels).

4. La maîtrise des risques liés à la demande d'achat

Avant de passer une commande, l'assistant de gestion doit vérifier que les conditions d'achat sont optimales. Pour cela, il doit prévenir les risques potentiels.

Le risque technique	Risque lié à la composition et à la fabrication du produit. L'assistant de gestion doit communiquer au fournisseur un cahier des charges précis et s'assurer que les normes et certifications sont respectées.
Le risque financier	Risque provenant du non-paiement des achats. Une étude de la trésorerie de la PME-PMI permet d'éviter les risques d'impayés et les indemnités de retard sur factures.
Le risque de livraison	Risque lié à un dysfonctionnement de logistique ou de transport. Le choix de l'assistant se portera sur un fournisseur et un transporteur fiables.
Le risque fournisseur	Risque qui émane d'un mauvais choix de fournisseur au moment du référencement. L'assistant de gestion doit mettre en œuvre des critères d'évaluation pertinents.
Le risque pays	Risques politiques, économiques, géographiques, climatiques ou juridiques. L'assistant, avant d'effectuer un achat à l'étranger, doit étudier le marché et recueillir des informations sur le pays concerné.

3 LA SÉLECTION DES FOURNISSEURS

Dans une PME-PMI, la mise en place d'un système de veille des achats permet de suivre l'évolution de la diversité des produits et services, des normes, de la certification et de rationaliser la procédure de sélection des fournisseurs nationaux comme internationaux, parfois localisés dans des pays émergents.

1 Le référencement des fournisseurs

1. L'intérêt d'une procédure de référencement

a) Améliorer la satisfaction des clients

La mise en œuvre d'une procédure de référencement optimise la sélection des fournisseurs et permet ainsi à la PME-PMI de se différencier des concurrents et d'améliorer son image auprès des clients.

La veille des fournisseurs en vue d'un référencement permet de suivre l'évolution des innovations, du progrès technologique et d'anticiper les besoins des clients afin de mieux les satisfaire et les fidéliser.

b) Optimiser les coûts d'achat

Le référencement des fournisseurs permet de créer de la valeur en amont du processus d'achat.

La maîtrise des coûts impose de trouver des fournisseurs qui maximisent les approvisionnements en proposant le meilleur rapport qualité-prix possible des produits et services.

Un outil permet de réduire les coûts d'achat. Il s'agit du sourçage (*sourcing*), qui automatise la procédure de référencement, facilitant la recherche, la sélection et l'évaluation des fournisseurs.

c) Évaluer les risques fournisseurs

Envisager un référencement exclusivement national des fournisseurs priverait la PME-PMI de compétitivité.

Il devient de plus en plus nécessaire d'élargir la recherche au marché international tout en mesurant les risques liés à la relation avec le fournisseur.

EXEMPLES

Risques financiers	Trésorerie, crédits, cessation de paiement
Risques techniques	Processus et capacité de production, méthodes de travail, process, composants utilisés, technologies
Risques économiques	Instabilité du pays, conflits sociaux, etc.
Risques de services	Assurance qualité, certification fournisseur, garanties, service après-vente
Risques logistiques	Gestion des stocks, distribution, délais et modalités de livraison

2. La définition du cahier des charges des achats

Avant tout référencement de fournisseurs, il est nécessaire de définir avec précision les caractéristiques du produit ou service à acheter dans un cahier des charges.

EXEMPLES

Caractéristiques opérationnelles	Fonction du produit, utilisation, type de consommateur
Caractéristiques techniques	Composition du produit, mode de fabrication
Caractéristiques commerciales	Quantités achetées, normes produits, certification fournisseur, délais de fabrication souhaités, garanties

3. La recherche de fournisseurs

La démarche consiste à rechercher les fournisseurs qui proposent des produits ou services correspondant à la définition du cahier des charges de la PME-PMI.

La recherche peut s'effectuer sous forme de prospection ou d'appels d'offres.

a) La prospection de nouveaux fournisseurs

Il est possible de rechercher des fournisseurs par prospection, sous forme de publipostage ou d'e-mailing, à partir d'une base de données issue de diverses sources.

EXEMPLES

- Fichiers des fournisseurs de l'entreprise
- Pages jaunes
- Salons professionnels
- Sites Internet

b) L'appel d'offres privé

La PME-PMI a la possibilité de lancer un appel d'offres privé, par le biais de la presse papier ou de la presse en ligne, afin de contacter un grand nombre de fournisseurs, sur le marché global, et de recueillir leurs offres.

Il existe deux types d'appels d'offres privés :

- l'appel d'offres de gré à gré. La PME-PMI entre en contact direct avec des fournisseurs présélectionnés, susceptibles de répondre favorablement à son appel d'offres ;
- l'appel d'offres par soumission. Lorsqu'il existe une multitude de fournisseurs et que le marché est étendu, la PME-PMI soumissionne, c'est-à-dire qu'elle propose son offre à l'ensemble des entreprises potentiellement intéressées par appel d'offres. L'offre doit être précise, définir les besoins de la PME-PMI et présenter un cahier des charges détaillé, les quantités à acheter, les délais, le prix souhaité.

Les appels d'offres peuvent être mis en ligne sous une forme dématérialisée sur un site spécialisé. Internet facilite la consultation des offres sur un marché global, le dépôt des candidatures ainsi que le traitement des données.

EXEMPLE

www.marches-securises.fr

2 La comparaison des offres

Lorsque les offres des fournisseurs parviennent à l'assistant de gestion, généralement sous forme de devis, une étude comparative doit être effectuée à partir de critères de sélection prédéterminés, qui permettent la mise en concurrence des divers fournisseurs. Il arrive que les fournisseurs acceptent de réviser leurs conditions afin de conclure une vente.

1. Les critères d'évaluation

Les critères d'évaluation sont les points essentiels de l'offre à prendre en compte dans la comparaison des propositions. Ils varient selon les besoins à satisfaire.

EXEMPLES

- Le respect des normes (production, sécurité, sanitaire)
- Les délais de fabrication
- La certification fournisseur

2. Le tableau d'évaluation des offres

Afin de faciliter la comparaison, les offres sont recensées dans un tableau d'évaluation.

EXEMPLE

Tableau d'évaluation des offres de fournisseurs

	Fournisseur A	Fournisseur B	Fournisseur C	Fournisseur D
Quantité				
Prix				
Délai de paiement				
Délai de livraison				
Etc.				
Choix et observations				

3. Le tableau multicritères

Si on souhaite parfaire la comparaison des offres et sélectionner le fournisseur le plus performant, les critères d'évaluation doivent être pondérés : des coefficients de pondération sont attribués à chaque critère proportionnellement à son importance.
Dans un tableau, une note est donnée à chaque critère puis multipliée par le coefficient de pondération choisi. Le meilleur score obtenu désigne le fournisseur à référencer.

EXEMPLE

Le tableau multicritères

	Qualité		Prix		Délais de paiement		Délais de livraison		Total
	Note/10	Coef. 4	Note/10	Coef. 3	Note/10	Coef. 2	Note/10	Coef. 1	
Fournisseur A	4	16	6	18	5	10	6	6	50
Fournisseur B	8	32	6	18	5	10	6	6	66
Fournisseur C	6	24	2	6	7	14	8	8	52

3 L'analyse des performances des fournisseurs référencés

À réception de la marchandise, l'assistant de gestion doit s'assurer que son choix de référencement est efficace et que la relation client-fournisseur a bien fonctionné. Pour cela, il faut effectuer un contrôle de l'ensemble des critères de sélection et vérifier que les éléments de la négociation achat ont été en tous points respectés.

EXEMPLES

Contrôle de la qualité des produits reçus, vérification du certificat de conformité du fournisseur, etc.

Cette évaluation permet de déterminer les fournisseurs fiables et sérieux dans l'optique de tisser un partenariat durable de gestion de la relation fournisseur (GRF) et d'éliminer ceux qui présentent un risque pour la PME-PMI.

4 La gestion de la relation fournisseur (GRF)

1. La chaîne client-fournisseurs (*supply chain management*)

L'objectif de la gestion de la relation fournisseur est de fiabiliser la chaîne des approvisionnements, en amont, entre la PME-PMI et ses fournisseurs, en vue d'améliorer la rentabilité du processus d'achat. En effet, l'optimisation des relations de partenariat avec les fournisseurs représente une chaîne de valeur qui permet de réaliser des économies grâce à la transparence des informations diffusées.
Les partenaires connaissent leurs capacités de production, leurs besoins, adaptent leurs méthodes de travail aux impératifs de chacun et négocient dans le respect de la rentabilité de tous. Dans cette chaîne des approvisionnements, l'échange d'informations se fait grâce à des outils automatisés.

EXEMPLE

La fiche EDI (échange de données informatisées).

2. Le e-procurement

Dans l'optique de la mise en œuvre de la gestion de la relation fournisseur, l'e-procurement (fourniture électronique) automatise et rationalise le processus d'approvisionnement, de gestion des commandes ainsi que l'ensemble des transactions avec les fournisseurs référencés.
La procédure d'achat et d'approvisionnement est simplifiée grâce à la consultation d'informations mises en ligne par les fournisseurs. La PME-PMI peut alors consulter un catalogue, obtenir des devis, vérifier les stocks, passer des commandes, obtenir une facture, etc. L'objectif de cette relation de *B to B* est de réduire les coûts d'achat grâce à une gestion électronique des données reliant la PME-PMI à ses fournisseurs.

EXEMPLE

Un extranet.

4 LA NÉGOCIATION DES ACHATS

Dans les PME-PMI, les contrats d'achats doivent faire l'objet de négociations permettant d'aboutir à des accords entre les parties, dans une relation professionnelle de *B to B*, afin d'obtenir les meilleures conditions d'approvisionnement possible.

1 La négociation achat

1. Les objectifs de la négociation achat

a) Obtenir les meilleures conditions d'achat

L'intérêt pour la PME-PMI de négocier les achats est d'acquérir les produits et services souhaités chez le fournisseur référencé aux moindres coûts et aux meilleures conditions générales de vente possible.

b) Satisfaire au mieux les besoins de l'entreprise

La PME-PMI peut faire intervenir dans ses critères de négociation des éléments qui répondent à des besoins particuliers :
- quand les achats sont stratégiques, l'élément principal de la négociation est la sécurisation des achats ; l'approvisionnement doit permettre d'éviter les ruptures de stocks qui stopperaient l'activité ;

EXEMPLE

Avoir un partenariat fournisseur pour les matières premières.

- la satisfaction des utilisateurs, parfois élément subjectif, doit être intégrée dans la négociation achat.

EXEMPLE

Tenir compte de l'avis du personnel utilisateur dans le choix du mobilier de bureau.

2. Les éléments de la négociation

La négociation achat porte principalement sur les points suivants :
- le produit (sa composition, ses normes, etc.) ;
- le prix (à l'unité, selon la quantité et la qualité achetées [rabais, remises, ristournes obtenus], selon les délais de paiement [escompte obtenu]) ;
- les frais de transport (franco, facturé) ;
- les modalités de transport (par camion, train, etc.) ;
- les délais de livraison ;
- les modalités de règlement (traite, chèque bancaire) ;
- les délais de paiement (comptant, 45 jours fin de mois, 60 jours) ;
- le service après-vente (garanties, réparations, etc.).

3. Le déroulement de la négociation achat

a) La préparation de la négociation

Avant d'entrer en négociation avec le fournisseur, il est nécessaire de maîtriser son dossier :
- connaître tous les éléments à négocier (type de produit, cahier des charges précis, prix, délais de livraison et de paiement) ;
- classer par ordre de priorité les éléments à négocier et les contraintes d'achat.

EXEMPLE

Contraintes financières :
- définir une marge de négociation et se fixer des objectifs à atteindre ;
- connaître la fiabilité et le sérieux du fournisseur ainsi que sa solidité financière ;
- vérifier que l'interlocuteur est le décisionnaire.

b) L'argumentaire d'achat

Les arguments d'achats doivent être définis en amont de la négociation afin de démontrer au fournisseur qu'il a intérêt à traiter avec la PME-PMI.

Ces arguments concernent les besoins à satisfaire, les produits à acheter, les quantités nécessaires, mais également la mise en valeur de la PME-PMI, son sérieux, sa stabilité financière, l'image qu'elle véhicule auprès de ses clients, etc. Autant d'atouts qui intéressent le fournisseur et qui peuvent déboucher sur un partenariat durable et stable.

c) L'entretien de négociation

L'entretien de négociation achat comporte plusieurs phases :
- **la prise de contact.** Un climat favorable à la négociation doit être créé. Pour cela, une attitude positive et une écoute active du fournisseur sont nécessaires. Il faut être courtois, aimable et objectif tout en ayant un comportement d'assertivité afin de ne pas subir passivement la négociation du fournisseur ;
- **l'argumentation.** L'entretien de négociation achat se décline en trois phases : connaître, convaincre, conclure ;

Connaître	La phase de préparation de la négociation confère à l'assistant de gestion une excellente maîtrise du dossier et de l'ensemble des éléments à négocier. Cette connaissance des informations utiles permet de mieux cerner l'interlocuteur, son niveau de technicité, sa fiabilité, sa marge de manœuvre et sa capacité à négocier.
Convaincre	L'argumentaire d'achat permet d'avancer les caractéristiques et avantages recherchés, de se positionner face au fournisseur et de le convaincre de vendre ses produits aux conditions souhaitées.
Conclure	Lorsque les parties sont d'accord sur les conditions, le contrat peut être conclu. Une négociation achat est réussie lorsque la PME-PMI a obtenu de bonnes conditions dans une relation de *B to B* qui ne lui est pas toujours favorable, surtout quand le rapport de force n'est pas équitable.

- **la prise de congé.** Elle doit être cordiale, particulièrement lorsque la négociation achat est réussie et que les deux parties ont su tirer bénéfice de la vente. Ceci permet de poursuivre des relations commerciales et de créer des liens de partenariat durables.

2 L'analyse du portefeuille des achats

La connaissance globale du portefeuille des achats permet de détecter les produits les plus achetés (poste de charge important) et de s'assurer que la gestion de ces achats est optimale. La matrice des achats facilite la surveillance du portefeuille.

1. La matrice des achats

Cet outil permet de classer les achats par familles d'achats, ensembles homogènes de produits ou de services.
L'intérêt est de mettre en évidence l'enjeu financier que représentent les familles d'achats en représentant le portefeuille des achats en valeur. Deux indices sont utilisés : l'indice d'engagement financier et l'indice de contraintes d'achat.

EXEMPLE

Modèle de matrice des achats

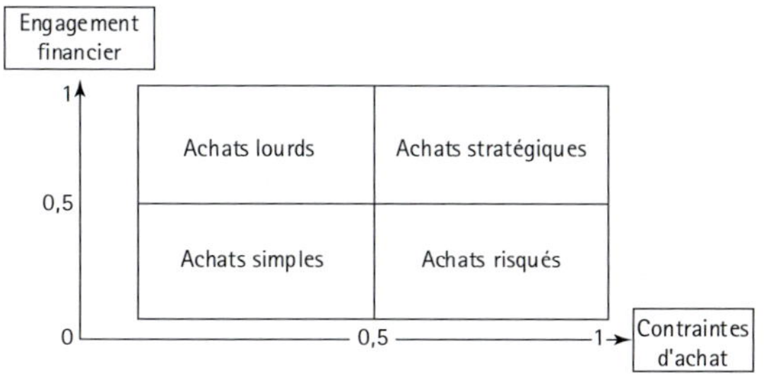

2. Le calcul des indices

a) L'indice d'engagement financier

Il sert à évaluer la part de chaque famille d'achats par rapport à la famille qui génère la plus forte dépense, à laquelle on aura attribué un indice d'engagement financier égal à 1.

b) L'indice de contraintes d'achat

L'indice de contraintes d'achat correspond à la moyenne des risques ou contraintes d'achats que l'entreprise a par famille.
Cet indice est généralement déterminé par le chef d'entreprise, il se compose de divers types de contraintes :

Contraintes d'achat	Caractéristiques	Exemples
Internes	La PME-PMI hiérarchise ses achats selon ses impératifs.	Contraintes financières
Externes	Le marché aval impose des contraintes d'achat à la PME-PMI.	Augmentation de la demande
Commerciales	Les relations commerciales avec les partenaires imposent des contraintes à la PME-PMI.	Délais de livraison, service après-vente, etc.
Techniques	Les contraintes d'achat émanent de la qualité des produits, des normes, etc.	Utilisation de certains composants

3. L'analyse de la matrice du portefeuille des achats

a) Les achats lourds

Les achats lourds représentent une charge importante pour la PME-PMI. Fréquemment achetés, ils sont très concurrentiels. Le nombre de fournisseurs sur ce marché est important : il est aisé d'en changer.

EXEMPLE

Les emballages.

b) Les achats stratégiques

Étroitement liés au métier de la PME-PMI, les achats stratégiques entrent dans la fabrication des produits. Charge importante pour l'entreprise, ils nécessitent un bon référencement des fournisseurs.

EXEMPLE

Les matières premières.

c) Les achats simples

Les achats simples n'ont pas d'impact sur la production : ils influent peu sur les résultats financiers.

EXEMPLE

Les fournitures de bureau.

d) Les achats risqués

Ils présentent une part incontrôlable pour la PME-PMI.

EXEMPLE

Évolution du prix de l'énergie.

3 La négociation des moyens de transport

Afin de déterminer quel moyen de transport convient le mieux à l'acheminement des marchandises achetées, il est utile de définir les besoins logistiques de la PME-PMI concernant la nature des produits, les quantités, les distances et les lieux à parcourir, l'urgence, etc.

1. Les transports terrestres

Le transport routier, très répandu, permet l'acheminement de la marchandise directement des locaux du fournisseur à ceux de la PME-PMI. Le transport ferroviaire a l'avantage d'être plus écologique et sécurisé. Le ferroutage, économique et sûr, permet de combiner les deux moyens de transport.

2. Le transport maritime

Très utilisé, il est économique, permet de parcourir de longues distances internationales et de transporter tous types de chargements.

3. Le transport aérien

C'est le moyen de transport le plus rapide. Son utilisation tend à augmenter en raison de la simplification des documents – lettre de transport aérien LTA – et du développement de tarifs mieux adaptés au fret.

5 LES COMMANDES

Une négociation achat réussie entre la PME-PMI et son fournisseur signifie qu'il y a entente sur les conditions générales d'achat. Le contrat d'achat, comme le contrat de vente, est souvent tacite et peut prendre diverses formes comme celle d'un bon de commande.

1 L'acceptation des conditions générales d'achat

Les conditions générales d'achat permettent de fixer les relations commerciales entre la PME-PMI et ses fournisseurs. Elles figurent sur le contrat d'achat ou sur certains documents commerciaux : devis et bon de commande. L'acceptation de la commande entraîne de fait l'acceptation des conditions générales d'achat par la PME-PMI, qui portent généralement sur les éléments suivants :

- désignation des produits, quantité, qualité, normes, etc. ;
- prix à payer (HT et TTC) ;
- délais et moyens de paiement ;
- délais de fabrication ;
- délais de livraison ;
- garanties ;
- etc.

2 L'édition du bon de commande par la PME-PMI

Le logiciel de gestion commerciale ou le PGI de la PME-PMI facilitent l'automatisation de la création des bons de commande fournisseurs à partir du module Achats. Ils facilitent la saisie, la consultation et éventuellement la modification des données.

3 Le contrat d'achat

1. Les caractéristiques du contrat d'achat

C'est un contrat commercial qui engage l'acheteur (la PME-PMI) et le vendeur (le fournisseur). Le contrat doit comporter toutes les informations utiles à la transaction. Il doit être clair pour être compris par tous, sans équivoque, et doit préciser les obligations respectives des deux parties.

La rédaction du contrat d'achat n'est pas obligatoire ; les documents commerciaux (devis, bon de commande, facture, etc.) suffisent.

2. Les clauses du contrat d'achat

Les parties	Présentation des parties : acheteur, vendeur.
L'objet	Désignation des produits achetés, quantités.
La qualité	Précision du respect de la qualité souhaitée, composants, normes, labels, etc.
Le prix	Le prix est détaillé par produit. Il est exprimé HT et TTC ; il est fixé pour la durée du contrat.
Le règlement	Le mode et le délai de règlement sont précisés.
Le transfert de propriété	C'est le paiement du prix qui entraîne le transfert de propriété du produit ainsi que des risques : l'acheteur devient alors responsable du produit en cas de détérioration, de perte ou de destruction.
La clause de réserve de propriété	Si l'acheteur ne paye pas le produit, le fournisseur se réserve le droit de la propriété du bien.
Le transport	– Les modalités de transport définissent le choix du moyen de transport. – Les modalités de livraison fixent les délais, le lieu de départ et d'arrivée, le nombre de kilomètres parcourus, le prix (port dû, franco de port). – Le type d'emballage est précisé lorsque les marchandises nécessitent un conditionnement particulier pour le transport.
Les garanties	– La garantie d'éviction précise que le fournisseur s'engage à laisser l'acheteur utiliser la marchandise en toute liberté. – La garantie contre les vices cachés est une obligation pour le fournisseur ; elle est d'une durée de 2 ans.
La clause résolutoire	Cette clause précise les conditions de résiliation du contrat par l'acheteur en cas de problèmes particuliers.

4 Le contrat de location achat

1. Le principe

Le contrat de location achat, ou location avec option d'achat, permet à la PME-PMI de remplacer l'achat par la location afin de préserver sa trésorerie et de ne pas entamer sa capacité de financement.

Ce contrat, encore appelé crédit-bail ou leasing, précise qu'une entreprise financière spécialisée achète le bien souhaité par la PME-PMI et le met à sa disposition contre le paiement d'un loyer pendant la durée de vie du bien.

Lorsqu'en fin de contrat, à une échéance prédéfinie, il y a option d'achat, la PME-PMI peut acquérir le bien pour un montant fixé à la signature.

2. Les parties au contrat

Le vendeur	Il s'agit du fournisseur qui commercialise le bien à la société de crédit-bail.
Le propriétaire bailleur	C'est la société de crédit-bail : entreprise financière spécialisée ou banque qui est propriétaire du bien loué. Elle achète le bien choisi par le locataire selon son cahier des charges, le met à sa disposition, lui en laisse la jouissance pendant la durée du bail.
Le preneur	La PME-PMI est le locataire ; elle utilise le bien pendant la durée du bail. Elle doit payer les loyers convenus, entretenir et maintenir en bon état le bien loué jusqu'au terme du contrat.

3. Les étapes du contrat

Dans ce contrat, il y a trois étapes distinctes :

Le mandat d'achat	L'entreprise de crédit-bail achète le bien à un fournisseur.
Le contrat de location	L'entreprise de crédit-bail loue le bien au locataire (le preneur).
L'option d'achat	Le preneur a la possibilité d'acheter le bien à l'échéance du contrat, en versant une somme convenue à la signature du contrat.

5 La gestion optimale des commandes

1. L'objectif de la gestion des commandes

Planifier les commandes permet d'avoir une gestion optimale des achats et d'organiser l'activité de la PME-PMI afin de n'avoir ni surcharge (pour réduire au maximum les coûts d'approvisionnement), ni rupture de stocks. Il est possible de prévoir les commandes futures lorsque le marché est stable.

2. L'analyse des coûts d'approvisionnement

Deux types de coûts conditionnent la gestion optimale des commandes :
- le coût de passation des commandes (a), qui correspond aux charges inhérentes à la commande (frais de personnel, fournitures, matériel utilisé, etc.), croît proportionnellement au nombre de commandes passées dans l'année ;
- le coût de possession des stocks (t), qui s'exprime en pourcentage du stock moyen, est évalué à partir des divers coûts de stockage (entrepôt, personnel, engins de manutention, etc.).

3. Le calcul du lot optimal (Q)

L'évaluation du lot optimal (Q) permet de définir la quantité qu'il faut commander à chaque commande afin de réduire au maximum les coûts d'approvisionnement. On l'appelle également quantité économique à commander.

Si :

C = consommation annuelle prévisionnelle en quantité

p = prix unitaire

a = coût de passation de la commande

t = % du stock moyen

Alors :

$$Q = \sqrt{\frac{2aC}{pt}}$$

EXEMPLE

C = 1 500 litres ; p = 110 € le litre ; a = 67 € par commande ; t = 15 % du stock moyen.

Alors :

$$Q = \sqrt{\frac{2 \times 67 \times 1\,500}{110 \times 0,15}} = 110,37 \text{ litres}$$

4. Le calcul de la cadence optimale (N)

Il s'agit du nombre de commandes à passer dans l'année. Cette fréquence idéale tient compte des quantités calculées ci-dessus : N = C/Q

EXEMPLE

N = 1 500/110,37 = 13,59 soit 14 fois par an

Ou

Lorsque C s'exprime en valeur, la formule suivante s'applique :

$$N = \sqrt{\frac{Ct}{200a}}$$

EXEMPLE

C en valeur = 1 500 × 110 = 165 000 €

Alors :

$$N = \sqrt{\frac{165\,000 \times 15}{200 \times 67}}$$

$$N = \sqrt{184,70}$$

N = 13,59 soit 14 commandes par an.

6 Le budget des approvisionnements

La gestion optimale des commandes permet de déterminer :
- le budget prévisionnel des approvisionnements de la PME-PMI, qui comporte les dates optimales des commandes, la quantité nécessaire à commander, les dates des livraisons ;
- le montant du stock restant.

A posteriori, le budget doit faire l'objet d'un contrôle consistant à comparer les prévisions aux réalisations et à dégager des écarts. L'objectif est de réajuster la stratégie de la PME-PMI concernant ses approvisionnements, en procédant au calcul suivant :

Coût constaté – Coût préétabli = Écart.
- Si l'écart est > 0 (positif), il est défavorable : les charges réelles d'achat sont plus élevées que prévues.
- Si l'écart est < 0 (négatif), il est favorable car le budget est respecté.

6 LE CONTRÔLE DES ACHATS ET DE LEUR RÈGLEMENT (suite)

Pro Emball
125 route de la Digue
28000 Chartres
Tél./Fax : 04 26 55 23 03

Les Moulins d'Indiana
45 avenue des Cordeliers
28000 Chartres

Facture n° 156-07

Doit

Chartres,
Le 07 juillet N

Désignation	Quantités	Prix unitaire HT	Montant HT
Sacs plastique polypropylène 10 kg 55 x 30 cm	1 500	0,52	780,00
Sacs tissus bio 25 kg 80 x 50 cm	800	0,83	664,00
	Montant brut		1 444,00
	Remise 5 %		72,2
	Net commercial		1 371,80
	Escompte 2 %		27,44
	Net financier		1 344,36
	Transport		80,00
	TVA 19,6 %		279,18
	Acompte		500,00
	Net à payer		1 203,54

Règlement à 60 jours.

SARL au capital de 34 000 €
RCS de Chartres, Numéro SIREN 2 56984570
Numéro de TVA intracommunautaire FR 10 569845700

9 juillet N

602	Achat d'approvisionnements	1 371,80	
624	Transport	80,00	
44566	État-TVA déductible sur autres biens et services	279,18	
4091	Fournisseurs, avances et acomptes versés		500,00
765	Escompte obtenu		27,44
401	Fournisseurs		1 203,54
	Facture n° 156-07		

Remarque : on peut enregistrer les achats stockés (comptes 601, 602, 605) à leur coût d'acquisition, les achats non stockés (compte 606) au net commercial et l'escompte en 765.

- les emballages. L'achat de certains produits nécessite la présence d'emballages. Rarement vendus, ceux-ci sont consignés, c'est-à-dire que le client doit les rendre au fournisseur. Les emballages consignés sont facturés à la PME-PMI hors taxes (ce n'est pas une vente) et déconsignés au même prix, sauf avaries.

EXEMPLE

Palettes consignées d'une valeur de 420 € HT

.../...N

4096	Fournisseurs, créances pour emballages et matériel à rendre	420,00	
401	Fournisseurs		420,00
	N° facture		

Lorsque les emballages consignés ne lui sont pas rendus, le fournisseur procède à la vente TTC.

EXEMPLES

Vente des palettes non retournées

.../...N

6026	Achat d'emballages	420,00	
44566	État-TVA déductible sur autres biens et services	82,32	
401	Fournisseurs		82,32
4096	Fournisseurs, créances pour emballages et matériels à rendre		420,00
	N° facture		

3. L'avoir sur achat

Comme l'avoir sur vente, l'avoir sur achat permet de corriger les retours de marchandises et erreurs de livraison.

L'enregistrement s'effectue en débitant le compte fournisseur et en créditant le compte de charge d'achat.
L'avoir sur achat peut également constater une réduction commerciale accordée par le fournisseur sur l'ensemble des achats effectués sur une période donnée.

EXEMPLES

Le fournisseur Pro Emball accorde, le 31/12/N, une ristourne de 2 % aux Moulins d'Indiana sur ses achats de N-1 : 23 100 €.

31 décembre N

401	Fournisseurs	552,55	
609	RRR obtenus sur achats		462,00
44566	États-TVA déductible sur autres biens et services		90,55
	Ristourne fournisseur Pro Emball avoir n°...		

4 Le règlement de la TVA

1. Le principe de la TVA

La TVA est un impôt indirect sur la consommation à payer par le consommateur final. Elle s'applique à toutes les opérations commerciales. Les entreprises collectent la TVA au profit de l'État : elles ont un rôle d'intermédiaire entre le consommateur et l'État.
Il existe trois taux de TVA applicables en France.

Taux super réduit	2,1 %	Médicaments, journaux, etc.
Taux réduit	5,5 %	Produits d'alimentation de base, livres, etc.
Taux normal	19,6 %	Tous les autres produits et services : CD, voitures, etc.

2. Les divers régimes de TVA

Selon le montant de son chiffre d'affaires HT annuel, la PME-PMI a la possibilité d'opter pour l'un des trois régimes de TVA suivants.

a) Le régime de franchise en base de TVA

Il s'agit du régime de la micro-entreprise qui exonère de la TVA les PME-PMI livreurs de biens dont le CA HT est inférieur à 80 300 € et les PME-PMI prestataires de services dont le CA HT est inférieur à 32 100 €.

b) Le régime réel simplifié

Les PME-PMI livreurs de biens dont le CA HT annuel est compris entre 80 300 € et 766 000 € et les prestataires de services dont le CA HT est compris entre 32 100 € et 231 000 € peuvent opter pour le régime de TVA réel simplifié.
Dans le régime réel simplifié, la TVA de N se paye en quatre acomptes trimestriels (avril, juillet, octobre et décembre). Ceux-ci sont calculés sur la base de N-1 et déclarés sur l'imprimé CA4. La régularisation de la TVA de l'année N s'effectue sur la déclaration CA12 et se paye en avril N+1.

c) Le régime réel normal

C'est le régime de droit commun, obligatoire pour les entreprises livreuses de biens dont le CA HT est supérieur à 766 000 € et pour les prestataires de services dont le CA HT est supérieur à 231 000 €.

3. La TVA intracommunautaire

Elle concerne les achats de biens et services ainsi que les achats d'actifs immobilisés en Union européenne.

Lorsque l'assistant de gestion passe commande à un fournisseur européen, il doit communiquer le numéro de TVA intracommunautaire de la PME-PMI. Le fournisseur émet alors une facture HT.

C'est à l'acheteur de calculer le montant de la TVA déductible au taux de son pays, de l'enregistrer et de la payer au service des impôts des entreprises dont il dépend.

La TVA intracommunautaire est à la fois exigible et déductible, ce qui rend l'opération fiscalement neutre. L'assistant de gestion doit enregistrer la TVA déductible au débit du compte 445662 « État-TVA déductible sur autres biens et services » et la TVA à payer au crédit du compte 4452 « État-TVA due intracommunautaire ».

EXEMPLE

Achat de marchandises intracommunautaires

Société BelWan
452 rue Berlioz
4000 Liège
Belgique

Les Moulins d'Indiana
45 avenue des Cordeliers
28000 Chartres

Facture n° 458712
Doit

Liège
le 10 avril N

Désignation	Référence	Quantité	Prix unitaire	Montant HT
Marchandises	98ER32	50	174,82	8 741,00
			Net à payer	8 741,00

Règlement à 60 jours.

10/09/N

607	Achat de marchandises	8 741,00	
445662	État-TVA déductible sur autres biens et services intracommunautaires	1 713,24	
4452	État-TVA due intracommunautaire		1 713,24
401	Fournisseurs		8 741,00
	Facture n° 458712		

La livraison intracommunautaire n'est pas soumise à la TVA (elle se fait HT) si le client a communiqué son numéro intracommunautaire. Dans le cas contraire, la TVA est facturée.

4. Le calcul de la TVA à décaisser

La PME-PMI collecte la TVA sur les ventes qu'elle réalise et paye la TVA sur ses achats d'immobilisations et de biens et services. L'assistant de gestion déduit la TVA payée sur les achats de la TVA collectée sur les ventes. Le solde, TVA à décaisser, doit être reversé à l'État. Lorsque le solde est négatif, la PME-PMI a un crédit de TVA reporté sur le mois suivant.

TVA collectée
+ TVA due intracommunautaire
– TVA déductible sur immobilisations
– TVA déductible sur autres biens et services
– TVA déductible sur autres biens et services intracommunautaires
(– crédit de TVA)
= TVA à décaisser ou à payer

L'achat de certains biens, comme les véhicules de tourisme, n'ouvre pas droit à déduction de TVA.

EXEMPLE

Écriture de TVA

31/01/N

44571	État-TVA collectée	35 100,00	
4452	État-TVA due intracommunautaire	786,00	
44562	État-TVA déductible sur immobilisations		6 400,00
44566	État-TVA déductible sur autres biens et services		12 300,00
445662	État-TVA déductible sur autres biens et services intracommunautaires		786,00
44551	État-TVA à décaisser		16 400,00
	TVA du mois de janvier		

exercices

ACTIVITÉ 2

exercice 1 Le système d'information de la PME

Vous êtes assistant de gestion dans la PME Frod, grossiste en volailles qui a pour clients des artisans bouchers et charcutiers de la région Est. Votre chef d'entreprise vous demande de développer le système d'information clients de la PME afin de mettre en œuvre une gestion de la relation clients.

ENTRAÎNEZ-VOUS

1. Précisez quelles sont les informations qui doivent alimenter le système d'information clients.

2. Comment utiliserez-vous ces informations ?

CORRIGÉS p. 175

exercice 2 La gestion des demandes d'achats

Vous êtes assistant de gestion au sein de la PMI MSRA, spécialisée dans la manutention sur sites industriels dans la région lyonnaise.
Afin de réduire les coûts d'achat des fournitures de bureau, vous avez mis en place, en début de mois, une fiche de demande d'achat à utiliser par le personnel. Vous envisagez de créer un document de suivi de ces demandes d'achat.

ENTRAÎNEZ-VOUS

Présentez le tableau de suivi des demandes d'achat de fournitures de bureau.

CORRIGÉS p. 175

exercice 3 L'analyse du portefeuille des achats

La SARL ChaussArt est une entreprise de fabrication de chaussures. Vous êtes assistant de gestion et le chef d'entreprise vous communique les données du portefeuille de produits en annexe afin d'analyser les achats de l'année N.

Annexe – Portefeuille des achats de l'année N

Achats	Montants annuels	%	Indices d'engagement	Indices de contraintes
Matières premières	124 000,00			0,80
Matières consommables	75 400,00			0,60
Marchandises	56 300,00			0,40
Matières et fournitures non stockées	28 900,00			0,10
Emballages	14 100,00			0,30
Total	298 700,00			

ENTRAÎNEZ-VOUS

1. Calculez les indices d'engagement financier de l'entreprise.

2. Réalisez la matrice des achats.

3. Commentez vos résultats.

CORRIGÉS p. 175

exercice 4 La gestion des commandes

Vous êtes assistant de gestion dans la PME BPGS, fabricant de parquet. Vous décidez d'optimiser votre approvisionnement en bois pour l'année N+1.Pour cela, vous consultez vos données en annexes :

Annexe – Données prévisionnelles pour l'année N+1

La consommation annuelle de bois est de 16 000 m^3.
Le prix d'achat est de 16 € le m^3.
Le coût de passation d'une commande est de 250 €.
Le taux de possession du stock moyen est de 12 %.

ENTRAÎNEZ-VOUS

Calculez le lot et la cadence optimaux pour assurer un approvisionnement en bois au meilleur coût.

CORRIGÉS p. 175

exercice 5 Le règlement des factures fournisseurs

Vous êtes assistant de gestion au sein de la PME Labord, qui commercialise du mobilier de jardin.
En ce début de janvier N, plusieurs achats ont été réalisés et vous êtes chargé d'effectuer les règlements.

Annexe – Achats du mois de janvier N

1. Le 4 janvier N : paiement d'un acompte de 600 € pour la commande de matériel informatique à la société Vent'Ordi.

Désignation	Quantité	Prix unitaire HT
Ordinateur	1	1 500 €
Imprimante	1	520 €

Conditions générales d'achat : remise de 3 % sur le matériel, frais de mise en service de 390 €, escompte de 2 % sur la commande, TVA au taux normal, règlement à 60 jours.

2. Le 11 janvier N : réception du matériel informatique commandé le 4 janvier N et de la facture n° 4626-1 établie le 10 janvier N.

3. Le 12 janvier N : réception de la facture n° 5238 du 10 janvier N, du fournisseur Vétaplus, pour les achats suivants :

Désignation	Quantité	Prix unitaire HT
Tables référence AR452 100 × 150 cm	10	95 €
Tables référence AR453 150 × 250 cm	10	103 €
Chaises référence AZ126	48	16 €
Parasols référence FU415 205 × 300 cm	15	80 €

Conditions générales d'achat : remise de 2 %, escompte de 2 %, frais de transport de 50 €, TVA au taux normal, paiement à 45 jours fin de mois.

4. Le 15 janvier N : vous retournez trois parasols défectueux au fournisseur Vétaplus, qui vous adresse le 16 janvier N un avoir n° A569 en remboursement.

5. Le 20 janvier N : vous recevez la facture n° 01N78 du fournisseur italien La Tavola, concernant l'achat de six tables de jardin modèle « Jardino bianco » à 135 € HT pièce, avec une remise de 4 %.

ENTRAÎNEZ-VOUS

Enregistrez les factures concernant vos achats de janvier N.

CORRIGÉS p. 176

exercice 6 Les opérations de TVA

Vous êtes assistant de gestion dans la PME Gomez, grossiste en vêtements. Vous êtes chargé de faire la déclaration de TVA de l'entreprise, soumise au régime du réel normal, pour le mois de mars N. Vous disposez des informations utiles en annexe 1.

Annexe 1 – Informations concernant la TVA de février et mars N

Mois	TVA collectée sur les ventes	TVA déductible sur immobilisations	TVA déductible sur autres biens et services	TVA déductible sur acquisitions intracommunautaires
Février	28 100,00	1 801,00	26 500,00	1 450,00
Mars	32 700,00	3 560,00	25 350,00	310,00

Annexe 2 : formulaire CA3 à compléter

A MONTANT DES OPÉRATIONS RÉALISÉES

OPÉRATIONS IMPOSABLES (H.T.)				OPÉRATIONS NON IMPOSABLES		
01	Ventes, prestations de services			04	Exportations hors CE	0032
02	Autres opérations imposables	0981		05	Autres opérations non imposables	0033
2A	Achats de prestations de services intracommunautaires (article 283-2 du Code général des impôts)	0044		06	Livraisons intracommunautaires	0034
03	Acquisitions intracommunautaires (dont ventes à distance et/ou opérations de montage : ....)	0031		6A	Livraisons de gaz naturel ou d'électricité non imposables en France	0029
3A	Livraisons de gaz naturel ou d'électricité imposables en France	0030		07	Achats en franchise	0037
3B	Achats de biens ou de prestations de services réalisés auprès d'un assujetti non établi en France (article 283-1 du Code général des impôts)	0040		7A	Ventes de biens ou prestations de services réalisées par un assujetti non établi en France (article 283-1 du Code général des impôts)	0043
3C	Régularisations...... (Important : cf. notice)	0036		7B	Régularisations...... (Important : cf. notice)	0039

B DÉCOMPTE DE LA TVA À PAYER

TVA BRUTE			Base hors taxe	Taxe due
	Opérations réalisées en France métropolitaine			
08	Taux normal 19,6 %	0206		
09	Taux réduit 5,5 %	0105		
9B				
	Opérations réalisées dans les DOM			
10	Taux normal 8,5 %	0201		
11	Taux réduit 2,1 %	0100		
12				
	Opérations imposables à un autre taux (France métropolitaine ou DOM)			
13	Ancien taux	0900		
14	Opérations imposables à un taux particulier (décompte effectué sur annexe 3310 A)	0950		
15	TVA antérieurement déduite à reverser	0600		
16	**Total de la TVA brute due (lignes 08 à 15)**			
17	**Dont TVA sur acquisitions intracommunautaires**	0035		
18	**Dont TVA sur opérations à destination de Monaco**	0038		

La ligne 11 ne concerne que les DOM. Les autres opérations relevant du taux de 2,1 % continuent d'être déclarées sur l'annexe 3310 A.

TVA DÉDUCTIBLE			
19	Biens constituant des immobilisations	0703	
20	Autres biens et services	0702	
21	Autre TVA à déduire	0059	
	(dont régularisation sur de la TVA collectée [cf. notice] ....)		
22	Report du crédit apparaissant ligne 27 de la précédente déclaration	8001	
23	**Total TVA déductible (lignes 19 à 22)**		
22A	*Indiquer ici le coefficient de taxation forfaitaire applicable pour la période s'il est différent de 100 %* ..... %		
24	Dont TVA non perçue récupérable par les assujettis disposant d'un établissement stable dans les DOM (articles 295-1-5° et 295 A du code général des impôts)	0709	

CRÉDIT				TAXE À PAYER		
25	Crédit de TVA (ligne 23 – ligne 16)	0705		28	TVA nette due (ligne 16 – ligne 23)	
26	Remboursement demandé sur formulaire n° 3519 joint	8002		29	Taxes assimilées calculées sur annexe n° 3310 A	9979
27	Crédit à reporter (ligne 25 – ligne 26) *(Cette somme est à reporter ligne 22 de la prochaine déclaration)*	8003		30	Sommes à imputer, exprimées en euros, y compris acompte congés	9989
				31	Sommes à ajouter, exprimées en euros, y compris acompte congés	9999
	Attention ! Une situation de TVA créditrice (ligne 25 servie) ne dispense pas du paiement des taxes assimilées déclarées ligne 29.			32	**Total à payer (lignes 28 + 29 – 30 + 31)** *(N'oubliez pas de joindre le règlement correspondant)*	

Les dispositions des articles 39 et 40 de la loi n° 78-17 du 6 janvier 1978 relative à l'informatique, aux fichiers et aux libertés, modifiée par la loi n°2004-801 du 6 août 2004, garantissent les droits des personnes physiques à l'égard des traitements des données à caractère personnel.
Si vous réalisez des opérations intracommunautaires, pensez à la déclaration d'échanges de biens à souscrire auprès de la Direction Générale des Douanes et des Droits indirects (cf. notice de la déclaration CA3).

www.impots.gouv.fr

ENTRAÎNEZ-VOUS

1. Calculez la TVA à payer au mois de mars N.
2. Passez votre écriture de TVA du mois de mars.
3. Présentez la déclaration du mois de mars sur le formulaire CA3 en annexe 2.

CORRIGÉS p. 176

corrigés

exercice 1 page 172

1. Les informations qui doivent alimenter le système d'information clients sont les suivantes :

Numéro client	Qualité habituellement demandée
Nom du client	Quantités achetées
Adresse du client, code postal, ville	Fréquence des achats
Coordonnées téléphoniques, e-mail, adresse du site Internet	Montant annuel des achats
Type de commerce (boucherie et/ou charcuterie)	Remises accordées
Surface de vente	Délais de paiement
Type de volailles achetées	Solvabilité du client (bon ou mauvais payeur), etc.

2. Ces informations seront utilisées pour contacter les clients de façon individualisée et leur proposer des cartes de fidélité, des promotions, des échantillons, un accès privé au site Internet de la PME, etc.

Le système d'information clients permet la mise en œuvre de la gestion de la relation clients dont l'objectif principal est la fidélisation des clients.

exercice 2 page 172

Le tableau de suivi des demandes d'achat de la PMI MSRA peut se présenter de la façon suivante :

Nom	Service	Poste	Désignation des produits	Quantité commandée	Observation

exercice 3 page 172

1. Les indices d'engagement financier sont les suivants :

Achats	Montants annuels	%	Indices d'engagement	Indices de contraintes
Matières premières	124 000,00	41,5	1	0,80
Matières consommables	75 400,00	25,2	0,61	0,60
Marchandises	56 300,00	18,8	0,45	0,40
Matières et fournitures non stockées	28 900,00	9,7	0,23	0,10
Emballages	14 100,00	4,7	0,11	0,30
Total	298 700,00	100,0		

Les matières premières représentent la charge la plus importante : leur indice est donc égal à 1. Les indices d'engagement financier des autres familles de charges sont évalués proportionnellement aux matières premières :

Matières consommables = 75 400 ÷ 124 000 = 0,61
Marchandises = 56 300 ÷ 124 000 = 0,45, etc.

2. La matrice des achats est réalisée sur un tableur (Excel 7) en sélectionnant les indices d'engagement financier en ordonnées et les indices de contraintes d'achat en abscisses.

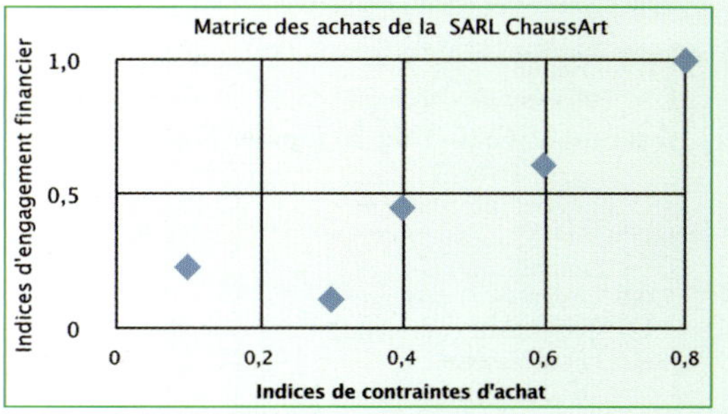

3. Commentaires

Dans l'entreprise ChaussArt, il n'y a que deux types d'achats :

– les achats stratégiques, qui sont liés au cœur de métier « la fabrication de chaussures », c'est-à-dire les matières premières (premier poste de charges) et les matières consommables ;

– les achats simples, c'est-à-dire les marchandises, les matières et fournitures non stockables et les emballages.

Il n'y a pas d'achats lourds ni d'achats risqués.

exercice 4 page 173

Le lot optimal (quantités à commander) se calcule ainsi :

$$Q = \sqrt{\frac{2 \times 250 \times 16\,000}{16 \times 0,12}}$$

Q = 2 041,24 m³

La cadence optimale d'achat se calcule ainsi :

N = C/Q = 16 000 / 2 041,24 = 7,84 (soit environ 8 fois par an).

Le tableau des coûts permet d'observer que c'est en commandant huit fois par an que le coût d'achat est le plus faible.

Nombre de commandes par an	Valeur du stock moyen	Coût de passation des commandes	Coût de possession du stock	Coût total
1	128 000,00	250,00	15 360,00	15 610,00
2	64 000,00	500,00	7 680,00	8 180,00
3	42 666,67	750,00	5 120,00	5 870,00
4	32 000,00	1 000,00	3 840,00	4 840,00
5	25 600,00	1 250,00	3 072,00	4 322,00
6	21 333,33	1 500,00	2 560,00	4 060,00
7	18 285,71	1 750,00	2 194,29	3 944,29
8	16 000,00	2 000,00	1 920,00	3 920,00
9	14 222,22	2 250,00	1 706,67	3 956,67
10	12 800,00	2 500,00	1 536,00	4 036,00

corrigés

exercice 5 page 173

1. Enregistrement des achats

Paiement de l'acompte à la commande du matériel informatique le 4 janvier :

	04/01/N		
238	Avances et acomptes versés sur commande d'immobilisations	600,00	
512	Banque		600,00
	Paiement de l'acompte		

Facture n° 4626-1 du 10 janvier N :

	11/01/N		
2183	Matériel informatique	2 302,41	
44562	État-TVA déductible sur immobilisations	451,27	
238	Avances et acomptes versés sur commande		600,00
404	Fournisseurs d'immobilisations		2 153,68
	Facture n° 4626-1		

Facture n° 5238 du 10 janvier N :

	12/01/N		
607	Achat de marchandises	3 869,04	
624	Transport	50,00	
44566	État-TVA déductible sur autres biens	752,97	
765	Escompte obtenu		77,38
401	Fournisseurs		4 594,63
	Facture n° 5238		

Facture d'avoir n° A569 du 15 janvier N :

	16/01/N		
401	Fournisseurs	275,68	
765	Escompte obtenu	4,70	
607	Achat de marchandises		235,20
44566	État-TVA déductible sur ABS		45,18
	Avoir n° A569		

Facture du 20 janvier N :

	21/01/N		
607	Achat de marchandises	777,60	
445662	État-TVA déductible sur autres biens et services intracommunautaires	152,41	
4452	État-TVA due intracommunautaire		152,41
401	Fournisseur		777,60
	Facture n° 01N78		

exercice 6 page 174

1. Calcul de la TVA à décaisser : il est nécessaire de calculer la TVA à payer de février car il y a un crédit de TVA de 201 € qu'il faut reporter sur la déclaration du mois de mars N.

TVA de février :

TVA collectée :

TVA collectée sur ventes	28 100,00
TVA due intracommunautaire	1 450,00
	29 550,00

TVA déductible :

TVA déductible sur immobilisations	1 801,00
TVA déductible sur autres biens et services	26 500,00
TVA déductible sur autres biens et services intracommunautaires	1 450,00
	29 751,00
TVA à décaisser en février	– 201,00

TVA de mars : il faut tenir compte du crédit de TVA du mois de février, qui vient en déduction de la TVA à décaisser.

TVA collectée :

TVA collectée sur ventes	32 700,00
TVA due intracommunautaire	310,00
	33 010,00

TVA déductible :

TVA déductible sur immobilisations	3 560,00
TVA déductible sur autres biens et services	25 350,00
TVA déductible sur autres biens et services intracommunautaires	310,00
	29 220,00
Crédit de TVA de février	– 201,00
TVA à décaisser en mars	**3 589,00**

2. Écriture de la TVA du mois de mars

	03/N		
44571	État-TVA collectée	32 700,00	
4452	État-TVA due intracommunautaire	310,00	
44562	État-TVA déductible sur immobilisations		3 560,00
44566	État-TVA déductible sur autres biens et services		25 350,00
445662	État-TVA déductible sur autres biens et services intracommunautaires		310,00
44567	État-crédit de TVA		201,00
44551	État-TVA à décaisser		3 589,00
	TVA du mois de mars N		

3. Formulaire de déclaration de la TVA CA3

A MONTANT DES OPÉRATIONS RÉALISÉES

OPÉRATIONS IMPOSABLES (H.T.)			OPÉRATIONS NON IMPOSABLES		
01 Ventes, prestations de services		166 837	04 Exportations hors CE	0032	
02 Autres opérations imposables	0981		05 Autres opérations non imposables	0033	
2A Achats de prestations de services intracommunautaires (article 283-2 du Code général des impôts)	0044		06 Livraisons intracommunautaires	0034	
03 Acquisitions intracommunautaires (dont ventes à distance et/ou opérations de montage : ……)	0031	1 582	6A Livraisons de gaz naturel ou d'électricité non imposables en France	0029	
3A Livraisons de gaz naturel ou d'électricité imposables en France	0030		07 Achats en franchise	0037	
3B Achats de biens ou de prestations de services réalisés auprès d'un assujetti non établi en France (article 283-1 du Code général des impôts)	0040		7A Ventes de biens ou prestations de services réalisées par un assujetti non établi en France (article 283-1 du Code général des impôts)	0043	
3C Régularisations ….. (Important : cf. notice)	0036		7B Régularisations ….. (Important : cf. notice)	0039	

B DÉCOMPTE DE LA TVA À PAYER

TVA BRUTE		Base hors taxe	Taxe due
Opérations réalisées en France métropolitaine			
08 Taux normal 19,6 %	0206	166837	32700
09 Taux réduit 5,5 %	0105		
9 B			
Opérations réalisées dans les DOM			
10 Taux normal 8,5 %	0201		
11 Taux réduit 2,1 %	0100		
12			
Opérations imposables à un autre taux (France métropolitaine ou DOM)			
13 Ancien taux	0900		
14 Opérations imposables à un taux particulier (décompte effectué sur annexe 3310 A)	0950		
15 TVA antérieurement déduite à reverser	0600		
16 Total de la TVA brute due (lignes 08 à 15)			32700
17 Dont TVA sur acquisitions intracommunautaires	0035		310
18 Dont TVA sur opérations à destination de Monaco	0038		

La ligne 11 ne concerne que les DOM. Les autres opérations relevant du taux de 2,1 % continuent d'être déclarées sur l'annexe 3310 A.

TVA DÉDUCTIBLE		
19 Biens constituant des immobilisations	0703	3560
20 Autres biens et services	0702	25350
21 Autre TVA à déduire	0059	
(dont régularisation sur de la TVA collectée [cf. notice] ……)		
22 Report du crédit apparaissant ligne 27 de la précédente déclaration	8001	201
23 Total TVA déductible (lignes 19 à 22)		29 111
24 Dont TVA non perçue récupérable par les assujettis disposant d'un établissement stable dans les DOM	0709	

22A *Indiquer ici le coefficient de taxation forfaitaire applicable pour la période s'il est différent de 100 %* …… %

CRÉDIT			TAXE À PAYER		
25 Crédit de TVA (ligne 23 – ligne 16)	0705		28 TVA nette due (ligne 16 – ligne 23)		3589
26 Remboursement demandé sur formulaire n° 3519 joint	8002		29 Taxes assimilées calculées sur annexe n° 3310 A	9979	
27 Crédit à reporter (ligne 25 – ligne 26) *(Cette somme est à reporter ligne 22 de la prochaine déclaration)*	8003		30 Sommes à imputer, exprimées en euros, y compris acompte congés	9989	
			31 Sommes à ajouter, exprimées en euros, y compris acompte congés	9999	
			32 Total à payer (lignes 28 + 29 – 30 + 31) *(N'oubliez pas de joindre le règlement correspondant)*		3589

Attention ! Une situation de TVA créditrice (ligne 25 servie) ne dispense pas du paiement des taxes assimilées déclarées ligne 29.

Les dispositions des articles 39 et 40 de la loi n° 78-17 du 6 janvier 1978 relative à l'informatique, aux fichiers et aux libertés, modifiée par la loi n°2004-801 du 6 août 2004, garantissent les droits des personnes physiques à l'égard des traitements des données à caractère personnel.
Si vous réalisez des opérations intracommunautaires, pensez à la déclaration d'échanges de biens à souscrire auprès de la Direction Générale des Douanes et des Droits indirects (cf. notice de la déclaration CA3).

ACTIVITÉ 4
ORGANISATION ET PLANIFICATION DES ACTIVITÉS

1 L'ORGANISATION DU TRAVAIL ADMINISTRATIF

L'assistant de gestion joue un rôle clé dans l'organisation du travail administratif de la PME-PMI : la pérennité de l'entreprise repose notamment sur le suivi d'indicateurs fiables, l'élaboration de procédures claires et la pertinence du diagnostic qu'il saura établir. L'assistant de gestion peut ensuite être amené à proposer des solutions au diagnostic interne et à accompagner leur mise en œuvre.

1 L'organisation du travail administratif

1. Le suivi des indicateurs

Le choix des indicateurs et leur exploitation dans des tableaux de bord garantissent un suivi efficace du travail, notamment administratif. Ces indicateurs sont choisis en fonction du phénomène que l'on observe et font l'objet d'un suivi dans le temps.

EXEMPLE

Mesurer le taux de satisfaction de la clientèle grâce à une enquête.

Les indicateurs sont regroupés dans des tableaux de bord qui permettent d'avoir une vue synthétique de l'état de l'entreprise.

EXEMPLES

Tableau de bord du personnel contenant un suivi du turnover, pyramide d'âge par sexe, répartition des salariés par qualification.

2. L'analyse des processus et des procédures

Un processus administratif décrit la succession des tâches réalisées par les différents intervenants. Il est important de savoir les représenter pour pouvoir les analyser et, si nécessaire, les modifier.

EXEMPLE

Décrire, sous forme de diagramme imagé, le processus de traitement des réclamations.

Les procédures décrivent précisément la manière d'accomplir les activités relevant d'un processus. La formalisation écrite des procédures doit garantir leur stabilité.

EXEMPLE

Formaliser les différentes réponses à des demandes d'emploi.

3. Le diagnostic interne

Au niveau de l'assistant de gestion, le diagnostic interne relève de l'organisationnel et non du stratégique : il consistera à évaluer les forces et les faiblesses de la PME-PMI, notamment dans sa gestion administrative.
L'assistant peut, pour établir ce diagnostic, utiliser des outils comme une matrice SWOT (Strengths, Weaknesses, Opportunities, Threats) ou MOFF (Menaces, Opportunités, Forces et Faiblesses).

EXEMPLE

Diagnostic SWOT de mise en place d'une démarche de développement durable d'un village de vacances.

Strengths Quelles sont les pratiques déjà mises en place en matière de développement durable ?	**Weaknesses** Quels sont les points à améliorer par rapport aux concurrents et aux attentes de notre clientèle ?
Opportunities Quelles sont les opportunités que nous pouvons retirer d'une telle démarche, en termes d'image de marque, d'économies à réaliser, de financement ?	**Threats** Existe-t-il des risques à ne pas engager une démarche de développement durable ? Existe-t-il des risques à s'engager ?

2 L'amélioration du travail administratif

Lorsque des dysfonctionnements sont constatés dans l'organisation du travail, l'assistant de gestion peut être une force de proposition pour y remédier en proposant des solutions et en aidant à leur mise en œuvre.

1. Les outils d'identification

Ces outils vont permettre de cerner le problème qui se pose et qui engendre des dysfonctionnements. Les outils disponibles sont nombreux : questionnement par questions clés (QQOQCP), diagramme Ishikawa (également appelé diagramme causes-effet), etc.
D'autres outils permettent de déterminer le degré d'importance à accorder aux différents dysfonctionnements : diagramme de Pareto (ou diagramme 20/80), méthode UGIF (Urgent, Grave, Important, Fréquent), etc.

EXEMPLE

Hiérarchiser les causes d'erreur dans le montage d'un appareil à l'aide d'un graphique de Pareto.

Pareto des erreurs dans le montage d'un appareil

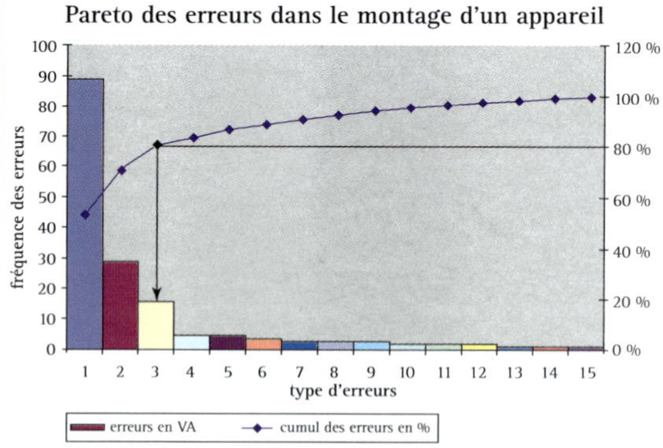

2. Les outils de recherche et de choix de solutions

Les solutions doivent découler logiquement de l'analyse de la situation et pourront être dégagées grâce à des méthodes collectives : remue-méninges, enquête, arbre des causes, etc.

EXEMPLE

Recherche collective des causes de la mauvaise gestion des stocks.

Il faudra recueillir des informations supplémentaires.

EXEMPLE

Demande d'informations sur les possibilités offertes en matière de fournisseurs d'énergie.

Le choix d'une ou de solutions sera ensuite conforté par des outils d'aide à la décision tels qu'un tableau avantages/inconvénients ou une matrice multicritères.

EXEMPLE

Matrice multicritères pour le choix d'un fournisseur.

	Solution	Fournisseur X		Fournisseur Y		Fournisseur Z	
Critères	Coefficients de pondération	Note sur 4	Note pondérée	Note sur 4	Note pondérée	Note sur 4	Note pondérée
Rapidité de livraison	0,5	2	1	4	2	3	1,5
Qualité des produits	1	1	1	1	1	2	2
Rapport qualité/prix	3	3	9	4	12	3	9
Variété des produits	0,5	4	2	2	1	3	1,5
Total	5 × 4 = 20		13		16		14

3. Les outils de remédiation

Il est ensuite possible de définir les points nécessitant une amélioration et pouvant relever :
– d'une meilleure répartition des tâches dans un service ;

EXEMPLE

Établissement d'un tableau de répartition des tâches et analyse.

Tableau de répartition des tâches					
Service : commercial		Durée : 1 mois			
	Postes	Kim	Alicia	Line	
Activités et tâches					Charge totale par activité
1	Organisation	10		30	
2	Animation	12	10	25	
	Total	22	10	55	87
3	Montage de dossiers			50	
4	Prospection			30	
	Total			80	
	Charge totale de travail			135	
	Charge nette (coef. 15 %)			155,25	
	Temps de travail			151,67	
	Taux d'engagement			102 %	

– d'une simplification d'un processus administratif ;

EXEMPLE

Raccourcissement d'un processus permis par l'utilisation du réseau intranet de l'entreprise.

– d'une amélioration des documents internes de l'entreprise ;

EXEMPLE

Création de modèles de documents mis à la disposition des différents services.

– d'une gestion plus rigoureuse du temps ;

EXEMPLE

Utilisation d'un logiciel de planning partagé.

– du suivi budgétaire des postes administratifs ;

EXEMPLE

Calcul du coût de participation à un salon.

– de la mise en œuvre d'une démarche qualité.

EXEMPLE

Obtention d'une certification ISO 9001.

4. La conduite du changement

Les changements, quelle que soit leur nature, représentent des éléments de perturbation et sont donc potentiellement sources de tensions, de stress et de conflits. Ils sont néanmoins inévitables dans la vie d'une entreprise car ils reflètent l'adaptation constante de celle-ci aux évolutions de son environnement.

EXEMPLE

L'annonce de la fusion avec une autre société qui se traduit par une modification dans la composition des services.

L'assistant de gestion peut proposer une démarche et des méthodes visant à dépasser les résistances. La méthodologie généralement préconisée consiste à :

– préparer le changement en impliquant les acteurs concernés ;

EXEMPLE

Recueillir les suggestions, proposer des formations.

– communiquer avec les intéressés ;

EXEMPLE

Tenir des réunions, diffuser l'information sur l'intranet.

– s'assurer de la réussite du changement préconisé ;

EXEMPLE

Contrôler les indicateurs des tableaux de bord.

– relancer l'accompagnement en cas de constat d'échec.

EXEMPLE

Reformuler les objectifs dans une note de service.

2 LA GESTION DU TEMPS

Du fait d'une surcharge fréquente de travail, le temps de l'assistant de gestion est précieux. L'optimisation de son utilisation nécessite une gestion efficace pour éviter la confusion entre l'essentiel et l'accessoire. Il faut pour cela distinguer tâches prioritaires, urgentes et importantes et maîtriser les outils de gestion du temps.

1 La notion de gestion du temps

Gérer son temps, c'est :

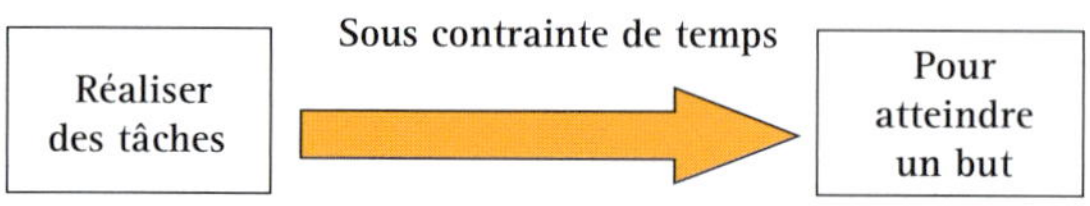

et le répartir pour accomplir différentes activités :

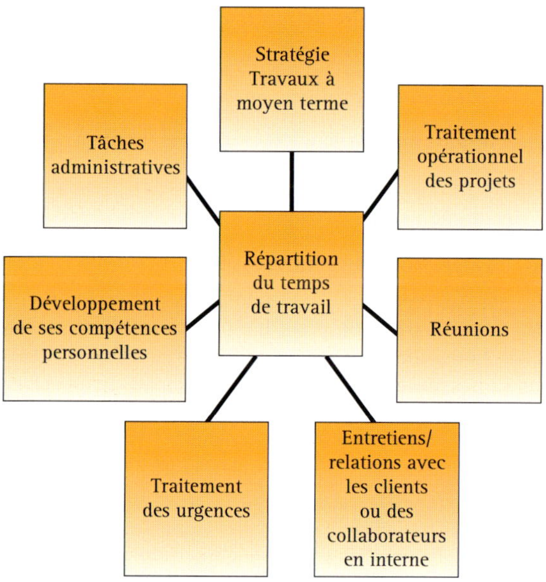

2 La classification des tâches

1. Les différents types de tâches

a) Une tâche prioritaire

Une tâche prioritaire doit être réalisée immédiatement avant toutes les autres. La notion de priorité suggère un ordre de passage ou de réalisation dans le travail. Les priorités peuvent être imposées par le dirigeant.

b) Une tâche urgente

La notion d'urgence intègre la notion de mesure du temps en fonction d'une date butoir. Elle fluctue en permanence, d'où sa subjectivité. Elle renvoie à l'idée de danger en cas de non-respect des délais de réalisation. La réalisation d'une tâche urgente est conditionnée par la charge de travail et la disponibilité de l'assistant et de ses ressources matérielles.

c) Une tâche importante

Une tâche est importante quand elle entraîne des conséquences en cas de non-réalisation.

2. Le classement des tâches selon leur niveau d'urgence et d'importance (méthode Eisenhower)

Après avoir établi la liste de ses tâches, l'assistant peut les classer en utilisant la grille suivante.

UI	Les tâches urgentes et importantes
uI	Les tâches peu urgentes et importantes
Ui	Les tâches urgentes et peu importantes
ui	Les tâches ni urgentes, ni importantes

Une fois le classement des tâches réalisé, le « carré des priorités » peut l'aider à déterminer la façon dont elles vont être traitées.

EXEMPLE

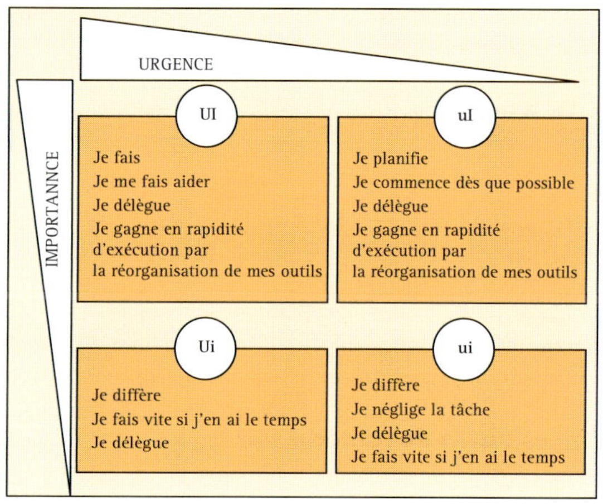

3 Planifier son temps : la méthode NERAC

L'utilisation de la méthode NERAC contribue à planifier le temps de manière efficace. Cette méthode se décompose en cinq étapes :

- noter les activités à faire après avoir déterminé ses objectifs ;
- estimer la durée de chacune ;
- réserver 40 % du temps total pour des activités imprévues ;
- arbitrer en décidant du degré d'importance des tâches selon leurs conséquences et donc déterminer l'ordre d'exécution ;
- contrôler, c'est-à-dire répondre aux questions suivantes, qui se présentent souvent sous la forme d'une liste de contrôle :
  → quelles sont les tâches qui ont été réalisées ?
  → dans quelle mesure les objectifs ont-ils été atteints ?
  → comment remédier aux écarts entre prévisions et objectifs ?

L'assistant de gestion notera ensuite la liste des tâches à reporter, qui s'ajouteront à celles déjà prévues.

4 Anticiper et faire face aux imprévus

1. Anticiper les imprévus

Ce qui est imprévu surgit alors qu'on ne s'y attend pas. Dans l'organisation de sa journée de travail, l'assistant doit faire l'hypothèse que des imprévus vont se produire. Pour anticiper, il peut laisser un espace-temps inoccupé dans la planification de sa journée pour gérer cet imprévu et éviter de se laisser déstabiliser par celui-ci.

2. Distinguer imprévus et inorganisation

L'inorganisation génère beaucoup d'imprévus qui sont, dans ce cas, le résultat d'oublis, d'un manque de rigueur et d'anticipation. Lorsqu'un imprévu se répète plusieurs fois, il devient soit une tâche à programmer, soit un problème à résoudre. L'assistant doit donc être vigilant : l'organisation du temps est toujours à remettre en cause et à améliorer.

5 Améliorer sa gestion du temps

Pièges à éviter	Conseils
Se précipiter dans l'action	– Établir la liste des tâches quotidiennes et hebdomadaires. – Catégoriser les tâches selon les critères d'urgence et d'importance. – Hiérarchiser les priorités.
Sous-évaluer la durée des tâches	– Estimer précisément la durée des tâches. – Prévoir une marge de manœuvre d'environ 40 % pour faire face aux imprévus.
Se laisser dévorer par des activités parasites. **Exemples :** bavardages entre collègues, appels téléphoniques, courriels trop longs et trop fréquents, Internet, visiteurs impromptus.	– Mettre en place des horaires de rendez-vous tout en restant accessible en cas d'urgence. – S'isoler pour traiter les dossiers délicats. – Savoir refuser des sollicitations. – Utiliser sa boîte vocale pour éviter d'être fréquemment dérangé afin de regrouper ses appels. De même, regrouper le traitement des mails.

6 Les outils d'anticipation des événements

L'anticipation d'événements quasi certains se fait en planifiant les activités dont la probabilité d'exécution est élevée.

EXEMPLES

Rendez-vous, organisation de réunions, date de livraison.

1. L'agenda individuel

Un agenda permet de prévoir des événements à des moments précis (date, heure de début, durée prévisionnelle). Sa tenue n'est optimisée que si le moment et la durée des tâches sont bien choisis.

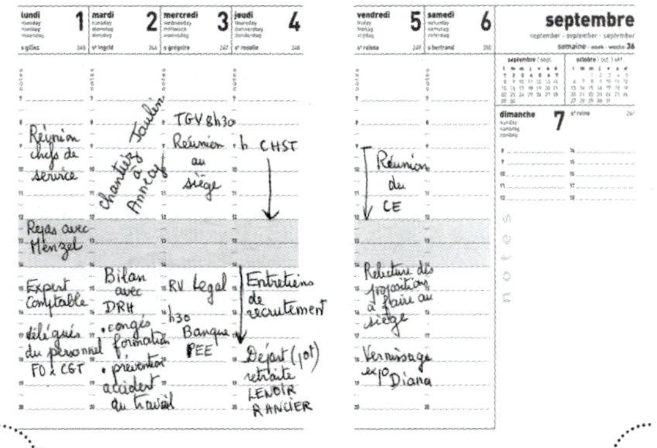

2. L'agenda partagé

a) Les agendas partagés en intranet

Il existe de multiples solutions adaptées aux équipes de travail.

EXEMPLES

Logiciels MS Outlook, MS Project, TeamAgenda.

Les plates-formes de travail collaboratif et les intranets proposent pratiquement tous un système d'agendas partagés.

La plupart de ces solutions intègrent également d'autres fonctionnalités.

EXEMPLES

Gestion de projets avec ordonnancement des tâches, calcul des délais et des marges, affectation de ressources et budgétisation.

b) Les agendas partagés sur Internet

Quelques sites Web offrent une solution au partage d'agendas qui présente plusieurs avantages :
- ils ne nécessitent qu'une simple connexion à Internet ;
- ils restent accessibles en permanence à tous les personnels itinérants ;
- le coût de l'abonnement est modique ;
- la navigation sur ces sites, très intuitive, ne demande pratiquement aucun apprentissage.

EXEMPLES

Partagenda, Calendae, Olras, Google Agenda.

3 LA PLANIFICATION DES TÂCHES

➔ Face à la planification de prestations et à l'organisation d'événements, l'assistant est amené à utiliser des outils de planification et d'ordonnancement. Pour en assurer le suivi, parfois complexe, il doit prendre en compte des contraintes d'antériorité et tenter d'optimiser les délais de réalisation.

1 Méthodologie

1. Les étapes de la planification

Qu'il s'agisse de conduire un projet, d'organiser une manifestation, un événement, de conduire un chantier jusqu'au terme de la livraison d'une prestation, quatre étapes peuvent être identifiées.

EXEMPLE

Réalisation d'un chantier

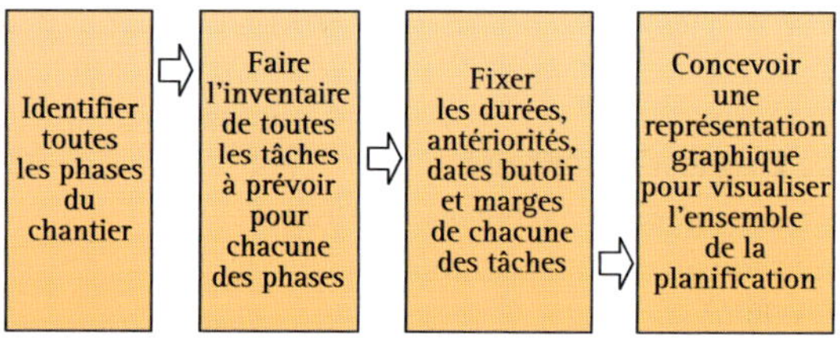

2 Les conditions d'une planification efficace

a) Réalisme

Il ne faut pas sous-estimer la durée des tâches à réaliser, notamment les prestations externes dont la PME-PMI n'a pas le contrôle.

EXEMPLES

Intervention EDF, entreprise de transport, contrôle externe de sécurité.

Les intervenants fiables, « personnes ressources », doivent être clairement identifiés.

b) Anticipation

Il est indispensable d'inventorier tous les aléas susceptibles de contrarier la progression prévue du chantier.

EXEMPLES

Intempéries, rupture de stocks chez un fournisseur, grève.

c) Flexibilité

L'assistant doit trouver un juste équilibre entre la rigueur de la planification et l'exigence de souplesse et de réactivité nécessaire au pilotage de l'ensemble des activités.

2 Mise en œuvre de la planification

Toutes les tâches à réaliser sont répertoriées en fonction d'un ordre chronologique d'accomplissement et leur durée respective est évaluée. Un tableau d'ordre d'exécution permet de visualiser la durée totale de réalisation nécessaire.

EXEMPLE

Extension des bureaux du siège social

Symbole	Tâches	Durée en jours	Antériorités
A	Accord du siège	1	–
B	Réalisation devis travaux, choix	5	A
C	Travaux menuiserie, pose mobilier	15	B
D	Peinture et vitrerie (extérieur)	4	B
E	Commande 24 ordinateurs et logiciels	1	A
F	Livraison, installation des ordinateurs	1	E, C
G	Agencement des 2 nouvelles salles et tests	8	D, F
H	Conception des invitations	3	A
I	Mise en ligne des invitations	1	H
J	Réception des coupons en ligne	10	I
K	Commande traiteur	1	J
L	Inauguration de l'extension	1	G, K

Par antériorité, on désigne la tâche qui doit être terminée en amont. Ainsi, B ne peut commencer que lorsque A est terminée et G ne peut commencer que quand D et F sont terminés.

3 Les outils de planification

1. Le graphe PERT (*Program Evaluation and Review Technic*)

La méthode PERT présente sous forme de graphe l'ordre d'exécution des tâches d'un projet, celles qui peuvent être réalisées en même temps et celles qui doivent impérativement se succéder. On peut ainsi surveiller le respect des échéances, les priorités et réaliser le projet dans le délai le plus court.

a) La représentation simplifiée des tâches en séquence

Tâche : elle est désignée par une lettre suivie de sa durée et représentée par une flèche. La durée est exprimée dans une même unité de temps pour toutes les tâches (jour, semaine, etc.).

Étapes : elles sont numérotées par ordre croissant (de 1 à *n*) dans un cercle.

Par convention, un PERT commence toujours à l'instant 0, c'est-à-dire au début de l'étape 1.

EXEMPLE

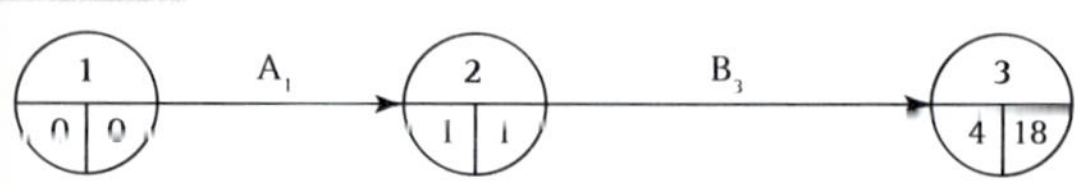

Dans cet exemple simplifié, dès qu'une tâche est terminée, la suivante s'enclenche.

La tâche B a une durée de 3 jours, elle est encadrée par les étapes 2 et 3. L'étape 3 a une date au plus tôt de 4 jours, et au plus tard de 18 ; ce sont ici les nombres de jours après le début du graphe.

b) La représentation de tâches simultanées

Des tâches peuvent commencer au même moment mais s'achever à des moments différents car elles ont des durées différentes. Le commencement de certaines tâches peut dépendre de l'achèvement de plusieurs autres tâches précédentes.

Date au plus tôt : elle est notée à l'intérieur du cercle de l'étape (en bas à gauche ou au-dessus). Pour son calcul, en partant du début du graphe, c'est la date au plus tôt de l'étape précédente + durée de la tâche entre les deux étapes. S'il y a plusieurs étapes précédentes, on choisit la valeur la plus élevée.

Date au plus tard : elle est notée à l'intérieur du cercle de l'étape (en bas à droite ou au-dessous). Pour la déterminer, on part de la fin du graphe ; c'est la date au plus tard de l'étape suivante – durée de la tâche entre les deux étapes.

Lorsque, pour une même étape, la date au plus tôt et la date au plus tard ne coïncident pas, la différence est appelée marge totale. Cette marge représente le temps de retard éventuel de l'étape que l'on peut admettre sans compromettre la durée de réalisation du projet.

c) Le chemin critique

Le chemin critique représente l'ensemble des tâches pour lesquelles les marges sont nulles (date au plus tôt = date au plus tard). Tout retard allonge la durée du projet (dans l'exemple, cela compromettrait la réalisation de l'inauguration).

EXEMPLE

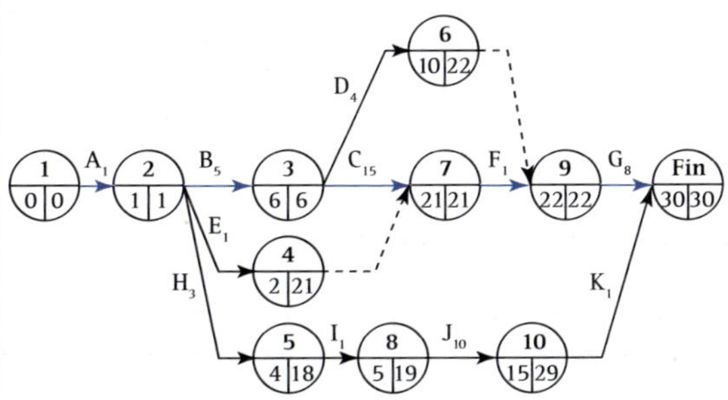

Le chemin critique est représenté par les tâches A, B, C, F et G (flèches bleues, marges nulles). La durée totale de projet est de 30 jours. Les autres chemins laissent une marge disponible.

2. Le diagramme de Gantt

Il se présente comme un planning. Les différentes tâches correspondent à des barres horizontales de longueur proportionnelle à leur durée. Il permet de connaître l'avancement des travaux et de mettre en évidence, tâche par tâche, le temps utilisé, le temps restant à consommer et les dépassements éventuels.

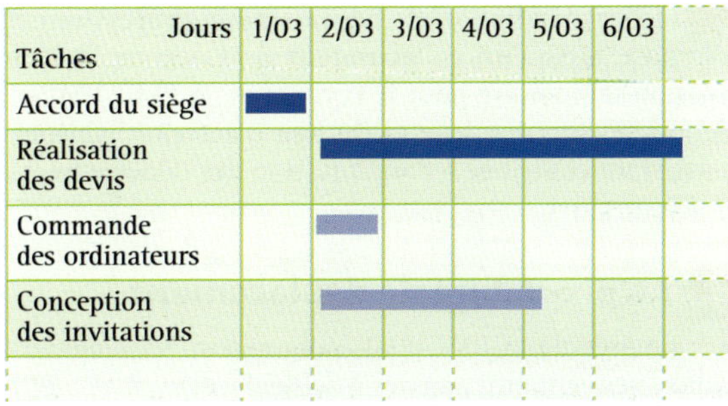

Note : les tâches critiques sont ici en bleu foncé.

4 Le suivi de la planification des tâches

L'assistant peut recourir à un logiciel dit « de gestion de projet ». Ces logiciels sont simples à utiliser pour le traitement des variables les plus courantes du diagramme de Gantt, comme la liste des tâches ou les dates de début et de fin. Ils permettent de :

- procéder à des ajouts, modifications, suppressions de tâches ;
- visualiser le chemin critique ;
- visualiser le % de tâches réalisées ;
- gérer des durées, signaler les tâches en retard mais aussi celles qui pourraient être compromises ;
- passer de l'affichage du diagramme de Gantt au PERT ;
- gérer les ressources humaines, matérielles, financières (calcul automatique des coûts, par exemple).

Les logiciels les plus évolués permettent un véritable travail collaboratif par un partage simultané ou différé des données ainsi que la possibilité de réunions en ligne.

EXEMPLE

Extrait page écran « Salon de la décoration » avec le logiciel GanttProject

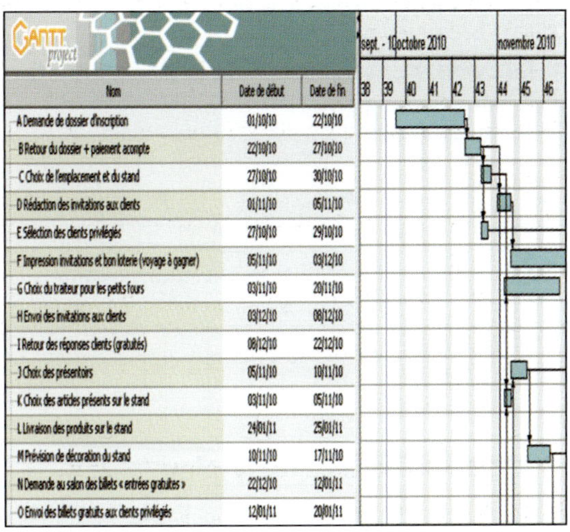

4 L'ORGANISATION DES DÉPLACEMENTS

➔ L'organisation d'un déplacement professionnel s'impose lorsqu'un collaborateur doit accomplir une mission temporaire pour le compte de la PME-PMI en dehors de son domicile et du lieu d'activité habituel. L'assistant contribue à l'organisation des déplacements et à leur suivi.

1 La procédure de déplacement

Les salariés de la PME-PMI, notamment les commerciaux, peuvent être amenés à se déplacer.

EXEMPLES

Visite à des clients, des fournisseurs, visite d'un chantier, participation à une réunion à l'extérieur de l'entreprise.

Une procédure de déplacement connue de tous permet de rationaliser les pratiques liées aux déplacements et d'en maîtriser ainsi les coûts.

1. Les éléments à clarifier

Élaborer une procédure de déplacement conduit à préciser :

– qui est habilité à voyager, avec quel niveau de confort.
– quel est le processus à suivre jusqu'à la validation de la demande et quels sont les documents à utiliser.
– quelles sont les compagnies de transport et les types de billets à privilégier.
– quelles sont les agences de voyage, les agences de location de véhicules, les compagnies de taxis, les chaînes hôtelières auxquelles il faut s'adresser si les prix ont été négociés.
– quels sont les véhicules (personnel, de service, de location) que l'on peut ou doit utiliser pour les déplacements en tenant compte du nombre de personnes, de la distance, des conditions climatiques, etc.
– quels sont les moyens de paiement mis à la disposition des salariés (avances d'argent et de devises, cartes bancaires, etc.).

2. Le cycle d'engagement de la dépense

Il comporte trois phases.

① Demande d'autorisation d'engagement de frais de déplacement ▶ ② Autorisation d'engagement de frais de déplacement ▶ ③ Paiement de la dépense à l'intéressé

Chacune de ces phases pose la question suivante :

- ① ▼ Qui est autorisé à engager des frais de déplacement ou de mission ?
- ② ▼ Qui a le pouvoir d'autoriser l'engagement des frais ?
- ③ ▼ Qui paie les frais ?

① et ② : C'est l'ordonnateur (ex. : directeur commercial, contremaître) qui a une délégation de pouvoir du chef d'entreprise.

③ : C'est le payeur (ex. : directeur financier, comptable) qui a une délégation de signature bancaire et qui, au final, paie.

3. Les règles de gestion

Elles doivent être élaborées dans le respect de deux principes.

a) La séparation des pouvoirs

Si c'est le même collaborateur qui maîtrise la totalité du cycle, l'absence de contrôle rend les abus possibles. Il faut donc séparer les pouvoirs : l'ordonnateur (celui qui demande et/ou autorise la dépense) ne doit pas être le payeur (celui qui signe le chèque).

b) La délégation de la signature bancaire

Le payeur contrôle les pièces qui justifient l'engagement des dépenses (tickets de péages, factures d'hôtels, de restaurants, d'essence, billets d'avion, de train). Il contrôle également la conformité du montant des dépenses par rapport aux autorisations accordées par l'ordonnateur. Le recours à la double signature est parfois mis en place : le chef d'entreprise peut joindre sa signature à celle du directeur financier ou du comptable.

Les collaborateurs qui se déplacent souvent peuvent disposer d'une carte bancaire qui se bloque dès que le plafond autorisé est atteint.

2 La préparation des déplacements professionnels

1. L'identification du voyageur

Quand un collaborateur se déplace souvent, la création d'une fiche « profil » du voyageur permet de disposer rapidement de toutes les informations utiles le concernant.

EXEMPLES

Nom patronymique et prénom, date de naissance, numéro de carte nationale d'identité, numéro de passeport et date d'émission.

2. Les documents utiles au voyageur

Liste type	Remarques
Parcours (voyage et hébergements)	Si le collaborateur n'utilise pas un GPS, on peut joindre les itinéraires (de nombreux sites offrent des modules de calcul avec évaluation des durées de trajet).
Fiche pratique sur le lieu du déplacement	Y figurent des renseignements tels que : décalage horaire, conseils vestimentaires en fonction du climat, taux de change, numéros de téléphone utiles (hôtel, ambassade, consulat, etc.), etc.
Dossier pour la gestion des contacts	Le contenu est variable : fichier des contacts avec les heures et lieux des rendez-vous, catalogues, plaquettes (à traduire éventuellement), etc.
Billets de transport	On peut alerter sur les contraintes horaires à respecter, donner des informations diverses sur les transferts, les véhicules de location, etc.
Bons d'échange (vouchers)	Ces titres paient des prestations réservées à l'avance (hôtels, véhicules de location, etc.). Le voyageur n'assure pas ces frais sur place.

3. Les moyens de paiement pour le règlement des frais

a) Les cartes « corporate/business » ou « affaires »

Il existe deux types de cartes :
- les cartes bancaires (Carte Bleue Visa, MasterCard, etc.) ;
- les cartes non bancaires (American Express, Diners Club).

Ces cartes nominatives permettent d'effectuer des paiements (hôtel, restaurant, parking, péages, etc.) et des retraits sur le compte de l'entreprise ou du collaborateur. Le différé de débit permet au salarié de se faire rembourser par l'entreprise avant le prélèvement sur son compte. Le coût de la carte est pris en charge par la PME-PMI.

b) Les cartes « logées »

Ces cartes immatérielles reposent sur une relation tripartite (l'émetteur, en général une banque, l'agence de voyages et la PME-PMI) ou bipartite (l'émetteur et la PME-PMI). Un numéro de compte est ouvert, il permet de centraliser les paiements.

4. La prise en compte des caractéristiques du déplacement

Pour tous les déplacements
– Dates et durée du déplacement : permettent d'organiser le voyage et de prendre les dispositions utiles pour le suivi des activités durant l'absence du collaborateur, ou encore d'effectuer les modifications d'agendas et la réorganisation des activités si le déplacement n'était pas anticipé. – Budget alloué au déplacement : la politique de gestion des déplacements impose de trouver le meilleur compromis entre les règles fixées par la politique des déplacements et les souhaits du collaborateur en déplacement. – Lieu, nombre de personnes, activités prévues : ces informations permettront d'optimiser l'organisation du déplacement. – Règlementation particulière liée au voyage aérien : poids et contenu des bagages, contraintes liées à l'embarquement ou à la sécurité, etc.
Pour les déplacements à l'étranger
– Formalités d'entrée et de séjour : documents d'identité exigés, délais d'obtention des visas. – Formalités douanières : démarches à faire (ex. : pour les foires et salons, pour les échantillons commerciaux à emporter, etc.). → Informations disponibles auprès des ambassades. – Risques sanitaires : vaccinations nécessaires et délais à respecter, éventuelles maladies endémiques, épidémies, précautions à prendre. – Conditions de sécurité : risques répertoriés pour la période du voyage. → Site du ministère des Affaires étrangères, rubrique « Conseils aux voyageurs ». – Couverture sociale et assistance rapatriement : documents à emporter. → Site de l'assurance maladie (carte européenne d'assurance maladie, formulaires S-9203 et S-3125). Les cartes bancaires et les compagnies d'assurance offrent des services d'assistance. – Le permis de conduire international : à demander en préfecture.

3 Les réservations

Une bonne gestion des réservations doit permettre d'obtenir les prestations souhaitées au moindre coût. La réservation peut se faire directement par Internet, par téléphone, par courriel, ou bien en passant par une agence de voyages.

a) Le moyen de déplacement

Le moyen de déplacement inclut les transports sur place : train, avion, transport en commun, taxi, voiture de location (avec ou sans GPS), etc. La distance, la rapidité, le confort, le coût, la souplesse, la commodité, la sécurité, le risque de saturation des réseaux à certaines périodes, etc., sont autant d'éléments à prendre en compte.

b) L'hébergement

Lorsque l'assistant de gestion réserve un hébergement, il doit s'interroger sur la catégorie d'hôtel, l'emplacement par rapport aux lieux de rendez-vous, le type de chambre, la présence de salles de réunion, les équipements de télécommunication, etc.

4 Les outils de géolocalisation

L'utilisation courante d'outils restituant des données géographiques, tels que les GPS ou les sites de recherche d'itinéraires sur Internet, a contribué à la diffusion des outils de géolocalisation.

EXEMPLE

Google map.

Ces outils permettent aux PME-PMI dont les activités génèrent beaucoup de mobilité de :
- localiser des personnes, des équipements ;
- trouver des informations sur le trafic et les itinéraires ;
- récupérer des données géographiques pour ensuite les analyser en temps réel.

EXEMPLES

PME-PMI du bâtiment ayant de multiples chantiers.

Ces outils intègrent des indicateurs pour analyser et piloter en temps réel les activités des itinérants. La PME-PMI peut ainsi améliorer sa productivité en optimisant les temps de parcours et en diminuant les frais kilométriques.

Ainsi, l'assistant de gestion doit, à partir d'une liste de points à desservir, d'actions à effectuer et de moyens alloués, faire les bonnes associations en vue de trouver l'ordre optimal pour la réalisation des tournées.

Des applications informatiques de géolocalisation se développent grâce aux technologies de télécommunication.

EXEMPLES

Gestion de flotte, surveillance des vols de voiture, vérification d'adresses de livraison ou de facturation, génération de cartes ou de plans d'accès, calculs et vérifications d'itinéraires.

5 L'ORGANISATION D'ÉVÉNEMENTS INTERNES ET EXTERNES

Les événements internes et externes permettent à la PME-PMI de communiquer avec ses partenaires. L'investissement qu'ils représentent nécessite une préparation et une gestion rigoureuses. L'assistant de gestion peut se voir déléguer tout ou partie de l'organisation logistique et de la gestion du suivi des événements.

1 La nature et les objectifs de l'événement

L'événement a un caractère ponctuel, limité dans le temps. En fonction de son ampleur, du rayonnement que l'on souhaite lui donner, il peut nécessiter un comité de pilotage ou un comité d'organisation. Selon le budget, le nombre de participants, les animations prévues, on peut faire appel à une agence spécialisée pour l'organisation.

1. L'événement interne

Objectifs	Exemples de moyens
– Valoriser des talents individuels des salariés (ex. : remerciements, encouragements, etc.). – Renforcer la cohésion au sein de l'entreprise, mobiliser des énergies vers un objectif commun.	– Journée de formation – Séminaire – Réunion de travail – Assemblée générale – Réunion festive (ex. : repas de fin d'année, départ en retraite, etc.)

2. L'événement externe

Objectifs	Exemples de moyens
– Communiquer sur les valeurs de la PME-PMI, améliorer ou consolider son image. – Attirer des prospects, fidéliser des clients. – Positionner la PME-PMI par rapport à ses différents concurrents. – Communiquer avec les partenaires.	– Stand sur foires et salons – Congrès et convention d'entreprise – Journée portes ouvertes – Invitation de clients à un dîner de gala – Inauguration de nouveaux locaux

2 La démarche d'organisation d'un événement

1. Les questions à se poser

Les réponses aux questions suivantes permettront de clarifier les besoins et détermineront les tâches à accomplir :

- Qui est concerné par l'événement ? Qui l'organise ? L'organisation peut être partiellement ou totalement externalisée en faisant appel aux services de prestataires extérieurs, tels qu'une agence de communication événementielle, un traiteur, un transporteur, etc.
- Combien y a-t-il de participants ?
- Quel est le budget alloué à l'opération ?
- Quand l'événement a-t-il lieu ? Quel est le moment le plus adapté ?
- Où l'organise-t-on ? À l'intérieur où à l'extérieur ?
- Avec quels moyens matériels ?
- Y a-t-il des contraintes particulières ? Si oui, lesquelles ?
- Comment suivra-t-on et évaluera-t-on les retombées de l'événement ?

2. Les contraintes à prendre en compte

Les contraintes peuvent être financières (budget limité), humaines (accueil de personnes handicapées) ou matérielles (capacité des parkings).
Elles peuvent aussi concerner des formalités spécifiques à accomplir (demandes d'autorisation), le respect des réglementations en vigueur (assurances, SACEM).

EXEMPLE

L'assistant de gestion demande des devis à plusieurs prestataires pour aménager un stand dans un salon.

3 Les outils de mise en œuvre et de suivi de l'événement

L'assistant de gestion dispose des outils classiques propres à la mise en œuvre d'un projet.

1. La liste des tâches

Elle sert à recenser l'ensemble des tâches à réaliser. De nombreux logiciels, payants ou gratuits, aident à la réalisation de cet inventaire. Ils définissent :
- le statut des tâches (à faire, en cours ou terminées) ;
- la priorité (haute, moyenne ou basse) ;
- la date butoir à laquelle la tâche doit être achevée.

EXEMPLE

Extrait d'une liste des tâches réalisée avec Outlook, pour organiser une inauguration

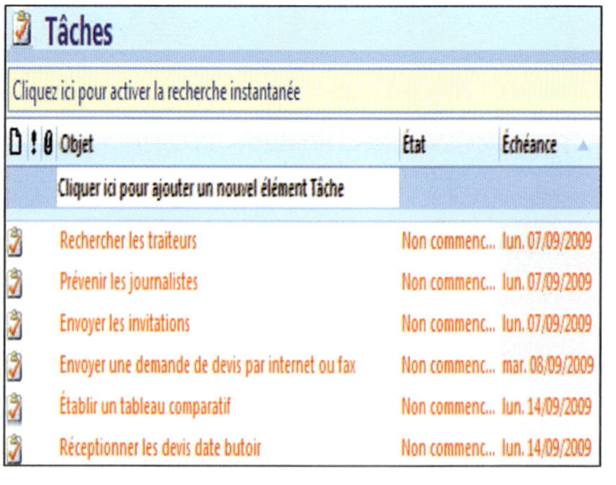
Tâches

Cliquez ici pour activer la recherche instantanée

Objet	État	Échéance
Cliquer ici pour ajouter un nouvel élément Tâche		
Rechercher les traiteurs	Non commenc...	lun. 07/09/2009
Prévenir les journalistes	Non commenc...	lun. 07/09/2009
Envoyer les invitations	Non commenc...	lun. 07/09/2009
Envoyer une demande de devis par internet ou fax	Non commenc...	mar. 08/09/2009
Établir un tableau comparatif	Non commenc...	lun. 14/09/2009
Réceptionner les devis date butoir	Non commenc...	lun. 14/09/2009

2. Le schéma heuristique

Le logiciel Mind Mapping propose des modèles pour aider à lister les tâches. Il faut les adapter aux spécificités de l'événement traité.

EXEMPLE

Extrait d'une carte modèle d'organisation d'un événement

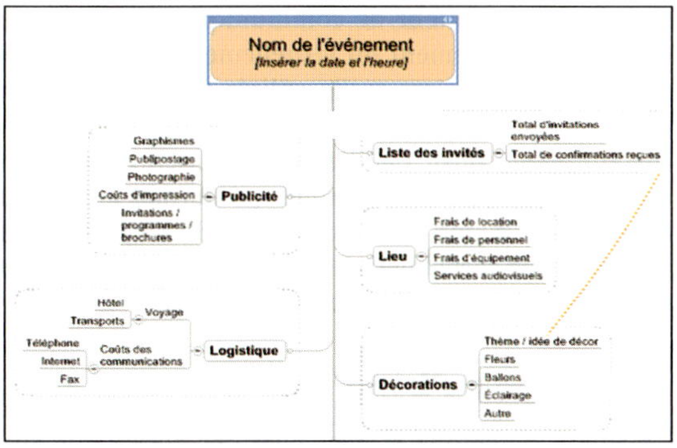

3. La liste de contrôle

Elle sert à ordonner les tâches, prévoir les dates et délais d'exécution. Elle permet ainsi de constater les écarts entre dates prévues et dates réelles de réalisation des tâches, puis d'analyser les écarts.

4. Le planning de Gantt ou le diagramme PERT

5. La matrice des responsabilités ou le tableau de répartition des tâches

6. Le rapport présentant l'état d'avancement du projet

Ce document assez court donne un état de la situation d'un projet pour une période déterminée. Standardisé ou non, il fournit les informations suivantes :
- nom du projet et du chef de projet ;
- date du rapport ainsi que début et fin de la période qu'il couvre ;
- résumé de l'avancement du projet (faits marquants depuis le dernier rapport d'avancement) ;
- problèmes majeurs rencontrés et actions prises pour les corriger ;
- tableau d'avancement pour chacune des tâches ou activités et représentation graphique de l'avancement du projet.

4 La prévision et la gestion des coûts

Comme pour tout projet, la gestion d'un événement impose la réalisation d'un budget prévisionnel qui intègre les dépenses et les recettes prévues.

1. Établir le budget d'un événement

En général, les ressources sont allouées par le dirigeant. Les charges correspondent aux dépenses générées par l'organisation de l'événement. Il est impératif de respecter les contraintes financières et de contrôler les écarts. L'équilibre financier du budget est parfois atteint grâce à la participation de sponsors.

EXEMPLE

Budget prévisionnel de « l'arbre de Noël »

DÉPENSES EN EUROS	Prévues	Réelles
Invitations	150,00	177,50
Affiches	75,00	68,85
Divers (petites fournitures)	250,00	241,25
Décorations (fleurs et guirlandes)	125,00	111,15
Cadeaux aux enfants du personnel	2 000,00	1 995,00
Divertissements – orchestre	450,00	490,00
Intervention des artistes – repas	950,00	872,60
Lieu – installations, entretien, personnel	2 500,00	3 000,00
TOTAL	6 500,00	6 956,35

2. Suivre le budget d'un événement

Au fur et à mesure, l'assistant compare les prévisions de dépense et les réalisations. Il peut être conduit à réévaluer un poste de dépense (ex. : factures dépassant les devis, frais d'assurance, SACEM non pris en compte, heures supplémentaires non prévues).

EXEMPLE

Suivi des dépenses liées à l'événement

Poste budgétaire	Prévision	Réalisation			Écarts	
		Engagement	Facturation	Règlement	Prév./Eng.	Prév./Fac.
Orchestre	450	450	490	490	0	40
Impression affiches et invitations	225	225	246,35	246,35	0	21,35
Lieu	2 500	3 000	3 000	3 000	500	500
Système audio	2 000	2 000	1 995	1 995	0	– 5
......						
				Totaux		

3. Évaluer les objectifs fixés à l'aide d'indicateurs

a) Évaluer l'organisation

À l'issue de l'événement, l'assistant analyse et évalue l'organisation de l'événement. Cela lui permet de repérer les dysfonctionnements, de trouver des solutions et d'améliorer ainsi la gestion du prochain événement.

EXEMPLES

Qualité du pilotage, organisation administrative, respect du budget, gestion du temps, des incidents.

b) Évaluer l'impact

L'impact interne	Incidence sur la motivation des collaborateurs, degré d'adhésion aux valeurs de l'entreprise, sentiment d'appartenance ?
L'impact externe	Évolution des relations commerciales avec les fournisseurs ou clients, réaction des concurrents, impact médiatique, modification de l'image de l'entreprise ?

7 LA MESSAGERIE ÉLECTRONIQUE

La messagerie électronique, également appelée courriel ou e-mail, est un moyen de communication asynchrone désormais incontournable aussi bien en interne qu'en externe. L'assistant de gestion doit pouvoir apporter des conseils d'utilisation et éventuellement mettre en garde contre les risques d'un mauvais usage de cet outil.

1 Les principes de fonctionnement

Utiliser une messagerie électronique requiert non seulement du matériel mais impose également quelques notions d'utilisation des logiciels de messagerie pour une utilisation optimale.

1. La configuration indispensable

Trois éléments sont incontournables : un ordinateur ou un PDA connecté à Internet par voie filaire ou par Wifi, un compte de messagerie électronique, un logiciel de courrier électronique ou à défaut un navigateur Web permettant d'accéder à un webmail.

2. Les logiciels de messagerie

On peut utiliser :
- soit l'application mise à disposition par le FAI (Orange) ou bien celle d'une messagerie gratuite (Laposte, Yahoo, Hotmail, Gmail) ;
- soit un logiciel spécifique, appelé client de messagerie (Outlook, Thunderbird ou Mail), qui offre des fonctionnalités plus élaborées que la solution précédente.

EXEMPLES

Plusieurs comptes peuvent être configurés dans un même logiciel de messagerie comme Outlook ou Mail.

2 La rédaction des messages

1. La démarche générale

Elle peut se schématiser ainsi :

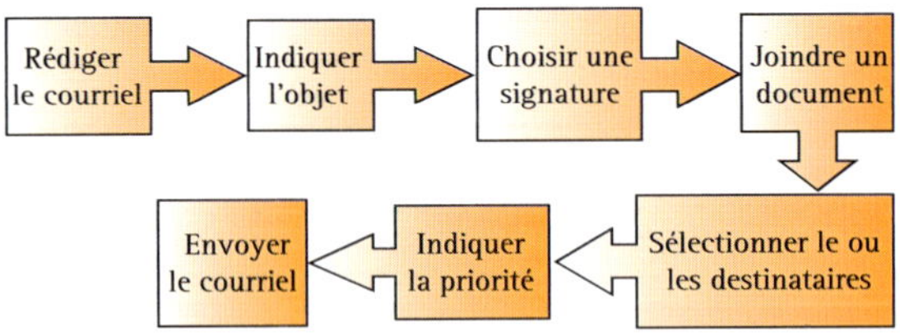

2. La rédaction du courriel

La netiquette ou éthique du réseau préconise un ensemble de règles de conduite à observer dans l'envoi des courriels. La charte RFC 1855 est consultable sur Internet.

EXEMPLE

Ne pas rédiger un courriel en majuscules car cela équivaut à crier, être concis dans ses messages, se relire et soigner son style et son orthographe comme pour un courrier classique.

3. Les différents destinataires

Les logiciels permettent de distinguer les destinataires des courriels selon leur priorité :
- destinataire principal : il est le premier destinataire et on inscrit son adresse mail dans la zone intitulée « A » ; on peut indiquer plusieurs destinataires principaux ;
- destinataire en copie : on indique dans la zone « Cc » le ou les destinataires à qui l'on transmet l'information ;
- destinataire en copie invisible : on indique dans la zone « Ci » le ou les destinataires qui ne seront pas visibles pour les autres destinataires ; ceci évite notamment la diffusion d'adresses confidentielles.

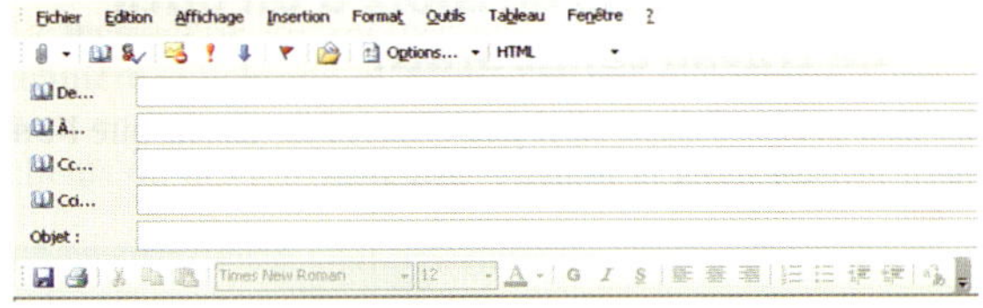

4. Les autres rubriques

Il est indispensable d'indiquer un objet dans la zone prévue à cet effet, afin de simplifier la prise de connaissance du message par le destinataire et d'utiliser la fonction de « Fil de discussion » qui présente de manière regroupée tous les courriels ayant un objet commun quels que soient les intervenants dans la discussion.
L'indication d'une priorité de message (généralement un point d'exclamation) indique le degré d'urgence du message.
Toutes sortes de documents peuvent être joints au mail grâce au symbole « trombone » (fichiers texte, audio, vidéo), mais il faut prendre garde à leur volume et les compresser si nécessaire.
Des signatures personnelles ou professionnelles peuvent être créées et insérées dans le courriel en fonction du destinataire.

3 La réception et le classement des messages

1. La réception des messages

Les messages apparaissent dans une boîte de réception et s'affichent généralement en gras, ce qui permet de les identifier comme messages reçus et non ouverts.
Par défaut, des boîtes ou dossiers non modifiables sont proposés : réception, envoi, envoyés, supprimés (ou corbeille) ou brouillon ; mais il est ensuite loisible de créer des dossiers et sous-dossiers selon le principe d'arborescence habituel.

2. Le classement ou filtrage des messages

Certains logiciels disposent d'un système de filtrage qui, après définition de règles, assure un rangement automatique des messages dans des dossiers créés selon la méthode précédente ou les met dans la corbeille.

EXEMPLE

Indiquer que les messages émanant d'un fournisseur X seront automatiquement redirigés vers une boîte Fournisseurs dans la sous-boîte Fournisseur X.

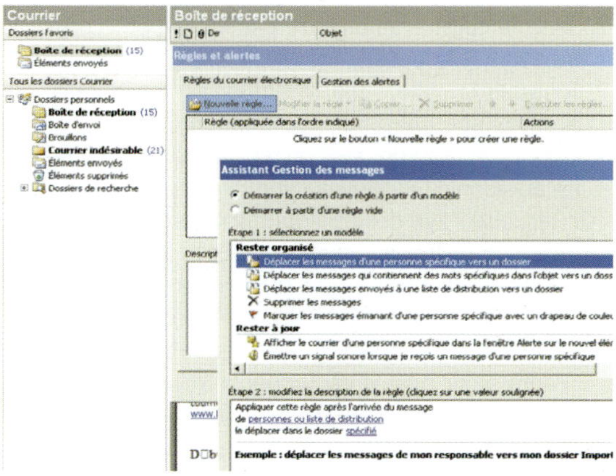

Les messages peuvent également être affichés selon différents critères (date, objet, émetteur) et triés selon ces critères.

EXEMPLE

Trier par ordre alphabétique d'émetteur afin de rechercher tous les courriels reçus d'un correspondant.

4 La réponse aux messages

Trois niveaux de réponse sont possibles :
- une réponse à l'auteur du message par le bouton Répondre (Reply). L'objet d'origine est maintenu et précédé de la mention « Re : » ;
- une réponse à l'auteur et à tous les autres destinataires (principaux ou en copie) par le bouton Répondre à tous (Reply all) ;
- un transfert du message qui consiste à faire suivre un message à un tiers grâce au bouton Transférer (Forward). Dans ce cas, l'objet du message est inchangé mais précédé de la mention « Fw ».

5 La gestion des correspondants

Les logiciels de messagerie, même ceux des FAI, permettent de gérer des listes de correspondants à l'intérieur d'une base de données. Ce carnet d'adresses est ensuite alimenté soit de manière manuelle, soit de manière automatique par la sélection de la fonction « Ajouter l'expéditeur au carnet d'adresses ».
Les contacts peuvent ensuite être assemblés dans des groupes. En sélectionnant le nom du groupe comme destinataire, on enverra le message à tous les membres du groupe.

6 Les règles de précaution

Utiliser une messagerie électronique peut présenter plusieurs types de risques.

1. Les risques de propagation de virus

Les virus peuvent provoquer des dysfonctionnements du système informatique : simples blocages ou même prise de contrôle de l'ordinateur. Ceux-ci se propagent dans le courriel mais aussi dans les pièces jointes ; c'est pourquoi il est important de disposer d'un logiciel antivirus régulièrement mis à jour.

2. Les risques de pishing

Le pishing est une manœuvre frauduleuse visant à inciter l'internaute à fournir des renseignements personnels à un organisme – entreprise, administration ou association fictifs. Les mesures pour se protéger relèvent du bon sens : ne jamais communiquer d'informations sensibles (mots de passe ou identifiants) en ligne, vérifier si l'adresse du site commence par https (ce qui indique une connexion sécurisée), ne pas répondre en utilisant le lien proposé directement dans le message.

3. Les risques de spam

Les spam ou pourriels sont des messages publicitaires directement envoyés dans les boîtes à lettres électroniques. Les logiciels savent maintenant gérer les messages indésirables mais il existe toujours une marge d'erreur : c'est pourquoi il est bon de vérifier rapidement l'intitulé et l'expéditeur des messages rangés dans la boîte « indésirables ».

4. Les risques d'hoax

Les hoax sont des canulars, des messages colportant des histoires présentées comme véridiques mais qui sont en réalité inventées et fausses. Les risques présentés par ces rumeurs informatiques sont de deux types : d'une part, ils représentent une perte de temps et parfois une perte de crédibilité lorsqu'ils sont relayés dans le cadre professionnel ; d'autre part, certains hoax peuvent inciter sous un faux prétexte de sécurité à détruire certains fichiers, compromettant parfois le système d'exploitation des internautes.
Il est donc vivement conseillé de ne jamais faire suivre d'hoax même s'il fait appel à notre sensibilité ou à notre indignation. En cas de doute, il est possible de consulter un site recensant les différents hoax circulant sur le Web (www.hoaxkiller.fr).

exercices

exercice 1 La gestion du temps

La polyclinique du Rhône emploie 180 salariés et reçoit environ 8000 patients par an. Vous êtes assistant de gestion auprès de Mélina Samir, la DRH.

Vous faites le point ce lundi matin sur les tâches à réaliser dans la journée.

1. Saisir le compte rendu de la visite de Mélina à un organisme de formation important.
2. Traiter le courrier.
3. Annuler un rendez-vous, prévu pour 11 heures, avec un représentant du CHSCT et le reporter à une nouvelle date.
4. Accepter le devis du traiteur pour le cocktail de la semaine prochaine (50 invités prévus).
5. Retenir deux places de TGV Avignon-Paris pour le début de l'après-midi.
6. Confirmer, par fax avant 12 heures, la réservation de deux chambres à l'hôtel, pour le soir même.
7. Saisir le courrier enregistré par Mélina et le poster avant 17 heures.
8. Terminer la mise à jour du planning des congés avant ce soir.
9. Prendre rendez-vous avec un représentant en vue de l'acquisition d'un nouveau photocopieur-scanner.
10. Recueillir l'avis des collègues pour organiser une journée festive avant les congés.
11. Consulter le programme du cinéma sur Internet pour organiser le prochain week-end.
12. Concevoir un questionnaire de satisfaction, à l'adresse de tout le personnel en relation directe avec les patients, concernant la formation « Développer la bientraitance : approche d'une démarche humanitaire » ayant eu lieu la semaine dernière.

ENTRAÎNEZ-VOUS

Présentez la matrice d'Eisenhower pour planifier votre travail de la journée.

CORRIGÉS p. 194

exercice 2 La planification des activités

Trente-deux salariés de votre PME-PMI vont être concernés par un arrêt d'une demi-journée (8 h à 12 h) de la chaîne de production, lié à la nécessité d'effectuer l'entretien des équipements.

Suite au rapport du CHSCT, le dirigeant décide de mettre à profit cette plage horaire pour :

- proposer une formation « santé, sécurité au travail », codée SST. Deux formateurs interviendront en parallèle, avec le même contenu ; soit 1 heure dédiée aux troubles musculo-squelettiques (TMS) ;
- procéder à un audit sur les absences (deux intervenants extérieurs effectueront le même travail en parallèle ; durée d'une séquence : 1 heure) ;
- effectuer l'entretien des équipements (pour plus d'efficacité, il est souhaitable que chaque employé y consacre 2 heures consécutives).

Les salariés seront regroupés par quatre. Chaque équipe doit effectuer les trois activités prévues dans la matinée. Plusieurs équipes peuvent effectuer l'entretien en même temps.

ENTRAÎNEZ-VOUS

Établissez un planning pour assurer la rotation sur la période la plus courte possible.

CORRIGÉS p. 194

exercice 3 Le budget d'un événement

L'entreprise Jouetbois participe au salon du jouet et du jeu à Paris, qui a lieu début novembre, pendant 3 jours. Le directeur commercial et vous-même, son assistant, assurez la permanence sur le stand.

Vous disposez des estimations suivantes :
- inscription au salon : 550 € ;
- stand de 50 m² : 215 € le m² ;
- inscription au catalogue du salon : 200 € ;
- invitations et publicité : 915 € ;
- boissons : 686 € ;
- forfait repas (2 personnes pendant 3 jours) : 15 € le midi, 19 € le soir ;
- logement (2 personnes pendant 3 nuits) : 110 € ; petit déjeuner en plus : 8,50 € ;
- main-d'œuvre : 20 € de l'heure (salaire brut, charges patronales comprises), 8 heures/jour.

À la fin du salon, vous constatez des frais réels parfois différents :
- stand : 9 750 € (stand nu à la place d'un stand prééquipé) ;
- frais divers (dont boissons) : 838 € ;
- repas du midi : 7 € le sandwich ; repas du soir : 25 € ;
- acheminement du matériel : 1 210 € ;
- déplacement des employés comprenant 2 allers-retours en train : 120 € par personne ;
- prime de 150 € par salarié ayant tenu le stand.

Le chiffre d'affaires réalisé pendant les 3 jours grâce aux commandes enregistrées directement sur le stand est évalué à 16 500 €.

ENTRAÎNEZ-VOUS

1. Établissez le budget de l'événement. Analysez les écarts constatés.

2. Appréciez la rentabilité de cet événement.

CORRIGÉS p. 194

corrigés

exercice 1 page 192

Matrice d'Eisenhower

Matrice d'Eisenhower	Peu important	Important
Peu urgent	I. Reporter, éliminer 11 (à éliminer)	III. Différer, planifier 1, 9,10,12
Urgent	II. Déléguer, différer 2, 4, 7	IV. Réaliser immédiatement 3, 5, 6, 8

exercice 2 page 192

Heures / Équipes	8 - 9 h	9 - 10 h	10 - 11 h	11 - 12 h
1	Entretien		SST - F1	Auditeur 1
2	Auditeur 1	SST - F1	Entretien	
3	Entretien		Auditeur 1	SST - F1
4	SST - F1	Auditeur 1	Entretien	
5	Entretien		SST - F2	Auditeur 2
6	Auditeur 2	SST - F2	Entretien	
7	Entretien		Auditeur 2	SST - F2
8	SST - F2	Auditeur 2	Entretien	

NB. SST : formation «santé et sécurité au travail» ; F : formateur.

D'autres combinaisons sont possibles.

exercice 3 page 193

1. *Cf.* tableau en colonne de droite.

L'écart global entre le prévisionnel et le réel se monte à 890 € (6 % du budget initial). Des oublis importants dans le budget prévisionnel (acheminement du matériel, transports) n'ont pas été compensés par le choix d'un stand non équipé moins onéreux (l'équipement que l'entreprise possédait a pu être acheminé en même temps que le matériel). Les autres postes de frais ont été globalement respectés. La décision prise par le manager de donner une prime aux salariés n'était pas forcément prévisible.

Prévisionnel				Réel				Écarts
Éléments	Qté	PU	Montants	Éléments	Qté	PU	Montants	
inscription salon	1	550	550	inscription salon	1	550	550	0
location stand	50	215	10750	location stand	50	195	9750	0
inscription catalogue	1	200	200	inscription catalogue	1	200	200	0
Total stand			11500	Total stand			10500	- 1000
invitations et publicité	1	915	915	invitations et publicité	1	915	915	0
Total communication			915	Total communication			915	0
boissons	1	686	686	frais divers (dt boissons)	1	838	838	152
Total frais divers			686	Total frais divers			838	152
repas midi	6	15	90	repas midi	6	7	42	- 48
repas soir	6	19	114	repas soir	6	25	150	36
hôtel	6	110	660	hôtel	6	110	660	0
petit déjeuner	6	8,5	51	petit déjeuner	6	8,5	51	0
Total hébergement			915	Total hébergement			903	- 12
main-d'œuvre	48	20	960	main-d'œuvre	48	20	960	0
				primes	2	150	300	300
Total main-d'œuvre			960	Total main-d'œuvre			1260	300
				acheminement matériel	1	1210	1210	1210
				déplacements employés	2	120	240	240
				Total transports			1450	1450
		TOTAL	14976			TOTAL	15886	890

2. Le CA de 16 500 € TTC couvre la totalité des charges malgré le dépassement du budget, soit 16 500 € – 15 886 € = 614 €.

Avant de décider de reconduire ce type d'événement, une réflexion doit s'engager sur la fixation d'objectifs de ventes permettant de couvrir les dépenses engagées.

ACTIVITÉS 5.3 ET 7.1 GESTION DU SYSTÈME D'INFORMATION

1 L'INFORMATION DANS LA PME

L'ensemble des acteurs intervenant dans les processus de gestion de la PME-PMI sont amenés à produire et échanger des informations qui alimentent le système d'information de l'entreprise. Ces informations permettent de prendre des décisions éclairées. Elles doivent donc être fiables, actualisées, pertinentes, précises et accessibles.

1 La notion de flux d'information

1. Définition du flux d'information

Le flux d'information est un transfert d'informations entre un émetteur (acteur source) et un destinataire (acteur cible). Cet échange entre deux acteurs peut être réflexif (le récepteur répond à l'émetteur), permanent ou périodique, successif ou simultané.

2. Représentation sous forme d'un diagramme de flux

Les échanges entre acteurs, qui se concrétisent par des documents, peuvent être décomposés dans un tableau avant d'être représentés sous la forme d'un diagramme de flux.

EXEMPLE

Un client demande une intervention pour réparer une machine défectueuse. L'assistant de gestion qui le reçoit établit une demande de fiche descriptive de la réparation et l'adresse au technicien du SAV. Celui-ci lui renvoie une fiche descriptive de la réparation (nature de la panne, pièces, main-d'œuvre). L'assistant de gestion effectue une proposition de devis qu'il soumet au dirigeant. Ce dernier valide le devis chiffré définitif qui est transmis au client sous la forme d'une offre commerciale.

N° flux	Acteur source	Documents	Acteur cible
1	Client	Demande d'intervention	Assistant
2	Assistant	Demande fiche descriptive réparation	Technicien SAV
3	Technicien SAV	Fiche descriptive réparation	Assistant
4	Assistant	Proposition devis	Gérant
5	Gérant	Devis définitif chiffré	Assistant
6	Assistant	Offre commerciale	Client

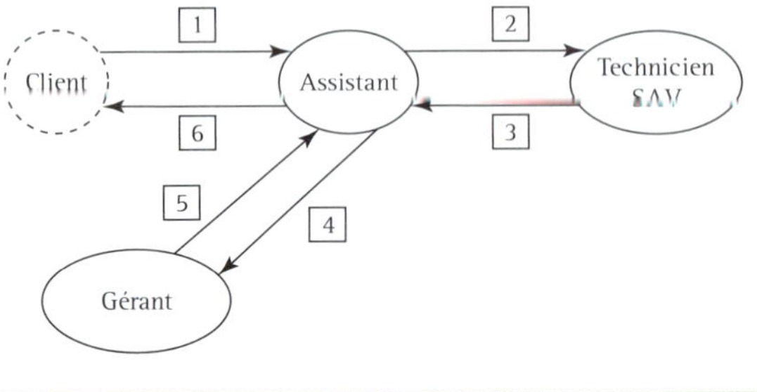

3. Intérêt de l'analyse des flux d'information

Cette analyse des flux d'information et des documents qu'ils génèrent permet de formaliser des pratiques et d'établir un diagnostic en vue de rationnaliser les échanges d'information.

EXEMPLES

Possibilité de supprimer des documents inutiles ou des opérations qui augmentent des délais, d'éviter des doublons.

2 La notion de processus

1. Définition du processus

Le processus est une séquence organisée d'activités ou un enchaînement d'opérations qui contribuent, ensemble, à produire un résultat créateur de valeur pour les clients de la PME-PMI.

La mise en œuvre d'un processus génère un ensemble d'activités, elles-mêmes décomposables en tâches plus élémentaires.

EXEMPLE

Processus de traitement des réclamations mis en œuvre par le SAV.

2. Les composantes du processus

L'approche par processus est centrée sur la satisfaction des besoins du client (externe ou interne).

Composante	Exemple
Des éléments entrants observables et mesurables	Une demande de réparation par le client
Une valeur ajoutée pour le client	Le prix de la réparation indiqué au client
Des éléments sortants mesurables	Un devis chiffré portant la mention « bon pour accord »
Un caractère reproductible	Chaque demande de réparation traitée de façon identique

3. Les familles de processus

Type de processus	Description	Exemples
Opérationnel	Il contribue directement à la réalisation d'un bien ou d'un service.	Production Vente SAV
Support ou soutien	Il apporte les ressources nécessaires à d'autres processus.	Maintenance Comptabilité Informatique
Pilotage	Il contribue à la réalisation des objectifs stratégiques de la PME-PMI et donne un fil conducteur aux processus opérationnel et de support.	Budget Innovation Prise de décision

3 La représentation d'un processus

1. Les composantes du diagramme événement-résultat

L'étude d'un processus se fait en décomposant les activités qui contribuent à sa réalisation pour mettre à plat leur enchaînement.

Elle se traduit par une représentation schématique appelée diagramme événement-résultat, constituée des éléments suivants :

– les acteurs internes et externes intervenant dans le processus ;

– les activités qui conduisent à un résultat, elles-mêmes parfois décomposées en tâches plus élémentaires ;

– les événements déclencheurs (externe, décisionnel ou temporel).

2. Le diagramme événement-résultat

a) Le formalisme à respecter

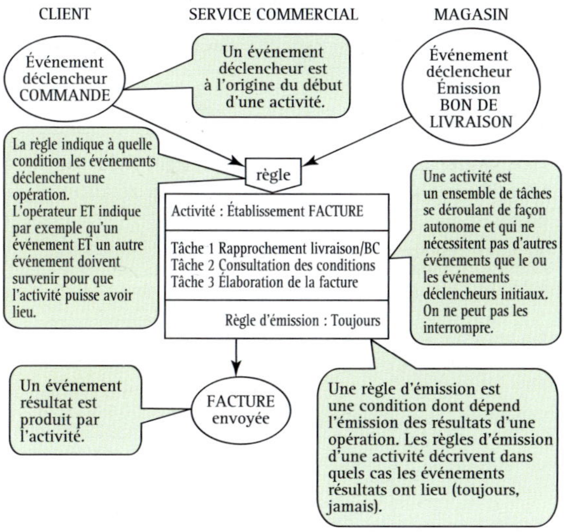

b) Diagramme événement-résultat du processus complet

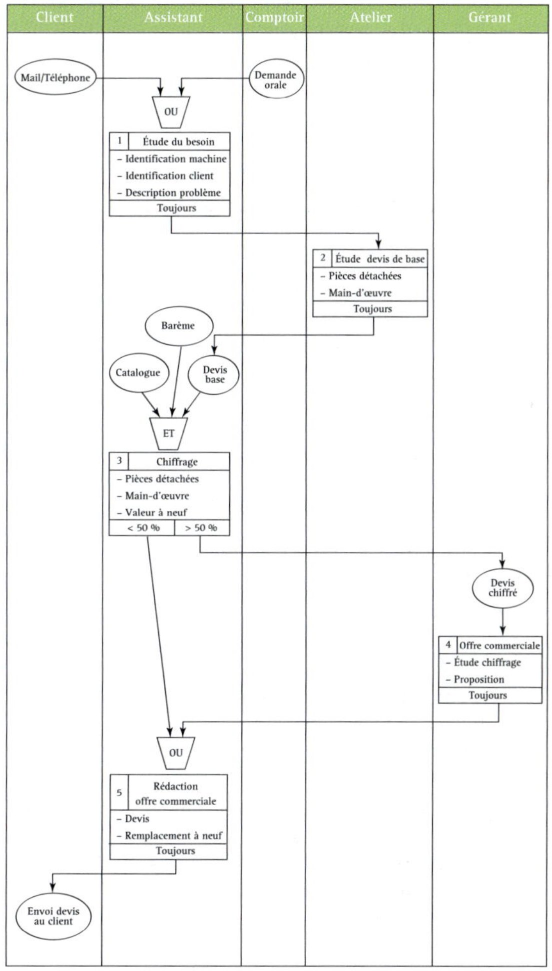

2 LA MODÉLISATION DES DOCUMENTS

➔ Un document est un support d'information qui peut se présenter sous des formes très diverses (papier, multimédia, numérique). L'ensemble des documents fait l'objet d'une gestion documentaire qui contribue à la productivité administrative. La création et la modélisation de documents en sont deux aspects fondamentaux.

1 La notion de document

1. Les éléments constitutifs d'un document

Tout document en usage dans la PME-PMI peut se décrire à partir des quatre éléments qui le composent.

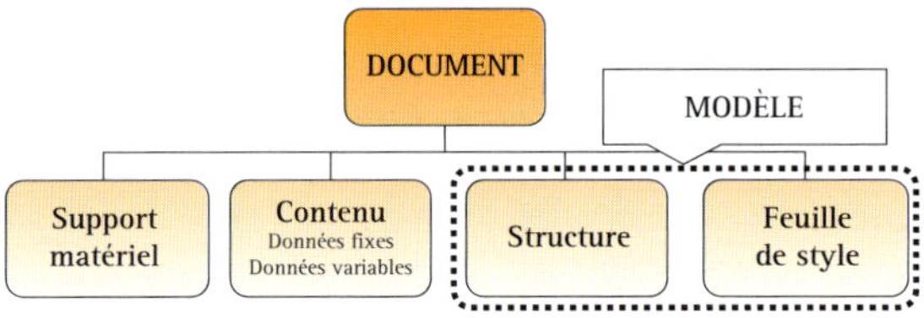

2. La diversité des supports matériels

Un document peut se présenter sous forme de différents supports.

Papier	C'est le support matériel le plus répandu pour les documents écrits. Les informations sont rédigées sur du papier
Multimédia	Le document intègre son et images fixes ou animées.
Numérique	Les ordinateurs permettent la production de documents stockés sur des supports magnétiques ou optiques (disques durs, cartouches, bandes, disquettes, CD-ROM, DVD-ROM, DON). On parle aussi de document électronique dématérialisé.

3. Le contenu d'un document

Un document comporte :
- des données fixes (intitulés des rubriques, sous-rubriques) ;

EXEMPLE

L'identité d'un salarié comporte plusieurs éléments comme nom, prénom, adresse, n° de Sécurité sociale, emploi, classification.

- des données variables (informations saisies).

EXEMPLE

Le comptable du garage Astrada, qui prépare les bulletins de salaire, dispose d'informations fournies par le chef d'atelier : heures de travail mensuel de chaque salarié de l'atelier carrosserie.

4. La structure d'un document

Quel que soit le support utilisé, les informations contenues sur un document sont structurées. L'observation de sa présentation et de l'organisation des informations qu'il contient conduit à identifier facilement la structure ou le « plan ». Ainsi, apparaît une structure arborescente, de modèle hiérarchique, dans laquelle rubriques et sous-rubriques sont en relation d'inclusion, c'est-à-dire imbriquées les unes dans les autres.

EXEMPLE

Extrait de l'en-tête du bulletin de salaire

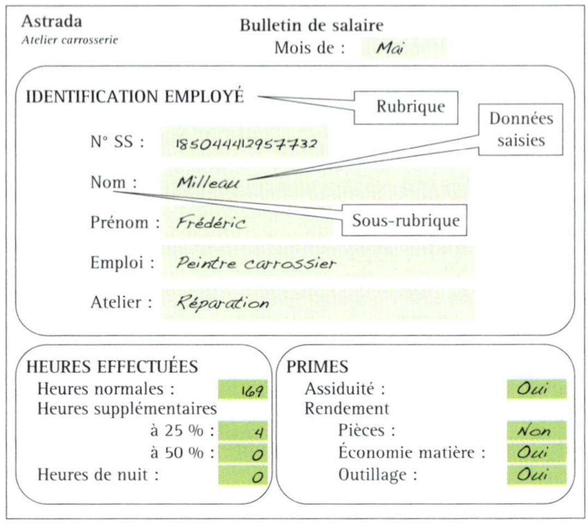

Extrait de l'arborescence correspondant à la rubrique Identification de l'employé montrant la relation d'inclusion.

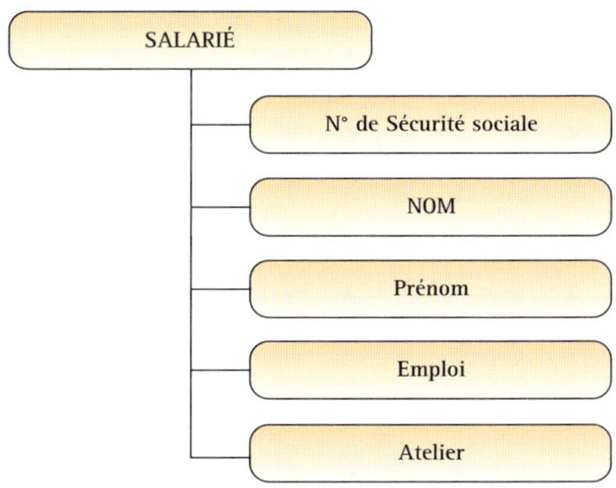

5. La feuille de style

La feuille de style est une description de la présentation matérielle du document sur le support : format, polices de caractères, taille des polices, taille des interlignes, des retraits de paragraphes, nature et dimension des encadrés, images éventuelles, etc. Cette feuille de style ne fait pas, à proprement parler, partie du document : elle fournit des données qui décrivent d'autres données.

2 La notion de modèle de document

Un modèle de document est créé par l'association :
- des éléments de structure (rubriques et sous-rubriques),
- et de la feuille de style (description de la présentation des données).

Dans tout document, quel qu'en soit le support, structure et données sont ainsi fortement imbriquées. La préparation du modèle d'un document consiste donc essentiellement à :
- distinguer les éléments fixes (structure et présentation) des éléments variables (données spécifiques) constituant le document ;

EXEMPLE

La fonction publipostage repose sur le principe de la fusion d'un document type, qui contient la structure du document, avec les données stockées dans une base de données.

- puis à effectuer une description précise des éléments fixes dans un nouveau document.

EXEMPLES

Sous Word, cette description donne lieu à la création d'un nouveau fichier de type « modèle », dont l'extension est « .dot ». L'utilisation du mode « formulaire » remplit également cette fonction. De même, sous Excel, les feuilles de calculs peuvent être modélisées en créant des fichiers d'extension « .xlt ».

3 L'intérêt de la modélisation d'un document

1. La reproductibilité

La création d'un modèle de document assure sa reproductibilité : le modèle préserve la mise en forme du document d'origine, avec des données différentes.
À partir d'un modèle unique sauvegardé, il est donc possible de générer facilement une famille de documents, constituée d'un ensemble de documents dérivés.

EXEMPLE

Dans le cadre d'un publipostage destiné à faire une offre commerciale à des abonnés à une revue, le courrier adressé à Mme Clère est un document dérivé de la lettre type. Bien qu'il comporte ses données spécifiques (nom, adresse, etc.), ce courrier adopte la présentation et la structure de la lettre type.

2. La productivité administrative

La modélisation des documents augmente considérablement la productivité de la gestion documentaire car elle permet économie de temps, diminution des risques d'erreurs, possibilité d'automatisation des procédures.

EXEMPLE

Tous les bulletins de salaire adoptent la structure et la présentation d'un modèle. Cette rationalisation facilite et accélère grandement la gestion mensuelle de cette famille de documents. Chaque salarié, quels que soient son statut, sa qualification et la nature de son contrat de travail, reçoit un bulletin de salaire type.

3. La rationalisation des processus de gestion

Toute mise en œuvre de processus est rationnalisée et donne l'occasion d'échanges de documents entre partenaires. Ces documents, désormais sous standard XML, simplifient et diminuent les risques dans le cadre d'échanges de données et de transactions.

EXEMPLE

Le processus traitement d'une commande d'un client génère bon de commande, facture, bon de livraison avec risques d'erreurs de saisie.

4 L'attribution d'un format au document

Lorsqu'un document entre dans le SI de l'entreprise (acquisition) puis est modélisé, l'attribution du format du fichier correspondant s'effectue en fonction des traitements prévisibles relatifs à ce document.

Type de document	Destiné aux classements « vivants »	Destiné aux classements « morts »
Type de traitements	- Consultation fréquente - Modifications - Versions successives - Fusion - Transmission	- Consultation occasionnelle - Reproduction - Conservation - Archivage
Formats préconisés	Formats « texte »	Formats graphiques

5 La compression des documents numériques

1. Principe de la compression

La compression d'un fichier permet de diminuer sa taille sans perte de données. Les fichiers « texte » supportent des taux de compression plus élevés que les fichiers graphiques. Pour traiter un fichier compressé, il est nécessaire de lui faire subir l'opération inverse : la décompression. Ces deux opérations sont assurées par des logiciels spécialisés.

EXEMPLES

Winzip et Winrar, dont les extensions respectives sont .ZIP et .RAR.

2. Intérêt de la compression

La compression permet de regrouper plusieurs fichiers dans un même fichier compressé appelé fichier « archive » et donc d'organiser les archives numériques de la PME-PMI. Il faut alors organiser, stocker et dénommer les fichiers d'archive de façon rationnelle. Lorsque l'on doit transmettre un fichier volumineux (supérieur à 1 Mo), soit en pièce jointe d'un courriel, soit en téléchargement à partir d'un site Internet, la compression préalable réduit le temps de transmission. Néanmoins, il faut s'assurer que les destinataires disposent de l'application (ex. : *Winzip*) pour procéder à la décompression.

3 LE CLASSEMENT, L'ARCHIVAGE DES DOCUMENTS

➔ Le fonds documentaire d'une PME-PMI est constitué de nombreux documents nécessitant un rangement et un suivi tout au long de leur cycle de vie. Le recours à la gestion électronique des documents (GED) fait considérablement évoluer leur traitement.

1 Quelques notions

1. Le rangement

Il évoque l'idée matérielle de l'espace et du mobilier nécessaires ou des supports de stockage quand les documents sont numérisés.

2. Le classement

Il désigne la méthode choisie pour organiser une documentation souvent abondante et diversifiée.

3. L'archivage

Il désigne le stockage organisé, à plus ou moins long terme, des documents avant destruction.

2 Le fonds documentaire

Le fonds documentaire est constitué de l'ensemble des documents, quel qu'en soit le support matériel, produits et reçus dans le cadre de l'activité de la PME-PMI.

1. Les documents produits

Des documents sont souvent créés pour une seule utilisation.

EXEMPLE

Courrier contentieux.

À partir des modèles de documents, sont créés des documents dérivés.

EXEMPLE

Lettre type dont sont dérivées les lettres envoyées par publipostage.

2. Les documents reçus

Ce sont les documents en provenance de tiers externes : fournisseurs, clients, banques, organismes sociaux. La gestion électronique des documents (GED) permet de les numériser.

EXEMPLE

Tous les courriers reçus d'un client sont numérisés puis sont rangés dans le dossier électronique du client.

3 Le cycle de vie du document

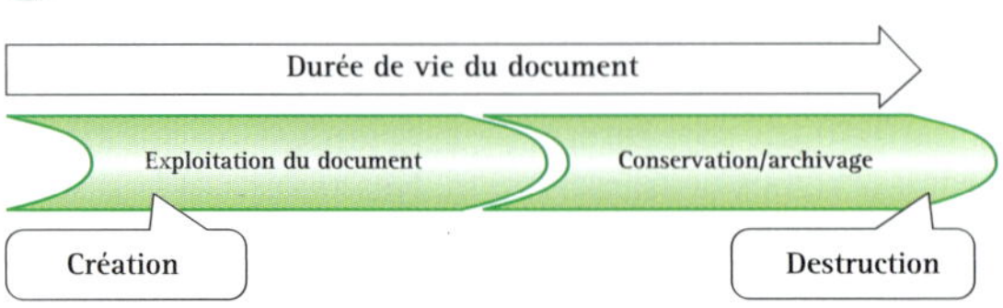

Après sa création, le document, qu'il soit produit ou reçu (acquis), peut faire l'objet de nombreux traitements : modification, mise à jour, transmission, duplication, consultation, classement.

4 Le classement des documents

Pour être accessibles aux utilisateurs, les documents sont souvent regroupés selon leur nature :
– dans des dossiers manuels qui contiennent les supports papier ;
– dans des dossiers informatiques.
À l'intérieur d'un dossier, pour être facilement retrouvés, les documents sont eux-mêmes classés.

1. Les principaux ordres de classement

Ordre	Principe	Exemple
Alphabétique	De A à Z ou d'après le mot directeur de l'expression	Restaurants dans l'annuaire téléphonique papier
Thématique ou idéologique	D'après le contenu, selon un plan de classement	Dossier personnel selon le type de contrat (CDD, CDI, intérimaire, stagiaire, saisonnier)
Numérique	Association d'un numéro d'ordre croissant à un répertoire alphabétique	Numéro personnel attribué aux clients listés dans un répertoire
Géographique	D'après les lieux	Dossiers clients classés par départements
Alphanumérique	Combinaison de lettres et de chiffres	Dossiers de la flotte automobile classés en fonction des immatriculations
Chronologique	D'après les dates de création	Déclarations fiscales classées par année
Décimal	Plan de classement à partir d'une suite de nombres	Comptes du plan comptable

2. Les qualités d'un ordre de classement

L'ordre de classement doit :
– être compréhensible pour les utilisateurs qui doivent retrouver rapidement des documents ;
– être fiable, un mauvais classement devant être repérable ;
– pouvoir être mis à jour et extensible pour permettre l'inclusion de nouveaux documents dans un ensemble déjà classé.

3. Le mode de classement ou rangement

Même si l'informatique tend à réduire la quantité de dossiers papier, ces derniers restent encore nombreux (télécopies, plans, courriers divers) et leur rangement mobilise du mobilier adapté : rayonnages, bacs, tiroirs, casiers. Selon le type de rangement choisi, le mode de classement sera horizontal ou à plat, debout ou vertical, ou bien encore suspendu à visibilité latérale.

5 L'archivage

1. Les différents types d'archives

Archives courantes ou « vivantes »	Consultés périodiquement, ces documents doivent être accessibles en cas de besoin. Exemple : le dossier d'un client dont le suivi de chantier pose problème.
Archives intermédiaires ou « semi-vivantes »	Consultés occasionnellement, ces documents présentent encore un intérêt. Exemple : documents susceptibles de servir de preuve en matière commerciale.
Archives définitives ou mortes	Consultés exceptionnellement, ces documents présentent un intérêt justifiant leur non-destruction. Exemples : photos, documents publicitaires faisant partie de l'histoire de la PME.

2. Les contraintes légales de conservation des archives

Les règles sont fixées soit par la loi, soit en fonction des délais de prescription applicables ou des périodes pendant lesquelles les administrations, fiscale par exemple, peuvent effectuer des contrôles.

Documents à conserver	Délais de conservation
Documents commerciaux Correspondance commerciale (bons de commande, bons de livraison, etc.) Factures clients et/ou fournisseurs	10 ans à compter de la clôture de l'exercice comptable
Documents bancaires : relevés bancaires, talons de chèque	5 ans
Pièces comptables Livres et registres comptables	10 ans à compter de la clôture du livre ou du registre
Comptes annuels : bilan, compte de résultat	10 ans à compter de la clôture de l'exercice comptable
Documents sociaux – Rapports du conseil d'administration, des commissaires aux comptes – Convocations, feuilles de présence et pouvoirs	3 ans
Registre des procès-verbaux d'assemblées et/ou de conseil d'administration	5 ans

3. La gestion des documents archivés

a) L'entrée en archive

L'espace ayant un coût, l'encombrement d'un poste de travail ou des locaux d'un service nécessite un déplacement dans une zone dédiée à la conservation des documents faiblement consultés. La mise en archive n'est pas irréversible. Cette décision a un caractère provisoire ou définitif en fonction de plusieurs critères :
– fréquence réduite d'utilisation des documents ;
– version de document périmée, remplacée par une autre ou devenue inutile à la suite de la modification d'un processus de traitement ;
– respect de la législation en matière de délai de conservation.

L'archivage peut être externalisé chez des prestataires spécialisés dans le stockage des documents d'entreprise.

b) L'organisation de l'archivage

– Pour les supports papier, trois problèmes sont à régler : le volume, l'accessibilité pour optimiser la consultation en cas de besoin, la qualité pour garantir l'inaltérabilité.
– Pour les documents numérisés, les supports optiques ont une importante possibilité de stockage et de durée de vie. Organisée de manière arborescente, indexée, l'information est exploitée en mode navigation (mots clés).

c) L'épuration des archives

Cette opération consiste à éliminer les archives dont le délai légal de conservation est atteint. Il s'agit d'un effacement pour les documents numérisés, d'une destruction pour les documents papier.

6 La gestion électronique des documents (GED)

1. Définition

La GED met des moyens informatiques au service de la production, de l'organisation et de l'archivage des documents électroniques pour faciliter les opérations de traitement (recherche, consultation, diffusion et stockage). La GED consiste à numériser puis classer tous les documents commerciaux, comptables et sociaux. Elle permet l'échange, voire la modification de documents centralisés mais consultables à distance par les salariés ayant un droit d'accès *via* l'intranet.

2. Les étapes

a) La numérisation

La lecture automatique de documents papier conduit à leur numérisation par scanner. Les images obtenues font l'objet d'un classement.

b) L'indexation

La recherche des documents est facilitée grâce à leur indexation manuelle ou automatique, en fonction de critères établis par l'entreprise. Cette opération consiste à attribuer à chaque document une « étiquette » qui permet à l'utilisateur d'ouvrir ce document pour en consulter le contenu.

3. Le partage des données

La GED contribue à la rationalisation des procédures de diffusion et de consultation des divers documents de la PME et des méthodes de travail. On parle de *workflow*.

4 LES BASES DE DONNÉES

➔ Le SI de l'entreprise comporte en général un système de gestion de base de données (SGBD) que l'assistant peut être amené à interroger dans le cadre de ses missions. L'assistant doit donc être en mesure de formuler des requêtes rédigées dans un langage adapté, dont le SQL est le standard.

1 Le modèle conceptuel des données (MCD)

Les données utilisées par le système d'information de l'entreprise sont représentées et organisées dans un modèle conceptuel des données. Celui-ci utilise son propre vocabulaire.

1. Les entités et les propriétés

Une entité est définie par des propriétés.

EXEMPLE

La gestion des commandes repose sur trois entités.

Entité	Propriétés
CLIENT	Un numéro (NumClient), un nom, une adresse, etc.
COMMANDE	Un numéro (NumCde), une date
PRODUIT	Une référence (RefPdt), une désignation, un prix unitaire

2. Les occurrences

C'est le nombre de fois que se répètent les propriétés d'une entité. L'entité CLIENT d'une entreprise qui a 200 clients a 200 occurrences.

3. L'identifiant

L'identifiant est la propriété qui distingue de façon unique et certaine les différentes occurrences d'une entité. On le différencie des autres propriétés de l'entité en le soulignant.

EXEMPLES

Un client a un numéro qui est unique : NumClient ; de même, une commande a un numéro unique : NumCde.

4. Les associations et les cardinalités

Une association décrit le lien qui relie deux entités ou plus. Elle est fréquemment exprimée par un verbe.
Les cardinalités précisent les nombres minimum et maximum d'occurrences d'une entité en relation avec une autre entité.

EXEMPLES

Entités	Association	Cardinalités	Signification
CLIENT	Passer	1,n	Un client passe une à plusieurs commandes.
COMMANDE	Passer	1,1	Une commande est passée par un client et un seul.

2 Le modèle relationnel

Le modèle relationnel organise rationnellement les données pour les rendre utilisables par un logiciel de type SGBDR (système de gestion de base de données relationnel). Les données sont regroupées en ensembles homogènes appelés « relations » et sont systématiquement reliées entre elles.

1. Le passage du MCD au modèle relationnel

Ce passage obéit aux règles suivantes :
- toute entité devient une relation qui décrit des objets ou des faits ;
- les propriétés deviennent des attributs, c'est-à-dire des identificateurs décrivant un type de donnée dans une base de données ;
- l'identifiant devient une clé primaire et est souligné. Cette clé permet de retrouver les autres attributs d'une manière unique et certaine ;
- la clé étrangère est un attribut de la relation qui fait référence à la clé primaire d'une autre relation. Elle est suivie du signe « # » ;
- la clé primaire concaténée est une clé primaire composée de deux attributs ou plus. La concaténation consiste à mettre bout à bout les identifiants des entités participant à l'association.

EXEMPLE

Le modèle relationnel (simplifié) décrivant la gestion des clients est composé des 4 lignes suivantes correspondant chacune à une relation :

Nom de la relation | Attribut clé primaire | Autres attributs

CLIENT(NumClient,NomClient,AdrRueClient,CPClient,
VilleClient)
Attribut clé étrangère
COMMANDE(NumCde,DateCde,#NumClient)
PRODUIT(RefPrdt,NomPrdt,PUHTPrdt)
LIGNECOMMANDE(#NumCde,#RefPrdt,QtéCdée)
Clé primaire concaténée

2. Les règles normalisées de construction

L'organisation des informations à l'intérieur d'une base de données obéit à des règles.

a) Contrainte d'intégrité fonctionnelle (CIF)

Elle traduit la dépendance fonctionnelle directe entre les identifiants des entités réelles. Ainsi, une entité est totalement identifiée par la connaissance des autres. Une CIF n'est jamais porteuse de propriété et présente une cardinalité 0,1 ou 1,1.

EXEMPLE

Passer.

b) Contrainte d'intégrité référentielle (CIR)

Elle peut être porteuse de données et comporter un identifiant qui résulte de la concaténation des identifiants des entités participant à l'association.

3 L'exploitation de la base de données

Une requête SQL est un ordre rédigé par un utilisateur en langage SQL, destiné à être exécuté par un moteur de base de données sur une base de données. En réponse à sa requête, l'utilisateur obtient un résultat exploitable. Une requête peut mettre en jeu une ou plusieurs tables.

EXEMPLE

Requête SQL exécutée sous Access (moteur de bases de données de Microsoft) sur une BDD nommée *Contacts*.

La table *Clients*

Clients : Table

Id_client	Nom	Prenom	Cp	Ville	Id_pays
1	Alphand	Alain	75000	Paris	1
2	Beltrame	Bernard	69000	Lyon	1
3	Crissier	Corinne	1013	Lausanne	2
4	Dirano	Domenica	20100	Milan	3
(NuméroAuto)					0

Enr : 1 sur 4

La table *Pays* et les relations entre les deux tables

Pays : Table

Id	Pays
1	France
2	Suisse
3	Italie
(NuméroAuto)	

Enr : 1

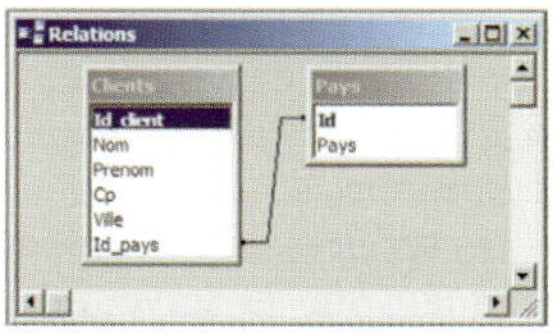

4 La requête SELECT portant sur une seule table

Les requêtes permettent de sélectionner des enregistrements dans une BDD selon une ou plusieurs conditions définies par l'utilisateur.

EXEMPLE

La requête de type SELECT concerne la table *Clients* ; il s'agit de sélectionner tous les clients de la ville de Paris.

```
SELECT
nom_table.champ1,
nom_table.champ2,
  ...
nom_table.champX
FROM nom_table
WHERE
Condition;
```

```
SELECT Clients.
Nom,Clients.Prenom,
Clients.Ville
FROM Clients
WHERE Clients.
Ville="Paris";
```

Clients Requête Paris : Requête Sélection

Nom	Prenom	Ville
Alphand	Alain	Paris

Enr : 1 sur 1

5 Les requêtes portant sur plusieurs tables

1. Les requêtes de jointures

Ces requêtes combinent les enregistrements de deux ou plusieurs tables en fonction des relations qui ont été établies par le concepteur de la base de données. Établir une relation entre deux tables consiste à créer un lien entre la clé primaire de la première table et une clé étrangère de la seconde.

```
SELECT nom_table1.
champ_n,nom_table2.
champ_m
FROM nom_table2
INNER JOIN nom_
table1
ON nom_table2.champ_
clé=nom_table1.
champ_clé;
```

```
SELECT Clients.Nom,
Clients.Prenom,Pays.
Pays
FROM Pays
INNER JOIN Clients
ON Pays.Id=Clients.
Id_pays;
```

Jointure Gauche : Requête Sélection

Nom	Prenom	Pays
Alphand	Alain	France
Beltrame	Bernard	France
Crissier	Corinne	Suisse
Dirano	Domenica	Italie
Erminier	Emilie	Suisse

Enr : 1 sur 5

2. Les produits cartésiens

Ces requêtes combinent les enregistrements de deux tables en associant chaque enregistrement de l'une à l'ensemble des enregistrements de l'autre.

EXEMPLE

Une base de données *Veh_Chau* comprenant deux tables, *Véhicules* et *Chauffeurs*

Vehicules : Table

N°	Marque	Modèle	Immat
1	Citroën	Berlingo	AB-344-CA
2	Citroën	Jumpy	AV-755-BX
3	Peugeot	Boxer	VZ-964-XF

Enr : 2 sur 3

Chauffeurs : Table

N°	Nom	Prenom	Permis
1	Dupont	Charles	VL
2	Durand	Albert	VL
3	Duval	Henri	VL/PL

Enr : 3 sur 3

On se propose de lister l'ensemble des couples véhicule/chauffeur, sachant que tous les chauffeurs sont susceptibles de conduire les trois véhicules de l'entreprise, le Boxer se conduisant avec un permis VL. Aucune relation n'existe entre les deux tables.

```
SELECT
nom_table1.champ_n,
nom_table2.champ_m
FROM
nom_table1,nom_
table2;
```

```
SELECT
Chauffeurs.Nom,
Vehicules.Marque,
Vehicules.Modèle
FROM
Chauffeurs,
Vehicules;
```

Produit cartésien : Requête Sélection

Nom	Marque	Modèle
Dupont	Citroën	Berlingo
Durand	Citroën	Berlingo
Duval	Citroën	Berlingo
Dupont	Citroën	Jumpy
Durand	Citroën	Jumpy
Duval	Citroën	Jumpy
Dupont	Peugeot	Boxer
Durand	Peugeot	Boxer
Duval	Peugeot	Boxer

Enr : 1 sur 9

5 LES RÉSEAUX INFORMATIQUES

➔ **Un réseau informatique est l'ensemble des équipements (ordinateurs, imprimantes, scanners, etc.) reliés entre eux par des lignes physiques. Il permet la transmission des données et leur échange entre des systèmes plus ou moins éloignés. Grâce au réseau informatique, les utilisateurs peuvent partager des ressources matérielles et logicielles, ainsi que des services.**

1 Les différents réseaux privés

1. Les WAN ou étendus

Les WAN (*Wide Area Network*) sont généralement des réseaux d'opérateurs qui assurent la transmission de données numériques sur des distances à l'échelle d'un pays. Le support peut être terrestre (transmission par ligne téléphonique) ou hertzien (transmission par satellite).

EXEMPLE

Internet.

2. Les MAN

Les MAN (*Metropolitan Area Network*) permettent l'interconnexion de plusieurs sites à l'échelle d'une ville, chacun de ces sites pouvant être équipé d'un réseau local.

3. Les LAN

Les LAN (*Local Area Network*) correspondent par leur taille aux réseaux intra-entreprises.

2 Le choix d'une topologie

1. Définition

La topologie représente la manière dont les ordinateurs sont reliés entre eux par le support physique (câble ou autre).

2. Les critères de choix

Le choix de la topologie et de l'implantation d'un réseau local doit prendre en compte :
- le bilan des équipements informatiques existants ;
- la disposition géographique des équipements et des locaux ;
- l'analyse des besoins immédiats et futurs ;
- les coûts d'investissement et de maintenance.

3. Les conséquences du choix

Le choix a donc des implications d'ordre technique importantes en termes d'évolution du réseau. Le choix du support lié au débit va influer sur le choix de la topologie et générer des incompatibilités entre certaines architectures et certains supports.

3 Les différentes architectures des réseaux locaux

1. Le réseau poste à poste

Le réseau comprend moins de 10 postes et ne comprend pas d'ordinateur central (pas de serveur dédié).

2. Le réseau organisé autour d'un serveur dédié

Le réseau comprend un nombre indifférent de postes et un ordinateur appelé serveur. Les matériels d'un réseau à « serveur dédié » sont constitués de plusieurs éléments.

a) L'interface réseau

L'interface réseau peut équiper les ordinateurs ou autres matériels s'intégrant dans un réseau local et gérer une partie des protocoles. Elle est spécifique :
- aux réseaux locaux utilisés (Ethernet ou *Token Ring*) ;
- aux types d'ordinateurs utilisés (PC, Mac, etc.) ;
- aux types de Bus sur lesquels elles seront connectées ;
- aux débits souhaités (10, 100 Mbits/s, 1 Gbits/s, etc.).

b) Le serveur

Dans un réseau, toute machine capable de mettre ses ressources à la disposition des autres est appelée serveur. Celui-ci organise, gère et exécute des services pour le réseau, tels que :
- les services d'application, qui ont pour rôle de faire fonctionner des programmes ou applications de façon à les rendre utilisables par l'ensemble des personnes connectées au réseau ;
- les services de fichiers, qui permettent de stocker des données sur un serveur de fichiers de manière organisée, sécurisée et d'accès rapide ;
- les services de messagerie, qui permettent aux utilisateurs d'échanger des messages électroniques ;
- les services d'impression, qui permettent aux utilisateurs de partager une même imprimante ;
- les services de bases de données, qui permettent aux utilisateurs d'utiliser et de gérer de grandes quantités d'informations. Ce sont les plus répandus.

c) Les qualités du serveur

Le serveur doit :
- assurer l'intégrité et la disponibilité des données ;
- proposer des performances adaptées aux besoins ;
- supporter différents types d'applications.

d) Les stations

Les stations réseaux correspondent à tout équipement doté d'une interface réseau.

EXEMPLES

Ordinateurs, imprimantes.

e) Les imprimantes

Une imprimante peut être partagée en étant imprimante locale ou imprimante réseau. La différence réside dans le fait que l'imprimante réseau est dotée d'une interface réseau.

4 La topologie physique d'un réseau

1. La topologie en Bus

La topologie en Bus est économique en câble, chaque équipement étant relié à un câble commun à tous. Elle permet une extension aisée du réseau. Le dysfonctionnement d'une station ne remet pas en cause le fonctionnement du reste du réseau.

2. La topologie en étoile

Dans la topologie en étoile, tous les équipements sont reliés directement à un équipement central (*Hub, Switch*) par lequel transitent toutes les transmissions.

Cette topologie permet d'ajouter facilement des équipements (un câble par équipement) dans la limite de la capacité de l'équipement central. Par ailleurs, une défaillance d'un équipement terminal ne remet pas en cause le fonctionnement du reste du réseau. En revanche, cette topologie peut entraîner des longueurs importantes de câbles et une panne de l'équipement central immobilise tout le réseau.

3. L'architecture Ethernet

À un instant donné, une seule trame (ensemble d'informations véhiculé sur un support physique) circule et toute trame émise est reçue par toutes les stations (diffusion). Seule celle qui reconnaît son adresse la traite.

a) Ethernet en Bus

Topologie physique en Bus

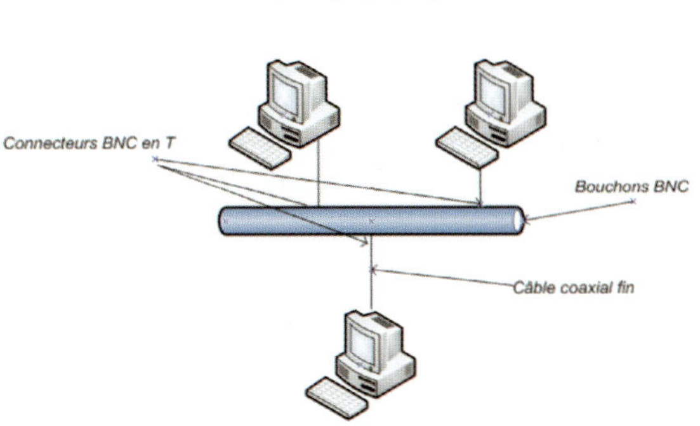

b) Ethernet en étoile

La paire torsadée est un câble de type téléphonique raccordé à l'aide d'un connecteur de type RJ45. Très utilisé, il supporte plusieurs débits.

Topologie physique en étoile

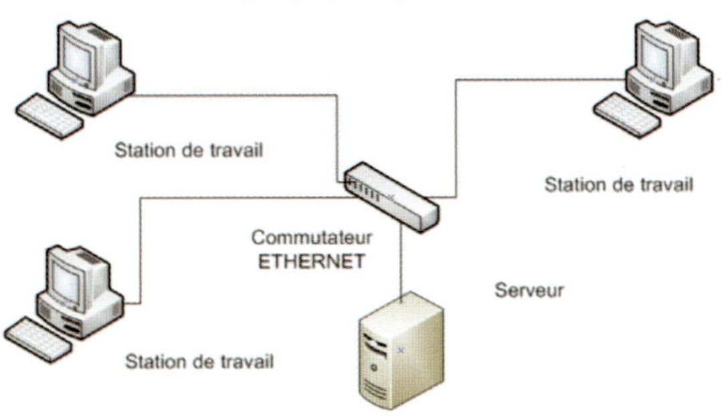

La fibre optique : elle permet des grands débits sur des grandes distances. Le signal est codé numériquement en impulsions lumineuses. C'est un support très sûr mais fragile et coûteux.

4. Le réseau sans fil Wifi (*Wireless network*)

C'est un réseau dans lequel au moins deux terminaux (ordinateur portable, etc.) peuvent communiquer sans liaison filaire. Ce type de réseau est largement utilisé *via* un modem-routeur ADSL pour partager une connexion Internet. Son installation nécessite un « point d'accès » (modem routeur). Les matériels réseaux possèdent une carte réseau dite « carte Wifi ».

5 Les équipements d'interconnexion

1. Le concentrateur (*Hub*)

C'est un boîtier de répartition. Il partage la bande passante (intervalle de fréquences à l'intérieur duquel le signal est reconnaissable) entre tous les ports de connexion. Un concentrateur comporte 8, 12 ou 24 ports.

Ce type de matériel est de moins en moins utilisé car, du fait de son principe de diffusion, le concentrateur ralentit le réseau lorsque celui-ci comporte beaucoup de postes.

2. Le commutateur (*Switch*)

Ce matériel d'interconnexion utilise une technique de commutation. Le réseau se trouve segmenté : les trames ne sont pas diffusées sur le réseau mais « amenées » à destination sur les ports concernés.

De plus, le commutateur alloue la totalité de la bande passante à chaque port. Il évite donc le trafic inutile sur le réseau et le nombre de postes connectés n'influe pas sur le débit.

3. Le routeur

Le routeur permet l'échange des informations entre deux réseaux. Son rôle est de « trouver la meilleure route ».

6 Le protocole de communication TCP/IP

Pour que les matériels réseaux communiquent entre eux, ils doivent utiliser le même protocole de communication.

Le protocole standard sur Internet et plus largement dans les réseaux locaux est TCP/IP.

Il comprend un ensemble de protocoles : HTTP, SMTP, TCP, IP, etc.

À chaque protocole correspondent des règles et un rôle particuliers.

Le protocole IP traite de l'adressage logique des matériels sur le réseau. En effet, chaque matériel réseau (ordinateur, imprimante, etc.) possède une adresse physique dite « adresse MAC », délivrée par le constructeur de l'interface réseau (= carte réseau).

Pour que les matériels communiquent entre eux *via* le protocole TCP/IP, à chaque adresse MAC doit correspondre une adresse logique appelée « adresse IP ». Cette adresse doit être UNIQUE sur le réseau.

Une adresse IP est codée en binaire sur 4 octets (32 bits). Toutefois, pour mentionner une adresse IP, on utilise le décimal pointé.

EXEMPLE

192.168.1.2.

6 L'ARCHITECTURE LOGICIELLE CLIENT/SERVEUR

➔ Les applications client/serveur s'ouvrent rapidement à Internet et à l'intranet pour devenir le « client/serveur universel » ou encore le « client/serveur en ligne (Web) ». Il s'agit d'utiliser les standards d'Internet pour développer et distribuer des applications.

1 Les composantes de l'infrastructure

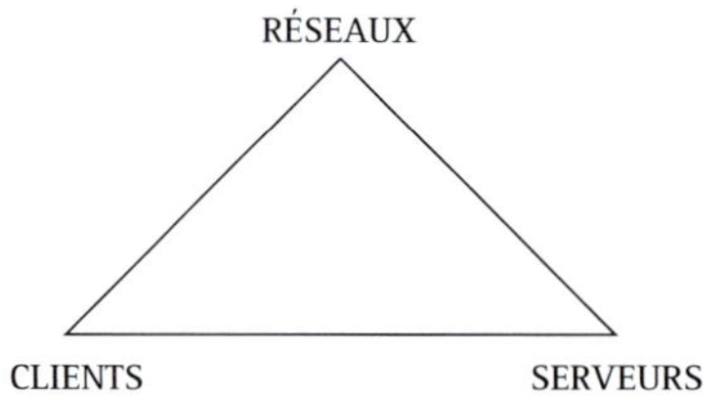

Le « triangle stratégique du client/serveur »

1. Le réseau

Le réseau est considéré comme l'ensemble de l'infrastructure de communication permettant le dialogue entre le client et le serveur.

2. Le client

Le client se définit par un équipement matériel et un environnement logiciel.

EXEMPLE

Pentium et Windows/2000/XP/Vista.

3. Le serveur

Le serveur est une machine dont la puissance varie selon la taille du système informatique et son rôle au sein de ce système.

2 Les typologies d'architecture client/serveur

Une architecture client/serveur met donc en jeu trois « acteurs technologiques » :
- une interface utilisateur : présentation ;
- une logique applicative : traitements, programmation ;
- une gestion des données : données.

Cette représentation montre que les différents modules vont échanger des services sous forme de messages :

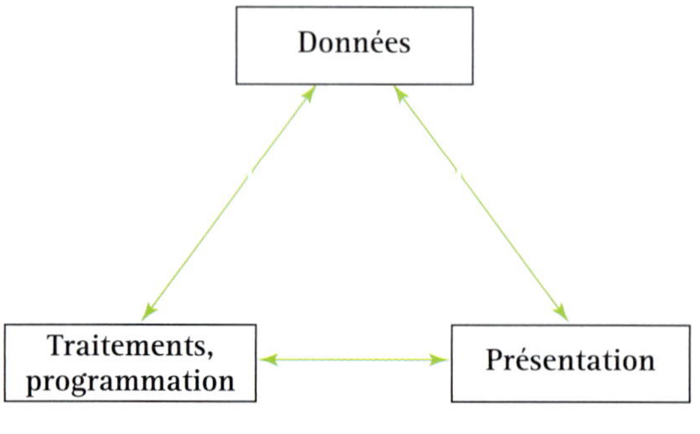

1. L'architecture C/S 2/Tiers

a) Présentation

Dans cette architecture, les « acteurs technologiques » sont répartis entre le client et le serveur : un client lourd (traitement et présentation) et un serveur de données.

Les points essentiels de cette architecture sont :
- la fonction de présentation (qui est à la charge du client exclusivement) ;
- le traitement (qui est réparti entre le client et le serveur) ;
- le logiciel client (qui est généralement spécifique au serveur) ;
- les données (qui sont stockées ou accessibles via le serveur) ;

Dans le cadre d'une topologie d'accès à une base de données, le serveur traitera les requêtes en provenance du client, qui se feront en général en langage SQL.

b) Avantages

L'architecture C/S 2/Tiers présente les avantages suivants :
- elle garantit la cohérence des données centralisées ;
- elle permet l'accès à une base de données à partir de postes clients installés sur différentes plates-formes ;
- elle exploite la puissance des postes clients.

2. L'architecture C/S 3/Tiers (client/serveur Web)

a) Présentation

Cette architecture sépare les « acteurs technologiques » en trois composantes logicielles (services). Elle est utilisée largement sur le Web (client/serveur Web), notamment pour les sites marchands nécessitant une gestion de base de données (Wiki, sites collaboratifs).

b) Avantages

- Les postes clients n'exécutant pas de traitement, ils n'ont pas besoin d'être performants, ni de comporter une application ; il en résulte des économies d'acquisition.
- L'application étant gérée par les serveurs, elle permet une portabilité facilitée sur tout type de plate-forme.
- Chaque niveau est géré, administré et développé de façon indépendante.
- La sécurité est renforcée et les données ne sont pas accessibles directement.

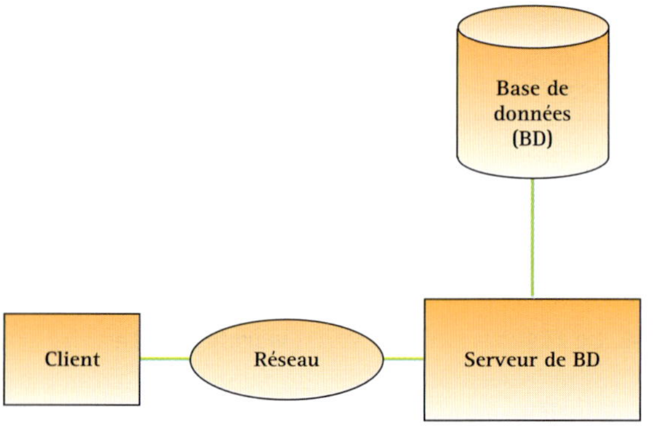

7 L'ADRESSAGE IP

➔ Pour que les matériels réseaux communiquent entre eux, ils doivent utiliser le même protocole de communication. Ainsi, pour pouvoir « discuter », les postes doivent se reconnaître par une adresse logique appelée « adresse IP ».

1 Le protocole TCP/IP

Le protocole standard sur Internet et plus largement dans les réseaux locaux est TCP/IP. Il comprend un ensemble de protocoles : HTTP, SMTP, TCP, IP, etc.
À chaque protocole correspondent des règles et un rôle particulier.

2 Le protocole IP

Le protocole IP traite de l'adressage des matériels sur le réseau. En effet, chaque matériel réseau (ordinateur, imprimante, etc.) possède une adresse physique dite « adresse MAC » délivrée par le constructeur de l'interface réseau (également appelée carte réseau).
Pour que les matériels communiquent entre eux *via* le protocole TCP/IP, à chaque adresse MAC doit correspondre une adresse logique appelée « adresse IP ».

1. Principes

- Principe de l'adressage IP : utilisation de 32 bits (4 octets).
- Format de base des adresses IP : id réseau + id équipement.
- Les bits de poids forts déterminent la classe d'une adresse.
- Chaque poste a une adresse IP unique.
- Les postes communiquent entre eux s'ils sont sur le même sous-réseau IP.

2. Les classes d'adresses

a) Classe A (réseaux de plus de 65 536 équipements)

1.0.0.0 à 126.0.0.0 = plage d'adresses de la classe A

0	Id réseau	Id équipement
1 octet		3 octets

b) Classe B (réseaux entre 256 et 65 536 équipements)

128.1.0.0 à 191.254.0.0 = plage d'adresses de la classe B

1	0	Id réseau	Id équipement
2 octets			2 octets

c) Classe C (réseaux de moins de 256 équipements)

192.0.1.0 à 223.255.254.0 = plage d'adresses de la classe C

1	1	0	Id réseau	Id équipement
3 octets				1 octet

3. Les adresses particulières

a) Les adresses de désignation

Elles ne sont jamais attribuées à un équipement.

Adresse		Signification	Exemple
Id réseau	Tt zéro	Ce réseau	193.50.20.0

Cette adresse désigne le réseau logique sur lequel le poste communique.

b) Les adresses de diffusion

Elles ne sont jamais attribuées à un équipement.

Adresse		Signification	Exemple
Tout à un		Diffusion limitée	255.255.255.255
Id réseau	Tt à un	Diffusion dirigée	193.50.20.255

c) L'adresse de « rebouclage »

Utilisée pour simuler un accès réseau : 127.0.0.1.

d) Les plages d'adresses réservées à un usage privé

Les adresses privées sont utilisées pour paramétrer les réseaux locaux ; elles ne sont pas routables, c'est-à-dire qu'elles ne peuvent pas permettre de « surfer » sur le net. C'est l'adresse publique du routeur qui permettra l'accès à Internet.
Classe A : 10.0.0.0
Classe B : 172.16.0.0 à 172.31.0.0
Classe C : 192.168.0.0 à 192.168.255.0

EXEMPLE

Plan d'adressage

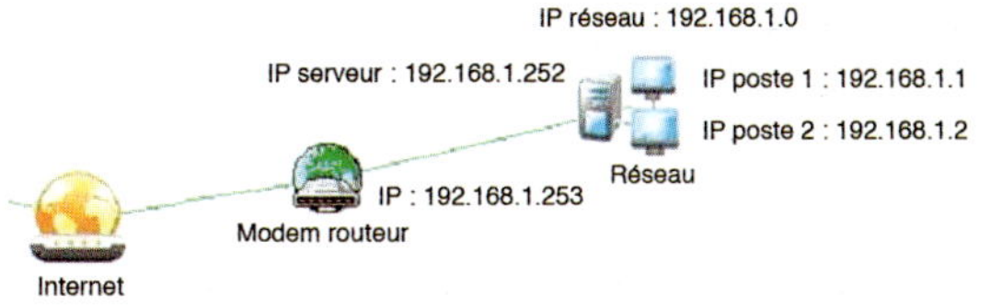

e) L'attribution d'une adresse IP

Elle peut se faire :
- de façon manuelle et statique par l'administrateur ;
- de façon automatique et dynamique (protocole DHCP qui a pour rôle d'allouer une adresse IP à toute station qui le demande). Ce service DHCP, côté serveur, possède une plage d'adresses (appelée également étendue) disponible ; côté client, le poste est configuré au niveau de ses propriétés TCP/IP en « attribution d'un IP automatique ».

8 LA PROTECTION DU RÉSEAU ET DES POSTES DE TRAVAIL

➔ Le fonctionnement de la PME-PMI repose sur l'utilisation quotidienne des ressources informatiques, notamment les bases de données implantées sur les serveurs, et l'usage qui en est fait par les postes clients. De ce fait, la sécurisation des postes est essentielle pour ne pas faire courir de risque à la pérennité de l'entreprise.

1 Sécuriser un réseau

1. Définition

La sécurité d'un réseau est un niveau de garantie qui assure :
- le fonctionnement optimal de l'ensemble des machines du réseau ;
- l'accès sélectif des utilisateurs aux machines, uniquement en fonction des droits qui leur ont été octroyés.

2. Les menaces potentielles

Il peut s'agir, en sensibilisant tous les salariés de la PME-PMI :
- d'empêcher des personnes non autorisées d'agir sur le système de façon malveillante ;
- d'empêcher les utilisateurs d'effectuer des opérations involontaires pouvant nuire au système ;
- de sécuriser les données en prévoyant les pannes possibles ;
- de garantir la non-interruption d'un service et, ainsi, assurer la continuité du fonctionnement de la PME-PMI.

3. Les causes de l'insécurité

On distingue généralement deux types d'insécurité.

a) L'état actif d'insécurité

On parle d'état actif d'insécurité lorsque l'utilisateur ne se sert pas des fonctionnalités du système.

EXEMPLE

La non-désactivation de services réseaux non nécessaires à l'utilisateur.

b) L'état passif d'insécurité

On parle d'état passif d'insécurité lorsque l'administrateur ou l'utilisateur d'un système ne connaît pas les dispositifs de sécurité dont il dispose et fait preuve de négligence.

2 Sécuriser le serveur

1. Les éléments à sécuriser

Les éléments à sécuriser sont les suivants :
- l'intégrité des données (application, onduleur) ;
- la disponibilité des données (RAID, sauvegardes) ;
- la sécurité des données (topologie, systèmes d'exploitation, sessions utilisateurs, gestion des droits d'accès aux données).

2. Les moyens de sécurisation

a) L'onduleur

Il permet de protéger des matériels électroniques des pannes électriques. Le matériel à protéger est branché sur l'onduleur, lui-même banché sur le secteur. L'onduleur permet de basculer l'alimentation électrique sur une batterie de secours pendant quelques minutes.

EXEMPLE

La foudre représente une surtension très importante intervenant brusquement lors d'orages.

Le serveur doit toujours être connecté à un onduleur, ainsi que les postes stratégiques de la PME-PMI (ex. : comptabilité).

b) Le système de tolérance de pannes : RAID

Cette technologie est très utilisée pour les réseaux de grande taille. Elle vise à prévenir des pannes disque et autorise l'écriture des données sur plusieurs disques simultanément.

Plusieurs niveaux de RAID *(Redundant Array of Inexpensive Disks)* existent. Les plus utilisés sont :
- RAID 1 (appelé aussi *mirroring*). Les données sont écrites en permanence sur le disque principal et sur un disque « miroir » simultanément sans que l'utilisateur s'en aperçoive. C'est une technologie moins coûteuse et plus simple à mettre en place ;
- RAID 5. Ce niveau fonctionne avec au minimum trois disques identiques. C'est le plus performant des niveaux de RAID, car il y a non seulement recopie des données mais aussi reconstitution de n'importe quel disque en cas de panne. C'est une technologie plus complexe et plus élevée en coût.

3. Les systèmes de sauvegarde des données

(*cf.* fiche 10 « Les supports de stockage »)

4. La gestion des droits des utilisateurs et des groupes

(*cf.* fiche 11 « La gestion des comptes dans une application multi-utilisateurs »)

5. Les pare-feux

Un pare-feu (appelé aussi « coupe-feu », « garde-barrière », ou *firewall* en anglais) est un système permettant de protéger un ordinateur ou un réseau d'ordinateurs des intrusions provenant d'un réseau tiers (notamment Internet).

3 Sécuriser les postes de travail

1. Les éléments à sécuriser

Les éléments à sécuriser sont les suivants :
- l'intégrité des données (application, onduleur) ;
- la sécurité des données échangées sur le réseau.

2. Les moyens

Les postes de travail doivent être équipés d'un logiciel antivirus, pour éviter les intrusions venant d'Internet ainsi que de supports extérieurs (clés USB, disque externe, etc.). Les logiciels antivirus sont conçus pour identifier, neutraliser et éliminer les logiciels malveillants (virus, chevaux de Troie, logiciels espions, etc.).

9 INTERNET, INTRANET ET EXTRANET

La facilité de mise en place d'applications par le biais des technologies d'Internet a donné naissance à un nouveau type d'application : l'intranet. Certaines entreprises ont souhaité mettre une partie de leur SI au service des acteurs économiques travaillant avec elles (clients, fournisseurs, etc.) : ainsi est apparu l'extranet.

1 Internet

Internet est un ensemble de réseaux locaux, nationaux et internationaux interconnectés grâce à des passerelles. C'est le plus grand réseau décentralisé au monde.

1. L'adressage dans Internet

a) L'adressage IP

Chaque machine accédant à Internet est identifiée par une adresse réseau, dite adresse IP, sur 32 bits, codant le réseau et la machine. Il existe plusieurs classes d'@ IP selon le nombre de bits utilisés pour coder le réseau.
L'attribution des adresses est du ressort de l'IANA (*Internet Assigned Numbers Autority*) qui a délégué à des organismes dits *Internet Registries* (Registres Internet) la gestion de blocs d'adresses Internet.

b) L'adressage par noms

Ces adresses sont associées à des noms plus faciles à mémoriser.

EXEMPLE

nom-machine.domaine. = ac-nice.fr

2. Le routage dans Internet

Le routage consiste à établir, en début de communication, le chemin que vont suivre les données. Pour cela, un matériel d'interconnexion, le routeur, analyse l'adresse du destinataire et consulte des tables internes dites tables de routage, indiquant un circuit de sortie en fonction de l'adresse.

3. Les services d'Internet

a) Les services de base

- La messagerie (courrier électronique = e-mail) pour recevoir et envoyer des messages. Chaque abonné est identifié par une adresse (ex. : *prof@ac-nice.fr*).
- Le DNS, un annuaire de résolution de noms qui fait la correspondance entre les adresses IP des sites et leur nom.
- La connexion à distance par le service Telnet.
- Les forums de discussions où l'on peut consulter des informations ou s'exprimer sur différents sujets.

b) Les services d'information

- Le transfert de fichiers FTP (*File Transfer Protocol*) permet d'effectuer des transferts de fichiers entre deux machines.
- Le WAIS (*Wide Area Information Service*) permet la recherche en texte intégral dans les bases de données textuelles.
- Le W3 (*World Wide Web*) est un réseau d'informations multimédias.
- Un système Web crée des liens entre des pages d'informations réparties sur des machines différentes ou serveurs Web. La mise en forme des pages publiées sur le Web s'effectue grâce au langage HTML. Celui-ci permet de décrire le formatage des données de la page mais aussi de nommer les ressources réseaux référencées.
- La consultation du Web s'effectue grâce à un logiciel de navigation (*browser*) présentant une interface graphique.

EXEMPLE

Internet Explorer ou Firefox.

Le dialogue Interactif IRC (*Internet Relay Chat*) permet de dialoguer en direct. Les services IP multicast permettent l'audio et la vidéoconférence.

4. Le raccordement à Internet

Pour se connecter à Internet, il faut passer par un opérateur ou fournisseur (*Internet Provider*).

EXEMPLES

Orange, FREE, SFR.

Pour se raccorder au réseau de l'opérateur, il est possible d'utiliser les réseaux longue distance.

EXEMPLES

RTC, Transfix, Numéris ou Transpac.

a) Les équipements de raccordement

Le site client doit posséder un modem et communiquer suivant le protocole de communication TCP/IP, qui définit les règles d'échanges entre les postes.
Le modem-routeur ADSL permet maintenant non seulement de partager la connexion Internet (plusieurs postes peuvent avoir accès à Internet en même temps), mais aussi de faire passer plusieurs types de flux d'information sur un même support.

b) L'utilisation d'un serveur relais (proxy)

Certains fournisseurs d'accès utilisent un serveur proxy. Il s'agit d'une machine chargée de stocker localement (sur son propre disque dur) les données afin de ne pas avoir à les rechercher sur le réseau.

2 Intranet

L'intranet est un réseau local et privé, au sein d'une entreprise, qui utilise les technologies d'Internet (Web, e-mail, etc.) mais ne s'ouvre pas aux connexions publiques. Les applications intranet permettent donc aux entreprises de travailler en groupe tout en bénéficiant de la facilité d'utilisation des technologies d'Internet.

3 Extranet

L'extranet est un réseau de télécommunication et de téléinformatique constitué d'un intranet étendu pour permettre la communication avec certains organismes extérieurs, comme des clients ou des fournisseurs.

10 LES SUPPORTS DE STOCKAGE DE L'INFORMATION

➔ Il existe deux typologies de stockage des informations : le stockage à accès rapide (mémoire de travail) et le stockage de masse (disques). Les sauvegardes sont très importantes et réalisées sur des supports de stockage de masse pour préserver la disponibilité et la sécurité des données.

1 Stockage à accès rapide

Pour faciliter le traitement des informations en interne dans les ordinateurs, des mémoires très rapides ont été créées :
- la mémoire vive (ou mémoire RAM pour *Random Access Memory*), qui ne vit que lorsque l'ordinateur est branché et s'efface quand on l'éteint ;
- la mémoire morte (ou mémoire ROM pour *Read Only Memory*), qui est gravée et ne s'efface jamais ; ce type de mémoire stocke les informations nécessaires au démarrage de l'ordinateur ;
- l'EPROM et l'EEPROM (mémoire morte réinscriptible), qui ont évolué en mémoire « flash », donnant naissance aux récentes clés USB.

2 Stockage de masse

1. La cartouche magnétique

Ce type de sauvegarde est un support magnétique à accès séquentiel en lecture et écriture (comme une cassette, audio ou vidéo). On l'utilise pour les grandes quantités de données.
Deux types de cartouches existent :
- DAT (*Digital Audio Tape*) ⇒ 4 à 20 Go non compressés ;
- DLT (*Digital Linear Tape*) ⇒ 40 Go non compressé.
Cette technologie est fiable et très utilisée.

2. Le CD et le DVD réinscriptibles

Cette technologie nécessite un graveur et est moins fiable que les bandes magnétiques. Elle permet des sauvegardes partielles des disques.

3. Le disque amovible

Le disque amovible est un disque que l'on peut enlever de l'unité centrale.
Ce type de sauvegarde nécessite une connexion du disque sur un port IDE ou SCSI comme les disques fixes.

4. La clé USB

Ce type de technologie est ce que l'on appelle de la mémoire « flash », différente de la technologie des disques classiques. Sa fiabilité est encore relative.

5. Le disque externe

La technologie est la même que pour les clés USB mais ses capacités sont bien supérieures.

6. Les serveurs de sauvegarde en réseau

Ce type de sauvegarde sera choisi sur des réseaux de plusieurs centaines de postes. C'est une technologie coûteuse mais extrêmement souple et fiable.

a) Serveur NAS

Un NAS (*Network Attached Storage*) est un dispositif de stockage en réseau.
Il s'agit d'un serveur de stockage pouvant être facilement attaché au réseau de l'entreprise pour servir de serveur de fichiers et fournir un espace de stockage tolérant aux pannes. Il peut se connecter sur n'importe quel réseau.

b) Serveur SAN

Un SAN (*Storage Area Network*) est un réseau de stockage à part entière.
Ce type de serveur de sauvegarde est « propriétaire » : il possède son propre système d'exploitation et son coût est élevé.
Un SAN est ainsi une architecture complète regroupant les éléments suivants :
- un réseau très haut débit en Fiber Channel ou SCSI ;
- des équipements d'interconnexion dédiés (switch, etc.) ;
- des éléments de stockage (disques durs) en réseau.
Un réseau de stockage NAS est un réseau spécialisé permettant de mutualiser des ressources de stockage.

3 Le choix du support de stockage

Pour choisir un support de stockage adapté, il faut tenir compte de trois critères :
- le volume des données à stocker ;
- la fiabilité du support dans le temps ;
- la confidentialité des données.

1. Le volume des données

Le choix du type de stockage s'effectue en premier lieu en fonction du volume des données à sauvegarder.
En effet, une sauvegarde d'une application client/serveur consiste à sauvegarder une base de données très volumineuse. Un support magnétique sera donc privilégié.

2. La fiabilité des supports de stockage

Du fait de leur constitution physique, tous les supports de stockage ont une durée de vie limitée, entraînant un risque de perte d'information. Pour s'en affranchir, il faut constamment les vérifier et recopier les données sur des supports fiables.

3. La confidentialité des données

La confidentialité, ainsi que l'authenticité et l'intégrité des données sont assurées par la cryptographie.
Cette discipline propose des solutions de chiffrement pour protéger les messages.
Par ce procédé, la compréhension des documents est rendue impossible à toute personne qui n'a pas la clé de (dé)chiffrement.

11 LA GESTION DES COMPTES DANS UNE APPLICATION MULTI-UTILISATEURS

→ La plupart des applications métiers sont architecturées en client/serveur autour d'une base de données et permettent donc une gestion affinée des droits donnés aux utilisateurs de l'application.

1 Les comptes d'utilisateurs et les groupes

1. Qu'est-ce qu'un compte utilisateur ?

Quand un ordinateur est utilisé par plusieurs personnes, il est souvent nécessaire de faire la distinction entre les utilisateurs, pour que leurs fichiers privés le restent. C'est dans ce but qu'on attribue à chaque utilisateur un *username* (login, identifiant) et un mot de passe qui lui sont propres. Cependant, un compte utilisateur est plus qu'un identifiant et un mot de passe : il comprend tous les fichiers, ressources et informations qui appartiennent à un utilisateur.

2. Qu'est-ce qu'un groupe ?

Un groupe est un ensemble d'utilisateurs qui partagent les mêmes fichiers, répertoires, accès aux différents modules d'une application multi-utilisateurs. Les utilisateurs d'un même groupe sont appelés membres du groupe. À un groupe correspondent des permissions, des privilèges et des droits.

EXEMPLE

Les utilisateurs d'un cabinet comptable par groupes pourraient être :

	Groupes		
Utilisateurs	Expert	Comptable	Secrétaire
Descomptes_florent	×		
Finance_françois	×		
Lettre_emilie			×
Juste_olivier		×	

Les utilisateurs « héritent » des droits du groupe.
Un groupe d'utilisateurs peut appartenir à un autre groupe ayant lui-même d'autres droits et privilèges.

3. La gestion des utilisateurs

Dans une application multi-utilisateurs, il est nécessaire de bien gérer les droits affectés aux comptes utilisateurs. En effet, tous les utilisateurs de l'application doivent pouvoir travailler sur les mêmes modules, tout en ayant des droits différents, conformément aux exigences de leur poste de travail.

EXEMPLE

	Modules	
Groupes	Gestion comptable	Gestion paie
Comptable	LEX	LEX
Secrétariat	L	L

Dans un progiciel de gestion comptable, l'utilisateur membre du groupe « comptable » doit avoir le droit de passer des écritures sur les comptes clients, tandis que l'utilisateur « secrétaire » doit pouvoir consulter les mêmes comptes clients sans pouvoir modifier les écritures comptables.

2 Les droits et les profils utilisateurs

1. Les droits (permissions)

Les permissions ou droits sont les suivants.

Code	Permission	Signification
R (*read*) ou L (lecture)	Lire	Autorise l'affichage des informations.
W (*write*) ou E (écriture)	Écrire	Permet d'ajouter des informations et de les modifier.
X (eXécution)	Exécuter	Autorise l'exécution d'un programme.
D (*delete*) ou S (suppression)	Supprimer	Autorise la suppression des informations.

La gestion des droits permet donc :
- de donner aux utilisateurs le droit d'exécuter certaines commandes, d'accéder à certains modules ;
- d'interdire ou d'autoriser la consultation, la mise à jour et la suppression des données.

2. Le profil utilisateur

a) Contenu du profil utilisateur

Un profil utilisateur peut regrouper des informations très diverses selon les besoins :
- des caractéristiques personnelles pouvant influencer fortement l'interaction (âge, sexe, etc.) ;
- les intérêts et les préférences générales relatives au travail à réaliser, qui permettent une adaptation aux attentes de l'utilisateur ;
- les compétences ou le niveau de savoir-faire relatifs à la tâche à réaliser ;
- un historique des échanges avec les services ;
- le but courant de l'utilisateur ;
- les capacités liées à l'individu, notamment pour adapter l'interface à un handicap (cécité, surdité, handicap moteur, etc.).

Le profil utilisateur peut donc contenir :
- des informations sensibles qu'il convient de mettre en place en respectant la législation en vigueur (notamment en ce qui concerne le respect de la vie privée et des droits individuels) et de protéger par des méthodes de sécurité efficaces ;
- des informations complémentaires permettant une meilleure adaptation à son environnement local (comme la taille de son écran, la disponibilité d'une sortie audio, etc.).

b) Représentation du profil utilisateur

Le contenu du profil utilisateur est représenté de façon différente selon les besoins. De manière générale, il est stocké dans une table sous la forme de couples *attribut-valeur* où chaque couple représente une propriété du profil. Les propriétés peuvent éventuellement être regroupées par catégories.

12 LES CONTRATS DE LICENCE ET DE PROTECTION DES LOGICIELS

➔ Les logiciels sont considérés comme une œuvre de l'esprit et sont donc protégés par un droit d'auteur. Ils ne peuvent faire l'objet d'un brevet, sauf si leur utilisation est industrielle.

1 La protection juridique du logiciel

1. Les principes

- Le logiciel est protégé par le droit d'auteur.
- Le droit de propriété incorporelle est opposable à tous dès la création du logiciel. Le dépôt n'est pas obligatoire. La date de création devra être prouvée.
- Le monopole d'exploitation est accordé à l'auteur à compter de la date de création.
- Les logiciels créés par des salariés dans le cadre de l'exercice de leur fonction ou d'après les instructions de leur employeur appartiennent à l'entreprise.

2. Les droits moraux et patrimoniaux

- La loi permet de bénéficier du droit au nom (droit d'exiger que le nom d'auteur soit cité), du droit de divulgation (droit de livrer ou non l'œuvre au public) mais pas du droit de repentir ou de retrait.
- Toute reproduction ou utilisation non autorisée par l'auteur est interdite. Seule une copie de sauvegarde est fournie ou autorisée.
- L'auteur ne peut s'opposer à l'adaptation du logiciel dans la limite des droits cédés. Il faut donc prêter une attention particulière à la rédaction des clauses du contrat de licence d'utilisation.

3. La nécessité de prouver la date de création

Des mesures préventives permettent de cumuler un ensemble de protections :
- dépôt du logiciel dans un organisme conventionné (INPI [Institut national de la propriété industrielle], notaires, Société civile des auteurs multimédias, Agence de la protection des programmes, etc.) ;
- dépôt d'un brevet (loi du 13/07/68) si le logiciel s'insère dans une application industrielle brevetable ;
- dépôt des copies d'écrans s'ils sont originaux ; protection par les dessins et les modèles (loi du 14/07/09) ;
- dépôt du nom de logiciel ; protection par les marques (loi du 31/12/64) ;
- commercialisation du logiciel par un contrat de licence d'utilisation.

4. Les droits de l'utilisateur

Sous réserve de ne pas porter atteinte à l'exploitation du logiciel, l'utilisateur a le droit :
- d'utiliser le logiciel conformément à sa destination (d'en corriger les erreurs sauf si réserves dans le contrat) ;
- de réaliser une copie de sauvegarde (sauf si fournie) ;
- d'étudier le fonctionnement du logiciel (la forme est protégée mais pas le fond) ;
- de décompiler pour des raisons d'interopérabilité (avec d'autres logiciels ou matériels), sous réserve que l'unique but soit l'utilisation.

2 Les principaux types de contrats

1. Le contrat de licence d'utilisation d'un progiciel

Ce droit d'utilisation n'est ni transférable, ni exclusif du progiciel et des documentations. Il vise à protéger la propriété intellectuelle. Le progiciel reste donc la propriété de l'auteur.
Il est conforme à la législation relative aux progiciels et notamment à l'arrêté du 22 décembre 1981.

2. Le contrat de licence d'exploitation d'un logiciel intégré à un produit

Ce contrat est utilisé pour le cas d'un logiciel destiné à être intégré à un produit regroupant plusieurs logiciels aux fonctionnalités diverses. Il permet au concédant de limiter sa garantie et sa responsabilité en cas de « bug » (ou tout autre vice caché) pouvant affecter son œuvre ou de préjudice causé par celle-ci.
Il encadre les possibilités de transmission du logiciel à un tiers afin de prévenir les risques de contrefaçon.

3. Le contrat de licence d'utilisation finale (CLUF)

C'est un contrat entre une société éditrice d'un logiciel et l'utilisateur final de ce logiciel, spécialement rédigé pour le cas de logiciels téléchargés directement sur Internet. Il permet d'assurer une information suffisante à l'utilisateur final du logiciel, tout en limitant le droit d'utilisation du logiciel à l'unique poste sur lequel il a été téléchargé (licence monoposte) et en interdisant sa cession ou sa mise sous licence par l'utilisateur.

4. Le contrat de licence d'utilisation d'un logiciel d'aide à la création

Ce contrat organise les rapports entre l'auteur d'un logiciel et la personne à laquelle il confie le droit d'exploiter son œuvre. Il permet d'éviter toute confusion entre la propriété du fournisseur sur son logiciel et le droit d'auteur de l'utilisateur sur l'œuvre qu'il envisage de créer.

3 La notion de logiciel *open source*

1. Le code source

Le code source est l'ensemble des instructions écrites dans un langage de programmation et compréhensibles par l'être humain.

2. La désignation *open source*

Elle s'applique aux logiciels dont la licence respecte les critères suivants :
- possibilité de libre redistribution ;
- possibilité d'accès au code source et de travaux dérivés.

Le terme *open source* ne doit pas être confondu avec les termes *free software* ou « gratuiciel », qui désignent des logiciels gratuits qui ne sont ni ouverts, ni libres.

exercices

exercice 1 Réseau local et adressage IP

La société GSI (Groupware System Information), située à Sanary-sur-Mer, fabrique et commercialise des collecticiels, logiciels de travail collaboratif. Un réseau local a été installé il y a 6 mois. Le gérant de la société a remarqué quelques dysfonctionnements (*cf.* annexe 1). En tant que stagiaire, vous devez proposer des solutions en vous basant sur le schéma du réseau de la société (*cf.* annexe 2).

Annexe 1 – Inventaire des dysfonctionnements

Lenteur des échanges

Les utilisateurs observent une lenteur considérable depuis l'installation de trois postes supplémentaires.

Dysfonctionnement du poste 2

La secrétaire, après une mauvaise manipulation, ne peut plus accéder au dossier d'échange créé sur le serveur pour partager des données avec tous les utilisateurs.

Connexion du nouveau portable au réseau

Le gérant vient d'acquérir un ordinateur portable ; lorsqu'il le branche sur le concentrateur, il n'a pas accès aux données partagées.

Annexe 2

Réseau local société GSI

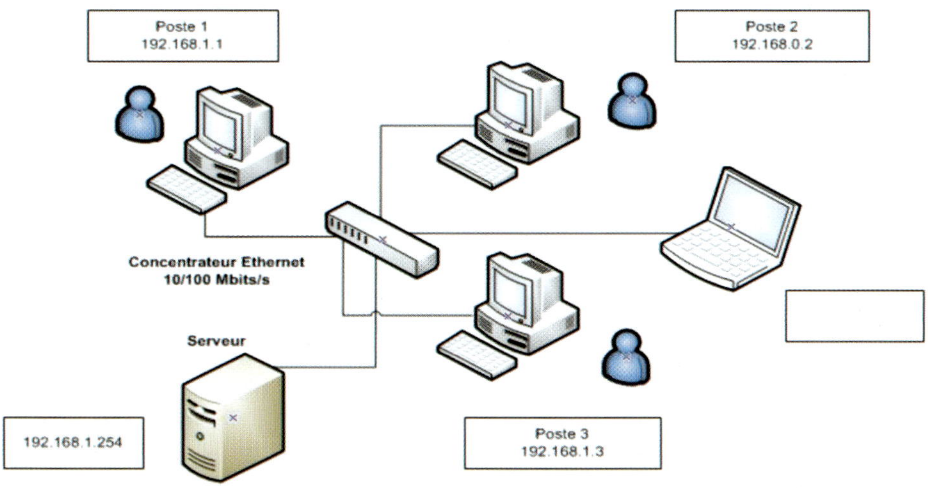

ENTRAÎNEZ-VOUS

1. Quelle modification proposez-vous pour régler le problème de lenteur ?

2. Pourquoi le poste 2 ne communique-t-il plus avec le serveur ? Quelle modification de paramétrage proposez-vous ?

3. Proposez un paramétrage IP pour l'ordinateur portable récemment ajouté sur le réseau.

CORRIGÉS p. 215

exercice 2 Sécurité des données d'un réseau

Une société utilisant une grosse base de données ne dispose pas de système de tolérance de panne sur son serveur. Le revendeur informatique propose au gérant deux solutions : un système de tolérance de panne RAID niveau 1 (moins coûteux) ou un système de tolérance de panne RAID niveau 5.

ENTRAÎNEZ-VOUS

1. Élaborez un tableau comparatif des deux solutions proposées.
2. Quelle est la différence entre un système de tolérance de panne et un système de sauvegarde ?

CORRIGÉS p. 215

exercice 3 Implantation d'un PGI dans la société GSI

M. Manage, gérant de la société GSI, a fait évoluer le système d'information de son entreprise en achetant le progiciel de gestion intégrée Cegid.
Ce progiciel est composé de trois modules : gestion commerciale, comptabilité générale et gestion, paie.
Chaque module peut communiquer avec les autres puisqu'une base de données unique les alimente.
Toutefois, des droits d'accès à chaque module sont attribués à des utilisateurs en fonction des différents travaux qu'ils peuvent réaliser (*cf.* annexe).
M. Manage vous demande de paramétrer les nouveaux comptes utilisateurs sur le progiciel Cegid. Il vous demande également de vérifier le contrat de licence d'utilisation qu'il a signé avec le revendeur du progiciel.

Annexe – Composition des services de la société GSI

Le service comptabilité est composé de trois personnes :
– Mme Acompte, chef comptable, qui réalise toute la comptabilité et la paie ;
– Mlle Faction, comptable, chargée des relations fournisseurs et de la facturation ;
– Mlle Test, stagiaire préparant un BTS Comptabilité des organisations.

Le secrétariat est composé d'une seule personne : Mme Lalettre, assistante de gestion, qui réalise la gestion commerciale et les courriers de relance aux clients débiteurs.

Le service commercial est composé de deux personnes :
– M. Sales, responsable commercial, qui supervise la commercialisation avec M. Manage ;
– M. Lechiffre, commercial, chargé d'établir les propositions commerciales et de se rendre sur le terrain.
Le gérant souhaite avoir accès à tous les modules.

ENTRAÎNEZ-VOUS

1. Pourquoi est-il nécessaire d'affecter des droits différents aux utilisateurs de la société ?
2. Quelles sont les permissions qui peuvent être octroyées à un compte utilisateur ?
3. Pourquoi est-il préférable de créer des groupes d'utilisateurs ?
4. Rédigez un document synthétique (sous forme de tableau), à l'attention de M. Manage, expliquant les différents comptes utilisateurs que vous préconisez ainsi que les droits attribués à chacun.
5. À quels risques s'exposerait M. Manage s'il donnait le même identifiant à tous ses employés ?
6. En cas de départ d'un employé, quelle précaution faut-il prendre concernant les identifications utilisateurs ?
7. Un progiciel de gestion intégrée est-il soumis au dépôt d'un brevet ?

CORRIGÉS p. 215

corrigés

exercice 1 page 213

1. Le matériel d'interconnexion installé est un concentrateur. Or ce type de matériel diffuse tout signal reçu vers l'ensemble de ses ports et divise la bande passante par le nombre de ports.
L'installation des postes supplémentaires a donc augmenté le trafic sur le réseau et ralenti le débit.
Vous devez par conséquent préconiser le remplacement de ce matériel par un commutateur qui, d'une part, alloue la totalité de la bande passante à chaque port et, d'autre part, permet l'envoi des données au seul destinataire.

2. L'adresse IP du poste 2 est 192.168.0.2. Il est sur le réseau logique 192.168.0.0. Or les autres postes sont sur le réseau logique 192.168.1.0. Le poste 2 ne peut donc pas communiquer avec eux.
Vous devez proposer de donner une autre adresse IP à ce poste. Par exemple : 192.168.1.2.

3. L'ordinateur portable pourrait porter l'adresse IP suivante : 192.168.1.4.

exercice 2 page 214

1. Tableau comparatif des deux solutions proposées

	RAID 1	*RAID 5*
Avantages	– Moins coûteux – Nécessite deux disques – Plus simple à mettre en place	– Recopie et reconstitution d'un des disques en cas de panne – Connexion de chaque disque sur son propre contrôleur
Inconvénients	Simple recopie des données, pas de reconstitution des données	– Complexe à installer – Coût élevé

2. Un système de tolérance de panne vise à préserver la disponibilité des données lors du travail des utilisateurs pendant la journée.
Ce dispositif ne peut pas sortir de l'entreprise : il n'est donc pas considéré comme un système de sauvegarde.
La sauvegarde des données vise à préserver l'intégrité et la sécurité des données.
Elle s'effectue en dehors des heures de travail effectif (le soir, entre 12 h et 14 h) et doit pouvoir être emportée à l'extérieur de l'organisation pour des raisons de sécurité (cassette DAT, CD, DVD, clé USB).

exercice 3 page 214

1. Il est nécessaire d'affecter des droits différents aux utilisateurs selon leurs fonctions dans la société :
- dans un souci de confidentialité de certaines informations (ex. : la comptabilité comporte des données confidentielles) ;
- dans un souci de sécurité, un personnel incompétent dans un domaine pouvant par inadvertance altérer l'intégrité de certaines données.

2. Les permissions peuvent être les suivantes :
– L pour lecture
(cette permission permet la consultation seulement) ;
– E pour écriture
(cette permission permet la création) ;
– X pour exécution
(cette permission permet l'exécution d'applications) ;
– S pour suppression
(cette permission permet la suppression).

3. Un groupe peut contenir des membres ; les droits donnés au groupe sont hérités par les membres du groupe.
Si plusieurs utilisateurs ont les mêmes droits, il est préférable, dans un souci de gestion et de maintenance, de les faire appartenir au même groupe, sans avoir à les paramétrer un à un.
Dans un souci de prévision d'une future expansion de l'entreprise, comme cela semble être le cas pour la société GSI, il n'est pas inutile de créer un groupe ne comportant pour l'instant qu'un utilisateur, sachant qu'à l'arrivée d'un nouvel employé, il suffira de créer le compte utilisateur et de l'ajouter en tant que membre du groupe concerné.
Les permissions seront donc octroyées aux groupes, puis les utilisateurs seront insérés au groupe auquel ils correspondent.

4. Comptes utilisateurs préconisés

Les groupes par modules

	Modules		
Groupe	Gestion comptable	Gestion commerciale	Paie
Chef comptable	LEXS	LE	LEXS
Comptable	L	LE	LEX
Secrétaire	L	LE	–
Resp. commercial	L	LEXS	–
Commercial	L	LE	–
Gérant	LEX	LEXS	LEX

Les utilisateurs par groupes

	Groupes					
Utilisateurs	Chef comptable	Comptable	Secrétaire	Resp. commercial	Commercial	Gérant
Acompte	×					
Faction		×				
Test		×				
Lalettre			×			
Sales				×		
Lechiffre					×	
Manage						×

5. S'il donnait le même identifiant à tout son personnel, M. Manage s'exposerait à un état actif d'insécurité, c'est-à-dire à la non-connaissance par l'utilisateur des fonctionnalités du progiciel, dont certaines pouvant lui être nuisibles.

6. En cas de départ d'un employé, il convient de supprimer le compte utilisateur ou de changer son mot de passe.

En règle générale, les mots de passe doivent être changés régulièrement.

7. Non, un progiciel de gestion n'est pas soumis au dépôt d'un brevet car il est considéré comme une œuvre de l'esprit et est donc soumis au droit d'auteur.

ACTIVITÉ 8
COMMUNICATION GLOBALE

1 LA COMMUNICATION GLOBALE

➔ La communication globale comprend l'ensemble des moyens de communication internes et externes utilisés par l'entreprise pour diffuser des messages à ses différents publics.

1 La stratégie de communication globale

1. Les objectifs de la communication globale

À travers sa communication globale, l'entreprise cherche à se créer une identité visuelle forte et à véhiculer une bonne image de marque.

L'assistant de gestion doit s'assurer de l'efficacité et de la pertinence des différents moyens de communication utilisés.

Il s'agit notamment de garantir une cohérence entre tous les messages diffusés auprès des différentes parties prenantes de l'entreprise : salariés, associés, actionnaires, clients, fournisseurs, etc.

2. L'élaboration d'une stratégie de communication globale

La mise en place d'un plan de communication globale est un processus décisionnel qui nécessite d'analyser un certain nombre de critères.

a) L'étude de l'environnement

La définition d'une stratégie suppose au préalable l'étude des marchés de l'entreprise et l'analyse des stratégies de communication mises en œuvre par les concurrents.

Il convient également de prendre en compte les spécificités de l'environnement : contraintes économiques, juridiques, technologiques, écologiques, etc.

b) La définition du positionnement

L'élaboration d'une stratégie de communication globale s'appuie sur la culture, l'histoire, les valeurs, les objectifs, les caractéristiques des produits et le projet de l'entreprise.

En tenant compte de ces différents éléments, il est possible de définir le positionnement de l'entreprise, c'est-à-dire l'image que celle-ci souhaite transmettre à son public et qui lui permettra de se différencier de ses concurrents.

L'assistant va veiller à ce que chacun des messages diffusés soit adapté au positionnement choisi.

c) La prise en compte des cibles visées

L'élaboration d'une stratégie de communication globale nécessite de définir quelles sont les cibles visées par la communication globale de l'entreprise.

La connaissance des caractéristiques des différents destinataires permet d'adapter le contenu des messages et de choisir les moyens de communication appropriés à chacune des cibles visées.

d) Les contraintes financières

Le choix des moyens de communication utilisés par l'entreprise doit tenir compte des moyens financiers de l'entreprise, souvent limités dans le cas des PME-PMI.

3. Le plan de communication globale

Le plan de communication globale est un document synthétique et exhaustif présentant la politique de communication globale de l'entreprise. Il permet de répondre aux questions suivantes :

- Quels sont les objectifs ?
- Quel est le positionnement choisi ?
- Quelles sont les cibles visées ?
- Quel est le budget alloué ?
- Quelles sont les techniques de communication utilisées ?
- Quels sont les moyens de contrôle de l'efficacité de la communication globale de l'entreprise ?

2 Les composants de la communication globale

1. La communication interne

La communication interne peut être définie comme l'ensemble des communications qui se réalisent à l'intérieur de l'entreprise.

a) Les objectifs de la communication interne

– Informer les salariés : la communication interne permet à la direction de transmettre des informations aux salariés. On parle de communication descendante. Les informations transmises peuvent concerner l'actualité de l'entreprise, son évolution. Il peut aussi s'agir d'une transmission de savoirs dans le cadre d'une formation.

– Écouter : c'est le rôle de la communication ascendante qui permet aux dirigeants d'être à l'écoute des salariés. La direction peut obtenir des informations sur le marché de la part du personnel en contact avec la clientèle. Les outils de la communication interne vont permettre de recueillir des avis, des idées, sources d'innovation et d'amélioration des conditions de travail. En outre, les dirigeants peuvent évaluer l'ambiance et le climat social régnant dans l'entreprise et anticiper ainsi d'éventuels conflits.

– Motiver : de manière générale, la communication interne est un outil de motivation permettant aux salariés de s'impliquer dans la vie de l'entreprise.

– Décider : en recueillant les idées des salariés et en sollicitant leur avis, la communication interne va aider les dirigeants dans leurs prises de décision aux niveaux stratégique, tactique et opérationnel.

b) Les moyens de la communication interne

L'entreprise dispose d'un ensemble d'outils pour communiquer en interne, parmi lesquels on distingue :

– les moyens oraux (entretien, réunion de travail, visite de services, séminaire, etc.) ;

– les moyens écrits (note d'information, boîte à idées, journal d'entreprise, compte rendu de réunion, revue de presse, livret d'accueil, bilan social, rapport annuel d'activité, lettre au personnel, etc.) ;

– les moyens technologiques (intranet, film d'entreprise, téléconférence, visioconférence, etc.).

2. La communication externe

La communication externe concerne l'ensemble des messages, des informations que l'entreprise transmet à des publics externes : clients, prospects, fournisseurs, partenaires financiers, administrations, etc.

a) Les objectifs de la communication externe

Ils peuvent être de trois types.

Cognitifs	Affectifs	Conatifs
Faire connaître une entreprise, un produit, une marque. Développer la notoriété.	Faire aimer l'entreprise, ses produits, augmenter la préférence pour la marque. Créer un lien affectif avec les différents publics de l'entreprise.	Faire agir : susciter l'acte d'achat. Provoquer un premier achat, accroître la fidélité.

Au niveau quantitatif, les objectifs de la communication externe sont d'augmenter le chiffre d'affaires de l'entreprise et ses parts de marché.

b) Les moyens de la communication externe

– La communication commerciale

La communication commerciale a pour but de transmettre des informations aux clients actuels ou potentiels en vue de modifier leur comportement.

On distingue deux types de stratégies :

– la stratégie pull, qui consiste à investir dans les médias de façon à créer une préférence pour l'entreprise au sein de la cible. L'objectif sera atteint si le public visé est attiré par l'entreprise, ses marques, ses produits. Les moyens utilisés sont la diffusion de publicités à travers les médias : télévision, radio, presse, affiches, cinéma et Internet ;

– la stratégie push, qui, à l'inverse de la stratégie pull, attire le public vers l'entreprise (la stratégie push allant à la rencontre du public visé en créant un contact direct). Cette stratégie utilise les moyens de communication hors média : publipostage, e-mailing, phoning, événementiels, promotions des ventes (distribution de bons de réduction, d'échantillons, etc.).

– La communication institutionnelle

La communication institutionnelle a pour objectif de communiquer sur l'entreprise elle-même et non pas sur ses produits ou ses marques en particulier. Elle vise à développer un courant de sympathie envers l'entreprise et à diffuser ses valeurs (développement durable, éthique, responsabilité sociétale, etc.).

Les cibles de la communication institutionnelle sont variées : clients, partenaires, investisseurs, banques, fournisseurs, candidats à l'embauche, institutions, journalistes.

Pour communiquer sur ses valeurs et se faire connaître, l'entreprise utilise différents moyens de communication : les médias, les relations avec la presse (communiqués de presse, dossiers de presse), le mécénat, la participation à des événements, etc.

3 L'identité visuelle de la PME-PMI

L'identité visuelle se définit comme l'ensemble des éléments visuels et graphiques qui vont permettre à la PME-PMI d'exprimer son identité.

Elle doit être repérable sur l'ensemble des outils de communication de l'entreprise : courriers, enveloppes, cartes de visite, plaquettes, bâtiments, vêtements de travail, véhicules, site Internet, publicité, etc.

1. Les éléments de l'identité visuelle de l'entreprise

Le logo	Le logo est une représentation de l'identité visuelle de l'entreprise se présentant sous la forme de chiffres, de lettres, d'images ou d'une combinaison de ces différents éléments. Il permet à la PME-PMI d'être identifiée, d'attirer l'attention et de se différencier de la concurrence.
La typographie	La typographie consiste à choisir les polices de caractères qui vont être utilisées par l'entreprise dans sa communication écrite.
Le code couleurs	Les couleurs choisies seront utilisées sur les différents supports de communication de l'entreprise. Elles doivent évoquer les valeurs que l'entreprise veut transmettre et refléter son identité.

2. Exemple : l'identité visuelle de l'entreprise Globo

Deux anciens étudiants récemment diplômés du BTS AG viennent d'ouvrir une boutique à Aix-en-Provence, spécialisée dans le commerce équitable et baptisée Globo.

Afin de véhiculer une bonne image de Globo, ils ont défini les éléments visuels qui leur permettront de diffuser les valeurs de leur entreprise sur l'ensemble des supports de communication : enseigne, étiquettes, plaquettes, courriers, site Internet, prospectus, annonces dans la presse, etc.

Au niveau des couleurs, ils ont choisi le bleu, qui symbolise la sagesse et la Terre, et l'orange, pour son côté enthousiaste et chaleureux.

La police de caractères a des formes arrondies pour évoquer la douceur et le bien-être.

Le logo fait mention d'une planète aux couleurs de l'entreprise.

Globo

2 LA COMMUNICATION ÉCRITE INTERNE

La communication écrite interne nécessite de s'intéresser au destinataire, de lui donner des points de repère pour faciliter sa compréhension.

1 Les documents écrits internes et leur transmission

1. Les différents documents

Note de service	Elle a pour objet de transmettre un ordre, des consignes (note d'instruction). La note de service a un style propre : un seul sujet est abordé. Elle doit donc être claire, sa rédaction courte, le ton impersonnel. Elle ne comporte ni interpellation, ni formule de politesse. Dans le cas fréquent d'une note qui annonce une réunion, la convocation doit préciser : – date, heure, lieu et durée de la réunion – objectif général de la réunion – liste des points de l'ordre du jour – demande éventuelle de confirmation de participation – documents nécessaires – travail préparatoire à fournir – indications utiles à l'acheminement des participants (plan, itinéraire, modalités de prise en charge, etc.). Exemple : convocation à une réunion bilan.
Note d'information	Elle informe avec précision et objectivité. Exemple : nouvelle procédure de remboursement des frais de déplacement.
Note d'instruction	Elle communique des ordres, des consignes, sans interprétation possible, sur un ton impératif. Elle doit être lisible et comporter un délai d'application. Exemple : instruction d'évacuation d'un bâtiment en cas d'incendie.
Note de synthèse	Ce document fait un point concis et organisé sur un sujet donné. Exemple : état d'avancement d'un projet.
Circulaire	Ce document fait circuler une information complexe. Exemple : nouvelles dispositions légales.
Compte rendu	Le rédacteur restitue de façon plus ou moins détaillée des faits, événements ou discussions auxquels il a assisté. Exemple : accident du travail survenu dans un atelier.
Procès-verbal	Pour les réunions obligatoires, le compte rendu prend le nom de « procès-verbal ». Cet écrit formalise les points importants d'un événement, d'un acte. Il comporte des mentions spécifiques : quorum atteint, approbation des comptes, nomination des administrateurs, résolutions, résultats d'un vote. Exemple : réunion du Comité d'hygiène, de sécurité et des conditions de travail (CHSCT).
Rapport	Ce document propose l'étude approfondie d'une question, aide à la prise de décision et à la proposition de solutions. Exemple : coûts engendrés par la réorganisation d'un service.

2. La transmission des documents en interne

En fonction de la taille de l'entreprise, les écrits sont transmis de différentes façons :
- par un service courrier ou un service administratif affecté à cette tâche ;
- par la voie électronique (intranet), qui permet les envois en nombre et leur personnalisation à partir de l'annuaire électronique mis à disposition de tous. La transmission peut être sécurisée au moyen d'un cryptage qui garantit leur confidentialité ;
- par affichage sur le lieu de travail.

Concernant le sens de circulation des documents, on parle de diffusion descendante (de la direction vers les subordonnés), horizontale (entre collègues de même niveau hiérarchique) ou ascendante (des subordonnés vers le(s) supérieur(s) hiérarchique(s).

2 Les principes communs à la réalisation des documents écrits

1. Les questions préalables à la réalisation

Quel est l'objectif de l'écrit ?	S'agit-il d'informer, de donner une consigne, d'argumenter, de faire des propositions ?
Qui est le destinataire ?	Quelle est sa position hiérarchique, les informations dont il a besoin ? Que sait-il déjà sur le sujet ?
Quel est le message à transmettre ?	Comment cerner l'essentiel du message à faire passer ? Comment adapter la forme et le contenu à l'objectif visé et au destinataire ?
Comment rendre le message compréhensible ?	Quelle est la présentation la plus adaptée (structuration, plan, ponctuation, aération) ? Comment vérifier les qualités de la rédaction ?

2. Le style de rédaction

Le vocabulaire doit être précis. Les obstacles à la compréhension du lecteur doivent être évités.

EXEMPLES

Phrases trop longues, abus de sigles, d'abréviations.

La formule de politesse est à adapter à la situation. Des formules de politesse à l'anglo-saxonne, plus simples, sont de plus en plus en usage.

EXEMPLE

Cordialement, sincèrement, respectueusement.

Le nom et la qualité du signataire, suivis de la signature manuscrite du manager responsable, sont la seule manière de rendre un document valable du point de vue juridique.

Quand le manager délègue complètement ses pouvoirs à son assistant dans un certain domaine, la mention p/o (pour ordre) et le nom de l'assistant peuvent figurer au niveau de la signature.

3. La présentation des documents écrits internes

a) Les conseils de présentation

Pour faciliter la lecture du destinataire, les informations doivent être synthétiques et organisées en jouant sur l'ensemble des paramètres assurant la lisibilité : forme, typographie, numérotations, titres, styles, etc. La couleur, les images, les graphiques augmentent l'attractivité du document. Toutefois, l'abus de fantaisies graphiques, de styles de polices, de couleurs nuit à la clarté et gêne la compréhension du message.

b) La norme AFNOR NZ-11-001

La norme AFNOR NZ-11-001 est la norme la plus connue en termes de présentation de courrier. S'il n'existe aucune obligation d'application, il est cependant conseillé de rester assez proche des recommandations communément admises en France, pour ne pas totalement déstabiliser les destinataires.
Les logiciels de bureautique proposent des modèles de lettres.

3 Des exemples d'écrits internes les plus fréquents

1. La note de service

Nom de l'entreprise et service émetteur

CHABB Electronic
Direction générale
Note n° 45

Le 5 mai N

Numéro de la note

Date précisant la validité du document

CONVOCATION
Réunion du comité d'entreprise

Objet

TITULAIRES	SUPPLÉANTS
Éric Bidier CFDT	Peter Malc
André Nicaisse CFTC	Ahmed Abdah
Grégory Vault CGT	Ginette Foll
Virginie Troll FO	Paul Dumont

Destinataires

Je vous informe qu'une réunion ordinaire du CE aura lieu le jeudi 19 mai, à 14 h, dans les locaux situés au 2 *bis*, bd Gambetta, 92400 COURBEVOIE sous la présidence de Xavier Trout, directeur général, et Philippe Moult, DRH.
À l'ordre du jour : analyse du rapport réalisé par l'expert du CE (SECAFI).

Signataire → Philippe Moult,
directeur des ressources humaines

2. La note d'information

Nom de l'entreprise et date

Mention « note d'information » + numéro

SECURIT Frères
Nantes, le 1er octobre N

Note d'information n° 16

Objet : campagne de vaccination
Destinataires : l'ensemble du personnel

Objet

Destinataires

Un service spécial de vaccination antigrippe vous sera proposé le lundi 15 octobre de 11 h 00 à 13 h 30 sur inscription préalable auprès de votre chef de service.

Signataire → Le DRH *G. Delaroche*

3. La note d'instruction

Nom de l'entreprise et date

Mention « note d'instruction » + numéro

PIDOUS SA
Courbevoie, le 10/07/N

Note d'instruction n° 35

Pour le service sécurité : attribution badges électroniques

Destinataire

Rappel : renouvellement des badges électroniques
L'entrée de notre siège social sera complètement sécurisée à la date du 1er septembre. Il faut donc impérativement vérifier le port obligatoire du badge permettant l'accès des salariés aux bureaux.
Plus aucune entrée ne doit être admise sans badge.

Le DRH *Martin Pidous*

4. Le compte rendu

Un compte rendu se caractérise par une structuration apparente. Le ton est celui d'une restitution neutre et objective, sans parti pris, jugement ni évaluation. Doivent figurer :

Le compte rendu de réunion	Le compte rendu d'accident
– La mention « compte rendu de réunion » et l'ordre du jour – Le service concerné – La date – Les personnes présentes, absentes, excusées – Les informations données, les décisions prises – La date éventuelle de la réunion suivante – La dénomination et la signature du secrétaire de séance	– La mention « compte rendu d'accident » – L'émetteur et le destinataire – Le lieu, la date et l'heure – Les personnes impliquées – Les faits – Les témoins – L'intervention ou non de secours – La signature et la qualité du rédacteur

3 LA COMMUNICATION INTERPERSONNELLE

➔ Savoir communiquer avec son entourage professionnel est une des compétences essentielles que l'assistant doit maîtriser.

1 Le processus de communication interpersonnelle

1. Définition

La communication interpersonnelle se déroule entre deux acteurs. Elle se construit à partir des interactions, c'est-à-dire des influences réciproques qui s'exercent au cours de l'échange. Elle peut se réaliser en face à face ou à distance.

EXEMPLES

Un entretien de recrutement classique en face à face, un entretien téléphonique avec le banquier.

2. La nature des signes échangés

Les acteurs collaborent à la construction du sens en interprétant des signes émis par l'autre. Ces signes sont :
- verbaux : registre de langue, ton ;
- et non verbaux : regards, gestes, silences, postures, mimiques, tenue vestimentaire, etc.

Les interprétations se réfèrent à des modèles, des représentations mentales, des codes sociaux qui varient selon la culture, l'appartenance sociale de chacun.

3. La signification des messages

Les mêmes mots ou expressions entendus par plusieurs personnes ne sont pas interprétés de façon identique. En effet, la compréhension des mots résulte de multiples facteurs : vécu personnel, expérience, connaissance, culture, milieu, contexte.

EXEMPLE

Le mot travail peut avoir une résonnance positive (emploi qualifié, responsabilité de haut niveau) ou négative (stress, harcèlement).

4. La qualité de l'échange

La compréhension est mutuelle lorsque le message, l'interprétation, l'intention sont identiques pour l'émetteur et le récepteur (ce qui est rarement le cas). La qualité de l'échange repose donc sur le décodage adéquat des signes transmis par l'autre personne. Si le contenu de l'échange est mal traduit, il pourra être source de malentendus, d'erreurs, d'incompréhensions, voire de conflits.

Tout échange interpersonnel comporte des risques :
- l'intrusion : un tiers intervient dans la relation ;
- la non-réponse : le récepteur n'a pas entendu ou fait mine de n'avoir pas entendu ;
- l'abandon : l'émetteur n'a pas réussi à se faire comprendre et s'en va ;
- le blocage : l'émetteur et le récepteur restent sur leurs positions respectives, leur désaccord empêchant la poursuite de la relation.

2 Les objectifs de la communication interpersonnelle

1. Nouer des relations avec les autres

En milieu professionnel, une des raisons de communiquer est souvent de donner des conseils, des directives et d'ajuster son comportement et ses attitudes en fonction de l'autre.

2. Influencer, diriger, dominer et manipuler

Dans toute (ou presque) communication interpersonnelle, la motivation des acteurs en présence est de chercher à convaincre, à influencer pour « dominer » et obtenir l'adhésion d'autrui.

3. Obtenir plaisir et gratification

La joie, le plaisir, la satisfaction sont aussi des objectifs que souhaitent atteindre les personnes qui entretiennent une communication interpersonnelle.

3 L'efficacité professionnelle de la communication

1. L'écoute active et ses caractéristiques

L'écoute active est un élément fondamental conditionnant la qualité de la communication. Elle vise à faciliter l'expression de l'autre.

Ses principales caractéristiques sont les suivantes.

L'acceptation inconditionnelle de l'autre	Elle consiste à éviter/refuser tout jugement sur ce que l'autre exprime. On parle d'une écoute compréhensive et non interprétative ou évaluative.
La neutralité bienveillante	Elle représente un engagement positif, sans jugement.
L'authenticité	Elle exprime l'intérêt réel de chacun des acteurs pour l'expression de l'autre. Elle permet d'instaurer un climat de confiance.
L'empathie	C'est une qualité, une aptitude, une volonté qui nécessite de contrôler ses propres réactions socio-affectives afin de se rendre disponible. C'est une manière de ressentir ce que l'autre ressent. L'empathie doit être active et transmise.

2. L'écoute active et la reformulation

L'écoute active se manifeste notamment à travers la capacité à reformuler les propos de son interlocuteur. La reformulation consiste à redire en d'autres termes et d'une manière plus concise ou plus explicite ce que la personne vient d'exprimer afin d'obtenir son accord sur ce qui vient d'être dit.

EXEMPLES

- La reformulation reflet consiste à paraphraser ou refléter la communication que vient de faire l'autre au moyen d'autres termes considérés comme équivalents.
- La reformulation écho consiste à reprendre les derniers mots prononcés.

4 L'influence du contexte

Toute communication interpersonnelle est influencée par son contexte, notamment par les contraintes pouvant influencer le comportement des acteurs.

1. Les contraintes spatiales et matérielles

a) Le lieu

C'est le cadre matériel où se déroule la situation de communication. Une conversation peut avoir lieu dans un bureau, dans un hall, etc. Il faut alors adapter la façon de communiquer à ce lieu.

EXEMPLE

Une communication interpersonnelle dont les enjeux sont importants ne peut pas se tenir dans un couloir.

b) L'espace

La distance physique adoptée pendant l'échange est plus ou moins importante selon le degré d'intimité des interlocuteurs. Ainsi, l'espace intime est réservé aux personnes très proches, l'espace personnel représente la distance normalement admise en société, l'espace social est celui des personnes qui se connaissent peu.

2. Les contraintes socioculturelles et organisationnelles

a) Le statut

C'est la place qui est donnée à un individu dans une société. De cette place découle le type de communication qu'il établit avec les autres. Le statut social est repérable par un titre ou une fonction. Il impose ou permet certains comportements. Il détermine les attentes réciproques des deux interlocuteurs.

EXEMPLE

Le dirigeant donne un ordre à l'assistant de gestion car il est son supérieur hiérarchique. Ce dernier obéit à sa consigne, ne lui donne pas d'ordre.

b) Le rôle

C'est l'ensemble des comportements attendus d'un individu. Il peut y avoir conflit lorsque l'un des deux acteurs adopte un comportement différent de celui que son statut induit habituellement.

c) L'identité

L'identité est l'ensemble des caractéristiques sociales d'un individu (groupe d'appartenance, de référence, statut, etc.). Elle varie en fonction de la position sociale du moment. Elle entraîne des comportements différents pour un même individu, mais aussi pour les interlocuteurs qui s'adaptent à chaque identité.

EXEMPLE

Le dirigeant de la PME-PMI (position sociale dans le travail) est également un père (position sociale familiale).

Le fait que la place des acteurs soit bien identifiée permet aux interlocuteurs d'éviter les malentendus, les conflits, car elle établit des codes précis selon les situations.

La culture d'un individu est ce qu'il a en commun avec les autres membres du groupe, comme les normes ou les valeurs.

d) La culture de l'organisation où évoluent les individus

Ce sont les règles formelles ou informelles partagées par les individus dans une organisation. Il en découle des rituels, des habitudes ou des attitudes non remises en cause. Ces rituels sont souvent repérables par des comportements assez codifiés (rituels de salutation, de présentation, de remerciement, etc.).

3. Les contraintes temporelles

La durée et le moment de la communication influencent l'échange.

EXEMPLES

Le dirigeant qui croise son assistant juste avant un rendez-vous ne communique pas avec lui de la même façon. Pressé, il lui accorde moins d'attention.

5 Les enjeux de la communication

1. Définition de l'enjeu

Un enjeu est ce qu'un individu a à gagner ou à perdre, ce qu'il risque lorsqu'il s'engage en communicant.

EXEMPLE

Si l'assistant parle de façon brusque à un collègue, il risque de l'indisposer à son égard.

2. Les types d'enjeux

L'enjeu identitaire	Exemple
Au sein de l'entreprise, chaque individu a un statut et un rôle qui définissent sa position dans sa relation aux autres. L'enjeu identitaire engage l'image de soi.	Lors des réunions, le dirigeant s'exprime en premier. Sa position de supérieur hiérarchique se traduit par un temps de prise de parole important.
L'enjeu d'influence	**Exemple**
Dans une situation de communication, chaque participant cherche à influencer l'autre afin de le faire adhérer à son point de vue.	Un assistant établit son influence par un rapport de force (pression, intimidation) ou de séduction (complicité, sympathie).
L'enjeu relationnel	**Exemple**
La communication est le passage obligé pour entrer en relation avec autrui. L'enjeu est donc de « réussir » la communication, notamment en respectant un cadre de référence.	L'assistant utilise les nombreux rituels qui codifient la relation : règles de politesse, de savoir-vivre, présentation, remerciements.
L'enjeu territorial	**Exemple**
La plupart des individus cherchent à protéger leur espace physique et psychique. Ils adoptent alors une attitude de défense de leur espace.	Par le maintien d'une distance physique, l'assistant marque la distance qui le sépare de son interlocuteur.

4 LA GESTION DES CONFLITS

Les désaccords, les différences entre les personnes font naître des conflits. Ils apparaissent inévitablement dans toutes les organisations. Ils peuvent être constructifs mais, le plus souvent, ils sont destructeurs. Aussi, pour trouver des modalités de dépassement d'un conflit, il faut d'abord en comprendre les causes, repérer les personnes impliquées et analyser le processus d'escalade.

1 La notion de conflit

1. D'un point de vue traditionnel

L'apparition de conflits dans une organisation est traditionnellement considérée comme mauvaise. Associés à la colère, l'agressivité, la violence verbale, les conflits sont à éviter car ils traduisent un mauvais climat social dans l'organisation.

2. D'un point de vue contemporain

Les conflits sont considérés comme inévitables et naturels à toute relation interpersonnelle.
Ils peuvent, par ailleurs, avoir un effet stimulant sur les individus et l'organisation, mobiliser les énergies. Les idées innovantes surgissent à l'occasion de la confrontation de points de vue différents et conflictuels. Les conflits sont dérangeants, voire dangereux. Cependant, s'ils sont bien traités, ils ont des conséquences bénéfiques car ils permettent à chacun de s'ajuster et de changer.
C'est donc notre façon de les appréhender, de les traiter et de les résoudre qu'il faut faire évoluer.

EXEMPLE

Un individu extrêmement compétitif, qui veut toujours gagner, provoque des conflits mais peut aussi se révéler créatif, innovant.

2 Les types de conflits

1. Les conflits personnels

Les conflits personnels naissent lorsqu'une décision est difficile à prendre et risque d'avoir des conséquences négatives ou lorsque des frustrations personnelles deviennent pesantes.

EXEMPLE

Dois-je dire à ce collaborateur qu'il se trompe sachant qu'il va m'en vouloir ?

2. Les conflits interpersonnels

Les différences d'âge, de sexe, d'attitudes, de croyances et de valeurs entraînent souvent des oppositions de points de vue.
Dans la PME-PMI, face à des ressources financières et humaines limitées, des choix doivent être faits pour leur partage. Ceci fait naître de la compétition entre les individus. Chaque personne peut avoir une idée personnelle sur le meilleur partage, différente de celle de l'autre. Celui qui a l'impression de ne pas recevoir sa juste part éprouvera alors de la frustration, pouvant se manifester par de l'agressivité.

EXEMPLE

Chaque chef de service souhaite avoir un budget le plus important possible.

Les conflits interpersonnels proviennent également de la difficulté à déterminer qui peut donner un ordre à un autre.

EXEMPLE

Un homme ayant du mal à accepter les ordres d'une collègue femme qui est sa supérieure hiérarchique.

3 Le processus de gestion des conflits

Repérer les éléments déclencheurs, l'origine du désaccord
→ Identifier les protagonistes (personnes impliquées) et analyser leur attitude dans le conflit
→ Analyser le processus d'escalade
→ Trouver des modalités de dépassement du conflit

4 Les sources de conflits

Facteurs organisationnels	Facteurs individuels
La communication interne L'absence ou la mauvaise communication est la cause la plus fréquente de conflits. La rétention des informations, les informations mal interprétées sont sources d'incompréhension entre les individus.	**La personnalité et l'attitude des individus** La personnalité de certains collaborateurs peut être à l'origine des conflits les plus difficiles. C'est le cas de ceux qui se révèlent trop autoritaires, colériques, extrêmement critiques, provocateurs, tyranniques, très sûrs d'eux, manipulateurs, très compétitifs.
L'organisation du travail De nombreux désaccords naissent : – de l'absence de consignes claires, de procédures, – de sollicitations contradictoires, – de manque de ressources financières, d'espace, – de la surcharge de travail, – de la mauvaise répartition des tâches.	**Les intérêts personnels** Les conflits d'intérêts naissent quand un individu détient un avantage ou un pouvoir menacé par d'autres. La différence de traitement au sein de l'organisation entre les personnes attise ce type de conflit. Exemples : primes, place de parking, attribution des bureaux.

5 Les attitudes individuelles dans les conflits

1. Les attitudes non coopératives

a) L'évitement

Certains individus ayant horreur des confrontations peuvent adopter plusieurs types de réaction :
- le retrait, quand ils se retirent des situations qu'ils jugent menaçantes pour eux-mêmes et évitent les discussions ;
- le déni, quand ils ignorent l'existence du problème avec l'espoir que le conflit va disparaître.

EXEMPLE

« Tout va bien. »

Ce type d'attitude réduit parfois l'intensité du conflit mais ne le résout pas. On parle alors de conflit larvé, qui finit par réapparaître sous d'autres formes.

b) L'affrontement

Ce type de conflit se développe quand les enjeux sont importants.

EXEMPLE

Un départ à la retraite libère un poste d'encadrement convoité par plusieurs personnes qui visent une promotion.

Plusieurs types de stratégies sont mises en œuvre :
- gagnant-gagnant (un affrontement positif vise à rapprocher des points de vue opposés et à trouver des solutions satisfaisantes pour les personnes impliquées) ;
- gagnant-perdant (un affrontement de ce type met au cœur du conflit un individu qui veut dominer l'autre et sortir vainqueur). Il devient alors difficile de trouver une solution au conflit.

L'utilisation de l'autorité est une manière de régler ce type de conflit.

EXEMPLE

Le chef soutient la candidature d'un de ses collaborateurs : « C'est X le mieux placé pour occuper le poste. »

2. Les attitudes coopératives

Quand les enjeux sont peu importants, les individus pensent à préserver leur relation sur le long terme. Chacun fait alors des concessions, des efforts pour trouver une solution. Il n'y a ni gagnant, ni perdant. Le désamorçage consiste à calmer les personnes impliquées, à prendre du recul pour réfléchir à des accords possibles, au moins sur les causes mineures du conflit.

6 Le processus d'escalade

L'escalade dans le conflit se produit quand un malaise diffus n'est pas traité. Le désaccord devient alors visible et éclate. Les protagonistes manifestent leur mécontentement et leurs revendications à des degrés divers.

L'escalade se développe si personne au sein de la PME-PMI ne parvient, grâce à une communication efficace, à obtenir le dépassement du conflit.

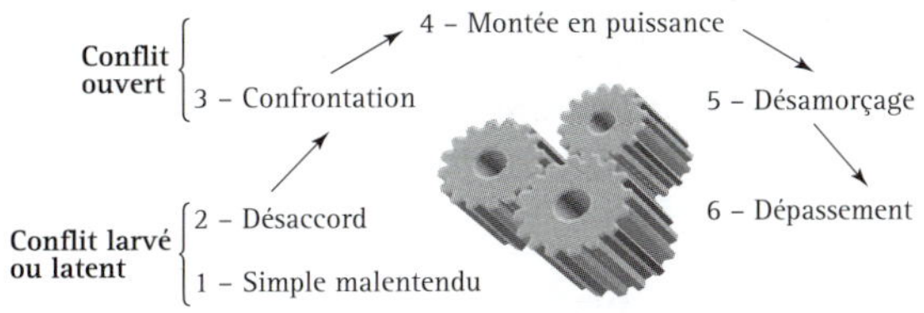

7 Les modalités de dépassement

1. La prévention

Face à de simples malentendus entre les membres d'un service ou d'une équipe, l'assistant peut apaiser de légères tensions naissantes en relativisant, en faisant appel à l'humour pour détendre l'atmosphère, en donnant à chacun l'occasion de s'expliquer calmement.

Il s'agit alors de privilégier les faits de façon objective, d'éviter les réactions trop émotives. L'assistant peut contribuer à l'amélioration du climat relationnel grâce :
- à l'organisation de rencontres conviviales ;
- au renforcement du travail en équipe qui crée de la cohésion ;
- à la clarté des consignes de travail ;
- à l'écoute et à la mise en place d'une attitude d'empathie.

2. La médiation

Avec l'accord des personnes impliquées dans le conflit, l'intervention d'une personne extérieure et neutre peut être sollicitée. Ce médiateur a pour rôle de faciliter la concertation pour aboutir à une solution commune. Il est garant des conditions favorables à l'instauration d'un dialogue. Cette conciliation a pour objectif de trouver un accord à l'amiable.

3. L'arbitrage

Quand les protagonistes ne font aucun compromis pour trouver une issue à leur différend, c'est le supérieur hiérarchique qui arbitre. Le jugement qu'il rend peut générer des rancœurs mais permet aux protagonistes de sauver la face et donc d'échapper à l'humiliation.

8 La négociation

La négociation consiste à rechercher par la discussion une solution acceptable pour tous. Elle ne peut se faire que si les intéressés sont prêts à établir un compromis en faisant des concessions mutuelles.

EXEMPLE

Deux salariées veulent prendre la même semaine de congé à Noël. Elles décident d'alterner une année sur deux.

5 L'ACCUEIL EN FACE À FACE ET AU TÉLÉPHONE

➔ L'accueil en face à face et au téléphone influence la perception que le visiteur ou l'appelant aura de l'entreprise. Pour se construire une bonne image, celle-ci doit mettre en place une politique d'accueil efficace. L'assistant de gestion, très souvent chargé de la mise en place et de la tenue de l'accueil au sein de l'entreprise, devra suivre un certain nombre de règles afin de mener à bien cette mission.

1 L'accueil en face à face

1. L'hétérogénéité des visiteurs

L'accueil consiste à recevoir les visiteurs de l'entreprise. Ces derniers sont variés. Il peut s'agir de clients ou prospects, de commerciaux, de demandeurs d'emploi, d'étudiants à la recherche d'un stage, de banquiers ou encore de représentants de l'administration tels que des contrôleurs ou inspecteurs du travail ou de l'administration fiscale. Pour la PME-PMI, l'accueil est primordial car il représente très souvent le premier contact du visiteur avec l'entreprise. La première impression ressentie par ce dernier découlera de la qualité de l'accueil reçu. Chaque visiteur étant différent, il s'agira pour l'assistant de gestion de mettre en place un ensemble d'outils efficaces susceptibles de le satisfaire en répondant le mieux possible à ses attentes.

2. La préparation de l'accueil

a) Le recueil des informations nécessaires

La mise en place d'un accueil de qualité nécessite que la personne en charge de cette fonction dans l'entreprise dispose d'un certain nombre d'informations utiles qui lui permettront de renseigner le visiteur.
Ainsi, il est nécessaire de disposer à l'accueil d'un organigramme recensant les différentes personnes travaillant dans l'entreprise avec leurs fonctions. Il est également opportun d'obtenir l'agenda ou le planning des différents collaborateurs de l'entreprise et de s'informer auprès d'eux sur :
- leurs rendez-vous attendus ;
- leurs disponibilités ou indisponibilités ;
- les visiteurs qu'ils souhaitent ou non recevoir.

Enfin, dans un souci de confort et de serviabilité, il convient de disposer d'informations sur les moyens d'accès à l'entreprise (plans routiers, horaires des transports en commun, numéros de taxis, etc.).

b) Les conditions matérielles de l'accueil

L'accueil en entreprise peut se matérialiser sous la forme d'un bureau ou d'un comptoir qui sera visible dès l'entrée du visiteur dans les locaux. Des panneaux signalétiques fléchés portant la mention « Accueil » seront disposés à l'extérieur et à l'intérieur des locaux pour guider le visiteur.
L'espace réservé à l'accueil doit être propre et rangé. La personne en charge de l'accueil doit disposer d'un stylo, d'un bloc-notes et de fiches de transmission des messages. Le plan de travail doit être équipé d'un téléphone et d'une liste des différents postes téléphoniques de l'entreprise.
Un espace d'attente pourra être aménagé pour faire patienter les visiteurs. Cet espace confortable proposera des informations sur l'entreprise, des lectures et éventuellement une ligne téléphonique, voire un accès à Internet.

3. Les étapes de l'accueil

a) Accueillir le visiteur

Toute personne entrant dans l'entreprise doit être accueillie par une phrase aimable accompagnée d'un sourire. Cette phrase a pour but de mettre le visiteur en confiance et de créer un climat de confiance.

EXEMPLE

« Bonjour monsieur, puis-je vous renseigner ? »

b) Identifier le visiteur

Après avoir salué le visiteur, la personne en charge de l'accueil devra l'interroger sur son identité et l'objet de sa visite. Pour s'assurer d'une bonne compréhension mutuelle, il est utile de reformuler les propos du visiteur.

c) Renseigner et orienter le visiteur

Le besoin du visiteur étant identifié, il faudra lui fournir une réponse rapide et précise.

EXEMPLES

Attentes du visiteur	Réponses
Le visiteur vous informe qu'il a un rendez-vous.	Prévenir le collègue concerné et demander au visiteur de patienter.
Le visiteur souhaite obtenir un rendez-vous.	Noter le rendez-vous si l'agenda du collègue concerné est à disposition ; sinon, remplir une fiche de transmission de message.
Le visiteur souhaite obtenir des informations.	Bien identifier les raisons de sa recherche d'informations. Lui donner les informations ou l'orienter vers un collègue compétent en la matière.

4. Le comportement à adopter

Le premier contact que le visiteur aura avec l'entreprise se fera lors de l'accueil. Pour créer une bonne première impression, la personne responsable de l'accueil doit être polie, sympathique et faire preuve d'empathie. Le vocabulaire et le langage utilisés doivent être clairs et précis. La maîtrise d'une ou plusieurs langues étrangères s'avère de nos jours de plus en plus indispensable pour accueillir des visiteurs étrangers. Face à un individu agressif ou mécontent, il faut garder son sang-froid et comprendre les raisons de cette attitude négative afin de trouver une solution.

EXEMPLE

Lorsqu'un visiteur s'impatiente car il attend depuis un certain temps, il faut lui montrer qu'on ne l'oublie pas et relancer le collègue qui est supposé le recevoir.

2 L'accueil au téléphone

L'accueil téléphonique est déterminant pour l'image de l'entreprise. Le délai de réponse, le temps d'attente, la courtoisie et la qualité de la réponse fournie sont autant de facteurs à prendre en compte par l'assistant de gestion pour réaliser un accueil téléphonique efficace.

1. L'organisation matérielle de l'accueil téléphonique

Pour réussir un accueil téléphonique de qualité, l'assistant de gestion doit disposer d'un cadre de travail confortable. Le plan de travail doit être dégagé et ordonné. Le téléphone est situé à gauche pour les droitiers, à droite pour les gauchers. L'assistant doit avoir à sa disposition :
- un stylo en bon état de marche ;
- un bloc-notes ;
- une liste des numéros du personnel de l'entreprise ;
- l'agenda des collaborateurs de l'entreprise ;
- des fiches de suivi d'appel.

2. Le comportement à adopter

Pour bien accueillir au téléphone, il faut adopter une attitude professionnelle basée sur la courtoisie et l'amabilité. Le téléphone étant aveugle, il faut sourire. En effet, par le ton enjoué qu'il transmet à la voix, le sourire s'entend et laisse transparaître à l'interlocuteur un état d'esprit positif.

Pour s'assurer d'une bonne compréhension mutuelle, il faut pratiquer l'écoute active, reformuler les propos de l'interlocuteur et vérifier son adhésion. Le ton et le débit de la voix doivent être clairs et concis. Le langage utilisé doit être adapté à celui de l'appelant.

3. Le traitement de l'appel téléphonique

a) Bien accueillir l'appelant

Bien accueillir son correspondant suppose le respect de quelques principes :
- décrocher rapidement (la règle veut que le téléphone soit décroché avant la troisième sonnerie) ;
- formuler une phrase d'accueil en mentionnant le nom de l'entreprise, son identité et une salutation ;

EXEMPLE

« Société Lambda, Philippe Durand, bonjour. »

- personnaliser l'entretien en demandant à l'appelant de se présenter.

b) Écouter

L'écoute est une marque d'attention que l'appelant apprécie. Pour cela, il faut poser des questions et reformuler la demande de l'interlocuteur pour vérifier que la compréhension est réciproque.

c) Apporter une réponse à l'appelant

Il s'agit d'apporter une réponse rapide et précise à l'interlocuteur. Si l'on ne dispose pas de l'information nécessaire, il ne faut en aucun cas inventer mais s'engager à lui fournir une réponse rapidement.

4. La mise en attente

Selon les besoins de l'appelant, un appel sur deux aboutit à une mise en attente. Cette dernière doit être proposée et non imposée. Elle est précédée d'une formule de politesse.

EXEMPLE

Pouvez-vous patienter quelques instants ?

Si la mise en attente se prolonge ou si l'interlocuteur s'impatiente, il est recommandé de prendre ses coordonnées et de lui proposer de le rappeler ultérieurement. Dans le but d'agrémenter la phase d'attente, un message peut être diffusé proposant des informations sur l'entreprise. Pour rendre cette attente agréable, les mots et le fond musical sont choisis avec soin en fonction de l'activité de l'entreprise et de l'image qu'elle souhaite transmettre au public.

5. Le filtrage et le transfert d'appels

Un des rôles du standardiste est de filtrer les correspondants afin de ne pas gêner le travail de ses collègues. Beaucoup d'appels peuvent en effet trouver une réponse au standard téléphonique. Le collègue qui ne souhaite pas être dérangé donnera des consignes.

Après avoir au préalable posé des questions à l'appelant afin de le diriger efficacement, il s'agit de l'orienter vers l'interlocuteur souhaité au sein de l'entreprise. Il convient alors d'informer le collègue sur l'identité de la personne qui désire le joindre en prenant soin de vérifier qu'il souhaite bien prendre la communication.

6. La prise d'un message

Lorsque l'assistant ne dispose pas de l'information demandée par l'appelant ou lorsque le collaborateur qu'il souhaite joindre est indisponible, il faut proposer à son correspondant de prendre un message en respectant les règles suivantes :
- noter la date et l'heure de l'appel ;
- prendre le nom et les coordonnées de l'appelant en s'assurant de l'orthographe des noms propres ;
- préciser l'objet de l'appel et la suite à lui donner en indiquant, si nécessaire, le caractère urgent de l'appel ;
- reformuler le message et assurer le correspondant de sa transmission.

7. La conclusion de l'appel

Quel que soit le résultat de l'entretien téléphonique, il faut s'assurer que l'interlocuteur est satisfait de la réponse obtenue et lui résumer les points importants de l'échange.

Après la formule de politesse, l'assistant laisse à l'appelant le soin de raccrocher.

7 LA COMMUNICATION COMMERCIALE

➔ La communication commerciale a pour rôle d'inciter les clients à acheter les produits de l'entreprise. L'assistant de gestion est amené à concevoir et mettre en œuvre des campagnes de communication commerciale en utilisant la publicité par les médias et la communication hors média (marketing direct, sponsoring, participation à des salons, foires).

1 Les objectifs de la communication commerciale

À travers sa communication commerciale, l'entreprise vise à augmenter ses ventes, ses parts de marché et à accroître sa notoriété.

2 La publicité par les médias

La publicité par les médias se définit comme un ensemble de moyens de communication permettant de transmettre des messages impersonnels à un vaste public.

1. Les médias et les supports

Un support est un vecteur de communication susceptible d'avoir une large audience. Un média regroupe des supports de même nature.

Les médias sont au nombre de cinq : télévision, radio, presse, affichage et cinéma. Depuis quelques années, Internet est reconnu comme le sixième média.

2. Les caractéristiques des différents médias

Médias	Supports	Caractéristiques
Télévision	TF1, France 2, Canal +, etc.	– Large audience – Possibilité de viser des cibles différentes en fonction des horaires ou des émissions – Fort impact en termes de notoriété – Coût élevé pour une PME-PMI
Radio	RTL, Europe 1, NRJ, Sky Rock, etc.	– Audience élevée mais peu attentive – Permet de toucher des cibles différentes
Cinéma	Spots publicitaires projetés avant les films	– Très bonne mise en valeur du message – Audience attentive – Coût de réalisation élevé
Affichage	Panneaux 4 × 3 m, Abribus, etc.	– Sélectivité géographique – Rapidité de mise en place – Bonne mémorisation du message lu
Presse	*Nice Matin*, *Le Monde*, *Métro*, *Femme Actuelle*, etc.	– Excellente sélectivité de la cible – Rapidité de mise en place – Permet une information détaillée
Internet	Liens personnalisés sur les moteurs de recherches, bannières publicitaires	– Forte audience – Richesse de l'information fournie – Interactivité avec les internautes – Possibilité de mises à jour régulières

3. Le plan de communication média

Le plan de communication média est un document synthétique qui permet à l'assistant de gestion de présenter la stratégie de communication média de la PME-PMI.

a) Définition des objectifs

Au niveau qualitatif, les objectifs pourront être cognitifs, affectifs ou conatifs (*cf.* fiche A8-d).

Au niveau quantitatif, les objectifs seront d'augmenter le chiffre d'affaires de l'entreprise et ses parts de marchés.

b) Le choix de la cible

L'assistant de gestion va déterminer la population ou le segment de population visé par les messages publicitaires. Il peut s'agir des clients actuels, des prospects, des revendeurs ou des prescripteurs.

c) La définition du budget

Il existe plusieurs méthodes pour déterminer le montant qui sera alloué à la communication média de l'entreprise.

On distingue trois méthodes de fixation de ce budget :
– le pourcentage du chiffre d'affaires ; cette méthode consiste à fixer le budget de communication en prenant un pourcentage de chiffre d'affaires de l'année précédente ;
– l'alignement sur la concurrence ; cette deuxième méthode a pour principe de fixer son budget de communication en fonction des dépenses des concurrents ;
– les objectifs et les moyens ; l'assistant de gestion fixe d'abord les objectifs à atteindre, identifie ensuite les moyens à mettre en œuvre puis estime les coûts de ces moyens.

d) Le choix des médias et des supports

L'assistant de gestion prend en compte un certain nombre de critères pour choisir les médias et supports appropriés :
– la cible visée et sa localisation géographique ;
– le coût des différents supports ;
– le délai de diffusion ;
– la concurrence.

3 La communication hors média

1. Le marketing direct

Le marketing direct regroupe l'ensemble des outils permettant de créer un contact personnalisé avec le client. Les techniques les plus utilisées sont la téléprospection (ou phoning) et le publipostage (ou mailing).

a) La téléprospection (ou phoning)

Le phoning consiste à utiliser le téléphone pour contacter directement un client ou un prospect. Pour réussir cette opération, l'assistant va préparer un guide d'entretien téléphonique qui peut être schématisé de la façon suivante :

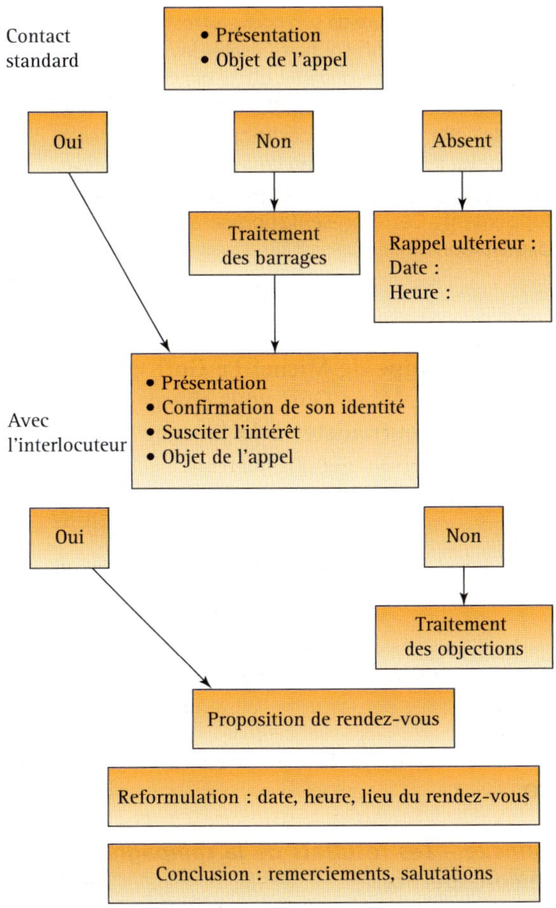

b) Le publipostage

Le publipostage est une offre personnalisée adressée par voie postale à un client ou prospect figurant dans un fichier.

Un publipostage est constitué de plusieurs éléments :
- une lettre personnalisée proposant une offre claire ;
- une enveloppe porteuse attrayante ;
- un coupon-réponse facile à remplir ;
- un dépliant rappelant les caractéristiques de l'offre et pouvant être agrémenté de témoignages et d'illustrations ;
- une enveloppe T préaffranchie pour la réponse.

c) La mesure de l'efficacité d'une campagne de marketing direct

Analyse de l'efficacité du publipostage		Analyse de l'efficacité d'une campagne de téléprospection	
Taux de retour	Nombre de réponses/ Nombre de courriers envoyés × 100	Validité du fichier	Nombre d'appels aboutis/ Nombre d'appels effectués × 100
Taux de rendement brut	Nombre de commandes/ Nombre de courriers envoyés × 100	Taux de rendement brut	Nombre de commandes/ Nombre d'appels émis × 100
Taux de rendement net	Nombre de commandes/ Nombre de réponses × 100	Taux de rendement net	Nombre de commandes/ Nombre d'appels aboutis × 100
Montant moyen des commandes	Chiffre d'affaires réalisé/ Nombre de commandes reçues	Montant moyen d'une commande	Chiffre d'affaires réalisé/ Nombre de commandes obtenues
Rentabilité	Marge commerciale – Coût de l'opération	Rentabilité	Marge commerciale – Coût de l'opération

2. Les autres moyens de la communication hors média

a) Le sponsoring

Le sponsoring (ou parrainage) consiste, pour une entreprise, à apporter un soutien financier ou matériel à une personne physique ou morale. Cette opération va permettre à l'entreprise d'accroître sa notoriété et de véhiculer une image positive.

b) La participation à des foires ou salons

Les foires et salons sont des manifestations commerciales permettant aux exposants de rencontrer le grand public ou des professionnels pour leur présenter leurs produits. Pour réussir cette opération, l'assistant de gestion devra réaliser les tâches suivantes.

Avant le salon	Pendant le salon	Après le salon
– Déterminer le budget. – Réserver le stand. – Prévoir le matériel, la documentation et les invitations.	– Animer le stand. – Remplir des fiches contacts. – Visiter les stands de la concurrence.	– Traiter les demandes de devis, de documentation. – Relancer les contacts. – Analyser les résultats.

exercice 1 Le communiqué de presse

Speedy Crêp' est un nouveau concept de restauration rapide inventé par Michel Le Goff. Au lieu des traditionnels sandwichs, pizzas ou kebabs, ce nouveau restaurant propose des menus équilibrés à base de crêpes sucrées et salées, à emporter ou à consommer sur place, à tout moment de la journée : au petit déjeuner, en plat principal, en dessert ou au goûter. Speedy Crêp' a pour ambition de répondre aux attentes des consommateurs souhaitant se restaurer rapidement et sainement. Les plats sont préparés sur place avec des ingrédients frais.
Michel Le Goff n'est pas un novice dans le monde de la crêpe. Après de brillantes études commerciales, il a fait son chemin à New York où il a ouvert quatre crêperies dans les années 1990. Ce passionné essaie de concilier business, culture bretonne et respect du consommateur.
Pour fêter l'ouverture de son nouveau restaurant parisien, Michel Le Goff souhaite inviter les journalistes à une journée portes ouvertes qui se tiendra le 10 juin prochain au 184, rue du Cherche-Midi, à Paris (VIe).
Lors de cette journée, les participants seront conviés à un point presse à 10 h au cours duquel Michel Le Goff expliquera son concept et sa stratégie de développement. Cette présentation sera suivie d'une dégustation.

ENTRAÎNEZ-VOUS

Après avoir obtenu votre BTS, vous avez rejoint l'équipe de Michel Le Goff en tant qu'assistant de gestion. Dans le cadre de votre mission, M. Le Goff vous charge d'élaborer le communiqué de presse destiné à inviter les journalistes à la journée portes ouvertes.

CORRIGÉS p. 234

exercice 2 La mercatique directe

Appro Electric est une PME installée à St-Jean-de-Luz, dans le Pays basque. Cette entreprise dynamique est spécialisée dans la distribution de matériels et outillages électriques auprès des artisans électriciens. Consciente des enjeux liés au développement durable, l'entreprise va commercialiser une nouvelle gamme de produits écologiques permettant une moindre consommation électrique.
Assistant de gestion au sein de l'entreprise Appro Electric, vous avez mené une campagne de prospection téléphonique afin de prendre des rendez-vous pour les commerciaux de l'entreprise, chargés de vendre ces nouveaux produits aux électriciens de la région.

Annexe – Les résultats de la campagne de téléprospection

Pour mener votre téléprospection, vous avez créé un fichier prospects constitué de 157 électriciens situés dans le Pays basque :
- 22 contacts étaient erronés ;
- 15 clients ont accepté un rendez-vous ;
- 13 clients ont passé une commande.

Le chiffre d'affaires généré lors de la campagne de téléprospection s'élève à 8 524 €.

ENTRAÎNEZ-VOUS

Analysez les résultats de cette opération de prospection.

CORRIGÉS p. 234

exercice 3 Le plan de communication commerciale

Créée il y a 3 ans sur la presqu'île de Giens, dans le Var, l'entreprise CoolSurfing a pour ambition de se faire une place aux côtés des grandes marques de vêtements liés à l'univers du surf et des sports de glisse. L'entreprise vise une clientèle constituée d'amoureux de la mer âgés de 30 à 40 ans. Pour se faire connaître, elle soutient des compétitions de sports de glisse aquatiques et sponsorise des « ambassadeurs » qui véhiculent l'image de la marque dans l'univers de la mer. Le site Web de CoolSurfing présente l'entreprise, ses ambassadeurs et permet l'achat en ligne. La jeune PME envisage pour l'année prochaine (N+1) de mettre en place un plan de communication média en diffusant des annonces dans la presse spécialisée et en menant une campagne d'affichage.

Nouvellement embauché(e) en tant qu'assistant(e) de gestion, vous êtes responsable de la mise en œuvre de la politique marketing de l'entreprise.

Annexe – Budget de communication

Le budget de communication de l'entreprise s'élèvera pour l'année N+1 à 50 000 € et se répartira de la façon suivante :

- soutien financier aux compétitions de sports de glisse : 20 % ;
- parrainage des « ambassadeurs » : 25 % ;
- suivi et mise à jour du site Web : 15 % ;
- annonces presse spécialisée : 20 % ;
- campagne d'affichage : 20 %.

ENTRAÎNEZ-VOUS

1. Identifiez les objectifs de la politique de communication de l'entreprise CoolSurfing.

2. Déterminez la cible de l'entreprise.

3. Élaborez le budget de communication.

4. Choisissez les indicateurs qui permettront de mesurer l'efficacité du plan de communication mis en œuvre.

CORRIGÉS p. 234

corrigés

exercice 1 page 232

COMMUNIQUÉ DE PRESSE DE LA SOCIÉTÉ SPEEDY CRÊP'

Nom de la société et date de publication

Paris, le JJ/MM/AAAA

Publication immédiate

Diffusion

Titre

Speedy Crêp' rajeunit l'univers des crêpes !

Nouveau concept de restauration rapide à base de crêpes, **Speedy Crêp'** ouvre ses portes à la presse le mardi 10 juin N.

Chapeau (accroche)

Speedy Crêp' vient d'installer son premier restaurant au cœur de Paris.

Le mardi 10 juin N à 10 h, un point presse est organisé au restaurant du 184, rue du Cherche-Midi, dans le VIe arrondissement de Paris. Michel Le Goff, créateur de Speedy Crêp', expliquera sa stratégie de développement et le positionnement de son restaurant sur le marché de la restauration rapide. Cette présentation sera suivie d'une dégustation.

Dans un cadre moderne et convivial, Speedy Crêp' est un fast-food de crêpes qui propose des menus équilibrés à consommer sur place ou à emporter. Il offre une réelle alternative à la restauration rapide à base de viande, sandwichs ou pizzas.

Corps du communiqué

À propos de Speedy Crêp' : créateur de Speedy Crêp', Michel Le Goff bénéficie d'une expérience de plus de 20 ans dans le secteur de la galette. Son savoir-faire, ses idées novatrices, tant sur le plan commercial que financier, lui ont permis de produire un concept particulièrement étudié et abouti, en totale adéquation avec les attentes des consommateurs.

###

Fin du communiqué

Contact presse : Michel Le Goff au 09 55 55 55 55/ michel.le-goff@speedycrep.fr

exercice 2 page 232

Analyse des résultats de la prospection

Indicateurs	Calculs	Résultats
Validité du fichier	135/157 × 100	86 %
Taux de rendement brut	15/157 × 100	9,5 %
Taux de rendement net	15/135 × 100	11 %
Montant moyen d'une commande	8 524/13	655,70 €

Commentaires : le fichier prospects utilisé est de bonne qualité : 86 % des coordonnées étaient valides. Environ 1 appel sur 10 a abouti à un rendez-vous (ce chiffre correspond à la moyenne rencontrée lors d'une campagne de téléprospection). Sur 15 rendez-vous obtenus, 13 clients ont passé une commande d'un montant moyen de 655 € ; cela démontre l'efficacité de la force de vente.

exercice 3 page 233

1. Objectifs de la politique de communication de l'entreprise CoolSurfing

Objectifs quantitatifs	Objectifs qualitatifs
– Vendre les produits de la marque. – Augmenter le chiffre d'affaires. – Conforter sa position sur le marché.	– Objectifs cognitifs : se faire connaître, améliorer sa notoriété. – Objectif affectif : valoriser son image de marque. – Objectif conatif : déclencher des achats.

2. La cible de l'entreprise est constituée d'amoureux de la mer âgés de 30 à 40 ans.

3. Budget de communication

Moyen utilisé	Part dans le budget en %	Montant
Événementiels	20 %	10 000 €
Sponsoring	25 %	12 500 €
Site Web	15 %	7 500 €
Presse spécialisée	20 %	10 000 €
Affichage	20 %	10 000 €
Total	100 %	50 000 €

4. Choix des indicateurs de mesure de l'efficacité du plan de communication : chiffre d'affaires, taux d'évolution du chiffre d'affaires, part de marché en valeur, part de marché en volume, nombre de visites obtenues sur le site Web, nombre de commandes générées par les contacts « Internet », chiffre d'affaires du site Internet.

ACTIVITÉ 3
GESTION ET DÉVELOPPEMENT DES RESSOURCES HUMAINES

1 LES FORMALITÉS D'EMBAUCHE

L'assistant de gestion peut avoir la responsabilité de diverses formalités liées à l'embauche d'un salarié. Ce type d'activité le conduit à communiquer avec les organismes sociaux et à produire les documents sociaux obligatoires en respectant la législation et les conventions en vigueur.

1 La DUE (déclaration unique d'embauche)

1. Les formalités couvertes par la DUE

Toute embauche d'un nouveau salarié déclenche plusieurs formalités obligatoires auprès de l'URSSAF, qui peuvent être réalisées en ligne à l'aide d'une seule déclaration appelée DUE (déclaration unique d'embauche) :
- la déclaration préalable à l'embauche. Elle officialise le recrutement auprès des organismes sociaux ;
- la déclaration d'une première embauche. Lorsqu'elle procède à un premier recrutement, cette déclaration permet à la PME-PMI de se faire connaître des organismes de Sécurité sociale, etc. ;
- la demande d'immatriculation du salarié au régime général de la Sécurité sociale. Elle concerne les salariés qui n'ont pas encore été affiliés ;
- la demande d'affiliation au régime d'assurance chômage. Elle permet de déclarer le salarié auprès de l'agence de Pôle emploi territorialement compétente ;
- la demande d'adhésion à un service de santé au travail. Choisi en fonction de la situation géographique de l'entreprise et de son activité, ce service de santé sera responsable de la visite médicale obligatoire lors d'un recrutement ;
- la liste des salariés embauchés pour le préétablissement de la déclaration annuelle des données sociales (DADS).

2. Les incidences de la déclaration

Renseigner et transmettre la DUE, quelles que soient la durée et la nature du contrat de travail, a pour effet :
- d'ouvrir des droits sociaux du salarié et de garantir sa protection sociale ;
- de couvrir le salarié en cas d'accident du travail ;
- de faire bénéficier l'employeur de ses droits à exonération éventuels.

À défaut de déclaration, l'employeur s'expose à diverses sanctions, pénales et administratives, pour dissimulation d'emploi salarié.

3. Les modalités de la déclaration

a) Le délai

La DUE doit être adressée avant la mise au travail effective du salarié, au plus tôt 8 jours avant l'embauche, à l'URSSAF de la circonscription dans laquelle se situe la PME-PMI qui emploiera le salarié.

b) Les formes de la déclaration

La DUE peut être transmise à l'URSSAF :
- par envoi postal en recommandé du formulaire complété par l'employeur ;
- par télécopie ou échange de données informatisées (EDI) ;
- par Internet (www.due.fr ou www.net-entreprises.fr).

L'URSSAF adresse à l'employeur, dans les 5 jours ouvrables, un accusé de réception comportant un volet détachable à remettre au salarié.

2 Les autres formalités

1. L'inscription sur le registre du personnel

Le registre du personnel, interne à la PME-PMI, récapitule les informations concernant le salarié embauché. Il peut être demandé par l'inspecteur du travail si celui-ci effectue un contrôle dans la PME-PMI.

2. L'envoi d'un relevé mensuel des contrats de travail

Sont concernés les contrats de travail conclus ou résiliés au cours du mois précédent. Le relevé mensuel est transmis à la direction départementale du travail, de l'emploi et de la formation professionnelle (DDTEFP), dans les 8 premiers jours de chaque mois. Cette formalité est obligatoire uniquement pour les entreprises de 50 salariés et plus. Elle ne concerne que les contrats de travail d'une durée supérieure à 1 mois.

3. La vérification de l'autorisation de travail en cours de validité

Avant l'embauche d'un salarié de nationalité étrangère, le dirigeant doit procéder au contrôle de l'autorisation de travail. Cependant, aucune autorisation de travail, aucun titre de séjour n'est requis pour les ressortissants des États membres de l'Espace économique européen (les pays de l'Union européenne ainsi que l'Islande, le Liechtenstein et la Norvège), ainsi que pour les ressortissants suisses qui ont le droit de chercher et d'occuper un emploi librement en France.

3 Les documents à remettre au salarié à l'embauche

Pour lui permettre de vérifier l'exactitude des informations transmises aux organismes sociaux, l'employeur doit en principe remettre au salarié :
- un document écrit reprenant les informations contenues dans la déclaration préalable à l'embauche, mentionnant l'URSSAF destinataire de la déclaration ;
- le volet détachable de l'accusé de réception adressé par l'URSSAF, lors de la déclaration préalable à l'embauche.

L'employeur est toutefois dispensé de ces formalités s'il établit, dès l'embauche, un contrat de travail qui comporte l'identification de l'URSSAF et rappelle que le salarié dispose d'un droit de consultation et de rectification des données informatisées le concernant (loi informatique et libertés) ;
- la convocation à la visite médicale d'embauche, avant l'expiration de la période d'essai.

2 LES FORMALITÉS DE DÉPART

➔ Le départ d'un salarié peut avoir différents motifs : démission, retraite, licenciement. Il entraîne des obligations pour l'employeur prévues par le Code du travail. L'assistant de gestion peut avoir la responsabilité des diverses formalités liées au départ d'un salarié. Il peut créer des modes opératoires, listes de contrôle, fiches de procédure pour faciliter la réalisation des formalités administratives.

1 Les formalités liées au départ définitif

1. Les documents à remettre au salarié

a) Le reçu pour solde de tout compte

L'article D. 1234-7 du Code du travail indique qu'à l'occasion de toute rupture du contrat de travail, l'employeur doit établir, en double exemplaire, un solde de tout compte, dont le salarié lui donne reçu (d'où l'expression « reçu pour solde de tout compte »). Ce document récapitule les sommes dues et versées au salarié lors de la rupture du contrat de travail. L'employeur en conserve un exemplaire. La signature du salarié doit être précédée de la mention écrite à la main « reçu pour solde de tout compte ».

Selon l'article L. 1234-20 du Code du travail, « le reçu pour solde de tout compte peut être dénoncé (contesté) dans les 6 mois qui suivent sa signature, délai au-delà duquel il devient libératoire pour l'employeur pour les sommes qui y sont mentionnées » (loi de modernisation du marché du travail du 25 juin 2008).

EXEMPLE

> Je soussigné Paul Langevin
> Demeurant : 4 place du Marché à SÈTE
> Employé par l'hôtel « Les flots bleus » à SÈTE
>
> Reconnais avoir reçu pour solde de tout compte la somme nette de 2 780 €, deux mille sept cent quatre-vingts euros, qui inclut les éléments suivants : salaire en cours, 13e mois, congés payés, préavis.
>
> Je déclare connaître les dispositions de l'article L. 122-17, NCL. 1234-20 du Code du travail, qui confère au présent reçu la valeur d'un simple reçu des sommes qui y figurent.
>
> Le présent reçu pour solde de tout compte a été établi en double exemplaire dont un m'a été remis.
>
> Fait à Sète le 06/09/N en double exemplaire
> « Pour solde de tout compte »
> Paul Langevin

b) Le certificat de travail

L'employeur est tenu de délivrer un certificat de travail à l'expiration de tout contrat de travail et au moment du départ du salarié.

Le certificat de travail mentionne obligatoirement :
– la date d'entrée du salarié dans l'entreprise ;
– la date de sortie (celle de fin de préavis, effectué ou non) ;
– la nature des emplois successivement occupés avec les périodes correspondantes.

Toute autre mention, facultative, nécessite l'accord des deux parties. Les indications susceptibles de porter préjudice au salarié sont interdites.

c) L'attestation Pôle emploi

Il y a obligation de délivrer au salarié l'attestation nécessaire pour faire valoir ses droits au chômage. Ce document est remis en même temps que le certificat de travail et le dernier bulletin de salaire. L'employeur peut se procurer l'imprimé nécessaire auprès de Pôle emploi (directement ou sur le site Internet) ou le remplir en ligne sur le site de Pôle emploi.

2. Les formalités en interne

a) La mise à jour du registre unique du personnel

L'employeur doit mettre à jour le registre unique du personnel en y mentionnant le départ du salarié.

b) L'archivage du dossier professionnel

Le dossier professionnel du salarié qui quitte la PME-PMI doit être archivé et conservé de façon à pouvoir être présenté à l'inspection du travail.

2 Le versement d'indemnités de départ

1. Les indemnités communes à tous les contrats

a) L'indemnité compensatrice de préavis

Elle n'est due que si le salarié n'effectue pas son préavis. Elle correspond aux salaires qui auraient été perçus s'il avait continué à travailler durant cette période.

b) L'indemnité compensatrice de congés payés

Cette indemnité valorise en salaire les jours de congés acquis par le salarié mais non encore pris. Le Code du travail la fixe à 10 % de la rémunération brute.

2. L'indemnité de fin de contrat à durée déterminée (CDD)

Elle compense financièrement la précarité de l'emploi. Égale à 10 % de la rémunération brute versée (y compris l'indemnité de congés payés), elle est versée à l'échéance du contrat de travail.

3. L'indemnité de licenciement

Tout salarié, ayant au moins 2 années d'ancienneté et licencié pour un motif autre que la faute grave ou lourde, a droit à une indemnité de licenciement. Le montant, fixé par la loi, est fonction du salaire et de l'ancienneté du salarié.

4. L'indemnité de départ en retraite

Lorsqu'un salarié prend l'initiative de partir à la retraite, il doit en avertir son employeur et respecter un préavis équivalent à celui prévu en cas de licenciement. Sauf disposition conventionnelle plus favorable, ce salarié a droit à une indemnité légale de départ à la retraite, dont le montant varie selon son ancienneté dans l'entreprise.

3 LE RECRUTEMENT

➔ Le recrutement est réussi quand un poste vacant est finalement occupé par une personne ayant les compétences requises. Il répond soit au remplacement d'un salarié ayant quitté l'entreprise, soit à une création de poste. Chacune des étapes du processus de recrutement est à traiter avec précaution car les erreurs sont coûteuses.

1 Les types de recrutement

1. Le recrutement interne

Il consiste à proposer le poste à pourvoir à un salarié de l'entreprise qui possède la qualification adaptée. Cela ne concerne que les salariés en CDI. La proposition peut être faite directement au salarié par le supérieur hiérarchique, par diffusion de l'information par affichage ou intranet quand elle est plus « ouverte ».

2. Le recrutement externe

Lorsqu'il n'y a pas de collaborateur susceptible d'occuper le poste vacant, la recherche de candidats se fait à l'extérieur de la PME-PMI. Elle peut s'effectuer de différentes façons.

EXEMPLES

Par annonce à Pôle emploi, examen de candidatures spontanées, annonces dans la presse, cooptation, participation à des forums, chercheurs de têtes.

2 Le cadre juridique français

1. L'embauche

L'embauche est soumise à des obligations légales :
- l'âge minimum pour travailler est de 16 ans ;
- la discrimination en raison de l'origine, du sexe, des mœurs, de l'âge, des caractéristiques génétiques, des activités politiques ou syndicales est interdite (article L. 1132-1 du Code du travail) ;
- l'employeur doit vérifier avant toute embauche que des salariés en poste n'ont pas une priorité d'emploi.

EXEMPLES

Temps partiel, réintégration après congé maternité, licenciement économique récent.

2. Le contrat de travail

C'est la convention par laquelle le salarié s'engage à travailler pour le compte et sous la direction de l'employeur moyennant un salaire. La forme, le contenu, les conditions de validité, la modification et la rupture des contrats de travail sont régis par le droit français.

Seul le contrat à durée indéterminée (CDI) à temps complet peut être non écrit. Il est alors oral, verbal ou tacite. Dans ce cas, l'employeur a cependant l'obligation de remettre au salarié un document écrit reprenant les informations contenues dans la déclaration préalable à l'embauche adressée à l'URSSAF. Tous les autres contrats sont obligatoirement écrits.

3 La préparation du recrutement

1. La procédure

Elle se déroule en plusieurs étapes distinctes.

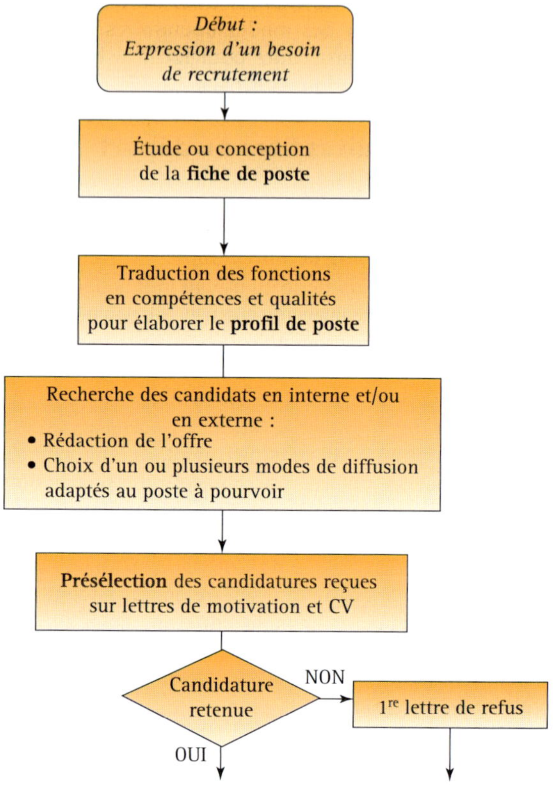

2. Les documents créés dans la phase de préparation

a) La fiche de poste

Ce document définit la fonction et l'ensemble des qualités nécessaires pour occuper correctement le poste à pourvoir.

Il présente plusieurs composantes : l'intitulé du poste, la situation géographique et hiérarchique, la finalité du poste et les caractéristiques liées aux conditions de travail.

b) Le profil de poste

Le profil de poste est établi à partir du descriptif qui peut en être fait. Les missions exactes (contrôler, conduire, conseiller, réparer, élaborer, construire, informer, animer, déléguer, etc.), les compétences et connaissances théoriques requises sont alors rapprochées du profil du candidat.

c) L'annonce de recrutement

Ce document permet de communiquer sur le poste à pourvoir. L'annonce de recrutement peut être diffusée à l'interne ou à l'externe. Elle comprend les missions du poste, un descriptif du profil attendu, les conditions d'emploi et les modalités de candidature.

EXEMPLE

> ASSISTANT de gestion (H/F)
>
> VIVALP France, agence de RENNES, recherche un Assistant H/F afin de :
>
> – réaliser les tâches administratives liées à l'activité « Services »,
> – assurer le suivi des clients nationaux ou prospects.
>
> Vous aurez en charge :
> – la facturation des interventions SAV, travaux et contrats de maintenance,
> – l'enregistrement des contrats,
> – le suivi des en-cours,
> – le suivi des commandes et litiges clients.
>
> Vous travaillerez en étroite collaboration avec les commerciaux.
>
> Profil recherché
>
> Titulaire d'un BTS assistant de gestion PME-PMI, vous avez une première expérience de la gestion en administration des ventes. Rigueur, sens de l'organisation, dynamisme seront les garants de votre succès à ce poste.
>
> Candidature par courrier à l'adresse suivante :
>
> VIVALP, 4 rue des Grutiers à Rennes
>
> ou par e-mail : recrutement@vivalp.fr
>
> Contrat en CDI

3. Les moyens de présélection des candidats

Ils sont nombreux et variés et peuvent être cumulés entre eux.

Premier tri des CV et lettres de motivation		La sélection se fait sur des critères fixés à l'avance pour 80 % des procédures de recrutement.
Entretien	**Individuel**	Il se déroule en tête à tête avec le recruteur. C'est le plus courant.
	Collectif	Il peut s'agir d'une réunion d'information sur la société et/ou d'une épreuve de sélection. Les candidats sont toujours amenés à s'exprimer.
Comparaison avec un profil de poste		Le profil du candidat est comparé au profil du candidat idéal.

Quel que soit le résultat de la présélection, chaque candidat au poste à pourvoir doit être informé :

– soit du rejet argumenté de sa candidature. Une formule nuancée pourra en atténuer les effets ;

EXEMPLE

« Votre candidature a retenu toute notre attention, mais... »

– soit d'une convocation à un entretien.

4 Le recrutement

1. La procédure (suite)

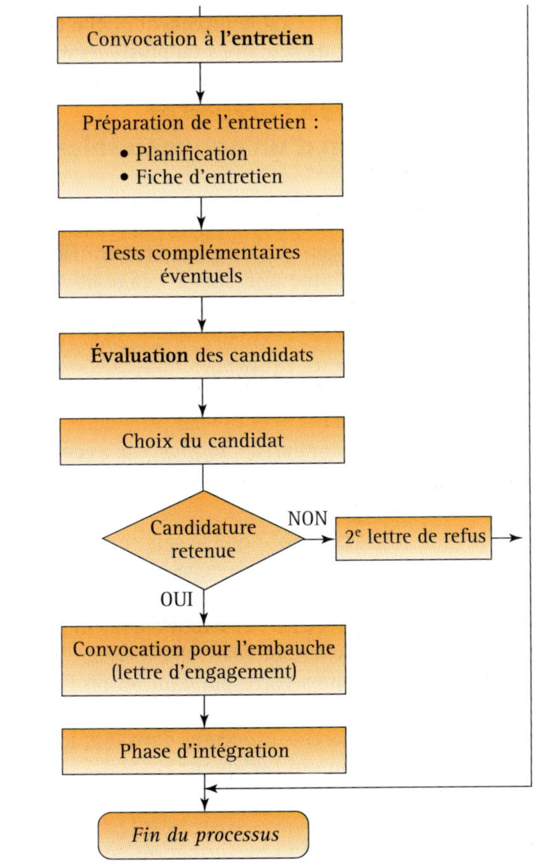

2. L'entretien

L'assistant participe aux différentes phases relatives à l'organisation des entretiens d'embauche : envoi de lettres ou appels téléphoniques pour convocation, préparation des dossiers, prise de rendez-vous et tenue de l'agenda, accueil des candidats.

En fonction de l'importance du poste à pourvoir, il peut y avoir plusieurs entretiens successifs (avec le directeur du personnel, le dirigeant, etc.).

3. Les tests

Différents types de tests peuvent compléter l'entretien.

Test d'aptitude	Il mesure les capacités spécifiques à un emploi : aisance verbale, mémoire, etc.
Test de personnalité	Il cerne le caractère du candidat (sociabilité, ambition, capacité à travailler en groupe, etc.). Ce type de test est souvent complété par un test dit « d'intelligence », qui mesure les capacités générales : observation, synthèse, raisonnement, etc.
Test psychotechnique	Il juge concrètement le comportement du candidat en le mettant en situation sur le poste de travail.

4 L'ACCUEIL ET L'INTÉGRATION D'UN NOUVEAU SALARIÉ

➔ L'assistant peut être chargé par le chef d'entreprise de l'accueil d'un nouveau salarié. Cette phase peut durer quelques heures ou être programmée sur plusieurs jours. Quant à la véritable intégration, elle peut s'échelonner sur plusieurs semaines ou plusieurs mois.

1 Les enjeux liés à l'accueil et à l'intégration d'un nouveau salarié

1. Pour l'entreprise

a) Le moment de l'accueil

Le moment réservé à cet accueil peut être considéré comme un rituel qui donne une bonne image de l'entreprise au nouveau salarié.

L'accueil sera réussi :

– s'il prend en compte les problèmes matériels qu'affronte le nouveau salarié (déménagement à prévoir, moyen de transport, etc.) ;

– s'il lui permet de se familiariser au plus vite avec son nouveau contexte de travail.

b) La période d'intégration

C'est la période nécessaire pour que le salarié devienne suffisamment autonome. La durée de la période d'intégration varie en fonction des compétences du salarié, des exigences du poste et de l'environnement de travail. Elle doit permettre au nouveau salarié de :

– s'approprier les missions correspondant au profil de poste pour lequel il a été recruté ;

– se situer dans les différents processus dans lesquels il aura à intervenir (savoir qui fait quoi) ;

– rencontrer son entourage professionnel : clients, fournisseurs ;

– bénéficier, si besoin est, d'une formation en interne et/ou d'un accompagnement par une personne ressource pour acquérir de nouvelles compétences techniques, relationnelles.

La période d'intégration vise plusieurs objectifs à plus long terme :

– fidéliser les salariés et donc éviter un turn-over important. En effet, conserver un collaborateur coûte moins cher qu'en chercher et en former un nouveau ;

– diminuer les risques d'accidents de travail et de maladies professionnelles, en donnant au salarié les informations et/ou la formation nécessaires pour qu'il s'adapte à son nouveau profil de poste ;

– mobiliser et motiver le personnel pour entraîner des attitudes favorables à la rentabilité de l'entreprise.

2. Pour le nouveau salarié

La période d'intégration est une période importante qui peut conditionner la suite de la carrière du salarié dans sa nouvelle entreprise. Elle va lui permettre :

– de s'approprier plus vite les valeurs et les usages de l'entreprise ;

– de recevoir les connaissances et le savoir-faire spécifiques à son poste de travail, et donc d'être plus performant ;

– de se sentir bien dans sa nouvelle entreprise, donc d'être plus impliqué.

2 Préparer l'arrivée du nouveau salarié

L'assistant est amené à effectuer les tâches suivantes :

– vérifier auprès de la DRH que les formalités d'embauche sont bien abouties, s'occuper des éventuelles pièces encore manquantes ;

– préparer le poste de travail ; ce dernier doit être rangé, les matériels et équipements nécessaires aux tâches confiées au salarié doivent préalablement être vérifiés ;

– réunir l'ensemble des informations et documents qui faciliteront la connaissance du nouveau contexte de travail (fiche de poste, procédures particulières à utiliser) ;

– informer le personnel de l'équipe et éventuellement de l'entreprise de l'arrivée d'un nouveau collaborateur en indiquant son nom et sa fonction. Un tuteur pourra éventuellement être désigné pour accompagner le nouveau venu.

3 Organiser les modalités de l'accueil

L'assistant peut se constituer une check-list :

– souhaiter la bienvenue dans la société ;

– rappeler quelques modalités pratiques comme les horaires de travail, les lieux pour se restaurer et remettre un livret ou guide d'accueil qui reprend les éléments essentiels ;

EXEMPLE

L'organigramme de l'entreprise, les horaires, les congés, l'organisation des repas, le règlement intérieur, les avantages accordés aux salariés (chèques restaurant, etc.).

– présenter le nouveau collaborateur aux membres de son équipe ou service ;

– organiser une visite de l'entreprise et de ses différents services. Si l'entreprise a prévu un parcours d'intégration sur plusieurs jours, le passage du collaborateur dans les différents services est programmé à l'avance ;

– lui attribuer son bureau ou poste de travail et vérifier qu'il dispose des moyens matériels nécessaires ;

EXEMPLES

Téléphone portable, code d'accès intranet, digicode.

– lui présenter concrètement son travail, les procédures, les consignes qui s'y rapportent ou déléguer cette mission à l'opérationnel avec lequel ou sous la responsabilité duquel le nouveau recruté devra travailler.

4 Les moyens d'intégration

D'une façon plus générale, dans les PME-PMI ayant un important effectif salarié, les moyens déployés pour favoriser et maintenir l'intégration des salariés sont une préoccupation constante, quelle que soit leur ancienneté. L'assistant contribue souvent à l'organisation d'événements en interne.

EXEMPLES

Cocktail en fin d'année, séminaire de travail, soirée de gala.

5 L'évaluation de l'accueil et de l'intégration

Un questionnaire peut permettre de recueillir le point de vue des nouveaux salariés pour améliorer l'accueil et l'intégration de futurs arrivants.

EXEMPLE

Votre arrivée dans notre société...

La réussite de votre intégration au sein de notre société est pour nous très importante. C'est pourquoi nous avons mis en place un parcours d'intégration. Afin de l'améliorer, nous vous remercions de bien vouloir remplir ce questionnaire et de le remettre au service des Ressources humaines.

Nom ....
Prénom ....
Fonction ....
Date d'entrée dans l'entreprise ....

1 - Présentation de la société

Vous avez été accueilli par :
❒ Le directeur ❒ Son assistant ❒ Votre chef de service
❒ Un salarié de votre service ❒ Un salarié d'un autre service
❒ Autre : ....

La visite de la société vous a-t-elle paru complète ?
❒ Oui ❒ Non

Cette présentation vous a-t-elle semblé :
❒ Insuffisante ❒ Correcte ❒ Très satisfaisante

2 - Présentation des collègues

Vous a-t-on présenté vos collègues ?
❒ Oui ❒ Non

Si oui, à quel moment vous les a-t-on présentés ?
❒ Lors de la visite du service
❒ Au cours d'une réunion
❒ Autre : ....

Cette présentation vous a-t-elle semblé :
❒ Insuffisante ❒ Correcte ❒ Très satisfaisante

3 - Documents d'accueil

Quels documents vous a-t-on remis ?
❒ Livret d'accueil ❒ Organigramme ❒ Plan
❒ Autres : ....

Le livret d'accueil vous a-t-il semblé complet ?
❒ Oui ❒ Non

Sinon, quelles autres informations auriez-vous souhaité y voir figurer ? ....
....
....

Si l'on vous a remis d'autres documents que le livret d'accueil, ces derniers vous ont-ils paru :
❒ Insuffisants ❒ Satisfaisants ❒ Très satisfaisants

Commentaires : ....
....
....

4 - Votre travail et votre sécurité

Estimez-vous que l'on vous a bien expliqué les différentes procédures concernant votre travail ?
❒ Oui ❒ Non

Vous a-t-on donné les consignes de sécurité à respecter ?
❒ Oui ❒ Non

Vous a-t-on présenté les différents équipements de protection mis à votre disposition ?
❒ Oui ❒ Non

Les renseignements donnés vous ont-ils paru :
❒ Insuffisants ❒ Satisfaisants ❒ Très satisfaisants

5 - Votre tuteur

A-t-il joué un rôle important pour vous ?
❒ Oui ❒ Non

Était-il disponible ?
❒ Oui ❒ Non

Avez-vous eu l'occasion de faire le point avec lui ?
❒ Oui ❒ Non

Avez-vous des suggestions à faire sur ce parcours d'intégration ?
❒ Oui ❒ Non

Si oui, lesquelles ?
....
....

5 L'INTÉGRATION DE PARTICIPANTS DANS UN GROUPE DE TRAVAIL

L'assistant est amené à coordonner l'activité de groupes de travail restreints. Ses qualités relationnelles contribuent alors tout particulièrement à l'efficacité du travail de l'équipe. L'arrivée de nouveaux participants fait courir un risque de déstabilisation à une équipe existante. Dès lors, il est essentiel de réussir leur accueil et leur intégration.

1 Faciliter l'intégration au sein d'un service, d'un groupe de travail

1. Contribuer à l'implication des participants

La motivation des participants à une équipe de travail tient au fait qu'ils ont le sentiment de réaliser quelque chose tout en se réalisant sur le plan personnel. Cela renvoie aux notions d'estime et de réalisation de soi, au sentiment d'appartenance à un milieu professionnel.

Le niveau d'implication se manifeste par des comportements propres à chaque salarié.

a) La dimension affective

Elle traduit l'attachement du salarié à l'organisation et débouche sur des comportements professionnels observables tels la loyauté, la fidélité, la fiabilité, le respect du travail ou l'éthique personnelle (comme le respect d'un devoir de réserve).

b) La dimension économique

C'est la prise en compte par le salarié des avantages pécuniaires que l'organisation peut lui procurer, l'estimation qu'il fait de la valeur ajoutée de son travail.

c) La dimension normative

C'est le degré d'adhésion aux règles de fonctionnement du groupe de travail, les obligations ressenties par chacun des participants face à ces règles. Chaque membre du groupe de travail adopte dans ce type de situation un comportement qui lui est personnel :
- appropriation d'un code personnel de déontologie ;
- application des procédures ;
- assimilation de codes telle la tenue vestimentaire ;
- engagement vis-à-vis de la hiérarchie, etc.

2. Faire preuve d'empathie pour comprendre les difficultés

L'accueil et l'intégration d'un nouvel arrivant dans un service ou un groupe de travail déjà constitué nécessitent de se « mettre à la place » de la nouvelle recrue, de faire preuve d'empathie.

a) Les causes des difficultés

L'arrivée d'un nouvel arrivant dans une équipe de travail génère naturellement des difficultés inhérentes à sa méconnaissance :
- du fonctionnement de l'équipe, si elle est déjà constituée ;
- des relations interindividuelles déjà établies entre les membres ;
- de l'influence éventuelle qu'il pourra avoir sur son fonctionnement ;
- de ce qu'on attend de lui, des objectifs fixés.

b) Le comportement des recrues

Face aux difficultés rencontrées, les nouvelles recrues peuvent manifester plusieurs types de comportements.

EXEMPLES

Le participant affirmé, frustré par les problèmes d'adaptation qui l'empêchent de trouver une place reconnue dans le groupe de travail, peut montrer de l'agressivité ou rejeter l'autorité.

Le participant affable, qui manque d'aisance, d'assurance, a besoin de se sentir apprécié et rassuré.

Le participant discret, attentionné mais mal à l'aise dans les relations de pouvoir ou d'intimité, se montre dépendant des autres et peut avoir tendance à se « fondre » dans un clan.

Le participant dont les objectifs personnels sont éloignés des orientations collectives de l'équipe peut se montrer passif pour rendre son manque d'adhésion visible.

2 La définition du rôle du nouvel arrivant

Un nouvel arrivant dans une équipe de travail déjà constituée a besoin de savoir ce que l'on attend de lui et ce qu'il pourra attendre des autres. Une clarification de son rôle facilitera son intégration.

S'il éprouve des incertitudes sur l'ensemble des attentes liées à son poste ou à sa fonction au sein du groupe, il peut avoir l'impression que ses qualités professionnelles ne sont ni reconnues ni appréciées à leur juste valeur. On parle alors d'ambiguïté des rôles.

La surcharge de rôle, qui donne l'impression d'être submergé par le travail, comme l'insuffisance de rôle, qui donne le sentiment d'être sous-utilisé, nuisent à l'efficacité des nouveaux salariés.

3 Le rôle de coordination de l'assistant

Il n'est pas rare de rencontrer des situations qui risquent d'entraver le bon fonctionnement d'un service ou d'une équipe de travail.

Les difficultés peuvent avoir des origines variées : problèmes relationnels, sentiment d'être insuffisamment informé, manque de communication interne, dysfonctionnement du matériel, retards dus à des absences, événement extérieur à l'entreprise, etc.

L'assistant de gestion, du fait de sa situation de proximité avec les problèmes de terrain, doit aider son supérieur à cerner et à analyser les problèmes pour trouver des solutions qui permettront ensuite de se recentrer sur les objectifs communs prioritaires. Pour ce faire, il est amené à :
- rester en état d'alerte et suivre les indicateurs sociaux (absentéisme, retards, turn-over) ;
- organiser des réunions de résolution des problèmes en équipe ;
- proposer des entretiens individuels s'ils semblent préférables à une discussion de groupe.

6 LES DOSSIERS DU PERSONNEL

L'assistant est souvent responsable de la gestion des données administratives du personnel : il assure alors l'organisation du suivi administratif et le traitement des informations relatives au personnel. Il doit en respecter la totale confidentialité.

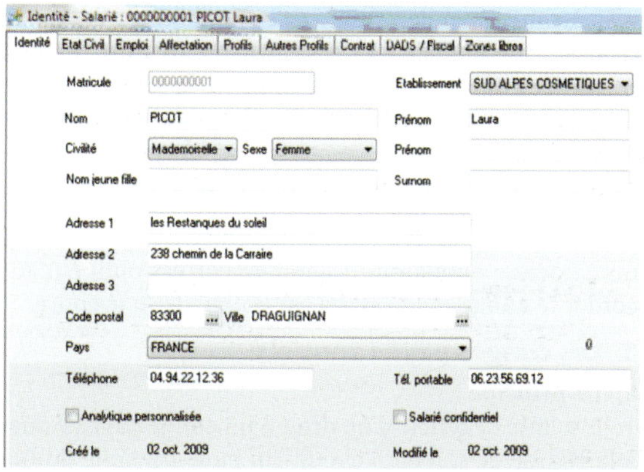

1 L'organisation du suivi administratif

1. La tenue des dossiers du personnel

L'assistant veille à constituer les dossiers du personnel et à les mettre à jour.

EXEMPLE

Voici les documents que peut contenir le dossier d'un salarié :
- fiche de renseignements,
- descriptif de poste,
- lettre de candidature et CV,
- copie des diplômes,
- résultats des tests de recrutement,
- contrat de travail,
- RIB,
- fiche d'entretien annuel,
- demandes de formation et congés,
- copie des arrêts de travail,
- données concernant le salaire,
- blâmes, avertissements,
- courriers divers,
- documents concernant le départ : lettre de démission ou de licenciement, copie du solde de tout compte, certificat de travail.

L'assistant assure également l'archivage des documents dont la durée légale de conservation est comprise entre 5 et 10 ans.

2. La fiche de renseignements du salarié

Elle comprend toutes les données immédiatement nécessaires à la gestion administrative courante ou utiles en cas de problèmes sur le lieu de travail :
- état civil et coordonnées du salarié, situation familiale ;
- poste occupé (avec le statut et la date d'entrée dans la fonction) ;
- salaire : variables, adaptés au type d'emploi (cadre/non-cadre), taux horaire, nombre d'heures prévues au contrat, compte à créditer ;
- congés et repos compensateurs ;
- numéro à contacter en cas d'urgence (proches, médecin référent).

Ces éléments doivent être contrôlés au moins deux fois par an : l'assistant doit veiller à l'exactitude des données.
La fiche de renseignements peut être numérisée dans le module d'un progiciel de gestion intégré (PGI) proposant une saisie des données concernant les salariés.
S'il s'agit d'un travailleur étranger (hors zone Union européenne), cette fiche comportera la date d'autorisation d'embauche, le numéro de carte de séjour et sa date limite de validité, ainsi que le numéro de la carte de travail.

2 Les contraintes juridiques et les formalités

1. La confidentialité

L'assistant est tenu de protéger la sécurité des renseignements personnels qui permettent de distinguer, identifier ou contacter un salarié en particulier. Cette information est entreposée dans des locaux ou des fichiers contrôlés, protégés contre un accès non autorisé. Elle n'est conservée que pendant la période légale requise. Ces renseignements ne doivent ni être vendus, ni être loués ou fournis à des tiers. Tout salarié dispose d'un droit d'accès à son dossier professionnel. Il peut obtenir communication de l'ensemble des données le concernant, que celles-ci soient conservées dans un dossier papier ou sur support informatique, auprès du service du personnel.

2. L'obligation de discrétion

L'assistant est tenu à la discrétion envers les personnes extérieures mais également envers le reste du personnel de son entreprise.
Un manquement à cette obligation peut être sanctionné par des dommages et intérêts, ou un licenciement.

EXEMPLE

Divulgation d'informations concernant les problèmes de santé d'un salarié.

3. La déclaration des bases de données du personnel

Les bases de données enregistrent de nombreuses informations à caractère personnel sur les salariés. Comme les annuaires professionnels internes, elles doivent faire l'objet d'une déclaration auprès de la Commission nationale informatique et libertés (CNIL).
La loi informatique et libertés fixe un cadre à la collecte et au traitement de ces données afin de les protéger des atteintes aux droits et libertés des personnes ou à leur vie privée. Les employeurs peuvent voir leur responsabilité, notamment pénale, engagée en cas de non-respect des dispositions de la loi.

7 LA GESTION DES ABSENCES ET DES CONGÉS DU PERSONNEL

La question des absences et des congés des salariés est un élément «sensible» de la gestion des ressources humaines car elle impacte la rémunération du salarié, calculée sur la durée du travail accompli.

1 Le droit aux congés et aux repos

Le Code du travail réglemente les congés payés qui ont un caractère obligatoire : l'employeur est obligé d'accorder le congé et le salarié est obligé de le prendre.

1. Les congés payés annuels

a) Le principe

Tout salarié bénéficie d'un droit à un congé payé annuel à la charge de son employeur. Un mois travaillé donne droit à 2,5 jours ouvrables de congés (les jours ouvrables sont tous les jours du calendrier à l'exception des jours correspondant au repos hebdomadaire légal et aux jours fériés).

EXEMPLE

Le salarié qui a travaillé 12 mois a donc droit au maximum à 30 jours ouvrables de congés, soit 5 semaines.

Ces congés doivent être pris en au moins deux fois.
Le calcul des jours de congés s'effectue de date à date, sur la période du 1er juin de l'année précédente au 31 mai de l'année en cours.

b) L'organisation des congés

Le dirigeant de la PME-PMI peut organiser la fermeture de l'entreprise pour tout ou partie du congé après consultation du comité d'entreprise et des délégués du personnel.
S'il n'y a pas de fermeture, les congés s'organisent par roulement. Les salariés se relaient sur les postes de travail pour assurer la continuité du fonctionnement de l'entreprise ou du service dans lequel ils sont affectés.
Les salariés posent leurs jours de congés mais les dates de départ sont ensuite décidées par l'employeur sur des critères établis pour éviter les conflits : situation familiale du salarié, possibilités de congés du conjoint, ancienneté dans l'entreprise, etc. L'affichage des congés est obligatoire. Les dates doivent être communiquées aux salariés 1 mois avant la date de leur départ.

2. Les jours fériés

Un jour férié est un jour de fête civile ou religieuse, ou commémorant un événement. Il n'est pas obligatoirement chômé.
La loi prévoit 11 jours fériés : 1er janvier, lundi de Pâques, 1er mai (qui est férié et chômé), 8 mai, jeudi de l'Ascension, lundi de Pentecôte, 14 juillet, 15 août, Toussaint, 11 novembre, Noël.
Depuis la loi du 30 juin 2004, une journée de solidarité a été instituée, prenant la forme d'une journée de travail non rémunérée pour les salariés, d'une contribution patronale sur les salaires pour les employeurs. Cette journée peut être fixée un jour férié (sauf le 1er mai) ou un jour habituel de repos.

3. Les congés spéciaux

Des congés spéciaux rémunérés sont accordés pour des événements familiaux.

EXEMPLES

Décès, mariage, naissance ou adoption.

D'autres types de congés, non payés mais compensés par les indemnités journalières de la Sécurité sociale, d'une durée variable, sont accordés.

EXEMPLES

Congé maternité ou paternité, congé parental, congé d'éducation, congé pour enfant malade, congé de création d'entreprise, congé de formation syndicale.

4. Le repos compensateur de remplacement

Le paiement des heures supplémentaires effectuées au-delà des 35 heures réglementaires peut être remplacé, tout ou partie, par l'octroi d'un repos compensateur équivalent.
Le repos peut être pris :
- par journée entière ou demi-journée ;
- à la convenance du salarié ;
- dans un délai maximum de 2 mois suivant l'ouverture du droit. Si le salarié ne prend pas son repos dans les 2 mois, l'employeur doit lui demander de le prendre dans un délai maximal d'un an.

EXEMPLE

Au cours d'une semaine, un salarié a effectué 42 heures. Le paiement des heures supplémentaires est remplacé en totalité par un repos compensateur.
Les 7 heures supplémentaires donnent lieu à un repos compensateur de 125 %, ce qui se traduit par : 7 heures × 125 % = 8,75 heures, soit 8 heures et 45 minutes de repos compensateur.

5. Le compte épargne temps

Le compte épargne temps (CET) permet au salarié d'accumuler des droits à congé rémunéré ou de bénéficier d'une rémunération, immédiate ou différée, en contrepartie des périodes de congé ou de repos non prises ou des sommes qu'il y a affectées.
Le CET est mis en place par accord collectif, conclu, en priorité, au niveau de l'entreprise.

2 Les absences

1. Les absences injustifiées

a) Le principe défini par le Code du travail

Si le salarié n'a pas prevenu son employeur d'un éventuel retard ou d'une absence et ne les a pas motivés, toute absence à l'heure et au jour prévus pour la reprise normale du travail est considérée par le Code du travail comme une absence injustifiée.

b) Les effets pour l'entreprise et pour le salarié

L'absence injustifiée du salarié peut désorganiser le fonctionnement d'un service.

EXEMPLE

L'absence répétée d'un salarié qui travaille en équipe ou au contact permanent des clients nécessite impérativement son remplacement.

Le dirigeant peut considérer que ce type d'attitude peut détériorer le climat social dans l'entreprise.
Une absence injustifiée ou un abandon de poste est une faute professionnelle dont la sanction peut aller de l'avertissement au licenciement.

2. Les absences pour maladie

Le salarié doit justifier son absence auprès de son employeur par un certificat médical ou l'envoi d'un arrêt maladie, et agir de même en cas de prolongation de cette absence. S'il ne respecte pas cette obligation, il prend le risque d'un licenciement.
La convention collective ou le règlement intérieur peut fixer les formes ou les délais dans lesquels le salarié doit informer son employeur (généralement par lettre recommandée avec accusé de réception). L'absence pour maladie ouvre droit à une indemnisation pour le salarié par la Sécurité sociale.

3. Les absences pour cause de grève

La grève consiste à cesser complètement le travail pour obtenir une réponse de l'employeur à des revendications professionnelles. Ce droit reconnu à tout salarié ne peut justifier ni sanction, ni licenciement, tant que le salarié l'exerce dans des conditions normales (sans violence, ni dégradations, ni entrave au travail des autres salariés, etc.). Par contre, le salarié subit une diminution de salaire exactement proportionnelle à la durée de la grève. L'employeur ne peut pas embaucher des intérimaires ni des salariés en CDD pour remplacer des grévistes.

4. Le droit de retrait

Un salarié placé en situation de danger grave et imminent pour sa vie ou sa santé a le droit d'arrêter son travail et, si nécessaire, de quitter les lieux pour se mettre en sécurité. L'employeur ou les représentants du personnel doivent en être informés. Ce droit de retrait est un droit protégé.

3 Le suivi des congés et des absences

La procédure de demande de congé est propre à chaque entreprise. L'assistant de gestion crée généralement un imprimé de demande de congé qui est rempli par le salarié. Il peut mettre en place une demande à distance (mail, intranet, etc.).
L'assistant procède ensuite au suivi de la demande dans un tableau ou directement dans un logiciel.
Un planning des congés et absences réalisé à l'aide d'un tableur permet le suivi des absences par salarié, par date et par type d'absence.
L'assistant établit régulièrement les statistiques concernant les congés et absences du personnel. Ce sont des indicateurs de gestion sociale des ressources humaines.

EXEMPLES

- Taux d'absentéisme (heures d'absence pendant la période/heures théoriques de travail pendant cette période × 100).
- Heures supplémentaires.
- Répartition des absences par nature et durée moyenne.
- Nombre d'heures d'absence rémunérées et non rémunérées.

4 La gestion des temps de présence

Les congés et les absences influencent mécaniquement la gestion du temps de travail elle-même.

1. L'affichage obligatoire

Dans les entreprises, établissements, ateliers, services ou équipes où s'applique un dispositif d'aménagement du temps de travail, l'affichage de l'horaire collectif de travail indique, pour chaque semaine, l'horaire de travail et la répartition de la durée du travail. Tout changement de durée ou d'horaire doit être porté à la connaissance des salariés en respectant un délai de 7 jours.

2. L'évaluation du temps de travail

a) Un décompte obligatoire

La durée du travail et les horaires du salarié doivent pouvoir être contrôlés pour calculer sa rémunération. L'assistant de gestion conçoit ainsi les documents nécessaires au décompte du temps de travail, lesquels sont renseignés par le chef de service ou directement par le salarié dans les TPE.

b) Les équivalences de durée de travail et astreintes

Pour des emplois déterminés comportant des temps d'inaction, une durée équivalente à la durée légale du travail a été mise en place. Le régime des heures supplémentaires ne s'appliquera que pour les heures effectuées au-delà de la durée équivalant à la durée légale.

EXEMPLE

Durée hebdomadaire équivalente dans certaines professions (santé, médico-social, etc.).

Les astreintes sont les périodes pendant lesquelles le salarié est tenu de rester à son domicile ou à proximité afin d'être en mesure d'intervenir pour son entreprise. Seule la période d'intervention est considérée comme du temps de travail effectif.

EXEMPLE

Technicien de dépannage de système d'alarme en astreinte le jour de Noël.

c) Les moyens pour décompter le temps de travail et le contrôler

La loi autorise tout moyen pour procéder au décompte des heures travaillées : document signé, badgeuse, logiciel de gestion des temps (qui permet à la fois de décompter la durée du travail et de planifier et organiser l'activité).

8 LA PRÉPARATION DE LA PAIE

L'assistant de gestion contribue à la préparation de la paie. Il intervient donc dans la procédure qui conduit à la remise obligatoire d'un bulletin de paie au salarié et au paiement effectif du salaire. Cette activité exige rigueur et respect de la confidentialité.

1 Les étapes classiques d'une procédure de paie

1 – Collecte et contrôle des informations
2 – Saisie des informations et établissement des bulletins de paie (par exemple, dans le module paie du PGI)
4 – Vérification des bulletins de paie
5 – Diffusion des bulletins de paie
6 – Mise à jour du livre de paie
7 – Paiement et contrôle des comptes

2 Les informations indispensables à la préparation

1. Les informations obligatoires en en-tête du bulletin de paie

BULLETIN DE PAIE	Période du.......... au............
ENTREPRISE	SALARIÉ
Nom : Adresse : N° SIRET : Code APE : URSSAF (adresse et n°) :	Nom : Prénom : Adresse : N° de Sécurité sociale : Emploi, classification : Convention collective :

EXEMPLE

BULLETIN DE PAIE

SOCIETE EXEMPLE
23 rue Pasteur
31000 TOULOUSE
SIRET 37867022800014 - NAF 5829C
URSSAF 310 2022408

Etablissement : SOCIETE EXEMPLE
Période du 01/07/2009 au 31/07/2009
Payé le 31/07/2009 par chèque

M CADRE Jean-Pierre
10 avenue Victor HUGO
31000 TOULOUSE

Matricule : 4 SS : 1500734251004
Emploi : DIRECTEUR TECHNIQUE
C. collective : ...
Contrat : CDI
Entrée : 01/07/2009

2. Les informations générales

L'assistant doit disposer du calendrier des horaires, des types de contrat de travail, de la classification hiérarchique (employés, ouvriers, cadres, gérants mandataires, techniciens, apprentis, stagiaires), des accords d'entreprise, des rémunérations de base.

3. Les informations particulières

L'assistant doit également connaître les différentes composantes de la rémunération reposant sur des usages propres à la PME-PMI ou sur des accords d'entreprise plus formalisés.

EXEMPLES

Primes diverses, repos compensateur, heures dimanche et nuit, majorations jours fériés, avantages en nature, titres restaurant, panier journée.

3 Les éléments de calcul du salaire net

Salaire brut total	salaire de base (1) + heures supplémentaires (2) + primes soumises à cotisations (3) + avantages en nature (4) + congés payés pris durant le mois
– Total des cotisations salariales	
	+ remboursement de frais – acomptes versés – saisie sur salaire – titres restaurant (part revenant au salarié)
= Net à payer au salarié	

(1) Le salaire de base

Le salaire de base est fixé entre l'entreprise et le salarié, à la signature du contrat de travail.
Les remboursements de frais ne font pas partie du salaire de base dans la mesure où les dépenses correspondantes sont effectives.

(2) La rémunération des heures supplémentaires

La loi fixe un contingent annuel de 220 heures par salarié et par année civile. Au-delà de cette limite, l'entreprise doit demander l'autorisation à l'inspection du travail.
La loi du 21 août 2007, en faveur du travail, de l'emploi et du pouvoir d'achat (TEPA), instaure une exonération d'impôt sur le revenu pour les heures supplémentaires et un allègement des cotisations sociales.
Les heures supplémentaires sont prises en compte pour le calcul de divers éléments relatifs à la paie :
– indemnité de congés payés ;
– garantie du salaire en cas de maladie ;
– salaire moyen servant de base au calcul de l'indemnité de préavis et de licenciement.

EXEMPLE

Le relevé des heures supplémentaires d'un salarié sur un mois est le suivant.

HS semaine 1	2 heures 30
HS semaine 2	4 heures
HS semaine 3	2 heures 30
HS semaine 4	3 heures
Total mensuel	**12 heures**

Salaire de base = 1 580,00 €
Horaire mensuel = 151,67 heures
Le paiement des heures supplémentaires sera de :
Taux horaire : 1 580,00/151,67 = 10,41 €
HS majorées à 25 % : 12 × 10,41 × 1,25 = 156,26 €

(3) Les différentes primes

Leur caractère incitatif constitue une forme de récompense. Elles dépendent parfois d'un objectif de rendement fixé au salarié. Ainsi, les commerciaux de l'entreprise bénéficient souvent de primes liées au niveau de leurs ventes.

Prime d'assiduité	Elle est calculée en fonction de la présence du salarié au sein de l'entreprise.
Prime d'ancienneté	Versée en fonction de l'ancienneté du salarié dans l'entreprise, elle est calculée soit forfaitairement, soit en fonction d'un pourcentage du salaire de base. Elle entre dans le calcul de l'indemnité des congés payés si elle est payée annuellement. En revanche, elle n'entre pas dans le calcul des majorations pour heures supplémentaires.
Prime du 13ᵉ mois	Cette prime est, en principe, payée en une seule fois (généralement l'avant-dernier mois civil). Le mode de calcul est prévu soit par les conventions collectives, soit par le contrat de travail, soit par l'employeur lui-même. Elle n'entre pas dans le calcul de l'indemnité de congés payés.
Prime de résultat ou prime de bilan	Elle est destinée à intéresser le salarié au résultat de l'entreprise.
Prime liée à la nature du travail	Elle compense la pénibilité du travail. Exemples : primes de froid, d'insalubrité, de travaux dangereux.
Prime de précarité	Elle concerne les salariés en contrat à durée déterminée qui, à la fin de leur contrat, reçoivent une prime représentant 10 % du montant des salaires bruts perçus.

(4) Les principaux avantages en nature

L'avantage en nature est constitué par l'usage privé d'un bien ou d'un service fourni par l'employeur. Il représente l'économie réalisée par le salarié. Les avantages en nature sont inclus dans le salaire de base soumis à cotisations sociales.

EXEMPLES

Véhicule de fonction, logement, équipements (ordinateur, téléphone portable, pass pour télépéage) mis à la disposition du salarié.

Est également considéré comme un avantage en nature le remboursement (à hauteur de 50 %) des frais de transport du salarié pour se rendre sur son lieu de travail (loi de finances de 2008).

4 La réalisation du bulletin de paie

Elle se fait de plus en plus au moyen d'un logiciel de paie qui calcule la rémunération et les charges sociales, prend en compte les nouvelles réglementations.

EXEMPLES

Primes imposables et non imposables, défiscalisation des heures supplémentaires.

EXEMPLE

Bulletin de salaire d'un cadre

GAINS				
Désignation	Base	Taux	Montant	Montant (ns)
Salaire forfaitaire			4 000,00	
TOTAL			4 000,00	0,00

RETENUES					
Désignation	Base	Taux Sal. %	Montant Sal.	Taux Pat. %	Montant Pat.
Sécurité sociale Maladie	4 000,00	0,750	30,00	12,800	512,00
Sécurité sociale Vieillesse plafonnée	2 859,00	6,650	190,12	8,300	237,30
Sécurité sociale Vieillesse déplafonnée	4 000,00	0,100	4,00	1,600	64,00
Allocations familiales	4 000,00			5,400	216,00
Cotisation FNAL plafonnée	2 859,00			0,100	2,86
Contribution de solidarité autonomie	4 000,00			0,300	12,00
Accident du travail	4 000,00			2,000	80,00
Assurance chômage Tranche A	2 859,00	2,400	68,62	4,000	114,36
Assurance chômage Tranche B	1 141,00	2,400	27,38	4,000	45,64
Cotisation AGS (FNGS)	4 000,00			0,300	12,00
Retraite complémentaire Tr A	2 859,00	3,000	85,77	4,500	128,66
Retraite complémentaire Tr B	1 141,00	7,700	87,86	12,600	143,77
Contribution exceptionnelle temporaire	4 000,00	0,130	5,20	0,220	8,80
Cotisation APEC	1 141,00	0,024	0,27	0,036	0,41
AGFF Tr A	2 859,00	0,800	22,87	1,200	34,31
AGFF Tr B	1 141,00	0,900	10,27	1,300	14,83
Retraite supplémentaire Tr A	2 859,00	3,000	85,77	6,000	171,54
Retraite supplémentaire Tr B	1 141,00	8,000	91,28	16,000	182,56
Prévoyance Tr A	2 859,00			1,500	42,89
Cotisation de mutuelle			25,00		25,00
CSG non déductible	4 289,33	2,400	102,94		
CRDS non déductible	4 289,33	0,500	21,45		
CSG déductible	4 289,33	5,100	218,76		
Prélèvement sur contribution de prévoyance	67,89			8,000	5,43
Forfait social	354,10			2,000	7,08
Cotisation de formation	4 000,00			1,050	42,00
Taxe d'apprentissage	4 000,00			0,500	20,00
TOTAL			1 077,56		2 123,44
NET À PAYER			**2 922,44**		

Cumuls annuels		Cumuls de la période	
Net imposable	3 046,83	Net imposable	3 046,83
Soumis SS	4 000,00	Soumis SS	4 000,00
Coût total	6 123,44	Coût total	6 123,44
Heures salariées	151,67	Heures salariées	151,67

Congés	N	N-1
Acquis	2,50	
Pris		
Reste	2,50	0,00

Bulletin de salaire d'un non-cadre

Salaire	Nombre d'heures	Taux horaire	Montant (€)
Salaire de base (160,33 x 8,71)	160,33	8,71	1 396,47
Heures supp. à 10 %	**8,67**		**7,55**
Heures supp. à 20 %			
Heures supp. à 50 %			
Avantages en nature nourriture	22	3,31	72,82
Indemnités compensatrices nourriture	22	3,31	72,82
Avantages en nature logement			
Salaire brut			**1 549,66**

Cotisations sociales		**Part employeur**		**Part salariale**	
	Bases	**Taux %**	**Montant (€)**	**Taux %**	**Montant (€)**
CSG (déductible)	1 428,70	–	–	5,10	72,86
CSG + CRDS (HS déductibles)	80,58			8,00	6,45
SS maladie	1 549,66	12,80	198,36	0,75	11,62
SS vieillesse plafonnée	1 549,66	8,30	128,62	6,65	103,05
SS vieillesse déplafonnée	1 549,66	1,60	24,79	0,10	1,55
Contribution autonomie solidarité	1 549,66	0,30	4,65	–	–
Accident du travail	1 549,66	2,20	34,09	–	–
Allocations familiales	1 549,66	5,40	83,68	–	–
Retraite complémentaire	1 549,66	3,75	58,11	3,75	58,11
Assurance chômage	1 549,66	4,00	61,99	2,40	37,19
AGFF	1 549,66	1,20	18,60	0,80	12,40
FNGS	1 549,66	0,10	1,55	–	–
SS Fnal	1 549,66	0,10	1,55	–	–
Taxe d'apprentissage	1 549,66	0,50	7,75	–	–
Taxe additionnelle	1 549,66	0,18	2,79	–	–
Participation formation continue	1 549,66	1,60	24,79	–	–
Prévoyance	1 549,66	0,40	6,20	0,40	6,20
Réduction forfaitaire HS	83,07			21,50	-17,86
Total retenues			**659,06**		**291,57**
CSG (non déductible)	1428,70	–	–	2,40	34,29
CRDS (hors HS)	1 428,70	–	–	0,50	7,14
Déduction forfaitaire HS	8,67	1,50	- 13,00		
Réduction Fillon : 0,191 x 1 549,66 = 295,99 €			- 295,99		
Réduction A.N. : 0,93 € x 44 = 40,92 €			- 40,92		
Prime Sarkozy pour un restaurant : 180,00 €			- 180,00		
Salaire net imposable					**1 175,02**
(Salaire brut hors HS - total retenues cotisations salariales) (1 549,66 - 83,07 - 291,57 = 1 175,02)					
Prime de transport					
Avantage nourriture					- 72,82
Avantage logement					
Salaire net à payer					**1 143,84**
(salaire brut - la totalité des cotisations salariales - AN)					
Payé le 31/01/09 par virement du :					

Repos compensateur	Cumul des heures	Droits acquis	Utilisés	Reste

Durée congés payés : art. L. 3141-3 à L.3141 **Durée préavis : art. L.1234-1 à L.1234-8**

9 LES DÉCLARATIONS SOCIALES

➔ Les déclarations sociales sont des documents que le dirigeant de la PME-PMI transmet obligatoirement aux organismes sociaux pour payer les cotisations patronales et salariales. Cette activité est souvent déléguée au chef comptable ou à l'assistant de gestion. Le respect des délais de transmission est impératif sous peine d'avoir à payer des majorations de retard.

1 Les organismes de recouvrement et leur rôle

Les organismes sociaux collecteurs perçoivent les cotisations (prélèvements obligatoires sur les salaires) destinées à financer la protection sociale des salariés.

Organismes	Rôle
URSSAF (1)	L'URSSAF recouvre les différentes cotisations : – assurance maladie, maternité, invalidité, décès, – assurance vieillesse, veuvage, – maladies professionnelles, accidents du travail, – allocations familiales et CSG (contribution sociale généralisée), – CRDS (contribution pour le remboursement de la dette sociale). Les contrôleurs de l'URSSAF sont autorisés à se faire communiquer tout document nécessaire à l'exercice de leur mission de vérification (bulletins de paie, livre de paie, registre unique du personnel).
Pôle emploi	Il recouvre les cotisations destinées à l'assurance chômage.
ARRCO AGIRC	Les caisses de retraite complémentaires reçoivent les cotisations de leurs caisses adhérentes et versent une retraite complémentaire au régime de retraite de base de la Sécurité sociale : – aux retraités non cadres pour l'ARRCO, – aux retraités cadres pour l'AGIRC.
Exemples d'autres organismes sociaux : – les institutions de prévoyance (IP), – les caisses de congés intempéries du BTP (bâtiments, travaux publics).	

(1) Union pour le recouvrement des cotisations de Sécurité sociale et d'allocations familiales. L'employeur est affilié, c'est-à-dire inscrit, à l'URSSAF dont dépend son entreprise.

2 Les échéances des déclarations et des paiements

La périodicité des versements (par mois ou année) dépend de l'effectif de l'entreprise, d'où des effets de seuil à 10 puis 50 salariés.

1. Le calendrier commun à l'URSSAF et à Pôle emploi

Le non-respect des délais pénalise et donne lieu au versement de majorations de retard. L'entreprise peut néanmoins formuler une demande de réduction des majorations ou négocier un délai de paiement.

La périodicité des déclarations (et des versements qui en découlent) dépend de l'effectif de l'entreprise et de la date de mise en paiement effective des salaires.

Périodicité	Effectif	Date paiement des salaires	Date limite
Trimestrielle	Inférieur à 9	Mois N	Le 15 du 1er mois du trimestre civil suivant celui du paiement des salaires
Mensuelle	Compris entre 10 et 49	Entre le 1er et le 10 du mois	Le 15 du mois en cours
		Entre le 11 et la fin de mois	Le 15 du mois suivant la date du paiement des salaires
	50 et plus	Entre le 1er et le 10 du mois	Le 15 du mois en cours
		Entre le 11 et le 20 du mois	Le 25 du mois en cours
		Entre le 21 et la fin du mois	Le 5 du mois suivant

2. Le calendrier des caisses de retraite complémentaire

L'AGIRC-ARRCO fixe de façon autonome son calendrier d'appel à cotisations. L'assistant de gestion doit intégrer, dans son échéancier, les dates de déclaration et de règlement propres à ces organismes.

3 Les formalités liées aux déclarations mensuelles ou trimestrielles

Chacune des formalités déclaratives cumule sur un même bordereau les cotisations patronales et salariales.

1 Le bordereau récapitulatif des cotisations (BRC)
Le BRC est adressé à l'URSSAF et signé par l'employeur, avec le versement correspondant. Il indique : – le nombre de salariés, – le montant total des rémunérations versées par l'employeur, – l'assiette et le montant des cotisations et contributions dues.
2 L'avis de versement à Pôle emploi
Le règlement de la contribution d'assurance chômage patronale et salariale est accompagné d'un avis adressé à l'agence de Pôle emploi à laquelle est affiliée la PME-PMI.
3 Le bordereau d'appel ARRCO et AGIRC
4 La déclaration unifiée de cotisations sociales (DUCS)
L'employeur peut choisir d'établir une déclaration unique de cotisations sociales (DUCS) permettant de transmettre, sur un support unique, l'ensemble des éléments de salaire et d'effectif nécessaires au calcul des cotisations dues à l'URSSAF et à Pôle emploi, aux caisses de retraite complémentaires AGIRC et ARCCO et de prévoyance. Dans ce cas, la déclaration unifiée de cotisations sociales tient lieu de BRC.

4 Les formalités liées aux déclarations annuelles

1. La déclaration annuelle des salaires (DADS)

Chaque année, au plus tard le 31 janvier, l'employeur doit déclarer, à la caisse régionale maladie dont il dépend, les salaires versés, pour l'ensemble de ses salariés, au cours de l'année précédente, sur un document appelé DADS. Celui-ci récapitule :
- les rémunérations brutes et plafonnées de chaque salarié, sur lesquelles sont acquittées les cotisations patronales et salariales ;
- les effectifs et une liste nominative des salariés.

La DADS permet aux organismes sociaux :
- de définir les droits des salariés (retraite, assurance maladie, etc.) ;
- de calculer les taux de cotisation applicables aux entreprises.

Deux modes de déclaration sont proposés en ligne, selon que l'entreprise est équipée ou non d'un logiciel de paie : DADS-U ou DADSNET.

2. La déclaration automatisée des données sociales unifiée (DADS-U)

Par souci de simplification administrative, la norme DADS-U est obligatoire. Cette déclaration rassemble toutes les données à déclarer dans un seul fichier adressé à un interlocuteur unique, intermédiaire, chargé du contrôle et de la diffusion des données aux organismes sociaux concernés.

La DADS-U doit être envoyée par chaque entreprise ou par son tiers déclarant (expert-comptable, centre de gestion, etc.) :
- au plus tard le 31 janvier de chaque année pour la CNAV/TDS ;
- au plus tard le dernier jour de février pour les institutions de retraite complémentaires (IRC) et les institutions de prévoyance (IP) ;
- en avril pour les déclarations annuelles aux caisses de congés intempéries BTP.

5 La dématérialisation des formalités déclaratives

Progressivement, toutes les déclarations s'effectueront par voie électronique.

1. Relations dématérialisées avec les organismes sociaux

La PME-PMI peut remplir le BRC *via* Internet et payer par télépaiement sécurisé en se connectant sur http://www.declaration.urssaf.fr.

Si la PME-PMI dispose d'un logiciel de paie agréé par les organismes sociaux et qu'elle est inscrite au service de télérèglement, elle peut également souscrire la DUCS par Internet, sur le site http://www.net-entreprises.fr. On parle d'échanges de données informatisées (DUCS-EDI).

2. Relations dématérialisées avec les banques

Le télérèglement (transmission à la banque de la PME-PMI d'un ordre de paiement pour un organisme désigné) garantit le respect des dates limites. En effet, le débit du compte, quelle que soit la date de la déclaration, s'effectue juste à l'échéance et préserve ainsi la trésorerie de l'entreprise.

6 Les modalités du paiement des cotisations

COTISATIONS MENSUELLES ET TRIMESTRIELLES	**BRC destiné à l'URSSAF**
	Virement bancaire obligatoire pour les entreprises qui sont redevables de plus de 7 millions d'euros de cotisations. Virement bancaire ou, en accord avec l'URSSAF, par un autre moyen dématérialisé (télépaiement) pour les entreprises qui paient entre 150 000 € et 7 millions d'euros de cotisations. Le paiement peut être réalisé par chèque, espèces ou mandat, TIP ou télépaiement pour toutes les entreprises qui paient moins de 150 000 € de cotisations.
	Bordereau de versement destiné à Pôle emploi
	L'employeur doit compléter et renvoyer l'avis de versement. Les entreprises de moins de 10 salariés peuvent, sur option, payer 4 acomptes prévisionnels trimestriels (une régularisation interviendra alors en fin d'année).
	Bordereau d'appel des caisses de retraite complémentaire
	Les modalités de paiement sont définies et précisées par chaque caisse.
	Déclaration unifiée des cotisations sociales (DUCS)
	La déclaration et le paiement des cotisations sociales URSSAF, Pôle emploi et aux caisses de retraite s'effectue en une seule opération. Il existe plusieurs options : - DUCS papier (remplie et imprimée par le logiciel de paie ou le module de paie du PGI), - DUCS en saisie télétransmission (la DUCS est saisie à l'écran puis transmise par Internet), - DUCS EDI établie par le logiciel de paie ou le module de paie du PGI (télétransmise sous forme de fichier EDI).
COTISATIONS ANNUELLES	**Déclaration annuelle de données sociales (DADS)**
	Cette déclaration établie pour l'année civile permet le contrôle et éventuellement la régularisation des déclarations sociales (BRC). Elle est adressée à l'URSSAF.
	Autres déclarations annuelles
	Le bordereau annuel de Pôle emploi est à envoyer pour le 31 janvier au plus tard. L'état nominatif annuel des salaires est destiné aux caisses de retraite pour déterminer et régulariser les points de retraite des salariés.

10 LA FORMATION DU PERSONNEL

La formation des salariés vise leur insertion dans un contexte professionnel en s'accommodant des diverses contraintes techniques, relationnelles qu'il implique. Elle apparaît comme une condition de la compétitivité de la PME-PMI. L'assistant de gestion participe au processus de mise en œuvre de la formation.

1 Les acteurs de la formation

1. Le responsable de la formation

C'est souvent le dirigeant de la PME-PMI qui est responsable de la formation (sauf dans les grosses PME-PMI qui possèdent un service formation à part entière placé sous la responsabilité du DRH). Ce dernier définit les besoins en formation en fonction de la politique de son entreprise, élabore le plan de formation et le budget correspondant. Il gère également les relations avec les partenaires extérieurs.

2. Le gestionnaire de la formation

L'assistant de gestion est souvent en charge :
- du suivi administratif et financier;
- de l'organisation logistique des actions de formation;
- de l'accueil des stagiaires et de la présentation réciproque entre formateur et participants;
- de l'évaluation des formations.

Il en rend compte au dirigeant.

3. Les formateurs

a) Le rôle du formateur

Il anime le stage, met au point les outils d'apprentissage et assure le suivi de la progression des stagiaires.

b) L'origine des formateurs

La PME-PMI fait le plus souvent appel à des formateurs d'organismes de formation extérieurs qui interviennent alors sur un cahier des charges précis.

S'il existe un centre de formation interne, cela suppose la présence de formateurs, salariés de l'entreprise, détachés le temps d'une mission de formation dans leur domaine de compétence. L'entreprise peut organiser des actions de tutorat : un salarié expérimenté assure alors l'accompagnement professionnel d'un collègue, lui prodigue conseils et assistance.

4. Les représentants du personnel

L'élaboration du plan de formation est assurée sous la responsabilité totale de l'employeur, après consultation des représentants du personnel qui émettent un avis.

2 Les étapes du processus de formation

Ce processus se déroule en plusieurs étapes.

1. Collecter des informations

L'assistant de gestion doit rassembler les informations répondant aux questions suivantes :
- Quels sont les besoins de formation des salariés? (à partir des objectifs stratégiques, des entretiens annuels, au moyen d'enquêtes)
- Quel est le nombre de personnes à former?
- Quel est le niveau actuel et le niveau attendu en fin de formation?

2. Élaborer un plan de formation

Ce plan précise l'objectif et le contenu des stages, le calendrier, les effectifs et le budget prévisionnel en fonction de la politique de formation de l'entreprise. Les actions de formation ciblant un même objectif pourront éventuellement s'étaler sur plusieurs mois, voire plusieurs années.

Le plan de formation peut également prévoir des actions de bilans de compétences et de validation des acquis de l'expérience et proposer des formations qui participent à la lutte contre l'illettrisme.

L'assistant réalise le planning de formation. Il détermine les dates de départ en formation, le calendrier le plus propice à la mise en œuvre des formations, en tenant compte des différentes contraintes de la PME-PMI :
- périodes d'activité;
- impératifs liés à la charge de travail;
- délai dans lequel les compétences acquises seront nécessaires;
- etc.

3. Définir le contenu des formations

Les formations ont deux objectifs principaux.

a) La maîtrise de l'environnement de travail

Le salarié doit pouvoir bénéficier d'une formation pratique et appropriée, notamment aux risques auxquels il est exposé. La formation a pour objet de lui indiquer les mesures de prévention, ainsi que la conduite à tenir en cas d'accident.

EXEMPLES

Formation sur les risques induits par la dangerosité des produits utilisés, sur le fonctionnement des dispositifs de protection et de secours.

b) La maîtrise du poste de travail

Les formations visent alors une meilleure efficacité ou l'adaptation du salarié à l'évolution de son poste de travail.

4. Organiser la formation

Il s'agit de :
- choisir les participants, en les désignant ou en les sélectionnant parmi des candidatures spontanées;
- choisir les prestataires externes ou les formateurs internes;
- monter les stages (leur prise en charge sur le plan logistique consiste à prévoir et réserver le lieu du stage [sur place ou dans des locaux extérieurs] et à s'assurer que le formateur aura à sa disposition le matériel demandé).

Liste de contrôle des conditions matérielles d'organisation	
Lieux ❒ Salle de réunion plénière ❒ Salles plus petites pour ateliers ❒ Lieu de repos convivial ❒ Lieu de restauration ❒ Lieu d'hébergement	**Équipement** ❒ Photocopieuse ❒ Vidéoprojecteur ❒ Écran ❒ Ordinateurs ❒ Accès Internet
Matériels ❒ Badges ❒ Chevalets ❒ Photocopies ❒ Rafraîchissements	**Informations à communiquer aux stagiaires** ❒ Programme de la journée de formation ❒ Convocation (date, lieu, horaires)

5. Suivre les stages

Le suivi consiste à contrôler la présence des stagiaires avec une feuille d'émargement, à effectuer le paiement des formateurs et à préparer les attestations de stage.

3 L'adaptation de la formation aux besoins

À l'initiative de l'employeur, un **entretien annuel** est destiné à évaluer le salarié. Cet entretien a souvent des répercussions sur la rémunération ou l'évolution de la carrière du salarié. L'évaluation porte principalement sur la performance individuelle du salarié pour l'année écoulée et les objectifs pour l'année à venir.

L'entretien professionnel obligatoire est destiné à évaluer plus spécifiquement les besoins en formation des collaborateurs et doit être mis en place une fois tous les 2 ans pour tout salarié ayant 2 ans d'activité dans l'entreprise. L'entretien professionnel pose le principe de la formation tout au long de la vie. Il porte sur le projet professionnel du salarié et sur les formations nécessaires pour y parvenir. Il permet à chaque salarié de faire régulièrement le point sur ses aptitudes, ses possibilités d'évolution.

Objectifs	Entretien annuel	Entretien professionnel
Apprécier les performances au regard des missions de l'année écoulée.	❒	
Élaborer un plan de progrès pour l'année suivante.	❒	
Réaliser le bilan des formations.		❒
Identifier les souhaits d'évolution du salarié.		❒
Présenter les évolutions des métiers et des emplois dans l'entreprise.		❒
Proposer les actions permettant au salarié de s'adapter à l'évolution de son poste de travail, de renforcer ses qualifications et ses compétences.		❒
Envisager les besoins futurs de formation et, si possible, les conditions de réalisation de la formation.		❒

4 L'évaluation de la formation

1. Le moment de l'évaluation

L'évaluation est souvent réalisée en deux étapes :
– une évaluation spontanée, réalisée « à chaud », immédiatement en fin de stage, permet de qualifier l'organisme de formation (méthodes pédagogiques, outils utilisés, supports de formation, cohérence des sujets traités avec le besoin initial, etc.).
– une évaluation distanciée dans le temps permet de faire le bilan entre stagiaire et supérieur hiérarchique. L'objectif est alors de mesurer objectivement, quelque temps après la formation, si les objectifs initiaux ont été atteints.

Des documents peuvent être adressés aux participants en prolongement de la formation : fiche d'autoévaluation, compte rendu du dépouillement du questionnaire d'enquête de satisfaction, etc.

2. Le questionnaire comme outil d'évaluation

Il peut prendre la forme d'une fiche d'évaluation de stage.

EXEMPLE

Merci de répondre à ce questionnaire, dont les résultats seront étudiés avec soin pour améliorer encore vos formations !

À déposer à l'accueil immédiatement après la formation.

Nom : .... Prénom : ....

Intitulé du stage : .... Date du stage : ....

Lieu du stage : .... Nom du formateur : ....

Échelle de notation : Insatisfait • Moyennement satisfait • Satisfait • Très satisfait

Contenu du stage	☹			☺
Qualité des documents remis	❒	❒	❒	❒
Progression de l'apprentissage	❒	❒	❒	❒
Réponse aux attentes	❒	❒	❒	❒
Intérêt par rapport aux besoins	❒	❒	❒	❒
Durée du stage	❒	❒	❒	❒
Niveau général du stage	❒	❒	❒	❒
Qualités du formateur				
Compétences techniques	❒	❒	❒	❒
Qualité de communication	❒	❒	❒	❒
Disponibilité et écoute	❒	❒	❒	❒
Organisation matérielle				
Qualité de la salle de formation	❒	❒	❒	❒
Qualité du matériel	❒	❒	❒	❒
Apport du stage				
Application immédiate du stage dans le cadre professionnel	❒	❒	❒	❒
Réponse aux attentes	❒	❒	❒	❒

Merci d'avoir répondu à ce questionnaire.

exercices

exercice 1 La procédure de recrutement

Le DRH du siège social de la Financière de Crédit souhaite renforcer les équipes de chargés de clientèle de ses 15 agences. Il décrit la procédure à appliquer dans l'annexe ci-dessous.

Annexe – Procédure de recrutement de la Financière de Crédit

La demande de personnel de chaque direction d'agence, adressée obligatoirement au siège à la DRH, doit préciser le niveau de qualification, de rémunération, la date et la durée du besoin. En l'absence d'un de ces éléments, la demande est retournée par le DRH au responsable hiérarchique pour être complétée.
À la lecture de la demande, le DRH étudie la situation de chaque direction avant de procéder à un recrutement définitif. Il envisage notamment la possibilité d'une nouvelle répartition des tâches entre les salariés de cette direction (si tel est le cas, la demande de recrutement est refusée : des conseils de réorganisation du service sont alors dispensés). Lorsque la demande est acceptée, et s'il s'agit d'un nouveau poste, sa définition devra être établie à partir des éléments qui ont motivé sa création. Si le poste est ancien, il faudra procéder à une analyse et à une description du poste à partir de l'existant. Dans les deux cas, un profil de poste est réalisé.
Avant d'effectuer une prospection externe, le DRH propose à son personnel, qui possède la qualification requise, le poste à pourvoir. Cette proposition peut prendre la forme d'une annonce publiée sur le site intranet de l'entreprise. Si les compétences du salarié sont insuffisantes, le DRH peut décider de lui faire suivre une formation avant de lui confier le poste. Lorsqu'il n'existe pas au sein de l'entreprise de collaborateur susceptible d'occuper le poste à pourvoir, le DRH a recours au recrutement externe. Il fait paraître une annonce dans la presse et avise Pôle emploi de cette offre d'emploi. Les CV reçus sont triés. La base de données ainsi constituée comprend également les candidatures spontanées. Les candidats dont les CV ont été retenus sont ensuite convoqués à un entretien à l'issue duquel la personne correspondant le mieux au profil sera recrutée ; les candidats non retenus seront informés par courrier.

ENTRAÎNEZ-VOUS

1. **Représentez la procédure de recrutement des chargés de clientèle pour les cadres responsables des agences.**

2. **Élaborez le support destiné à définir le profil du candidat. Justifiez son intérêt.**

CORRIGÉS p. 253

exercice 2 La préparation de la paie

Vous préparez la paie du mois de juin dans l'entreprise Ecobat, qui emploie 55 salariés. La durée hebdomadaire du travail est de 35 heures.
Vous disposez du relevé des heures travaillées de M. Grosjean pour juin (ci-dessous). Son taux de rémunération horaire est de 12 € et sa prime d'ancienneté est de 5 % du salaire mensuel.

Semaine	1			2						3					4						5		
Jour	M	J	V	L	M	M	J	V	S	L	M	M	J	V	L	M	M	J	V	S	M	M	J
Date	1	2	3	6	7	8	9	10	11	13	14	15	16	17	20	21	22	23	24	25	28	29	30
Heures	7	8	8	8	8	8	8	8	4	6	8	6	8	8	7	8	4	7	7	4	8	6	8

ENTRAÎNEZ-VOUS

1. **Calculez le salaire brut mensuel hors heures supplémentaires (HS) de M. Grosjean.**

2. **Calculez le nombre d'HS effectuées par M. Grosjean et leur rémunération.**

3. **Évaluez, en nombre d'heures, le repos compensateur de juin de M. Grosjean.**

4. **Évaluez les jours et les droits à congés payés de M. Grosjean en juin.**

CORRIGÉS p. 254

corrigés

exercice 1 page 252

1. Représentation schématisée de la procédure de recrutement des cadres

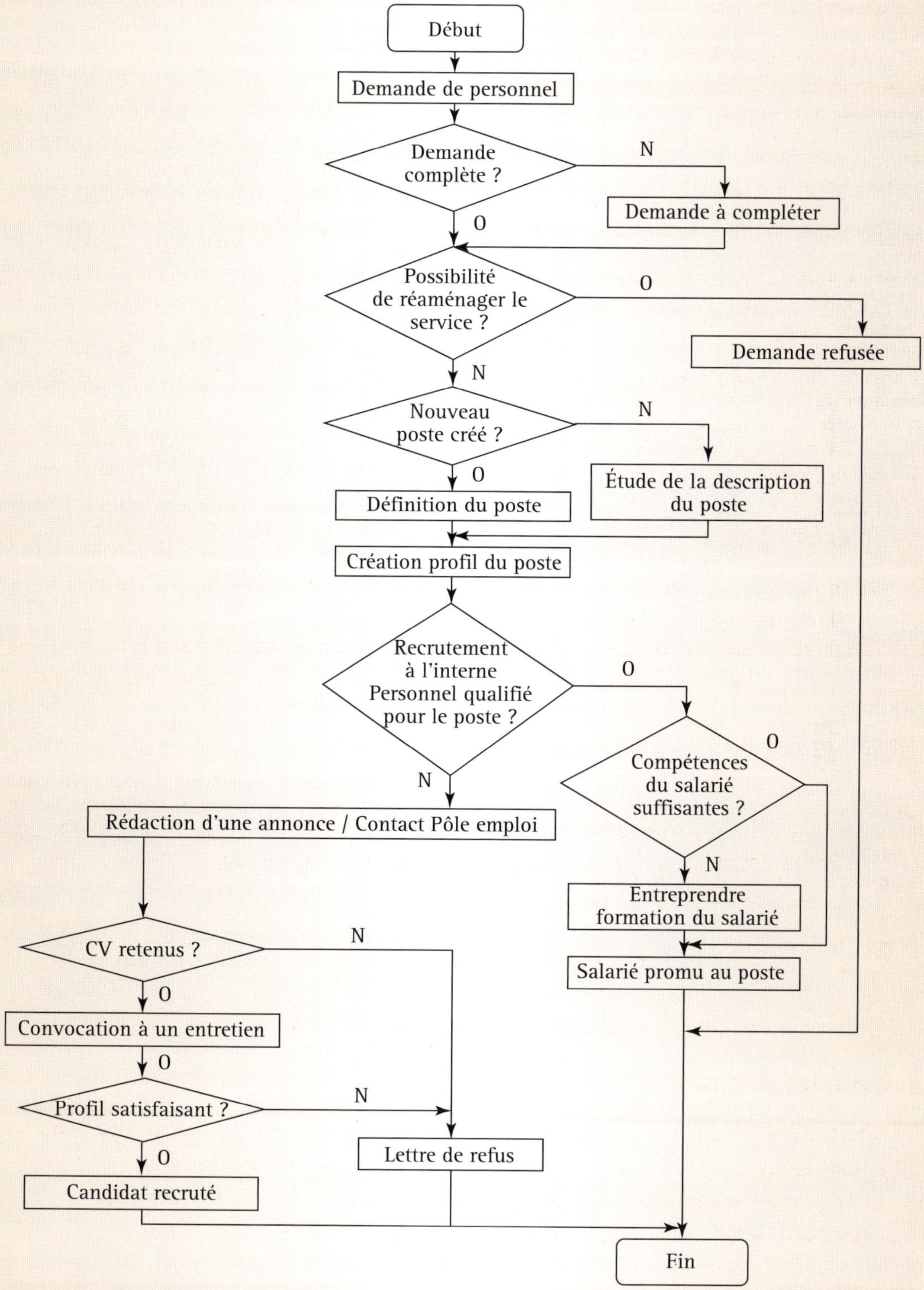

ACTIVITÉ 3

2. Grille multicritères pour déterminer le profil du candidat (permettant d'effectuer des comparaisons entre plusieurs candidats)

CRITÈRES	PONDÉ-RATION	CANDIDAT 1		CANDIDAT 2	
		Note	Note pondérée	Note	Note pondérée
Formation générale					
Formation professionnelle					
Expérience professionnelle					
Aisance relationnelle					
Qualité de la communication écrite					
Discussion et négociation					
Travail en équipe					
Organisation et rigueur					
Prise de décisions					
Prise d'initiatives					
Discrétion					
Diplomatie					
Conscience professionnelle					
Élocution aisée					
Présentation					
Autre					

exercice 2 page 252

1. La durée hebdomadaire étant la durée légale de 35 heures, le calcul est effectué sur 151,67 heures mensuelles.

Rémunération de base :	
151,67 × 12 €	1 820,04 €
Prime d'ancienneté :	
1 820,04 € × 5 %	91,00 €
Rémunération brute hors HS :	1 911,04 €

2. Le nombre d'heures supplémentaires (HS) correspond aux heures travaillées au-delà de 35 heures.
Semaine 1 : 2 HS
Semaine 2 : 9 HS (dont 1 HS au-delà de la 8e heure)
Semaine 3 : 1 HS
Semaine 4 : 2 HS
Il y a 13 HS au taux de + 25 % et 1 HS au taux de + 50 %.
La 5e semaine civile ne se termine pas en juin donc, s'il y a des HS cette semaine-là, elles seront prises en compte le mois suivant.
Taux d'une heure de rémunération :
1 911,04 € / 151,67 = 12,60 €
Taux d'une heure supplémentaire majorée à 25 % :
12,60 € × 1,25 = 15,75 €
Taux d'une heure supplémentaire majorée à 50 % :
12,60 € × 1,50 = 18,90 €

Rémunération brute hors HS :	1 911,04 €
HS à 25 % :	
13 heures × 15,75 € :	204,75 €
HS à 50 % :	
1 heure × 18,90 € :	18,90 €
Rémunération du mois de juin :	2 134,69 €

3. Dans la semaine 2, 3 HS ont été effectuées au-delà de la 41e heure. Elles donnent droit à 3 × 0,5, soit 1 heure et demie de repos compensateur obligatoire.

4. Le nombre de jours de congés payés pour 1 mois travaillé est de 2,5 jours.
Pour 25 jours ouvrés, cela correspond à 10 % du salaire :
2 134,69 € × 10 % = 213,46 €,
soit 213,46 / 2,5 = 85,38 € par jour.

ACTIVITÉS 5.1 ET 5.2 GESTION ET FINANCEMENT DES ACTIFS

1 LES IMMOBILISATIONS

➔ Pour réaliser son activité, une entreprise doit disposer non seulement de moyens financiers mais également d'un outil de production, de gestion et de commercialisation. Les immobilisations, en tant que biens durables destinés à apporter un avantage économique futur, offrent une appréciation intéressante des capacités de la société.

1 Acquisition des immobilisations

1. Comptabilisation des immobilisations

Les immobilisations figurent à l'actif du bilan, dans les comptes de la classe 2 signifiant une liquidité (délai nécessaire pour les transformer en monnaie) faible.
Elles se différencient des charges, qui sont consommées au cours de l'exercice et figurent donc dans le compte de résultat. Néanmoins, il est possible, pour des questions de commodité, de comptabiliser des biens durables d'un faible montant (inférieur à 500 € HT) en charges.
Les stocks enregistrent des produits non utilisés ou non vendus. Leur existence dans la société est plus brève que celle des immobilisations.

2. Différents types d'immobilisations

Les immobilisations incorporelles n'ont pas de matérialité (brevet, fonds de commerce, etc.), à l'inverse des immobilisations corporelles (bâtiment, matériel industriel, véhicules, etc.).
Les immobilisations financières représentent des actions (titres de participation, etc.) ou obligations détenues dans des objectifs à long terme.

2 Analyse des besoins

1. Construction d'un cahier des charges

C'est un document établi par le client visant à préciser au fournisseur ses attentes (description des besoins, délais de réalisation, etc.).

2. Choix d'un fournisseur

Plusieurs critères, en dehors du prix de vente, sont à prendre en considération afin d'éviter des coûts supplémentaires ultérieurs. Parmi ceux-ci, figurent : le service après-vente, la proximité géographique, la fiabilité (stabilité financière, compétences techniques) et les modalités de paiement (délai et moyen de paiement).

3 Évaluation

1. Coût d'entrée

Le coût d'entrée est une notion importante car il servira de base au calcul des amortissements (voir ci-après) et donne la valeur enregistrée à l'actif, qui servira pour l'évaluation du patrimoine de la société.
Il comprend le prix d'achat net des réductions commerciales et financières, les charges annexes induites par l'achat (honoraires, commissions, transport, etc.), l'installation et la mise en service de l'immobilisation et éventuellement les logiciels intégrés ne faisant pas l'objet d'une facturation spécifique.
La TVA non récupérable sur les véhicules de tourisme est intégrée au coût d'achat.

EXEMPLE

La société Christine a acquis du mobilier de bureau le 1er avril N pour un montant de 8 450 € avant une remise de 6 %. Des logiciels (250 €) et des frais de transport (123 €) sont inclus dans la facture.
Elle a également acheté un véhicule de tourisme pour un montant net HT de 12 000 €.
Le coût d'achat du matériel de bureau s'élève à :
[(8 450 – 6 %) + 123 + 250] = 8 316 €.
La TVA étant déductible, elle n'est pas incluse dans le coût d'achat.
Le coût d'achat du véhicule s'élève à :
12 000 × 1,196 = 14 352 €. La TVA non récupérable fait partie intégrante du coût d'achat.

2. Valeur par composant

Lorsqu'une immobilisation peut être décomposée en plusieurs éléments identifiables ayant des durées de vie différentes, chacun d'entre eux doit faire l'objet d'un coût et d'un enregistrement comptable spécifiques.
Les composants peuvent être soit de première catégorie, s'ils sont remplacés régulièrement, soit de deuxième catégorie, s'ils correspondent à des dépenses de gros entretien.

EXEMPLE

M. Raoul a un restaurant dont les murs ont une valeur estimée à 190 000 €, amortissable sur une durée de 20 ans. Le 1er juillet N, il l'a équipé d'une chambre froide de 10 m^2 pour un montant de 9 000 € (durée d'utilisation de 10 ans). Cet actif immobilisé (constructions) est constitué de deux composants qui seront amortis en fonction de leur propre durée d'utilisation.

4 Valeur à la clôture de l'exercice

1. Caractéristiques des amortissements

La plupart des immobilisations sont amortissables dans la mesure où elles ont une durée de vie limitée par leur usure ou leur obsolescence.
L'amortissement annuel représente la valeur du bien consommée au cours de l'exercice. C'est une charge qui diminuera donc le bénéfice mais qui ne sera pas décaissée. L'amortissement annuel peut être calculé de différentes manières afin de donner une estimation proche de la réalité (amortissement linéaire ou proportionnel à l'utilisation du bien) ou de bénéficier d'avantages fiscaux (amortissement dégressif). La valeur nette comptable se calcule de la façon suivante :
Valeur nette comptable = Coût d'achat – Totalité amortissements pratiqués*

* Cumul des amortissements réalisés depuis l'achat.

ACTIVITÉ 5.1 ET 5.2

2. Amortissements linéaires

Cette méthode est utilisée lorsque la perte de valeur est régulière. La base amortissable est le coût d'achat. Lorsque le bien est acheté en cours d'année, l'annuité est proportionnelle à sa durée d'utilisation exprimée en jours (départ = date de mise en service).

Taux appliqué = 1/Durée d'utilisation prévue (en années).

EXEMPLE (suite)

M. Raoul présente le plan d'amortissement de sa chambre froide.

Base amortissable = 9000 €. Taux = 1/10 = 10%

Première annuité incomplète : la pondération est de 1/2 (acquisition le 1er juillet N) = 9000 × 10 % × (1/2) = 450 €.

Amortissement linéaire			
Période	Base amortissable	Annuité	VNC
N	9000	450	8550
N+1	9000	900	7650
...	...	...	...
N+11	9000	450	0

Les années N et N+11 enregistrent des annuités partielles car le bien a été acheté en cours d'année. Néanmoins, il y a bien au total 9000 € amortis (9 fois 900 € + 2 fois 450 €).

3. Amortissements proportionnels à l'utilisation du bien

Les amortissements sont calculés proportionnellement à l'intensité de l'exploitation du matériel.

EXEMPLE

La société Aline a acheté le 1er septembre N un matériel industriel de 36000 € ; la production prévisionnelle est la suivante :

N	N+1	N+2	N+3	N+4
5000	16000	18000	11000	10000

Explications pour l'annuité en N :
36000 × (5000/60000) = 3000

Amortissement variable			
Période	Base amortissable	Annuité	VNC
N	36000	3000	33000
N+1	36000	9600	23400
...	...	...	...
N+4	36000	6000	0

4. Amortissements dégressifs

Cette option est envisageable lorsque le bien perd très rapidement de sa valeur (sauf pour les biens d'occasion, les véhicules de tourisme et les logiciels). L'objectif est d'enregistrer des charges importantes pour diminuer le montant de l'impôt sur les sociétés à payer.

Le taux dégressif appliqué est égal au taux linéaire multiplié par un coefficient (de 3 à 4 ans = 1,25, de 5 à 6 ans = 1,75 et de plus de 6 ans = 2,25). On retient le taux le plus élevé entre taux linéaire et dégressif. L'amortissement débute à la date d'achat (durée exprimée en mois). La base amortissable est égale au coût d'achat la première année, puis à la valeur nette comptable de l'année précédente.

EXEMPLE

La société Aline a acheté le 1er septembre N un matériel industriel pour un montant de 36000 € qui sera amorti sur une durée de 5 ans suivant le mode dégressif.

Amortissement dégressif					
Période	Base amortissable	Taux dégressif	Taux linéaire	Annuité	Valeur nette comptable
N	36000,00	35%	20%	12600,00	23400,00
N+1	23400,00	35%	25%	8190,00	15210,00
N+2	15210,00	35%	33%	5323,50	9886,50
N+3	9886,50	35%	50%	4943,25	4943,25
N+4	4943,25	35%	100%	4943,25	0,00

De N à N+3, le taux dégressif est choisi, puis c'est le taux linéaire pour les deux dernières années.

5 Opportunité de l'investissement

1. Calcul des flux nets de trésorerie (FNT)

Il faut évaluer les revenus annuels spécifiques qui seront générés par l'investissement. Leur montant est obtenu en faisant la différence entre le CA supplémentaire et les charges supplémentaires. Si le montant investi est inférieur aux flux cumulés sur la période totale d'utilisation, l'opération est envisageable.

EXEMPLE

Un véhicule professionnel a été acquis en janvier N pour développer les actions commerciales (prix HT = 20000 €). Le CA supplémentaire est de 15000 € par an, avec des charges additionnelles de 8000 € par an. Le bien sera amorti linéairement sur 5 ans. (Taux IS = 33,33%)

2. Calcul du délai de récupération

Le délai de récupération correspond au temps nécessaire pour que les flux cumulés de trésorerie atteignent un montant équivalent à l'investissement.

EXEMPLE (suite)

	N	N+1	N+2	N+3	N+4
FNT cumulés	6000	12000	18000	**24000**	30000

Le montant investi est récupéré en N+3. À la fin, N+2, il manque 2000 € pour atteindre 20000 €. Cette somme sera obtenue en 4 mois : FNT mensuel = (6000/12) = 500. Délai = 2000/500 = 4 mois.

2 LE FINANCEMENT DES IMMOBILISATIONS

L'acquisition d'une immobilisation nécessite une analyse pour en évaluer la pertinence. Une fois cette étape réalisée, il faut s'intéresser aux modalités de financement qui sont fondamentales car elles peuvent avoir des conséquences sur l'équilibre de la structure financière de l'entreprise.

1 L'équilibre du financement

1. Définition des agrégats

Les agrégats sont calculés à partir du bilan fonctionnel.

a) Le FRNG

FRNG (fonds de roulement net global) = Ressources stables (capitaux propres + amortissements, dépréciations et provisions + dettes à long et moyen termes) – Emplois stables (immo. pour leur montant brut).

Le FRNG doit être positif ; cela signifie que les immobilisations sont financées par des capitaux à long terme (haut de passif). Ce surplus permettra de financer l'exploitation.

b) Le BFR

BFR (besoin en fonds de roulement) = Emplois circulants (stocks, créances clients...) – Ressources à court terme (dettes fournisseurs, dettes fiscales et sociales...).

c) La TN

TN (Trésorerie nette) = Trésorerie Actif – Trésorerie Passif

2. Analyse des agrégats

La relation entre ces trois agrégats est la suivante :

FRNG – BFR = TN

Cela signifie que le FRNG doit être suffisamment important pour couvrir le BFR et ainsi obtenir une trésorerie nette positive. À l'inverse, un FRNG trop faible, voire négatif, ne pourra pas financer le BFR et aboutira à une TN négative.

2 Le financement par ressources internes

1. Par les capitaux présents dans l'entreprise

Les capitaux propres peuvent être renforcés tous les ans par le revenu généré au cours de l'exercice appelé CAF (capacité d'autofinancement). La CAF se calcule ainsi : CAF = Résultat net + Dotations aux amortissements, dépréciations et provisions – Reprises sur amortissements, dépréciations et provisions + (Moins-values – Plus-values sur cessions d'immobilisations)

L'avantage principal de ce mode de financement réside dans le coût faible de ces ressources. L'inconvénient est la possible faiblesse de ces ressources pour financer des projets importants.

2. Par des apports de fonds propres

La société peut faire appel à des capitaux supplémentaires, de « l'argent frais », pour accroître le niveau de ses fonds propres. Cette opération prend principalement deux formes :

- l'augmentation de capital, qui permet d'offrir une ressource peu chère mais demande un effort aux actionnaires qui n'ont peut-être pas les moyens de le faire ;
- l'apport en compte courant d'associé, qui présente les mêmes avantages que l'augmentation de capital à la différence près que les fonds ne sont pas bloqués définitivement.

3 Le financement par emprunts indivis

Ce type de financement correspond à la mise à disposition de capitaux par une banque dans des conditions très variées, concernant les modalités de remboursement (annuités constantes, amortissements constants, « in fine »), les charges financières (taux fixe, taux variable, taux révisable) et la durée (généralement au-delà de 5 ans).

L'annuité correspond au montant versé périodiquement par l'emprunteur.

Annuité = Intérêts + Amortissement financier (part du capital remboursé)

Coût de l'emprunt = Somme totale des annuités versées – Emprunt

1. Remboursement par annuités constantes

Le calcul s'effectue grâce à la formule suivante :

$$\text{Annuité} = \text{emprunt} \times \frac{t}{1 - (1 + t)^{-n}}.$$

Avec t = taux périodique et n = durée.

Il convient de réaliser un tableau d'amortissement avec les têtières suivantes :

Période	Capital dû en début de période	Annuité	Amortissement financier	Intérêts	Capital dû en fin de période

EXEMPLE

Emprunt = 46 000 €, taux annuel = 6 % (soit 6/12 = 0,5 % par mois), durée = 5 ans, soit 60 remboursements mensuels.

Remboursement par annuités constantes					
Période	Capital dû en début de période	Annuité	Amortissement financier	Intérêts	Capital dû en fin de période
1	46 000,00 €	**– 889,31 €**	– 659,31 €	– 230,00 €	45 340,69 €
2	45 340,69 €	**– 889,31 €**	– 662,61 €	– 226,70 €	44 678,09 €
...	...	...	...	...	...

$$\text{Annuité} = 46\,000 \times \frac{0{,}005}{1 - (1 + 0{,}005)^{-60}}.$$

Intérêts de la période 1 = 46 000 × 0,005 = 230 €

Amortissement financier = 889,31 – 230 = 659,31 €

Capital dû en début de période 2 = 46 000 – 659,31 = 45 340,69 €

Coût de l'emprunt = (889,31 × 60) – 46 000 = 7 358,60 €.

2. Remboursement par amortissements constants

Amortissement = Emprunt/Nombre de remboursements
Intérêts = Emprunt × Taux × Durée

EXEMPLE (suite)

À partir des informations de l'exemple précédent, il est possible de construire le tableau d'amortissement suivant :

Remboursement par amortissements constants					
Période	Capital dû en début de période	Annuité	Amortissement financier	Intérêts	Capital dû en fin de période
1	46000,00 €	-996,67 €	**-766,67 €**	-230,00 €	45233,33 €
3	...	...	...	...	...
60	766,67 €	-770,50 €	**-766,67 €**	-3,83 €	0,00 €
	TOTAL	**53015,00 €**			

Amortissement financier = 46000/60 = 766,67 €
Intérêts de la période 1 = 46000 × 0,005 = 230 €
Annuité de la période 1 = 766,67 + 230 = 996,67 €
Capital dû en début de période 2 = 46 000 – 766,67 = 45233,33 €.
Coût de l'emprunt = 53015 – 46000 = 7015 €

3. Remboursement « in fine »

L'emprunt est, dans ce cas, remboursé en une seule fois à une date ultérieure convenue.
Durant toute la durée du crédit, l'emprunteur ne doit acquitter que le montant des intérêts.

EXEMPLE (suite)

À partir des informations de l'exemple précédent, il est possible de construire le tableau d'amortissement suivant :

Remboursement « in fine »					
Période	Capital dû en début de période	Annuité	Amortissement financier	Intérêts	Capital dû en fin de période
1	46000,00 €	-230,00 €		**-230,00 €**	46000,00 €
3	...	...		...	...
60	46000,00 €	**-46230,00 €**	**46000,00 €**	**-230,00 €**	0,00 €
	TOTAL	**59800,00 €**			

Intérêts de la période 1 = 46000 × 0,005 = 230 €
Coût de l'emprunt = 59800 – 46000 = 13800 €

4. Comparaison des trois modalités de remboursement

Les remboursements par annuités constantes ou par amortissements constants sont des méthodes très proches. La première méthode, la plus répandue, présente l'avantage de générer une annuité stable, donc facilitant la planification des flux de trésorerie.
Le remboursement « in fine » est une option plus rare car plus risquée pour le prêteur (montant qui ne diminue pas dans le temps) et pour l'emprunteur (une seule échéance d'un montant très important à payer à une date précise). Elle est aussi plus chère car les intérêts sont calculés sur le montant du prêt, qui ne baisse pas.

4 Le financement par crédit-bail

1. Présentation

Le crédit-bail correspond à la location d'un bien avec la possibilité à terme de le racheter pour un montant symbolique (option d'achat), compte tenu de l'ensemble des loyers qui ont déjà été versés. Les biens concernés sont le plus souvent des véhicules. Le contrat de crédit-bail est d'une durée égale à la durée de vie du bien.

2. Conséquences

L'utilisateur, à l'inverse des opérations de crédit classique, n'est pas propriétaire du bien. Le bilan et l'équilibre financier ne sont donc pas directement modifiés par un contrat de crédit-bail. Néanmoins, la charge du crédit-bail diminue le montant du bénéfice et donc, indirectement, le niveau des fonds propres.

EXEMPLE

Achat d'un véhicule pour un montant de 24000 € HT dont la durée d'utilisation probable est de 5 ans. Le barème de crédit-bail proposé pour un investissement de 1000 € est de :
- 18,04 €, avec une valeur résiduelle de 4 % ;
- ou 18,35 €, avec une valeur résiduelle de 2 %.

Il faut arbitrer entre une valeur résiduelle faible mais des loyers plus importants ou l'inverse. Si l'achat du bien au terme de la location est probable, il est préférable de choisir la valeur résiduelle la plus faible.
Le loyer HT dans ce cas s'élèvera à : 18,35 × 24 = 440,40 €.
L'option d'achat sera de : 24000 × 0,02 = 480 €.

5 Le plan de financement

Le plan de financement est un document prévisionnel permettant d'évaluer, pour l'investissement réalisé, l'évolution de la trésorerie. Il se décompose en emplois (décaissements) et en ressources (encaissements).

EXEMPLE

Achat d'un matériel de 76000 € HT à l'aide d'un prêt de 45000 € qui sera amorti en parts égales en 5 ans. La CAF annuelle est de 18000 € (incluant l'impact de l'emprunt). Le BFR augmentera tous les ans de 2000 €. La trésorerie de départ est de 8500 €.

Année	0	1	2	3	4	5
TRÉSORERIE DÉPART	8500	-4500	2500	9500	16500	12500
Emplois						
Investissement	76000					
Amortissement emprunts		9000	9000	9000	9000	9000
Augmentation BFR		2000	2000	2000	2000	2000
TOTAL	76000	11000	11000	11000	11000	11000
Ressources						
CAF	18000	18000	18000	18000	18000	18000
Emprunt	45000					
TOTAL	63000	18000	18000	18000	18000	18000
TRÉSORERIE FINALE	-4500	2500	9500	16500	23500	30500

3 LA TRÉSORERIE

➔ La gestion de la trésorerie offre une opportunité d'améliorer la rentabilité de l'entreprise en limitant les charges financières tout en augmentant les produits financiers.

1 Les moyens de paiement

1. Le chèque

C'est un instrument de paiement (ce n'est pas de la monnaie) où le tireur – titulaire du compte – donne l'ordre à sa banque – le tiré – de payer une somme d'argent à un bénéficiaire.
Pour être valable, le chèque doit comporter les mentions suivantes : « CHÈQUE », « payez contre ce chèque », coordonnées de la banque détentrice du compte, lieu de paiement (« payable en France... ») et identité bancaire (n° de compte, code guichet, code banque).

2. Les effets de commerce

Ils prennent deux formes.

Lettre de change	Billet à ordre
Elle est émise par le fournisseur à destination de son client pour qu'il confirme son accord de lui payer un montant à une date d'échéance prévue.	Il est émis par le client à destination de son fournisseur. La signature de ce billet prouve que le client reconnaît devoir payer une somme à une certaine date d'échéance.

3. Le virement

C'est un ordre donné à sa banque de transférer une somme de son compte vers un autre compte bancaire ou postal.

4. Le prélèvement

C'est l'autorisation donnée à sa banque d'automatiser des paiements répétitifs et réguliers (échéances de crédits, impôts, etc.). Le fournisseur pourra ainsi être payé ultérieurement sans avoir aucune démarche à faire.

5. La carte bancaire

C'est un instrument de paiement qui permet à son titulaire de payer ou de retirer des espèces auprès d'un automate grâce à la saisie d'un code.

6. Analyse des différents moyens de paiement

	Avantages	Inconvénients
Chèque	Facile et peu onéreux.	Lourd à gérer en cas d'utilisation fréquente.
Effet de Commerce	Offre un délai de règlement et la possibilité d'utiliser un support magnétique (gestion facilitée).	Gestion fastidieuse lorsqu'il est sur support papier.
Virement	Traitement rapide, facile et possible à distance.	Pas accepté par tous les bénéficiaires.
Prélèvement	Automatisation des paiements.	Risque de paiement erroné (davantage de contrôles).
Carte bancaire	Pratique à utiliser ; facilite la gestion des frais professionnels.	Vérification nécessaire des sommes payées pour éviter tout abus ou erreur.

2 L'état de rapprochement bancaire

1. Le compte « Banque »

Dans la comptabilité de l'entreprise, les opérations d'encaissement sont enregistrées au débit du compte et celles de décaissements au crédit du compte. Le relevé de compte envoyé par la banque présente les opérations en miroir : les encaissements sont enregistrés au crédit et les décaissements au débit. Le solde dans les deux cas représente la différence entre les sommes entrées et les sommes sorties.

2. Le rapprochement bancaire

Il consiste à comparer la comptabilité de l'entreprise au relevé de compte reçu de la banque pour établir la concordance. C'est un instrument de contrôle.

3. La réalisation du rapprochement bancaire

Elle se fait en quatre étapes :
- utilisation du solde final de chaque document ;
- identification des différences ;
- rectification du solde de chacun des documents ;
- vérification de leur concordance.

EXEMPLE

Établissement d'un état de rapprochement à partir des documents ci-après.

512 – Compte Banque				
Date d'opération	Libellé	D	C	Solde
01/06/N	SOLDE au 01/06 créditeur (dette)			-2891,26
2-juin	Remise de chèques (2)	879,37		-2011,89
5-juin	Virement fournisseur C		546,08	-2557,97
7-juin	Versement espèces + chèques	2980,24		422,27
8-juin	Chèque n° 10058		125,68	296,59
11-juin	Chèque n° 10059		205,31	91,28
13-juin	Remise de chèques (7)	3480,00		3571,28
14-juin	Chèque n° 10060 (8)		1980,64	1590,64
14-juin	Chèque n° 10061 (9)		452,67	1137,97
15-juin	SOLDE au 15/06 débiteur (créance) (1)			1137,97

ACTIVITÉ 5.1 ET 5.2

Extrait de relevé de compte				
Date d'opération	Libellé	D	C	Solde
01/06/N	SOLDE au 01/06 débiteur			-1790,72
1-juin	Virement fournisseur A (*)	1100,54		-2891,26
3-juin	Frais bancaires TTC (2)	43,06		-2934,32
3-juin	Remise de chèques (3)		897,37	-2036,95
6-juin	Virement fournisseur C (*)	546,08		-2583,03
8-juin	Versement espèces + chèques		2980,24	397,21
8-juin	Chèque n° 10058	125,68		271,53
11-juin	Chèque n° 10059	205,31		66,22
12-juin	Prélèvement EDF (4)	208,91		-142,69
14-juin	SOLDE au 14/06 débiteur (6)			-142,69

Le virement au profit du fournisseur A ne figure pas dans la comptabilité de la société en juin car il a dû figurer dans celle de mai (le solde de 2891,26 est obtenu après cette opération).

État de rapprochement

Les écritures absentes de la comptabilité mais présentes sur le relevé de compte servent à rectifier le solde final.

COMPTABILITÉ DE LA SOCIÉTÉ

SOLDE COMPTABLE fin de mois (1)	1137,97
Frais bancaires TTC (2)	-43,06
Erreur remise espèces (3)	18,00
Prélèvement EDF (4)	-208,91
SOLDE (D) COMPTABLE RECTIFIÉ (5)	904,00

Les écritures présentes dans la comptabilité mais absentes du relevé de compte servent à rectifier le solde final.

RELEVÉ DE COMPTE

SOLDE RELEVÉ DE COMPTE fin de mois (6)	-142,69
Remise de chèques (7)	3480,00
Chèque n° 10060 (8)	-1980,64
Chèque n° 10061 (9)	-452,67
SOLDE (C) RELEVÉ DE COMPTE RECTIFIÉ (10)	904,00

Les soldes (5) et (10) concordent.

3 Le budget de trésorerie

C'est un document prévisionnel permettant d'évaluer le niveau de la trésorerie pour les mois à venir en fonction des encaissements (règlements clients, etc.) et décaissements prévus (paiements fournisseurs, salaires, etc.). Il offre ainsi la possibilité de placer des excédents ou de solliciter la banque pour un financement à court terme.

Il se décompose en trois tableaux : budget des encaissements, budget des décaissements, budget de TVA.

EXEMPLE

Opérations	BUDGET des ENCAISSEMENTS			
	Montants TTC	Mois des encaissements		
		Avril	Mai	Juin
CA de février	11960,00	5980,00		
CA de mars	10764,00	4305,60	5382,00	
CA d'avril	13156,00	1315,60	5262,40	6578,00
CA de mai	8970,00		897,00	3588,00
CA de juin	10046,40			1004,64
TOTAUX		11601,20	11541,40	11170,64

L'encaissement du CA est décalé dans le temps suivant le délai de règlement proposé aux clients.

Opérations	BUDGET des DÉCAISSEMENTS			
	Montants TTC	Mois des décaissements		
		Avril	Mai	Juin
Février	5980,00	2392,00		
Mars	5382,00	1614,60	2152,80	
Avril	7295,60	2188,68	2188,68	2918,24
Mai	7534,80		2260,44	2260,44
Juin	5860,40			1758,12
Salaires nets		6320,00	6320,00	6320,00
Charges sociales				16590,00
TOTAUX		12515,28	12921,92	29846,80

Le flux des dépenses varie en fonction des délais de règlement accordés par les fournisseurs. Des variations importantes peuvent être constatées (ex. : paiement trimestriel des charges sociales).

Opérations	BUDGET de TVA		
Mois	Avril	Mai	Juin
Créance (–) ou dette (+) de TVA	960,40	235,20	686,00

Il correspond à la différence entre la TVA collectée (sur les ventes) et la TVA déductible (payée sur les achats).

Opérations	TRÉSORERIE FINALE		
	Synthèse par mois		
	Avril	Mai	Juin
Trésorerie de début de période	27654,02	25779,54	24163,82
Budget des encaissements	11601,20	11541,40	11170,64
Budget des décaissements	12515,28	12921,92	29846,80
Budget de TVA	960,40	235,20	686,00
SOLDE FIN DE MOIS	25779,54	24163,82	4801,66

Le budget de synthèse montre une trésorerie largement excédentaire en avril et mai, ce qui peut offrir des opportunités de placement. Cependant, au mois de juin, la baisse est très nette. Même si la trésorerie reste positive, il est préférable de prévoir un financement à court terme pour plus de sécurité.

4 LA GESTION DE LA TRÉSORERIE

➔ **Lorsque le budget de trésorerie est établi, il devient nécessaire de réagir, soit en plaçant les excédents, soit en trouvant les financements nécessaires à court terme.**

1 Les placements à court terme

1. Le compte à terme

Ce placement consiste à déposer des fonds sur un compte bloqué rémunéré à un taux fixe pendant au moins 1 mois.

2. Le bon de caisse

C'est un titre émis par une banque qui rémunère le dépôt effectué par un client.
La durée est au minimum de 1 mois et au maximum de 5 ans.
Le bon de caisse peut être nominatif (le titulaire est connu) ou au porteur (le titulaire est anonyme).

3. Le certificat de dépôt négociable (CDN)

Le CDN est un titre émis par une banque en échange d'un dépôt minimum de 150 000 € rémunéré à taux fixe pour une durée allant de 1 jour à 1 an.

4. Les valeurs mobilières de placement (VMP)

Elles intègrent des actions, obligations et organismes de placement collectif de valeurs mobilières (OPCVM). Les OPCVM incluent les SICAV et les FCP. Ce sont des «paniers» de différentes valeurs (actions, obligations, titres de trésorerie, etc.), ce qui limite le risque et offre de la variété.
Même si les actions et obligations sont des VMP, ce sont des titres à déconseiller à court terme, compte tenu de l'aléa de leur évolution et donc des risques de perte des fonds placés.

5. Comparaison des différentes formes de placement

	Avantages	Inconvénients	Situation adaptée
Compte à terme	– Sans risque – Taux garanti	– Placement minimum d'un mois – Fonds bloqués – Faible rémunération	Excédent de trésorerie d'une durée minimale d'un mois
Bon de caisse	– Sans risque – Rémunération du montant exact à placer même si la somme est faible	– Faible rémunération – Produit moins souvent proposé par les banques	Faible excédent de trésorerie
Certificat de dépôt négociable	– Sans risque – Taux garanti – Période de placement très courte	Montant minimum élevé	Excédent important bénéficiant d'une rémunération optimisée
OPCVM de trésorerie (pas d'actions ou obligations)	– Risque limité – Liquidité importante	Rémunération faible	Excédent de trésorerie d'un montant aléatoire

2 Les crédits à court terme

Pour réaliser une gestion optimale de son entreprise, ces crédits doivent faire l'objet d'une demande préalable à la banque et obtenir son accord (ou pas) avant leur utilisation.

1. La facilité de caisse

C'est une autorisation donnée par la banque à son client de faire fonctionner le compte en solde débiteur, «à découvert». Cependant, le solde doit être alternativement débiteur et créditeur.

2. L'escompte

C'est une avance accordée par la banque sur des effets de commerce dont l'échéance n'est pas encore arrivée.
Les effets peuvent se présenter sous plusieurs formes :
- sur support papier accepté par le débiteur, qui reconnaît devoir la somme indiquée à la date précisée. En cas de non-paiement à l'échéance, le banquier bénéficie du recours cambiaire, c'est-à-dire de la possibilité d'entamer des poursuites envers tous les signataires de l'effet ;
- sur support magnétique. Le recours cambiaire est impossible.

Les informations sont numérisées sur un support informatique.
L'effet n'a pas d'existence corporelle et ne peut donc pas être accepté.

3. La Dailly

C'est une avance qui est faite par la banque sur des factures qui n'ont pas encore été encaissées. Les factures concernées sont généralement établies sur des administrations publiques ou de très grandes sociétés.
La Dailly est généralement notifiée, ce qui signifie que le client reçoit un ordre de payer la banque devenue propriétaire de la créance à la place du fournisseur.

4. Les contraintes des concours bancaires

a) Les frais

Le taux est proportionnel au risque de l'opération. Plus celui-ci est élevé, plus les conditions sont chères. En dehors de ces «agios», des frais forfaitaires peuvent être facturés en sus.

b) La retenue de garantie

Afin de se prémunir contre certains défauts de paiement, la banque réalise parfois une retenue de garantie : elle prélève une partie de l'avance faite (de l'ordre de 5 %), qu'elle dépose sur un compte bloqué. Cette somme servira éventuellement à compenser des impayés trop nombreux.

5. L'affacturage

Ce crédit n'est pas accordé par une banque mais par une société d'affacturage (« factor »). Il consiste à céder des factures afin de récupérer en contrepartie de la trésorerie. Ce système ressemble à la loi Dailly à la différence que le factor se charge d'encaisser l'ensemble des factures (même d'un petit montant) et de relancer les éventuels retardataires. Ce n'est pas seulement un mode de financement, c'est un service complet de gestion du poste client.

6. Analyse des crédits à court terme

	Avantages	Inconvénients
Découvert	Facile à utiliser	Coûteux et difficile à obtenir pour les sociétés récentes.
Escompte	Peu coûteux	Nécessite d'avoir des effets de commerce acceptés sur des sociétés ou administrations de qualité. Il n'est pas possible de morceler un effet et de n'en escompter qu'une partie (sauf s'il s'agit d'un escompte en valeur).
Dailly	Peu coûteuse	Gestion administrative très lourde. Impossibilité de céder une partie seulement de la facture.
Affacturage	Délégation de la gestion du poste client : soulage la charge administrative de la société.	Coûteux et contraignant (aucun autre financement à court terme ne peut être associé).

3 Les calculs financiers

1. Les placements

La valeur acquise correspond à la somme du capital placé et des intérêts produits.

a) Les intérêts simples et la valeur acquise

Lorsqu'ils sont simples, les intérêts ne sont ni replacés, ni capitalisés : ils ne produisent donc pas à leur tour des intérêts.

Calcul des intérêts simples :
Intérêts = Capital × Taux × Durée
Valeur acquise = Capital [1 + (Taux × Durée)]

EXEMPLE

Un excédent de 24 000 € est placé pendant 4 mois au taux annuel de 1,80 %, en intérêts simples.
Intérêts = 24 000 × (1,8 %/12) × 4 = 144 €
Valeur acquise = 24 000 + 144 = 24 144 €

b) Les intérêts composés et la valeur acquise

Lorsqu'ils sont composés, les intérêts replacés produisent des intérêts.
Calcul des intérêts composés :
Intérêts = (Capital × [(1 + Taux)^{Durée} – 1])
Valeur acquise = Capital × (1 + Taux)^{Durée}

EXEMPLE

Un excédent de 24 000 € est placé pendant 4 mois au taux mensuel de 0,15 % en intérêts composés mensuellement.
Intérêts = 24 000 × [(1 + 0,15 %)^4 – 1]
= 144,32 €
Valeur acquise = 24 000 × (1 + 0,15 %)^4 = 24 144,32 €

2. Les crédits à court terme

Comme les intérêts des placements, les agios d'un crédit à court terme sont proportionnels à son montant, à sa durée et au taux proposé.
Agios = Capital prêté × Taux × Durée

EXEMPLE

Une société a besoin de 42 000 € pendant 2 mois. Un découvert lui est proposé au taux de 8 %. Elle a également la possibilité d'escompter un effet de commerce à échéance dans 3 mois d'un montant de 50 000 € au taux de 7 %.
Agios sur le découvert = 42 000 × (8 %/12) × 2 = 560 €
Agios sur l'escompte = 50 000 × (7 %/12) × 3 = 875 €
L'opération d'escompte coûte plus cher que le découvert, même si le taux de l'escompte est plus faible que le taux du découvert. Cet écart provient du décalage entre les besoins et le financement.

	Escompte	Besoin
Montant	50 000	42 000
Durée	3 mois	2 mois

exercices

exercice 1 L'amortissement d'un bien

Un matériel industriel a été acquis par la SARL Toutenfer, le 15 avril N, pour un montant total de 18400 €. Son dirigeant souhaite développer sa gamme de soldats en métal avec des reproductions de véhicules de grande qualité. L'entreprise envisage d'utiliser ce matériel pendant 5 ans, comme indiqué dans l'annexe.

Annexe – Utilisation du matériel industriel

	N	N+1	N+2	N+3	N+4
Heures d'utilisation	2000	2700	3000	2800	2400

ENTRAÎNEZ-VOUS

Construisez un tableau d'amortissement en utilisant la méthode linéaire, puis la méthode variable.

CORRIGÉS p. 266

exercice 2 Les calculs sur amortissements

L'entreprise AZO, créée il y a 12 ans maintenant, a obtenu un contrat important avec une administration locale. Afin de moderniser son image de marque et de véhiculer un positionnement haut de gamme, elle a acheté du mobilier de bureau (frais de livraison : 150 €), le 1er juillet N–2, pour une utilisation pendant 4 ans, qui a été amorti suivant le mode linéaire. Le cumul des amortissements réalisés au 31/12/N est de 3125 €.

ENTRAÎNEZ-VOUS

Calculez le prix d'achat HT du mobilier.

CORRIGÉS p. 266

exercice 3 L'opportunité d'un investissement

La menuiserie TAPO possède un matériel totalement amorti. Son fournisseur lui propose des machines neuves améliorant la productivité et la qualité des meubles fabriqués. L'offre est d'autant plus alléchante que les anciennes machines seront reprises. En janvier N, la modernisation de l'appareil de production sera assurée par l'achat de plusieurs matériels pour un investissement total de 84000 €. Leur durée d'utilisation est de 5 ans. Le mode d'amortissement est linéaire. Les prévisions sont les suivantes :

	N	N+1	N+2	N+3	N+4
CA marginal	27000	29000	31000	33000	33000
Charges marginales	3500	3500	3500	5000	5500

ENTRAÎNEZ-VOUS

Calculez le montant des flux nets de trésorerie générés puis le délai de récupération. Vous validerez l'opportunité de cet investissement.

CORRIGÉS p. 266

exercice 4 L'emprunt indivis

Le dirigeant de la société HEY projette d'agrandir son hangar de stockage. L'investissement sera financé par les fonds propres de l'entreprise et par un crédit bancaire. La banque propose deux modalités de remboursement :

Montant emprunté	120000 €	120000 €
Durée	7 ans	5 ans
Périodicité des remboursements	Annuelle	–
Taux annuel	4 %	4,20 %
Remboursement	Annuités constantes	In fine
Particularité	–	Intérêts non différés

ENTRAÎNEZ-VOUS

Pour chacune des options, présentez les deux premières lignes du tableau d'amortissement et le coût de l'opération.

CORRIGÉS p. 266

exercice 5 Le budget de trésorerie

M. Lone a lancé son entreprise de maintenance informatique il y a un peu plus de 2 ans. Il perfectionne progressivement ses outils de gestion. L'analyse de la situation de sa trésorerie est aujourd'hui sa priorité. Le délai de règlement est de :

– 60 jours pour le tiers des clients et de 30 jours pour les autres ;
– 30 jours en moyenne pour les fournisseurs.

	Janvier	Février	Mars	Avril
CA	48000	45000	49000	52000
Achats	23000	35000	33000	36000
Salaires	7000	7000	7000	7000
Charges sociales			12000	
TVA	3724	784	3136	3136

Les charges courantes sont payées au comptant. Leur montant mensuel est de 2500 € HT.
En janvier, la banque présente un excédent de 12450 €.

ENTRAÎNEZ-VOUS

Présentez le budget de trésorerie pour les mois de février, mars et avril.

CORRIGÉS p. 266

corrigés

exercice 1 page 264

Amortissement linéaire				
Période	Base amortissable	Annuité	Amortissements cumulés	Valeur nette comptable
N	18 400	2 606,67	2 606,67	15 793,33
N+1	18 400	3 680,00	6 286,67	12 113,33
N+2	18 400	3 680,00	9 966,67	8 433,33
N+3	18 400	3 680,00	13 646,67	4 753,33
N+4	18 400	3 680,00	17 326,67	1 073,33
N+5	18 400	1 073,33	18 400,00	0

Amortissement variable				
Période	Base amortissable	Annuité	Amortissements cumulés	Valeur nette comptable
N	18 400	2 853*	2 853	15 547
N+1	18 400	3 851	6 704	11 696
N+2	18 400	4 279	10 983	7 417
N+3	18 400	3 994	14 977	3 423
N+4	18 400	3 423	18 400	0

* 18 400 × (2 000/12 900)

exercice 2 page 264

N–2 = Prix d'achat × 0,25 × 0,5
N–1 et N = Prix d'achat × 0,25 × 2
3 125 = (Prix d'achat × 0,25 × 0,5) + (Prix d'achat × 0,25 × 2) ; avec 3 125 = 0,625 PA ; soit PA = 5 000 € (150 € de frais de transport inclus).

exercice 3 page 264

	N	N+1	N+2	N+3	N+4
CA marginal	27 000	29 000	31 000	33 000	33 000
Charges marginales	3 500	3 500	3 500	5 000	5 500
Amortissement	16 800	16 800	16 800	16 800	16 800
Résultat	**6 700**	**8 700**	**10 700**	**11 200**	**10 700**
IS	2 233	2 900	3 567	3 733	3 567
Résultat net	**4 467**	**5 800**	**7 133**	**7 467**	**7 133**
Amortissement	16 800	16 800	16 800	16 800	16 800
FNT	**21 267**	**22 600**	**23 933**	**24 267**	**23 933**
FNT cumulés	21 267	43 867	67 800	92 067	116 000

Le montant de l'investissement est récupéré au cours de la 4e année : 84 000 – 67 800 = 16 200 €, soit 67 % des FNT de N+3.
Cela correspond, pour une activité régulière dans l'année, à 8 mois (67 % × 12). Le cumul des FNT est supérieur au montant investi : l'opération est opportune.

exercice 4 page 265

Périodes	Capital dû en début de période	Annuité	Amortissement financier	Intérêts	Capital dû en fin de période
1	120 000,00 €	- 19 993,15 €	- 15 193,15 €	- 4 800,00 €	104 806,85 €
2	104 806,85 €	- 19 993,15 €	- 15 800,88 €	- 4 192,27 €	89 005,97 €

Coût total : (19 993,15 × 7) – 120 000 = 19 952,05 €

Périodes	Capital dû en début de période	Annuité	Amortissement financier	Intérêts	Capital dû en fin de période
1	120 000,00 €	5 040,00 €	0,00 €	- 5 040,00 €	120 000,00 €
2	120 000,00 €	5 040,00 €	0,00 €	- 5 040,00 €	120 000,00 €

Coût total : 5 040 × 7 = 35 280 €

exercice 5 page 265

Opérations	BUDGET DES ENCAISSEMENTS					
	CA HT	TVA	Montant TTC	Mois des encaissements		
				Février	Mars	Avril
Janvier	48 000	9 408	57 408	38 272	19 136	
Février	45 000	8 820	53 820		35 880	17 940
Mars	49 000	9 604	58 604			39 069
ENCAISSEMENTS TOTAUX				38 272	55 016	57 009

Opérations	BUDGET DES DÉCAISSEMENTS					
	Montant	TVA	Montant TTC	Mois des décaissements		
				Février	Mars	Avril
Janvier	23 000	4 508	27 508	27 508		
Février	35 000	6 860	41 860		41 860	
Mars	33 000	6 468	39 468			39 468
Charges diverses	2 500	490	2 990	2 990	2 990	2 990
Salaires nets				7 000	7 000	7 000
Charges sociales					12 000	
DÉCAISSEMENTS TOTAUX				37 498	63 850	49 458

Opérations	BUDGET DE TVA		
Mois	Février	Mars	Avril
Créance (–) ou dette (+) de TVA	4 900	1 960	3 136

Opérations	TRÉSORERIE FINALE		
	Synthèse par mois		
	Février	Mars	Avril
Trésorerie de début de période	12 450	8 324	- 2 470
Budget des encaissements	38 272	55 016	57 009
Budget des décaissements	37 498	63 850	49 458
Budget de TVA	**4 900**	**1 960**	3 136
SOLDE FIN DE MOIS	8 324	- 2 470	1 945

ACTIVITÉ 6
PÉRENNISATION DE L'ENTREPRISE

1 LA DÉMARCHE QUALITÉ AU NIVEAU DES PROCESSUS ADMINISTRATIFS

➔ Toute organisation s'efforce de répondre au mieux à la demande de ses clients en leur procurant en temps voulu le bien ou le service requis dans la qualité qu'elle s'est engagée à fournir. Pour atteindre cet objectif, la PME-PMI doit mener une démarche qualité de ses processus administratifs car l'efficacité des processus internes est gage de satisfaction du client interne et surtout du client externe.

1 Les processus administratifs

1. Définition des processus

Un processus décrit un enchaînement d'activités successives ou parallèles visant une finalité : la fourniture d'un bien ou d'un service à un client interne ou externe. Ce cheminement s'effectue grâce à des acteurs, qui sont clients ou fournisseurs d'informations, et des activités nécessaires à la réalisation du processus, des flux d'information, des supports d'information, le tout pour atteindre un objectif déterminé.

EXEMPLE

Dans une entreprise de préparation et conditionnement de plats cuisinés, le processus de gestion des risques intègre des activités telles que : analyse environnementale, analyse des risques, formation du personnel, analyse de situations de crise, gestion des non-conformités.

2. Représentation des processus

Les processus peuvent être représentés de différentes façons : schéma postes documents, schéma de flux d'informations, fiche de processus, etc.

Cette représentation permet :

- de mener une analyse critique des dysfonctionnements ;
- de proposer d'éventuelles améliorations au processus.

À l'intérieur d'une même organisation, plusieurs processus fonctionnent soit de manière autonome, soit de manière transversale.

EXEMPLE (suite)

Dans cette même entreprise de plats cuisinés fonctionne un processus de gestion des ressources humaines, qui interfère avec le processus de gestion des risques pour assurer la formation du personnel dans ce domaine précis.

2 Distinction entre processus et procédure

Alors que les processus décrivent des flux, les procédures décrivent la manière dont les acteurs doivent réaliser les différentes activités, traiter les informations et les transmettre. Ce sont des règles d'organisation ou des normes issues d'un référentiel qui doivent être respectées pour atteindre un résultat. Elles se présentent souvent sous la forme d'un document qui énumère et formalise les tâches à accomplir et les outils à utiliser.

EXEMPLE

Dans le processus de gestion des risques, une procédure a été élaborée pour s'assurer du respect des dispositions en matière d'hygiène et d'environnement. Cette procédure intègre notamment une liste des points à vérifier mensuellement. Le taux de satisfaction obtenu est un indicateur qualité.

Rédiger des procédures consiste à décrire ce que l'on fait ou ce qu'il faut faire de façon à le faire constamment appliquer.

3 La démarche qualité

1. L'objectif

Mener une démarche qualité consiste à s'assurer que l'ensemble du processus examiné répond à des exigences précises en termes de rigueur, de fiabilité et de traçabilité. Une démarche qualité pourra s'intéresser à l'ensemble des processus mis en œuvre dans une organisation ou seulement à certains de ces processus.

2. La démarche

La démarche qualité met à plat le(s) processus en identifiant et en clarifiant les rôles, en détectant les lacunes ou les incohérences dans le circuit, de façon à obtenir un processus exempt d'erreurs, se déroulant dans des délais courts et disposant d'une grande réactivité.

3. La démarche d'amélioration continue

Dans une démarche qualité, il est important de s'assurer que les processus mis en place ne connaissent pas de déviances et que des écarts ne se creusent pas entre les résultats constatés et les résultats attendus. Pour ce faire, il faut donc mettre en place une réactivation permanente de la démarche qualité, réactivation souvent représentée sous la forme de la roue de Deming.

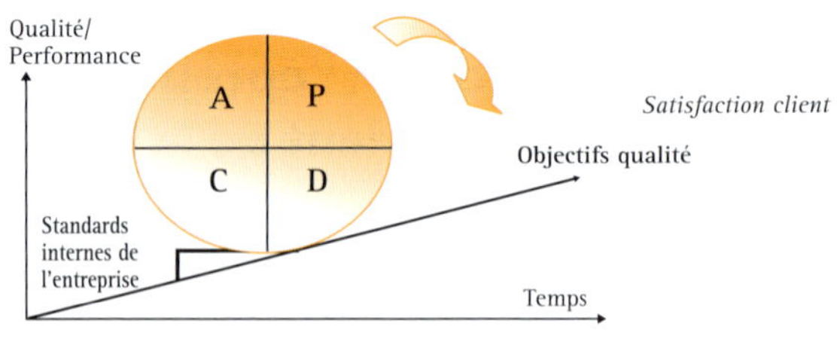

P	Plan	Planifier
D	Do	Réaliser
C	Check	Mesurer
A	Act	Corriger

4. Le rôle de l'assistant de gestion dans la gestion de la qualité

L'assistant de gestion a pour rôle d'aider à la mise en place des documents relatifs au système qualité de l'entreprise.

EXEMPLE

Rédaction de procédures destinées au Manuel Qualité.

2 LA CERTIFICATION

Les PME-PMI sont amenées à se faire certifier soit sous la pression d'un donneur d'ordre, soit volontairement pour se doter d'un avantage concurrentiel ou améliorer la qualité de leur organisation ou de leurs produits et services.

1 La notion de certification

1. Définition

La certification est une procédure par laquelle un organisme certificateur donne une assurance écrite qu'une organisation, un processus, un service ou une personne est conforme à des exigences spécifiées dans une norme ou un référentiel.

2. Certification et qualité

Les deux termes sont souvent associés. Cependant, détenir une certification ne garantit pas la qualité des produits et des services d'une entreprise : la certification atteste seulement leur conformité à des exigences spécifiées.

2 Les principales certifications

On distingue deux grands types de certifications.

1. Les certifications des systèmes de management

Ces certifications correspondent à des certifications d'entreprise :

- la certification ISO 9001-2010 garantit que le système de management de l'entreprise respecte une approche processus et une orientation client ;
- la certification ISO 14001-2008 garantit la conformité des processus aux exigences d'un système de management environnemental ;
- la certification OHSAS 18001 garantit la qualité des organisations dans le domaine de la santé et de la sécurité au travail.

Ces différentes certifications sont dites génériques car elles peuvent s'appliquer à tout type d'organisme.
D'autres certifications sont propres à des secteurs d'entreprises particuliers.

EXEMPLE

L'ISO/TS 16949-2009 est la norme définissant la démarche qualité dans le secteur automobile.

2. Les certifications de produits ou services finaux

Ces certifications s'adressent aux clients finaux ou aux consommateurs et garantissent la conformité à des normes ou à des labels.

EXEMPLE

La certification FSC du bois garantit une exploitation durable de la forêt et un engagement réel et concrétisé des exploitations forestières.

3 La démarche de certification

1. Le référentiel

C'est un document technique qui définit les caractéristiques d'un produit, d'un service ou d'un système et qui indique les modalités de contrôle de leur conformité.

EXEMPLE

La marque NF est la marque de certification en France qui garantit la qualité et la sécurité des produits et services certifiés.

Chaque référentiel définit son domaine d'application.

EXEMPLE

La marque NF Environnement distingue les produits dont l'impact sur l'environnement est réduit.

2. L'organisme certificateur

C'est celui qui procède à l'audit d'évaluation de l'organisation, des produits ou des services par rapport aux caractéristiques définies dans le référentiel.
Cet organisme peut lui-même être accrédité par le COFRAC (Comité français d'accréditation), qui atteste ainsi sa compétence, son indépendance et son impartialité. L'accréditation du COFRAC est en quelque sorte une certification de l'organisme certificateur.

EXEMPLE

Le CSTB (Comité scientifique et technique du bâtiment) est un organisme certificateur de toutes sortes de produits et de services dans le domaine du bâtiment.

3. L'obtention de la certification

Après vérification par l'organisme certificateur de la conformité des caractéristiques au regard des exigences du référentiel, l'organisme accréditeur délivre une certification qui sera valable pour un temps déterminé et conditionné à l'acceptation de vérifications périodiques.

4. Le coût d'une certification

Se faire certifier a un coût : coût du recours à l'organisme certificateur, coût de la mise en conformité du système d'organisation, des processus, de la rédaction des procédures, puis coût de vérification du maintien de la conformité à des périodicités régulières.

4 Communiquer sur sa certification

Les entreprises certifiées cherchent à mettre en avant leur certification en apposant un logo ou en l'indiquant sur leur courrier externe. Cependant, cette faculté s'exerce dans un cadre précis.

EXEMPLE

L'indication « certification ISO 9001-2010 » ne doit pas être apposée sur l'emballage ou l'étiquetage de produits : cela pourrait indiquer une conformité de produit alors qu'il s'agit d'une certification de l'organisme.

3 L'ANALYSE DES RETOURS ET RÉCLAMATIONS

Dans le cadre de la gestion de la relation avec la clientèle, l'entreprise doit impérativement s'intéresser à la manière dont elle gère les retours et les réclamations de ses clients. Elle doit en effet analyser les causes de ces dysfonctionnements et améliorer leur traitement.

1 L'enjeu d'une analyse des retours et réclamations

Les retours de produits et les réclamations représentent un enjeu important pour l'entreprise dans la mesure où ils dénotent :
- soit une mauvaise qualité intrinsèque du produit ou du service ;
- soit une mauvaise appréciation de la clientèle et de ses besoins.

Ils révèlent toujours une insatisfaction des clients qui nuit à l'image de marque de l'entreprise et finira par se ressentir sur son chiffre d'affaires.

2 Les outils d'analyse

1. La collecte des informations

Les informations émanent de sources diverses telles que des réclamations spontanées émises par les clients, des retours de produits ou encore des enquêtes de satisfaction qui peuvent être menées par courrier, téléphone et de plus en plus à l'aide de formulaires en ligne sur un site Internet.

EXEMPLE

Un questionnaire pour apprécier le degré de satisfaction du service de livraison d'une entreprise de vente de chaussures sur Internet.

Ces différentes informations et leurs regroupements en indicateurs pourront ensuite être analysés.

2. Les types d'analyses

Les analyses pourront être de nature :
- qualitative. L'appréciation portera sur l'urgence ou la gravité de la situation qui a provoqué la réclamation ou le retour. Cette qualification devra être suivie d'une mesure de réparation ou de compensation ;
- quantitative. Le dénombrement des causes de retours et des réclamations donnera lieu à l'établissement de tableaux de bord permettant un suivi dans le temps de l'évolution des différents indicateurs.

EXEMPLE

Établir un graphique représentant l'évolution des indicateurs.

Ces données permettent également de calculer les coûts de la non-qualité.

EXEMPLE

Le montant des produits retournés et remboursés est à déduire du chiffre d'affaires réalisé.

3 Les remédiations

Remédier, c'est s'efforcer de pallier le problème ayant entraîné le retour du produit ou la réclamation. Il faut donc trouver des solutions à ce dysfonctionnement de manière corrective ou préventive.

1. Les mesures correctives

Elles se mettent en œuvre après la constatation du dysfonctionnement et visent à le réparer ou à le compenser. Ces mesures doivent être mises en place dans le respect d'un double délai :
- le délai de contact qui rassure le client sur la prise en compte de sa réclamation ;
- le délai de réponse qui apporte au client une réponse à son insatisfaction.

Les mesures correctives sont généralement des mesures de compensation.

EXEMPLE

Proposer une location de voiture d'une catégorie supérieure en cas d'incident de réservation.

2. Les mesures préventives

Ce sont des mesures visant à éviter la survenance du dysfonctionnement. Ces mesures sont à privilégier car elles évitent d'avoir à régler les problèmes après coup. Elles peuvent être :
- d'ordre humain (ex. : sensibiliser et former le personnel à la gestion des retours et réclamations) ;
- d'ordre organisationnel (ex. : revoir le processus et les procédures de réception et de traitement des retours et réclamations) ;
- d'ordre matériel (ex. : mettre en place un logiciel de gestion des réclamations clients).

Une bonne gestion des réclamations et des retours est un objectif essentiel pour assurer le succès d'une entreprise, protéger son image de marque et assurer sa compétitivité.

4 Le traitement des réclamations et le management de la qualité

Dans le cadre d'un système de management de la qualité globale, la norme ISO 10002-2004 donne les lignes directrices pour implanter un processus de gestion des réclamations qui vise :
- l'amélioration de la satisfaction du client ;
- l'implication et l'engagement de la direction ;
- la reconnaissance et la prise en compte des besoins et des attentes des réclamants ;
- la mise à disposition des réclamants d'un processus de traitement des réclamations ouvert, efficace et simple à exploiter ;
- l'analyse et l'évaluation des réclamations ;
- l'audit du processus de traitement des réclamations.

Le traitement des réclamations est donc un point essentiel dans une démarche de qualité totale d'une entreprise.

4 LA GESTION DES CONNAISSANCES

La gestion des connaissances a pour objectif d'identifier les compétences présentes dans la PME-PMI, de favoriser leur mutualisation et leur enrichissement, d'en assurer la préservation.

1 Des données aux connaissances

La gestion des connaissances s'appuie sur la capacité des acteurs de l'organisation à créer et accumuler des connaissances en vue de les partager pour faire progresser l'ensemble de l'organisation.
Elle suppose l'implication de l'ensemble des salariés de la PME-PMI et un climat de confiance facilitateur des échanges.

1. Définitions

a) Les données

Elles s'élaborent à partir de l'observation de faits. Ce sont des informations brutes.

b) Les informations

C'est ce que deviennent les données après interprétation et traitement dans un contexte donné.

c) Les connaissances

C'est l'utilisation « intelligente » de l'information.
Les connaissances sont individuelles (attachées à une personne) ou collectives (partagées par un ensemble de personnes).

2. La structuration des connaissances

La « matrice de Nonaka et Takeuchi » montre comment la connaissance tacite détenue par un individu est progressivement partagée par le groupe et devient explicite. Ceci déclenche une spirale qui rend l'entreprise « apprenante ».

Connaissances	Individuelles	Collectives
Tacites Connaissances reposant sur des savoir-faire, sur une expérience non formalisée.	*1. Socialisation* Les individus partagent leurs expériences et apprennent les uns des autres.	*2. Externalisation* Les connaissances sont modélisées et formalisées : elles deviennent transmissibles.
Explicites Connaissances formalisées (procédure, mode d'emploi, fiche technique).	*4. Intériorisation* Les individus acquièrent ces connaissances et progressent à un niveau supérieur.	*3. Combinaison* Les connaissances sont mises en réseaux : elles se complètent grâce à des effets de synergie.

2 Les modalités de préservation, d'enrichissement et de transfert des connaissances

1. La communauté de pratique professionnelle

C'est un regroupement de salariés ayant des centres d'intérêt et des préoccupations professionnelles proches. Ils s'organisent pour :

- partager des informations et des expériences propres à leur domaine d'activité ;
- échanger et collaborer afin de résoudre ensemble les problèmes comparables auxquels ils sont confrontés dans leur profession.

EXEMPLES

Communauté des commerciaux de la PME-PMI, communauté des informaticiens concepteurs de logiciels.

2. La procédure de mise en place d'une communauté de pratique

a) Définir le mode d'adhésion et le recrutement de ses membres

Une communauté de pratique regroupe, sur la base du volontariat, des membres d'un même service, de services différents, d'une même entreprise ou d'établissements différents, disséminés sur une zone géographique régionale, nationale ou internationale.

b) Identifier un animateur/régulateur

Le rôle de l'animateur/régulateur consiste à coordonner les échanges. Il préserve l'autonomie et la créativité des participants tout en leur fournissant un cadre d'échange organisé.

c) Proposer des modalités de participation

Chaque membre peut faire part des problèmes rencontrés dans son travail, recevoir des conseils et des propositions de solutions de la part des autres membres de la communauté. Les échanges et réflexions collectives sur les méthodes, les procédures et les outils permettent l'enrichissement des savoirs et savoir-faire de chacun.

3 Les outils

Les outils reposent sur des extranets (communautés ouvertes) ou sur des intranets (communautés fermées). Les suites bureautiques traditionnelles ou en ligne (traitement de texte, tableur, etc.) offrent à des personnes éloignées la possibilité de partager des documents et de travailler simultanément sur ceux-ci, parfois avec la possibilité d'échanger avec une messagerie instantanée. Les modifications sont visibles en temps réel (Google Documents, Zoho Office, Thinkfree Office, etc.).

4 Les avantages et les limites de la gestion des connaissances

Avantages	Limites
- Prise de conscience que les connaissances de la PME-PMI constituent un bien immatériel. - Enrichissement mutuel grâce à la participation de tous à la construction des connaissances.	- Tendance à garder pour soi ce que l'on sait faire, donc difficulté à mobiliser les acteurs qui appréhendent de divulguer leur savoir. - Complexité de la mise en œuvre liée à la structuration des connaissances elles-mêmes.

5 LES INDICATEURS DE PERFORMANCE

Les indicateurs de performance sont rassemblés dans un tableau de bord qui permet au dirigeant de piloter son entreprise et de prendre des décisions. Un tableur peut être utilement mobilisé pour mesurer les écarts entre prévisions et réalisation, suivre les évolutions des indicateurs et les traduire sous forme graphique.

1 La performance

La notion de performance est relative aux objectifs que l'on se fixe, aux résultats que l'on obtient et aux actions mises en œuvre pour produire ces résultats, grâce à des moyens donnés.

1. L'efficacité et l'efficience

Souvent utilisés indistinctement, ces deux concepts ont des significations différentes.
L'efficacité est la capacité à réaliser des objectifs.

EXEMPLE

Augmentation de 10 % du CA.

L'efficience met en relation un résultat avec les ressources consommées pour atteindre ce résultat. On parle aussi de productivité.

EXEMPLE

Ratio Chiffre d'affaires / Effectifs de la force de vente.

2. Les centres de responsabilité

La performance s'apprécie le plus souvent au niveau des centres de responsabilité. Un centre de responsabilité est un ensemble d'acteurs regroupés autour d'un responsable auquel on donne des moyens pour réaliser un objectif. Cette entité organisationnelle de gestion dispose d'une marge de négociation sur les objectifs et d'une délégation d'autorité sur les moyens (matériels, humains, financiers, etc.).

2 Des facteurs clés de succès aux indicateurs de performance

1. Les facteurs clés de succès (FCS)

Ce sont les paramètres stratégiques (éléments essentiels) à maîtriser pour assurer la compétitivité de la PME-PMI.

EXEMPLES

Excellente qualité de produit ou de service, réactivité face à la demande des clients, rapidité de livraison pour une entreprise de vente par correspondance (VPC).

2. Les indicateurs de performance

Les FCS ne sont pas *a priori* formulés en termes quantitatifs. Ils le deviennent par l'intermédiaire des indicateurs de performance. L'indicateur de performance est une norme qui rend mesurables les objectifs de l'entreprise. Il ne sert pas uniquement à mesurer la performance mais également à la gérer.

EXEMPLES

Facteurs clés de succès		Indicateurs de performance
Un service commercial est un centre de responsabilité dont l'objectif est de maximiser un chiffre d'affaires ou un volume de vente.	→	La performance du centre est mesurée en termes quantitatifs : quantités vendues, parts de marché, décomposition du CA par produit, par vendeur, etc.
Un service d'entretien ou de maintenance, un service administratif ont pour mission principale de fournir des prestations aux autres centres de la PME-PMI, au moindre coût, dans les délais et à un niveau de qualité donné.	→	La performance du centre est mesurée en termes quantitatifs : nombre de dépannages, coût du service rendu, niveau des stocks, taux de rebut, taux de panne, etc.
Le SAV vise l'élévation du niveau de satisfaction de la clientèle.	→	La performance du centre est mesurée en termes quantitatifs : réduction des délais d'attente, des réclamations, etc.

3 Le tableau de bord

1. Les différents tableaux de bord

a) Le tableau de bord de gestion stratégique

Utilisé par la direction générale, il présente un horizon à relativement long terme. Il peut comprendre des indicateurs tels que la part de marché, la formation du personnel, les investissements et la recherche et le développement.

b) Le tableau de bord financier

Le tableau de bord financier s'appuie sur des données comptables pour présenter la situation financière de l'entreprise.

EXEMPLES

Ratios, soldes de gestion.

Il fournit périodiquement des informations qui ne sont généralement issues des traitements comptables traditionnels qu'une ou deux fois par an. Il permet donc aux responsables d'être plus réactifs.

c) Le tableau de bord de gestion à court terme

Le tableau de bord de gestion, qui permet le pilotage au quotidien, est établi au niveau de chaque centre de responsabilité. Il porte sur une période assez courte (mois, semaine, jour, etc.).

EXEMPLE

Le directeur commercial d'une concession automobile est attentif au niveau mensuel des ventes.

Établis dans des délais très brefs, avec une périodicité élevée, les tableaux de bord fournissent aux dirigeants des données indispensables pour leur permettre d'exercer rapidement d'éventuelles actions correctives.

Chaque centre retient les indicateurs de performance appropriés à sa situation, cohérents avec les facteurs clés de succès identifiés qui lui sont propres. C'est souvent le seul outil de contrôle de gestion opérationnel dans la PME-PMI.

2. La nature des données

Les données contenues dans un tableau de bord sont exprimées de différentes façons.

EXEMPLES

Unité monétaire (euros), unité physique (nombre de dossiers traités), unité de temps (durée de réparation d'un véhicule).

3. Les qualités d'un tableau de bord

Les tableaux de bord doivent permettre de prendre des décisions rapidement. Ceci implique :
- des délais de réalisation réduits ;
- la possibilité d'une consultation rapide. Seule l'information strictement nécessaire et pertinente doit y figurer. Un tableau de bord contient donc peu d'informations mais la présentation retenue (couleurs, graphiques, symboles) doit en faciliter la lecture.

4. Les utilisateurs

Les tableaux de bord sont conçus en fonction des missions confiées aux responsables de centres et en collaboration avec eux. Il importe de sélectionner les indicateurs en coopération avec les utilisateurs concernés pour garantir leur réalisme. Une fois ces indicateurs établis, chaque responsable peut agir rapidement et efficacement. Le tableau de bord devient alors un outil de délégation de pouvoir.

5. La mise en forme du tableau de bord

a) La taille

Le tableau de bord journalier doit se limiter à 1 page, le tableau de bord hebdomadaire à 3 pages, le tableau de bord mensuel à 10 pages.

b) La forme des données

Les données peuvent se présenter sous forme de valeurs brutes (nombre de commandes), d'écarts entre une réalisation et un objectif prévisionnel, de pourcentages, de ratios, de clignotants, etc.

c) La forme du tableau de bord

Le tableau de bord prend souvent la forme d'un tableau chiffré (il faut alors éviter les tableaux trop grands ou trop denses) et/ou de graphiques simples.

d) La représentation symbolique des tendances

Une évolution, un écart, etc., peuvent être représentés par un symbole parlant.

6. Les étapes de la construction

- Réfléchir sur le centre de responsabilité : ses missions et ses principaux objectifs.
- Détecter les facteurs clés de succès du centre de responsabilité.
- Déterminer les indicateurs pertinents à retenir.
- Renseigner le tableau de bord pour vérifier la faisabilité.

EXEMPLE

Indicateurs permettant de mesurer la fidélisation des clients

Taux de renouvellement	(Nombre de clients fidélisés en N / Nombre de clients total) × 100
Taux de rétention	% de clients conservés (fidélisés) sur une période donnée
Indicateur de fidélisation moyenne	Nombre de commandes passées par le client sur une période donnée
Valeur de la fidélisation du client	Total du chiffre d'affaires du client sur une période – Coût d'achat des produits – Coûts de fidélisation (ou rétention)

4 Le tableur, outil de traitement des données

Le tableur (Excel, Open Office, Star Office, etc.) est un logiciel particulièrement adapté pour saisir des données, assurer leur traitement et leur affichage graphique. Il dispose d'une grande capacité de calculs. Il facilite l'analyse et la consolidation éventuelle des indicateurs du tableau de bord. Sa puissance réside dans la possibilité de pouvoir lier les données entre elles et automatiser ainsi des chaînes de calcul. Ainsi, la modification de l'une des données est automatiquement répercutée sur les données dépendantes. La fonction « tableau croisé » permet, quant à elle, de synthétiser automatiquement des données provenant de plusieurs tableaux.

EXEMPLE

Indicateurs	N			N+1		
	Résultats	Objectifs	Écart	Résultats	Objectifs	Écart
Durée moyenne de traitement d'un dossier	35 minutes	20 minutes	☹		20 minutes	
Délai moyen de réponse à une demande	4 jours	2 jours	☹		2 jours	
Appels téléphoniques reçus pris en charge	85 %	98 %	– 13 %		98 %	
Durée moyenne d'une communication téléphonique	12 minutes	8 minutes	– 4 minutes		8 minutes	
Délai moyen de traitement des réclamations	15 jours	7 jours	☹		7 jours	

6 LE CALCUL ET L'ANALYSE DES COÛTS ET DES RÉSULTATS

➔ La comptabilité de gestion est un outil de pilotage qui permet de comprendre l'origine du résultat grâce à l'analyse des charges et des produits. Son objectif est également d'établir des données prévisionnelles afin d'optimiser le bénéfice. Elle utilise les informations de la comptabilité financière qu'elle adaptera suivant ses besoins.

1 L'évaluation des coûts

1. Les charges et produits de la comptabilité générale

a) Charges incorporables

Ce sont les charges participant à la production et la distribution des produits et services, c'est-à-dire la quasi-totalité des charges.

EXEMPLES

Achats, services extérieurs, dotations.

b) Charges non incorporables

Ce sont les charges exclues de la comptabilité de gestion.

EXEMPLES

Charges exceptionnelles, participation des salariés et impôt sur les bénéfices.

c) Charges supplétives

Ce sont les charges n'existant pas en comptabilité financière mais à créer en comptabilité de gestion.

EXEMPLES

Rémunération des capitaux propres, rémunération de l'exploitant pour les entreprises individuelles.

Elles constituent la source de données principale de la comptabilité de gestion.

Charges utilisées en comptabilité de gestion = Charges de la comptabilité générale – Charges non incorporables + Charges supplétives

2. La distinction des charges directes et indirectes

a) Les charges directes

Elles correspondent aux charges dont la nature permet de les affecter à un produit ou une activité sans retraitement.

b) Les charges indirectes

À la différence des charges directes, elles nécessitent des informations supplémentaires afin de pouvoir être réparties entre les activités ou les produits.

3. La répartition des charges indirectes

Elle utilise des centres d'analyse qui correspondent aux différentes fonctions de l'entreprise (approvisionnement, entretien, montage, etc.). Les centres d'analyse principaux participent directement à l'activité de production et sont soutenus par des centres d'analyse auxiliaires.

La répartition des charges indirectes est réalisée en deux étapes :
- une répartition primaire (affectation des charges de la comptabilité financière dans les centres d'analyse) ;
- une répartition secondaire (affectation des centres d'analyse auxiliaires aux centres d'analyse principaux).

Pour chaque centre, il faut trouver une unité d'œuvre qui permet d'évaluer l'activité du centre, une quantité d'unité d'œuvre et un coût de l'unité d'œuvre. Ce calcul permettra d'affecter, pour chaque produit fabriqué, le montant des charges indirectes consommées.

EXEMPLE

Le montant des charges incorporables s'élève à 100 000 € et se répartit de la manière suivante :

Informations données
Informations calculées

	Centre auxiliaire	Centres principaux			
	Gestion personnel	Approv.	Atelier 1	Distribution	Administration
Répart. primaire (%)	10 %	20 %	40 %	10 %	20 %
Répart. primaire (€)	10 000,00	20 000,00	40 000,00	10 000,00	20 000,00
Répart. secondaire (%)	- 100 %	10 %	40 %	30 %	20 %
Répart. secondaire (€)	- 10 000,00	1 000,00	4 000,00	3 000,00	2 000,00
TOTAL	-	21 000,00	44 000,00	13 000,00	22 000,00
Unité d'œuvre (UO)		Kg achetés	Heure de main-d'œuvre directe	Nombre de produits vendus	Coût de production des produits vendus
Nombre d'UO		7 000,00	2 000,00	20 000,00	11 000,00
Coût d'une UO		3,00	22,00	0,65	2,00

La répartition par centre d'analyse nécessite de choisir des clés de répartition (la part en pourcentage affectée à chaque centre). Ce choix inclut une part de subjectivité et de manque de précision.

EXEMPLE

Le centre Approvisionnement, dans l'exemple ci-dessus, engage des charges indirectes de 3 € pour chaque kg acheté. Or cette charge peut varier suivant le type de produit que l'on commande (très encombrant, il demandera un transport plus coûteux) ou le fournisseur auquel on fait appel (très éloigné, il demandera des confirmations multiples, ce qui alourdira le coût).

4. Les étapes du calcul du coût de revient

Un coût est le cumul de plusieurs charges directes et indirectes. Il est évalué à chaque étape nécessaire à la fabrication d'un produit : coût d'approvisionnement, de production et de revient.

EXEMPLE

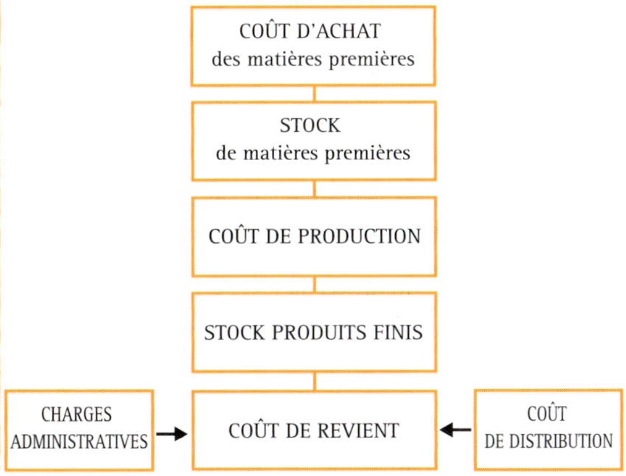

Lorsque les matières ou produits ne sont pas utilisés en flux tendus, des comptes de stocks sont utilisés. La valorisation est pratiquée à l'aide du coût moyen pondéré unitaire (CMPU), qui se calcule de la manière suivante : (Montant stock initial + Montant des entrées) / (Quantité stock initial + Quantité entrée).

EXEMPLE

COÛT DE PRODUCTION			
	Quantité	Prix unitaire	Montant
Coût d'achat des MP utilisées (sortie de stock)	10 000	1,20	12 000,00
Main-d'œuvre	2 000	16,00	32 000,00
Atelier 1	2 000	5,00	10 000,00
Atelier 2	1 000	10,00	10 000,00
Total	10 000	6,40	64 000,00

Le montant de 64 000 € entrera en stock de produits finis.

STOCK DE PRODUITS FINIS			
Libellé	Quantité	PU	Montant
Stock initial	5 000	7,000	35 000,00
Entrées	1 000	6,400	64 000,00
Total	15 000	6,600	99 000,00

↑ CMPU

STOCK DE PRODUITS FINIS			
Libellé	Quantité	PU	Montant
Sorties	12 500	6,600	82 500,00
Stock final	2 500	6,600	16 500,00
Total	15 000	6,600	99 000,00

← Coût de production des produits vendus

2 Le coût marginal

1. Définition

C'est le coût supplémentaire engagé pour obtenir une unité supplémentaire. Le projet de développement sera intéressant à la condition que la recette marginale (recette supplémentaire) soit supérieure au coût marginal.

2. Calcul

Coût marginal = Coût actuel ou projeté – Coût initial

EXEMPLE

Une société réalise un CA annuel (sans saisonnalité) de 72 000 € (prix unitaire : 4 €) avec un taux de marge sur coût variable (MSCV) de 45 %. Les charges fixes sont de 14 400 €. Dans ces conditions, le résultat est égal à 18 000 €. Pour vendre 2 000 unités de plus au prix de 4,20 €, les charges variables unitaires augmenteront de 10 % et les charges fixes de 2 000 €.

	Activité de base	
Quantité fabriquée/vendue	18 000 unités	Taux
Chiffre d'affaires	72 000	
– Charges variables	– 39 600	
= Marge sur coût variable	32 400	45,0 %
– Charges fixes	– 14 400	– 20,0 %
= Résultat	18 000	25,0 %

	Activité marginale	
Quantité fabriquée/vendue	+ 2 000 unités	Taux
Chiffre d'affaires	+ 8 400	
– Charges variables	– 4 840	
= Marge sur coût variable	+ 3 560	42,4 %
– Charges fixes	– 2 000	– 23,8 %
= Résultat	1 560	18,6 %

	Activité de base	
Quantité fabriquée/vendue	20 000 unités	Taux
Chiffre d'affaires	80 400	
– Charges variables	– 44 440	
= Marge sur coût variable	35 960	44,7 %
– Charges fixes	– 16 400	– 20,4 %
= Résultat	19 560	24,3 %

Les 2 000 unités supplémentaires permettent d'obtenir un bénéfice car la recette marginale (8 400 €) est supérieure au coût marginal (6 840 €). Néanmoins, la moins bonne rentabilité de cette opération provoque une baisse de la rentabilité globale de l'activité qui passe de 25 % à 24,3 % du CA.

8 LE MARCHÉ DE L'ENTREPRISE

Au sens économique, le marché est un lieu réel ou virtuel sur lequel s'échangent des biens et des services de différentes natures. Au sens commercial, le marché d'une PME-PMI est constitué de l'offre et de la demande correspondant aux produits qu'elle commercialise. La connaissance du marché et de son évolution permet à l'entreprise de s'adapter et d'assurer sa pérennité.

1 L'étude de la demande

La demande sur un marché rassemble tous les acteurs qui recherchent un bien matériel ou immatériel leur permettant de satisfaire un besoin.
En étudiant la demande, la PME-PMI va pouvoir proposer des produits ou services répondant aux attentes détectées.

1. Les acteurs de la demande

La demande se compose des clients et de l'ensemble des personnes qui peuvent exercer une influence sur l'acquisition d'un produit.
Parmi les différents acteurs de la demande, on distingue : les acheteurs, les utilisateurs, les prescripteurs et les agents d'influence.

2. Les aspects quantitatifs de la demande

a) La demande potentielle et la demande actuelle

Au sein de la demande, il existe différents types de consommateurs.

Types de consommateurs	Caractéristiques
Les consommateurs effectifs	Ils sont constitués par les clients de l'entreprise et les clients des entreprises concurrentes qui consomment actuellement le produit.
Les non-consommateurs relatifs (NCR)	Les NCR sont des personnes qui ne consomment pas actuellement le produit mais qui sont susceptibles de modifier leur comportement. Les raisons de leur non-achat sont variées : préjugés, ignorance, moyens financiers insuffisants, etc. L'entreprise doit découvrir ces freins et trouver des solutions pour convaincre les NCR d'acheter ses produits.
Les non-consommateurs absolus (NCA)	Pour des motifs religieux, culturels, physiques ou psychologiques, ces personnes sont dans l'impossibilité de consommer le produit proposé.

La prise en compte de ces différentes catégories de consommateurs permet d'évaluer la demande potentielle du marché.

Population totale			
NCA	Demande potentielle du produit		
	NCR	Demande actuelle	
		Clients de l'entreprise	Clients de la concurrence

La différence entre la demande potentielle et la demande actuelle mesure la saturation du marché.

b) La mesure de la demande

Plusieurs indicateurs mesurent le niveau de la demande sur un marché.

Indicateurs	Caractéristiques
Demande en volume	Nombre d'unités de produits achetées sur une période
Demande en valeur	Montant des quantités achetées sur une période exprimé en €
Taux de pénétration	Le taux de pénétration mesure la couverture du marché : Demande actuelle (en volume ou en valeur) / Demande potentielle (en volume ou en valeur) × 100
Taux d'évolution de la demande	Variation de la demande (en volume ou en valeur) entre deux périodes : [(D1 – D0) / D0] × 100
Budget moyen	Demande en valeur / Nombre d'acheteurs
Fréquence d'achat	Nombre moyen d'achats effectués sur une période donnée
Taux d'équipement	Nombre de produits en service / Demande potentielle
Élasticité de la demande par rapport au prix	L'élasticité mesure l'évolution de la demande en fonction d'une variation du prix : E (D/P) = Variation de la demande / Variation du prix E < –1 signifie que les consommateurs sont sensibles au prix. Une diminution du prix entraîne une augmentation significative de la demande et inversement.
Répartition géographique	Le nombre d'acheteurs, les quantités achetées, le niveau des dépenses peuvent être étudiés dans différentes zones géographiques (ex. : départements, régions, pays).
Saisonnalité des ventes	La saisonnalité reflète la variation de la demande au cours d'une période donnée. Il est très rare qu'un produit connaisse des ventes régulières tout au long de l'année.

3. Les aspects qualitatifs de la demande

L'analyse qualitative de la demande a pour but de comprendre le comportement d'achat du consommateur. Elle permet de déterminer quels sont les besoins, les motivations, les freins et les facteurs qui vont influencer l'achat d'un produit.

2 L'étude de l'offre

L'offre sur un marché est constituée de l'ensemble des entreprises qui proposent des produits identiques ou substituables.

1. Le nombre d'entreprises en concurrence

En fonction du nombre d'entreprises présentes sur le marché, on distingue différents types de marché.

Nombre d'entreprises en concurrence	Type de marché	Observations
Un seul offreur	Monopole	Les acheteurs n'ont pas le choix ; une seule entreprise est présente sur le marché et peut imposer ses conditions.
Quelques offreurs	Oligopole	Les acheteurs sont confrontés à un petit nombre de vendeurs.
Un grand nombre d'offreurs	Marché concurrentiel	Les acheteurs ont le choix entre un grand nombre de vendeurs.

2. Les performances commerciales

Un certain nombre d'indicateurs permettent de comparer les performances des entreprises présentes sur le marché.

Indicateurs	Caractéristiques
Chiffre d'affaires	Montant des ventes réalisées exprimé en €
Ventes en volume	Nombre de produits vendus
Part de marché en valeur	(Chiffre d'affaires de l'entreprise / Chiffre d'affaires global du marché) × 100
Part de marché en volume	(Nombre de produits vendus par l'entreprise / Volume global des ventes sur le marché) × 100
Taux de notoriété	Le taux de notoriété mesure la popularité de l'entreprise auprès d'un échantillon de personnes interrogées : (Nombre de personnes connaissant l'entreprise / Nombre de personnes interrogées) × 100

3. Les positions concurrentielles

Les indicateurs précédemment cités permettent d'estimer les positions concurrentielles des entreprises présentes sur le marché :
- le leader correspond à l'entreprise qui détient la plus grande part de marché ;
- le challenger a une part de marché suffisamment importante pour prétendre devenir un jour leader ;
- les suiveurs regroupent l'ensemble des entreprises ayant une faible part de marché.

4. Le positionnement

Le positionnement définit la place que souhaite occuper une entreprise dans l'esprit du consommateur et qui va lui permettre de se différencier des autres entreprises concurrentes.

EXEMPLE

Certaines entreprises se positionnent sur du haut de gamme, mettent en avant la qualité, le caractère innovant de leurs produits.

3 L'étude de l'environnement

Outre les études de l'offre et de la demande, la PME-PMI doit surveiller son environnement pour détecter les opportunités et éviter les menaces.
La veille stratégique (ou intelligence économique) regroupe l'ensemble des moyens permettant à l'entreprise de suivre en permanence l'évolution de son environnement.
On distingue trois types de veille.

	Objectif	Informations à recueillir
Veille concurrentielle	Connaître la situation des concurrents	- Plan de marchéage - Chiffre d'affaires - Parts de marché - Politique de recherche et développement - Situation financière
Veille technologique	Détecter les évolutions technologiques	- Avancées technologiques - Découvertes scientifiques - Procédés de production - Matériaux et composants
Veille commerciale	Connaître les clients et les fournisseurs	- Besoins des clients et solvabilité de ces derniers - Offre des fournisseurs et capacité de ces derniers à assurer les livraisons

9 LA STRATÉGIE COMMERCIALE

La stratégie commerciale est un processus décisionnel réfléchi conduisant l'entreprise à définir les moyens qui lui permettront de satisfaire les besoins de sa clientèle.

1 Qu'est-ce que la stratégie ?

La stratégie consiste, au niveau de l'entreprise, à définir des objectifs et les moyens nécessaires pour les atteindre et contrôler qu'ils sont bien atteints.
La stratégie engage l'entreprise sur du long terme et a très souvent un caractère irréversible. Pour minimiser le risque d'erreur et définir la stratégie la plus appropriée, l'entreprise effectue au préalable un diagnostic. Ce diagnostic est une réflexion en amont du processus de décision qui permettra à l'entreprise d'identifier :
- au niveau interne, ses forces et ses faiblesses ;
- au niveau externe, les opportunités et les menaces de son environnement.

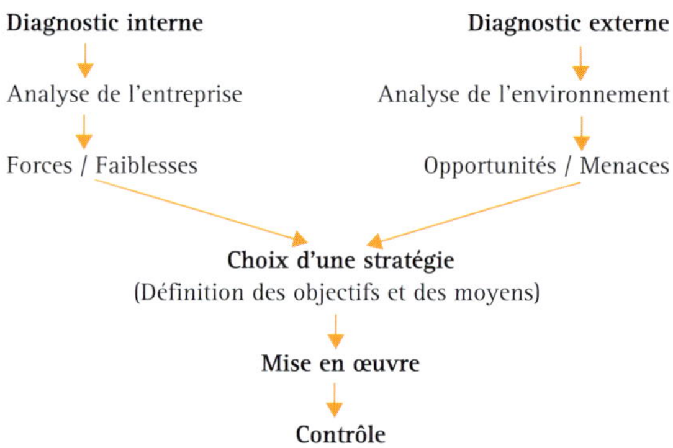

2 Le diagnostic commercial

1. Le diagnostic interne

Le diagnostic interne va permettre d'identifier les forces et faiblesses de l'entreprise et de mesurer sa capacité d'adaptation.
L'assistant de gestion pourra mener une analyse au sein de son entreprise à différents niveaux.

Humain	Politique de ressources humaines, formation du personnel, bilan social, pyramide des âges des salariés, compétences, etc.
Financier	Structure du capital, niveau d'endettement, capacité d'autofinancement, etc.
Technologique	Dépenses en recherche et développement, obsolescence du matériel, etc.
Organisationnel	Structure de l'entreprise, partage de l'information, processus de décision, etc.
Commercial	Performance et organisation de la force de vente, analyse du portefeuille produits, politique de communication, de distribution, etc.

2. Le diagnostic externe

Pour établir le diagnostic externe, l'assistant de gestion effectue une analyse de l'environnement et des forces concurrentielles de Porter.

a) L'analyse de l'environnement

Une opportunité est un changement survenant dans l'environnement de l'entreprise susceptible d'influencer favorablement son activité. Une menace, au contraire, peut nuire au développement et à la pérennité de l'entreprise.
Afin de structurer l'analyse de l'environnement, la méthode PESTEL propose de classer ces opportunités et ces menaces en six catégories.

Catégorie d'opportunité ou de menace	Exemples de variables pouvant représenter une opportunité ou une menace pour l'entreprise
Politique	Stabilité politique, système de protection sociale, fiscalité, subventions, etc.
Économique	Taux de croissance du PIB, taux de chômage, taux d'inflation, taux d'intérêt, etc.
Sociologique	Niveau de vie, niveau d'éducation, évolutions démographiques, etc.
Technologique	Nouvelles technologies, évolutions des infrastructures, découvertes, etc.
Écologique	Protection de l'environnement, lois sur le développement durable, prise de conscience de la population, recyclage, etc.
Légale	Évolution du droit du travail, droit de la consommation, de la concurrence, etc.

b) Les forces concurrentielles de Porter

Michaël Porter a identifié cinq forces qui permettent de mesurer le degré d'intensité concurrentielle sur un marché donné.

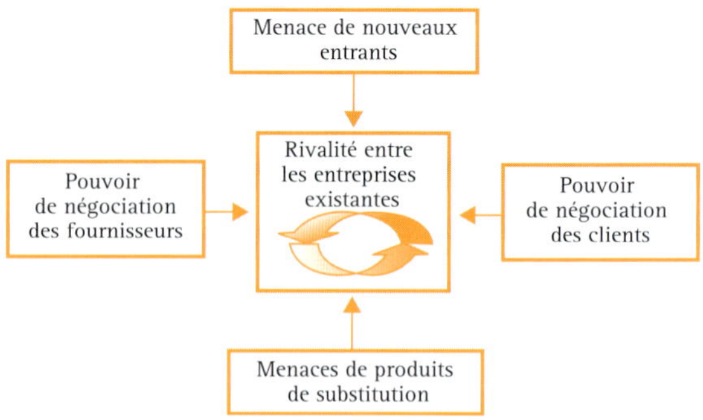

3 La mise en œuvre de la stratégie commerciale

La stratégie commerciale de l'entreprise va notamment consister à définir les segments de clientèle visés et à déterminer les variables de son plan de marchéage.

1. La segmentation

a) La segmentation stratégique

La segmentation stratégique consiste à identifier les domaines d'activité stratégiques (DAS) sur lesquels l'entreprise entend être présente et à élaborer pour chaque DAS une stratégie appropriée. Un DAS est un sous-ensemble de biens de l'entreprise destinés à un marché particulier.

Chaque DAS correspond à des clients spécifiques ayant des besoins propres et nécessitant la maîtrise de technologies particulières.

b) La segmentation marketing

À l'intérieur de chaque DAS, l'entreprise pourra identifier différentes catégories de clients ayant des caractéristiques et des besoins homogènes.

La segmentation marketing consiste donc à découper la clientèle en segments afin de répondre au mieux à leurs besoins.

Il existe différents critères de segmentation de la clientèle.

Critères de segmentation	Caractéristiques
Critères socio-démographiques	Différenciation de la clientèle en fonction de l'âge, du sexe, des catégories socioprofessionnelles ou des revenus, etc.
Critères géographiques	Identification de différents segments en fonction du lieu d'habitation, du type d'habitat ou du climat, etc.
Critères de personnalité	Segmentation en fonction de traits de caractère décelés au sein de la clientèle : introverti, extraverti, sceptique, réaliste, rationnel, intuitif, etc.
Critères de style de vie	Classement des clients au sein de segments ayant des attitudes, des valeurs, des habitudes de consommation homogènes : bobos, papyboomers, adulescents, célibattantes, métrosexuels, etc.
Critères de situation d'achat	Distinction des clients en fonction de leurs comportements d'achat : des quantités achetées (petits, moyens, gros clients), des fréquences d'achat, des situations d'achat (achats professionnels, achats personnels), etc.

2. Le plan de marchéage

Avant de mettre en œuvre le plan de marchéage, l'entreprise doit définir son positionnement, c'est-à-dire la place qu'elle souhaite occuper dans l'esprit de ses clients et qui lui permettra de se différencier de la concurrence. Du positionnement choisi va découler la cohérence du plan de marchéage.

Éléments du plan de marchéage	Exemples de choix stratégiques
Produit	- Choix des produits et/ou des services commercialisés. - Étendue de la gamme. - Politique de marque, packaging, etc.
Prix	Politique de prix : pénétration, alignement, écrémage, tarification différenciée, etc.
Distribution	- Politique de distribution : intensive, sélective, exclusive. - Choix des canaux de distribution.
Communication	Élaboration du plan de communication : objectifs, budget, choix des moyens de communication médias et hors médias.

10 LES TECHNIQUES DE FIDÉLISATION DE LA CLIENTÈLE

➔ La survie et la réussite d'une entreprise dépendent de sa capacité non seulement à conquérir de nouveaux clients mais également à conserver les anciens. Face à un environnement de plus en plus concurrentiel et des clients versatiles, l'assistant de gestion a pour mission de mettre en œuvre les outils pertinents qui permettront à l'entreprise de garder ses clients et de lutter ainsi contre l'attrition (fuite des clients).

1 Les avantages de la fidélisation

1. L'avantage financier

La première raison qui pousse une entreprise à fidéliser sa clientèle est financière. Conquérir un nouveau client nécessite des coûts de prospection importants.

Les clients fidèles sont plus rentables que les clients occasionnels car ils ont tendance à augmenter leurs achats au fur et à mesure qu'ils connaissent l'entreprise, leur confiance et leur niveau de satisfaction s'accroissant.

De plus, par la régularité de leurs achats, les clients fidèles assurent un chiffre d'affaires stable et régulier à l'entreprise.

2. L'avantage promotionnel

Des clients satisfaits et fidèles se transforment très souvent en agents de promotion vantant spontanément les mérites de l'entreprise auprès de leur entourage.

2 Les outils de fidélisation

À travers la mise en œuvre d'une politique de fidélisation, l'entreprise va utiliser différents outils qui permettront soit de récompenser les clients les plus importants, soit d'accroître leurs achats.

1. Segmenter la clientèle

La première étape d'une politique de fidélisation consiste à créer une base de données constituée de fiches clients. Cet outil est indispensable pour bien connaître sa clientèle. En fonction des différentes caractéristiques de celle-ci, il sera ensuite possible d'effectuer une segmentation du portefeuille, c'est-à-dire de créer des groupes de clients ayant des spécificités et des besoins homogènes.

Grâce à la segmentation, l'entreprise pourra proposer des actions de fidélisation différentes répondant aux besoins de chacun des segments identifiés : offres spécifiques, avantages, etc.

L'entreprise répondant aux attentes des clients, ces derniers seront satisfaits et donc moins tentés de s'adresser à la concurrence.

Il existe plusieurs méthodes permettant d'analyser le portefeuille clients et de le découper en segments.

a) La méthode des 20/80

La méthode des 20/80, inspirée de la loi de Pareto, part du postulat que, dans un grand nombre d'entreprises, 20 % de la clientèle représente 80 % du chiffre d'affaires.

Il est donc possible de distinguer deux catégories de clients :

- les gros clients, qui représentent 20 % de la clientèle et réalisent 80 % du chiffre d'affaires ;
- les petits clients, qui représentent 80 % de la clientèle et réalisent 20 % du chiffre d'affaires.

b) La méthode ABC

Proche dans son principe de la méthode des 20/80, la méthode ABC propose de découper la clientèle en trois catégories de clients.

Classe	Type de clients	Contribution au chiffre d'affaires total	Pourcentage dans le portefeuille clients
A	Gros clients	80 %	20 %
B	Clients moyens	15 %	30 %
C	Petits clients	5 %	50 %

c) La méthode RFM

La méthode RFM vise à classer la clientèle en fonction de trois critères :

- la récence (date du dernier achat) ;
- la fréquence des achats (nombre d'achats successifs sur une période) ;
- le montant des achats cumulés sur une période.

2. Développer une relation gagnant-gagnant

La fidélisation de la clientèle passe par la création d'un partenariat instaurant une relation gagnant-gagnant de laquelle chacun des protagonistes va tirer un gain.

Pour cela, l'entreprise doit proposer des produits fiables accompagnés de services complémentaires.

EXEMPLES

Service après-vente, livraison, conditions de paiement, fournitures.

Pour convaincre le client et gagner sa confiance, il est possible de s'engager sur la qualité de la prestation en proposant une offre « satisfait ou remboursé ». L'entreprise prouve ainsi au client qu'elle sait répondre à ses besoins en tenant compte de ses attentes et caractéristiques.

La relation de partenariat sera également favorisée par un climat de transparence et une relation personnalisée.

Une telle relation nécessite l'utilisation d'une base de données recueillant des informations sur chaque client.

EXEMPLES

Client particulier : nom, prénom, âge, profession, adresse, historique de la relation, etc.

Clientèle professionnelle : dénomination sociale, adresse, nom des dirigeants, chiffre d'affaires, etc.

Le but est d'apporter une plus-value au client en se différenciant de la concurrence.

3. Fournir des avantages

Il existe plusieurs moyens de récompenser le client pour sa fidélité : cadeaux, bons de réduction, points de fidélité, services gratuits.
Les avantages proposés pourront être attribués en fonction d'un certain montant d'achat, de leur fréquence ou de l'ancienneté de la relation. Les gains peuvent être également liés à un parrainage ou à une enquête.

4. Créer un service client

a) Les avantages du service client

En créant un service client, l'entreprise va recueillir les remarques des clients mécontents et les rassurer. Ce service, en contact direct avec le terrain, permettra d'assurer une veille quasi permanente du degré de satisfaction de la clientèle. Les informations récoltées serviront à résoudre les dysfonctionnements rencontrés et à mener une politique d'amélioration continue de la qualité.
Les remarques de la clientèle sont également une source non négligeable de nouvelles idées qui permettront à l'entreprise d'innover.
Un service client performant, répondant rapidement aux problèmes, permet de conserver la clientèle et d'augmenter son degré de satisfaction.

b) Les conséquences d'un mauvais service client

Un client insatisfait dont la demande aura été mal traitée ou ignorée risque d'aller voir la concurrence et d'en parler à son entourage.

5. Développer un service après-vente (SAV)

Le service après-vente a pour mission d'assurer une assistance technique. Il doit être en mesure de faire réparer tout produit défectueux et de donner des conseils pour aider le client à utiliser le produit. Le SAV peut proposer des pièces de rechange ou des consommables. Le personnel travaillant dans ce service doit être compétent, courtois, disponible et à l'écoute.

6. Le marketing relationnel

Le marketing relationnel est un ensemble de moyens qui permettent d'instaurer une relation personnalisée et interactive avec le client. Son but est de faire naître une attitude positive et durable à l'égard de l'entreprise en donnant au client le sentiment qu'il est unique.
Pour mener une politique de marketing relationnel, l'entreprise doit mettre en œuvre différents outils.

Outils du marketing relationnel	Objectifs
Base de données, fichiers clients, etc.	Connaître le client.
Newsletters, bulletins d'information, site Internet, etc.	Parler au client.
Service client, service après-vente, etc.	Écouter le client.
Cartes de fidélité, bons d'achat, etc.	Récompenser le client.
Club clients, opération de parrainage, etc.	Faire participer le client à la vie de l'entreprise.

3 La mesure de l'efficacité d'une politique de fidélisation

1. Évaluation des coûts

L'assistant de gestion va dans un premier temps évaluer les coûts engagés pour conserver la clientèle :
- charges du personnel ;
- coûts liés aux récompenses et divers avantages proposés ;
- frais de déplacement des commerciaux ;
- coûts des moyens de communication mis en œuvre (téléphone, mailing, newsletters, etc.).

2. Utilisation d'indicateurs d'efficacité

Pour évaluer l'efficacité des actions de fidélisation mises en place, l'assistant de gestion peut utiliser les indicateurs suivants :
- rentabilité de la politique de fidélisation (Chiffre d'affaires généré – Coût des actions de fidélisation menées) ;
- fréquence des achats ;
- évolution du montant moyen des commandes ;
- durée moyenne de la relation commerciale.

De manière générale, le taux d'attrition (Nombre de clients perdus / Nombre total de clients) permet d'estimer la capacité d'une entreprise à conserver ses clients.

4 La reconquête des clients

1. Identification des clients sur le départ

Plusieurs signaux permettent d'identifier les clients qui sont sur le point de quitter l'entreprise :
- baisse du nombre des commandes ;
- diminution des quantités commandées ;
- baisse du montant des commandes ;
- augmentation des réclamations auprès du service client ;
- accroissement des interventions du SAV.

2. Stratégies mises en place

Pour éviter l'attrition, l'assistant de gestion va déclencher des actions visant à identifier les raisons d'insatisfaction et à regagner la confiance des clients sur le départ.

EXEMPLES

Lettre de relance, appel du client, visite d'un commercial, remises ou avantages exceptionnels.

11 L'ANALYSE FINANCIÈRE DE LA PME

➔ La situation d'une entreprise peut être appréhendée grâce à de multiples paramètres : activité commerciale, ressources humaines, environnement économique, etc. L'évaluation de sa structure financière, à partir du bilan fonctionnel, et de sa rentabilité, à partir des soldes intermédiaires de gestion, complète avantageusement ce diagnostic.

1 L'analyse du bilan

1. Le bilan fonctionnel

Le patrimoine d'une entreprise est présenté dans un document, « le bilan », qui est composé d'un actif (ce qu'elle possède) et d'un passif (ce qu'elle doit). Le bilan fonctionnel synthétise et réaménage ces informations en les classant par fonction. L'actif devient « emplois » et le passif « ressources ». L'objectif est de vérifier la qualité du financement, en analysant si les « ressources » sont convenablement « employées ».

EXEMPLE

ACTIF				PASSIF	
	Brut	Am. Prov.	Net		Montant
Constructions	50 000	22 400	27600	Capital	35 000
Matériel industriel	23 500	8 100	15 400	Réserves	3 500
				Résultat	17 200
Actif immobilisé	73 500	30 500	43 000		
			0	Capitaux propres	55 700
Stocks	8 200		8 200	Emprunts auprès des éts de crédit	12 700
Clients	19 100	900	18 200	Fournisseurs	21 000
Créances hors expl.	3 700		3 700	Dettes fiscales et sociales	5 000
Actif circulant	31 000	900	30 100	Dettes	38 700
Banque	21 300		21 300		
TOTAL	125 800	31 400	94 400	TOTAL	94 440

BILAN FONCTIONNEL			
EMPLOIS	Montant	RESSOURCES	Montant
Immobilisations corporelles	73 500	Capitaux propres	55 700
Immobilisations incorporelles		Amort., dépréciations, prov.	31 400
Immobilisations financières		Dettes LMT	12 700
Emplois durables	73 500	Ressources stables	99 800
Stocks MP	8 200	Fournisseurs	21 000
Clients	19 100		
Emplois circulants d'exploitation	27 300	Ressources circulantes d'exploitation	21 000
Autres créances	3 700	Dettes fiscales et sociales	5 000
Emplois circulants hors exploitation	3 700	Ressources circulantes hors exploitation	5 000
Trésorerie actif	21 300	Trésorerie passif	
TOTAL	125 800	TOTAL	125 800

2. Les agrégats

Ils sont calculés à partir du bilan fonctionnel.

FRNG (Fonds de roulement net global) = Ressources stables – Emplois durables.

Il permet de vérifier que les emplois durables sont financés exclusivement par des ressources stables.

Le BFR (Besoin en fonds de roulement) se décompose en BFR d'exploitation (BFRE) et en BFR hors exploitation (BFRHE) :

BFR d'exploitation = Emplois circulants d'exploitation – Ressources circulantes d'exploitation

BFR hors exploitation = Emplois circulants hors exploitation – Ressources circulantes hors exploitation

TN (Trésorerie nette) = Trésorerie actif – Trésorerie passif

Ces trois valeurs sont liées : FRNG = BFR + TN

EXEMPLE

BILAN FONCTIONNEL			
EMPLOIS	Montant brut	RESSOURCES	Montant
Immobilisations corporelles	20 000	Capitaux propres	30 000
Immobilisations incorporelles	2 000	Amort., dépréciations, prov.	3 400
Immobilisations financières	5 000	Dettes LMT	5 000
Emplois durables	27 000	Ressources stables	38 400
Stocks MP	6 000	Fournisseurs	12 800
Clients	15 000	Rémunérations dues	
Emplois circulants d'exploitation	21 000	Ressources circulantes d'exploitation	12 800
Autres créances	1 400	Dettes fiscales et sociales	3 200
VMP	800		
Emplois circulants hors exploitation	2 200	Ressources circulantes hors exploitation	3 200
Trésorerie actif	5 000	Trésorerie passif	800
TOTAL	55 200	TOTAL	55 200

FRNG = 38 400 – 27 000 = 11 400
BFRE = 21 000 – 12 800 = 8 200
BFRHE = 2 200 – 3 200 = – 1 000
BFR = 8 200 – 1 000 = 7 200
TN = 5 000 – 800 = 4 200
FRNG = BFR + TN ⇔ 11 400 = 7 200 + 4 200

Le FRNG est positif – ce qui est déjà rassurant – mais il est également d'un montant suffisant pour financer le BFR. Cette situation induit une trésorerie positive ; cela est un gage de financement équilibré.

2 L'analyse de la rentabilité

1. Les SIG (soldes intermédiaires de gestion)

Ils décomposent le résultat de l'exercice afin de mieux le comprendre et de l'optimiser.

Ventes de marchandises
– Coût d'achat des marchandises vendues (Achats marchandises + Variation des stocks de marchandises)
= Marge commerciale
+ Production de l'exercice (Production vendue + Production stockée + Production immobilisée)
– Consommation en provenance des tiers (1)
= Valeur ajoutée
– Impôts, taxes et versements assimilés
– Charges de personnel
+ Subventions
= Excédent brut d'exploitation (EBE)
– Autres charges, dotations aux amortissements, etc., d'exploitation
+ Autres produits, reprises d'amortissements, etc., d'exploitation
= Résultat d'exploitation
+ Produits financiers totaux
– Charges financières totales
= Résultat courant avant impôts
+ Produits exceptionnels totaux
– Charges exceptionnelles totales
= Résultat net

(1) Consommation en provenance des tiers = Achats de matières (matières premières, consommables, etc.) + Variations de stocks de matières (matières premières, consommables, etc.) + Comptes des classes 61 et 62.

EXEMPLE

Compte de résultat

Liste des produits et charges			
CHARGES		PRODUITS	
Libellé	Montant	Libellé	Montant
Achats de marchandises	402 600	Ventes de marchandises	894 000
Variation de stocks	- 2 400	Reprise sur amort.	3 000
Autres achats et ch. ext.	198 600	Autres produits	1 200
Impôts, taxes	12 400		
Salaires	108 400	Produits financiers	380
Charges sociales	53 600		
Dotations amort. immo.	12 000	Produits exceptionnels G.	1 500
Dotations actif circulant	900		
Autres charges	3 500		
Charges financières	3 600		
Charges exceptionnelles G.	2 030		
BÉNÉFICE	104 850		
TOTAL	900 080	TOTAL	900 080

Calcul des SIG

	31/12/N
Vente de marchandises	894 000
Coût d'achat des marchandises vendues	- 400 200
Marge commerciale	493 800
Production de l'exercice	0
Consommation en provenance de tiers	- 198 600
Valeur ajoutée	295 200
Charges de personnel	- 162 000
Impôts, taxes	- 12 400
Excédent brut d'exploit (EBE)	120 800
Dotations aux amortiss. et dépréciations d'exp., autres charges	- 16 400
Reprises sur amortiss. et dépréciations d'exp., autres produits	4 200
Résultat d'exploitation (REX)	108 600
Produits financiers	380
Charges financières	- 3 600
Résultat courant avant impôts	105 380
Produits exceptionnels totaux	1 500
Charges exceptionnelles totales	- 2 030
Résultat exercice	104 850

L'entreprise a une activité de négoce car elle enregistre exclusivement des ventes de marchandises sans aucune production. La marge commerciale est confortable. La valeur ajoutée est positive et permet de rémunérer le personnel dans de bonnes conditions puisque, après les charges salariales, l'EBE reste positif. Même si des charges financières existent, le résultat financier ne vient pas obérer la rentabilité de l'affaire. Le résultat exceptionnel est négligeable. Le résultat final est bénéficiaire et d'un montant satisfaisant : presque 12 % du chiffre d'affaires (il faudrait rapprocher ce résultat de la rentabilité moyenne du secteur d'activité pour préciser ce commentaire).

2. La capacité d'autofinancement (CAF)

La CAF représente l'ensemble des revenus qui sont générés par l'entreprise mais qui ne sont pas obligatoirement encaissés.
Elle est calculée de deux manières :

À partir de l'EBE (méthode soustractive)	À partir du résultat (méthode additive)
EBE	Résultat
+ Total des produits encaissables hors produits de cession	– Reprises sur amortissements et provisions
Produits financiers hors reprises	
Produits exceptionnels hors reprises et produits de cession	+ Dotations aux amortissements et provisions
Autres produits d'exploitation	

– Total des charges décaissables hors valeur comptable des éléments d'actif cédés	– Plus-values exceptionnelles
Charges financières hors dotations	
Charges exceptionnelles hors dotations et valeur comptable des éléments d'actif cédés	+ Moins-values exceptionnelles
Autres charges d'exploitation	
= CAF	= CAF

EXEMPLE (suite)

Calcul de la CAF

À partir de l'EBE	
EBE	120 800
+ Total des produits encaissables hors produits de cession	
Produits financiers hors reprises	380
Produits exceptionnels hors reprises et produits de cession	1 500
Autres produits d'exploitation	1 200
– Total des charges décaissables hors valeur comptable des éléments d'actif cédés	
Charges financières hors dotations	3 600
Charges exceptionnelles hors dotations et valeur comptable des éléments d'actif cédés	2 030
Autres charges d'exploitation	3 500
CAF	**114 750**

À partir du résultat	
Résultat	104 850
– Reprises sur amortissements et provisions	-3 000
+ Dotations aux amortissements et provisions	12 900
– Plus-values exceptionnelles	
+ Moins-values exceptionnelles	
CAF	**114 750**

L'entreprise, en plus du bénéfice dégagé, a enregistré des charges qui ont été prélevées sur son chiffre d'affaires mais qui restent dans l'entreprise (amortissements, dépréciations et provisions). Elle a donc créé, au cours de l'exercice : 104 850 € de bénéfices + 9 900 € de dotations nettes de reprises.

3 Les ratios

Les ratios sont des indicateurs qui peuvent signaler des forces et des faiblesses de l'entreprise. L'interprétation doit être faite avec beaucoup de précautions car leur apparence négative ou positive peut être parfois justifiée par l'activité particulière de l'entreprise ou du secteur d'activité dans lequel elle intervient.

1. La structure financière

a) La solvabilité

Solvabilité : (Capitaux propres / Total du passif) × 100

Ce ratio détermine la part relative des fonds propres dans les ressources. Il doit se situer au minimum à 20 % pour les entreprises de négoce et à 25 % pour les entreprises industrielles.

b) La capacité d'endettement

Capacité d'endettement : Dettes à long et moyen terme / Fonds propres.

Ce ratio évalue si les dettes à long et moyen terme ne sont pas trop importantes par rapport au montant des fonds propres. Le maximum acceptable est 1.

c) La capacité de remboursement

Capacité de remboursement : Dettes à long et moyen terme / CAF.

Ce ratio détermine si les revenus générés par l'affaire sont suffisants pour assurer le remboursement des emprunts à moyen et long terme. Le montant maximum acceptable est de 3.

d) Les charges financières

Charges financières : (Charges financières / CA) × 100

Ce ratio évalue si les financements ne sont pas trop coûteux en comparaison de la rentabilité de la société. Le taux maximum est de 3 %.

2. La gestion du fonds de roulement

Délai de règlement client en jours de CA :
(Créances clients / [CA × 1,196]) × 360

Délai de règlement fournisseur en jours d'achats :
(Dettes fournisseurs / [Achats × 1,196]) × 360

Ces ratios sont très variables suivant le secteur d'activité. Ils doivent être comparés à la moyenne des concurrents et aux résultats des années précédentes afin de mettre en évidence toute détérioration.

EXEMPLE

Bilan

ACTIF				PASSIF	
	Brut	Am./Prov.	Net		Montant
Constructions	50 000	22 400	27 600	Capital	35 000
Matériel industriel	23 500	8 100	15 400	Réserves	3 500
				Résultat	17 200
Actif immobilisé	**73 500**	**30 500**	**43 000**		
			0	**Capitaux propres**	**55 700**
Stocks	8 200		8 200	Emprunts auprès des éts de crédit	12 700
Clients	19 100	900	18 200	Fournisseurs	21 000
Créances hors expl.	3 700		3 700	Dettes fiscales et sociales	5 000
Actif circulant	**31 000**	**900**	**30 100**	**Dettes**	**38 700**
Banque	21 300		21 300		
TOTAL	**104 500**	**31 400**	**94 400**	**TOTAL**	**94 400**

Le chiffre d'affaires HT est de 502 400 €.

Le montant des achats HT est de 164 500 €.

Les charges financières s'élèvent à 1 060 € et la CAF à 8 500 €.

Solvabilité : (55 700 / 94 400) × 100 = 59 %

Capacité d'endettement : 12 700 / 55 700 = 0,23

Capacité de remboursement : 12 700 / 8 500 = 1,49

Charges financières : 1 060 / 502 400 × 100 = 0,21 %

Délai de règlement client en jours de CA : (19 100 / [502 400 × 1,196]) × 360 = 12 j de CA

Délai de règlement fournisseur en jours d'achats : (21 000 / [164 500 × 1,196]) × 360 = 39 j d'achats.

Les résultats obtenus sont tous dans les normes (ce qui est très positif). Le délai de règlement client qui est très court évite de mobiliser des capitaux (BFR faible). Cela participe à la création d'une trésorerie excédentaire. La rentabilité (résultat et CAF) semble un peu faible par rapport au niveau de CA.

12 LE PLAN DE FINANCEMENT

➔ La réalisation d'un investissement peut déséquilibrer la structure financière de la PME-PMI si le financement est inadapté. La construction d'un plan de financement permet d'analyser l'évolution prévisionnelle de la structure de l'entreprise. Le plan de financement est un outil de gestion indispensable à la réussite d'un projet d'investissement.

1 La construction d'un plan de financement

1. Définition

Le plan de financement précise les évolutions des emplois et des ressources et évalue par conséquent la trésorerie prévisionnelle. Pour identifier les éventuels déséquilibres et les moyens d'y remédier, il est nécessaire de construire un plan avant financement de l'investissement et un plan après.

2. Présentation

La présentation du plan de financement n'est pas normalisée mais elle est synthétique. Elle énumère les emplois (besoins de capitaux liés à l'investissement) et les ressources (mise à disposition de capitaux stables supplémentaires), en général pour les 3 à 4 années à venir (au-delà, les prévisions sont beaucoup trop aléatoires). La trésorerie est indiquée annuellement afin de diagnostiquer son évolution.

2 L'analyse du plan de financement

Les emplois représentent les besoins de capitaux (donc de ressources) générés par l'investissement : acquisition de l'immobilisation, dividendes distribués, emprunts remboursés, augmentation du BFR. Ces flux participent à réduire le FRNG.

Les ressources représentent les nouveaux capitaux venant renforcer les ressources stables ou les diminutions d'emplois (baisse du BFR) libérant des capitaux. Ces flux participent à renforcer le FRNG.

La différence entre ces deux soldes modifie le niveau de la trésorerie. Si l'accroissement des emplois (dégradation du FRNG) est supérieur à l'augmentation des ressources (renforcement du FRNG), la trésorerie se dégradera. Il est indispensable de présenter un document avant le financement et un autre après (qui équilibrera les emplois et les ressources).

EXEMPLE

Avant financement (*cf.* document 1)

Les emplois se développent très fortement (131 500 €) à cause de l'achat d'un bien et d'un développement notable du BFR (lié à cet investissement de 90 000 €). En contrepartie, l'entreprise n'enregistre qu'une hausse de ses ressources provoquée par la CAF. Il en résulte une détérioration de la trésorerie.

Pour remédier à ce déséquilibre, il est nécessaire d'injecter de nouvelles ressources (*cf.* document 2).

Document 1

PLAN DE FINANCEMENT					
EMPLOIS					
	Année 0	Année 1	Année 2	Année 3	Année 4
Acquisition immobilisation	90 000				
Dividendes distribués					
Amortissement emprunts (en cours)	13 500	13 500	13 500	13 500	
Augmentation BFR	28 000				
TOTAL 1	131 500	13 500	13 500	13 500	0
RESSOURCES					
	Année 0	Année 1	Année 2	Année 3	Année 4
CAF	28 000	28 000	28 000	28 000	28 000
Apports des actionnaires					
Diminution BFR					
TOTAL 2	28 000	28 000	28 000	28 000	28 000
Variation E et R = Total 2 - Total 1	- 103 500	14 500	14 500	14 500	28 000
TRÉSORERIE DÉPART	5 000	- 98 500	- 84 000	- 69 500	- 55 000
TRÉSORERIE FINALE	- 98 500	- 84 000	- 69 500	- 55 000	- 27 00

Après financement (*cf.* document 2)

L'entreprise a recourt à un emprunt (1) de 80 000 € pour une durée de 4 ans, au taux de 6 %, qui générera des remboursements constants annuels de 20 000 € (2). Les intérêts sont de 4 800 € la première année, 3 600 € la deuxième, 2 400 € la troisième et 1 200 € la quatrième. L'impôt sur les sociétés (1/3) devra être déduit de ces charges (4 800 – 1/3 = 3 200 € en année 0). Ce résultat (3) diminuera d'autant la CAF annuelle.

Les ressources étant toujours insuffisantes, il est nécessaire de faire appel aux actionnaires qui apporteront 45 000 €. La trésorerie finale est maintenant équilibrée sur toute la période. Il ne reste qu'à confirmer la capacité d'emprunt de la société et la capacité des actionnaires à apporter des fonds.

Document 2

PLAN DE FINANCEMENT					
EMPLOIS					
	Année 0	Année 1	Année 2	Année 3	Année 4
Acquisition immobilisation	90 000				
Dividendes distribués					
Amortissement emprunts (en cours)	13 500	13 500	13 500	13 500	
Augmentation BFR	28 000				
TOTAL 1	131 500	13 500	13 500	13 500	0
RESSOURCES					
	Année 0	Année 1	Année 2	Année 3	Année 4
CAF	28 000	28 000	28 000	28 000	28 000
Apports des actionnaires					
Diminution BFR					
TOTAL 2	28 000	28 000	28 000	28 000	28 000
Variation E et R = Total 2 - Total 1	- 103 500	14 500	14 500	14 500	28 000
TRÉSORERIE DÉPART	5 000	- 98 500	- 84 000	- 69 500	- 55 000
TRÉSORERIE FINALE	- 98 500	- 84 000	- 69 500	- 55 000	- 27 00

ACTIVITÉ 6

13 LA DÉMARCHE DE REPRISE D'ENTREPRISE

➔ L'entrepreneur qui reprend une entreprise existante adopte une démarche particulière, distincte de celle de la création d'entreprise. Les pouvoirs publics proposent de nombreuses aides financières, fiscales et des dispositions juridiques pour faciliter la reprise d'entreprise et, par là même, la création ou le maintien de l'emploi.

1 Définir un projet personnel

Le repreneur doit explorer son projet de reprise sous trois angles.

1. Connaître ses contraintes personnelles

- Prévoir suffisamment de temps pour étudier et préparer correctement une reprise : entre 6 mois et 2 ans, de préférence à temps plein.
- Recueillir l'adhésion au projet de son entourage.
- Veiller à la compatibilité des charges familiales financières.

EXEMPLES

Crédits personnels en cours, pension alimentaire, frais de scolarité élevés.

- Avoir un apport financier personnel suffisant : entre 20 et 40 % de l'évaluation de la reprise.
- Bénéficier d'un état de santé compatible avec les exigences de l'investissement personnel dans le projet de reprise.

2. Connaître ses motivations et objectifs personnels

Les motivations, si elles ne sont pas clairement exprimées, peuvent entraîner des déconvenues. Le repreneur doit les connaître.

EXEMPLES

Goût des responsabilités, de l'indépendance professionnelle, réalisation d'un rêve, atteinte d'une certaine position sociale, augmentation des revenus, du patrimoine.

3. Apprécier les compétences requises

– Les traits de sa personnalité doivent être adaptés aux qualités nécessaires pour mener à bien le projet.

EXEMPLE

Un repreneur timide et introverti ne peut pas se lancer dans un domaine d'activité où la concurrence est féroce.

- Il faut avoir un potentiel constitué de résistance physique et psychologique, de qualités relationnelles, de capacité à rebondir en cas de difficultés.
- Des connaissances et compétences polyvalentes : techniques administrative, commerciale et de gestion comptable et financière, sont incontournables.
- L'expérience professionnelle antérieure est un atout important si elle est en relation avec le projet.
- Le professionnalisme allié à un tissu relationnel important dans le milieu concerné consolide les chances de succès de la reprise. Quand le projet de reprise est conduit à plusieurs associés, la complémentarité des repreneurs est facteur de succès.

2 Trouver une entreprise à reprendre

Les différentes méthodes de recherche peuvent prendre de nombreux mois.

1. Utiliser ses relations familiales, amicales et son réseau professionnel

2. Contacter directement un vendeur potentiel

Une rencontre avec le vendeur et la visite de l'entreprise pendant un jour de forte activité constituent le moyen le plus efficace pour comprendre l'intérêt ou non de reprendre une entreprise.

EXEMPLE

Qualité du climat interne, degré d'urgence de la cession, motivations du cédant.

3. Recourir à des intermédiaires

Les intermédiaires varient en fonction du type et de la taille de l'entreprise recherchée.

Pour trouver une TPE	Pour trouver une entreprise moyenne
– Les chambres de commerce et d'industrie, des métiers et de l'artisanat – Les experts-comptables, les avocats, les notaires – Les réseaux de la création et de la reprise d'entreprise : boutiques de gestion, plates-formes d'initiatives locales, etc.	– Les clubs de repreneurs – Les cabinets conseil indépendants en fusion/acquisition, nationaux, régionaux ou sectoriels – Les banques d'affaires – Les conseillers (ex. : experts-comptables, commissaires aux comptes, avocats d'affaires, cabinets d'audit)

4. Consulter le bulletin officiel des annonces civiles et commerciales (BODACC) et les sites Internet spécialisés

Le BODACC informe par annonce légale des opportunités de reprise d'entreprise : mutations et cessations d'activité, avis relatifs aux procédures de redressement et liquidations judiciaires.
Internet propose des offres d'entreprise à céder : fonds de commerce, entreprises artisanales. Elles sont généralement classées par rubrique.

EXEMPLES

Cessions/reprises, brevets/licences, partenariats industriels et commerciaux, offres et demandes de participation.

3 Apprécier la valeur économique de l'entreprise à reprendre

L'évaluation du montant de la reprise se heurte à des intérêts opposés :
- le cédant souhaite vendre au meilleur prix ;
- le repreneur a le souci de mettre ses moyens financiers dans le futur développement de l'entreprise qu'il reprend ; il a donc pour objectif de réduire le prix à payer pour la reprise.

Le repreneur doit se livrer à un diagnostic stratégique complet pour évaluer la valeur économique de l'entreprise avant de procéder à l'évaluation financière.

1 Quel est le métier de l'entreprise? Quelles sont ses compétences?
Il s'agit de vérifier que l'avenir de l'entreprise n'est pas compromis par l'essoufflement de son marché ou le déclin de ses produits : Le marché est-il en croissance? Qui sont les concurrents? L'offre est-elle adaptée aux besoins du marché?
2 Avec quels moyens l'entreprise exerce-t-elle son métier?
Il s'agit de vérifier si le départ du propriétaire actuel ne va pas entraîner la disparition d'éléments d'actifs incorporels qui assurent la viabilité de l'entreprise (savoir-faire, collaborateurs, clientèle).
3 Qui sont les clients?
Il faut s'assurer que l'entreprise ne dépend pas de clients fragiles ou versatiles, d'un client important dont la perte pourrait mettre en péril la pérennité de l'entreprise.

4 Choisir une structure juridique

Les différentes structures juridiques et leurs particularités respectives, leurs avantages et leurs limites sont étudiés en Droit.

EXEMPLES

L'entreprise individuelle, la société en nom collectif, la SARL, l'entreprise unipersonnelle à responsabilité limitée (EURL), la société anonyme (SA).

En cas de reprise d'entreprise, quelques montages juridiques particuliers sont intéressants.

1. La reprise d'entreprise par les salariés (RES)

La loi facilite l'acquisition par les salariés de leur propre entreprise, même si leurs ressources financières propres sont limitées. Pour suppléer à ces limites, des mesures juridiques et fiscales permettent la création d'une société holding qui mobilise des investisseurs extérieurs et des emprunts bancaires. Les repreneurs conservent le contrôle de la société reprise. Les avantages fiscaux sont doubles :
- les salariés impliqués dans la RES bénéficient d'une réduction de leur impôt sur le revenu (IR) ;
- la société holding bénéficie d'un crédit d'impôt basé sur les intérêts payés aux financeurs externes auprès desquels ont été souscrits les emprunts.

2. La société civile immobilière (SCI)

Quand la reprise d'entreprise met d'importants actifs immobiliers en jeu, les repreneurs associés ont intérêt à isoler ce patrimoine en créant une société distincte (SCI) de la société d'exploitation. Ainsi, les associés de la SCI restent propriétaires des actifs immobiliers et reçoivent un loyer en contrepartie de leur mise à disposition à la société d'exploitation.

5 Élaborer le plan de financement

Cette opération détermine la rentabilité de l'opération. L'élaboration du plan de financement consiste à prévoir l'activité à venir de l'entreprise sans sous-estimer toutes les charges d'exploitation inhérentes à son fonctionnement. Le dossier financier à constituer comprend :
- le compte de résultat prévisionnel incluant les frais financiers ;
- la nature et le montant des investissements à effectuer ;
- le besoin financier permanent lié au cycle d'exploitation (BFR) ;
- la capacité d'autofinancement calculée à l'aide du compte de résultat ;
- le plan de trésorerie prévisionnel détaillant mois par mois les recettes et les dépenses du premier exercice comptable, qui est pris en compte dans le plan de financement de la première année.

6 Trouver des financements

Le plan de financement fait souvent apparaître un besoin de financement dont l'appréciation permet soit de s'engager, soit de renoncer au projet de reprise si celui-ci s'avère trop coûteux et à haut risque financier. Un bon niveau de capitalisation au départ, prenant en compte les pertes de démarrage, permet d'avoir les moyens financiers indispensables à de bonnes conditions de reprise. Les aides destinées à compléter les 20 à 40 % d'apports personnels peuvent être de différentes natures.

Fonds propres	– Apports personnels du repreneur – Apports familiaux et amicaux – Autres partenaires : société de capital-risque, banque d'affaires, etc.
Aides financières	– Emprunts bancaires, crédit-bail – Financements spécialisés (innovations) sous forme de subventions et d'avances remboursables
Aides fiscales	Exonération ou réduction d'impôt
Aides sociales	Exonération de charges sociales, aide à l'emploi, aide à l'implantation dans des territoires difficiles

7 Accomplir les formalités

L'existence juridique de la société reprise est actée dès son immatriculation au registre du commerce et des sociétés. Les formalités sont les suivantes :
- réalisation des apports (numéraire, en nature, en industrie) ;
- signature des statuts suivie d'une publication (publicité légale dans un journal d'annonces) ;
- enregistrement des statuts à la recette des impôts ;
- dépôt du dossier au centre de formalités des entreprises (CFE) pour obtenir un n° d'immatriculation, un extrait K bis, un n° SIRET et un code APE.

exercices

exercice 1 Le coût marginal

La société Lumiz, pour faire face à une commande exceptionnelle de 300 lampes, doit développer sa capacité de production grâce à un investissement de 2 400 €. Le montant unitaire des charges variables augmentera alors de 15 %. Le dirigeant souhaite réaliser cette opération sous réserve qu'elle lui rapporte un bénéfice de l'ordre de 1 300 €.

ENTRAÎNEZ-VOUS

En tenant compte de cette commande :

1. Calculez le résultat global obtenu.

2. Calculez le résultat spécifique pour cette commande.

3. Évaluez le prix de vente à facturer afin d'obtenir un bénéfice de 1 300 €.

CORRIGÉS p. 293

exercice 2 Le bilan fonctionnel

La société WZZ vend des menuiseries en PVC et en aluminium. Son directeur financier doit présenter sa situation financière.

Annexe – Bilan de l'entreprise

	Brut	Amts, Dép.	Net
Actif immobilisé			
Immobilisations incorp.			
Fonds commercial	178 000		178 000
Immobilisations corporelles			
Constructions	238 000	45 000	193 000
Installations techniques…	45 600	17 600	28 000
Autres	12 500		12 500
Total 1	**474 100**	**62 600**	**411 500**
Actif circulant			
Stocks et en-cours	45 000	800	44 200
Créances	102 000	5 400	96 600
Autres créances	4 100		4 100
Valeurs mob. de placement	8 900	1 890	7 010
Disponibilités	46 000		46 000
Total 2	**206 000**	**8 090**	**197 910**
Total général	**680 100**	**70 690**	**609 410**

	Montant
Capitaux propres	
Capital	275 000
Réserve légale	
Report à nouveau	2 500
Résultat de l'exercice	29 600
Total 1	**307 100**
Provisions pour risques et charges	500
Total 2	**500**
Dettes	
Emprunts et dettes auprès des ét. de crédit	179 100
Dettes fournisseurs et comptes rattachés	83 430
Dettes fiscales et sociales	32 159
Autres dettes	5 062
Produits constatés d'avance	2 059
Total 3	**301 810**
Total général	**609 410**

ENTRAÎNEZ-VOUS

À partir de l'annexe ci-dessus :

1. Présentez le bilan fonctionnel.

2. Calculez le FRNG, le BFR et la Trésorerie nette.

3. Choisissez des ratios et chiffres significatifs pour réaliser une analyse financière de la société.

CORRIGÉS p. 293

exercice 3 Les SIG

Pour compléter l'analyse financière, le directeur financier évalue la rentabilité de la société WZZ.

Annexe – Compte de résultat

Charges	Montants	Produits	Montants
D'exploitation		**D'exploitation**	
Achats m/ses	452 300	Ventes de marchandises	2 340 170
Variation stocks m/ses	-122 500	Rep. prov. et amort.	8 600
Autres achats et ch. ext.	320 400	Autres produits	1 600
Impôts, taxes, ver. ass.	22 600		
Salaires et traitements	840 700		
Charges sociales	582 000		
Dotations amort. dépr.	123 600		
Autres charges	1 020		
Total 1	**2 220 120**	**Total 1**	**2 350 370**
Quote-part op. comm.	-	**Quote-part op. comm.**	
Financières		**Financiers**	
Dotations amort. dépr.	500	Autres intérêts	1 500
Intérêts, ch. ass.	28 600	Rep. prov. tr. charges	800
Ch. nettes cession VMP	2 400	Prod. nets cess. VMP	3 100
Total 3	**31 500**	**Total 3**	**5 400**
Exceptionnelles		**Exceptionnels**	
Sur op. capital	24 600	Sur op. capital	32 600
Total 4	**24 600**	**Total 4**	**32 600**
Total des charges	**2 276 220**	**Total des produits**	**2 388 370**
Bénéfice	**112 150**	**Perte**	
Total général	**2 388 370**	**Total général**	**2 388 370**

ENTRAÎNEZ-VOUS

À partir de l'annexe ci-dessus, présentez et commentez les soldes intermédiaires de gestion et la CAF.

CORRIGÉS p. 294

exercice 4 L'évaluation des coûts complets

L'entreprise XW fabrique du linge de maison. Dans sa gamme de produits basiques, elle commercialise une couverture brodée en tissu polaire de 200 cm x 130 cm. Elle souhaite vérifier sa rentabilité.
Chaque couverture nécessite 2,60 m² de tissu. 800 m² ont été achetés pour un montant total de 2400 €. Le stock initial de tissu est de 200 m² au prix unitaire de 5,20 €. L'atelier A fait appel à 100 heures de main-d'œuvre directe au prix unitaire de 14 € pour fabriquer 350 couvertures. Il faut 1 500 m de fil à coudre (2 € les 50 m) pour 100 couvertures. Le stock initial de couvertures est de 300 unités au prix de 18,12 €. 500 produits ont été vendus au prix unitaire de 25 €. La comptabilité a recensé 30000 € de charges indirectes à répartir suivant les informations en annexe.

Annexe – Tableau de répartition des charges indirectes

		Centre auxiliaire	Centres principaux			
	Charges incorporables	Gestion personnel	Achats	Atelier A	Distribution	Administration
Répart. primaire (%)	30000,00	15 %	10 %	35 %	15 %	25 %
Répart. secondaire (%)		–100 %	10 %	30 %	35 %	25 %
Unité d'œuvre (UO)			Mètres carrés achetés	Heure de main-d'œuvre directe	100 € de CA réalisé	Coût de production des produits vendus
Nombre d'UO			4000	2500	3000	36000

ENTRAÎNEZ-VOUS

1. Calculez le coût de revient puis le bénéfice ou la perte dégagé par la vente de couvertures.

2. Commentez les résultats obtenus.

CORRIGÉS p. 294

corrigés

exercice 1 page 290

1. à **3.** Dans le tableau ci-après sont présentés : l'activité globale (qui intègre l'activité de base et la commande exceptionnelle), l'activité marginale (qui ne correspond qu'à la commande exceptionnelle) et le montant du CA à réaliser afin d'obtenir un résultat de 1 300 €.

Quantité fabriquée / vendue	Activité de base		Activité totale	
	1 200 lampes	Taux	1 500 lampes	Taux
Chiffre d'affaires	22 800,00		28 500,00	
– Charges variables	– 9 360,00	– 41,1 %	– 12 051,00	– 42,3 %
= Marge sur coût variable	13 440,00	58,9 %	16 449,00	57,7 %
– Charges fixes	– 9 600,00	– 42,1 %	– 12 000,00	– 42,1 %
= Résultat	3 840,00	16,8 %	4 449,00	15,6 %

			Objectif 1 300 €	
Quantité fabriquée / vendue	Activité marginale		Activité marginale	
Chiffre d'affaires	+ 300 lampes	Taux	+ 300 lampes	Taux
– Charges variables	5 700,00		6 391,00	
= Marge sur coût variable	– 2 691,00	– 47,2 %	– 2 691,00	– 42,1 %
– Charges fixes	3 009,00	– 52,8 %	3 700,00	57,9 %
= Résultat	– 2 400,00	– 42,1 %	– 2 400,00	–37,6 %
	609,00	10,7 %	1 300,00	20,3 %

Pour obtenir un résultat de 1 300 €, il faut résoudre l'équation suivante :
CA – Charges variables – Charges fixes = 1 300
300 × PV – 2 691 – 2 400 = 1 300
Il faut résoudre cette équation à une inconnue ; donc PV = 21,30 €.

exercice 2 page 290

1. Présentation du bilan fonctionnel de la société WZZ

BILAN FONCTIONNEL	
Emplois	**Montant brut**
Immobilisations corporelles	296 100
Immobilisations incorporelles	178 000
Immobilisations financières	0
Emplois durables	**474 100**
Stocks MP	45 000
Clients	102 000
Emplois circulants d'exploitation	**147 000**
Autres créances	4 100
VMP	8 900
Emplois circulants hors exploitation	**13 000**
TRÉSORERIE ACTIF	**46 000**
TOTAL	**680 100**

BILAN FONCTIONNEL	
Ressources	**Montant**
Capitaux propres	307 100
Amort., dépréciations, prov.	71 190
Dettes LMT	179 100
Ressources stables	**557 390**
Fournisseurs	83 430
Rémunération dues	
Ressources circulantes d'exploitation	**83 430**
Dettes fiscales et sociales	32 159
Autres dettes	7 121
Ressources circulantes hors exploitation	**39 280**
TRÉSORERIE PASSIF	
TOTAL	**680 100**

2. Présentation des agrégats de la société WZZ

Agrégats	N
Ressources stables	557 390
Emplois stables	474 100
FRNG	**83 290**
Emplois circulants	160 000
Ressources circulantes	122 710
BFR	**37 290**
Trésorerie actif	46 000
Trésorerie passif	0
Trésorerie nette	**46 000**

3. Analyse
Le FRNG est positif et supérieur au BFR : cela entraîne une trésorerie excédentaire. Les fonds propres sont importants dans le passif et supérieurs au montant des dettes financières : cela offre une structure financière équilibrée.

exercice 3 page 291

1. Calcul des SIG et de la CAF

Ventes de marchandises	**2 340 170**
Coût d'achat des marchandises vendues	329 800
Marge commerciale	**2 010 370**
Production de l'exercice	0
Consommation en provenance de tiers	320 400
Valeur ajoutée	**1 689 970**
Charges de personnel	1 422 700
Impôts, taxes...	22 600
Excédent brut d'exploit. (EBE)	**244 670**
Dotations aux amortiss. et dépréciations d'exp., autres charges	124 620
Reprises sur amortiss. et dépréciation d'exp., autres produits	10 200
Résultat d'exploitation (REX)	**130 250**
Produits financiers	5 400
Charges financières	31 500
Résultat courant avant impôts	**104 150**
Produits exceptionnels totaux	32 600
Charges exceptionnelles totales	24 600
Résultat exercice	**112 150**
Capacité d'autofinancement (CAF)	**218 850**

La société obtient un bénéfice au cours de cet exercice grâce à son activité d'exploitation. Les charges financières sont supportées sans difficultés par l'entreprise et le résultat exceptionnel est peu important. La CAF est élevée grâce à des dotations aux amortissements lourdes, ce qui lui permettra de réaliser des investissements périodiquement.

exercice 4 page 292

1. Calcul du tableau de répartition des charges indirectes.
Les charges incorporables s'élèvent à 30 000 €.

	Centre auxiliaire	Centres principaux			
	Gestion personnel	Achats	Atelier A	Distribution	Administration
Répart. primaire (%)	15 %	10 %	35 %	15 %	25 %
Répart. primaire (%)	4 500,00	3 000,00	10 500,00	4 500,00	7 500,00
Répart. secondaire (%)	−100 %	10 %	30 %	35 %	25 %
Répart. secondaire (%)	−4 500,00	450,00	1 350,00	1 575,00	1 125,00
TOTAL		**3 450,00**	**11 850,00**	**6 075,00**	**8 625,00**

Unité d'œuvre		Mètres carrés achetés	Heure de main-d'œuvre directe	100 € de CA réalisé	Coût de production des produits vendus
Nombre d'UO		4 000	2 500	3 000	36 000
Coût d'une UO		**0,86**	**4,74**	**2,03**	**0,24**

Pour trouver le résultat final, il faut calculer successivement tous les composants du coût de revient :

COÛT D'ACHAT

	Tissu polaire		
	Quantité	Prix unitaire	Montant
Achats	800	2,50	2 000,00
CI	800	0,86	688,00
Total	**800**	**3,36**	**2 688,00**

STOCK Tissu polaire

Libellé	Q	PU	Montant	Libellé	Q	PU	Montant
Stock initial	200	5,200	1 040,00	Sorties	910	3,728	3 392,48
Entrées	8	3,360	2 688,00	Stock final	90	3,728	335,52
Total	**800**	**3,36**	**2 688,00**	**Total**	**1 000**	**3,728**	**3 728,00**

COÛT DE PRODUCTION

	Couverture polaire		
	Quantité	Prix unitaire	Montant
Tissu	910	3,73	3 392,48
Fil	105	2,00	210,00
MOD	100	14,00	1 400,00
Atelier A	100	4,74	474,00
Total	**350**	**15,65**	**5 476,48**

STOCK Couverture polaire

Libellé	Q	PU	Montant	Libellé	Q	PU	Montant
Stock initial	300	18,120	5 436,00	Sorties	500	16,788	8 308,06
Entrées	350	15,647	5 476,48	Stock final	150	16,788	2 492,42
Total	**650**	**16,788**	**10 912,48**	**Total**	**650**	**16,788**	**10 800,48**

COÛT DE REVIENT

	Couverture polaire		
	Quantité	Prix unitaire	Montant
CPPV	500,00	16,79	8 394,22
Distribution	125,00	2,03	253,75
Administration	8 308,06	0,24	1 993,93
Total	**500**	**21,28**	**10 641,90**

RÉSULTAT

	Couverture polaire		
	Quantité	Prix unitaire	Montant
CA	500	25,00	12 500,00
CRPV	500	21,28	10 641,90
Total	**500**	**3,72**	**1 858,10**

2. Le résultat est excédentaire : la fabrication et la vente du produit peuvent donc être poursuivies. De fortes baisses du CMPU pour le tissu et le produit fini sont également à signaler ; ce qui démontre l'augmentation de la performance de l'activité.

ACTIVITÉS 7.2 À 7.5
GESTION DES RISQUES

1 LA SANTÉ ET LA SÉCURITÉ AU TRAVAIL

Lorsque la santé et la sécurité au travail sont négligées, les salariés sont exposés à des risques qui peuvent les mettre en danger et provoquer des dommages physiques : maladies professionnelles et accidents du travail. Aussi, la PME-PMI a tout intérêt à mettre en place une démarche de prévention (information, formation) pour éviter les conséquences préjudiciables de cette négligence.

1 Les accidents du travail (AT) et les maladies professionnelles (MP)

1. Les accidents du travail

« Est considéré comme accident du travail, quelle qu'en soit la cause, l'accident survenu par le fait ou à l'occasion du travail à toute personne salariée ou travaillant, à quelque titre ou en quelque lieu que ce soit, pour un ou plusieurs employeurs ou chefs d'entreprise. » (article L. 411-1 du Code de la Sécurité sociale)

L'accident survenu sur le trajet aller/retour du salarié est également considéré comme accident du travail.

2. Les maladies professionnelles

Une maladie professionnelle est la conséquence de l'exposition plus ou moins prolongée à un risque lors de l'exercice habituel de la profession.

L'assurance maladie a mis en place un certain nombre de conditions médicales pour qu'une maladie soit reconnue maladie professionnelle. Elle doit figurer dans le « tableau des maladies professionnelles » reconnues par le régime général de la Sécurité sociale et devient alors indemnisable.

EXEMPLES

L'absorption quotidienne de faibles doses de poussières ou de vapeurs toxiques, l'exposition répétée au bruit, aux vibrations ou aux températures excessives.

2 La position du chef d'entreprise face aux AT et MP

1. Les sanctions encourues par le chef d'entreprise

a) Action en responsabilité civile et pénale

Elle peut être intentée à l'encontre du chef d'entreprise ou du subordonné ayant délégation de pouvoir pour violation aux règles de sécurité ayant conduit à un accident du travail ou à une maladie professionnelle. Des sanctions pénales sont prévues par le Code du travail dès lors qu'une infraction est constatée.

b) Augmentation du taux de cotisation AT/MP

Chaque année, le service tarification de la caisse régionale d'assurance maladie calcule le taux de cotisation AT/MP et le notifie à l'entreprise. Ce taux est évidemment proportionnel au nombre et à la gravité des AT/MP déclarés par l'entreprise.

2. Le pouvoir de contestation du chef d'entreprise

Le chef d'entreprise peut contester, dans un délai de 2 mois, le caractère professionnel de l'accident ou bien le montant du dédommagement attribué à la victime, en essayant de démontrer une faute grave du salarié.

EXEMPLE

L'accident de voiture s'est produit alors que le salarié utilisait le véhicule de l'entreprise à des fins personnelles.

Il adresse alors un courrier à la CPAM rassemblant toutes les preuves qu'il est en mesure de fournir : écrit, témoignage, etc.

3 La prévention en matière de santé et de sécurité au travail

1. L'information au niveau de l'entreprise

Elle s'effectue principalement par voie d'affichage dans les locaux ou chantiers de l'entreprise. Elle doit être lisible et accessible à tous les salariés. La législation prévoit un affichage obligatoire de certaines informations concernant l'hygiène et la sécurité.

EXEMPLES

Services de secours d'urgence : pompiers, SAMU, centre antipoison, centre SOS mains, hôpital, urgence gaz, électricité, eau, consignes de sécurité, d'évacuation.

2. L'information au niveau des services et des postes de travail

a) Information d'hygiène et de sécurité au niveau des services

Des consignes peuvent être données aux opérateurs, oralement ou par écrit, par l'encadrement.

EXEMPLES

Chefs d'équipe, de chantier.

À l'initiative du responsable, des notes de service concernant la prévention des risques sont diffusées à l'ensemble des membres du service ou de l'équipe. Elles comportent des injonctions de faire (obligations), de ne pas faire (interdictions) ou des modes opératoires que les salariés doivent respecter. Ces notes de service de sécurité sont numérotées, répertoriées et conservées par ordre chronologique dans un registre spécial.

b) Information d'hygiène et de sécurité au niveau des postes de travail

Il s'agit du niveau le plus bas de l'information de sécurité, mais probablement du plus efficace, puisqu'il s'adresse directement à l'opérateur concerné. L'assistant est partie prenante, à ce niveau, puisqu'il est en charge de la rédaction des fiches de poste.

Lorsque plusieurs opérateurs se succèdent sur un même poste de travail, la continuation du processus en toute sécurité suppose une transmission effective de consignes relatives à l'avancement des travaux, à l'état du matériel, des locaux, des matières premières, etc.

4 La déclaration et la gestion des accidents du travail

Tout accident du travail dans l'entreprise entraîne l'application de formalités strictes dans lesquelles l'assistant de gestion est souvent impliqué.

1. Les obligations du salarié

Le salarié victime d'un accident du travail doit :
- informer son employeur de l'accident, sous un délai de 24 heures, en précisant les circonstances, le lieu de l'accident, le nom des témoins ;
- se procurer, auprès de l'employeur, un imprimé intitulé « Feuille d'accident du travail », qui lui permettra de bénéficier de soins gratuits (pris en charge à 100 %) ;
- consulter un médecin qui établira le certificat médical initial et éventuellement un certificat d'arrêt de travail ;
- remettre à son employeur, en principe sous un délai de 48 heures, le volet n° 3 de son certificat d'arrêt de travail. Le volet n° 1 doit être envoyé à la CPAM. À défaut, le salarié s'expose à une suspension de ses indemnités journalières.

2. Les obligations de l'employeur

Les formalités suivantes sont souvent déléguées à l'assistant de gestion :
- faire parvenir ou remettre au salarié l'imprimé « Feuille d'accident du travail » ;
- transmettre à la CPAM du salarié, sous un délai de 48 heures et après l'avoir complété, un imprimé de « Déclaration d'accident du travail », par lettre recommandée ;
- dès la réception du certificat d'arrêt de travail, transmettre à la CPAM l'imprimé « Attestation de salaire », pour déclencher le versement des indemnités journalières, qui se substituent au salaire pendant la durée de l'arrêt de travail ;
- demander une visite de reprise du travail auprès du service de santé au travail, si la durée de l'arrêt de travail dépasse 8 jours. Cette visite doit avoir lieu dans les 8 jours qui suivent la reprise. Elle a pour but d'apprécier l'aptitude médicale du salarié à reprendre son emploi. Dans le cas d'inaptitude du salarié à la reprise sur le poste initial, l'entreprise doit lui proposer un poste adapté. Si elle ne peut pas le faire ou si le salarié refuse le reclassement proposé, le contrat de travail est alors rompu ;
- lorsque l'accident du travail est grave, l'employeur a l'obligation d'informer le comité d'hygiène, de sécurité et des conditions de travail (CHSCT), qui peut diligenter une enquête.

5 Les acteurs de la santé et de la sécurité au travail

Source : ministère du Travail et de la Solidarité

1. L'inspecteur du travail

En matière de prévention, il sensibilise les acteurs internes à l'entreprise. Il participe aux réunions du CHSCT. Il contrôle le respect de la réglementation en matière d'hygiène, de sécurité et des conditions de travail.

2. Le médecin du travail (qui appartient au service de santé)

Il conseille les salariés, le chef d'entreprise, les représentants du personnel. Il participe aux réunions du CHSCT. Sa mission est la surveillance de la santé des travailleurs. Il dresse une fiche des risques et des moyens préventifs.

3. La CNAM et les CRAM (Caisse nationale ou régionale d'assurance maladie)

La Sécurité sociale est l'assureur des risques professionnels. Rattachées à la branche accidents du travail et maladies professionnelles, les CRAM ont pour mission de tarifer les accidents du travail et les maladies professionnelles (AT/MP) et de fixer les cotisations correspondantes des employeurs. Les CRAM accompagnent également les entreprises dans leur gestion de la santé et de la sécurité en leur fournissant des moyens humains, techniques et financiers.

ACTIVITÉS 7.2 À 7.5

2 LES RISQUES LIÉS AUX POSTES DE TRAVAIL

➔ Les risques liés aux postes de travail sont variés et nombreux. Des méthodes permettent de les analyser. Le dirigeant de la PME-PMI doit les présenter dans un document unique obligatoire qui permet de dresser un état des lieux des risques, d'en mesurer la gravité et de déterminer des priorités d'actions de prévention collective ou individuelle.

1 L'analyse des postes de travail

1. Définition

Le poste de travail correspond non seulement à la fonction occupée par le salarié dans l'entreprise mais également aux moyens matériels permettant d'effectuer le travail. Il intègre outils, machines, écrans et des éléments propres aux conditions de travail comme éclairage, aération, température des locaux, etc.

2. Les méthodes d'analyse des postes de travail

Divers paramètres doivent être pris en compte :
- le type de poste (automatisé, à tâches répétitives, etc.) ;
- l'individu qui occupe le poste (âge, expérience) ;
- l'interaction du poste avec son environnement direct.

Les méthodes d'analyse varient en fonction des paramètres suivants :
- l'observation, pour un poste à tâches répétitives, des gestes, postures, déplacements de l'individu à son poste de travail ;
- l'interview (ou entretien) du salarié pour l'aspect organisationnel du poste et les relations professionnelles avec les autres postes ;
- l'étude documentaire existante sur le poste.

EXEMPLES

Fiche de fonction, consignes d'utilisation des machines, procédures.

L'ergonomie du poste et de son environnement influence les conditions de travail.

EXEMPLES

Éclairage, bruit, aménagement.

2 L'identification des risques des postes de travail

Un risque est difficilement dissociable d'autres risques. Le traitement d'un risque particulier sur le poste de travail peut accroître les autres risques recensés, voire en créer de nouveaux. C'est pourquoi l'analyse des risques doit être transversale aux postes de travail.

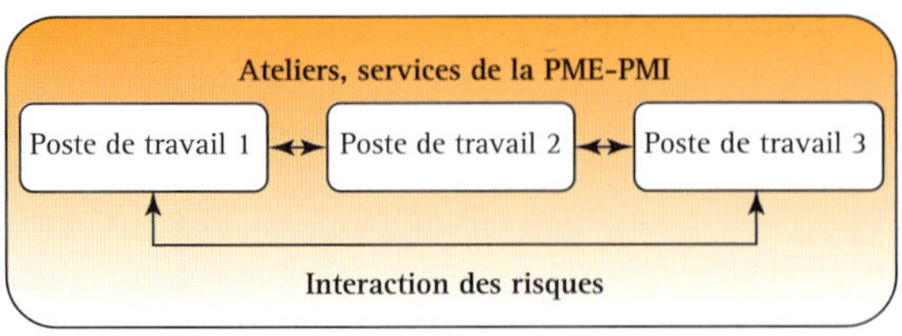

L'identification des risques des postes de travail s'effectue en concertation avec les salariés, les représentants du personnel, et le médecin du travail si nécessaire.

1. Les catégories de risques

L'Institut national de recherche et de sécurité (INRS) répertorie les principales origines de risques :

Risques psychosociaux	Chute	Agents biologiques
Addictions	Vibrations	Amiante
Ambiance au travail	Manutention	Équipements de travail
Travail sur écran	Produits dangereux	Électricité
Circulation	Rayonnements	Projection
		Incendie/explosion

2. L'évaluation des risques

Des indicateurs permettent de mesurer leur probabilité d'apparition et de gravité.

EXEMPLES

Fatigue, plaintes de salariés, arrêts de travail, absentéisme.

Le chef d'entreprise doit établir le niveau du risque et le degré d'acceptabilité, puis fixer les actions prioritaires pour prévenir le risque.

3. Le traitement des risques

Le traitement des risques prend le plus souvent la forme d'un plan d'actions planifié dans le temps. Ces actions peuvent être présentées dans un tableau comparatif afin de retenir la plus adaptée en termes de faisabilité (coût, délai, ressources) pour l'entreprise. Le traitement diffère selon que les risques sont individuels ou collectifs.

a) Le traitement collectif des risques

L'information

La prévention des risques liés au poste de travail passe par l'affichage obligatoire de documents comprenant :
- les coordonnées des délégués et membres du CHSCT, les numéros d'appel des services et personnes extérieurs pouvant intervenir rapidement sur un dommage (hôpital, SAMU, pompiers, inspecteur du travail, médecin du travail) ;
- le règlement intérieur, qui précise certaines règles à respecter en matière de prévention des risques ;
- le Document Unique et les consignes spécifiques internes à l'entreprise.

La formation

L'objectif est d'instruire le salarié sur les précautions à prendre pour assurer sa sécurité et celle des autres. Elle concerne :
- l'ensemble du personnel pour la formation de base (circulation des personnes, véhicules, engins dans l'entreprise, exécution du travail, conduite en cas d'accident) ;
- certains salariés en fonction de leur poste (salariés ayant un risque machine, électrique, d'explosion, etc.) ou de leur statut (salariés en contrat à durée déterminée et salariés sous contrat temporaire).

L'organisation de la formation dans l'entreprise nécessite la mise en place d'un plan de formation. L'assistant de gestion réalisera l'organisation, la planification et le contrôle de la formation (retour des attestations par les salariés). Pour cela, il communiquera avec les institutionnels (FONGECIF, OPCA) et les centres de formation habilités pour retenir la formation la mieux adaptée à la situation à risques.

La signalétique des dangers

Elle est utilisée lorsque le risque ne peut pas faire l'objet d'une protection des salariés ou d'une réorganisation du travail permettant de l'éviter. Afin qu'elle soit comprise de tous, la PME-PMI doit mettre en place une information et une formation des salariés. La signalétique des dangers peut prendre la forme de pictogrammes, de couleurs, de signaux lumineux ou sonores. Les pictogrammes décrivent une situation, un comportement à avoir ou informent simplement d'un danger. Ils doivent être visibles.

EXEMPLES

Pictogrammes (INRS)

 Direction à suivre	 Interdit aux piétons
 Matières inflammables	 Protection auditive obligatoire

b) Le traitement individuel du risque

Il prend le plus souvent la forme d'un équipement de protection individuelle (EPI) défini par le Code du travail : « Un équipement de protection individuelle (EPI) est un dispositif ou un moyen destiné à être porté ou être tenu par une personne en vue de la protéger contre un ou plusieurs risques susceptibles de menacer sa santé ainsi que sa sécurité. »

EXEMPLES

Casque, chaussures de sécurité, harnais, masque.

Les EPI doivent être fournis par l'entreprise. Ils font également l'objet d'une information ou d'une formation sur l'intérêt de leur utilisation.

EXEMPLES

Utilité, port, entretien.

4. Le suivi des actions

La démarche de gestion des risques liés aux postes de travail doit s'inscrire dans un plan de prévention durable. Afin d'observer sa mise en œuvre, l'entreprise utilisera des indicateurs (tableaux de bord de mesure de l'absentéisme, des incidents machine, etc.). Ce plan devra suivre les évolutions de l'entreprise, concernant le personnel, les machines, les locaux, etc.

3 Les obligations de l'employeur

1. Le document unique (DU)

L'employeur a l'obligation de transcrire les résultats de l'évaluation des risques *a priori* dans un « document unique », obligatoire dès lors que la PME-PMI emploie au moins un salarié. Ce document présente l'évaluation des risques (dangerosité) ainsi que les moyens mis en œuvre à court et moyen terme pour les réduire. Le DU est modifié à chaque changement dans l'entreprise.

EXEMPLES

Modification de poste, de procédures, changement de machines, information nouvelle concernant un risque et pouvant le réduire.

2. La présentation du document

Ce document fait l'objet d'une actualisation annuelle.

a) Forme du document

Pour des raisons d'accès et de suivi des risques, un seul support (écrit ou numérique) récapitule l'ensemble des risques dans l'entreprise.

b) Contenu du document

Le document unique doit permettre d'évaluer les risques pour la sécurité et la santé des travailleurs.

EXEMPLES

Choix des procédés de fabrication, des équipements de travail, des substances ou préparations chimiques, aménagement/réaménagement des lieux de travail.

Il identifie les dangers et les risques d'exposition des salariés à ces dangers dans une unité de travail. On considère comme unité de travail le poste de travail, les situations, identiques ou différentes, réalisées dans des lieux identiques ou distincts (chantier, transport, etc.).

Le document unique sert avant tout comme support de travail à l'analyse. Il doit être accessible à l'ensemble du personnel (par voie d'affichage à côté du règlement intérieur), aux instances représentatives (délégués, CHSCT), au médecin du travail, à l'inspecteur du travail et aux agents des services de prévention des organismes de Sécurité sociale.

L'employeur n'établissant pas le document unique est passible de sanctions pénales (contravention de 5e classe).

EXEMPLE

Trame d'un document unique

Unité de travail : Date :
Nombre de salariés : Rédacteur :

Situations dangereuses	Dommages éventuels	Risques			Niveau de priorité	Mesures de prévention	
		Probabilité	Fréquence	Gravité		Existantes	À proposer

3 LES ASSURANCES

➔ La PME-PMI est exposée en permanence à des risques divers qui peuvent compromettre sa pérennité. L'assistant de gestion participe à la protection des personnes, des biens et des droits de l'entreprise. Il peut être associé au suivi des contrats d'assurance qui les garantissent, au suivi des dossiers de sinistres pouvant survenir.

1 L'identification des risques

1. Les risques concernant les personnes

– La retraite : s'il n'y a pas de dispositions plus favorables prévues par la convention collective, les accords d'entreprise ou le contrat de travail, un contrat collectif souscrit auprès d'une compagnie d'assurance permet à la PME-PMI de faire prendre en charge par l'assureur les indemnités de fin de carrière qu'elle devra verser aux salariés partant à la retraite.
– Le licenciement : la PME-PMI peut souscrire un contrat d'assurance lorsque la convention collective, les accords d'entreprise ou le contrat de travail prévoient des indemnités supérieures aux indemnités légales de licenciement.
– La protection sociale du chef d'entreprise.
– Les déplacements et missions du personnel à l'étranger : certaines compagnies d'assurance proposent des garanties pour les risques auxquels sont exposés les collaborateurs qui voyagent à l'étranger.

2. Les risques concernant les biens de l'entreprise

Les dommages matériels subis par les biens que la PME-PMI utilise ou dont elle a la garde entraînent des frais pour réorganiser la production et compenser la diminution du bénéfice due à la baisse de l'activité. Des contrats multirisques proposent des garanties en vue d'indemniser, en cas de sinistre, différents types de biens.

EXEMPLES

Les bâtiments et locaux, le matériel et les biens informatiques, les véhicules utilisés par l'entreprise, les créances clients non recouvrées.

2 Les effets de la modification des risques

Toute modification des risques doit être déclarée à l'assureur dans un délai de 15 jours.

1. L'aggravation ou la diminution des risques

En cas d'aggravation du risque en cours de contrat, l'assureur peut soit résilier le contrat, soit proposer un nouveau montant de prime.

EXEMPLES

Agrandissement des locaux, nouveaux procédés de fabrication.

En cas de diminution du risque en cours de contrat, une réduction du montant de la prime peut être demandée. Si l'assureur n'est pas d'accord, la PME-PMI peut dénoncer le contrat.

EXEMPLES

Réduction de l'activité, abandon d'un secteur d'activité, réduction importante du personnel.

2. Les conséquences d'un défaut d'information de l'assureur

a) Omission ou déclaration inexacte de bonne foi de l'assuré

Si l'omission ou la déclaration inexacte est constatée par l'assureur avant le sinistre, celui-ci a le droit :
– soit de maintenir le contrat avec augmentation de prime acceptée par l'assuré ;
– soit de résilier le contrat 10 jours après information de l'assuré.

EXEMPLE

La résiliation le 1er juillet du contrat entraîne le remboursement de la moitié de la cotisation annuelle.

b) Omission ou déclaration inexacte de mauvaise foi de l'assuré

Si l'assureur parvient à prouver la mauvaise foi de l'assuré, le contrat d'assurance est nul. L'indemnité, dans ce cas, n'est pas versée et les primes payées sont conservées par l'assureur.

3. La résiliation des contrats à la suite de changements au sein de la PME-PMI

L'assuré et l'assureur peuvent résilier le contrat à la suite de modifications justifiées dans l'exploitation de l'entreprise.

EXEMPLES

Changement de la nature des activités, déménagement du siège social.

En cas de redressement ou liquidation judiciaire de la PME-PMI, l'administrateur peut maintenir le contrat ou y mettre fin.

3 La responsabilité de la PME-PMI

1. Les risques liés à l'activité de la PME-PMI

L'entreprise est responsable des dommages corporels, matériels, immatériels causés à des tiers durant son activité. Ces dommages peuvent résulter d'une faute de sa part ou de celle d'un employé.

EXEMPLES

Les atteintes à l'environnement, les dommages subis par le personnel de l'entreprise, ou causés à des tiers par le personnel ou les véhicules de l'entreprise.

2. Les risques de responsabilité civile

Ils résultent des services ou des produits défectueux fournis par l'entreprise.

EXEMPLES

La responsabilité civile dite « après travaux », la responsabilité civile après livraison des produits.

4 Les contrats d'assurance

Deux types de contrat sont proposés aux entreprises par les assureurs :
- les contrats « multirisques », qui offrent deux types de garanties : les dommages subis par les biens de l'entreprise et les conséquences dommageables qui résultent de la responsabilité de l'entreprise ;
- les contrats concernant uniquement la protection des personnes (perte d'emploi, invalidité, maladie). Ils concernent les gérants, les dirigeants et les salariés.

1. Les clauses du contrat d'assurance

Toute police d'assurance inclut :
- les conditions générales, communes à tous les assurés, comportant les mentions obligatoires ;
- les conditions particulières constituées des éléments d'identification du souscripteur et du contrat.

2. Les franchises

La franchise est un montant laissé à la charge de l'assuré en cas de sinistre. Elle peut être fixe ou proportionnelle au montant du dommage. L'assuré qui veut être totalement garanti peut « racheter » sa franchise en acceptant de payer une prime plus élevée.

3. Les plafonds de garantie ou capitaux maximum assurés

Un montant maximal garanti est un plafond au-delà duquel l'assureur n'est plus engagé. L'assuré garde à sa charge la somme au-delà de ce plafond.

5 Le paiement des primes d'assurance

L'assureur doit envoyer un « avis d'échéance » à l'assuré, l'informant de l'échéance de la prime et du montant à payer. La prime peut être mensuelle, trimestrielle ou semestrielle.
Le défaut de paiement de la prime entraîne une mise en demeure qui peut suspendre la garantie 30 jours après réception du courrier par l'assuré. La garantie sera refusée si un sinistre survient après cette période.

6 La gestion d'un sinistre

1. Les acteurs impliqués dans le règlement du sinistre

L'inspecteur de la compagnie, l'agent ou le courtier auprès duquel le contrat a été souscrit, les experts, les avocats, si le litige persiste sur le principe ou le montant de l'indemnisation, les policiers ou gendarmes peuvent intervenir dans le règlement du sinistre.
Toute gestion de sinistre obéit à des règles et des procédures prévues, d'une part, par le Code des assurances, d'autre part, par les conditions générales et particulières du contrat d'assurance souscrit par la PME-PMI. L'efficacité du règlement dépend de la rapidité avec laquelle chaque phase de la procédure de gestion est traitée.

2. La constatation du sinistre

La constatation permet d'établir les conséquences matérielles du sinistre et sa date.

EXEMPLES

Vol d'un stock, accident d'un véhicule de société.

Dès la constatation du sinistre, des mesures de protection et de sauvegarde doivent être prises pour éviter l'aggravation des dommages et pour assurer au mieux la continuité de l'exploitation. La police ou la gendarmerie peuvent dresser un procès-verbal pour attester les faits auprès de l'assureur. Sont à fournir tous les justificatifs permettant d'évaluer le ou les biens endommagés.

EXEMPLES

Factures (réparations, entretien), bons de garantie, actes notariés.

3. La déclaration du sinistre et l'apport de preuves

La déclaration doit respecter les conditions générales du contrat et être effectuée dans des délais prévus, sous peine d'annulation des garanties si la déclaration est tardive.
Tous les éléments de preuve doivent être apportés pour assurer la défense des intérêts de la PME-PMI. Pour obtenir une indemnisation rapide, un état estimatif des pertes doit être adressé à l'assureur sous 30 jours.

4. Le traitement du sinistre

Un rapport d'expertise présente les propositions de l'expert de la compagnie d'assurance. La PME-PMI peut les accepter (règlement amiable) ou les refuser avec demande éventuelle de contre-expertise.
En cas de désaccord, une procédure judiciaire peut être engagée.

7 L'indemnisation d'un sinistre

1. Le montant de l'indemnisation

L'indemnisation établie à partir d'une estimation du bien sinistré peut être fonction de :
- la valeur vénale ou économique du bien sinistré ;
- la valeur d'usage, qui tient compte de la vétusté du bien, c'est-à-dire de la dépréciation consécutive à son ancienneté ;
- la valeur à neuf, lorsque l'indemnité est égale à la valeur d'un bien équivalent neuf au jour du sinistre.

2. Les problèmes d'indemnisation les plus fréquents

Si les informations sur les risques sont incomplètes ou si les biens assurés sont inférieurs à leur valeur réelle, alors l'assureur peut diminuer son indemnité car il estime qu'il n'a pas perçu la prime lui permettant de couvrir le risque réel.
Le délit d'escroquerie est avéré lorsque le dirigeant de la PME-PMI prétend frauduleusement qu'il y a eu sinistre, lorsqu'il fausse l'évaluation du sinistre ou lorsqu'il provoque lui-même le sinistre.

5 LA SOLVABILITÉ DES CLIENTS

La croissance de l'activité de la PME-PMI lui est très souvent bénéfique : performance commerciale, position dominante sur le marché, augmentation de la rentabilité elle-même source d'alimentation du développement, etc. Pour que ce cercle vertueux perdure, il convient de minimiser en permanence le nombre de clients défaillants.

1 Présentation des enjeux

Le développement d'un chiffre d'affaires ne peut pas se faire au détriment de la qualité des encaissements. Accentuer le volume des factures impayées engendre de multiples coûts.

1. Les coûts objectifs

– Perte financière du montant de la facture et du coût des démarches (recours à un organisme spécialisé, frais d'avocat, etc.).
– Perte de temps pour le traitement du contentieux.

2. Les coûts subjectifs

– Détérioration de l'image de l'entreprise (particulièrement auprès de la banque) si le volume de clients douteux augmente.
– Annulation de tout le travail – qui aurait pu être consacré à d'autres démarches – réalisé en amont pour conquérir ces clients.
– Mobilisation de capitaux supplémentaires car le besoin en fond de roulement (BFR) augmente.

2 Les moyens internes de la gestion du risque client

1. Les différents instruments

Il s'agit de ressources disponibles directement dans l'entreprise.

a) Le personnel

La défaillance de la clientèle peut être amoindrie si l'ensemble du personnel est impliqué. La force de vente, les techniciens pourront, lors de leurs visites clients, collecter des informations sur l'état de santé de l'entreprise (vétusté des locaux, ambiance de travail, etc.). Ces informations, si elles ne doivent pas être interprétées trop radicalement, peuvent apporter des indices et susciter la surveillance des encaissements de certains clients.

b) Le service comptable

Il joue un rôle particulièrement important dans cette tâche. Il peut intervenir particulièrement dans trois domaines :

– le contrôle du respect du délai de paiement accordé et de la situation financière de la société cliente. De trop nombreux reports d'échéance, des non-paiements doivent faire réagir le gestionnaire, qui pourra par exemple réduire le délai précédemment accordé, voire stopper les relations commerciales. Les coûts engendrés (voir plus haut) peuvent « cannibaliser » la marge prévue initialement avec ce client ;

– l'analyse financière des documents comptables de la société cliente. Pour cela, il faut utiliser les outils d'analyse financière suivants : la qualité du financement (FRNG, BFR, trésorerie nette), la solvabilité (part des fonds propres en pourcentage du passif), le niveau des dettes (emprunts à moyen et long terme, délai de règlement fournisseur), la rentabilité (évolution du chiffre d'affaires, niveau des bénéfices) ;

EXEMPLE

Bilan classique

ACTIF				PASSIF	
	Brut	Am./Prov.	Net		Montant
Constructions			0	Capital	10000
Matériel industriel	82300	67800	14500	Réserves	
				Résultat	- 3850
Actif immobilisé	82300	67800	14500		
			0	Capitaux propres	6150
Stocks	15000		15000	Emprunts auprès des éts de crédit	10000
Clients	47600	4100	43500	Fournisseurs	32450
Créances hors expl.	1400		1400	Dettes fiscales et sociales	13300
Actif circulant	64000	4100	59900	Dettes	55750
Banque			0	Banque	12500
TOTAL	146300	71900	74400	TOTAL	74400

Le montant des achats TTC est de 99000 €.
Le CA HT de l'année en cours est de 458500 €.
Le CA HT de l'année passée est de 502650 € pour un résultat de 6050 €.
Les fonds propres sont très faibles par rapport au total du bilan (moins de 10 %). L'enregistrement d'une perte et le petit montant du capital peuvent en être les causes. Les emprunts sont trop importants car supérieurs au niveau des fonds propres. Le délai de règlement des fournisseurs est de (32450/99000) × 360 = 118 jours, ce qui est très élevé et laisse présager des retards de paiement. L'exercice est déficitaire et le CA en baisse. Même si l'année passée, il était bénéficiaire, la rentabilité était néanmoins minimale.
FRNG = 5750 € ;
BFR = 18250 € ;
Trésorerie nette = – 12500 €.
Le FRNG est positif mais d'un montant très insuffisant comparé au BFR. Il en résulte donc une trésorerie nette négative.
Les différents indicateurs sont préoccupants. L'entrée en relation semble difficile, même sans délai de paiement.

– l'approche économique (dynamisme du marché sur lequel agit le client, taille de l'entreprise, ancienneté).

2. Les outils de motivation

La gestion du risque peut également être assurée par l'implication de l'ensemble du personnel de l'entreprise. Plusieurs mesures portant sur la rémunération collective (ex. : intéressement) ou individuelle peuvent être mises en place :
- mesures incitatives ;

EXEMPLE

Prime si les délais de règlement moyens sont respectés par les clients et si la part des impayés en rapport avec la totalité des créances n'est pas excessive.

- mesures coercitives ;

EXEMPLE

Réduction du commissionnement pour les commerciaux dont l'attention portée à la qualité de la clientèle n'est pas suffisante (répétition de défauts de paiement, allongement du délai de règlement initialement prévu, etc.).

Pour être efficaces, ces démarches doivent être associées et aboutir à la croissance de la rémunération du personnel qui sera financée par les pertes évitées sur les créances clients.

3 Les moyens externes de la gestion du risque client

1. La mise en veille informationnelle

Elle peut être réalisée à l'aide de renseignements pris auprès du greffe du tribunal de commerce (Infogreffe), du bulletin officiel des annonces légales (BODACC) ou de sites dédiés (ex. : www.societe.com, www.lesechos.fr). Ces prestations sont gratuites, ou payantes mais d'un coût modique. Elles permettent d'attirer l'attention sur des changements importants dans la structure de certaines sociétés et complètent la démarche de « surveillance » menée en interne.

2. Les renseignements commerciaux

Afin de minimiser le travail fait en interne, des prestataires proposent de mener des enquêtes économiques, financières, commerciales sur des entreprises. Ils ne garantissent pas le paiement mais offrent (contre paiement) une appréciation relativement précise du risque encouru lors de l'entrée en relation avec un client. La prestation proposée peut également prendre la forme d'un suivi permanent : l'initiateur de cette démarche sera automatiquement informé si une évolution négative de l'un de ses clients est observée.

3. L'assurance crédit

Cette opération consiste à garantir le paiement de certaines factures. La gestion du risque est optimisée dans la mesure où, en cas de défaillance, l'organisme assureur remboursera le créancier du montant de l'impayé. Le contrat peut inclure des clients non dénommés, ce qui signifie que certaines factures seront automatiquement assurées si elles ne dépassent pas un certain seuil.

Pour les factures plus importantes, il est nécessaire d'obtenir, au préalable, l'accord de la société d'assurance crédit sur le montant garanti. Si celle-ci refuse la protection, la société peut tout de même vendre à ce client mais sa créance ne sera pas assurée.
Le coût oscille entre 0,15 et 1 % du chiffre d'affaires HT.

4 Le risque à l'export

Le développement d'un chiffre d'affaires peut passer par des exportations, qui sont une activité complexe et beaucoup plus risquée à cause de règles juridiques et de coutumes particulières, et d'une langue différente.

1. Les moyens de paiement

En dehors des moyens de paiement classiques (chèques, virements internationaux, effets de commerce), le crédit documentaire (CREDOC) offre une garantie de paiement par la banque de l'exportateur et celle de l'importateur. La gestion administrative est néanmoins très lourde.

2. Les risques économiques, commerciaux et politiques

La conquête de nouveaux clients à l'étranger peut être annihilée par une mauvaise évaluation du marché potentiel (prospection inadéquate), par un changement de régime politique (susceptible de limiter les importations, de modifier la législation, etc.), par un aléa climatique ou un déséquilibre économique local.

3. Les risques de change

L'utilisation d'une monnaie différente fait naître automatiquement un risque de change pour l'exportateur.

EXEMPLE

Une entreprise doit encaisser une facture d'un montant de 12 400 USD. Le taux de change a évolué entre la date de signature et la date d'encaissement. À la commande, la parité était de 1 € pour 1,30 USD. À l'encaissement, la parité est devenue (appréciation de l'euro par rapport au dollar) : 1 € pour 1,40 USD. La perte pour l'exportateur est donc de : $\left(\frac{1}{1,30} - \frac{1}{1,40}\right) \times 12\,400 = 681,32$ €.

4. Les modalités de couverture

Pour limiter les aléas d'une activité à l'étranger, un organisme, la COFACE, offre une gamme de services spécifiques : assurance crédit, financement, gestion et surveillance de créances.
Afin de pallier le risque de change, divers instruments sont envisageables :
- un compte en devises permet d'encaisser et de décaisser avec une même monnaie sans tenir compte de la contre-valeur ;
- une transaction à terme permet d'acheter ou de vendre des devises au cours du jour pour une date ultérieure. L'évolution des changes entre les deux dates n'aura aucune conséquence.

6 LA GESTION DES RISQUES ENVIRONNEMENTAUX

Dans le cadre d'un développement durable, les réglementations nationale et européenne sensibilisent de plus en plus les entreprises à la gestion des risques environnementaux. Désormais, les PME-PMI doivent veiller à ne pas causer de dommages à l'environnement en surveillant leurs rejets et leur consommation énergétique.

1 Quels sont les risques environnementaux ?

Ce sont les risques que l'entreprise, par son activité industrielle ou commerciale, fait courir à son environnement physique en étant cause de pollution.

1. La pollution de l'eau

Elle est provoquée par des rejets de matières dans les cours d'eau, dans la nappe phréatique ou dans les mers.

2. La pollution de l'air

Elle est créée par des effluents gazeux qui peuvent être nocifs ou fortement désagréables.

3. La pollution générée par les déchets

Les déchets sont classés dans deux grandes catégories :
- les déchets industriels banaux (DIB) ou déchets ultimes. Ils sont essentiellement éliminés en centre de stockage et les entreprises doivent s'efforcer de les réduire à la source, notamment par des mesures de valorisation ;
- les déchets industriels spéciaux (DIS). Ils regroupent tous les déchets présentant des risques pour l'environnement. Ils doivent faire l'objet de mesures d'élimination dans des installations agréées et doivent pouvoir être tracés.

4. La pollution sonore

Elle est causée par le bruit ou les vibrations des machines, les mouvements de véhicules de transport.

2 L'entreprise et son activité

Toutes les entreprises ne créent pas des risques similaires pour l'environnement : certaines ont des activités plus polluantes que d'autres.

1. Les entreprises à faible risque

Elles relèvent du régime ordinaire. Elles sont responsables de leurs déchets par apport volontaire en déchetterie ou par ramassage comme ordures ménagères.

EXEMPLE

Un cabinet d'expertise comptable dont les principaux déchets consistent en listings de papier et en cartouches d'encre.

2. Les entreprises à risque élevé

Elles relèvent du régime des ICPE (installations classées pour la protection de l'environnement). La classification en ICPE est définie par une nomenclature et entraîne la soumission à une réglementation spécifique. Selon le degré de nuisance, l'entreprise relèvera d'un régime de déclaration et contrôle ou d'autorisation par la préfecture dont elle dépend.

3. La gestion des risques environnementaux

La gestion des risques environnementaux suit un processus de résolution des problèmes.

EXEMPLE

Pour une imprimerie industrielle

Identifier les risques au regard de la typologie : eau, air, déchets, bruit.	*Les déchets consistent en chiffons souillés, papier et cartons, films d'emballage, solvants et encres. L'entreprise peut également gêner le voisinage par le bruit de son activité.*
Récolter les données et définir des indicateurs de mesure et de performance.	*Les indicateurs de mesure à suivre seront les quantités de déchets industriels banaux, les litres d'encre et de solvants utilisés, toutes ces données provenant des divers services de l'entreprise.*
Construire un tableau de bord regroupant ces indicateurs.	*Le tableau de bord regroupera ces indicateurs de mesure et permettra de suivre l'évolution de leur consommation (en énergie ou en consommables), le coût de leur élimination et de leur valorisation.*
Déterminer les mesures préventives et correctives à mettre en place.	*Les mesures préventives viseront à diminuer en amont la quantité de déchets produits, par exemple en changeant d'outils de production (utiliser des machines moins consommatrices en électricité) et en formant les salariés à une gestion économe (éviter les rebuts).* *Les mesures correctives privilégieront les modes d'approvisionnement (conditionnements plus grands ou consignés) ainsi que les possibilités de valorisation et de recyclage des matériaux.*
Communiquer sur sa gestion.	*Ces efforts de gestion respectueuse de l'environnement pourront être valorisés dans un plan de communication à destination des clients, des institutionnels et des riverains.*

4 Les aspects administratifs de la gestion des déchets

La logistique de la gestion des déchets produits par l'entreprise a engendré de nouvelles tâches :
- identification des organismes collecteurs agréés pour les différents types de déchets ;
- négociation des contrats de prise en charge des différents types de déchets ;
- élaboration des documents de suivi de l'élimination des déchets.

EXEMPLE

Le BSD (bordereau de suivi des déchets) assure la traçabilité depuis l'émetteur des déchets jusqu'à l'installation de destination en passant par le collecteur-transporteur.

5 La responsabilité environnementale

La responsabilité environnementale a fait l'objet d'une législation qui a consacré le principe du « pollueur payeur » dans une directive européenne en 2004. En vertu de ce principe, l'exploitant d'une activité qui a causé un dommage environnemental est tenu pour financièrement responsable. Par la suite, la législation française a intégré cette directive dans le droit national puis l'a complétée par la loi NRE (nouvelles régulations économiques).

Pour mener une veille réglementaire, les entreprises peuvent s'adresser :

- à leurs chambres consulaires : chambres de commerce, CMA (chambres des métiers et de l'artisanat) ou CNIDEP (émanation des précédentes chambres qui mène pour leur compte une veille environnementale) ;
- aux collectivités territoriales (conseil régional) ;
- aux agences spécialisées : ADEME (Agence de l'environnement et de la maîtrise de l'énergie), Agence de l'eau, Afsset (Agence française de sécurité sanitaire de l'environnement).

Toutes ces institutions disposent aujourd'hui de sites Internet.

6 L'entreprise et sa consommation énergétique

Par son activité, l'entreprise est forte consommatrice d'énergie : elle contribue à la pollution sous forme de CO_2 dans l'air et au réchauffement climatique. C'est pourquoi, dans le cadre d'un développement durable, les entreprises sont incitées à modifier leurs comportements en matière de consommation énergétique.

1. Les principales sources d'énergie

L'énergie est obtenue par la combustion de carburants ou de combustibles (pétrole, gaz, charbon, bois, etc.), l'utilisation de l'électricité ou de forces naturelles comme le vent ou l'énergie solaire.

EXEMPLE

Consommation énergétique en France en 2008

	En Mtep*	%	
Charbon	12,08	4,4	*Mtep : millions de tonnes équivalent pétrole *EnR : énergies renouvelables
Pétrole	90,91	32,9	
Gaz naturel	39,69	14,3	
Électricité primaire	120,54	43,6	
Dont nucléaire	*114,53*	*41,4*	
Dont hydraulique	*6,01*	*2,2*	
EnR* et déchets	13,36	4,8	
Total	276,58	100	

Consommation énergétique par secteurs d'activité

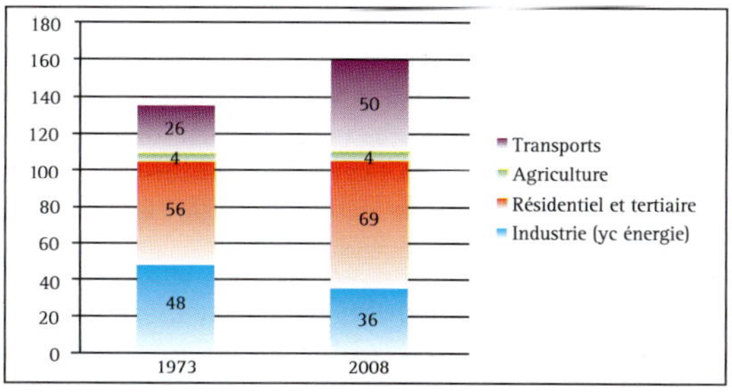

2. La consommation énergétique des différents secteurs d'activité

Pendant les 30 dernières années, la demande industrielle a diminué alors que la demande émanant du résidentiel et du tertiaire a augmenté et que la consommation énergétique du secteur des transports a doublé.

Les objectifs fixés par l'État sont donc la recherche d'économies d'énergie dans le tertiaire et le résidentiel, le développement d'énergies renouvelables, le changement dans la motorisation des transports et l'introduction de nouvelles technologies.

7 Les solutions alternatives pour économiser l'énergie

Ces solutions peuvent résider dans :

- la recherche de sources énergétiques renouvelables ;

EXEMPLE

Installation de panneaux photovoltaïques sur les toits des ateliers.

- la diminution de la consommation énergétique.

EXEMPLE

S'efforcer de diminuer les déplacements du personnel et favoriser les échanges par vidéo et audioconférence.

8 La valorisation de l'engagement de l'entreprise

Les entreprises sont incitées à réduire leur consommation énergétique par des dispositifs fiscaux ou des aides.

EXEMPLES

- Certificats d'économie d'énergie délivrés aux vendeurs d'énergie qui sont amenés à inciter leurs clients à modifier leur comportement en termes de consommation.

Les entreprises peuvent valoriser leur engagement en obtenant une certification, une marque ou un label.

EXEMPLE

La certification basée sur la norme ISO 14001 : 2004 atteste la maîtrise de son impact environnemental et sa volonté d'améliorer en permanence sa performance environnementale.

exercice 1 La santé et la sécurité au travail

Vous travaillez pour la société Artibatreize, entreprise de construction située en région PACA. Celle-ci pratique les 35 heures et ses salariés travaillent 45 semaines par an. Votre responsable vous demande de calculer un certain nombre d'indicateurs et de les comparer à ceux que publie annuellement l'INRS (Institut national de recherche et de sécurité pour la prévention des accidents du travail et des maladies professionnelles).

Annexe 1 – Formules de calculs

Taux de fréquence	(Nombre d'accidents avec arrêt / Nombre d'heures travaillées) × 1 000 000
Indice de fréquence	(Nombre d'accidents avec arrêt / Effectif salariés) × 1 000
Taux de gravité	(Nombre de journées perdues pour incapacité temporaire / Nombre d'heures travaillées) × 1 000

Annexe 2 – Statistiques dans le BTP en 2008

Effectifs	1 617 702
Accidents du travail avec arrêt (AT-arrêt)	129 190
Accidents du travail avec incapacité permanente (AT-IP)	9 017
Jours d'incapacité temporaire (IT) en milliers	7 105
Décès dus à des accidents du travail	155
Taux de fréquence	(129 190 / ([1 575 × 1 617 702]) × 1 000 000
Indice de fréquence	(129 190 / 1 617 702) × 1 000
Taux de gravité	7 105 / ([1 575 × 1 617 702]) × 1 000

Source : INRS

Annexe 3 – Les données chez Artibatreize

Effectif salarié en 2008	137
AT-arrêt	12
AT-IP	1
Jours IT en milliers	500
Décès dus à des AT	0

ENTRAÎNEZ-VOUS

1. Calculez les taux de fréquence, indices de fréquence et taux de gravité dans le BTP.
2. Calculez les statistiques pour l'entreprise Artibatreize.
3. Comparez les résultats. Que préconisez-vous ?

CORRIGÉS p. 310

exercice 2 Les risques liés aux postes de travail

Vous disposez des données concernant les TMS (troubles musculo-squelettiques) dans le BTP en 2008.

Annexe

Localisation	Syndrome	Nombre
Épaule	Épaule enraidie	244
	Épaule douloureuse	1 081
Coude	Syndrome de la gouttière épitrochléo-olécranienne	61
	Hygroma aigu	6
	Hygroma chronique	3
	Épitrochléite	66
	Épicondylite	558
Main, poignet, doigts	Syndrome du canal carpien	1 091
	Syndrome de la loge de guyon	25
	Ténosynovite	51
	Tendinite	92
Genou	Syndrome de compression du nerf sciatique poplité externe	6
	Hygroma aigu	241
	Hygroma chronique	133
	Tendinite sous-quadricipitale ou rotulienne	15
	Tendinite de la patte d'oie	4
Cheville, pied	Tendinite achilléenne	9
Autres	Multisyndrome	74

Source : INRS

ENTRAÎNEZ-VOUS

Effectuez une représentation graphique permettant de visualiser les principales affections péri-articulaires selon leur localisation.

CORRIGÉS p. 310

corrigés

exercice 1 page 308

1. Tableau des statistiques de la branche du BTP complété

Effectifs	1 617 702
Accidents du travail avec arrêt (AT-arrêt)	129 190
Accidents du travail avec incapacité permanente (AT-IP)	9 017
Jours d'incapacité temporaire (IT) en milliers	7 105
Décès dus à des accidents du travail	155
Taux de fréquence	(129 190 / ([1 575 × 1 617 702]) × 1 000 000 = **50,70**
Indice de fréquence	(129 190 / 1 617 702) × 1 000 = **79,86**
Taux de gravité	7 105 000 / ([1 575 × 1 617 702]) × 1 000 = **2,79**

Calcul du nombre d'heures pour un salarié : 35 heures × 45 semaines = 1 575 heures

Calcul du nombre d'heures pour l'effectif : 1 617 702 × 1 575 = 2 547 880 650 heures

2. Tableau des statistiques d'Artibatreize

Effectif salarié en 2008	137
AT-arrêt	12
AT-IP	1
Jours IT en milliers	0,5
Décès dus à des AT	0
Taux de fréquence	(12 / [137 × 1 575]) × 1 000 000 = **55,61**
Indice de fréquence	(12 / 137) × 1 000 = **87,59**
Taux de gravité	(500 / 215 775) / × 1 000 = 2,31

3. Comparaison des résultats

Les taux de fréquence et l'indice de fréquence sont supérieurs aux chiffres moyens relevés dans le BTP. En revanche, le taux de gravité est inférieur et il n'y a eu aucun accident mortel.

On peut conseiller au responsable de réactiver ses procédures de sécurité, d'inscrire des formations à la sécurité au plan de formation, de rappeler les consignes par des notes de service, des affichages, etc.

exercice 2 page 309

1. Tableau récapitulatif par localisation des TMS dans le BTP en 2008

Localisation	Nombre
Épaule	244 + 1 081 = **1 325**
Coude	61 + 6 + 3 + 66 + 558 = **694**
Main, poignet, doigts	1 091 + 25 + 51 + 92 = **1 259**
Genou	6 + 241 + 133 + 15 + 4 = **399**
Cheville, pied	**9**
Autres	**74**
Total	**3 760**

2. Graphique

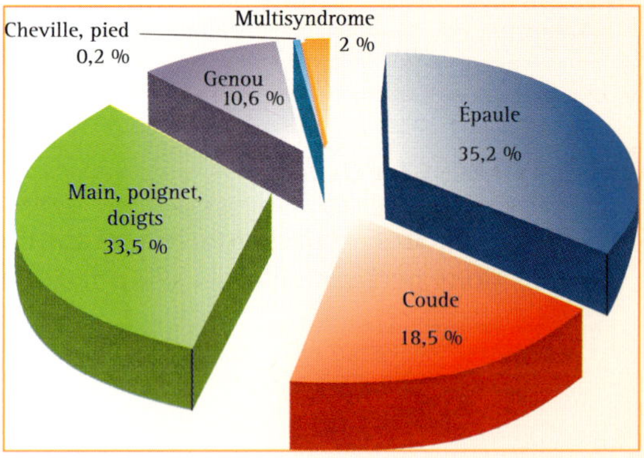

PRÉSENTATION DES ÉPREUVES

PRÉSENTATION DE L'ÉPREUVE E4

L'épreuve de « Communication et relations avec les acteurs internes et externes » est composée de deux sous-épreuves :
- U41 Gestion des relations avec les clients et les fournisseurs (coefficient 4) ;
- U42 Communication interne et externe (coefficient 4).

Les modèles de fiches et de grilles évoquées ci-après sont fournis sur le site associé à la collection (www.nathan.fr/reflexe).

1 U41 Gestion des relations avec les clients et les fournisseurs

1. Forme, durée et coefficient

La sous-épreuve U41 est orale et pratique.
Elle dure 30 minutes et est précédée d'un temps de préparation de 30 minutes.
Elle est affectée d'un coefficient 4.

2. Modalités de passage

En fonction du type de cursus que vous suivez, la sous-épreuve U41 est validée :
- en contrôle en cours de formation (CCF), si vous suivez une formation dans un établissement habilité. L'évaluation aura lieu dans votre établissement, après votre premier stage au cours du premier semestre de la 2e année de formation, le 15 janvier au plus tard ;
- ou de façon ponctuelle, à la fin de la formation, dans tous les autres cas.

3. Objectifs

L'épreuve permet d'évaluer vos compétences en matière de gestion des relations avec les clients (A1) et gestion de la relation avec les fournisseurs (A2). Vous devrez mobiliser les fonctionnalités d'un tableur et d'un progiciel de gestion intégré (PGI) dans ces fonctions commerciales et comptables.

4. Le dossier support de l'épreuve

Il est créé à partir de l'étude de situations de gestion des relations avec les clients ou les fournisseurs au sein d'une PME-PMI que vous avez vécues ou observées au cours de votre stage de 1re année ou à l'occasion de votre expérience professionnelle.
Il faudra retenir au moins cinq situations parmi les activités A1 et A2 ; l'une d'elles au moins mobilisera le PGI ou à défaut un logiciel de gestion commerciale ou comptable.

Attestations de stage ou certificats de travail	+	3 pages de présentation des caractéristiques commerciales de la PME-PMI (CA, production, marchés, organisation commerciale, etc.)	+	5 fiches descriptives maximum des situations de gestion	+	Productions réalisées mettant en évidence l'utilisation d'un tableur et d'un PGI

Chaque fiche descriptive est obligatoirement réalisée à l'aide du modèle fourni.
Elle indique :
- la date et la durée de réalisation de la situation de gestion étudiée ;
- les tâches du référentiel concernées ;
- une présentation du contexte de travail et des objectifs poursuivis ;
- la présentation de l'environnement informatique mobilisé ;
- une description des travaux effectués, de la méthodologie mise en œuvre, des problèmes rencontrés et des solutions apportées ;
- un bilan personnel de la situation étudiée.

5. Le déroulement de l'épreuve

a) Le temps de préparation

Il est de 30 minutes. Lors de votre entrée en loge, vous recevez un scénario des interrogateurs. Celui-ci prend appui sur les situations de gestion de votre dossier. Il inclut le recours au module commercial ou comptable d'un PGI.

Muni de vos propres supports numériques, vous devez concevoir et réaliser la production attendue sur poste informatique à partir du scénario remis.

b) Le passage devant la commission

1re partie (15 minutes maximum)	2e partie
Vous présentez les situations de gestion vécues ou observées. Vous pouvez illustrer vos propos par les documents appropriés. Les interrogateurs peuvent demander des explications complémentaires.	Vous présentez la production réalisée à partir du scénario proposé. Une manipulation sur le poste informatique peut être demandée.
L'évaluation	
- Maîtrise des savoirs A1 et A2. - Aptitude à rendre compte des travaux et à les situer dans un contexte professionnel. - Justification de la démarche et des moyens utilisés. - Qualité de l'analyse des travaux.	- Maîtrise du tableur et du PGI. - Pertinence des fonctionnalités utilisées. - Conformité et qualité de la production demandée. - Capacité d'écoute, de dialogue et qualité des réponses.

2 U42 Communication interne et externe

1. Forme et coefficient

La sous-épreuve U42 est orale.
Elle est affectée d'un coefficient 4.

2. Modalités de passage et durée de l'épreuve

En fonction du type de cursus que vous suivez, la sous-épreuve U42 est validée :
- en contrôle en cours de formation (CCF), si vous suivez une formation dans un établissement habilité. L'évaluation aura lieu après votre premier stage, au cours du 1er semestre de la 2e année de formation. Elle durera 40 minutes, avec un temps de préparation de 30 minutes ;
- ou de façon ponctuelle, à la fin de la formation, dans tous les autres cas. Elle durera 40 minutes avec un temps de préparation de 30 minutes.

3. Objectifs

L'épreuve « Évaluer vos compétences, connaissances et aptitude professionnelles » relève de l'activité A81 et de la tâche T82.1 de l'activité A82.
Il s'agit de démontrer vos compétences à :
- mobiliser vos connaissances pour analyser une situation de communication professionnelle interne comme externe, dans ses différentes dimensions ;
- concevoir des modèles de documents papier et électroniques ;
- rédiger, mettre en forme et diffuser des documents ;
- adopter un comportement relationnel adapté au contexte de la situation ;
- prendre en compte les aléas et les imprévus ;
- maîtriser les outils bureautiques dans le champ de la communication.

4. Dossier support de l'épreuve

Attestations de stage ou certificats de travail + 4 fiches descriptives des actions de communication écrite + 3 fiches descriptives portant sur des situations de communication orale professionnelle

	Communication écrite	Communication orale
Contexte de réalisation	Les travaux sont à réaliser dans le cadre de la formation, du stage ou de la formation professionnelle.	
Types de travaux à réaliser	T81.1 Création et modélisation de documents T81.2 Rédaction et diffusion de documents professionnels écrits T81.4 Facilitation des échanges internes avec mise en œuvre dans chacun des travaux d'au moins deux logiciels (TT, tableur, SGBDR, PAO, générateur de formulaires, etc.) Chacun des travaux est à rattacher au moins à une tâche parmi les tâches T81.1, T81.2, T81.4.	T81.3 Communication orale interpersonnelle et de groupes T82.1 Accueil en face à face, au téléphone et *via* les médias d'information Les relations de communication peuvent être établies dans le cadre des activités A1 à A7.
Contenu des fiches descriptives	– Votre identification – Date et durée des travaux – Le contexte et les objectifs des tâches – Les outils utilisés – Les fonctionnalités mises en œuvre – Éventuellement, les modes de diffusion électroniques – Les productions réalisées sur support papier	– Votre identification – Type et titre de la situation de communication vécue ou observée – Nom, adresse, activité de la PME-PMI concernée – Contexte et analyse de la situation de communication – Composantes et forme de la communication – Techniques de communication utilisées – Évaluation de la relation
Évaluation	– Pertinence des fonctionnalités mises en œuvre dans les logiciels utilisés – Qualité de l'argumentation et de l'écoute – Respect des usages des écrits professionnels et qualité de la production écrite – Rigueur de l'analyse de la situation de communication	– Qualité de l'analyse de la situation de communication – Adaptation à la nouvelle situation, efficacité – Cohérence et pertinence des réponses – Qualité de l'expression et conformité aux règles et usages professionnels – Qualité de l'analyse de la relation de communication simulée

5. Le déroulement de l'épreuve en voie ponctuelle

a) Le temps de préparation

Il est de 30 minutes.

Lors de votre entrée en loge, vous prenez connaissance :
- de la fiche de communication écrite et de la fiche de communication orale, sélectionnées dans votre dossier par les interrogateurs, sur lesquelles votre exposé portera ;
- d'une situation de communication construite par les interrogateurs. Celle-ci prend appui sur une des fiches de votre dossier dont certains paramètres ont été modifiés. Les changements apportés modifient de façon significative votre situation initiale tout en conservant cependant un caractère réaliste.

Le temps de préparation vous permet :
- de préparer l'exposé ;
- d'analyser la nouvelle situation de communication orale pour vous préparer à la simulation.

b) Le passage devant la commission

Première phase (communication orale ; durée : 20 minutes)		
Vous exposez de façon structurée, en 5 minutes maximum, la situation de communication orale. ⇨	Vous simulez la nouvelle situation de communication. ⇨	Vous analysez et évaluez votre communication dans le cadre d'un entretien avec le jury.
Deuxième phase (communication écrite ; durée : 20 minutes)		
Vous présentez sous la forme d'un exposé de 10 minutes maximum : – le contexte des travaux de communication écrite (fiche sélectionnée par les interrogateurs) ; – la production écrite réalisée ; – l'environnement technologique et les fonctionnalités mobilisés.		Vous répondez aux demandes de précisions concernant certains points de votre exposé, notamment sur les fonctionnalités des logiciels mis en œuvre.

6. L'épreuve en CCF

Elle se déroule sous forme de deux situations distinctes dans le temps.

	Situation d'évaluation 1	Situation d'évaluation 2
Intitulé	Communication écrite et technologie de la communication	Communication orale professionnelle
Moment de l'évaluation	Avant la fin de la 1re année de formation	Au cours de la 2e année de formation : – au 1er semestre si vous êtes prêt à l'issue du premier stage ; – au 2e semestre et avant les épreuves d'examen, après le stage de 2e année.
Durée	20 minutes maximum	20 minutes maximum
Temps de préparation	20 minutes maximum	20 minutes maximum
Coefficient	2	2
Mise à disposition des dossiers	C'est le professeur qui enseigne l'A8 qui établit le calendrier des interrogations et fixe donc la date de remise des dossiers propres à chaque situation d'évaluation.	

Le dossier support de l'épreuve, les fiches descriptives et l'évaluation sont identiques à ceux de la forme ponctuelle.

Il y a seulement dissociation dans le temps, les phases du déroulement de l'épreuve sont identiques à celle de l'évaluation en ponctuel.

PRÉSENTATION DE L'ÉPREUVE E5

Comment se présente l'épreuve « Organisation et gestion de la PME » au BTS ?

1 Objectifs, forme, durée et coefficient

1. Objectifs

L'épreuve E5 se présente sous la forme d'une étude de cas qui vous met en position d'assistant de gestion PME-PMI dans une situation professionnelle inspirée de la réalité. Cette situation vous permet de mener des activités relatives à :
- la gestion administrative du personnel ;
- la participation à la gestion des ressources humaines ;
- l'organisation et l'amélioration du travail administratif et des activités ;
- la participation au travail collaboratif ;
- la gestion des immobilisations et des ressources financières.

L'objectif de l'épreuve est d'évaluer vos capacités à analyser des problèmes d'organisation et de gestion d'une PME-PMI. Vous devrez mobiliser les méthodes et les techniques appropriées, mobiliser des savoirs pour proposer des solutions cohérentes et argumentées.

2. Forme, durée et coefficient

L'épreuve E5 est un écrit, d'une durée de 4 heures, affecté d'un coefficient 4.

2 Les critères d'évaluation

L'évaluation porte sur :
- la prise en compte du contexte organisationnel et managérial proposé ;
- le respect des objectifs et des contraintes ;
- la rigueur de la démarche d'analyse ;
- la pertinence du choix des méthodes et techniques utilisées, l'efficacité de leur mise en œuvre ;
- la pertinence et le professionnalisme des solutions envisagées ;
- l'exactitude des résultats ;
- la qualité de la communication écrite (rédaction, argumentation) et de sa présentation.

La méthodologie à appliquer pour réussir l'épreuve

1 La lecture du sujet

Un sujet comporte une page de garde et est décomposé en plusieurs dossiers. L'importance du nombre de pages à lire nécessite une lecture active pour ne pas perdre de temps.

Pour prendre connaissance du sujet, voici quelques conseils :
- contrôlez d'abord la pagination pour vérifier que le sujet est complet ;
- repérez la thématique de chaque dossier et lisez les questions à traiter, sans prendre connaissance des annexes s'y rapportant. Les dossiers étant indépendants, cela permet d'évaluer le temps approximatif à consacrer à chacun d'eux et d'apprécier le barème de chaque dossier ;
- retenez un ordre de traitement des dossiers, qui ne sera pas obligatoirement celui proposé par le sujet ; commencez par celui qui vous semble le plus facile pour ne pas perdre de temps en calant sur un dossier dont les questions sont plus difficiles ;
- entrez dans chaque dossier en mettant en relation les questions avec le contenu des annexes. La lecture active consiste à repérer en surlignant les points importants ;
- lisez attentivement et décodez la consigne contenue dans chaque question.

2 L'organisation du travail / la gestion du temps

La durée de 4 heures inclut :
- le temps de lecture du sujet ;
- le temps de rédaction du brouillon puis de sa recopie ;
- le temps de relecture de la copie.

Les conseils suivants contribueront à vous faire réussir cette épreuve :
- consacrez une demi-heure maximum à la lecture du sujet, à la répartition approximative du temps restant pour chacun des dossiers, puis pour chacune des questions ;
- préparez une feuille de brouillon par question en reportant le numéro de la question en haut à droite pour retrouver rapidement le brouillon au moment de la recopie ;
- ne vous attardez pas sur une question qui pose problème, réservez-la pour la fin de l'épreuve pour ne pas perdre de temps à chercher des réponses ou faire des calculs ;
- consacrez le quart d'heure de fin d'épreuve à une relecture attentive de la copie (vérification de l'orthographe, amélioration de la présentation, soulignage, etc.), stylo en main.

3 La rédaction de la copie

1. La forme

La copie rendue n'est pas un brouillon. Elle doit être organisée.

Voici quelques conseils :
- évitez les stylos qui bavent ou tachent le papier ;
- utilisez une feuille propre à chaque dossier en commençant à la remplir par le haut ;
- reportez sur la copie le numéro du dossier puis des questions de façon apparente pour aider le correcteur à les repérer facilement ;
- aérez les réponses, soulignez les titres et sous-titres ;
- veillez à la clarté de la syntaxe au moyen de phrases courtes (sujet+verbe+complément) ;
- évitez de couper des documents à produire, placez-les en entier sur une seule feuille (tableau, courrier, rapport, compte rendu) ;
- présentez les calculs sous forme de tableaux quand c'est pertinent.

La présentation même de la copie constitue un message à l'adresse du correcteur :
- de bâcler un devoir donne une impression de désinvolture et de manque d'intérêt ;
- écrire de façon illisible oblige le correcteur à déchiffrer et risque d'être pénalisant.

2. Le fond

Le correcteur attend une réponse claire aux questions posées, sans digressions ni hors-sujet. Quand une réponse doit être argumentée, il faut fournir des justifications.

EXEMPLES

Commentez des résultats chiffrés obtenus, proposez des améliorations suite au constat d'un dysfonctionnement.

Il est, en revanche, inutile de développer une réponse quand la concision est requise.

Le vocabulaire professionnel de base doit être mobilisé pour démontrer votre capacité d'analyse et de résolution des problèmes professionnels posés.

La réponse à une question ne peut pas consister à recopier une partie des annexes. Les annexes doivent être considérées comme des ressources permettant d'éclairer une question. En tout état de cause, leur étude doit déboucher sur une analyse, un traitement des informations qu'elles contiennent.

PRÉSENTATION DE L'ÉPREUVE E6

L'épreuve « Conduite et présentation d'actions professionnelles » est composée de deux sous-épreuves :
- U61 Analyse du système d'information et des risques informatiques ;
- U62 Projet de développement de la PME.

Les modèles de fiches et de grilles évoquées ci-après sont fournis sur le site associé à la collection (www.nathan.fr/reflexe).

1 U61 Analyse du système d'information et des risques informatiques

1. Forme, durée et coefficient

La sous-épreuve U61 est écrite et pratique.
Elle dure 30 minutes et est précédée d'un temps de préparation de 30 minutes.
Elle est affectée d'un coefficient 2.

2. Modalités de passage

En fonction du type de cursus que vous suivez, la sous-épreuve U61 est validée :
- en contrôle en cours de formation (CCF), si vous suivez une formation dans un établissement habilité ;
- ou de façon ponctuelle, à la fin de la formation, dans tous les autres cas.

3. Objectifs

La sous-épreuve permet d'évaluer vos compétences en matière d'analyse du système d'information de la PME-PMI et d'assistance à la gestion des risques informatiques.

4. Compétences évaluées

Sont évalués vos compétences et vos connaissances de :
- l'activité A53 Gestion de l'information ;
- l'activité A71 Participation à la gestion des risques informatiques, et plus particulièrement :
  - la qualité de votre analyse du contexte de la PME-PMI ;
  - la présentation structurée et synthétique des composantes du SI, de la politique de sécurité informatique ;
  - la qualité de votre diagnostic et l'explicitation des problèmes liés au SI ou à la gestion des risques informatiques ;
  - l'intérêt des solutions que vous proposez.

5. Le support d'évaluation

Vous allez composer durant 2 heures sur un sujet comportant deux parties :
- Partie I. La première partie concerne l'A53. Elle décrit le système d'information d'une PME-PMI et présente un ou des problèmes de gestion liés au système d'information.
  En premier lieu, vous devez répondre à des questions qui visent à vérifier votre compréhension d'un schéma descriptif d'un SI. Puis vous devez analyser un problème, des dysfonctionnements éventuels et proposer des solutions ou évaluer la pertinence d'une solution suggérée dans le sujet ;
- Partie II. La deuxième partie concerne l'A71. Vous disposez de la situation de la PME-PMI vis-à-vis des risques informatiques, des problèmes de gestion liés à la sauvegarde des données, aux accès aux réseaux et à la gestion des applications informatiques ou à la maintenance des postes de travail. Ces éléments doivent vous permettre de procéder à une analyse de la politique de sécurité informatique de la PME-PMI, à évaluer ou proposer des propositions d'amélioration.

6. La distinction forme ponctuelle / contrôle en cours de formation

	La forme ponctuelle	Le contrôle en cours de formation
Forme	Sous-épreuve écrite	Sous-épreuve écrite et pratique
Moment	La sous-épreuve se déroule dans le centre mentionné sur votre convocation en fin de 2e année.	L'évaluation aura lieu, dans votre établissement, à la fin de la 1re année de formation

	La forme ponctuelle	Le contrôle en cours de formation
Durée	2 heures	2 heures 30 au maximum Le questionnement du sujet vous conduit à produire des travaux sur poste informatique qui s'ajoutent aux réponses rédigées.

2 U62 Projet de développement de la PME

1. Forme et coefficient

La sous-épreuve U62 est orale.
Elle est affectée d'un coefficient 5.

2. Modalités de passage

Attention ! La plupart des candidats passent cette épreuve sous la forme ponctuelle à la fin de la 2e année dans le centre mentionné sur leur convocation. Seuls les candidats ayant suivi la voie de la formation professionnelle continue peuvent passer cette épreuve en CCF si leur établissement est habilité.
Le descriptif ci-après est commun à tous les candidats (ponctuel ou CCF).

3. Objectifs

L'épreuve évalue vos capacités à conduire une démarche de projet en relation avec l'A6 Développement et pérennisation de l'entreprise et l'A7 La gestion des risques.
Cela suppose que vous ayez participé à la conduite d'un projet dans le cadre de vos stages en entreprise ou dans le cadre de votre expérience professionnelle. Vous devez obligatoirement utiliser dans la réalisation de votre projet un logiciel (logiciel de gestion de projet, PGI, gestion financière, logiciel de GRH, gestion du temps, traitement d'enquêtes, etc.).

4. La constitution du dossier

Il comporte obligatoirement :

Les attestations de stage ou les certificats de travail	
Un descriptif et une analyse de la PME-PMI	5 pages maximum
La présentation du projet	2 pages maximum
Les préconisations d'actions	1 à 2 pages maximum
Un descriptif des activités conduites dans le cadre du projet	3 pages maximum

5. Le déroulement de l'épreuve orale

Elle dure 30 minutes et se déroule en deux phases.
Vous pouvez apporter le jour de l'épreuve les documents conçus dans le cadre de la réalisation de votre projet et tous autres documents que vous jugez utiles.

Première phase	Deuxième phase
Vous présentez votre projet sous la forme d'un exposé de 10 minutes maximum : – une analyse de la situation de l'entreprise ; – les grandes lignes de votre projet ; – les documents réalisés dans le cadre du projet à l'aide d'un des logiciels exigés par l'épreuve.	Vous répondez aux demandes de précisions et d'approfondissements concernant certains points de votre exposé. Les interrogateurs testent les connaissances de l'A6 et de l'A7 mobilisées dans la réalisation de votre projet.

6. Conseils pour réaliser votre dossier

a) Comment décrire et présenter une analyse de la situation de la PME-PMI ?

Pour ne pas rester dans une description factuelle, il est conseillé de mettre l'analyse en regard de chacun des points étudiés. Attention, vous ne disposez que de 5 pages !

	Contenus à présenter	Exemple d'analyse
Organisation	Statut juridique, organigramme, domaine d'activité, métier, effectif	Il convient de sélectionner les points d'analyse les plus significatifs car ils soulèvent des problèmes et font courir des risques quant à la pérennité de l'entreprise. Exemples : Effectif vieillissant qui va entraîner la disparition de savoir-faire, marchés en déclin, manque d'innovation, insolvabilité de clients, problèmes de trésorerie, activité qui expose à des risques environnementaux, etc.
Politique commerciale	Politique de prix, produits/services, de distribution et de communication	
Politique financière	Étude des principaux ratios, du bilan fonctionnel	
Risques repérés	Dans différents domaines : – santé et sécurité au travail – protection des biens, des personnes, des droits – financiers, environnementaux	

b) Comment choisir votre projet ? Quelques exemples

Les critères de choix d'un projet sont les suivants : faisabilité en temps, réalisme, possibilité de collecter des informations indispensables dans l'entreprise. Le projet s'effectue donc en fonction des opportunités offertes par la situation de la PME-PMI.

Le projet retenu doit vous permettre de mettre en œuvre une véritable démarche de projet, à savoir :

1re étape — Identification d'un besoin ou d'un problème

⇩ Évaluation de l'étape 1

2e étape — Identification des contraintes propres à la PME-PMI (humaines, financières, etc.)

⇩ Évaluation de l'étape 2

3e étape — Définition des objectifs à atteindre en termes qualitatifs ou quantitatifs

⇩ Évaluation de l'étape 3

4e étape — Identification des moyens/ressources nécessaires pour mener à bien le projet

⇩ Évaluation de l'étape 4

5e étape — Proposition argumentée d'un ensemble cohérent d'actions planifiées dans le temps

Ces étapes sont de durée inégale : il vous faudra réaliser un planning pour les programmer.

La mise en œuvre de tout ou partie du plan d'actions proposé peut constituer un point fort de votre travail, même si on ne s'attend pas obligatoirement à l'aboutissement total du projet.

De la même façon, dans l'hypothèse où vous conduiriez la réalisation du projet dans sa totalité, une évaluation des résultats de votre part serait appréciée par le jury.

Voici quelques exemples de projets formulés à partir des contenus de formation A6 et A7 :

Contenus de formation	Exemples de projets
Mise en œuvre d'une démarche qualité	Mise en place de procédures administratives, obtention d'une certification, amélioration du traitement des réclamations clients
Contrôle de gestion	Étude de rentabilité, analyse des coûts, mise en place d'un tableau de bord et d'outils de contrôle de gestion
Développement commercial	Lancement d'un nouveau produit ou packaging, développement export, plan de fidélisation de la clientèle
Santé et sécurité au travail	Analyse des conditions de travail, mise en place d'une prévention des maladies professionnelles, mise en place des documents obligatoires, mise en œuvre d'actions de prévention des risques (information, formation, etc.) dans l'entreprise
Protection des biens et des personnes	Travail sur les contrats d'assurance, sur l'étude ou la mise en œuvre de la protection de la propriété intellectuelle et industrielle
Gestion des risques financiers	Mise en œuvre de mesures de protection des risques d'insolvabilité et des risques financiers liés à un projet d'investissement ou d'exportation
Gestion des risques environnementaux	Évaluation des risques environnementaux, mise en place d'une procédure de gestion des déchets, étude pour la recherche d'économies d'énergie

c) Comment présenter votre projet ?

Il faut structurer votre présentation de façon extrêmement claire, dans votre dossier comme à l'oral. Vous pouvez préparer sur des fiches bristol distinctes (ou diaporama) les idées essentielles qui seront développées à l'oral. Les interrogateurs doivent immédiatement comprendre les objectifs visés, les moyens disponibles et les contraintes que vous avez dû prendre en compte. Un fil conducteur créatif permet de se différencier des autres candidats et de captiver le jury. Il faut faire preuve de conviction et savoir faire partager votre enthousiasme pour le projet qui vous a occupé durant un an. Les documents peuvent venir en appui. Évitez toutefois d'avoir une quantité trop importante d'annexes qui vous feraient perdre du temps et oublier l'essentiel.

d) Comment élaborer des préconisations ?

Les préconisations servent à aider le chef d'entreprise à prendre une décision. Elles doivent donc être réalistes et justifiées. Ne négligez pas leur coût : c'est souvent un facteur surdéterminant dans la prise de décision du dirigeant. Une méthode simple avantages/inconvénients permet souvent de faire le tri entre les bonnes et les mauvaises solutions.

e) Quelles activités retenir ? Comment les décrire ?

Le plan d'actions à mener peut être analysé à l'aide de la méthode NERAC.

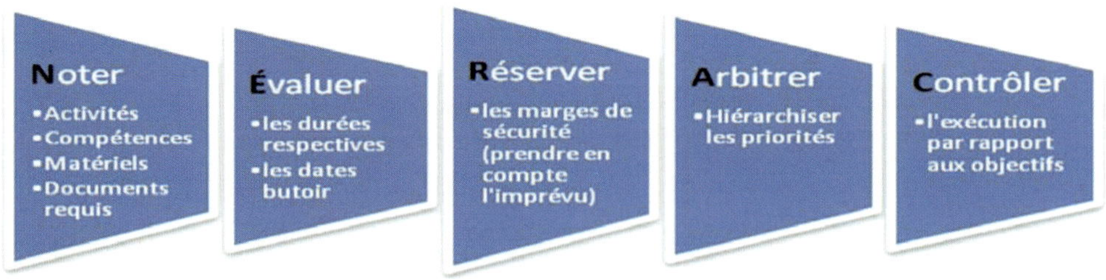

EXEMPLE

PROJET : Mise en place d'une recherche d'économie d'énergie

Ce projet suppose un plan d'actions : effectuer une recherche réglementaire liée au secteur d'activité de la PME-PMI, effectuer un diagnostic concernant les consommations d'énergie, chercher des aides possibles, communiquer avec les salariés et les clients, etc. Parmi ces actions, certaines ont une ampleur importante : c'est notamment le cas du diagnostic. L'élaboration du diagnostic va nécessiter de repérer les sources d'énergie et d'évaluer leur consommation. Peut-être faudra-t-il se contenter de travailler sur une ou deux sources d'énergie ?

FRANÇAIS

1 LA MAÎTRISE DES THÈMES AU PROGRAMME

➔ On ne peut réussir si l'on n'approfondit pas les thèmes au programme : c'est sur l'un d'eux que porteront les épreuves d'examen.

1 L'exploration du thème

1. L'approfondissement de la problématique générale

La problématique générale de chaque thème au programme est précisée par le texte officiel. Elle délimite le champ de la réflexion, il convient donc de l'étudier soigneusement.

Cette problématique générale suggère des questions nouvelles, auxquelles il n'est pas possible de répondre par un simple oui ou non, tant des arguments contradictoires se présentent à la réflexion. Le texte officiel pose ces questions, donne des pistes de réflexion et invite à explorer les réponses possibles.

EXEMPLE

Thème *Faire voir*. Quoi ? Comment ? Pour quoi ?
Problématique générale : La question du spectacle et du spectaculaire s'impose à qui réfléchit sur notre société contemporaine.
Questions partielles : Qui fait voir ? Comment ? Quoi ? Pour quoi ? De nombreux thèmes de réflexion se présentent à l'esprit pour répondre à ces questions. Ils portent sur la place de l'image dans notre société, sur son objet, son rôle, son pouvoir, ses avantages, les risques qu'elle comporte, etc.

L'exploration de ces questions doit être conduite tout au long de l'année pour préparer l'examen puisque c'est sur un de ces aspects que portera la synthèse.

2. La recherche des aspects du thème et de leurs problématiques

Après avoir décomposé le thème en différents aspects, on formule à leur propos de nouvelles problématiques dont on dresse la liste. On note pour chacune de ces problématiques les références des documents et leurs idées clés de manière à pouvoir mémoriser les thèses en présence. Ce travail permet de compléter la vision globale du thème et prépare à affronter la problématique proposée à l'examen.

EXEMPLE

Thème *Faire voir*. Aspect : Qui fait voir ?
Une des réponses possibles est la publicité. Elle donne à voir de multiples images. De nouvelles questions se posent à propos de ces dernières : que veut faire voir la publicité ? Quelles valeurs impose l'image publicitaire ? Peut-on vivre dans une société sans publicité ? Son rôle économique la rend-elle incontournable ? etc.

3. Les recherches personnelles

Les recherches personnelles accompagnent et complètent le cours. Les exposés, les débats, la lecture de documents divers, les émissions de télévision ou les films sont l'occasion d'acquérir des connaissances nouvelles.

Il s'agit à chaque fois de faire le lien entre le document étudié et la problématique d'ensemble ou une problématique partielle, de manière à constituer une véritable banque de données susceptibles d'être utilisées le jour de l'examen.

EXEMPLE

Ainsi à propos du thème *Faire voir*, un exposé à partir de certains mots clés du thème (proposés par le texte officiel) peut amener à se documenter sur les *reality show*, le photo-journalisme, l'image publicitaire, l'information, la starisation, etc.

Chacune de ces recherches donne lieu à une fiche où sont consignés les idées, les thèses en présence et les exemples intéressants.

2 La mise au net des connaissances

1. Les grandes idées du thème

Elles sont étudiées en cours mais leur approfondissement donne lieu à des recherches personnelles. C'est pourquoi la lecture d'œuvres significatives enrichit le corpus d'idées car les chercheurs, dans leurs essais, avancent des hypothèses, des analyses qui clarifient le sujet.

Ainsi, à propos du thème de la télévision, il sera profitable d'avoir lu, par exemple, l'essai de Pierre Bourdieu intitulé *Sur la télévision*, ou celui de Jean-Louis Missika *La Fin de la télévision*.

Enfin, il est impératif de consulter les ouvrages parascolaires consacrés chaque année aux deux thèmes du programme.

Chaque œuvre fait l'objet d'une notice répertoriant les thèses de son auteur et montrant son apport à la problématique.

2. La vue d'ensemble du thème

Pour s'assurer une bonne maîtrise du thème, rien ne vaut une fiche synoptique. Elle donne une vue globale du thème en le décomposant en ses différents aspects. À chaque grande idée est associée une source. Ce peut être un document exploité en cours, un exemple qui a fait débat, des documents collectés sur Internet pour réaliser des exposés ou bien encore un dossier de synthèse, etc.

Une astuce à l'examen

Avant de commencer l'épreuve d'écriture, cherchez le lien entre le sujet, le thème du dossier de synthèse et le thème du programme.
Ce travail facilite la recherche de vos idées et de vos arguments. En effet il donne accès à la banque de données personnelles que vous vous êtes constituée en étudiant ce thème.

3 La recherche de points de vue personnels

1. Les oppositions et les polémiques

Chaque thème provoque des discussions et de grandes oppositions se retrouvent à propos de ces sujets de société.

Par exemple, dans les dossiers de synthèse, des opinions divergentes s'affrontent souvent. Il faut savoir les identifier, cerner les thèses contradictoires en présence et les mémoriser. Les clivages peuvent concerner la religion (athées contre croyants), l'économie (liberté totale du marché contre régulation par l'État), la vision de l'avenir de la planète (productivistes contre écologistes), etc. Connaître ces grands enjeux du monde contemporain prépare à l'épreuve d'écriture personnelle : dans l'argumentation à rédiger, il faudra probablement en débattre et se situer par rapport à eux.

2. La prise de position personnelle

Les thèmes au programme concernent le monde contemporain. C'est pourquoi ils peuvent être abordés du point de vue du citoyen. Il n'est pas nécessaire d'être très érudit ou spécialiste pour en débattre. Il suffit de réfléchir aux implications sociétales, éthiques, politiques, humaines des thèmes pour se forger son propre point de vue à partir de ses propres valeurs et de sa vision du monde.

3. À quel propos chercher un point de vue personnel ?

L'étude du thème offre de multiples occasions de chercher un point de vue personnel.

a) Les faits. Les constats sont-ils partagés ? Est-on d'accord sur l'analyse des phénomènes, de leurs causes, de leurs conséquences ? Quels remèdes et solutions sont préconisés ? Ceux qui sont proposés sont-ils acceptables ?

b) Les thèses en présence. En réfléchissant aux thèses développées par les auteurs, en étudiant les oppositions et les polémiques, on se demandera avec quelle thèse on s'accorde, laquelle est refusée, quel enrichissement peut être apporté.

EXEMPLE

Synthèse de documents portant sur les thérapies génétiques
Sujet d'écriture : Sommes-nous, comme le pense François de Closet, « en danger de progrès » ?

Thèses en opposition dans les documents
- Une pratique dangereuse : dangers psychologiques, risques de discrimination ; intervention sur le vivant.
- Une pratique prometteuse : prévention des maladies ; naissance d'une nouvelle discipline, la bio-médecine.

Ces deux attitudes face au progrès devront être confrontées et utilisées dans le traitement du sujet d'écriture.

Recherche d'un point de vue personnel

Pour échapper aux contradictions du progrès, soit on le refuse, soit on fait abstraction du risque, soit on cherche dans le progrès lui-même les moyens de les résoudre. Chacun choisit sa position personnelle en fonction de ses valeurs et de ses choix de vie.

4. L'expérience personnelle

Corrobore-t-elle les différents points de vue exprimés ? Par exemple, un candidat dont un proche serait affecté par une maladie génétique sera sensible au problème posé par la thérapie génétique. Son jugement sera influencé par la stigmatisation dont aurait pu être victime ce malade, ou à l'inverse par l'espoir de sa guérison grâce à la bio-médecine. Mais attention, cette expérience personnelle ne doit surtout pas nuire à une réflexion plus globale, équilibrée, prenant en compte l'ensemble du problème. Ainsi cela ne doit pas empêcher d'envisager les moyens de juguler les risques pour la liberté liés à la manipulation du génome. Les recherches en thérapie génétique pourraient alors se poursuivre. À cet effet, ce candidat développerait la thèse paradoxale selon laquelle plus de science reste encore le meilleur moyen de contrer les risques inhérents à la recherche.

4 La révision avant l'épreuve

1. Les textes étudiés

Avant l'épreuve, il est nécessaire de relire l'ensemble des textes étudiés en cours, ainsi que les documents des dossiers de synthèse. De même, il faut relire les corrigés des devoirs de synthèse et d'écriture personnelle. Ces relectures ravivent la curiosité intellectuelle et entretiennent les connaissances dans lesquelles on puisera des idées le jour de l'examen.

2. Les notes personnelles

Le dossier consacré au thème doit être entretenu régulièrement en archivant les documents nouveaux rencontrés au fil des lectures ou au fil de l'actualité. Les notes personnelles sont consignées sur la fiche synoptique et sur les fiches consacrées aux auteurs, aux documents étudiés en cours, aux documents compulsés pour préparer des exposés ou participer à des débats. Il faut consulter périodiquement ce dossier pour mémoriser les grandes idées du thème. Classer et relire fréquemment ses notes permet de réactiver ses connaissances.

Auto-évaluation

Les vérifications à faire le jour de l'examen pour m'appuyer sur le thème au programme

1. Ai-je cerné l'aspect du thème étudié en cours auquel se réfère le sujet d'écriture ?
2. Ai-je recherché les souvenirs qu'éveille en moi cette question ?
3. Ai-je identifié un auteur auquel me référer pour y répondre ?
4. Ai-je recherché quelle est mon expérience personnelle sur cette question ?
5. Ai-je repéré des documents étudiés en cours sur lesquels m'appuyer ?

2 L'ÉTUDE DES TEXTES DE LA SYNTHÈSE

Il faut savoir extraire des textes les données de la synthèse car la qualité du travail en dépend. Chaque type de texte appelle sa propre méthode.

1 La lecture du dossier

1. Le libellé du sujet

Le libellé du sujet précise le thème et parfois la problématique. Au cas où celle-ci ne serait pas proposée, il faut rechercher dès la première lecture l'angle particulier sous lequel le thème du dossier est abordé. Quand on a une vue d'ensemble de ce dossier, le travail d'analyse des documents peut commencer.

2. La découverte des documents

a) Les références des documents. Il faut les analyser car elles précisent la nature et le statut de chaque pièce du dossier. Les titres, les auteurs, l'origine, la date de publication, toutes ces références sont utiles pour comprendre les documents, les situer les uns par rapport aux autres lors de leur confrontation. En outre, elles seront exploitées lors de la rédaction de la synthèse.

b) La lecture du dossier. L'inventaire de ses données met en jeu l'ensemble des compétences en lecture du candidat. En effet, la réussite d'une synthèse passe par l'identification des idées clés des textes. Il est donc impératif de lire attentivement les documents.

3. Les types de textes

Le dossier à synthétiser comprend deux ou trois documents textuels. Ils sont de deux types.

a) Les textes analytiques : ils contiennent des idées, sous la forme d'explications (ce sont alors des textes explicatifs) ou sous la forme de thèses, d'arguments (ce sont des textes argumentatifs). Les extraits d'essais, d'articles de presse, de documents administratifs, d'argumentaires publicitaires sont des textes analytiques.

b) Les textes illustratifs : ils sont concrets, construits à partir d'un récit, d'une anecdote, d'un témoignage, de personnages, d'exemples, de faits, de chiffres. Ce sont des textes de théâtre, de roman, de poésie, de reportage, d'autobiographie.

2 Les textes analytiques

1. Le texte explicatif

a) Les caractéristiques du texte. Il a pour objectif d'exposer et de faire comprendre un fait ou un phénomène en le décomposant pour le décrire et en l'analysant.

b) L'étude du texte explicatif. Il faut repérer les explications des phénomènes qu'il étudie, c'est-à-dire distinguer leurs acteurs, leurs composantes, leurs causes et leurs conséquences. Ces éléments se suivent en s'ajoutant les uns aux autres. Ils sont parfois reliés par des termes comme *de surcroît, de plus, en outre*. Ils peuvent être aussi hiérarchisés et introduits alors par des mots comme *tout d'abord, non seulement, mais ensuite, en premier lieu*, etc.

2. Le texte argumentatif

a) Les caractéristiques du texte. Il cherche à convaincre du bien-fondé d'une position, d'une thèse en l'argumentant. Attention, en plus de leurs idées, certains auteurs présentent des thèses qu'ils discutent ou qu'ils combattent. Il faut veiller à ne pas les leur attribuer, ce contresens fausserait la synthèse !

b) L'étude du texte argumentatif. Il faut dégager la thèse de l'auteur, en distinguant ses arguments et les exemples qu'il utilise. Certains indices servent de repères : les termes valorisants, dévalorisants, les marques de jugement. Ils révèlent le point de vue défendu et le degré d'implication du locuteur. On doit aussi analyser les relations logiques entre les idées : les oppositions, le rapport cause/conséquence, les concessions, la condition, etc. Tout ce travail d'analyse du texte doit être conduit avec méthode : de lui dépendent la précision et la richesse de la synthèse. Enfin, il ne faut pas négliger d'observer la structure d'un texte d'idées : les étapes successives de l'argumentation peuvent suggérer une possibilité de plan pour la synthèse.

3. Le tri des données des textes explicatifs et argumentatifs

Dans un texte, tout ne concerne pas la problématique de la synthèse. On ne cherchera et ne conservera que les données utiles à la réalisation de cette dernière, en les reformulant avec le maximum de précision, c'est-à-dire sans les déformer.

EXEMPLE

Texte argumentatif

« Il est extrêmement fallacieux de considérer les humains en période d'enfance comme un monde à part. Les enfermer ensemble dans un supposé cercle magique est stérilisant. Le rôle de l'adulte est de susciter et d'aider l'enfant à s'insérer dans la société dont il est un élément vivant nécessaire, durant le temps qu'il est encore dans sa famille. Pour soutenir son développement, il faut le considérer dans son advenir et faire confiance à l'adulte qu'il vise à devenir. Le drame est que, à partir du moment où on cesse de le regarder comme un petit poète, comme un enfant qui rêve, qui a son monde à part, on fait intervenir le modèle imposé. "Tu es un pré-adulte, mais par rapport à ce que moi-même je suis comme adulte." Alors qu'il est un pré-adulte, c'est vrai, mais d'un style qui n'existe pas encore, qui est à inventer, qu'il doit trouver lui-même. »

Françoise Dolto, *La Cause des enfants*, 1977,
Éd. Robert Laffont.

Données à conserver : l'éducation doit voir dans l'enfant un futur adulte qui doit se construire par lui-même et non se mouler dans un modèle imposé.

Une astuce à l'examen

Partez du principe que les idées des textes analytiques constituent la substance de la synthèse. Les autres textes, parce qu'ils sont concrets, mettent en lumière ces idées en les confirmant ou en les contredisant.

3 Les textes illustratifs

1. Le texte narratif

a) Les caractéristiques du texte. Il est extrait d'un roman ou d'une autobiographie. C'est un récit, comportant souvent des dialogues et des éléments de description. Il a été choisi parce que les situations, les décors et les personnages illustrent, attestent, contredisent, nuancent, complètent des idées clés des textes explicatifs ou argumentatifs. Les textes illustratifs et les textes analytiques sont complémentaires.

b) L'étude du texte narratif. Elle permet au candidat de montrer ses capacités d'analyse. En effet on doit analyser les personnages, les éléments de l'intrigue ou du décor pour découvrir les idées dont ils sont porteurs. Ces éléments concrets sont, en réalité, chargés d'un sens qu'on doit découvrir en les interprétant.

c) La sélection des données. Il faut conserver l'interprétation des éléments qui illustrent les idées des textes argumentatifs, et uniquement celles-là.

EXEMPLE

Synthèse sur le thème de la grande ville. Sa problématique porte sur le mode de vie des citadins.

«Tu ne le croirais pas peut-être ; depuis un mois que je suis ici [à Paris], je n'y ai encore vu marcher personne. Il n'y a point de gens au monde qui tirent mieux parti de leur machine que les Français : ils courent ; ils volent : les voitures les plus lentes d'Asie, le pas réglé de nos chameaux, les feraient tomber en syncope. Pour moi, qui ne suis point fait à ce train, et qui vais souvent à pied sans changer d'allure, j'enrage quelquefois comme un chrétien : car encore passe qu'on m'éclabousse depuis les pieds jusqu'à la tête ; mais je ne puis pardonner les coups de coude, que je reçois régulièrement et périodiquement : un homme, qui vient après moi et qui me passe, me fait faire un demi-tour ; et un autre, qui me croise de l'autre côté, me remet soudain où le premier m'avait pris : et je ne fait pas cent pas, que je suis plus brisé.»

Montesquieu, *Lettres persanes*, lettre 24, 1721.

Données à conserver : «ils courent ; ils volent» = la surexcitation du citadin quand il se déplace. «J'enrage ; m'éclabousse ; les coups ; brisé» = les conséquences physiques et psychologiques négatives des conditions de déplacement.

2. Le texte poétique

a) Les caractéristiques du texte. C'est un poème, en vers ou parfois en prose qui exploite les possibilités sonores, rythmiques, visuelles du langage. Il recourt souvent aux images et aux connotations des mots.

b) L'étude du texte poétique. Elle se conduit en deux étapes. Dans la première il s'agit de rechercher les aspects du thème abordés par le poème : de quoi est-il question, de quoi parle-t-il ? La deuxième étape est plus complexe. Il s'agit de rechercher l'influence de la forme poétique sur le contenu, de trouver le sens porté par cette forme. On étudiera donc les images, la longueur et la place des mots, leur effet sonore et rythmique, la typographie, la structure du texte et on les interprétera.

c) Les données à conserver. Comme pour les autres types de texte, on ne conservera que celles qui sont utiles à la synthèse. Attention, on n'attend pas un commentaire de texte, il ne faut sélectionner que les interprétations en lien avec la synthèse.

3. Le texte de théâtre

a) L'étude du texte. On analyse la situation, l'intrigue, les personnages. Il faut être attentif à ce que révèle le dialogue sur les relations entre les personnages. Les indications de jeu et de décor peuvent avoir de l'importance, on les étudie aussi.

b) Les données à conserver. Là encore, on ne conservera que celles qui sont utiles à la synthèse. Elles illustrent de façon très concrète les thèses et les arguments des textes d'idées.

EXEMPLE

La synthèse porte sur les rapports entre les maîtres et les domestiques.

La comédie s'ouvre sur une scène entre Follavoine, un fabricant de porcelaine, et sa bonne, Rose.

«FOLLAVOINE. – Les Hébrides ?... Vous ne savez pas où c'est ? [...]

ROSE. – Ah ! non !... non !... *(Comme pour se justifier.)* C'est pas moi qui range ici !... c'est madame.

FOLLAVOINE. – Quoi ! quoi, «qui range» ! les Hébrides !... des îles ! bougre d'ignare !... de la terre entourée d'eau vous ne savez pas ce que c'est ? [...]

Elle ne sait rien cette fille ! rien ! qu'est-ce qu'on lui a appris à l'école ? [...] «C'est pas elle qui a rangé les Hébrides» ! Je te crois, parbleu ! *(Se replongeant dans son dictionnaire.)* «Z'Hébrides... Z'Hébrides...» *(Au public.)* C'est extraordinaire ! je trouve zèbre, zébré, zébrure, zébu !... Mais de Zhébrides, pas plus que dans mon œil ! Si ça y était, ce serait entre zèbre et zébrure. On ne trouve rien dans ce dictionnaire !»

Georges Feydeau, *On purge Bébé*, 1910, Acte I, scène I.

Données à conserver : la scène place le maître et sa domestique à égalité, ils sont tous deux aussi ignorants ! Pourtant le dialogue illustre la différence de statut social, en montrant le sentiment de supériorité du maître et le droit qu'il s'accorde de brusquer son employée. Non seulement le maître est risible, mais il est odieux.

Auto-évaluation

Les vérifications à faire le jour de l'examen avant d'entamer l'étape suivante

- Ai-je bien analysé les références des documents ?
- Ai-je bien dégagé les principales données des textes argumentatifs ?
- Ai-je suffisamment analysé les textes illustratifs ?
- Ai-je vu la complémentarité des différents types de textes ?

3 L'ÉTUDE DES IMAGES, DES TABLEAUX DE CHIFFRES ET DES GRAPHIQUES

➔ Il faut étudier avec soin les images, les chiffres et les graphiques. Ces documents apportent des données qui illustrent, confortent ou réfutent les idées en présence.

1 L'étude des images

1. Les caractéristiques des images

Une synthèse comporte en général une image, de nature variable : une reproduction de tableau, une photographie, un dessin de presse, une bande dessinée, une publicité...

2. L'étude des images

Elle se conduit en deux temps.
Dans un premier temps, on perçoit la signification globale de l'image et il faut rechercher le lien entre le thème de la synthèse et le document iconographique.
Dans un deuxième temps on décompose l'image pour rechercher les éléments porteurs de sens : la composition, les couleurs, les personnages et les objets, les textes qui figurent dans une légende ou une bulle. En les interprétant on dégage leur signification.

EXEMPLE

Dessin de Plantu.

Étude de l'image : la différence de taille des personnages du dessin illustre le déséquilibre entre les pays riches occidentaux et les pays pauvres. L'acheteur situé à gauche est vêtu richement. Il symbolise l'Occident. Il domine de toute sa masse le vendeur, pauvrement vêtu, très maigre et qui a peu à vendre, avec des moyens dérisoires. Il représente le Tiers Monde. Ce rapport de force influe sur la compréhension que le lecteur peut avoir des paroles. Au lieu de leur donner comme signification « votre prix sera le mien », formule convenue qui signifie que l'acheteur se plie aux conditions du vendeur, il comprend que c'est ce dernier qui doit accepter celles qui sont imposées par le plus fort : « mon prix sera le vôtre » est une formule impérieuse, et somme toute, impérialiste.
La violence est soulignée par le point d'exclamation et par le recul apeuré du vendeur.

3. Le tri des données

Il en est des images comme pour les textes : tout n'est pas à garder. On ne retiendra que ce qui rentre dans le cadre de la problématique. Ce travail est facilité par la connaissance du contenu des textes, qui ont déjà été analysés : on sait ce qu'il faut retenir de l'image.
Ainsi, pour une synthèse portant sur les inégalités dans le monde, il faudrait conserver du dessin de Plantu le caractère choquant de l'inégalité, le déséquilibre des forces, la violence du dominant à l'égard du dominé. Ces données caractérisent l'impérialisme.
Pour une synthèse portant sur la négociation, il faudrait conserver la contradiction entre le projet contractuel de négociation et le déséquilibre des parties en présence, la notion de rapport de force, l'inscription de ce rapport dans un contexte (ici le contexte géo-économique mondial), le poids des représentations et des préjugés à l'égard de l'autre.

Une astuce à l'examen

Pour étudier une image, cherchez les connotations du décor, des couleurs, des formes, du graphisme. Ces éléments sont chargés de symboles et leur association concourt à sa signification globale.

2 L'étude des tableaux de chiffres

1. Leurs caractéristiques

Les chiffres qu'ils présentent sont des informations qui concernent un aspect du thème de la synthèse. Ils sont classés de manière à faire apparaître des ressemblances, des différences, des oppositions, des évolutions, des corrélations.

2. L'étude d'un tableau

L'exploitation d'un tableau consiste à tirer parti des chiffres qui le composent. Le travail doit suivre trois étapes.
a) Le repérage de la structure du tableau. Il s'agit de repérer le nombre de rangées et de colonnes, les titres, les unités utilisées, les dates.
b) Les lectures horizontales et verticales. Elles recherchent des évolutions et des comparaisons. On procède à une lecture horizontale afin de confronter sur une même ligne les différentes colonnes : ainsi on peut déceler une évolution. La lecture verticale permet de comparer les chiffres à l'intérieur d'une même colonne.
c) La recherche des faits saillants. C'est à ce stade du travail qu'il faut tirer parti des chiffres et interpréter le tableau. La lecture fine des rangées et des colonnes met en évidence des écarts remarquables, des évolutions marquantes, des contrastes spectaculaires (ou bien l'inverse...).

EXEMPLE

Nombre de fumeurs réguliers en %						
	2005					
	18-24 ans	25-34 ans	35-44 ans	45-54 ans	55-64 ans	65-75 ans
Hommes	38	40	35	31	20	10
Femmes	33	30	31	22	10	6

Source : Insee, *La France en faits et en chiffres*. Baromètre santé 2005, INPES, exploitation OFDT.

- La lecture horizontale montre l'évolution de la consommation de tabac : la proportion de fumeurs diminue fortement avec l'âge.
- La lecture verticale compare le comportement des hommes et des femmes : celles-ci fument moins souvent et arrêtent plus vite que les hommes.
- Les faits saillants : près d'un homme sur deux, près d'une femme sur trois fument à 30 ans. Le pic de la consommation se situe entre 24 et 34 ans. On observe une importante chute de la consommation à partir de 50 ans, chez les deux sexes.

d) Le tri des données. Pour une synthèse portant sur les addictions on retiendra que la proportion de fumeurs diminue fortement avec l'âge, et que le pic de la consommation se situe entre 24 et 34 ans.

Pour une synthèse portant sur la parité homme / femme, il faudrait retenir la variation des écarts en fonction de l'âge : l'écart se rétrécit entre les 18 / 24 ans mais augmente entre les 24 / 34 ans, diminue sensiblement entre les 35 / 44 ans, pour augmenter ensuite jusqu'à 65 ans. À partir de 65 ans il redevient faible. On peut expliquer ces variations par l'influence de la maternité sur les femmes.

3 L'étude des graphiques

1. Leurs caractéristiques

Les graphiques organisent visuellement les éléments d'information pour montrer leurs relations et établir des comparaisons. C'est pourquoi ils peuvent illustrer des idées des textes de la synthèse. Ils montrent s'il y a eu des changements et à quel moment ils se sont produits, ce qui permet de voir clairement les tendances.

2. Les graphiques en courbes

Les courbes sont un moyen très simple de représenter une évolution. En outre, l'association de plusieurs courbes permet d'établir une corrélation ou une comparaison entre deux aspects d'un même phénomène.

L'étude procède du général vers le particulier. Une courbe va représenter une tendance globale (hausse, baisse, stagnation) mais aussi un phénomène particulier, par exemple une brusque hausse, un décrochage.

3. Les graphiques en barre

Les graphiques à barres verticales et horizontales comparent simultanément divers éléments d'information. La longueur de chaque barre indique la quantité représentée.

4. Les diagrammes circulaires

Dans les diagrammes circulaires l'angle de chaque secteur est proportionnel à un pourcentage. Ils permettent de présenter l'information à des fins de comparaison en montrant les relations entre le tout et les parties.

EXEMPLE

Modes d'accès à la télévision

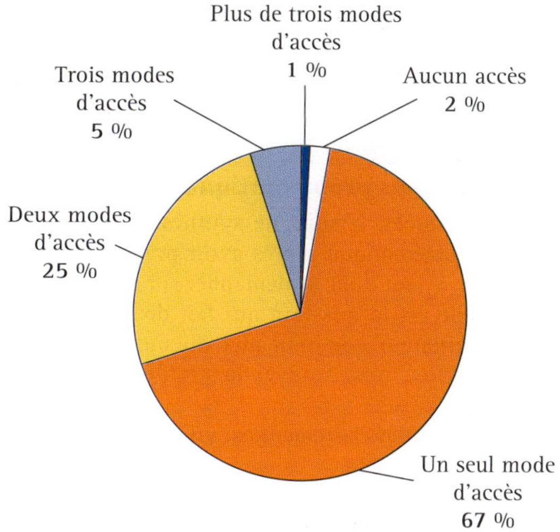

Champ : ensemble de la population

Source : CREDOC, enquête « Conditions de vie et aspirations des Français », juin 2006.

Données à retenir

- Pour une synthèse sur le poids de la télévision dans la vie des Français : près d'un tiers des Français s'équipe de trois ou quatre canaux d'accès à la télévision.
- Pour une synthèse portant sur la pénétration des nouvelles technologies : on constate une appropriation de plus en plus grande de ces technologies : si une grande majorité des téléspectateurs (67 %) n'a qu'un seul canal d'accès à la télévision, 31 % d'entre eux utilisent maintenant un téléviseur, un ordinateur et un téléphone portable.

Auto-évaluation

Les vérifications à faire le jour de l'examen

- Ai-je repéré les éléments connotés de l'image et analysé leur sens ?
- Ai-je perçu le lien entre les idées des textes et les données chiffrées ?
- Ai-je montré les évolutions, les tendances, les faits saillants ?
- Ai-je exploité la capacité de comparaison des diagrammes ?

4 LA CONFRONTATION DES DOCUMENTS

➔ Un tableau synoptique met en en évidence les relations entre les documents. En classant leurs données, on construit progressivement les fondations de la synthèse.

1 La clarification de la problématique

1. Le sujet à problématique imposée

La problématique est l'angle par lequel le thème est abordé. Si elle est indiquée dans le libellé du sujet, on peut rechercher immédiatement ce qu'il faut retenir de chaque document et s'attacher à la manière de mettre en relation les données relevées.

2. Le sujet sans problématique imposée

Certaines années, le sujet de synthèse ne mentionne aucune problématique. Après avoir pris connaissance du dossier, il faut donc se demander sur quoi il s'interroge, quelle est la question qui fait débat et qui sert de dénominateur commun aux documents. Trouver cette question, c'est trouver la problématique de la synthèse.
Il faut la formuler clairement car elle va orienter l'analyse des documents.
En effet, chaque document contient des éléments de réponse à la problématique. Ils se complètent, se contredisent, débattent entre eux et leur confrontation constituera la substance de la synthèse.
S'il n'y a pas qu'une seule problématique possible – cela dépend des dossiers –, on choisira la plus large, la plus riche et, bien évidemment, celle qui englobe le plus grand nombre de données des documents.

2 La préparation du tableau synoptique

1. L'objectif du tableau

Il permet de mettre en œuvre le processus de synthèse. Cette dernière se construit par étapes successives.
- Dans une première étape, les données de chaque document sont analysées, relevées, notées et mises en relation. C'est une étape capitale qui exige de la rigueur et de la précision.
- Dans une deuxième étape, on se sert de la vue panoramique de l'ensemble des données pour les confronter et les regrouper par pistes de réflexion. Ce regroupement dégagera les bases de la synthèse.
- Dans une troisième étape, on profite de la vue de l'ensemble des pistes de réflexion pour travailler sur des hypotheses de plan.

2. L'organisation du tableau

Sur une grande feuille A3 ou deux A4 assemblées, on trace une colonne par document et après la dernière on en ajoute une autre intitulée «Pistes de réflexion».
En haut de chaque colonne, on note la référence du document.

EXEMPLE

Synthèse portant sur les horoscopes.
Elle s'intéresse aux raisons de leur succès.

Doc. 1 *Les horoscopes* C. Chantreau	Doc. 2 *Du rêve à vendre* V. Léandre	Doc. 3 Scorpion 13 au 20/01/2008	Pistes de réflexion

Une astuce à l'examen

Pour clarifier ce que vous devez chercher dans les documents, rédigez la phrase suivante : ce dossier traite de ... (c'est le thème) et il s'interroge sur ... (c'est la problématique). Vérifiez que la problématique que vous proposez intègre bien tous les documents.

3 L'analyse des documents

1. L'étude d'un premier document

a) Le choix du document

On a tout intérêt à choisir le document le plus riche, celui qui semble aborder les aspects les plus variés du thème. En effet, il pourra servir de pivot lors de sa confrontation avec les autres, qui le compléteront, l'illustreront, le nuanceront ou le contrediront.

b) Le relevé des données

Dans la colonne correspondant à ce document, on note les idées qui concernent la problématique.
La pertinence de la sélection est fondamentale pour réussir une bonne synthèse : il ne faudrait pas négliger une idée importante ou noter un détail sans intérêt !
La manière de noter les idées importe elle aussi : le propos doit être reformulé le plus fidèlement possible : le correcteur ne pardonnerait pas une déformation des idées du dossier. Bien entendu, la plus grande concision est recommandée pour pouvoir faire tenir dans le tableau l'idée relevée.

EXEMPLE

Doc. 1 *Les horoscopes* C. Chantreau	Doc. 2 *Du rêve à vendre* V. Léandre
Gros succès des horoscopes	
Public : davantage féminin	
Apportent une aide, de l'espoir	

2. La confrontation avec un deuxième document

a) Le choix du nouveau document

Lequel choisir ? Il est préférable de choisir un document d'analyse, qui enrichisse, complète le premier. Choisir un document purement illustratif, comme un tableau de chiffres, une image ou un diagramme serait prématuré car il retarderait le moment où commence à se dégager une vision assez large de la question.

b) L'organisation de la confrontation

L'efficacité du tableau vient de ce que, dans la nouvelle colonne, on place ces données nouvelles en face de celles qui leur correspondent. Qu'elles soient semblables, qu'elles les critiquent ou qu'elles les contredisent ne change pas le fait qu'elles font partie du même domaine de réflexion : il faut donc les aligner l'une en face de l'autre. Au bout de la rangée ainsi créée, on note la piste de réflexion qui leur correspond. Toute la difficulté est de bien titrer ces pistes de réflexion : leur intitulé doit être suffisamment synthétique pour rendre compte du contenu de la rangée.
Ainsi se construit peu à peu le contenu de la synthèse.

EXEMPLE

Doc. 1 *Les horoscopes* · C. Chantreau	Doc. 2 *Du rêve à vendre* V. Léandre
Gros succès des horoscopes	Un gros marché
Public : davantage féminin	Toutes les catégories du public
Apportent une aide, de l'espoir	Des conseils pour vivre le quotidien

Doc. 3 Scorpion 13 au 20/01/2008	Pistes de réflexion
	Une industrie
	Le profil des consommateurs
	Le rôle des horoscopes

3. L'étude des autres documents

a) Les documents littéraires

Ils peuvent être maintenant exploités. Les extraits d'œuvres de fiction (roman, théâtre, poésie), les témoignages apportent à la problématique leur propre éclairage. Ils complètent, corroborent, infirment parfois certains aspects des textes analytiques.

b) Les images, les diagrammes et les chiffres

Les chiffres et les diagrammes sont importants car ils ont valeur de preuve et donnent de la réalité aux phénomènes. Il faut donc les utiliser largement dans la synthèse. Les images montrent, au sens propre, certains aspects du thème traité. Il faut les interpréter pour dégager leur apport à la problématique et noter cet apport.

EXEMPLE

Doc. 1 *Les horoscopes* C. Chantreau	Doc. 2 *Du rêve à vendre* V. Léandre
Gros succès des horoscopes	Un gros marché
Public : davantage féminin	Toutes les catégories du public
Apportent une aide, de l'espoir	Des conseils pour vivre le quotidien

Doc. 3 Scorpion 13 au 20/01/2008	Pistes de réflexion
	Une industrie
	Le profil des consommateurs
Amour : 8/10, Argent : 9/10, Santé : 8/10	Le rôledes horoscopes

4. Le travail d'ajustement et de vérification

Il ne faut pas hésiter à revenir en arrière, à réexaminer ses choix au fur et à mesure que le tableau se remplit. C'est pourquoi il est préférable de travailler avec un crayon et une gomme pour modifier plus facilement les cases.

a) Les ajustements

Ils concernent d'abord les données omises, mais dont on se rend compte qu'elles méritent d'être retenues parce qu'elles apparaissent dans un nouveau document. Ils concernent aussi le nombre de pistes de réflexion. Lorsque de nombreuses pistes semblent se dégager, il ne faut pas hésiter à les regrouper dans des ensembles : un nombre trop important de pistes émietterait la réflexion et compliquerait la recherche d'un plan.

b) Les vérifications

Elles concernent l'intitulé des pistes de réflexion. Il ne faut pas hésiter à en changer jusqu'à ce qu'on trouve la formulation la plus fidèle et la plus synthétique.

Auto-évaluation

Les vérifications à faire le jour de l'examen pour évaluer la pertinence de mon tableau de confrontation
- Ai-je bien clarifié la problématique de la synthèse ?
- Ai-je bien relevé toutes les données qui la concernent ?
- Ai-je utilisé tous les documents ?
- Ai-je bien formulé mes pistes de réflexion ?
- Mes pistes de réflexion s'inscrivent-elles dans la problématique ?

5 LA MISE AU POINT DU PLAN DE LA SYNTHÈSE

➔ Un tableau est un outil puissant. En regroupant les pistes de réflexion, on découvre quelles sont les grandes lignes de la synthèse et on parvient au plan recherché.

1 La recherche du plan de la synthèse

1. L'observation des pistes de réflexion

L'alignement sur une même ligne horizontale des données qui abordent le même sujet aboutit à la formation d'une piste de réflexion.

Mais certaines pistes concernent un même domaine, vu sous des aspects différents. Après avoir observé le tableau, il faut chercher quels regroupements on peut opérer entre ces pistes pour le simplifier et augmenter ainsi d'un cran le niveau de synthèse.

EXEMPLE

Synthèse sur l'illettrisme

Doc. 1	Doc. 2	Pistes de réflexion
Infériorité, honte	Complexes	Souffrances psychiques
Problèmes administratifs	Problèmes pour se déplacer	Difficultés matérielles
Désocialisation	Difficultés économiques	Difficultés sociales

Les souffrances psychiques, les difficultés matérielles, les difficultés sociales appartiennent à un même domaine. Ces pistes peuvent être regroupées.

2. Le regroupement des pistes en rubriques

Il faut alors se demander quels titres on pourrait donner à ces regroupements, autrement dit sous quelles rubriques ces pistes pourraient être classées.

EXEMPLE

Pistes de réflexion	Rubrique
Souffrances psychiques Difficultés matérielles Difficultés sociales	Les conséquences de l'illettrisme

De façon logique, ces pistes apparaissent comme des conséquences de l'illetrisme. On intitulera donc ainsi cette rubrique.

Il faut s'efforcer d'obtenir un nombre raisonnable de rubriques. Il peut être nécessaire parfois de regrouper plusieurs rubriques en une seule, de manière à en diminuer le nombre.

En créer deux ou trois – quatre est un maximum – doit permettre de prendre en compte l'intégralité du tableau. Attention, aucune donnée ne doit être laissée de côté si l'on veut que la synthèse soit complète.

3. L'organisation des rubriques en un plan de synthèse

L'organisation logique des rubriques fournit le plan de la synthèse. Chaque rubrique devient alors une partie du plan. Mais pour obtenir un plan valable, la succession des parties doit obéir aux règles de la logique et leur progression doit être assurée par des transitions.

EXEMPLE

Pistes de réflexion	Rubriques	Plan de la synthèse
Illettrés : Qui ? Combien ?	Description du phénomène	1. Le problème de l'illettrisme
Souffrances psychiques Difficultés matérielles Difficultés sociales	Les conséquences de l'illettrisme = difficultés rencontrées par les illettrés	2. Les causes de l'illettrisme
Échec scolaire Primo-arrivants Problèmes psychologiques et comportementaux	Les causes de l'illettrisme	3. Les conséquences : les difficultés rencontrées par les illettrés

Ce plan est logique : la synthèse commence par présenter l'illettrisme, puis elle en analyse les causes et ensuite les conséquences.

En s'appuyant sur des repères logiques on trouve plus facilement le plan de la synthèse. Ainsi, dans cet exemple, on voit que si l'on trouve la première rubrique « description du phénomène de l'illettrisme », il y a une grande probabilité que le tableau induise les rubriques « causes » ou « conséquences » de ce phénomène.

En effet, elles sont liées logiquement entre elles.

Une astuce à l'examen

Osez des plans originaux.

Ils mettront en valeur vos qualités s'ils sont logiques et prennent en charge l'ensemble des données du tableau.

Ainsi un plan plus dynamique, inspiré des techniques d'écriture journalistiques, inverserait l'ordre des parties 2 et 3 : après avoir décrit l'illettrisme et ses victimes, la synthèse expliquerait les difficultés auxquelles celles-ci se heurtent puis analyserait l'origine du problème.

2 L'organisation des parties de la synthèse

1. L'ordre des pistes de réflexion

De même que les rubriques deviennent les parties du plan, les pistes de réflexion deviennent des sous-parties

à l'intérieur de chaque partie. Le classement de ces sous-parties doit être logique et progressif.
La logique apporte de la clarté : ainsi il semble logique d'expliquer de quoi il est question avant d'expliquer *qui* est concerné par le phénomène, sinon le lecteur ne comprendra pas. Quant à la progression des sous-parties, elle permet d'approfondir la réflexion : aller du plus simple au plus complexe est plus satisfaisant pour l'esprit, c'est plus enrichissant.

2. L'organisation des données de chaque piste de réflexion

À l'intérieur de chaque sous-partie, il faut exploiter toutes les données du tableau de confrontation. Mais ces informations doivent être utilisées en fonction de leur valeur démonstrative et il faut donc établir une hiérarchie entre elles. C'est pourquoi le candidat ne devra pas suivre l'ordre d'apparition des données dans la rangée mais il va devoir les classer.
Le premier critère de ce classement est la logique, bien évidemment. Le deuxième est le souci de progression de la réflexion. Le troisième est la chronologie des documents, s'ils ont été rédigés à des époques différentes.

EXEMPLE

Synthèse sur l'illettrisme, troisième partie

Plan d'ensemble de la troisième partie : les conséquences de l'illettrisme
1. Une souffrance personnelle 2. Des difficultés matérielles 3. Des difficultés sociales

La troisième partie comprend trois sous-parties. La troisième intitulée, « Des difficultés sociales », résulte de l'observation du tableau de confrontation suivant :

Doc. 1	Doc. 2	Pistes de réflexion
Désocialisation	Difficultés économiques	Difficultés sociales

La sous-partie 3 prend en compte les données du tableau de confrontation. Mais en les inversant, dans un souci de logique et d'approfondissement.
En effet, il est plus logique de commencer par évoquer les difficultés économiques des illettrés, puis le risque de désocialisation qu'elles engendrent.

Plan de la sous-partie 3 :
Des difficultés sociales :
- des difficultés économiques ;
- à terme, un risque de désocialisation.

3 Les critères d'un bon plan

1. La confrontation des données

Les idées doivent absolument résulter d'un travail de confrontation des documents. Le traitement successif des documents est interdit, ils doivent être mis en vis-à-vis et comparés, de manière à faire apparaître leur similitude, leur complémentarité, leurs oppositions et ainsi faire naître des pistes de réflexion puis les rubriques qui en rendront compte.

2. L'équilibre des parties

Pour réaliser un plan correct, il faut équilibrer les parties, c'est-à-dire leur donner à peu près la même importance. Pour y parvenir il faut leur donner un contenu de même densité. De même, on essaiera d'équilibrer les sous-parties.

3. La conformité à la problématique

Un bon plan correspond à la problématique choisie en rendant compte de tous les aspects du problème. Il est progressif : les idées s'enchaînent logiquement. Enfin, il est structuré : il comporte des transitions et des liens logiques, mettant en évidence sa structure.

Auto-évaluation

Les vérifications à faire le jour de l'examen pour évaluer la manière dont j'ai construit mon plan
- Ai-je pris en compte l'intégralité des données du tableau ?
- Ai-je intitulé les rubriques de manière à englober toutes les pistes concernées ?
- Ai-je classé logiquement les parties et les sous-parties qui les composent ?
- Ai-je bâti un plan équilibré ?

6 LES DIFFÉRENTS PLANS DE LA SYNTHÈSE

➔ Chaque synthèse génère son propre plan. Mais connaître quelques plans-types peut aider à organiser les rubriques et finalement orienter vers un plan.

1 Le plan analytique

1. La démarche du candidat

Si le candidat est conduit à créer des rubriques concernant des causes ou des conséquences, voire une rubrique décrivant un aspect d'un phénomène ou d'une situation, il faut qu'il vérifie si le plan analytique peut s'appliquer à la synthèse.

2. L'organisation du plan analytique

Ce plan s'applique à la description d'un phénomène ou permet d'établir le constat d'une situation. Sa première partie explique les composantes de ce phénomène, et indique qui est concerné. La deuxième partie est consacrée à l'analyse des causes et /ou des conséquences de cette situation. Elles peuvent être très diverses, et classées par catégories. Parfois la documentation génère une troisième partie consacrée à la recherche de solutions, lorsque des conséquences sont négatives.

EXEMPLE

Synthèse sur les fans des séries « cultes »

Pistes de réflexion	Rubriques
Âge moyen : 30 ans	Acteurs du fait
Hommes plus nombreux	Acteurs du fait
Bac et souvent +	Acteurs du fait, classes moyennes
Savoir exhaustif, collection	Composantes du phénomène
Consécration culturelle d'un genre populaire	Cause : besoin de légitimation culturelle
Besoin de partager sa « folie »	Causes : besoin de socialisation, besoin de se rassurer
Réunions, conventions, sites Internet, forums, revues	Composantes du phénomène : les manifestations du culte

L'observation du tableau révèle des rubriques telles que les acteurs et les composantes du fait, les causes du phénomène. Le plan analytique s'impose. On l'obtient en regroupant et en classant les rubriques.

Plan de la synthèse

1. Le phénomène des fans
- Les manifestations du culte : sites, conventions, forums, etc.
- Les fans : + d'hommes, classes moyennes, 30 ans.
- Le savoir, les collections exhaustives.
2. L'explication du phénomène
- Le besoin de socialisation : retrouver ses semblables.
- Le besoin de se rassurer.
- Le besoin de légitimation culturelle de productions de la culture de masse.

2 Le plan thématique

1. La démarche du candidat

La synthèse présente une situation, un processus, un problème, un phénomène. Si, après l'observation des pistes de réflexion, les rubriques obtenues portent sur les aspects les plus remarquables de cette situation, de ce processus, le candidat doit vérifier si le plan thématique peut s'appliquer à la synthèse.

2. L'organisation du plan thématique

Ces aspects peuvent être de plusieurs sortes, mais le plan obéit toujours au même principe d'organisation.

a) L'étude du problème à partir des disciplines scientifiques

Le problème est envisagé du point de vue de la médecine, de la biologie, de la psychologie, de la sociologie, de l'histoire, de l'économie, la politique, l'environnement, etc.

b) L'étude du problème à partir d'autres catégories

Les angles d'approche d'un phénomène peuvent être très variés. Par exemple on peut étudier les différents degrés (du plus au moins), les différentes échelles (les niveaux local, national, planétaire, par exemple), les différentes temporalités (le passé, le présent, l'avenir, l'immédiat, le lointain, etc.), les différentes valeurs (le positif, le négatif) ou tout simplement les différentes composantes d'un objet d'étude.
Ainsi une synthèse portant sur les formes contemporaines de la solidarité pourrait étudier ses aspects institutionnels (la Sécurité sociale, le régime des retraites, les assurances, etc.), le versant humanitaire (les ONG), la pratique privée (le don, l'entraide familiale, etc.).

EXEMPLE

Plan d'une synthèse sur les enjeux de l'eau au XXIe siècle
1. Enjeux politiques
- pénurie de l'eau
- disparité des ressources
- nombreux conflits régionaux
2. Enjeux économiques
- les besoins de l'agriculture
- les besoins industriels
- l'eau et le développement
3. Enjeux environnementaux
- la dégradation de la qualité de l'eau
- les aléas climatiques

Une astuce à l'examen

Demandez-vous si la rubrique que vous avez formulée n'en appelle pas une autre, qui ferait aboutir à un plan-type. Par exemple, une cause peut faire penser à une conséquence et donc à un plan analytique causes / conséquences ; une rubrique aspects économiques peut faire penser à un plan thématique : aspects économiques, sociaux, humains, etc.

3 Les plans alternatifs et dialectiques

1. Le plan alternatif

a) La démarche du candidat. Les pistes de réflexion aboutissent à la formulation de rubriques signifiant de nettes différences de points de vue.
Ce cas de figure se rencontre quand un sujet fait débat, suscite des polémiques. Il faut alors se demander si la synthèse ne peut pas être organisée sur un système d'oppositions, en prenant garde à bien confronter les documents.

b) L'organisation du plan alternatif. Ce plan voit s'opposer des couples antithétiques : les ressemblances et les différences, le «pour» et le «contre», les aspects positifs et négatifs, la tradition et la modernité, les avantages et les inconvénients, le progrès et la régression, le bien et le mal, etc.

EXEMPLE

Dans une synthèse portant sur les comportements à risques, les auteurs peuvent s'opposer à propos de la politique de prévention.
- Pour les uns, les campagnes de prévention contre l'alcool, le tabac, la vitesse, le sucre, le sel, les graisses, etc. sont excessives, déprimantes, voire liberticides. En outre, pour ces auteurs toute forme de prohibition risque de déresponsabiliser les gens.
- Pour les autres, ces campagnes ont un rôle éducatif, elles protègent des addictions et sauvent des vies. Selon eux, elles responsabilisent les citoyens en mettant chacun en face des risques qu'il prend avec sa santé et en lui faisant prendre conscience de l'effort financier qu'il demande à la collectivité pour le guérir quand son addiction le rend malade.

2. Le plan dialectique

Il peut se rencontrer parfois. Mais il faut être sûr de disposer des données capables de nourrir une troisième partie.
Dans ce cas l'observation des rubriques montre une opposition entre deux thèses mais aussi qu'une troisième voie est possible. Elle réconcilie les opposants ou permet de dépasser leur opposition en posant autrement la question, en décalant l'angle de réflexion initial.

EXEMPLE

Dans une synthèse s'interrogeant sur la nécessité de la croissance, une première partie exposerait ses avantages, la deuxième exposerait ses inconvénients, la troisième proposerait un autre modèle : la décroissance soutenable.

4 Le plan combiné et le plan original

1. La combinaison plan analytique/plan thématique

La structure de ce plan est analytique : il expose les faits, leurs causes, leurs conséquences, éventuellement les solutions. Mais à l'intérieur de chaque partie, il classe les causes et les conséquences par catégorie, par thème. Par exemple il analyse les conséquences sociales, économiques, humaines, etc.

2. La combinaison plan thématique/plan alternatif

La structure de ce plan est thématique. Mais à l'intérieur de chaque partie, les idées sont classées selon leur aspect antithétique : avantages – inconvénients, «pour» – «contre», etc.

EXEMPLE

On pourrait organiser une synthèse portant sur la marginalité de deux manières.
Plan 1 :
1. La marginalité et la personnalité du sujet
- aspects positifs : créativité, enrichissement de la personnalité
- aspects négatifs : solitude, fragilisation culturelle et psychologique
2. La marginalité et les relations avec la société
- aspects positifs : pratiques sociales innovantes, créatrices
- aspects négatifs : isolement, rejet, exclusion

Plan 2
1. Les aspects positifs de la marginalité
- l'enrichissement de la personnalité
- la créativité
2. Les aspects négatifs de la marginalité
- la fragilisation culturelle et psychologique
- l'exclusion sociale

3. Le plan original

Si aucun des plans-types ne semble convenir, il faut chercher alors un plan original, qui ne coule pas les données de la synthèse dans un moule préétabli.
Il faut oser suivre les évidences imposées par le tableau de confrontation.

Auto-évaluation

Les vérifications à faire le jour de l'examen pour évaluer la pertinence de mon plan
- Ai-je vérifié que, une rubrique en appelant une autre, je n'aboutissais pas à un plan-type ?
- Ai-je pensé à tous les plans-types possibles ?
- Ai-je pensé à utiliser les ressources du plan combiné ?
- Ai-je utilisé tous les documents et toutes les données ?
- Ai-je essayé de bâtir un plan original ?

7 LA RÉDACTION DE LA SYNTHÈSE

Pour réussir la rédaction de la synthèse, il faut reformuler les données du dossier tout en rédigeant avec adresse les références aux documents. Sans oublier la qualité de l'expression, bien entendu.

1 La rédaction de l'introduction et de la conclusion

1. Le rôle de l'introduction

Comme toute introduction, elle annonce le sujet et amorce la curiosité du lecteur. Elle doit être courte et aller à l'essentiel sans fioriture : le candidat n'a que trois heures pour rédiger sa synthèse.

2. La composition de l'introduction

Elle commence par définir le thème traité, puis indique la problématique retenue. Elle présente ensuite le dossier et annonce enfin le plan de manière claire et concise.
Pour l'alléger et gagner du temps le candidat peut choisir de reporter la présentation des documents à leur première apparition dans le développement. Il devra alors indiquer le genre du document, son auteur et la date de parution : « Selon François Derval, qui s'exprime dans un article du journal *Le Figaro* du 19 mai 2008, la démocratie participative... ». Mais il reste possible de présenter l'ensemble des documents dès l'introduction.

EXEMPLE

Ce dossier traite des lectures des jeunes et s'interroge plus précisément sur la place de la lecture / plaisir dans ce qu'ils lisent. Tous les documents constatent l'importance de la lecture / plaisir chez les adolescents. Mais ils dénoncent aussi les effets pervers de la lecture contrainte et proposent des pistes pour réconcilier les jeunes avec le livre.

3. La rédaction de la conclusion

La conclusion doit être courte et ne pas dépasser cinq lignes. Son rôle est d'indiquer au lecteur qu'il est parvenu au terme de l'argumentation. C'est pourquoi elle est introduite par un terme d'articulation comme : *en définitive, pour résumer, en conclusion, finalement, en somme,* etc. Elle reformule sous une forme synthétique les grands axes de la synthèse. Le candidat ne doit formuler aucun jugement personnel, il doit rester neutre.

EXEMPLE

Finalement ce dossier montre que les adolescents lisent volontiers quand on ne les contraint pas. En effet, ils détestent les livres qu'on leur impose à la maison ou à l'école. Si l'objectif est de les faire lire, c'est contre-productif. C'est pourquoi il faut passer par des méthodes plus subtiles pour leur faire aimer la lecture.

2 La rédaction du développement

1. L'objectivité

Elle est impérative dans la synthèse de documents. D'une part il s'agit de rapporter les idées ou les faits relevés dans les documents sans les déformer, sans les tronquer. C'est donc être fidèle. D'autre part, il ne faut introduire aucun jugement personnel dans la formulation de ses phrases. Les adverbes appréciatifs, les verbes introducteurs, les connotations exprimant son propre jugement, aucune de ces marques d'implication du candidat ne doit apparaître dans la rédaction. Il faut rester neutre.

2. La reformulation

Le candidat doit réécrire les idées dont il se sert pour faire sa synthèse : la reformulation est une exigence absolue de l'exercice de synthèse au BTS. Chaque donnée des documents doit donc être reformulée avec les mots et les structures de phrase du candidat. Seuls les mots clés des documents peuvent être réutilisés.
Toutefois une formule courte et frappante, particulièrement signifiante, peut être reprise sous la forme d'une citation, donc entre guillemets, mais une synthèse reposant sur un montage de citations est interdite et donc lourdement sanctionnée.

EXEMPLE

Reformulation des idées dans une synthèse traitant du dopage
« Dès les origines, dès les premiers Tours de France, les coureurs prenaient au départ de l'alcool, puis des amphétamines, puis des anabolisants, puis l'EPO, le dopage sanguin. Il y a une progression dans le dopage qui tient aussi au fait que c'est un sport très difficile, tout simplement. Quand on enchaîne trois semaines de course par tous les temps, c'est très dur. Et il y a donc une tendance à favoriser la prise de produits. Comme c'est très ancré dans la culture, il est difficile, voire impossible, de s'en défaire. »
Stéphane Mandard, envoyé spécial du *Monde* sur le Tour de France, mercredi 20 juillet 2005.
Reformulation : le dopage fait partie de la culture du sport cycliste, car c'est un sport très exigeant. On y a eu recours dès l'origine du Tour de France. Ce sera donc très difficile de l'abandonner.

3. La concision

Elle fait partie des exigences de l'épreuve, c'est pourquoi elle est souvent rappelée par le libellé du sujet.
Il faut donc aller à l'essentiel, chercher les reformulations synthétiques, se garder de toute paraphrase inutile et d'une accumulation d'exemples si un seul suffit pour comprendre.

Une astuce à l'examen

Faites un plan très précis. S'il est détaillé, vous pourrez rédiger la synthèse directement sur la copie d'examen, ce qui vous fera gagner un temps précieux. En revanche, pour soigner l'introduction et la conclusion, rédigez-les au brouillon.

3 Les références aux documents

1. La manière de citer les documents

Là encore il faut varier la façon de nommer des documents. On ne peut se contenter d'une abréviation entre parenthèses (doc. 1 ; doc. 2, etc.). Ce procédé est valable pour un brouillon ou un tableau de confrontation, mais ne satisfait pas à l'obligation de rédaction. On citera donc le document en jouant sur sa nature : dans cet article, dans cet extrait, dans son essai, sur cette affiche, dans ce dessin, dans ce récit, ce poème, etc.

2. Les façons de se référer aux auteurs

Dans une synthèse, il est obligatoire de citer les auteurs des documents que l'on confronte. Il faut les nommer, mais en évitant les répétitions lassantes. On peut remplacer le nom de l'auteur par divers substituts qui concernent :

- son rapport à l'écriture : X peut être cité comme journaliste, romancier, poète, essayiste, dramaturge, dessinateur, etc. ;
- son statut professionnel : X peut être présenté comme sociologue, philosophe, statisticien, observateur, juriste, linguiste, chercheur, etc. ;
- ses positions dans le débat : X peut être cité comme le partisan, le défenseur, le promoteur, l'adepte, l'adversaire, de telle ou telle idée.

3. La caractérisation des points de vue

S'il y a confrontation des documents, il y a nécessairement confrontation de points de vue. Il peut être pratique de les caractériser, mais il faut le faire en utilisant avec prudence des synonymes.

a) La certitude : on peut parler d'*affirmation*, d'*assertion*, de *constatation*, de *certitude*, de *proposition*, d'*évidence*.

b) La justification : on peut parler de *confirmation*, de *preuve*, de *démonstration*, de *justification*.

c) l'accord : on peut parler d'*approbation*, de *convergence*, de *soutien*, de *confirmation*.

d) l'opposition : on peut parler de *divergence*, de *contestation*, d'*allégation*, de *désaccord*, de *division*, de *conflit*, de *débat*.

e) Le doute : on peut parler de *question*, d'*interrogation*, de *scepticisme*, d'*incertitude*, de *méfiance*, de *soupçon*.

4. L'introduction des références

Elles sont introduites par des verbes ou des tournures différentes.

a) Pour amener une affirmation : *Selon X, d'après X, X pense, X croit, X s'exclame, pour X, si l'on en croit X, X fait part de, X évoque.*

b) Pour amener une confirmation : *X insiste sur, X souligne que, X confirme que, X rappelle que, X est d'accord avec, X partage cette idée.*

c) Pour amener une réflexion : *X explique, X montre, X analyse, X fait apparaître, X démontre, X découvre que, X met en évidence.*

d) Pour amener une information implicite : *X laisse entendre que, X sous-entend que, X suggère que.*

e) Pour amener un complément : *X prolonge, X complète, X ajoute, X précise.*

f) Pour amener un souhait, un conseil : *X souhaite, X préconise, X propose, X conseille.*

g) Pour amener une question : *X se demande si, X s'interroge sur, X se questionne sur, ... demande X.*

h) Pour amener une contestation : *X refuse, X s'indigne, X revendique, X conteste, X s'insurge contre, X déplore que, X doute, X regrette que.*

EXEMPLE

Extrait d'une synthèse portant sur le bénévolat en France
Cependant on observe une évolution des comportements des adhérents. Jean Béranger et Claude Menu notent que les associations de défense des intérêts collectifs ou de soutien aux grandes causes humanitaires sont en recul. Jean Béranger explique ce phénomène par la montée de l'individualisme et le recentrage des choix sur les associations œuvrant pour les loisirs, le sport ou la culture. Il montre que le bénévolat y est plus facile dans la mesure où les adhérents ont l'impression de travailler pour eux. Comme l'écrit Yvette Leroi dans *Le Monde industrialisé*, « association rime de moins en moins avec militantisme ». Cette tendance est confirmée par les statistiques du Credoc.

4 La présentation de la synthèse

1. La mise en page de la synthèse

L'organisation de la synthèse doit être visible. Deux lignes séparent l'introduction du développement, puis ce dernier de la conclusion. Une ligne sépare chaque partie et, à l'intérieur de chacune, les paragraphes commencent par un retrait. Pour plus de lisibilité, il vaut mieux commencer un paragraphe par l'idée clé qu'il développe ensuite.

2. Le soin de l'écriture et de l'expression

Il faut éliminer les phrases trop longues, le vocabulaire trop familier. Bien entendu il est impératif de relire sa copie pour corriger les fautes d'orthographe.
Il est préférable de souligner le titre des ouvrages pour leur donner du relief.

Auto-évaluation

Les vérifications à faire le jour de l'examen pour évaluer la qualité de ma rédaction

- Ai-je été objectif, suis-je resté neutre ?
- Ai-je reformulé les données des documents ?
- Ai-je cité les auteurs, et les genres auxquels appartiennent les documents ?
- Ai-je introduit les références par des tournures appropriées ?

8 L'ANALYSE DU SUJET D'ÉCRITURE PERSONNELLE

➜ **L'étude de la question posée au candidat fournit déjà de précieuses indications. Elle permet de préparer une réponse pertinente et personnelle.**

1 La relation avec le programme

1. Un sujet en rapport avec l'un des deux thèmes annuels

Le thème du sujet d'écriture aborde obligatoirement l'un des deux thèmes étudiés pendant l'année du BTS. Sa problématique n'est donc pas inconnue, il se peut même qu'elle ait été étudiée lors d'une lecture ou d'un débat.

EXEMPLE

Thème de l'année : Risque et progrès
Thème de la synthèse : La science en débat
Exposé préparé par le candidat : Présentation d'un ouvrage de la collection « Pour ou contre ? » réunissant sur le même sujet les avis de deux experts aux points de vue différents (Yves Chupeau – Jacques Testart), intitulé *OGM, quels risques ?* Éd. Prométhée, 2007.
Sujet d'écriture : Selon vous, faut-il s'inquiéter des pouvoirs de la science ?
En analysant ce sujet on comprend alors l'intérêt du travail qui accompagne la préparation en vue de l'examen. En effet, conduire tout au long de l'année une réflexion sur des problématiques liées à chaque thème permet de faire face au sujet d'écriture. En outre il faut le plus souvent possible chercher à définir son propre point de vue. On se construit ainsi une pensée personnelle.

2. Un sujet d'écriture en rapport avec la synthèse

Le sujet d'écriture poursuit le thème sur lequel portait la synthèse. Il explore un aspect sur lequel un débat peut s'engager et à propos duquel on demande au candidat de s'impliquer. Alors que la synthèse imposait une attitude neutre et objective, l'écriture personnelle est un exposé argumenté en réponse à une question. La synthèse et l'écriture personnelle sont donc étroitement liées. Mais avant tout travail, il convient de bien repérer ce lien.

EXEMPLE

Thème de la synthèse : la santé, une exigence nouvelle
Sujet d'écriture : Selon vous, la santé est-elle un droit ou un devoir ?
Le thème de la synthèse porte sur la place prise par la santé dans notre société.
Le sujet d'écriture propose de débattre d'un aspect du thème de la synthèse : la part de responsabilité qui revient à l'individu et à la société.

2 La formulation du sujet

1. La question posée

Le sujet peut demander explicitement au candidat d'expliquer, de discuter ou de commenter une citation extraite d'un document de la synthèse.

Dans ce cas, il s'agit d'un passage pouvant donner lieu à un débat.

EXEMPLE

Commentez cette affirmation de Maryline Baumard : « La marque doit doter le produit d'une valeur symbolique non mesurable qui l'emporte sur sa valeur utilitaire et d'échange. »

Le sujet peut aussi solliciter directement le point de vue du candidat sur une question en relation avec le thème : « Pensez-vous que… » Il s'agit alors de s'interroger sur les termes de ce débat et d'en cerner les enjeux. Ensuite seulement on engage une réflexion personnelle, pour construire sa propre argumentation.

EXEMPLE

Sujet : Pensez-vous que les messages de santé publique (prévention de l'alcoolisme, du tabagisme, de l'obésité, etc.) altèrent notre liberté ?

2. Les mots clés

Tout sujet comporte un certain nombre de termes qui fournissent de précieuses indications sur le thème abordé. La signification des mots clés est à explorer pour éviter tout contresens, à l'origine de nombreux hors-sujets. On peut déjà noter quelques exemples concrets qui viennent à l'esprit. Les relations entre les mots clés sont aussi à analyser, surtout si elles sont sous-entendues.

EXEMPLE

Sujet : Dans le voyage touristique, pensez-vous que le désir de rester entre soi a aujourd'hui remplacé le plaisir des rencontres et le souci de comprendre les autres ?
Mots clés : « le désir de rester entre soi » : rester avec ses semblables. « Le plaisir des rencontres » : dans la relation, le plaisir d'échanger et de partager. « Le souci de comprendre les autres » : être curieux de connaître les modes de pensée et de vie d'autres cultures.
L'étude de ces mots clés permet de bien comprendre qu'il s'agit de s'interroger sur certains comportements contradictoires du touriste actuel.

3. La reformulation du sujet

En reformulant le sujet avec un vocabulaire différent de celui de l'énoncé, on vérifie sa bonne compréhension. Dans certains cas, il est possible de visualiser le problème posé sous la forme d'un schéma.

EXEMPLE

Sujet : « Du passé faisons table rase ! » Partagez-vous cette idée ?
Reformulation : Faut-il supprimer tout ce qui nous vient de notre histoire pour repartir à zéro, sur des bases nouvelles et meilleures ?

Passé = Le mal → Abolition → Création nouvelle société
↓ Vrai ? | ↓ Avec quelle violence ? | ↓ Meilleur ?

Comment concilier (r)évolution et respect du passé ?

3 La problématique du sujet

1. Le thème du débat

Tout sujet invite le candidat à se confronter à un problème qui fait débat et sur lequel on veut qu'il argumente. Ce débat, parfois déjà présent dans certains textes de la synthèse, doit être enrichi et même élargi. Le texte à rédiger doit montrer la qualité de la réflexion du candidat. Il convient donc de l'alimenter et de l'enrichir en questionnant le thème qui fait débat dans le sujet.

2. Le questionnement du thème

Même quand la problématique est clairement proposée, le questionnement du thème du sujet est une étape indispensable. La définition du texte à écrire repose sur une série d'interrogations préalables qui, pas à pas, cernent l'argumentation à développer : « Qui est concerné, d'autres options sont-elles possibles, quelles en sont les conséquences... ? » Chaque question peut être aisément formulée à partir d'un mot clé.

EXEMPLE

Sujet : Pensez-vous que, « contrairement à une idée reçue, les valeurs de la jeunesse ne diffèrent pas tellement de celles adoptées par le reste de la société » ?
Mot clé : valeurs. Questionnement préalable : Y a-t-il des valeurs communes aux différentes générations ? La jeunesse a-t-elle des valeurs qui lui sont propres ?
Le débat peut se formuler ainsi : entre les générations, y a-t-il un socle commun de valeurs ? Quelles valeurs seraient propres aux jeunes ?

Une astuce à l'examen

Dans une situation de blocage devant un sujet, pas de panique ! Il faut procéder par étapes en revenant sur les mots clés. D'abord cernez la question en cherchant un maximum de synonymes (vous délimitez le thème). Puis recherchez pour chaque terme son contraire (vous enrichissez le débat). Ensuite examinez la liste de mots clés pour envisager le sujet sous des angles différents et en avoir une vue plus large.

4 La recherche d'un point de vue

1. Le candidat a un point de vue sur le sujet

Grâce à sa culture personnelle le candidat peut être en mesure de formuler d'emblée un point de vue sur le sujet. Mais il faut vérifier d'abord qu'il ne fausse pas la problématique. Il formule donc clairement sa thèse et vérifie qu'elle s'inscrit bien dans le cadre du sujet. Il peut alors commencer à chercher des arguments pour la justifier.

EXEMPLE

Thème au programme : L'avenir
Sujet d'écriture personnelle : Quelles réflexions vous inspire ce mot attribué au roi Louis XV : « Après moi, le déluge ! » ?
Il faut commencer par bien comprendre la problématique du sujet : l'avenir est-il de notre responsabilité ? Celui qui se sent comptable de l'avenir (par exemple du point de vue écologique), formulera spontanément le point de vue suivant : ces paroles relèvent d'une attitude égoïste et irresponsable !

2. Le candidat n'a pas, *a priori*, de point de vue sur le sujet

Il arrive qu'un candidat soit pris au dépourvu par le sujet. Ce dernier n'évoque rien, ne suscite aucun écho chez lui. Or il est tenu d'adopter un point de vue en réponse à la question que pose le sujet. C'est, par exemple ce qui peut arriver si la préparation du thème au programme a été insuffisante. Pour se forger un point de vue plusieurs recours sont alors possibles.

a) Le recours à l'implication personnelle

Les sujets d'écriture personnelle concernent des grands problèmes du monde contemporain. C'est pourquoi le candidat peut facilement imaginer en quoi il pourrait être concerné par le problème et quelles réactions il aurait alors. Par exemple, il imagine les conséquences de ce problème sur sa propre vie. Des conséquences regrettables impliquent qu'il va adopter un point de vue critique, des conséquences positives vont le faire pencher pour une opinion favorable.

b) L'appui du dossier de la synthèse

Le dossier contient des idées en lien avec la problématique du sujet d'écriture personnelle. Pour se construire un point de vue personnel, il faut se demander quelles sont celles dont on se sent le plus proche, ou celles qu'on rejette.

Plusieurs étapes sont nécessaires. La première est consacrée à la collecte des idées rentrant dans la problématique du sujet. Dans la deuxième, il faut se demander vers quel point de vue elles orientent le lecteur et se déterminer par rapport à ce point de vue : accord, désaccord partiel ou total. Quelle que soit la position adoptée, il faut approfondir la réflexion pour trouver les arguments capables de la justifier.

Auto-évaluation

Les vérifications à faire le jour de l'examen avant d'entamer l'étape suivante

- Ai-je bien analysé les mots clés du sujet ?
- Ai-je compris la question posée par le sujet ?
- Ai-je vérifié que la problématique choisie est bien celle du sujet ?
- Ai-je réussi à formuler un point de vue personnel ?

9 LA RECHERCHE DES ARGUMENTS

La connaissance du thème et le dossier de synthèse fournissent des idées. Mais il faut compléter cette recherche par d'autres méthodes si l'on veut disposer d'idées et d'arguments efficaces.

1 La place de l'argumentation dans l'écriture personnelle

1. L'obligation d'argumenter

Pour se conformer aux exigences de l'épreuve le candidat doit rédiger sa réponse en la justifiant par des arguments. Il s'agit de convaincre et, dans l'idéal, de séduire son lecteur par la qualité de son argumentation et de son expression. Il est préférable d'avancer plusieurs arguments pour être sûr de convaincre. Mais deux ou trois arguments pertinents suffisent : souvent il ne reste pas assez de temps pour en développer davantage. Attention : il ne faut pas se contenter de nommer les arguments, il faut les développer en une dizaine de lignes, et les justifier par un exemple, au moins.

2. Une argumentation personnelle

Le candidat doit étayer sa réflexion sur les documents de la synthèse, il peut aussi s'appuyer sur les études conduites en cours (textes, films, images, etc.). Mais on attend surtout de lui qu'il enrichisse ces données par des apports personnels. En outre les exemples qu'il choisit doivent être suffisamment connus pour être efficaces.

2 La collecte des premiers arguments

1. Les arguments spontanés

Ils naissent dès l'étude du sujet car leur collecte génère spontanément des idées. En effet, lors de l'analyse de la problématique du sujet le candidat recherche les interrogations que ce dernier soulève. La succession de ces interrogations permet d'envisager sous des angles différents le problème posé, ce qui suggère des idées nouvelles. Dès cette phase du travail, tout ce qui se présente à l'esprit et peut fournir des arguments est soigneusement relevé.

2. Les arguments liés à la connaissance du thème

Il s'agit de mobiliser les connaissances engrangées pas à pas lors de l'étude du thème au programme. Il suffit de retrouver dans ses souvenirs tout ce qui peut servir d'argument ou d'exemple. Pour les mobiliser il faut inscrire chaque mot clé du sujet dans une colonne et noter en face du mot les situations, les exemples, les idées qui reviennent à son propos. Après avoir clarifié ce souvenir, on note l'argument qui peut en résulter.

3. Les idées provenant du corpus de la synthèse

a) L'utilisation du tableau synoptique

Les cellules du tableau contiennent des données du dossier qui peuvent entrer dans le cadre de la problématique du sujet. Il faut consulter ce tableau et relever les idées pertinentes. Les pistes de réflexion de la dernière colonne doivent elles aussi être consultées. Elles peuvent fournir des arguments de qualité du fait de leur niveau d'abstraction et de synthèse.

b) La relecture des documents

La relecture des documents de la synthèse permet de retrouver d'éventuels arguments qui répondent à la problématique du sujet d'écriture. Ils sont notés en veillant à ne pas sortir du cadre du sujet. Il faut aussi essayer d'approfondir les idées recueillies. Chaque idée peut être explorée, détaillée, enrichie par un exemple. Elle peut aussi être contredite, générant ainsi de nouvelles pistes de réflexion.

EXEMPLE

Synthèse de documents portant sur la prolifération de l'information

Sujet d'écriture personnelle : Pensez-vous que les médias accordent trop d'importance à certains événements ?

Document 1

« La multiplication extraordinaire de l'information est telle qu'elle devient à son tour indéchiffrable et semble ne plus faire autorité. C'est certainement le plus étonnant de la situation actuelle des médias. Ce n'est pas qu'une affaire de maîtrise du trop-plein. Les institutions ont appris à communiquer, tous les responsables communiquent à qui mieux mieux. Comment s'y retrouver dans cet afflux ? À qui se fier ? Tout finit par se valoir, le bidonné complet et le très sérieux. »

Marcel Gauchet, « Les habits neufs du complot mondial », *L'Histoire* n° 270, novembre 2002.

Document 2

« Les exemples, toujours plus abondants à l'image du tsunami en Asie, de la grippe aviaire ou des scandales d'Outreau et de Clearstream, démontrent qu'il est urgent de repenser notre rapport à l'information. Le choc des images et la contribution naturelle pour les individus à fabriquer de l'information, aussi brute que brutale, rendent la perception et l'analyse de l'information de plus en plus complexe. La diffusion de l'actualité n'est plus le monopole des médias conventionnels. Elle est désormais à la portée de tous, ce qui contribue fortement à l'emballement de la "machine médiatique" et peut favoriser la dérive d'une information devenue insaisissable. »

Site de l'UCPF : Grenoble, 27e congrès de l'UCPF *L'emballement médiatique*, du 7 au 10 décembre 2006.

Les idées suivantes, surlignées dans le texte, peuvent être exploitées pour traiter le sujet : on assiste à la multiplication extraordinaire de l'information (doc. 1) ; les médias conventionnels sont concurrencés par les médias numériques (doc. 2) ; toutes les informations sont placées sur le même plan (doc. 1) ; l'information ne fait plus autorité (doc. 1) ; certains événements qui font scandale provoquent une abondance d'images et d'information (doc. 2) ; on assiste à un emballement des médias (doc. 2) ; l'information n'est plus contrôlable, elle dérive (doc. 2).

Une astuce à l'examen

Cherchez s'il existe un lien entre le sujet et votre expérience personnelle. Demandez-vous en quoi la question qui est posée vous concerne : en réfléchissant sur votre expérience personnelle, vous trouverez des idées.

3 La production de nouvelles idées

1. L'association d'idées

Pour trouver des idées nouvelles, il est intéressant de partir des mots clés et de noter tout ce qui vient spontanément à l'esprit. Chaque mot clé est placé en haut d'une colonne dans laquelle il faut noter les associations de mots qui surgissent. Une association en fait naître une autre, une idée appelle un exemple qui fait surgir à son tour une nouvelle idée, et ainsi de suite. Il faut noter tout ce qui se présente, sans effectuer de censure. Des idées pertinentes et inattendues finissent par émerger.

La recherche des termes opposés favorise l'émergence de nouvelles idées. On peut ainsi disposer un mot clé du problème dans un champ de forces opposées terme à terme.

2. L'étude d'un exemple

Une approche concrète du sujet à traiter permet de trouver des idées. Un exemple correspondant à la problématique est choisi dans l'actualité ou dans une œuvre littéraire ou cinématographique. Après l'avoir décomposé en ses différents éléments, il faut se demander à quels aspects du problème posé il renvoie.

3. La grille des questions

En posant à propos des mots clés les questions suivantes : Qui? Quoi? Quand? Où? Comment?, des idées nouvelles peuvent être trouvées. Il ne faut pas se contenter de répondre à ces questions, il faut enrichir les réponses en posant de nouvelles questions et en trouvant des exemples. Après avoir éliminé ce qui sort de la problématique du sujet, on met en forme les idées trouvées.

EXEMPLE

Sujet : «Les frontières entre scientifiques et citoyens deviennent plus perméables. On ne peut plus prétendre être citoyen sans réfléchir au sens des concepts et des savoirs que l'on mobilise pour fonder son action.» Partagez-vous cette idée?

Quels scientifiques? Les chercheurs qui proposent des applications ayant des conséquences sur la nature et l'homme.

Quels citoyens? Les utilisateurs des techniques nouvelles.

Quelles actions? Les transports (émissions de CO_2) ; la communication (Internet, téléchargement légal ou illégal) ; la production (utilisation de produits dangereux), etc.

Quels concepts? Les concepts éthiques par exemple.

Quels savoirs? Les effets de nos actes sur la nature, sur la santé, sur l'économie, etc.

En répondant à toutes ces questions le candidat trouvera des arguments et des exemples sur lesquels s'appuyer s'il veut soutenir le point de vue exprimé par le sujet.

4. Le renversement du point de vue

Cette méthode est productive car elle force à prendre le problème autrement, en changeant de perspective. En s'efforçant de prendre le contre-pied de la thèse présentée par le sujet, le candidat est obligé de chercher des arguments auxquels il ne pense pas de prime abord.

EXEMPLE

Sujet : Pensez-vous que le sport-spectacle soit un loisir? Point de vue couramment admis : le sport-spectacle est un loisir. Renversement de ce point de vue : ce n'est pas un loisir.

1. Parce que c'est une passion qui crée une dépendance, à l'exemple des supporters qui ne vivent que pour leur club.
2. Parce qu'on peut rejeter le spectacle qu'il offre : les affaires d'argent, le dévoiement de l'esprit sportif dégoûtent. Etc.

5. La décomposition par aspects

La recherche des différents aspects d'un problème est très productive elle aussi. Ces aspects sont nombreux : culturels, économiques, humains, éthiques, sociaux, sociologiques, etc. Si cette décomposition est suivie de la recherche d'une justification ou une contestation et enfin d'un exemple pour chaque aspect, d'autres pistes de réflexion, d'autres arguments émergent encore.

EXEMPLE

Sujet : Pensez-vous que «si nous ne sommes pas égaux, nous pouvons le devenir?»

L'égalité peut être envisagée sous ses différents aspects : égalité physique, sociale, économique, culturelle, par exemple. Peut-on progresser vers l'égalité, est-ce possible? Comment? Pourquoi? Quels obstacles s'opposent à l'égalité? Devenir égaux est-ce forcément souhaitable?

Auto-évaluation

Les vérifications à faire le jour de l'examen pour évaluer la recherche de mes arguments

- Ai-je exploité toutes les données de la synthèse?
- Ai-je utilisé toutes les méthodes de recherche?
- Ai-je illustré mes arguments par des exemples?

10 LE PLAN DE L'ARGUMENTATION

Il est indispensable de rédiger un plan qui organise les arguments. C'est à cette occasion que s'élabore la meilleure stratégie pour convaincre.

1 L'organisation de l'argumentation

1. L'organisation

Le plan doit correspondre au sujet et au point de vue qu'on veut défendre. Il est évident que ce plan n'est pas le même selon que le candidat soutient le point de vue exprimé par le sujet ou qu'il le critique ou encore qu'il en reformule un autre. Il est clair aussi que l'argumentation doit être cohérente : tous les arguments doivent aller dans le même sens. En somme une argumentation doit être organisée selon le plan qui semble le plus efficace pour convaincre.

2. La progression

Une argumentation est plus convaincante si elle progresse. Elle débute par l'annonce du point de vue personnel, se poursuit par le développement des arguments qui le justifient et se conclut par le rappel du point de vue consolidé. Tout au long du développement, la progression est assurée par l'enchaînement des arguments, liés les uns aux autres par des relations que matérialisent des termes d'articulation.

2 La construction et la rédaction du plan

1. La construction

La construction du plan débute par le tri des idées collectées au préalable. Elles sont classées, en distinguant les idées principales des idées secondaires qui les développent. Les exemples, qui auront un rôle d'illustration et de confirmation, sont identifiés.

Il faut organiser ensuite l'argumentation. C'est à ce stade que se fait le choix du plan. Quel que soit le plan, il classe les idées en parties. Une partie est formée d'une idée principale et des idées secondaires qui la développent. Un ou plusieurs exemples les illustrent. Un plan comporte au moins deux parties, parfois trois, en fonction du sujet et du temps dont on dispose.

2. La rédaction du plan

La rédaction du plan permet d'avoir une vue d'ensemble de l'écriture personnelle, ce qui facilite le travail en guidant la rédaction. Pour le réaliser, les parties sont disposées selon l'ordre logique et progressif choisi. Elles sont titrées par une courte phrase synthétique. Les termes d'articulation qui lient les idées entre elles, ainsi que les exemples, sont placés au bon endroit.

EXEMPLE

Sujet : Pensez-vous que cela soit un avantage de travailler à l'endroit où l'on vit ?

Introduction : Je pense que c'est un avantage de travailler à l'endroit où l'on vit.

Partie 1: Parce qu'on en retire des avantages personnels.
- Pour soi : moins de fatigue, plus de liberté d'organisation, plus d'efficacité = plus de satisfactions professionnelles (exemple : possibilités offertes par l'informatique)
- Pour sa famille : plus de présence auprès du conjoint et des enfants = meilleur équilibre de tous.

Partie 2 : Parce que la société en retire des avantages.
- C'est un moyen de lutte contre la désertification de certaines parties du territoire (exemple de certains départements ruraux).
- C'est un moyen de pallier les problèmes posés par les déplacements : = moins de risques, moins de dépenses, moins de pollution (exemple des déplacements massifs en région parisienne).

Conclusion : Il est donc clair que c'est un avantage de travailler à l'endroit où l'on vit. Mais il ne faudrait pas oublier que les voyages forment la jeunesse !

On peut faire trois remarques :
- Ce plan correspond à la problématique.
- Il progresse selon un ordre logique : il est plus naturel d'envisager d'abord le point de vue de la personne avant celui de la société. Le même principe guide l'organisation des idées secondaires à l'intérieur des parties : l'ordre des arguments – moins de risques, moins de dépenses, moins de pollution – va de la personne à la société.
- Enfin, ces arguments justifient le point de vue annoncé au départ.

Une astuce à l'examen

Soyez concis : une argumentation courte et bien liée est plus intelligible, plus séduisante qu'un long délayage.
Soyez rigoureux : classez les arguments du plus simple au plus complexe.

3 Le plan qui défend et justifie un point de vue

1. L'attitude du candidat face au sujet

Le sujet présente une thèse au candidat. La consigne lui demande s'il partage cette opinion. Les formules sont du type *que pensez-vous de, partagez-vous cette idée...* Après avoir analysé le sujet, on cerne la problématique, puis on cherche des idées et des exemples. Si, après avoir conduit cette démarche, on se sent en accord avec la thèse proposée par le sujet, le travail consiste alors à expliquer les raisons de son adhésion. Il faut tenter de faire partager son point de vue au lecteur. Pour convaincre on doit organiser avec pertinence les arguments qui justifient ce point de vue.

2. L'organisation du plan

L'introduction présente la thèse que le candidat approuve, qui est devenue le point de vue qu'il va soutenir. Le développement explique pourquoi elle lui semble juste. Il comprend au minimum deux parties qui approfondissent cette thèse en l'enrichissant. Les arguments sont personnels : il ne faut pas se contenter de reprendre les idées de la synthèse. Enfin la conclusion réaffirme le point de vue qui a été défendu et approfondi.

EXEMPLE

Sujet : « Avant de songer à changer le monde, il faut d'abord éviter qu'il ne disparaisse. C'est pourquoi l'écologie est devenue l'exigence prioritaire de notre époque. » Partagez-vous cet avis ?
Introduction : Oui, je pense que la protection de la nature est devenue une exigence prioritaire.
Partie 1 : Il est certain que la croissance démographique et industrielle épuise la nature.
- Épuisement des matières premières, des ressources naturelles.
- Pollution et changement climatique menacent la vie.

Partie 2 : C'est pourquoi une prise de conscience et un changement d'attitude sont vitaux pour la survie de l'humanité.
- Il faut sensibiliser les populations.
- Les dirigeants politiques doivent piloter le changement.

Conclusion : Cette exigence est, en effet, prioritaire. Elle doit être au cœur de tout engagement politique.

4 Le plan pour s'opposer à un point de vue

1. L'attitude du candidat face au sujet

Le sujet propose un point de vue avec lequel le candidat se sent en désaccord. Mais il ne peut pas se contenter d'affirmer que le point de vue de l'auteur est faux, il doit expliquer les raisons de son opposition. Le candidat doit donc s'assurer d'abord qu'il ne fait pas de contre-sens et qu'il interprète bien le sujet. Cette vérification étant faite, il analyse la cause de son désaccord et met au net les reproches qu'il adresse à cette thèse. Ses recherches s'appuient sur le dossier de synthèse et sur ses connaissances. Enfin, en approfondissant sa réflexion, il se demande si le problème ne peut pas être posé autrement.

2. L'organisation du plan

L'introduction présente le point de vue proposé par le sujet et annonce l'opposition du candidat à cette thèse. Le développement comprend trois parties. La première présente rapidement la thèse refusée et ses principaux arguments. La deuxième réfute ces arguments en lui opposant des contre-arguments. La troisième propose le point de vue du candidat justifié par des arguments illustrés d'exemples.

EXEMPLE

Sujet : « La famille, la première cellule sociale, vit une crise sévère. » Partagez-vous ce point de vue ?
Introduction : La famille serait en crise ? C'est une thèse contestable.
Partie 1 : Selon les partisans de cette thèse, la famille serait en crise.
- Les divorces sont nombreux.
- Les PACS et l'union libre se substitueraient au mariage.
- Le relâchement des valeurs affaiblirait la famille.

Partie 2 : Pourtant, jamais l'image de la famille n'a été aussi forte.
- Les enfants n'ont jamais été si proches de leurs parents (ils cohabitent, ils s'entraident, ils se voient souvent).
- La famille est très présente dans la publicité.

Partie 3 : En réalité, la famille se porte bien.
- La famille nucléaire traditionnelle n'est plus la norme.
- En s'élargissant, en se recomposant, elle vit plus intensément encore.

Conclusion : La forme de la famille change, le besoin d'une famille reste.

5 Le plan pour nuancer et corriger un point de vue

1. L'attitude du candidat face au sujet

Le candidat est globalement d'accord avec le point de vue présenté par le sujet. Mais certains aspects le gênent. Il cherche alors les raisons de son désaccord et prépare ses explications. Il réfléchit à la meilleure manière de formuler un point de vue plus juste et aux arguments qui le justifient.

2. L'organisation du plan

Pour commencer, le candidat présente la thèse proposée en expliquant les aspects qui lui semblent justes. Ensuite il explique pourquoi certains aspects sont discutables. Enfin il rectifie la thèse de départ en justifiant les corrections qu'il propose.

EXEMPLE

Sujet : « Les écrans remplacent les livres. La lecture se porte mal. » Partagez-vous cette idée ?
Introduction : Certains estiment que la lecture se porte mal depuis l'apparition des nouvelles technologies de communication.
Partie 1 : En effet, le livre a perdu son statut de média privilégié, concurrencé par l'image et Internet.
Partie 2 : Mais cela ne signifie pas que la lecture se porte mal : les magazines, les pages d'Internet sont lus en masse.
Partie 3 : En fait on n'a jamais lu autant mais on lit autrement.
Conclusion : Il faut se battre pour maintenir la place du livre dans la lecture.

Auto-évaluation

Les vérifications à faire le jour de l'examen pour vérifier la pertinence de mon plan
- Ai-je fait au brouillon un plan clair et précis ?
- Ai-je choisi un plan permettant de justifier le point de vue annoncé ?
- Ai-je classé mes arguments selon un ordre progressif et logique ?
- Ai-je utilisé des termes d'articulation pour mettre en évidence la progression de mon argumentation ?

11 L'INTRODUCTION, LA CONCLUSION ET LES PARAGRAPHES

Il faut soigner l'introduction et la conclusion car ce sont des passages clés de l'écriture personnelle. Mais la composition des paragraphes participe aussi à l'effort de lisibilité et de persuasion.

1 La rédaction de l'introduction et de la conclusion

1. L'introduction

C'est l'introduction qui permet de présenter le sujet au lecteur et le rend curieux de ce qu'il va lire. Brève, elle comprend deux étapes.

La première présente, en une ou deux phrases, la question posée. Si le libellé comprend une courte citation, elle peut être reprise telle quelle dans la présentation.

La deuxième étape annonce le point de vue qui sera développé dans l'écriture personnelle.

L'annonce du plan, certes souhaitable, n'est cependant pas obligatoire, car il faut être bref. L'essentiel est que l'organisation de l'argumentation apparaisse clairement à la lecture du développement. Mais si cette annonce est faite, le lecteur dispose de repères qui lui facilitent la tâche.

EXEMPLE

Sujet : « Ce n'est pas l'événement qui appelle les images, ce sont les images qui font l'événement. » Partagez-vous ce point de vue ?

Introduction : L'avalanche d'images qui accompagne certains événements conduit à s'interroger : et si c'étaient ces images, et le vacarme médiatique qu'elles suscitent, qui créaient l'événement, plutôt que le fait lui-même ? N'est-ce pas ce qu'on observe sur Internet et à la télévision ? [Partie 1] Dès lors quel préjudice subit l'information et par là même la démocratie ? [Partie 2]

2. La conclusion

Elle est courte. Son rôle est d'indiquer au lecteur qu'il est parvenu au terme de l'argumentation. C'est pourquoi elle est introduite par un terme d'articulation comme : *en définitive, pour résumer, en conclusion, finalement, en somme*, etc.

Elle reformule sous une forme synthétique le point de vue qui a été argumenté par le candidat. La conclusion peut se terminer par une formule frappante (on appelle ce procédé une « chute ») qui donne une impression d'achèvement. Mais cette chute est facultative et son absence n'est donc pas sanctionnée.

EXEMPLE

Conclusion du sujet précédent : « Ce n'est pas l'événement qui appelle les images, ce sont les images qui font l'événement. » Finalement, ce qui se produit en silence, sans photographe ni caméra, n'existe pas. C'est pourquoi désormais toute action politique, civique, syndicale doit intégrer la dimension du spectaculaire pour espérer se faire entendre. Plus que jamais, communiquer c'est agir.

2 La composition du paragraphe

1. La définition du paragraphe

Le paragraphe est l'unité de base de l'écriture personnelle. Il est constitué d'un ensemble de phrases unies autour d'une idée clé, argumentée ou commentée et illustrée par des faits concrets. Il comporte une dizaine de lignes. Quand on passe d'une idée à une autre, on doit changer de paragraphe. Le retour à la ligne marque la fin du paragraphe, un retrait marque son début.

2. L'organisation du paragraphe

a) Il peut débuter par l'idée directrice. C'est la forme la plus usuelle. Elle facilite la lecture en allant directement au propos. Cette idée est ensuite expliquée et justifiée par des arguments et des exemples.

EXEMPLE

La science n'est ni morale ni immorale. Elle est la science, c'est-à-dire qu'elle se pose des problèmes de compréhension, de faisabilité mais ignore les problèmes de valeur. La fission de l'atome est un objet de recherche, un objet scientifique, et ses conséquences sur l'homme ne sont plus du ressort de la science, mais d'une autre discipline : la morale par exemple.

b) Il peut se terminer par l'idée clé. Deux cas se présentent : soit les arguments sont énoncés en premier et l'idée qu'on en déduit est formulée au terme du raisonnement : soit un exemple est analysé et ensuite généralisé pour en tirer une idée clé par extrapolation.

Une astuce à l'examen

Si votre paragraphe risque d'être trop long, subdivisez-le en alinéas. Un alinéa est un segment de texte qui est distingué par un retrait du début de la première phrase.

Par exemple isolez par un alinéa l'idée clé énoncée au début ou à la fin du paragraphe. Elle se repérera mieux.

3 Les termes d'articulation

1. La fonction des termes d'articulation

Ils servent à relier et à hiérarchiser de manière logique les idées. Ils sont employés au sein d'une même phrase, d'une phrase à l'autre, d'un paragraphe à l'autre. Ils sont essentiels pour assurer la fluidité de l'expression et servent d'indices d'organisation de l'argumentation.

2. L'annonce d'une énumération

Lorsqu'une série d'arguments se présente, il est nécessaire de souligner leur succession par des indices. C'est ce que permettent les termes d'articulation suivants.

a) Pour ouvrir la série : *d'abord ; en premier lieu ; premièrement ; pour commencer.*

b) **Pour poursuivre la série :** *ensuite ; de plus ; en outre ; ensuite ; d'autre part ; par ailleurs.*
c) **Pour clore la série :** *enfin ; en dernier lieu ; pour finir.*

3. L'introduction d'un exemple

L'exemple sert à concrétiser une idée abstraite, à étayer un argument par des faits connus du lecteur. Son importance est fondamentale pour convaincre le lecteur puisqu'il permet de comprendre l'idée qui vient d'être développée. Il doit donc être habilement mis en valeur. Plusieurs possibilités se présentent, qu'il faut alterner.

a) **L'exemple est intégré dans une phrase.** On utilise des termes comme *par exemple* ; *tel est le cas* ; *notamment* ; *surtout* ; *comme.*

EXEMPLE

Le piratage concerne des activités artistiques comme le cinéma ou la chanson, notamment la chanson française. Le téléchargement des films sur Internet, surtout ceux qui suscitent l'impatience du public du fait d'une campagne de promotion excitante, crée un manque à gagner considérable. C'est toute l'économie du secteur culturel qui est menacée.

b) **L'exemple suit l'idée.** Il débute une autre phrase introduite par : *Ainsi* ; *C'est ainsi que* ; *On le remarque dans* ; *On peut le vérifier dans* ; *L'exemple de X l'atteste, en témoigne, l'illustre...*

EXEMPLE

La star sportive fait vendre. L'exemple de Zinédine Zidane ou de David Beckam l'atteste...

c) **L'exemple est développé d'abord.** L'idée qu'il induit le suit dans une autre phrase débutant par : *On peut en conclure* ; *Cet exemple montre* ; *La leçon que nous pouvons tirer de cet exemple* ; *Qu'en conclure ?,* etc.

EXEMPLE

Les glaces des pôles fondent, programmant la disparition de certaines espèces et la montée des eaux. On peut en conclure que la lutte contre l'effet de serre est urgente. Certes, mais la Chine et l'Inde s'équipent en véhicules chaque jour plus nombreux. Qu'en conclure ? Qu'il faut passer par la réduction du nombre des moteurs à explosion ? Mais les populations de ces pays n'ont-elles pas droit au même progrès que les nôtres ?...

4. L'introduction d'une opposition

Il est fréquent que, dans l'écriture personnelle, il faille réfuter une thèse ou signifier une opposition plus ou moins nuancée. Dans ce cas les termes d'articulation varient en fonction du degré d'opposition.

a) **La contradiction est nette :** *contrairement à ; au contraire ; en revanche ; par contre.*
b) **Pour émettre des réserves :** *cependant ; néanmoins ; toutefois.*
c) **Pour rectifier :** *en réalité ; en fait ; en vérité.*

5. Relier une cause ou une conséquence

Cette articulation sert à justifier une idée clé et joue alors tout son rôle argumentatif. Elle assure en outre la progression du raisonnement. L'expression de la cause ou de la conséquence a donc une réelle force démonstrative.

a) **Pour introduire une cause :** *car ; parce que ; puisque ; sous prétexte que ; par peur de ; faute de ; grâce à.*
b) **Pour introduire une conséquence :** *donc ; de sorte que ; de façon que ; tellement que ; ainsi ; par conséquent ; alors ; au point de ; dès lors ; voilà pourquoi ; c'est pourquoi, de là.*

EXEMPLE

La personne âgée vit surtout dans le passé. Le présent ne l'intéresse pas puisqu'elle n'a pas de rôle social à y jouer. Alorselle se replonge dans sa vie d'autrefois, une vie pleine, une vie chargée de responsabilité. De là découle l'amertume que l'on observe souvent chez les vieillards, les hommes surtout, qui vivent mal d'être relégués sur le bord de la route...

6. Faire une concession

Reconnaître une part de vérité à une thèse avec laquelle on est en désaccord permet d'être plus convaincant quand on la critique ensuite. Une concession se conduit en deux temps auxquels correspondent des termes d'articulation différents :

a) **On admet d'abord une part de vérité :** *certes ; il est vrai que ; j'admets que ; sans doute ; bien sûr.*
b) **On réaffirme son désaccord global :** *Il n'en demeure pas moins vrai que ; mais ; cependant ; pourtant.*

EXEMPLE

On disserte sur la société de consommation. Certes le niveau de vie général a augmenté, les besoins primaires d'un plus grand nombre sont satisfaits : se loger, se nourrir, se chauffer, s'habiller, se déplacer. Pourtant que signifie cette expression « la société de consommation » pour ceux qui sont en marge de cette société ? Beaucoup encore manquent du nécessaire et voudraient consommer davantage. Pire, leur nombre s'accroît tandis que certains consomment davantage encore.

Auto-évaluation

Les questions à se poser le jour de l'examen pour valider l'introduction, la conclusion et la composition de mes paragraphes

- Ai-je annoncé mon point de vue dès l'introduction ?
- Ai-je reformulé dans ma conclusion la thèse que j'ai développée ?
- Ai-je composé mes paragraphes de telle sorte que leur idée clé soit facilement repérable ?
- Ai-je introduit adroitement les exemples ?
- Ai-je utilisé des termes d'articulation pour faire progresser mon argumentation ?

12 LA RÉDACTION ET LE STYLE DE L'ARGUMENTATION

➔ Si l'écriture personnelle est maladroitement rédigée, elle a peu de chances de convaincre. La qualité de l'expression est un critère de réussite essentiel.

1 Le choix des mots

1. L'exactitude du vocabulaire

Il ne peut y avoir d'argumentation convaincante sans un vocabulaire juste et précis. Ainsi prendre *conjecture* pour *conjoncture*, *sujétion* pour *suggestion*, *inanité* pour *inanition* discréditera la démonstration et agacera le lecteur. Attention aux approximations : une phrase comme « la parution de ce texte solutionne un problème car il est enfin basé sur le droit » est incorrecte. Pour supprimer l'à-peu-près, il aurait fallu écrire « la publication de ce texte résout un problème car il se fonde enfin sur le droit ». Il faut se méfier des mots que l'on connaît mal, en particulier du vocabulaire technique. Or chaque thème d'étude possède le sien : il faut l'utiliser à bon escient, sans jargonner par pédanterie.

2. La diversité du vocabulaire

Les répétitions engendrent la lassitude du lecteur. Elles sont ressenties comme des faiblesses et des lourdeurs. Pour les éviter il convient d'utiliser des synonymes, des pronoms de substitution, des mots englobants.

EXEMPLE

« Le documentaire est souvent financé par la télévision. Il est ainsi lié à la demande des chaînes et donc au format qu'elles imposent : 52 minutes, des partis pris de dramatisation, de rythme. Ce formatage peut limiter la créativité, pourtant ce genre cherche à explorer des formes modernes d'écriture grâce aux nouvelles caméras. »
Les pronoms « il », « elles » évitent les répétitions : « formatage », « genre » sont des termes englobants qui évitent la réutilisation du mot « documentaire ».

3. La force expressive des mots

a) Les mots pleins. Il y a des mots plus chargés de sens et plus expressifs que d'autres et ce sont ces mots qu'il faut choisir pour convaincre. Ainsi les verbes *faire*, *dire*, *mettre*, *avoir* doivent être remplacés par d'autres plus précis et plus suggestifs.

EXEMPLE

Remplacement de *faire*
Faire peur : effrayer ; Faire cesser : interrompre ; Faire courir : répandre ; Faire savoir : informer ; Faire une liste : dresser ; Faire un trajet : parcourir ; Faire des dégâts : causer ; Faire des reproches : reprocher.
Remplacement de *avoir*
Avoir peur : craindre ; Avoir des responsabilités : exercer ; Avoir une autorisation : obtenir ; Avoir une bonne réputation : jouir d'une bonne réputation ; Avoir des conséquences : entraîner.
Remplacement de *dire*
Considérer, admettre, rappeler, montrer, affirmer, souligner, juger, reconnaître, suggérer, proposer, s'étonner, nier, contester que..., s'opposer à.

b) Les mots connotés. Les mots ont un effet d'autant plus persuasif qu'ils ne sont pas neutres. Leurs connotations leur donnent un relief et une vigueur qui influent sur l'argumentation. Il faut choisir en fonction de la thèse défendue ou mise en doute.

EXEMPLE

Désormais on nous dissuade de voyager hors d'Europe. La planète serait un guêpier, sinon un coupe-gorge. Terrorisme, attentats, délinquance, tous ces fléaux du monde moderne guetteraient l'aventurier, le découvreur, qui passe pour une tête brûlée, un irresponsable.

Une astuce à l'examen

Utilisez toutes les ressources de la ponctuation. Marquez votre rejet ou votre méfiance à l'égard d'un énoncé en le plaçant entre guillemets. Sous-entendez grâce aux points de suspensions. Utilisez les deux points pour signifier une cause ou une conséquence. Votre rédaction y gagnera plus de force expressive et de dynamisme.

2 Le choix des phrases

1. La longueur de la phrase

Un texte argumentatif est pénible à lire quand toutes les phrases sont longues : pour comprendre la fin de la phrase il faut se souvenir du début, ce qui finit par fatiguer l'attention. C'est pourquoi il est judicieux d'alterner la longueur des phrases. Une phrase courte, après une autre plus longue, prend un relief particulier, donne du rythme. En outre, l'alternance de phrases simples, juxtaposées, coordonnées, complexes dynamise le texte, empêche toute monotonie.

EXEMPLE

Grâce à leur savoir, à leurs compétences scientifiques, les experts doivent rendre un avis, une préconisation motivée à propos de risques éventuels. [22 mots] Faute de compétences, les décideurs sont obligés de s'en remettre à leurs avis. [14 mots] Sur la plupart des sujets techniques, ce sont donc eux qui détiennent le pouvoir réel. [15 mots] Et ce pouvoir est important. [5 mots] Un tel pouvoir n'est évidemment pas exempt de risques de dérapage. [12 mots]

2. La structure de la phrase

Rien n'est plus lassant que des phrases construites sur le même schéma : sujet, verbe, complément. Pour rompre la monotonie du paragraphe, on peut user de procédés divers.

a) La variation du groupe sujet. Il est souhaitable de faire alterner sa forme, sa longueur et sa place dans la phrase. Cette dernière peut commencer par un sujet nominal, un pronom, un verbe à l'infinitif, une proposition conjonctive sujet.

FRANÇAIS

EXEMPLE

La publicité s'adapte à l'évolution des techniques de communication. S'afficher sur des écrans ne lui suffit plus. Désormais elle se sert des réseaux et des blogs pour diffuser l'image des marques. Les conversations électroniques entre usagers passionnés servent de vecteur au discours sur la marque. Que les clients vivent pour leurs produits, se regroupent pour partager leur passion, est l'ultime victoire d'une marque. D'autant plus que cela ne lui coûte plus rien, ou presque, en frais de publicité.

b) Le changement de place du complément circonstanciel. Ce complément peut tour à tour s'intercaler entre le sujet et le verbe, se situer après lui ou débuter la phrase. Ce changement introduit de la variété et de la souplesse dans la structure de la phrase.

EXEMPLE

On assiste à une révolution de la distribution avec la généralisation de la toile. Depuis quelques années l'e-commerce a changé la donne : sur les 100 sites d'information les plus consultés d'Internet, l'année dernière 12 étaient des blogs animés par des particuliers. Maintenant avec Internet la communication est moins imposée que demandée. Les internautes vont de leur propre initiative sur les sites des marques chercher l'information.

c) L'alternance phrase simple / phrase complexe. La lecture du paragraphe sera plus agréable si les phrases simples et complexes alternent. La pensée y gagne en rythme et en relief. De même il est possible de varier la construction de la phrase complexe : l'une commence par la subordonnée, l'autre par la principale. Enfin il ne faut pas négliger l'efficacité d'une bonne formule, frappante par ses sonorités ou sa construction : en résumant de façon synthétique un argument, elle lui donne encore plus de force.

3 L'enrichissement du style

1. L'ordre des mots

La séduction de l'expression rend l'argumentation plus convaincante. C'est pourquoi il ne faut pas négliger certains procédés de style qui ont un effet de persuasion. Ainsi une idée peut être mise en valeur par la place d'un mot clé dans la phrase. Par exemple : « rares sont ceux qui y parviennent » est plus fort que « ceux qui y parviennent sont rares », qui est banal.

EXEMPLE

Choquantes, ces images frappent le téléspectateur. Il s'en souvient au moment de mettre son bulletin dans l'urne, inconsciemment sans doute. Manipulation des électeurs ou hasard de l'actualité ?

2. Les images

Les images permettent d'exprimer avec plus de force les idées que l'on veut transmettre : elles les illustrent en leur donnant plus de vigueur.

a) La comparaison. Une comparaison bien choisie permet de donner plus de profondeur à l'idée exprimée, sans qu'il soit nécessaire de la développer plus longuement. Ainsi dans une phrase comme « dans certaines familles on ne peut plus éteindre la télévision : comme une divinité protectrice, elle rassure », la comparaison suggère que la fonction de l'appareil dépasse de beaucoup sa vocation première.

b) La métaphore. Il faut utiliser des métaphores dans son argumentation, si l'on souhaite donner plus de force à ses arguments. Le procédé consiste à désigner une chose, une idée, une personne par une autre qui présente des analogies, des ressemblances avec elle. Bien choisie, une métaphore peut avoir une grande force.

EXEMPLE

On trouve tout dans le grand bazar de l'humanitaire, du plus sérieux au plus trouble, du plus professionnel au plus bricolé. Un exemple : pour un étudiant, c'est un excellent passeport pour la vie active, une ligne qui impressionne sur son CV. Après quelques semaines en Afrique passées à dépouiller des rapports au profit d'une ONG, à l'abri d'un bureau climatisé, le voilà estampillé aventurier, un coriace auquel l'entreprise pourra confier les missions les plus difficiles.

4 La présentation

1. La mise en page

La structure de l'argumentation doit être révélée par la mise en page. L'introduction et la conclusion sont séparées du développement par deux lignes. À l'intérieur du développement, les parties sont séparées par une ligne, et les paragraphes sont marqués par un retrait. Aller à la ligne aère le texte et le plan de l'argumentation acquiert une lisibilité meilleure.

2. L'écriture et l'orthographe

Un candidat doit avoir le souci constant d'être lu et compris par le correcteur. Dans cette perspective, le soin apporté à l'écriture est déterminant. Il faut aussi souligner que la maîtrise de l'orthographe est évaluée à l'examen. Il faut donc réserver le temps nécessaire à la relecture.

Auto-évaluation

Les vérifications à faire le jour de l'examen pour évaluer la qualité de la rédaction de mon écriture personnelle

- Ai-je évité les répétions ?
- Ai-je cherché à employer des mots pleins, des mots riches, des mots appropriés à mon idée ?
- Ai-je fait varier la longueur de mes phrases ?
- Ai-je fait varier la structure de mes phrases ?
- Ai-je utilisé des images frappantes ?
- Ai-je relu pour corriger mes fautes d'orthographe ?

13 L'ÉCRITURE ET L'IMPLICATION PERSONNELLE

➔ La nature même de l'exercice d'écriture personnelle exige l'engagement du candidat dans la rédaction de son argumentation. Elle n'en sera que plus convaincante.

1 L'énonciation et le choix des personnes

1. La première personne

a) Le «je». Dans la mesure où l'avis personnel du candidat est sollicité, l'usage de la première personne est autorisé pour répondre à la question posée. Il faut faire attention toutefois aux tournures redondantes, du type «personnellement, moi, je pense que». Un simple «je» suffit amplement.

EXEMPLE

Sujet : Quelle est la place de la musique dans votre vie?
Extrait d'un paragraphe : «La musique occupe une grande place dans ma vie. Mais cela ne signifie pas que je vive avec un casque sur les oreilles. Cela ferait de moi un consommateur dépendant, incapable de se passer d'un accompagnement sonore...»

b) Le « nous ». Il est possible aussi d'utiliser la première personne du pluriel, «nous». Elle marque la présence du candidat de manière plus discrète, tout en incluant le lecteur.

2. La deuxième personne

Par convention, un candidat ne doit pas interpeller le correcteur. Il est vrai qu'on voit de plus en plus dans les médias des personnes interviewées s'adresser à un interlocuteur fictif pour exprimer plus facilement leur pensée. Elles passent alors du «je» au «tu». Ce procédé est à proscrire dans l'exercice d'écriture personnelle.

3. La troisième personne

a) Son emploi. Il est autorisé dans un exercice d'écriture personnelle dans la mesure où les idées développées restent originales et pertinentes. La troisième personne permet de donner une valeur plus universelle au propos exposé par le candidat.

EXEMPLE

Sujet : Pensez-vous que dans notre pays la lutte pour l'égalité entre l'homme et la femme soit un combat appartenant au passé?
Extrait d'un paragraphe : «Malgré une réussite scolaire meilleure que celle des garçons, les filles continuent de s'orienter vers des métiers dévalorisés. Les progrès remarquables de leurs performances à l'école ne se sont pas accompagnés d'une amélioration proportionnelle de leur statut professionnel.»

b) Les tournures impersonnelles. Certaines permettent d'exprimer une opinion. Des formules comme : *il est dommage que, il est exact que, il est certain que, il est heureux que, c'est une évidence*, etc., indiquent la position du locuteur tout en introduisant une idée.

EXEMPLE

Sujet : «La jeunesse d'Europe ne connaît pas, ne veut pas connaître les frontières des nations.» Partagez-vous cette opinion?
Extrait d'un paragraphe : «Il est clair que les jeunes Européens d'aujourd'hui sont comme les personnages du film *L'Auberge espagnole*. Ils s'installent chez les uns, chez les autres, et sont comme chez eux. C'est une évidence : l'Europe est leur territoire commun depuis qu'ils voyagent sans passeport, et parlent une langue commune, l'anglais.»

c) Le pronom « on ». Il peut aussi être utilisé. Ses emplois sont variés. Par exemple, dans une phrase comme : «on a remarqué depuis quelque temps une baisse inquiétante de la fréquentation des bibliothèques», le pronom «on» sert à inclure le locuteur et le lecteur dans le même énoncé.
Dans une phrase comme «on prétend que la télévision nuit à la culture», le pronom «on» désigne ceux qui adressent ce reproche à la télévision, point de vue que le locuteur ne partage pas.

2 L'expression de l'approbation

1. Le verbe introducteur

L'approbation d'une idée rapportée se manifeste de plusieurs manières, selon son degré d'adhésion.
Si on ne tient pas à souligner la justesse du point de vue qu'on rapporte, on l'introduit par un verbe neutre : *X... déclare que, remarque que, observe que, estime que, pense que, écrit que*, etc.
Si cette approbation est plus marquée, on écrit plutôt : *X... montre que, explique que, prouve que, démontre que, met en évidence que*, etc. Ces verbes introduisent l'idée rapportée tout en montrant qu'on l'approuve.
Des locutions comme *évidemment, à juste titre, excellemment, justement, avec raison*, etc., peuvent accompagner les verbes introducteurs et expriment des nuances diverses d'approbation.

EXEMPLE

Sujet : Êtes-vous d'accord avec l'adage populaire qui dit : «un bon rire vaut un steak»?
Extrait d'un paragraphe : «La sagesse populaire exalte avec raison les vertus du rire. Il joue un rôle essentiel dans notre équilibre et c'est pourquoi on l'utilise dans les psychothérapies. Après une bonne séance de rire, on se sent bien, on est relaxé, comme après un bon repas. C'est à juste titre qu'on appelle le rire le médicament de l'esprit.»

2 Les connotations valorisantes

Pour convaincre il faut présenter ses idées sous leur meilleur jour. On choisira donc un vocabulaire positif pour rédiger ses arguments. Ainsi il faut privilégier les termes chargés de valeurs constructives. Ils appartiennent à des réseaux lexicaux comme le progrès, l'amélioration, l'espoir, l'exploit, la liberté, la lucidité, la science, etc.

Une astuce à l'examen

Pour porter un jugement positif, utilisez un lexique valorisant : des adjectifs (*juste, pertinent, intéressant, excellent, remarquable*), des compléments (*avec brio, avec justesse, avec courage...*).
Pour porter un jugement négatif, utilisez un lexique dévalorisant : des adjectifs (*injuste, regrettable, ridicule, scandaleux, absurde...*), des mots comme *erreur, stupidité, scandale, absurdité...*

3 L'expression du désaccord

1. Le verbe introducteur

Lorsqu'on n'approuve pas une idée, on utilise des verbes introducteurs qui la dévalorisent. Ainsi en écrivant « X... s'imagine que, croit que, se figure que, prétend que, se leurre en pensant que, ose dire que, se permet de, ne craint pas de, etc. », le propos en question est disqualifié.
Le choix du verbe permet aussi de faire sentir le degré d'opposition du candidat : ainsi « X... ose dire que » est beaucoup plus fort que « X... prétend que ».

2. L'emploi de connotations négatives

Une même réalité peut être nommée par des mots aux connotations très différentes : un restaurant peut devenir une cantine, voire une gargote selon le point de vue du client ! Les termes connotés négativement ont donc un rôle argumentatif puisqu'ils déprécient l'idée rapportée. En la formulant à l'aide de termes dévalorisants le candidat signifie au lecteur qu'elle est sans fondement, en même temps qu'il marque son désaccord. Ainsi le vocabulaire de l'illusion, de la crédulité, de la subjectivité ôte toute crédibilité à l'idée présentée : « X... croit voir... s'imagine que... » De même, en qualifiant de « préjugé » ou de « croyance » une opinion qu'on ne partage pas, on la disqualifie

3. Les autres moyens de marquer le désaccord

a) Les locutions adverbiales. Des mots et expressions comme *prétendument, indûment, injustement, à tort, faussement, soi-disant*, etc., peuvent être utilisés pour qualifier une idée que l'on juge erronée. En exprimant avec force un jugement négatif, ils impliquent nettement le locuteur.

b) Les guillemets. Ils soulignent qu'on rapporte des propos sans les faire siens, ils marquent donc une réserve, une distance.

4 L'expression du doute

1. Le verbe introducteur

Exprimer des doutes peut faire partie de la stratégie d'argumentation du candidat. Cela déconsidère les arguments qui sont discutés et montre au lecteur que les idées exprimées ne sont pas assumées. En utilisant certains verbes le locuteur suggère que les idées rapportées sont très discutables : *il apparaît que, il semble que, il se peut que, on dit que...*

2. Le conditionnel

Il indique qu'on ne prend pas à son compte l'expression employée, soit qu'on émette des doutes à son égard, soit qu'on la récuse ironiquement. Il en est de même des guillemets qui marquent la distance critique.

5 L'expression des nuances

1. L'atténuation et la nuance

Il est parfois prudent de critiquer avec mesure, pour éviter de paraître sans concession ou trop sûr de soi. Pour être pondéré et donc plus crédible, il vaut mieux écrire qu'une idée peut se discuter, semble discutable, peut se nuancer, etc., plutôt que « cette idée est fausse ». Sans changer fondamentalement sa position, on atténue ainsi la vigueur de son propos.
En outre, en évitant les jugements trop tranchés, on montre son souci d'un point de vue équilibré, qui tienne compte des aspects contradictoires du sujet. En somme, on montre le sérieux de sa réflexion.

2. Les moyens d'expression utilisés

a) Les verbes introducteurs. Certains marquent la prudence et la pondération du candidat : *il semblerait que, ne pourrait-on pas penser que, on peut se demander si, on pourrait admettre*, etc. Ils prouvent aussi sa modestie : il ne faut jamais oublier que trop de certitude ou d'aplomb peut irriter le lecteur.

b) Certaines locutions. Utiliser des locutions telles que *en un certain sens, d'une certaine façon, dans une certaine mesure, avec prudence*, etc., permet d'amorcer avec douceur la critique d'un point de vue.

EXEMPLE

Sujet : « Les choix personnels ont pris le pas sur les automatismes de comportements, sur les normes. » Partagez-vous cette opinion ?
Extrait d'un paragraphe : « Par exemple, on peut se demander si on vote par automatisme, en suivant une tradition familiale ou par une fidélité de principe à un parti politique. Ce vote serait-il désormais motivé par une réflexion personnelle ? Il semble que le citoyen moderne soit plus nomade que ses devanciers, et qu'il vote au gré de ses humeurs ou des circonstances. »

Auto-évaluation

Les vérifications à faire le jour de l'examen

- Ai-je utilisé le même système de personne dans toute l'écriture personnelle ?
- Les verbes qui introduisent les idées suggèrent-ils bien mon accord, mon désaccord, mon doute ou ma pondération ?
- Mon point de vue est-il facilement repérable grâce à des connotations valorisantes ou dévalorisantes ?
- Mon niveau d'implication est-il approprié au sujet ?

14 LA SOUTENANCE ORALE DU RAPPORT DE STAGE

➔ Il faut préparer sa soutenance comme une épreuve à part entière. Lire son rapport de stage conduirait droit à l'échec, il faut concevoir un véritable exposé.

1 Les objectifs du candidat

1. La présentation du stage

La soutenance comprend obligatoirement deux parties. Dans la première, le candidat réalise un exposé dont la durée est variable selon les BTS (de 10 à 20 minutes), qui comprend obligatoirement une introduction, un développement, une conclusion. Dans la seconde, le candidat répond aux questions du jury pendant 10 à 15 minutes, selon les BTS.

2. La valorisation de ses connaissances et de ses compétences

a) Les connaissances théoriques. Cette soutenance doit être l'occasion de montrer sa capacité à utiliser les connaissances acquises pendant la formation. Comme le stage fournit l'occasion de confronter les principes théoriques enseignés aux réalités du terrain, il faut donc en souligner les applications, mais aussi montrer les écarts éventuels. Attention, la critique doit être prudente, un stage ne permet pas nécessairement d'observer en profondeur.

b) Les compétences professionnelles. La soutenance doit montrer comment le candidat a pu exploiter les outils méthodologiques qu'on lui a enseignés. L'adaptation des méthodes enseignées à la réalité des situations professionnelles doit être valorisée pendant la soutenance : elle apporte la preuve que ce stage lui a permis de renforcer sa compétence professionnelle.

3. La démonstration de ses compétences en expression orale

Les compétences en communication orale du candidat sont évaluées lors de la soutenance. Elle entre pour partie dans la note obtenue, c'est donc un enjeu réel qui justifie une préparation et des répétitions avant l'examen.

2 La préparation de l'exposé

1. La relecture du rapport de stage

On doit rechercher les situations-problèmes qui ont soulevé des questions et nécessité la recherche de solutions probantes : c'est ce qu'attend le jury.
Mais plutôt que de faire un résumé de tout ce qu'il y a dans ce rapport, il est préférable de sélectionner un point particulier qui sera développé plus longuement. Il faut choisir une activité plus à même de prouver ses compétences et d'intéresser un public de spécialistes.

2. La préparation du plan de l'exposé

a) L'introduction. Elle est brève et contient les informations strictement indispensables : d'abord l'organisme ou l'entreprise, puis le service et le tuteur qui ont accueilli le stagiaire. Elle présente les missions spécifiques qui lui ont été confiées, puis annonce le plan, ce sur quoi va porter l'essentiel de cet exposé.

b) Le corps de l'exposé. Il illustre les compétences du stagiaire en développant une mission particulière, qui porte sur un point technique plus difficile.
Le candidat justifie son choix en exposant le problème qu'il fallait résoudre, la solution adoptée et ses résultats. Les idées sont étayées par des faits et des chiffres. Des plans et des photographies les illustrent.

c) Le bilan. L'exposé se termine par une rapide analyse des apports du stage. Il faut faire l'inventaire des connaissances nouvelles, des savoir-faire nouveaux, des aspects humains découverts lors de cette expérience.

3. La préparation des notes et des visuels

a) Les notes de l'exposé. En aucun cas il ne faut lire son rapport de stage, c'est pourquoi des notes spécifiques doivent servir de support à l'exposé. Il est préférable de les rédiger sur des fiches facilement manipulables. On écrit avec des gros caractères, pour pouvoir les lire debout quand elles sont posées sur la table.
Le plus pratique pour s'y retrouver facilement est d'adopter un code couleur pour les titres des parties et des sous-parties qui servent de fil conducteur.

b) La préparation des visuels. Pour illustrer et faire comprendre son propos, il faut préparer des visuels. Ce seront ceux du rapport, et / ou d'autres conçus spécialement pour cette occasion. Ils rendent la soutenance plus vivante et plus crédible.
Les visuels retenus seront d'autant plus intéressants et efficaces qu'ils seront illustrés par des mots clés, un schéma simple. Il faut préparer leur commentaire et les classer dans leur ordre de passage pour les trouver facilement.

4. L'entraînement

Il est prudent de répéter sa soutenance. Cette répétition permet de dominer le contenu de son exposé. En le mémorisant le candidat peut plus facilement s'abstraire de ses notes et être plus naturel donc plus convaincant. En outre, cela l'exerce à manipuler debout ses fiches de notes. Le jour de l'épreuve il sera plus à l'aise.
De plus, cet entraînement permet de mesurer la durée de la soutenance.

Une astuce à l'examen

Demandez à des proches de vous servir de jury. Vous testerez sur eux l'intérêt de votre exposé. Demandez-leur d'évaluer votre prestation orale : votre voix est-elle audible, votre gestuelle est-elle efficace, regardez-vous l'auditoire ? Demandez-leur aussi de vous poser des questions difficiles pour vous entraîner à y répondre.

3 La réalisation de l'exposé

1. La verbalisation

a) L'improvisation. Il ne faut pas lire ses notes, mais s'en servir comme guide. La parole doit être naturelle et fluide. Si on connaît bien son sujet, on y parvient après quelques minutes : on se concentre de moins en moins sur ses notes, on s'habitue à interagir avec les auditeurs et l'exposé devient vivant et plus intéressant. C'est ce vers quoi il faut tendre.

b) La langue orale. Elle doit être simple et correcte. Il faut éliminer les mots inutiles qui ponctuent le discours (« heu », « ben », « quoi », « j'veux dire »)! Les mots trop techniques doivent être expliqués à l'intention des non-spécialistes du jury.

2. La communication non verbale

a) L'attitude et les gestes. Il faut utiliser une gestuelle d'accompagnement : elle souligne les idées clés, elle montre les documents. Attention aux gestes qui trahissent le stress ou l'embarras. Il faut les contrôler : pas de stylo torturé nerveusement, de réajustement incessant des cheveux, des lunettes ou des vêtements...

b) La voix. Elle doit être claire et distincte, ferme et assurée. Il faut se dire que la voix doit porter jusqu'où porte le regard. Une voix trop faible fatigue l'auditoire, une voix trop forte agace, il faut donc s'entraîner pour trouver le bon niveau. Le débit ne doit être ni trop lent car il ennuierait, ni trop rapide car il saoulerait les auditeurs.

c) Le regard. En parlant, on regarde les auditeurs, ce qui permet de garder le contact avec eux. Il faut éviter de ne regarder qu'un membre du jury, son professeur ou son tuteur, par exemple. Attention à ne pas tourner systématiquement le dos quand on commente des documents. Il faut au contraire s'efforcer de maintenir un contact visuel avec le jury.

3. La gestion de l'exposé

a) La gestion du plan. Il est capital pour le jury de bien suivre la progression de l'exposé. C'est pourquoi il est préférable de noter son plan sur un coin du tableau ou sur une grande feuille de papier. Pour aider l'auditoire à suivre son déroulement il convient de souligner sa progression par des introductions-transitions : « Après vous avoir exposé le problème à résoudre, j'en viens à la solution que j'ai proposée » ; « voici donc le bilan que je peux faire de mon stage. Je suis prêt maintenant à répondre à vos questions ». Ces repères assurent la bonne fluidité du discours et facilitent l'écoute.

b) La gestion du temps. Il faut respecter le minutage mis au point pendant la préparation. Parfois il est nécessaire d'ajuster le rythme de l'exposé : en consultant sa montre, on voit s'il faut l'accélérer ou le ralentir.

4 Les réponses aux questions

1. Les types de question

a) La demande de précision. Ces questions ont pour objectif d'amener le candidat à préciser un protocole, une manipulation, un chiffre, etc.

b) La vérification. Un membre du jury peut vouloir s'assurer qu'une notion est bien comprise, qu'une méthode est dominée. Il s'agit de vérifier les connaissances ou les savoir-faire.

Si on ne connaît pas la réponse, il vaut mieux l'avouer plutôt que d'essayer de leurrer le jury, qui, de toute façon, ne sera pas dupe.

c) La rectification d'une erreur. La question peut être indirecte et posée de manière à conduire le candidat à se rendre compte de l'inexactitude. Il faut alors garder son sang-froid, reconnaître son erreur et s'efforcer de terminer sur des aspects positifs.

2. L'art et la manière de répondre

a) L'écoute. Il faut savoir écouter et comprendre la question. Il est donc normal de marquer un temps de réflexion avant de répondre et ne pas craindre de demander des éclaircissements.

b) La manière de répondre. Elle conforte l'image du candidat à la fin de la soutenance. Il faut rester calme et courtois. Surtout pas d'arrogance ou d'agressivité, et pas de dévalorisation non plus. L'attitude mentale doit être positive puisqu'on cherche à montrer ses potentialités C'est pourquoi la réponse doit être structurée : les idées et arguments sont classés logiquement et reliés par un fil conducteur. Les repères logiques sont clairs et la réponse est concise.

Auto-évaluation

Les vérifications à faire le jour de l'examen pour valider la préparation de la soutenance de mon rapport de stage

- Ai-je choisi d'exposer un aspect intéressant et valorisant de mon stage?
- Ai-je préparé des notes claires et performantes ?
- Ai-je fabriqué des visuels parlants?
- Ai-je minuté ma soutenance pour respecter le temps imparti?
- Ai-je amélioré ma prestation orale en m'entraînant plusieurs fois?

exercice 1

Il est de clairs matins, de roses se coiffant,
Où l'âme a des gaîtés d'eaux vives dans les roches,
Où le cœur est un ciel de Pâques plein de cloches,
Où la chair est sans tache et l'esprit sans reproches.
Il est de clairs matins, de roses se coiffant :
Ces matins-là, je vais, joyeux comme un enfant.

Albert Samin, *Au jardin de l'Infante*, Éd. Mercure de France.

Ce poème fait partie d'une synthèse sur le sentiment de bonheur. Quelles informations faudrait-il garder ?

CORRIGÉS p. 356

exercice 2

On dira qu'au vrai il n'y a pas de hasard, et que ce mot ne fait que constater notre ignorance de l'enchaînement des causes. Mais l'enchaînement des causes étant indéchiffrable pour notre esprit, nous appelons hasard tous les événements dont il nous serait impossible, malgré la plus grande attention, de discerner la venue. Nous comptons sur le hasard. Il n'est aucune existence, même chez les plus dénués d'imagination, qui ne lui fasse une place dans ses prévisions obscures. Ne compter que sur le hasard est fou ; ne pas compter avec le hasard est plus fou encore.

Rémy de Gourmont, « 357. L'Inattendu (15 avril 1906) », *Épilogues. Réflexions sur la vie. Volume complémentaire 1905-1912*. Mercure de France.

Ce document fait partie d'une synthèse qui s'interroge sur le hasard. Quelles informations faudrait-il retenir ?

CORRIGÉS p. 356

exercice 3

Piste 1 : Le rôle identitaire de la consommation.
Piste 2 : Consommation de la valeur affective des objets.
Piste 3 : L'impératif de la consommation.
Liste des données : 1. La consommation compense un déficit identitaire. 2. Consommer peu disqualifie. 3. Les marques vendent la valeur ajoutée affective. 4. Multiplication des objets et des messages de jouissance, de désir. 5. Les marques sont des signes extérieurs de richesse. 6. Payer plus cher à cause de la marque n'a pas de sens. 7. L'incitation à la consommation conduit à l'endettement. 8. On existe à travers la marque.

Cette synthèse porte sur la consommation. Attribuez à chaque piste de réflexion les données qui la concernent.

CORRIGÉS p. 356

exercice 4

Rubriques : Aspects positifs de la TV. Aspects négatifs de la TV. Paresse et TV. Culture et TV. Socialité et TV.
Pistes de réflexion :

1. Les programmes encouragent la passivité intellectuelle.
2. On trouve des émissions passionnantes qui donnent envie d'en apprendre plus.
3. La TV fait perdre beaucoup de temps avec des distractions faciles.
4. Il y a de nombreuses émissions de qualité.
5. Les grands lecteurs sont aussi des téléspectateurs assidus.
6. La TV fait parler, communier ensemble et amène les gens à se réunir pour une grande émission.
7. Mépriser la TV est une forme de snobisme.
8. La TV restreint les sorties, le contact avec les autres.
9. LA TV empêche de pratiquer des activités de loisirs.
10. Les grands consommateurs de TV ne lisent pas.

Cette synthèse traite de l'intérêt de la télévision. À l'aide des rubriques et des pistes de réflexion, proposez un plan.

CORRIGÉS p. 356

exercice 5

La ville est le cadre de vie, par excellence, de l'homme moderne. Mais celui-ci y trouve-t-il le bonheur ? Ce dossier pose cette question. Les documents montrent que le progrès a pu favoriser l'épanouissement des citadins. Mais ils soulignent aussi qu'à cause de sa démesure la ville peut devenir un enfer.

Analysez l'introduction ci-dessus pour en retrouver les éléments qui la composent.

CORRIGÉS p. 356

exercice 6

Le tourisme de masse est devenu une réalité. On parle aujourd'hui d'industrie du voyage. Cette évolution conduit à s'interroger sur les diverses manières de voyager. Dans son article, Anne Bréjac oppose les vrais et les faux voyageurs. Dans son essai, Yves Monpert propose ses propres choix ; tandis que deux publicités nous invitent à voyager autrement.
Comment voyage-ton aujourd'hui ?

Analysez l'introduction ci-dessus et repérez ses maladresses.

CORRIGÉS p. 356

exercices

exercice 7

La synthèse porte sur le langage de certains jeunes des quartiers populaires et s'interroge sur leur capacité de communication.

Partie 1 : Les vertus de ce langage
- Une marque d'appartenance et d'identité
- Une richesse expressive étonnante
- Une inventivité extraordinaire

Partie 2 : Les reproches adressés à ce langage
- Son inadaptation à la langue de l'école
- Son inadaptation au monde du travail

Partie 3 : L'idéal : ne pas rester enfermé dans un seul registre de langue.

En vous aidant du plan proposé, rédigez une introduction et une conclusion.

CORRIGÉS p. 356

exercice 8

1. Le sport est un moyen exceptionnel de développer ses aptitudes physiques, une façon d'apprécier toutes les possibilités de son corps, ... X. [affirme, déclare, prononce, suggère]
2. Z .... aussi dans le sport l'effort physique, l'exercice qui rend agile et robuste. [apprécie, regrette]
3. Autre avantage du sport, l'adhésion des règles, la discipline librement consentie, ... X. [estime, pense, avance, renchérit]
4. Enfin le sport offre l'occasion d'un beau spectacle dans un décor spacieux auquel on ne peut rester indifférent, ... ces deux auteurs. [s'accordent à dire, s'opposent, affirment]
5. Toutes ces raisons .... l'admiration de X pour l'athlète qui garde sa beauté et sa volonté humaine tout en ayant une sorte de perfection animale. [expliquent, suggèrent, analysent]
6. Mais cette vision n'est-elle pas idyllique ? Tous les sports n'offrent pas ces avantages et Y............. en particulier au football américain dans lequel il ne voit que violence et sauvagerie, l'homme ramené au rang de la bête, le groupe au niveau de la meute. [dénonce, s'oppose, préconise, s'en prend]
7. Violence, expression de la haine, sont aussi les termes choisis par W pour .... de façon plus générale la pratique des sportifs. [refuser, condamner, expliquer]
8. Le stade est un lieu où se manifeste la violence, la rivalité, où tout est subordonné à la volonté de gagner. .... [regrette-t-il, constate-t-il, se demande-t-il]
9. Cette position est inconcevable pour X et Z. Pour eux, la valeur morale du sport est incontestable : la liberté s'y exerce dans le sens de la difficulté.......... Z. [estime, pense, souligne, revendique, déplore]
10. Ce à quoi on aspire,........ X, c'est une victoire contre soi-même, la victoire sur l'autre n'est que le signe de la victoire sur soi-même ! [explique, s'exclame, ajoute, précise]

Choisissez le verbe entre parenthèses le plus approprié pour introduire la référence de ces phrases.

CORRIGÉS p. 356

exercice 9

Données de la documentation	Pistes de réflexion
1. Thèmes privilégiés de la chanson de variétés : l'amour, le bonheur, l'absence, l'amitié, les relations homme/femme	Thèmes sur-représentés, effets des aspirations, des problèmes
2. Le rap dénonce les conditions de vie difficiles, la précarité, la violence, les discriminations	La dénonciation = une priorité
3. La chanson est aussi un produit de grande consommation, formaté pour plaire au plus grand nombre, objet d'un marketing	Une industrie
4. La chanson « art et essai » reste confidentielle	Genre sous-représenté
5. Absence de certains thèmes : le monde du travail : l'usine, le bureau, l'hôpital	Thèmes sous-représentés

Les documents de cette synthèse se demandent si la chanson est un reflet fidèle de la société.

Complétez le plan suivant à l'aide des pistes et des données du tableau.

Partie 1 : la chanson est un miroir déformant.

Partie 2 : l'explication du phénomène.

CORRIGÉS p. 356

exercice 10

Sujet : « La lecture du journal est une sorte de dialogue avec le monde. Elle brise l'isolement de l'individu ». Partagez-vous ce point de vue ?

1. Analysez les mots clés du sujet.

2. Reformulez le sujet.

CORRIGÉS p. 356

exercice 11

Sujet : « Je ne suis pas d'accord avec ce que vous dites mais je me battrai jusqu'au bout pour que vous puissiez le dire ». Que pensez-vous de cette déclaration de Voltaire ?

Problématique 1 : Faut-il garantir à chacun la liberté de pensée et d'expression, quelle que soit son opinion ?

Problématique 2 : A-t-on le droit de tout dire ?

Problématique 3 : Faut-il se battre pour que chacun ait la liberté d'expression ?

Laquelle de ces trois problématiques vous paraît la meilleure ? Expliquez pourquoi.

CORRIGÉS p. 357

exercice 12

Sujet : « Examinez l'ordre social et vous verrez qu'il est tout entier armé contre une femme qui veut s'élever à la hauteur de la réputation des hommes », déclarait Mme de Staël en 1801. Cette remarque reste-t-elle encore valable dans notre société ?

En utilisant la méthode de votre choix, cherchez quatre idées pour traiter le sujet ci-dessus.

CORRIGÉS p. 357

exercice 13

Sujet : « C'est dans les livres qu'on apprend la vie, pas dans la vie. » Partagez-vous l'opinion de l'écrivain Pierre-Jean Rémy ?

1. Cherchez deux arguments qui justifient la thèse soutenue dans ce sujet.

2. En renversant cette thèse, cherchez deux arguments contraires.

CORRIGÉS p. 357

exercice 14

Sujet : Pensez-vous comme certains scientifiques que « rien ne doit arrêter la science, tout ce qui peut être fait doit être fait » ?

Arguments :

1. La religion a longtemps censuré la science et elle a dû conquérir sa liberté.
2. La science ne se contente plus d'élucider les phénomènes humains, elle est capable de les infléchir.
3. L'homme peut s'exterminer lui-même.
4. La morale, l'éthique, la démocratie ont leur mot à dire.
5. La recherche a apporté d'immenses progrès à l'homme.
6. La passion d'explorer est une pulsion fondamentale.
7. L'évolution de la nature cesse d'être naturelle, elle devient artificielle.

1. Choisissez un point de vue pour traiter le sujet.

2. Choisissez dans la liste les arguments qui peuvent servir pour le soutenir.

CORRIGÉS p. 357

exercice 15

Sujet : « À quoi bon voyager ! Il y a de la nature, de la vie et de l'histoire partout. » (Jules Renard, *Journal*, 24 août 1906). Partagez-vous ce point de vue ?

Arguments :

1. Le voyage transforme le voyageur en lui faisant vivre des sensations nouvelles, des rencontres intéressantes.
2. Le voyage permet de relativiser son sort, de se rendre compte de ses privilèges.
3. Le voyage nous fait fuir une réalité qui nous attend à notre retour.
4. Le voyage permet de retrouver avec bonheur ses racines.
5. Le voyage rend disponible pour faire des rencontres.
6. Le tourisme favorise le développement local.
7. On s'enrichit des différences. Mais elles sont aussi à notre porte.
8. La nature, la vie, l'histoire sont différentes ailleurs.

1. Choisissez trois arguments pour réfuter le point de vue exprimé par Jules Renard.

2. Classez-les en les reliant par des termes d'articulation.

CORRIGÉS p. 357

exercice 16

Sujet : Quelle vision de l'avenir donne la science-fiction ?

Plan

1. Les sociétés imaginaires de la science-fiction ignorent le droit.
2. Ce sont des sociétés hiérarchisées et inégalitaires.
3. Ce sont des sociétés autoritaires.

Conclusion : La science-fiction prévoit donc un avenir peu flatteur pour la planète : ce n'est pas le respect de la loi qui règlera le fonctionnement des sociétés. Bien au contraire, elle nous prédit la spoliation du pouvoir par une minorité, toujours plus riche. Elle laisse entrevoir un surcroît de violence, contenu par des systèmes totalitaires. À moins que tout finisse plus rapidement, dans une ultime explosion...

Retrouvez dans cette conclusion le plan de cette écriture personnelle.

CORRIGÉS p. 357

exercice 17

On est plus intelligent à plusieurs. Ainsi de multiples innovations partent des usagers d'Internet et se diffusent sur le réseau en organisant la coopération entre usagers [...]. Ces innovations « remontent » vers les centres de recherche des grandes sociétés qui les intègrent à leurs produits en imposant de nouveaux standards [...]. Certains logiciels libres [...] illustrent les performances de ces innovations ascendantes...

Trouvez des exemples pour illustrer les idées de ce texte et insérez-les en utilisant des termes introducteurs.

CORRIGÉS p. 357

exercice 18

Le caractère imprévisible de la science oblige maintenant à une grande rigueur morale, et ce n'est pas simple car l'argument de la concurrence pousse les chercheurs à poursuivre leurs travaux, malgré leur aspect problématique. Ils peuvent être tentés de nier leur responsabilité propre en renvoyant la question éthique à l'extérieur des laboratoires, ils font leur travail et ils peuvent penser que c'est à la société de se débrouiller avec leurs découvertes. Pourtant la direction imprévisible prise par la science oblige à poser fermement la question de la responsabilité morale des scientifiques.

Améliorez la rédaction de ce paragraphe en supprimant des répétitions et en modifiant la longueur et la construction de certaines phrases.

CORRIGÉS p. 357

exercice 19

Ce paragraphe porte sur la place de la justice dans notre société.

Il est certain que l'effacement des repères et les difficultés sociales de toute sorte brouillent le rapport à la loi de bon nombre d'individus puisque les délits augmentent de façon significative. C'est pourquoi le rappel à la loi semble envahir l'espace social et individuel ; mais, en même temps, l'exigence de transparence et de moralisation de la vie politique et économique conduit la justice à exercer un contrôle qui ne peut que renforcer la démocratie. D'ailleurs le juge est devenu un personnage incontournable de la vie publique et l'action de la justice un sujet de réflexion pour les citoyens. Et c'est tant mieux. Avec la création des tribunaux internationaux statuant sur les crimes contre l'humanité des despotes, c'est-à-dire au nom des droits de l'homme, le champ d'intervention du droit s'élargit à la planète entière, tout en s'étendant dans le temps avec l'imprescriptibilité de ces crimes. Comment ne pas voir là un progrès de la justice et du droit ?

1. Relevez les articulations logiques qui marquent la progression de l'argumentation.

2. Repérez les marques d'implication personnelle : choix des locutions, des connotations, choix des verbes, des tournures.

CORRIGÉS p. 357

exercice 20

Sujet : Pensez-vous que l'autorité se résume au pouvoir ?

Introduction : L'autorité est souvent assimilée à un pouvoir devant lequel on s'incline par crainte ou par respect. Avoir du pouvoir suffit-il ? Pour moi il n'y a pas d'autorité sans compétences. Autrement dit, peut-il y avoir une autorité sans légitimité ?

Retrouvez les étapes de cette introduction.

CORRIGÉS p. 357

corrigés

exercice 1 page 352

Informations à garder :
- Le sentiment du bonheur affecte la personne toute entière : l'âme, le cœur, la chair.
- Affecte la perception de l'environnement : les sons, l'air, la nature.
- Les composantes du sentiment : la joie, l'insouciance (celle de l'enfant), la vision optimiste et positive du monde.

exercice 2 page 352

Informations à retenir :
- Le hasard n'existe pas.
- En réalité nous appelons hasard ce que nous ne réussissons pas à prévoir.
- Ce serait déraisonnable de ne pas intégrer le hasard dans nos vies.

exercice 3 page 352

Piste 1 : Le rôle identitaire de la consommation : données 1 ; 2 ; 5 ; 8.
Piste 2 : Consommation de la valeur affective des objets : 3 ; 6.
Piste 3 : L'impératif de la consommation : données 4 ; 2 ; 7.

exercice 4 page 352

Plan 1
Partie 1 : Aspects positifs de la TV.
- Culture et TV : Pistes 4 ; 5 ; 7 ; 2.
- Socialité et TV : Piste 6.

Partie 2 : Aspects négatifs de la TV.
- Culture et TV : pistes 10 ; 3.
- Socialité et TV : piste 8.
- Paresse et TV : pistes 1 ; 9.

Plan 2
Partie 1 : Culture et TV.
+ : 4 ; 5 ; 7 ; 2.
- : 10 ; 3.

Partie 2 : Paresse et TV.
+ : 2.
- : 1 ; 9.

Partie 3 : Socialité et TV.
+ : 6.
- : 8...

exercice 5 page 352

La ville est le cadre de vie, par excellence, de l'homme moderne. Mais celui-ci y trouve-t-il le bonheur ? Ce dossier pose cette question. [Présentation du thème (la ville) et de sa problématique (ville et bonheur)] Les documents montrent que le progrès a pu favoriser l'épanouissement des citadins. [Partie 1] Mais ils soulignent aussi qu'à cause de sa démesure la ville peut devenir un enfer. [Partie 2].

exercice 6 page 352

1. La présentation des documents est incomplète : elle ne permet pas de retrouver les sources de la synthèse.
2. Le plan n'est pas annoncé.

exercice 7 page 353

Introduction :
Ce dossier s'interroge sur la capacité à communiquer des jeunes de certains quartiers populaires. Certains documents le montrent : leur langage possède d'indéniables vertus. Mais il est évident aussi que cette manière de s'exprimer peut comporter de véritables dangers.
Conclusion :
On le voit, le langage des banlieues fait évoluer la langue, et peut scintiller de mille figures de styles audacieuses. Mais il comporte aussi un grave danger de ghettoïsation de la langue, qui peut rendre plus difficile l'intégration au monde du travail.

exercice 8 page 353

1 : affirme ; 2 : apprécie ; 3 : renchérit ; 4 : s'accordent à dire ; 5 : expliquent ; 6 : s'en prend ; 7 : condamner ; 8 : regrette-t-il ; 9 : souligne ; 10 : précise.

exercice 9 page 353

Plan complet
Partie 1 : La chanson est un miroir déformant.
- Des thèmes sont surreprésentés. Dans la chanson de variétés : les aspirations à l'amour, au bonheur, à l'amitié, des thèmes comme les relations homme / femme. Dans le rap, la priorité est donnée à certains thèmes sociaux et politiques.
- Des thèmes sont sous-représentés. La chanson « art et essai » reste confidentielle. Le monde du travail est absent.

Partie 2 : L'explication du phénomène.
- C'est une industrie qui obéit aux lois du marketing.
- Elle reflète du rêve, des aspirations, déformant par nature la réalité.

exercice 10 page 354

1. Mots clés :
- Le monde : ce qui est extérieur à l'individu, la société, les autres.
- Dialogue : échange et communication
- Isolement de l'individu : repli sur soi.

2. Reformulation : Est-il vrai que la lecture de la presse oblige le lecteur à sortir de son repli sur soi en lui permettant d'échanger avec la société ?

exercice 11 page 354

La problématique 1 est acceptable car elle est la plus large. La 2 est erronée, la 3 est incomplète.

exercice 12 page 354

Idées proposées : 1. La parité est loin d'être acquise sur le plan politique. 2. Les carrières professionnelles des femmes sont, en moyenne, inférieures à celles des hommes. 3. Leur salaire est inférieur. 4. L'image de la femme est souvent confinée dans des stéréotypes : la mère, la ménagère, la femme objet.

exercice 13 page 354

1. On apprend la vie dans les livres parce qu'ils nous guident, nous éclairent, nous instruisent. (1) Parce qu'ils nous enrichissent puisqu'ils nous font vivre par procuration des situations inédites, étrangères à notre expérience. (2)

2. On apprend la vie dans la vie et pas dans les livres : parce qu'être dans le réel oblige à se confronter à la vie, ce qui est plus formateur qu'être dans la fiction. (1)
Parce que les livres peuvent créer des illusions en étant trop loin de la vérité. (2)

exercice 14 page 354

1. Point de vue choisi : il faut pouvoir contrôler la science, tout ce qui peut être fait ne doit pas nécessairement l'être.

2. Arguments : 2, 3 ; 4.

exercice 15 page 354

[On peut objecter à Jules Renard que] la nature, la vie, l'histoire sont différentes ailleurs (8). [En outre] le voyage transforme le voyageur en lui faisant vivre des sensations nouvelles, des rencontres intéressantes (1). [D'ailleurs] le voyage permet de relativiser son sort, de se rendre compte de ses privilèges. [Enfin] le voyage permet de retrouver avec bonheur ses racines (4).

exercice 16 page 355

La science-fiction prévoit .... sociétés. (partie 1) Bien au contraire ..... riche. (Partie 2) Elle laisse ..... totalitaires (partie 3) À moins que tout finisse plus rapidement, dans une ultime explosion... (Chute)

exercice 17 page 355

...en organisant la coopération entre usagers [C'est ainsi que des étudiants bricoleurs ont mis au point les systèmes p2p qui ont lancé l'usage du haut débit sur Internet].... en imposant de nouveaux standards [comme en témoigne l'exemple du wi-fi].
Certains logiciels libres, tels Open Office, ou Firefox...] illustrent les performances de ces innovations ascendantes.

exercice 18 page 355

Le caractère imprévisible de la science oblige maintenant à une grande rigueur morale. Ce n'est pas simple : l'argument de la concurrence pousse les chercheurs à poursuivre leurs travaux, malgré leur aspect problématique. Ils peuvent être tentés de nier leur responsabilité propre en renvoyant la question éthique à l'extérieur des laboratoires : ils font leur travail, c'est à la société de se débrouiller avec leurs découvertes ! Pourtant la direction prise par la science oblige à poser fermement la question de la responsabilité morale des scientifiques.

exercice 19 page 355

1. Termes d'articulation : C'est pourquoi ; mais en même temps ; D'ailleurs ; Et ; Comment.

2. Marques d'implication : Il est certain ; semble ; qui ne peut que ; incontournable ; C'est tant mieux ; Comment ne pas voir là un progrès ?
On peut observer le jeu des connotations qui montrent l'affrontement des valeurs. Des mots comme « effacement, difficultés ; brouillent ; délits ; crimes ; despotes » ont des connotations négatives. Au contraire des mots tels que « transparence ; moralisation ; justice ; droits de l'homme ; progrès ; droit » sont positifs.

exercice 20 page 355

Étape 1 : présentation du sujet : phrases 1 et 2.
Étape 2 : présentation du point de vue qui sera soutenu : phrases 3 et 4.

PRÉSENTATION DE L'ÉPREUVE

Comment se présente l'épreuve ?

1 Objectifs, durée et coefficient

Elle comprend deux parties : une synthèse de documents, notée sur 40, et un sujet d'écriture personnelle, noté sur 20. L'arrêté du 17/01/2005 précise les modalités de l'épreuve ponctuelle, mais aussi du contrôle en cours de formation, qui concerne certains BTS. Il est consultable en ligne sur le site : http://education.gouv.fr/bo/2005/7/mens0402812A.htm

► **L'épreuve dure 4 heures et se voit appliquer un coefficient 3.**

2 Les critères d'évaluation

L'épreuve permet d'apprécier l'aptitude du candidat à :

- appréhender l'environnement économique, juridique et social et en percevoir l'évolution ;
- analyser une situation et poser un problème ;
- mener une réflexion et construire une argumentation.

Il est par ailleurs tenu compte de la pertinence de l'analyse, de la rigueur de la démarche, de l'exactitude des connaissances et de la logique du raisonnement.

Les deux parties de l'épreuve

1 La synthèse de documents

1. Le dossier

Le dossier porte sur un des deux thèmes du programme. Il est constitué de trois à quatre documents choisis en référence à l'un des deux thèmes inscrits au programme de la deuxième année de BTS. Chaque document est daté et situé dans son contexte.

2. Les documents

Ils sont de nature différente. Ce sont des textes littéraires et/ou non littéraires, des documents iconographiques (par exemple une photographie, une reproduction de tableau, un dessin, une publicité, etc.) et /ou des tableaux statistiques.

3. Les normes de la synthèse

a) La composition. Elle doit rendre compte avec ordre (il y a un plan) et concision (elle va à l'essentiel) des documents qu'elle a confrontés à partir de la problématique proposée par le dossier.

b) La confrontation. Cela suppose d'utiliser chaque document dans le plus grand nombre possible de rubriques du plan. La juxtaposition d'analyses ou de résumés limités à un seul document est donc exclue. Le contenu des documents doit être reformulé.

c) L'objectivité. Le recours à des idées, arguments et exemples étrangers au dossier est interdit. Sa rédaction est objective, c'est-à-dire neutre.

2 L'écriture personnelle

1. Le sujet

Il demande au candidat de répondre à une question sur un thème en rapport avec le dossier de la synthèse. Par exemple si la synthèse portait sur le thème de la société de l'information et de la communication, il pourrait poser comme question : faut-il se réjouir de tout savoir ?

2. L'argumentation

La réponse du candidat suppose que le lecteur de la copie ait sous les yeux l'expression d'une pensée organisée : la réponse doit progresser depuis l'annonce du point de vue défendu jusqu'à sa conclusion. Elle argumente pour défendre une prise de position.

Il s'agit de convaincre par le choix des arguments et la qualité de leur formulation.

3. L'engagement personnel

Le terme «écriture personnelle» implique l'engagement « personnel » du candidat. L'usage de la première personne, le «je», est autorisé. On souhaite que le candidat puisse élaborer un point de vue personnel, à partir de ses lectures et de sa culture.

ANGLAIS

Cadre européen commun de référence pour les langues, niveau B2

1 COMPRENDRE UN DOCUMENT

➔ Vous devez être capable de comprendre rapidement un article : pour cela, développez des stratégies de lecture rapide à utiliser systématiquement.

1 Identifier le document

- Regardez d'abord les éléments susceptibles de vous aider : sources du document, date de publication, type de publication, ainsi que les illustrations s'il y en a, ou graphique.
- Repérez le nombre de paragraphes. Un article bien écrit respecte la règle « une idée par paragraphe, un paragraphe par idée ».
- Ne vous concentrez pas sur les mots que vous ignorez : identifiez avant tout les mots-clés de chaque paragraphe, qui peuvent être dans le titre.

Structures à connaître : *This article is about / concerns / deals with / raises the issue of...*

2 Analyser le document

Un article de presse est construit de la manière suivante :
a) le titre/*headline* (et un éventuel **sous-titre/*subhead***)
b) le premier paragraphe qui peut avoir deux fonctions différentes :
- l'introduction du sujet ; dans ce cas, il comporte l'essentiel des informations dans ce qu'on appelle une *topic sentence* (*topic* : sujet abordé) ; cette phrase résume ce qui va être développé ou commenté dans le reste de l'article ;
- un exemple qui illustre le sujet abordé dans l'article.

c) le reste de l'article qui apporte des précisions et complète l'information.

3 Questionner le document

Il faut lire en posant des questions pour que le document révèle les informations qu'il contient.
- **De quoi** parle-t-il ?
- **Quand** et **où** cela s'est-il passé ? **Depuis** quand ? **Jusqu'à** quand ?
- **Qui** est concerné ?
- **Pourquoi** et **comment** cette situation / ce problème s'est développé(e) / a évolué ?

Repérez les phrases de l'article qui répondent aux questions en *Wh-* : *Who? What? Where? When? Why?* avec un surligneur de couleur différente pour chacune de ces questions.

EXEMPLE

Starbucks[1] turns to TV to perk up sales

Starbucks[2] will today launch its first national advertising campaign[3] on American[4] television[3] as the country's caffeine addicts[2] desert a chain which in some American cities seems to have an outlet on every corner[5].

The Seattle-based company last night revealed that the number of coffees and pastries sold in its home market over the last three months fell for the first time[6] since it started giving out sales data three years ago.

Wall Street analysts have been voicing reservations about the company's rapid expansion, suggesting that the market has become saturated[6] and Starbucks has overreached itself as it aims for 40,000 stores worldwide. The company admitted yesterday that it will open a hundred fewer stores next year than it had originally projected.

Starbucks has been hit by a combination of rising raw material costs, which has forced it to raise prices, and a drop in consumer confidence[6], which has made its expensive coffee a little less alluring. The company increased prices over the summer but pricing pressures are continuing – milk prices, for instance, have increased more than 60% since the start of the year.

Starbucks also faces increasing competition[6] from fast food companies such as McDonald's who are moving into the hot beverages market as their core "burgers 'n' fries" offerings come under increasing attack from pressure groups who accuse them of being unhealthy. In a conference call with analysts on Tuesday, McDonald's US president Don Thompson said the company plans to improve its drinks line-up. "Beverages promise to bring a whole new set of customers to McDonald's," he said.

Adapted from *The Guardian*, November 16, 2007[7]

1. Nom de l'entreprise concernée.
2. On peut répondre à *Who? (Starbucks, coffee chain).*
3. On peut répondre à *What? (first advertising campaign on US TV).*
4. On peut répondre à *Where? (the USA).*
5. Premier paragraphe : *topic sentence.*
6. On peut répondre en partie à *Why?.*
7. Source : publication, date.

4 Analyse du contenu

	Idée	Mots clés
1	Exposition du problème	- first national advertising campaign on American television - caffeine addicts are deserting - an outlet on every corner
2	Résultats en baisse	- Seattle-based - number of coffees and pastries sold fell for the first time
3	Saturation du marché	- reservations about the company's rapid expansion - market saturated
4	Questions de prix	- rising raw material costs > raise prices / expensive coffee - drop in consumer confidence
5	Concurrence	increasing competition from fast food companies

5 Amorce de restitution

This article, which was published in *The Guardian* in November 2007, reports on Starbucks' disappointing results which have pushed the coffee chain to launch its first national advertising TV campaign in the US.
As a matter of fact, the company results have declined due to various factors. First of all, the company may have opened too many outlets, thus entailing market saturation...

2 PRÉSENTER UN DOCUMENT À L'ORAL

Généralement, un oral se déroule en deux temps : d'abord, la présentation d'un document préparé, puis un entretien avec l'examinateur.

1 Pendant la préparation

1. Prenez des repères

Vous pouvez numéroter les paragraphes d'un article, noter du lexique à ne pas oublier, surligner d'une ou plusieurs couleurs les mots-clés (nom de l'entreprise, stratégie, pays, etc.).

2. Préparez les moments-clés

Rédigez un passage de votre introduction ou de votre conclusion, qui sont des moments importants.
Réfléchissez avec soin aux articulations (transitions, annonce du plan, etc.).

2 L'introduction

1. Identifiez le document

a) Origine : *This article was published in..., This document dated / comes from...*
Le nom de l'auteur n'a pas d'intérêt, sauf s'il est impliqué (chef d'entreprise, DRH, etc.) ou célèbre (personnalité politique, économique, acteur, etc.).
b) Date : le contexte donne du sens, par exemple s'il s'agit d'une date spéciale. Pour indiquer le mois, utilisez la préposition ***in*** : *This article was published* ***in May 2008***.
Pour le jour, utilisez ***on*** : *This article was published on 22 May 2008.*
Attention : on dit à haute voix *on the twenty-second of May* même si on voit *May 22* (ou *22 May*) à l'écrit.

2. Exprimez l'idée générale

The article deals with / reports on / studies...
This article tackles a controversial / topical issue, that of...

3 Le plan

Proposez un plan logique après l'introduction : les raisons avant les conséquences, le passé avant l'avenir, etc.
In the first part / Firstly / To begin with...
In the second part / Then...
Utilisez des mots de liaison. N'hésitez pas à marquer une légère pause entre les parties.

4 Le développement

Reformulez avec des synonymes. Par exemple, pour parler d'une entreprise, vous pouvez varier : *firm, company, business, start-up, store, outlet, venture* ; pour une augmentation : *grow, increase, rise, soar, skyrocket...*

5 La conclusion et l'ouverture

Concluez : *In a word / To conclude...*
Rappelez les idées clés de votre exposé, puis lancez des pistes afin d'ouvrir le débat dans le sens que vous estimez opportun.

6 Savoir communiquer

- Attention à l'intonation : montante lors d'une énumération, descendante en fin de phrase, montante pour les questions en oui/non, etc.
- Levez les yeux : vos notes sont un tremplin pour l'expression, pas un texte que vous lisez.
- Si on vous demande de lire un passage, votre lecture doit montrer que vous comprenez ce que vous lisez. Respectez les accents de mot et de phrase.
- Si vous citez le document, précisez où se trouve la citation.
- Si vous ne comprenez pas une question du jury, demandez-lui poliment de répéter : *I'm afraid I didn't understand, could you repeat, please?*
- Montrez-vous souriant(e), naturel(le), et terminez en prenant poliment congé.

EXEMPLE

Wal-Mart[1] gives online[2] shoppers Thanksgiving[3] deals[4]

Wal-Mart Stores[1] on Monday unveiled Thanksgiving* holiday sales plans that focus heavily on its website[2] to publicize its discount prices[4].

The world's largest retailer[1] has said it would post online-only deals on the website on Thanksgiving[3], which can be purchased the same day.

On Monday, it revealed some of those deals. For example, it will offer a Zune 30 gigabyte MP3 video player for $98.87, which it says is about 25% off[4], and a Garmin Nuvi 650 Portable global positioning system for $298.87, a savings of more than 30%[4].

Wal-Mart also said Monday that it will post special "secret" deals[4] on its website on Thanksgiving Day that can then be purchased in stores on Friday[3], which kicks off the holiday shopping season. Those "secret" deals are not published in its advertising circulars.

The online push[4] comes as Wal-Mart works to incorporate its website more closely with its stores[5], and boost lagging sales in the United States[5].

This year, it rolled out a "Site-to-Store" program[4], which allows customers to order products on the website and have them shipped to a local Wal-Mart store for free. When the merchandise is picked up, Wal-Mart said customers wind up spending more money in the store[5].
In an interview earlier this month, Walmart.com CEO Raul Vazquez said that while overall U.S. online holiday sales this year are expected to rise about 20%, the site's sales should jump 40% to 60%.

Adapted from *USA Today*, November 20, 2007

* Thanksgiving: *an annual one-day holiday celebrated on the fourth Thursday of November.*

1. *Who?*
2. *Where?*
3. *When?*
4. *What?*
5. *Why?*

3 RÉSUMER UN ARTICLE

➜ Un résumé peut être demandé à partir d'articles écrits en anglais (résumé à rédiger en anglais ou en français) ou en français (résumé à rédiger en anglais). Attention à ne pas vous tromper de langue !

1 Définition du résumé

C'est la réduction objective d'un document, en général au tiers de sa longueur.

1. Restez neutre

Ne prenez aucun recul. Limitez les exemples à ceux qui sont indispensables à la compréhension.

2. Respectez l'ordre

Suivez l'ordre des paragraphes. N'ajoutez ni introduction ni conclusion. Ne citez pas les sources du document, mais soyez vigilant : la date peut donner du sens à l'article.

2 Le contenu de l'article

1. Numérotez les paragraphes

Cette numérotation vous aidera à respecter l'ordre en vue de votre résumé.

2. Identifiez le thème de l'article

Lisez l'article une fois pour trouver son thème général.

3. Travaillez sur le titre (le sous-titre et le premier paragraphe)

a) Repérez les mots clés du titre. Si vous ne le comprenez pas, passez au sous-titre, s'il y en a un, ou au début de l'article (*topic sentence*).

b) Posez-vous les questions en *Wh-*.

4. Recherchez les idées principales

Établissez une liste paragraphe par paragraphe. Pensez que vous êtes limité dans le nombre de mots : il faudra éliminer tout ce qui n'est pas essentiel.

3 La recherche de lexique

1. Vous devez résumer en anglais (à partir d'un article en anglais ou en français)

Cherchez des synonymes ou des équivalents pour les mots et expressions clés de l'article, afin de ne pas paraphraser l'article (ne pas le répéter à l'identique) quand vous rédigerez.

2. Vous devez résumer en français (à partir d'un article en anglais)

Concentrez-vous sur les mots à utiliser, le vocabulaire spécifique que vous devez connaître. Attention au nombre de mots demandés ; ne traduisez pas l'article mot à mot ! Vous devez trouver des équivalents plus brefs.

4 La rédaction

- N'oubliez pas les mots de liaison qui doivent articuler ce que vous écrivez.
- Pensez à indiquer le nombre de mots utilisés en fin de travail.

5 La relecture

1. Soyez fidèle à l'article

a) Demandez-vous si votre résumé est fidèle à l'article proposé : si quelqu'un le lit, aura-t-il une idée exacte du contenu de l'article ?

b) Vérifiez que vous avez évité la paraphrase et que vous n'avez pas recopié de phrases de l'article.

2. Utilisez une langue de qualité

a) Si vous deviez rédiger en anglais, consacrez une relecture aux erreurs fréquentes : formes verbales (prétérit, *present perfect*, *s* à la 3e personne du singulier du présent simple, etc.), comparatifs et superlatifs, etc.

b) Si vous deviez rédiger en français, vérifiez l'orthographe, ainsi que les temps et les accords des verbes.

EXEMPLE

China takes action on toy safety

China has made "considerable progress" in improving the safety of the toys it exports, a European Commission report has found.

Millions of Chinese-made toys were recalled this year, amid concerns about lead levels and loose magnets. Chinese authorities fully investigated 184 cases of dangerous products over the last three months, compared with 84 cases in two previous reports.

In 43% of cases, "corrective measures" were taken, in some cases stopping the export of the unsafe products. In Guangdong province alone – where most Chinese toys are made – more than 750 toy manufacturers have had their export certificates suspended or revoked. A further 690 firms have been ordered to improve their factories and product quality.

Many toys have been recalled because of dangerous magnets, which are increasingly strong and detach more easily from toys than in the past. New warnings are needed on toys, said the Commission, which will draft "appropriate warnings about the dangers of magnets in toys". The Commission also promised to agree to a "safety pact" – between manufacturers, retailers and importers – in 2008 to rebuild consumer confidence.

The toy recall earlier this year rattled confidence in the "Made in China" brand. Roughly 80% of the toys sold in Europe come from China and analysts feared that China's economy has grown so rapidly over the past two decades that addressing safety would take a long time. But while progress still needs to be made, the news may help to reassure European consumers and importers that China takes product safety seriously.

"China has made important efforts to improve the quality of its exported toys," Foreign Ministry spokesman Liu Jianchao said on Thursday. "I believe Chinese products, including toys, will continue to be liked by consumers around the world. I wish children around the world a safe and happy Christmas and I hope Chinese-made toys can bring them joy."

Adapted from *BBC News*, November 22, 2007

Les idées principales sont en tramé dans le texte. Elles servent de base pour le résumé.

4 RENDRE COMPTE D'UN ARTICLE

Comme pour le résumé, un compte rendu peut être demandé à partir d'articles écrits en anglais (résumé à rédiger en anglais ou en français) ou en français (résumé à rédiger en anglais).

1 Définition du compte rendu

Un compte rendu est la restitution construite d'un document, en général au tiers. Contrairement au résumé, il doit être structuré en parties organisées.
On attend également les sources du document dans l'introduction et un rapide commentaire personnel dans la conclusion.

2 Le contenu de l'article

(Voir fiche 3)

- Quand vous avez identifié l'idée principale de l'article, formulez-la par écrit, dans la langue demandée pour le compte rendu.
- Après avoir repéré des informations paragraphe par paragraphe, regroupez-les en fonction d'un plan logique en vous basant sur les idées essentielles (réponses aux questions en *Wh-*). Pensez à la logique : traitez d'abord les causes puis les conséquences ; le passé puis l'avenir et les projets ; les perspectives puis leurs limites.

3 La rédaction

Si vous devez rédiger un compte rendu en anglais, cherchez des synonymes pour les mots et expressions clés de l'article, afin de ne pas paraphraser l'article.
Attention au nombre de mots demandés : vous devez trouver des équivalents plus brefs sans oublier les mots de liaison qui articulent les idées. Pensez à indiquer le nombre de mots utilisés en fin de travail.

4 La relecture

(Voir fiche 3)

EXEMPLE

BP to sell off US convenience stores

BP is selling its last batch of forecourt convenience stores in the US as part of its new strategy to streamline operations.

The energy giant plans to sell more than 700 sites, employing 9,500 staff, to franchisees and jobbers – companies that purchase large quantities of fuel from a refiner for distribution to petrol stations. Currently, 95 per cent of BP's 13,000 US retail sites are operated by independent businesspeople.

The sales mark an early move by BP's new chief executive Tony Hayward to simplify the company in an attempt to return it to profitability. The move, which will be completed over the next two years, will not affect the sale of BP and the BP-owned Arco branded fuel, which will continue to be marketed by franchisees under 20-year agreements with the company. The operation will be supported by field staff and a small head office in La Palma, California. BP's Chicago-based US Convenience Retail office will be wound up and, as announced last month, the company will bring its entire convenience store operation under one brand – am/pm. The brand, which came to BP as part of its acquisition of Arco in 2000, is widely recognised in the western United States.

Fiona MacLeod, the president of BP US Convenience Retail, said: "The brand has a 30-year track record... and has seen very positive results east of the Rockies based on the value that franchisees bring to the business."

In a statement, the company revealed that the changes will eliminate 9,500 store and 350 business support posts. The move will also affect about 100 employees from BP's Pipelines and Logistics Unit. "We know that these changes will be very difficult for our employees, and we are putting measures in place to assist affected business support staff, including job placement assistance," said Ms MacLeod said. "It's been our experience that the majority of convenience store employees are retained by the new owners."

In *The Independent*, November 17, 2007

5 Proposition de plan à partir des idées principales (en tramé dans l'article)

1. Facts

- BP is selling more than 700 sites, employing 9,500 staff.
- Currently: 95% of BP's 13,000 US retail sites are operated by independent businesspeople.

2. Reasons

- New strategy to streamline operations – simplify the company – return it to profitability
- The company will bring its entire convenience store operation under one brand – am/pm. The brand, which came to BP as part of its acquisition of Arco in 2000, is widely recognised in the western United States. "The brand has a 30-year track record... and has seen very positive results..."

3. Consequences

- The changes will eliminate 9,500 store and 350 business support posts.
- Will be very difficult for employees – measures to assist including job placement assistance. "The majority of convenience store employees are retained by the new owners."

5 TRADUIRE

➔ **Votre traduction doit montrer votre compréhension du texte anglais ainsi que votre maîtrise du français.**

1 Préparation

- Lire le document en entier pour situer le passage à traduire dans un contexte et éviter de gros contresens.
- Veiller au ton (informatif, polémique, etc.) et au niveau de langue (familier, formel, etc.)
- Repérer le passage à traduire.
- Identifier mots de liaison, formes verbales et ponctuation.

2 Résoudre les problèmes

1. Les mots inconnus

Le contexte permet souvent d'en approcher le sens. Analysez la fonction du mot (verbe, nom, etc. ?). Repérez à qui/quoi les pronoms (*it*, *he*, etc.) font référence.

2. Les mots composés

Traduisez en commençant par le dernier mot puis remontez vers la gauche.

> *the greatest house price* ***boom*** *(of all time)* : la plus grande **augmentation** de prix de l'immobilier (de tous les temps)

3. Le dictionnaire

N'en abusez pas (vous perdriez un temps précieux). Quand vous l'ouvrez, vérifiez tous les sens du mot sans vous arrêter au premier.

3 Connaître les procédés de traduction

1. La traduction mot à mot

C'est la plus simple et la plus fidèle au texte de départ. Utilisez-la chaque fois que vous le pouvez.

> *Two things will determine how long east Europeans stay.* Deux choses vont déterminer combien de temps les Européens de l'Est vont rester.

2. L'emprunt

a) Certains mots sont entrés dans la langue française : senior, week-end... (parfois orthographiés différemment : *weekend* s'écrit sans trait d'union en anglais).

b) N'abusez pas des emprunts à l'anglais.

> *boom* : augmentation

c) Vérifiez la signification des abréviations : il peut exister un équivalent en français.

> *EBRD (European Bank for Reconstruction and Development)* : BERD (Banque...)

3. La transposition

On change la catégorie grammaticale du mot que l'on traduit. Ainsi, un adjectif ou un verbe peuvent devenir un nom, etc.

> *The economy of Poland is growing at about 6.5% this year* : La Pologne a une croissance économique d'environ 6 % cette année.

Le nom *economy* est traduit par un adjectif ; le verbe *grow* est traduit par un nom.

4. L'étoffement

Il faut développer la traduction pour traduire toutes les informations : c'est souvent le cas des prépositions.

> *the political row* ***over*** *the levels of immigration* ***into*** *Britain, particularly* ***from*** *Eastern Europe* : les querelles politiques au sujet des immigrants qui pénètrent en Grande-Bretagne, notamment en provenance de l'Europe de l'Est.

5 L'équivalence

On l'utilise pour des expressions idiomatiques ou les proverbes. Par exemple, on ne peut pas toujours traduire *home* par « maison ».

> *the jobs available here and the jobs available back* ***home*** : les emplois disponibles ici et les emplois disponibles **chez eux**.

4 La rédaction

À ne pas faire :
- Expliquer ce que vous traduisez.
- Proposer plusieurs traductions (vous devez choisir).
- Laisser des blancs.

Relisez-vous : vérifiez que votre traduction a un sens, et la qualité de votre français (orthographe, grammaire).

EXEMPLE

Imagine: a shortage of Polish plumbers

Just as the political row over the levels of immigration into Britain, particularly from Eastern Europe, reaches new highs, economic indications are starting to suggest the panic may be overdone.

It just might be that in 10 years' time people will be grumbling that they can't get a Polish plumber any more and are having to pay an unreliable British workman a lot more to do the same job.

That might sound daft, given government figures showing more than a million immigrants have arrived in the past decade. Two things will determine how long east Europeans stay: the jobs available here and the jobs available back home.

Britain, as we know, has just been through the greatest house price boom of all time. This has created lots of jobs on the big construction sites and house renovation.

But the commercial property bubble has already burst. This could soon mean a fall in the number of jobs in areas where many eastern European workers have gone in recent years. But just as important is what's happening in the economies of Eastern Europe.

Late last week the European Bank for Reconstruction and Development (EBRD) released its annual "Transition Report". The region, the report predicted, will enjoy record economic growth this year of 7% and only slightly less in 2008. The economy of Poland, easily the biggest country by population in Eastern Europe with 38 million people, is growing at about 6.5% this year, more than double the pace of the UK.

Adapted from *The Guardian*, November 12, 2007

Les points de traduction développés dans la page sont en tramé dans le texte.

6 RÉPONDRE À DES QUESTIONS

➔ Vous pouvez avoir à rédiger des réponses à des questions. Le support de départ peut être en français ou en anglais, mais les questions (et les réponses que vous devez apporter) sont toujours en anglais.
Le nombre de mots à utiliser est indiqué, généralement avec une marge de +/- 10 %.

1 La nature des questions

- Certaines questions portent sur le(s) document(s) étudié(s) : relisez-le(s) après vous être imprégné des questions et surlignez ce qui vous semble pertinent en utilisant une couleur pour chaque question.
- D'autres sont plus générales : puisez dans votre expérience et vos connaissances (cours et lexique spécialisé).

2 La qualité des réponses

1. Un plan simple

Il vous permet de mettre différents arguments en avant : les divers aspects d'une stratégie, les raisons d'un problème, les solutions, etc.

2. Le lexique

Pour les questions qui portent sur le(s) document(s) étudié(s) :
- s'ils sont en anglais : recherchez des synonymes pour éviter la paraphrase ;
- s'ils sont en français : traduisez les mots et expressions clés.

3. La richesse de l'expression

Commencez par des phrases simples puis ajoutez un adjectif, un adverbe, une subordonnée, etc.

3 La relecture

- Pour les questions sur le(s) document(s) étudié(s), vérifiez que vous n'avez pas utilisé de passages qui seraient hors sujet ou paraphrasés.
- Prêtez attention aux erreurs fréquentes : formes verbales, quantificateurs, comparaisons, etc.
- Indiquez le nombre de mots utilisés.

EXEMPLE

Retailers perk up websites

Online retailers have been working overtime to improve their websites in time for the holiday shopping season. While most of the upgrades should make shopping go more smoothly, the ease of shopping online can make the Internet particularly problematic for those with a tendency to spend too much.

Websites' efforts

1. Discourage shopping cart abandonment

When people park their shopping carts without checking out, the site may have lost a sale simply because someone ran out of shopping time. Or the cart could have been abandoned because the shopper had second thoughts about spending the money. Kurt Peters, editor in chief of *Internet Retailer*, says frustration over back buttons that don't take you back to where you were before the shopping cart can cause some people to give up.

Sites have now made it possible to see your shopping cart without leaving the product page. Electronics website Etronics.com has launched a feature that pops up a "live chat" window after a consumer hesitates for more than a minute during checkout. An online operator asks if there's anything you need help with.

2. Streamline checkout processes

Online retailers want "to make checkout as easy as possible," says Peters.

RugSale.com, which reduced the number of pages consumers needed to view before paying, cut the cart-abandonment rate from 65% to 45% and increased the average purchase by 21%. Other sites are following Amazon.com's lead and offering versions of one-click buying, which can be a boon to time-pressed shoppers.

3. Put reviews and price comparisons on the product page

Putting reviews on the same page as the product reduces the risk consumers will click once more and leave the site.

4. Remind consumers about earlier searches

Some retailers will e-mail consumers to remind them of searches they've made. It's a tactic some retailers worry may be too "Big Brotherish." Other sites will remind you of earlier searches when you log back in.

Adapted from *USA TODAY*, November 18, 2007

4 Exemples de questions

1. Why is November a key time for online retailers to improve their sites? (50 words +/- 10%)

2. What steps are they taking to make consumers spend more money? (80 words +/- 10%)

1. November is the beginning of the holiday season, when most shoppers look for Christmas gifts. Many people are time-pressed, and shopping on the Internet enables them not to waste time and to purchase what they want at any time on any day. Therefore it is best for retailers to upgrade their sites before this crucial spending period. *(57 words)*

2. With internet shopping developing, retailers have gained know-how about how to lure consumers into spending more. Some have made it possible for shoppers to access their cart while browsing the products in order to reduce the time spent before they check out. Others offer comparisons on the product page to make information readily available and to make people remain on the site. Others have reduced the number of pages to go through before payment while some even have pop-up operators who interfere when shoppers hesitate! *(85 words)*

7 LES GRAPHIQUES, DIAGRAMMES OU TABLEAUX

Vous pouvez avoir à commenter un graphique, inclus à un article ou non. Suivez un plan qui va de la description à l'interprétation. Utiliser le lexique adapté est indispensable.

1 Décrire

Identifiez le document : définissez sa source, son objet, la date et le contexte géographique ou social.
> *This chart covers the period from... to...*
it measures...
it traces the growth of...

Words

pie chart: camembert
line-chart, flow chart: courbe
graph/chart: graphique
bar chart: histogramme
organisation chart: organigramme
per capita: par personne
percentage: pourcentage
statistics: statistiques
table: tableau

2 Donner du sens

Les chiffres ou pourcentages donnés aboutissent à des constatations sur une tendance (*trend*, *tendency*) et des évolutions.

Words

rise, increase, go up, climb: augmenter
reach a peak, peak, climax: atteindre un sommet
skyrocket: monter en flèche
soar, jump: s'envoler
to pick up: se redresser
to top: dépasser
an increase, a rise, a climb, a jump, a boom, a growth: une augmentation

fall, decrease, go down: diminuer
drop: chuter
decline: décliner
plummet, plunge: dégringoler
nosedive, collapse: s'effondrer
reach a trough/a bottom low: atteindre un creux
a decrease, a decline, a fall, a drop: une diminution

stagnate, remain stable: stagner
level out/off: atteindre un palier, se stabiliser
fluctuate: varier, fluctuer
be level with: être au même niveau que

1. Attention aux prépositions avec ces verbes

augmenter/diminuer de : *rise/fall by*
augmenter/diminuer de ... à ... : *rise/fall from ... to ...*
augmenter/diminuer jusqu'à : *rise/fall to*
se monter à : *stand at*
une augmentation/chute de : *rise/fall of*
fluctuer entre ... et ... : *fluctuate between ... and ...*

2. Nuancez les tendances avec des adjectifs ou des adverbes (en ajoutant *-ly* à l'adjectif)

brutal : *sharp*
en flèche : *steep*
important : *considerable, substantial*
léger : *slight, marginal*
petit à petit : *gradual*
régulier : *regular, steady (steadily)*
soudain : *sudden*
spectaculaire : *dramatic*

beaucoup : *a lot, a great deal*
environ : *approximately, roughly*

3. Utilisez des chiffres (voir Utilitaires, p. 379), des comparatifs et des superlatifs

the highest/lowest figures
more/less... than...
were higher in... than in...

4. Vous pouvez être amené à classer

rank first, come last, an all-time high/low, etc.
Les verbes utilisés sont en général au prétérit (passé daté et révolu), sauf si on décrit une tendance qui se poursuit au moment où l'on parle (dans ce cas là, on utilise le *present perfect*).
Attention aux prépositions
sales rose by...
sales rose to...
(cf. ci-dessus)

3 Interpréter

Mettez les données en perspective : les courbes et statistiques décrivent un phénomène mais n'en donnent pas l'analyse. C'est à vous de les interpréter et de nuancer.
It seems to indicate...
Judging from...
It would/could mean that...
Pour établir le lien entre les données et votre interprétation, utilisez des mots de liaison exprimant cause et conséquence ainsi que des formes passives.
> *The trend can be explained/accounted for/by...*

8 COMPANIES

→ They can bc called companies, firms or corporations, ventures or businesses.

1 The different types of companies

Multinational firms as well as small-and-medium-sized firms (SMFs) can belong to any category. The most common are:

- Public Limited Companies (PLC), quoted on the Stock Exchange
- Private Limited Companies (Ltd), not quoted

Two other types (less common):

- partnerships (run by more than one person)
- and Single Proprietorships (owned by one person).

2 Organization

Firms are organized in departments: Management, Finance and accounting, Human Resources, Marketing and Sales, Production, Customer Service, Research and Development, Information Technology, Purchasing. They appear in an organization chart.

In France, companies may have a workers' council. It implements perks and social and cultural benefits for the company's employees and their families.

3 Success

- Offering a good product or service: see "marketing mix", p. 371, **Marketing**.
- Managing efficiently: managers should be creative, innovative, know the sector. Communication skills are also required to obtain good work from staff.
- Caring about employees: wages, perks, benefits, vocational training and career opportunities.
- Communicating with customers: satisfaction, quality standards.

4 Corporate citizens

Today, companies care about their image and want to appear as corporate citizens. They have to show responsible attitudes towards the environment, working conditions, sustainable development, etc. They invest in pollution reduction programmes, energy saving measures, recycling projects, involvement in NGOs/charities, cultural and sports programs.

Companies are watched as far as community relations, employee relations, diversity and customer relations are concerned.

5 Company problems

1. Internal problems

- Poor management
- Financial problems: high overheads
- Distrust from shareholders
- Social unrest (strikes)
- Faulty products damage a company's image in the long term.
- An ill-adapted marketing strategy. As far as foreign markets are concerned, a company should pay attention to cultural differences (colour codes, brand/product names, etc.).

2. External problems

Competition and saturated markets force companies to remain competitive in today's global economy context. See p. 378, **Globalisation**. For example, American car manufacturers – General Motors Corporation, Ford Motor Company and DaimlerChrysler – have to compete with Toyota which has become the world's number one. Deregulation (opening a whole sector to competition, for instance air travel) can also create problems. See p. 376, **Transport**.

6 Strategies

- Restructuring means cutting down on the workforce: companies can encourage early retirement, stop hiring, or make some employees redundant.
- Relocating or outsourcing production in cheap labour cost countries. See p. 368, **Work**, and p. 378, **Globalisation**.
- Update

Companies can retrain their staff, to increase the Research and Development (R&D) department, and update their equipment.

- Launch new products
- Adopt new forms of business

Merging, developing a franchising system, tapping new markets can help companies develop in new directions.

The words of companies

accounting: comptabilité
benefit: avantage
bottom line: résultat financier
company: entreprise
competition: concurrence
corporate: d'entreprise
factory: usine
global: international, mondial
headquarters: siège social
industry: industrie, secteur
invest: investir
manager: directeur
manufacture: fabriquer
operate: gérer, exploiter
partnership: partenariat
profit: bénéfice
profitability: rentabilité
skill: compétence, savoir-faire
stock exchange: bourse
strike (on): grève (en)

9 WORK

Since the 1980s, unemployment rates have varied but jobs are not as stable as before.

1 A brief history of work since WWII

1. Before

Employment and Welfare State policies over the Thirty Glorious Years (after 1945) improved workers' conditions with the help of trade unions. It was the job-for-life era: people did not change jobs. Benefits were guaranteed from "the cradle to the grave": paid holidays, sick/maternity leave, retirement/unemployment benefits, free health care, subsidized day-care/school lunches/housing and transports, retraining schemes.

2. Now

Profitability and cost are the key elements. Firms relocate in cheap-labour force countries (Asian sweatshops) or easy work regulations (Britain, Ireland). Call centres and customer services use outsourcing – employing people in foreign countries.
Mergers threaten jobs as they usually mean restructuring and streamlining. Shareholders expect profitable returns on investment.

2 The decline of trade unions

- There aren't as many workers as before: fewer manufacturing jobs, automation and relocation in cheap-labour force countries.
- Teleworking and temping make it harder for employees to organize.

3 What governments can do

- Allow companies to hire on fixed term contracts.
- Cut the amount of necessary red tape to create firms.
- Invest in training and longer studies: unskilled jobs are now automated or relocated abroad.
- Pass laws reducing the work week.
- Ban overtime and make it harder for companies to make employees redundant.
- Reduce benefits to cut costs.
- Increase benefits to boost consumption.

4 Temping and flexibility

- **Flexibility:** applying the just-in-time principle to employees who are hired when needed, and not otherwise.
- **Temping:** companies hire temporary workers for any period of time, under very short notice. The number of temps has increased dramatically.

But this is incompatible with corporate culture: surveys show companies using too many temps were more liable to become less profitable.

5 Teleworking and telecommuting

Thanks to new technology, more employees, called telecommuters or teleworkers, can work from their homes.

- **Pros:** saving time and money (transport, day care for young parents, etc.).
- **Cons:** isolation; difficulty in making a difference between private and working life; risk of longer hours; no team work.

6 Hot desking/virtual offices

Companies rent office space but their employees do not have a permanent office. Temporary work stations are equipped with computers and phone lines; the employees' files are ready to be used when they come.

- **Pro:** cut costs (expensive real estate in large cities).
- **Con:** loss of staff's comfort.

The words of work

apply (for): poser sa candidature
automation: automatisation
career: carrière
colleague: collègue
day off: jour de congé
dole (on the): être au chômage
employee: employé
employer: employeur
employment/job: emploi
extra hours: heures supplémentaires
fixed-term contract: contrat à durée déterminée
freelance: travailleur indépendant
full time: temps complet
hire: embaucher
income: revenu
jobless person: chômeur
joblessness: chômage
lay off/make someone redundant: licencier
nine-to-five job: emploi de bureau
odd job: petit boulot
part time: temps partiel
redundancy: licenciement économique
restructuring: restructuration
retirement: retraite (condition)
salary: salaire
self-employed: à son compte
skill: compétence, savoir-faire
team work: travail d'équipe
temping: intérim, emploi précaire
trainee: stagiaire
unemployment rate: taux de chômage
union: syndicat
workforce: main d'œuvre
workplace: lieu de travail
work placement: stage en entreprise

10 CONSUMERS

➔ **Mass consumption started in the US after WWII and in Europe in the 1960s.**

1 The rise of consumerism

Since the 1960s, the average household's purchasing power has increased a lot. Women work more. New needs/products have appeared.

- People who bought one car now often buy two.
- Everyone owns household equipment (white goods/ kitchen appliances and brown goods (TV, hi-fi, etc.).
- Disposable products such as diapers, razors, pens, etc. cater to the needs of affluent, time-pressed consumers.
- Frozen and pre-cooked foods have become essential thanks to microwave ovens.

However, consumer organizations are trying to protect consumers and groups are in favour of "No Buying Day" – when consumers are encouraged not to buy anything.

2 Careful consumers

Consuming habits have changed over the past decade for various reasons.

- Less money: slumps, globalization, job flexibility and the end of the "job for life" (see page 368, **Work**).
- More information: consumers want the best quality-price ratio. They are more aware of issues such as sustainable development and fair trade.
- Consumer over-indebtedness: plastic money, numerous ATMs (automatic teller machines/cash dispensers), and loans targeting low-income households push people to spend too much.
- New technologies: people shop from home at all hours and compare prices. See p. 370, **Distribution**.

3 Targeting the grey market

- More seniors (increase in life expectancy).
- More affluent (retirement benefits).

Insurance, health, travel, leisure and sports companies now target seniors. Manufacturers try to offer easy-to-use equipment. Stores reinforce home deliveries and after sales services.

4 Targeting children and teenagers

They account for a huge market both as consumers (pocket money, gifts) and purchase influencers (cars, computers, homes).

Products:

- Snacks, sweets, soft drinks, junk food. Premixed drinks (sweet-tasting soda and alcohol) are sold in ready-to-drink packs. They are considered partly responsible for the dramatic increase in teenage binge drinking.
- CDs, DVDs, video games, clothes, mobile phones, MP3 readers, etc.

Companies offer the often under-equipped state schools equipment, or ready-made educational programs, if the children watch ads several minutes every day. Kellogg's (cereal) was among the first to penetrate schools.

5 Targeting single people

Single people include divorcees, single parents, widowers and bachelors.

A profitable market: they often work full time and enjoy more free time than married couples. They are the number one consumers of convenience and take-away food, outings (cinema, theatre, etc.) and travelling.

The words of consumers

affluent: riche, aisé
consume: consommer
consumer: consommateur
consumer advocacy: défense des consommateurs
consumer organization: organisation de consommateurs
consumer product: produit/bien de consommation
consumer protection: protection des consommateurs
consuming habit: habitude de consommation
consumption: consommation
controversial: sujet à controverse
convenience food: plats tout préparés
cost: coût
credit/debit card: carte de crédit
customer: client
diet: régime
fair trade: commerce équitable
frozen foods: surgelés
hard discounter: magasin discount
health: santé
high street: rue commerçante
household: foyer
indebted: endetté
insurance: assurance
kitchen appliances: appareils ménagers
leisure: loisir
microwave oven: four à micro-ondes
mass consumption: consommation de masse
middle-income: à revenu moyen
price: prix
purchase: achat, acheter
purchasing power: pouvoir d'achat
quality standard: norme de qualité
ready-made: tout prêt
sample: échantillon
shopping centre: centre commercial
slimming product: produit minceur
slump: crise économique
spend: dépenser
sustainable development: développement durable
take-away food: nourriture à emporter
target: cibler
terms of payment: conditions de paiement
well off: riche, à l'aise financièrement

11 MARKETING

1 Market research

Companies use market research:
- to identify producers, distributors, leaders and competitors.
- to understand demand/customers' habits.

They use desk study (statistics, etc.) or field study (direct contact, face-to-face or phone interviews).

2 Market segments

Groups of consumers who share the same needs and desires can be identified according to age-group, gender, income, etc.

3 The five Ps of the marketing mix

1. Product

- Fast-moving consumer goods (FMCGs): food, drinks, detergents, toiletries, etc. They do not remain long in shops.
- Durable goods/products: electrical/brown goods (TVs, computers), and white goods (refrigerators, dishwashers); clothes, CDs, phones, etc.
- Disposables are thrown away after use: nappies, paper tissues, pens, razors, cameras, etc.
- Services: insurance, financial products, travel, etc.

A product has a life, called its life cycle, with five stages: Introduction – Growth – Maturity – Saturation – Decline.

2. Price

Price must cover manufacturing costs and include a profit margin. It fluctuates with competition and demand, and works as an incentive for consumers.

Pricing strategies:
- Penetration pricing: entering the market with a low price to cover a larger market.
- Skimming pricing: entering the market with a high price (new product, no competitors).
- Critical point: offering a product for £9.99 instead of £10.
- Premium pricing: high price to add status to the product.
- Discounting: offering a lower price if customers buy in bulk or pay cash.

Seasonal sales take place in winter and in summer. Price cuts help companies get rid of stocks.

3. Place (see page 370, **Distribution**)

4. Promotion (see page 372, **Advertising**)

5. Packaging

Packaging contains a product. It indicates the ingredients on food products, and carries information (safety warnings, quality labels, instructions for use, etc.).
Packaging serves as a promotion tool and can boost sales. Companies targeting children make great packaging effort with most food products (snacks, sweets, cookies, drinks, etc.).
Yet, packaging also generates garbage and most packaging is recyclable today.
Packaging has a price, the price of packaging being taken into account in the retail price.

4 Marketing techniques

1. Customer loyalty

Companies must build customer loyalty as it is cheaper to keep old customers than to find new ones.
Today's customers are more money-conscious. They are less faithful to one brand or store. Loyalty cards allow customers to collect points and get free gifts, discounts, free air miles or vouchers. Customers appreciate loyalty schemes which also help companies build important data on consuming habits.

2. Customizing

Products and services are adapted to individual needs.

3. Direct marketing

Customers can be approached directly through direct personalized mail (or e-mails), phone-calls or reply coupons in leaflets or magazines.

4. Point of sale (POS) promotion

To encourage impulse buying, goods are displayed at eye-level or at strategic places (check-outs, or end displays) where customers are easily tempted.
Point of sale promotion informs customers through billboards or video screens. Music can be broadcast to create a pleasant atmosphere and encourage customers to spend more time in the store. Recently, some stores have also added perfume.

The words of marketing

carry out market research: faire une étude de marché
competitor: concurrent
customer file: fichier client
discount price: prix réduit
disposable products/disposables: produits jetables
durable goods: bien de consommation durables
fast-moving consumer goods (FMCGs): bien de consommation à rotation rapide
field study: étude sur le terrain
impulse buying: achat sur impulsion
launching: lancement
loyalty card: carte de fidélité
market leader: leader du/sur le marché
market segment: segment de marché
market share: part de marché
niche: créneau
odd pricing: prix psychologique
packaging: conditionnement, emballage
point of sale (POS): lieu de vente
sales: soldes, ventes
study (V): étudier
supply and demand: l'offre et la demande

12 ADVERTISING

Advertising helps companies promote their products or brands.

1 The goals of an advertising campaign

- Informing consumers/convincing them to buy.
- Creating brand awareness and improving the companies' image.

2 Traditional advertising media

- Radio, TV and newspapers
- Posters and billboards (streets, buses, etc.)
- Advertising leaflets (sent or handed outside cinemas, etc.)
- Coupons and vouchers (food products, etc.)
- Endorsement by sportspeople and stars

Pros

- Massive audience
- Encouraging competition (which should reduce prices)
- Subsidizing TV channels, radio stations and newspapers
- Jobs

Cons

- High cost, especially peak TV/radio hours/prime time
- Difficulty of estimating the response rate
- Saturation: people see hundreds of advertisements.

3 New media

- Funny places, such as eggs, or sickness bags in airplanes
- Internet advertising with advertising banners on websites (making the free access of millions of internet users possible). See page 373, **New Technologies**. Some websites also use pop-up ads.
- Junk mail or spams, which have generated a lot of anti-spam software.
- Mobile phones: providers encourage their clients to send short text messages or to dial a special number in order to win gifts sponsored by companies. See page 373, **New Technologies**.

4 Indirect advertising

- **Packaging**

It should be user-friendly (sealable bags, etc.) and attractive, especially for products targeting children, for instance cereal. See page 371, **Marketing**.

- **Sponsoring**

It makes the companies' logos visible at sports events (the Super Bowl, the Olympics or the World Football Cup).

- **Targeting purchase influencers**

Ads target children who then act as purchase influencers with their parents or other adults. See page 369, **Consumers**.

- **Product placement**

Showing a branded product in a movie, TV show or video games reinforces brand awareness.

5 The rules of visual advertising

- An advertisement must be eye-catching.
- The bodycopy mustn't be too long, and it must be easy to read.
- The logo and the slogan must be visible.
- The catchphrase must be short, and preferably funny or teasing.

Some advertisers use more sophisticated, and sometimes controversial, communication techniques.

6 Regulations in advertising

- **Laws**

Various laws regulate advertising. In France advertising for tobacco has been banned since 1991 (Loi Evin). Ads for alcohol are banned on TV and the radio; they must obey strict rules on billboards and in the press, such as including a warning against the dangers of alcohol.

- **Advertising watchdogs**

The BVA in France, the ASA (Advertising Standards Authority) in Britain, The Federal Trade Commission Act (FTCA) in the US can decide whether an ad is ethically correct. Sexist/racist ads, or ads which are offensive towards religions or cultures, are often withdrawn.

Consumer pressure groups try to ban advertising targeting children in various countries (in Sweden and Greece, they are banned).

7 Awareness campaigns

Their goal is not to sell but to raise people's awareness on various issues:

- hunger, AIDS, war victims, poverty, refugees and natural disasters;
- drunk driving, smoking, unsafe sex, etc.

These campaigns often resort to shock tactics to attract the public's attention.

The words of advertising

ad/advert/advertisement: pub/publicité
advertise: faire (de) la publicité
advertising campaign: campagne de publicité
advertising space: espace publicitaire
advertising: la publicité
appeal to: faire appel à, séduire / *attract:* attirer
audience: public
billboard: panneau d'affichage
brand: marque / *catchphrase:* accroche
commercial: spot publicitaire (radio ou télévision)
design: (V) concevoir ; conception
eye-catching: qui attire l'œil, accrocheur
fad: engouement, mode
leaflet: prospectus, dépliant
prime time: heures de grande écoute
promote: promouvoir / *sponsor:* sponsoriser
slogan: slogan

13 NEW TECHNOLOGIES

➔ **Technology, especially the Internet, has transformed our everyday lives over the past two decades.**

1 Everyday life

Our lives have been transformed with new technologies; for instance microwave ovens, PCs, e-mail, online shopping, remote controls, CCTV cameras...
Mobile phones have taken hold of people's lifestyles and are getting more and more sophisticated devices.

2 The boom of the internet

The idea of the Internet/the World Wide Web ("www") became well-known in the 1990s.

- **1999** 80m Americans/200m connected people world-wide; 5m websites.
- **2001** One in 6 people in North America and Europe use the Internet.
- **2005** Over 80% of US companies sell online; 850m web pages.
- **2006** 26.9m French people have Internet access.
- **2007** 20% of the world population use the Internet (250% increase between 2000 and 2007).

3 Faster and easier to access

Internet access was limited by slow connections through phone lines. Broadband connections (ADSL) have allowed a much faster access and heavier files with images, music, games and videos. Fibre-optic wires allow even faster connections.
Wi-Fi provides wireless access to the Internet. Users can travel and remain connected and access points have been developed in cars and on trains.

4 Viruses, worms, Trojan horses and spam

Problems plague the Internet: worms (self-replicating computer programmes) and Trojan horses damage whole networks, and spam saturates email boxes.
Despite security programmes and anti-spam detectors, it is very difficult, if not impossible, to ensure 100% web safety.
"Phishing" (cracking credit card numbers) has become a serious issue.

5 Auction sites

The most famous online marketplace, eBay, has grown at a 31% rate each year since 2004. Millions of items are listed, bought and sold daily on auction through the Internet.
Anyone can sell anything as long as it is not illegal. Payment is considered safe thanks to PayPal, specialized in secure online payment worldwide.

6 Blogging, the expansion of a new fad

The word "blog" is a contraction of "Web log". Blogs use software such as WordPress or LiveJournal and can be hosted by dedicated blog hosting services.
Fifty million blogs worldwide were registered in July 2006, a figure which has been multiplied by one hundred in 3 years. Among them 20% were French. Politicians, parties and CEOs are increasingly using blogs as a free tool to be in direct contact with voters or consumers.

7 Online role playing games

Online video games with sophisticated software compete with video game consoles which are not designed to operate online yet.
People play, invest, work, have fun, learn, etc., with MORPGs (multiplayer online role playing games) such as *Second Life* (SL) or *World of Warcraft* (WOW).
Companies are also using the games as demo platforms to test their products or services virtually before releasing them on the real market, which is cheaper than advertising campaigns. NGOS (Non Governmental Organizations) do the same to raise funds.

8 Online music

In 2006, Google, the Internet search engine giant, bought YouTube for $1.65 billion. In the music industry Apple's iPod and musical firms such as EMI – which found a way to make money from digital music – changed the way people buy music. Nowadays, most companies (mobile providers, Tesco, Starbucks, etc.) offer online music services.

The words of new technologies

account: compte
broadband: ADSL
browse: surfer
click: cliquer
computer-aided: assisté par ordinateur
copy and paste: copier-coller
digital: numérique
download: (N) téléchargement ; (V) télécharger
email box: (boîte de) messagerie
file: fichier
hack: pirater
instant message: SMS
mobile/cell phone: téléphone portable
network: réseau
online: en ligne
password: mot de passe
search engine: moteur de recherche
service provider: fournisseur d'accès
software: logiciel
website: site internet
World Wide Web ("www"): toile

14 THE ENVIRONMENT AND SUSTAINABLE DEVELOPMENT

The environment has become a crucial issue in today's world, as human activity is generating pollution and has devastating effects, such as its impact on climate change.

1 Threatening figures

India's greenhouse-gas emissions could rise by 70% in 2025. The country's energy consumption rose by 208% from 1980 to 2001 although half the population still lacked access to electricity.

The increase in China's emissions from 2000 to 2030 will equal the increase from the whole industrialized world.

2 Global warming

Global warming is the increase in the average temperature of the air and oceans over the past 50 years. As polar ice is melting, sea levels rise, creating floods and droughts, hurricanes, heat waves and other "natural" disasters.

The Kyoto Protocol was ratified in 2005 by 144 nations. It sets mandatory targets for signatory nations; however, the world's two largest polluters, the USA and China, refused to sign the protocol. Al Gore raised the alarm about global warming in a 2006 documentary entitled *An Inconvenient Truth* and 218 mayors in 39 states launched the US Mayor's Climate Protection Agreement to meet Kyoto's original target (cutting greenhousegas emissions to 7% below the 1990 levels).

3 Water: a scarce resource

A major issue today is the looming shortage of water.

- Seventy per cent of all water supplies go to irrigation and cattle raising.
- Whole regions lack the minimum amount of water set by the United Nations (UN) (50 litres a day per person for drinking, cooking and sanitation).
- In developing countries, growing numbers of people have no access to clean water. It is often dirty and causes diseases.
- In industrialized countries millions of cubic metres of water are wasted on sanitation, private swimming pools, gardening and washing cars.

4 More consequences of human activity

- Deforestation
- Radioactivity (nuclear waste)
- Overpopulation: the earth population has grown from 1.65bn to 6.06bn people between 1900 and 2000 (UN figures).
- Urban sprawl: people crowd in cities where they live in appalling conditions.
- Intensive farming (overuse of pesticides and fertilizers, damaged soil and the risks of GMOs)
- Industrialization: massive air and sea pollution
- Extinct or endangered plant and animal species

5 Sustainable solutions

1. Water

- Drought-resistant plants
- Desalinisation and new technologies to clean water
- Drip or micro irrigation

2. The ozone layer

In 1978 scientists realized that there was a widening hole in the ozone layer above the poles, caused by the chlorofluorocarbons (CFCs) used in sprays and in refrigerating liquids in fridges and freezers. Drastic measures were taken, banning all forms of CFCs. The measures were efficient: in 2003 scientists observed that ozone depletion had stopped growing and was even declining.

3. Laws

In France, a 2006 law compels household appliances manufacturers to recycle old models whenever they sell a new one. A proportional eco-tax is included in the price of the product.

4. Changing attitudes

Wind farms have been built and France hopes to catch up with its northern neighbours in terms of wind energy.

In Britain, food and garden waste is recycled to make compost. Pesticides, chemicals and the burning of waste which produces a huge amount of CO_2 are avoided.

6 Sustainable business

1. Corporate ethics

Many companies now communicate about sustainable development, especially in the car and oil industries (the most involved in CO_2 emissions).

2. Micro-credit

Micro-credit was launched in developing countries to encourage the poor to support themselves. Very small entrepreneurs obtain very small loans. Thus they can buy their own tools and equipment, cutting out the middlemen and transforming their lives through self-employment.

The words of the environment

biodiversity: biodiversité
chemicals: produits chimiques
drought: sécheresse
dump: (N) décharge ; (V) jeter
energy policy: politique énergétique
global warming: réchauffement de la planète
greenhouse effect: effet de serre
nuclear waste: déchets nucléaires
ozone layer: couche d'ozone
renewable: renouvelable
save: économiser / *shortage:* pénurie
solar panel/ power: panneau/énergie solaire
species: espèce
sustainable development: développement durable
waste: (V) gâcher ; (N) déchets

15 GLOBALISATION

Globalisation refers to the growing economic interdependence of countries worldwide. It increased with the boom of technology.

1 Definitions

- Globalisation concerns industry, finance, information and culture.
- The globalisation of trade, or free trade, means reducing transport costs and capital controls, and reducing/eliminating tariffs.
- Free trade areas (FTAs) are areas where there are no tariffs or barriers on trade, for example the North American Free Trade Agreement (NAFTA) between Canada, the USA and Mexico.
- Quotas may limit the quantity of goods allowed into a country over a given period of time.

2 Multinationals or MNCs (Multi National Corporations)

A multinational is a company managing production in at least two countries. Some of the most famous MNCs are BP, Shell, HSBC, HP, Microsoft, Procter & Gamble, IBM, Wal-Mart, Walt Disney, Monsanto, etc.: 50 have a budget exceeding that of many countries.
Countries attract multinationals with incentives (tax breaks, lax environmental and labour standards).
MNCs have to control counterfeiting, which has expanded despite efforts to crack down on it.

3 A controversial issue

Supporters of globalisation believe that it increases the living standards in developing countries while making developed ones even more prosperous. Detractors consider it is a war machine imposing corporate imperialism and cultural assimilation, destroying the environment and stealing resources from developing countries. The World Trade Organization and the World Social Fund represent each side.

- **The World Trade Organization (WTO)**

The Geneva-based WTO establishes the rules for global trading and resolves disputes between its 149 member states (before 1995, it was the GATT – General Agreement on Tariffs and Trade). Its main aim is to erase or lower trade barriers. It works with the International Monetary Fund and with the World Bank.
The IMF checks the global financing system and gives financial aid when needed. The World Bank provides finance and advice to develop.
The WTO operates on consensus between the member states. This is more democratic but a very long process.

- **The World Social Forum (WSF)**

The World Social Forum, which first met in 2001 in Porto Alegre in Brazil, is the anti-globalisation counterpart of the WTO. It meets in January at the same time as the WTO, but not in the same place. The WSF thinks that globalisation is not inevitable and launched the slogan "Another World is Possible".

4 Disputes and controversies

- The USA markets and exports GM (genetically modified) crops. Many European countries believe that they could be unsafe and refuse US exports of GM soy beans and corn.
- The AoA (Agreement on Agriculture) allows Europe and the USA to spend $380 billion a year on agricultural subsidies to protect small farmers. However, most subsidies go to a minority of big farmers who flood the global market with cheap agricultural products.

5 Fair trade: a sustainable alternative?

Fair trade sales have increased by 20% every year since 2000. In 2005, they amounted to 660 million. Its guidelines are simple.

- Small producers from developing countries must be paid a fair price for their products.
- Companies must not resort to child labour and unfair practices.
- Consumers pay more for products which follow superior quality standards (hand-picked coffee beans, fertilizer-free rice, etc.).
- Better environmental practices and responsible methods of production are encouraged.

The words of globalisation

agreement: accord
ban: interdiction
controversy: polémique
counterfeiting: contrefaçon
crackdown (on): mesures de répression (contre)
customs: douane
dispute: conflit
exchange: échange
export (N): exportation / *export (V):* exporter
free circulation: libre circulation
free trade area (FTA): zone de libre-échange
Genetically Modified Organism (GMO): organisme génétiquement modifié (OGM)
global: mondial
import (N): importation / *import (V):* importer
interdependence: interdépendance
living standards: niveau de vie
market share: part de marché
negotiation: négociation
poverty: pauvreté
relocation: délocalisation
standard: norme
tariff: droits de douane, barrière douanière
trade: échanges (commerciaux)
unfair: inéquitable
worldwide: dans le monde entier

16 RÉDIGER UN CV (POUR UNE DEMANDE DE STAGE)

CURRICULUM VITAE

Karine CHAN
19, rue Bottero
06000 Nice
Tel : (00 33) (0)7 93 12 54 89
Mobile phone: (00 33) (0)7 23 58 96 47
email: kchan@club-internet.fr
Date of birth: 25 June 19....
Age: 19
Sex: female
Nationality: French
Marital status: single

Il est fréquent de préciser si on est une femme ou un homme (*female/male*) mais ce n'est plus obligatoire (lutte contre la discrimination à l'embauche).

Donnez les informations dans l'ordre rétrochronologique, de la date la plus récente à la plus ancienne.

Education

200_ to now: Attending the first year of a two-year post-A-level course in (*name of the speciality*) at (*name and address of the school*). My BTS exam is scheduled for June 200_.
200_ 200_: Graduated from secondary school in June 200_ with the French Baccalaureate specialised in Accountancy. (A-Level equivalent)

Work experience

August 200_: Summer job as a shop assistant in ZARA (Nice) – customer advice at the point of sale and cashier
July 200_: Summer job at a call centre (200 phone calls a day)
Other jobs: Baby sitting, school children tutoring

Vos expériences professionnelles, même limitées, montrent que le monde du travail ne vous est pas totalement étranger.

Languages

French
English: working knowledge, written and oral
Chinese: mother tongue

Mentionnez vos compétences en matière de langue(s) vivante(s), très importantes aujourd'hui.

Computer literacy

Good working knowledge of computers
Regular use of Word, Excel and Power Point

Interests and hobbies

- Volunteer work for the Restaurants du Cœur in Nice (3 nights a week from November to March)
- Going to the cinema, concerts and theatre
- Travelling

Vos intérêts aident l'employeur à mieux cerner votre personnalité.

Additional information

- Clean driving licence
- First aid certificate

References

Upon request

References vous permet de fournir les coordonnées de personnes susceptibles de vous recommander.

Lexique utile

a) Votre diplôme

- Le baccalauréat : *A-levels* (GB), *High School Graduation* (US).
- Les filières : *maths/physics/biology* (S) ; *Arts/literature/languages* (L) ; *Economics, History, Languages* (ES) ; *accountancy, marketing, management* (STG).

b) Votre section

- Les BTS n'existent pas au Royaume-Uni ni aux États-Unis. Dire *a two-year post-A-level course.*
- Les différents BTS tertiaires : Assistant de Direction : *Personal Assistant (PA)* – Assurance : *Insurance* – Commerce International : *International Trade* – Comptabilité gestion des entreprises : *Accountancy and Management* – Communication des Entreprises : *Communication and Advertising* – Management des Unités Commerciales : *Marketing and Management* – Négociation Relations Client : *Sales and Marketing* – Assistant PME PMI : *Small and Medium Size Firms* – Profession immobilière : *Real Estate* – Tourisme : *Tourism.*

c) Le stage

stage : *work placement, internship, training period*
stagiaire : *trainee, intern (US)*
formation en alternance : *sandwich course*

17 RÉDIGER LA LETTRE D'ACCOMPAGNEMENT

L'objectif de cette lettre, qui accompagne votre CV, est d'obtenir un stage dans une entreprise anglophone. (Attention, si vous écrivez aux États-Unis, CV se dit *résumé*). Elle doit être correctement rédigée et mise en page : relisez-vous attentivement.

La méthode

• Présentez votre lettre comme dans le modèle : votre adresse, la date, l'adresse de l'entreprise, puis le corps de la lettre.
• Entrez directement dans le vif du sujet. Il faut expliquer vos besoins qui sont motivés par :
– les études que vous poursuivez (le stage doit correspondre au référentiel de votre BTS),
– la durée du stage (selon votre section),
– le caractère obligatoire de ce stage,
– son caractère non rémunéré (*unpaid*), ce qui peut faciliter la décision positive de l'entreprise.
• Donnez les dates de votre stage, dites comment vous avez connu l'entreprise et pourquoi la ville où elle est située vous plaît particulièrement.
• Vous pouvez faire brièvement allusion à vos qualités personnelles de motivation, autonomie, facilité d'adaptation, etc., à l'aide d'adjectifs (*autonomous, dynamic*, etc.).
• La formule finale, convenue, vous permet de remercier par avance l'entreprise de prendre le temps de se pencher sur votre demande.
• Signez à la main, puis ajoutez votre nom complet sous votre signature.

Karine Chan
19, rue Bottero
06000 Nice
France

Human Resources Manager
Kraft Foods
54 Charlton Street
Manchester
M3 7DB
Grande Bretagne

4 January 200-

Dear Mrs Baxter,

I am currently doing a two-year post-A-level course in Sales and Management in Nice, France. A 13-week unpaid work placement is a compulsory part of the course and I would be most grateful if you would consider my application for a placement in your company.

As part of the fi nal exam, I have to give a detailed oral report on the tasks and activities I carry out during the work placement. I also have to provide a well-documented written report, of which you would receive a copy.

Your firm has been highly recommended to me by a former student who had the opportunity to do his work placement with you. Also, Manchester has the reputation of being a dynamic business centre, and I would consider it a great opportunity to work there.

I'm sure I would learn a lot from this experience. What's more my strong motivation and ability to learn quickly mean Icould easily adapt to your company.

Due to the demands of my course, the placement would have to take place from March 5th to June 4th.

Please find enclosed a copy of my CV. Thank you for considering my application and I look forward to hearing from you.

Yours sincerely,

Karine Chan

Karine Chan

18 ÉCRIRE UNE LETTRE COMMERCIALE

➔ Il existe plusieurs types de lettres : commande, relance, réclamation, etc.

1 Présentation

Autrefois, les règles de mise en page et la ponctuation étaient très strictes. Aujourd'hui, avec l'informatique, on a tendance à utiliser un type simplifié : ne sont indiqués que les signes de ponctuation indispensables (*open punctuation*).

La lettre peut être justifiée à droite et à gauche avec des retraits à chaque paragraphe, mais on se contente souvent de la justifier à gauche, comme dans l'exemple ci-dessous.

Référence et objet
Vous pouvez avoir à indiquer une référence à un courrier précédent. Elle vient tout en haut de la lettre, au-dessus de la date. L'objet d'une lettre indique en un mot ou deux son contenu, et permet au destinataire de connaître le contenu d'un coup d'œil. Ici, l'objet serait par exemple *Glossgold samples*. Cet objet est indiqué le plus souvent après la salutation de début de lettre.

Glosshair Cosmetics
3 Stacey Avenue
London, N18 3PS

NOM DE L'ENTREPRISE QUI ENVOIE LE COURRIER

16 August 2007 DATE

Ms Pamela Hornton DESTINATAIRE
Sales manager
Hitone Hairdressers
151 Fulwood Road
Nether Green
Sheffield S10 3QA

Dear Ms Hornton SALUTATION

Les salutations de début et de fin se correspondent.
• Si vous connaissez le nom du destinataire
Début : *Dear Mr/Mrs/Ms X...*
Fin : *Yours sincerely, Best regards*
• Si vous ne le connaissez pas
Début : *Dear Sir/Madam...*
Fin : *Yours faithfully*

Following our phone conversation yesterday, I'm happy to send you a few samples of our new shampoo.
Glossgold has just been launched on the market and we are confident it will meet the success it deserves. It has been created by our team of in-house researchers who have all attended medical school and it therefore offers all the necessary guarantees to meet your customers' expectations. Not only does it make hair soft and shiny, but it also makes it stronger and more pollution-resistant. We feel this should make for a strong sales argument. Moreover, ten different original fragrances are available, which makes it attractive to men, women and young people alike.
Please find enclosed with the samples our list of prices and terms of sales. Bulk orders are always sent with samples to hand out to your faithful customers.
We do hope that you will find Glossgold meets your expectations and that we will have the opportunity of working together.
Should you require more information, do not hesitate to contact me.

Looking forward to doing business with you,

Yours sincerely,

Adrian Laird

Adrian Laird NOM
Marketing manager FONCTION DANS L'ENTREPRISE

Enc.: 30 samples, list of prices and terms of sales

La signature
Une lettre comporte une signature manuscrite, suivi du nom typographié et de la fonction du signataire dans l'entreprise.

Pièces jointes
On fait figurer en bas d'une lettre la liste des pièces jointes au courrier, précédée de la mention *Enc.* ou *Encs.* (= *enclosed*).

18 ÉCRIRE UNE LETTRE COMMERCIALE (suite)

2 Expressions utiles

1. Looking forward to meeting you next week.
2. I would appreciate an answer at your earliest convenience.
3. I look forward to hearing from you.
4. In reply to your inquiry, please fi nd enclosed...
5. Please accept our apologies for the delay.
6. With reference to your letter, I regret that Imust...
7. I am pleased to confirm that your order...
8. I hope we will work together in the very near future.
9. Thanking you in advance for your understanding in this matter...
10. Further to your request, we wish to draw it to your attention that...
11. Thanking you in advance for your kind cooperation, ...
12. Could you let me have our answer as soon as possible?

3 Les messages électroniques

- **Le destinataire** figure sur la ligne *To*.
- On peut envoyer des **copies visibles** avec la ligne *Cc* (*Carbon copy*), ou des copies dont certains destinataires resteront invisibles avec la ligne *Bcc* (*Blind carbon copy*).
- **L'objet** (ligne *Subject*) doit être indiqué avec précision et clarté (ce qui permet au destinataire de savoir pourquoi on lui écrit, puis de retrouver les courriers facilement).
- **Les formules de politesse** sont abrégées (mais présentes !). On conclut souvent par *Best regards*, ou simplement *Regards*.
- Comme dans les SMS, **les abréviations** peuvent être utilisées dans les courriels.

19 PARLER DE SON EXPÉRIENCE PROFESSIONNELLE

Vous devez être en mesure de rendre compte de vos stages (ou autres expériences) en milieu professionnel. Pour cela vous devrez suivre un ordre logique et utiliser un vocabulaire adéquat.

1 Ce que vous devez exposer

En introduction : à quelles périodes de vos études vous avez effectué ces stages, leur durée.

1. **L'entreprise** dans laquelle vous avez travaillé. Ajoutez bien sûr des informations sur son activité, sa taille, son emplacement. Expliquez comment vous avez trouvé ce stage.
2. **Les tâches** qui vous ont été confiées. Décrivez ce que vous deviez faire, et ce que vous avez accompli, ainsi que les problèmes éventuels auxquels vous avez été confrontés et les satisfactions que vous en avez retirées.

En conclusion : évaluez cette expérience sur le terrain en relation avec votre formation.

EXEMPLE

During my two-year course, I followed a 14-week work placement in a mobile phone company called Vodaphone. I found this placement by myself, by sending an application letter and a CV. Among all the applications I sent to 20 companies, Vodaphone was the fi rst to give me a positive answer/reply. The company's headquarters are located in the suburbs of Lyons and I had a half hour commute to and from work. The working hours were the usual 9 to 5 ones.

I shared an office with the sales manager who was my supervisor. He/she showed me how to use and update a customer file, how to write invoices, bills of order, etc. I was able to create my own phoning guidebook under his/her supervision. I learned how to answer customers' complaints and I attended some of his/her customers' appointments.

After the first week, I was able to work on my own: I took initiatives and prospected new clients; I was in charge of customers' follow-ups, I wrote letters, sent e-mails and did some phoning. I was able to carry out all these tasks thanks to the computer skills I had acquired during my course.

My supervisor managed a team of four sales reps; I realised how important it was to have good interpersonal skills in order to motivate a team. At the end, I was able to instruct a new trainee; it allowed me to put into practice the skills I had learned.

I believe this work placement was a success as it allowed me fi rst to realise I had chosen the right studies, and secondly to better understand how the working world operated. I now feel ready to be part of it.

20 L'ENTRETIEN D'EMBAUCHE À L'EXAMEN

1 Quelques principes

Les offres d'emplois auxquelles vous pouvez être amenés à postuler concernent des secteurs et des métiers précis : commercial, chef des ventes, ou acquéreur de franchise.

Vous devez montrer la qualité de votre anglais : la meilleure façon de le faire dans ce contexte n'est pas de répéter textuellement ce qu'il y a dans l'annonce (on recherche toujours des personnes dynamiques, compétentes, ayant l'esprit d'initiative).

Vous devez faire la preuve que vous êtes le candidat idéal pour le poste proposé grâce à une expérience professionnelle fictive que vous décrirez.

L'entretien d'embauche est différent des autres sujets dans la mesure où vous allez être amené à questionner l'employeur/examinateur sur :

- **l'entreprise** : cible (*target*), notoriété (*fame*), taille (*size*), positionnement (*place on the market*), etc ;
- **ce que cette entreprise vous offre** en échange de vos compétences : salaire de base (*basic salary*), prime (*bonus*), avantages en nature (*perks*), avantages sociaux (*benefits*), formation (*training*) ;
- **ses exigences** : horaires (*working hours*), lieu (*place*), objectifs de vente (*sales targets*), etc.

2 Méthode

Ashfield Care, the number one medical care company, is looking for a part time sales representative for the UK.

Excellent salary, a company car, social benefits

Because Ashfield care has been expanding quickly, our company needs a part time sales rep to manage a new team nationwide.

Requirements

- A-level is the minimum qualification required;
- Previous medical sales experience will be considered a bonus;
- Highly motivated person with outstanding interpersonal skills: excellent communicator showing confidence, enthusiasm and ability to influence others;
- OTE + bonus + perks+ benefits;
- Excellent salary and a genuine career opportunity;
- A career compatible with your lifestyle: 5 mornings per week;
- Responsibility for the sale of a whole range of products.

Don't miss a fantastic career opportunity!

Send your CV with cover letter to Ashfield Care, 15a Outram Street, Sutton in Ashfield, Nottinghamshire NG17 4BA

Vous devez analyser l'annonce proposée pour répondre aux questions élémentaires sur l'entreprise, ce qu'elle souhaite et ce qu'elle offre.

L'emploi proposé : un emploi à temps partiel pour un visiteur médical (*part time medical sales representative*) qui devra couvrir la totalité du territoire national (*nationwide*) avec une équipe nouvelle (*new team*).

Dans le corrigé proposé, vous travaillez déjà dans une entreprise où vous avez a fait vos preuves mais vous désirez changer de secteur, avoir d'autres possibilités de carrière, et travailler à temps partiel.

a) L'entreprise

Relevez toutes les indications concernant le secteur, le positionnement de l'entreprise, sa cible, etc.

- **Son nom :** Ashfield Care, bien positionné au Royaume-Uni (*the UK's premier contract sales organisation*).
- **Son développement :** se développe + vite que la concurrence (*developing faster*).
- **Sa cible :** les médecins généralistes (*GP*) et les infirmières libérales.

b) Ce que l'entreprise attend des candidats

- **Diplômes universitaires :** le bac suffit (*A level qualifications*).
- **Expérience professionnelle :** une expérience de la vente dans le médical ou le para médical est préférable (*previous medical sales experience*).
- **Qualités :** confiance (*confidence*), communication (*excellent communicator*), enthousiasme (*enthusiasm*), capacité à influencer les autres (*the ability to influence others*).

c) Ce que l'entreprise offre

- Une activité en accord avec votre mode de vie (*lifestyle*).
- Une opportunité de carrière fantastique (*a fantastic opportunity*).
- Cinq demi-journées de travail par semaine (*working five mornings per week*).
- La responsabilité des ventes de nouveau produit (*responsible for the sale of ... products*).
- Un très bon salaire, une voiture de fonction, des avantages sociaux.

EXEMPLE DE DÉROULEMENT

Attention ! Le dialogue qui suit est un exemple possible. Ne vous focalisez pas sur cet exemple, au risque de vous figer et de tomber dans une récitation par cœur : il doit vous servir à réfléchir et à vous entraîner sur d'autres annonces. Les mots appartenant au lexique spécialisé sont en gras.

20 L'ENTRETIEN D'EMBAUCHE À L'EXAMEN (suite)

You: Good morning/afternoon, sir/madam. I am X and I am interested in your **job offer.** / Pleased to meet you.
Examiner: Good morning, pleased to meet you. Please sit down.
You: Thank you. How shall I start?
Examiner: Can you tell me about yourself?
You: Well, first I have a **degree in sales and management**, and I have been working as a **sales rep** for Glaxo[1] for 2 years now.
Examiner: Why are you interested in our offer, then? Aren't you satisfied at Glaxo? It is a very famous pharmaceutical firm!
You: Yes, I know, but I feel that at Glaxo my **career** is blocked. There are too many employees, too many sales reps and showing your qualities is very difficult. I understand your company is smaller but in **full expansion**, and I'm interested in participating in your success. Moreover, I wish to **work part time** because I have children to raise / I have other activities, mainly sportive. I coach a football team in my neighbourhood, and with a **full time job** it's almost impossible.
Examiner: Ok, but what tells me that you are **the right person for the job**?
You: I can give you all the **sales figures** I've **reached** for the past 2 years which show that I've been quite **successful**.
Examiner: All right. Do you know about our **target customers**?
You: Of course! My **customer file** is made up of GPs, nurses and hospital wards[2]. I have more than one hundred **customers** right now.
Examiner: So, I imagine you must be quite a **good communicator**?
You: My manager says I have got **excellent interpersonal skills**.
Examiner: Would you like to ask us some questions about the job, the firm or anything you may find important?
You: What will my **job consist of**? Will I be **part of a team** or work by myself in a **limited sector**?
Examiner: Both options are possible. First you'll be part of a team to get familiar with our **knowhow**.
You: All right...Well, I saw in your job offer that you proposed an attractive salary. If you don't mind, I would like to know **what kind of salary I can expect**.
Examiner: You'll get 12,000 **pounds** a year as a **basic salary**, plus a **percentage** on each sale.
Our **bonus scheme** is very attractive: it can double your salary, and it is easy to enter if you are an experienced sales rep as you seem to be.
You: What **perks** do you offer?
Examiner: You'll have a **company car**, a laptop computer and a mobile phone.
You: As for the **benefits**, what do they consist of?
Examiner: You get **health insurance, paid holidays** and a **retirement scheme**.
You: That sounds fine. Do you think I've got a chance of **joining** your company? / Do you think I've got a chance of becoming part of your team?
Examiner: Well, I can't give you a final answer now as we have two more applicants to see. If you're **hired**, how long will it take before you can start with us?
You: One month, at most, time for me to **give my notice** to Glaxo.
Examiner: All right, then, we'll send you an answer **within** the next 3 or 4 days.
You: Thank you very much, good-bye.
Examiner: Good-bye.

1. Glaxo est une grosse entreprise pharmaceutique ; si aucun nom ne vous vient à l'esprit, inventez-en un.
2. *hospital ward* : service hospitalier.

Dans le même esprit, 90 % des candidats sont amenés à parler de leur stage en entreprise.

I've done three five-week work placements.
J'ai effectué 3 stages de 5 semaines.

One of my work placements was carried out in a computer firm.
Un de mes stages a été effectué dans une entreprise d'informatique.

I learned how to put into practise the theoretical knowledge I got at school.
J'ai appris comment mettre en pratique le savoir théorique appris à l'école.

I was able to establish a customer file, to visit/meet customers.
J'ai pu établir un fichier client, faire des visites clients, rencontrer les clients.

I did a lot of phoning / door-to-door canvassing.
J'ai fait beaucoup de phoning, de prospection porte à porte.

I enjoyed the contact with customers even if it wasn't always easy.
J'ai apprécié le contact avec les clients, même si parfois ce n'était pas facile.

I was in charge of customer follow up.
J'étais chargé du suivi client.

I had a really good supervisor.
J'ai eu un excellent formateur / responsable de stage.

I enjoyed the atmosphere in the company.
J'ai apprécié l'atmosphère de l'entreprise.

The employees were very helpful.
Les employés/salariés étaient très serviables, prêts à m'aider.

21 APPRENDRE DES EXPRESSIONS UTILES

1 Pour s'exprimer à l'oral

Expressing your opinion

My view is that... To my mind...
As far as I'm concerned...
Personally, ... In my opinion, ...
If you ask me, I'd rather say that...
I have a hunch that...

Expressing agreement (partial or complete)

Couldn't agree more!
Absolutely, by all means, indeed!
That's right!/Right you are! I agree with you!
I'm not sure about... Up to a certain point/extent...
I suppose you're right but...

Expressing disagreement

I suppose that's true, but I still think that...
I don't share this point of view.
I highly/strongly disagree on that point.

Expressing certainty

I know for a fact that...
You can't deny that...
In actual fact... It goes without saying that...
I'm sure/certain/positive that...
It's obvious/clear that...
Undoubtedly, ... There is no doubt that...
What is quite certain is that...

Expressing concession

In spite of + *N* No matter how...,
However + *adj*... Unless...

Expressing contrast

But... Unlike..., we...
On the one hand, ... On the other hand, ...
We must weigh up the pros and the cons.
Compared to/with...
Actually, ...

Expressing disapproval

I don't agree with...
I don't think much of...
I think it's wrong of them to...

Expressing mixed feelings

I quite like... I suppose... is all right, but...
This may be true up to a certain point, but...

Summing up your ideas

To conclude, ... It may be concluded that...
All in all, ...
To put it in a nutshell, ... Last but not least, ...

In case... you hesitate

Use *gap fillers*: You know – I mean – Well – Um – Let me think – The word fails me
I'm not a hundred percent certain, but...
From what I know, I can say that...

In case... you haven't understood

I'm sorry, I don't understand.
I'm afraid there has been a misunderstanding.
Could you repeat/speak more slowly, please?

2 Pour s'exprimer à l'écrit

Expressing agreement

I could not agree more with...
I totally approve of... I'm all in favour of
(*partial agreement*) To a certain extent...

Expressing certainty

There is no doubt that...
I would have said (that)/I would say (that)...
Doubtless/Undoubtedly, ... I am convinced that...

Expressing condition

Provided/providing that... As long as...
On (the) condition that...

Expressing mixed feelings

I have mixed feelings about...
I am not quite sure about...
I don't really approve of...

Expressing strong disapproval

I totally disapprove of...
I don't really approve of...
I wouldn't (exactly) say (that)...
I can't see why... I resent (+ V-*ING*)
It is unfortunate that...

Expressing cause

Due to... Owing to...
On account of... Because of...
Thanks to... Considering/Given that...

Expressing opinion

I think/believe... I find it + *adj.*
I can't help + V-*ING*
What I find most striking/interesting is the fact/that...
I'm (not) interested in/ I'm (not) concerned about...
It makes me think of/It reminds me of...
Personally/in my opinion/to my mind, ...
As far as I am concerned, ... My point is...
What comes to my mind is...
I agree/disagree with... I would say that...

Expressing concession

Despite the fact that... However + *adj.* this may be...
Adj. as it may seem,
Even though.../Though.../Although...
Admittedly, ... Whatever we/they/people may say, ...

Expressing contrast

On the one hand..., on the other hand...
While... Whereas...
By comparison with... Contrary/conversely to...

exercices

exercice 1

Wal-Mart gives online shoppers Thanksgiving deals

Wal-Mart Stores on Monday unveiled Thanksgiving* holiday sales plans that focus heavily on its website to publicize its discount prices.

The world's largest retailer has said it would post online-only deals on the website on Thanksgiving, which can be purchased the same day.

On Monday, it revealed some of those deals. For example, it will offer a Zune 30 gigabyte MP3 video player for $98.87, which it says is about 25% off, and a Garmin Nuvi 650 Portable global positioning system for $298.87, a savings of more than 30%.

Wal-Mart also said Monday that it will post special "secret" deals on its website on Thanksgiving Day that can then be purchased in stores on Friday, which kicks off the holiday shopping season. Those "secret" deals are not published in its advertising circulars.

The online push comes as Wal-Mart works to incorporate its website more closely with its stores, and boost lagging sales in the United States. *Why?*

This year, it rolled out a "Site-to-Store" program, which allows customers to order products on the website and have them shipped to a local Wal-Mart store for free. When the merchandise is picked up, Wal-Mart said customers wind up spending more money in the store.

In an interview earlier this month, Walmart.com CEO Raul Vazquez said that while overall U.S. online holiday sales this year are expected to rise about 20%, the site's sales should jump 40% to 60%.

Adapted from *USA Today*, 20 November, 2007

* Thanksgiving: *a one-day holiday celebrated on the fourth Thursday of November.*

1. Lisez l'article et présentez-le (introduction, contenu, conclusion, ouverture).

2. En vous aidant des § 4 et 5, traduisez les trois phrases suivantes.

a. Wal-Mart veut que son site soit davantage relié avec ses magasins.

b. Les clients peuvent commander des produits en ligne et les faire livrer gratuitement dans un magasin.

c. On pense que la vente en ligne va augmenter d'environ 20% cette année.

CORRIGÉS p. 383

exercice 2

China takes action on toy safety

China has made "considerable progress" in improving the safety of the toys it exports, a European Commission report has found.

Millions of Chinese-made toys were recalled this year, amid concerns about lead levels and loose magnets. Chinese authorities fully investigated 184 cases of dangerous products over the last three months, compared with 84 cases in two previous reports. In 43% of cases, "corrective measures" were taken, in some cases stopping the export of the unsafe products.

Many toys have been recalled because of dangerous magnets, which are increasingly strong and detach more easily from toys than in the past. New warnings are needed on toys, said the Commission, which will draft "appropriate warnings about the dangers of magnets in toys". The Commission also promised to agree to a "safety pact" – between manufacturers, retailers and importers – in 2008 to rebuild consumer confidence.

The toy recall earlier this year rattled confidence in the "Made in China" brand. Roughly 80% of the toys sold in Europe come from China and analysts feared that China's economy has grown so rapidly over the past two decades that addressing safety would take a long time. But while progress still needs to be made, the news may help to reassure European consumers and importers that China takes product safety seriously.

Adapted from *BBC News*, 22 November 2007

1. Résumez cet article en 90 mots environ.

2. Traduisez cet article.

CORRIGÉS p. 38

exercice 3

Relisez l'article page 396 et traduisez les paragraphes 2 et 3.

CORRIGÉS p. 38

exercice 4

Relisez l'article page 397 et répondez à la question suivante : *What would you say are the major risks for Internet shoppers?* (120 words +/- 10%)

CORRIGÉS p. 38

corrigés

exercice 1 page 382

1. This article was published in *USA Today* in November 2007. It reports a new strategy by Wal-Mart, the world's largest retailer. The company has decided to offer special discounts on its site on Thanksgiving Day. On Thanksgiving Day, all American shops are closed but customers will be offered attractive deals on various products online.

1. The new strategy: examples, no advertising, secret deals
2. Related strategy: "Site-to-Store", products ordered online and delivered free in stores where customers spend more money
3. Expected results: increased online and store sales

The strategy should both boost sales and make consumers more aware of the retailer's site. Companies now have to be inventive and offer their customers more attractive deals as competition is getting harder.

2. a. Wal-Mart wants its site to be incorporated with its stores more closely.

b. Customers can order products online and have them shipped to a store for free.

c. Online sales are expected to rise about 20% this year.

exercice 2 page 382

1. La Chine a amélioré la sécurité des jouets exportés suite au rappel de millions de jouets contenant du plomb ou des aimants qui se détachaient : 184 cas ont fait l'objet d'une enquête, et plus de 40 % ont été soumis à des « mesures correctives ». La Commission européenne va rédiger des avertissements à publier sur les jouets et acceptera un pacte de confiance entre fabricants, distributeurs et importateurs en 2008. Des progrès sont encore nécessaires, mais ces nouvelles montrent que les autorités chinoises veulent s'attaquer au problème.

2. Selon un rapport de la Commission européenne, la Chine a fait des « progrès considérables » dans l'amélioration de la sécurité des jouets qu'elle exporte.

Des millions de jouets fabriqués en Chine ont été rappelés cette année, à la suite d'inquiétudes sur les quantités de plomb et des aimants qui se détachaient. Les autorités chinoises ont mené des enquêtes approfondies sur 184 cas de produits dangereux au cours des trois derniers mois, en comparaison de 84 cas dans deux rapports antérieurs. Dans 43 % des cas, des « mesures correctives » ont été prises, allant parfois jusqu'à l'arrêt de l'exportation des produits présentant un risque.

Beaucoup de jouets ont été rappelés en raison d'aimants dangereux, qui sont de plus en plus forts/puissants et se détachent des jouets plus facilement qu'auparavant. De nouvelles mises en gardes sont nécessaires sur les jouets, déclare la Commission, qui va rédiger des « mises en garde appropriées sur les dangers des aimants dans les jouets ». La Commission a également promis de donner son accord à un pacte de sécurité – entre fabricants, distributeurs et importateurs – en 2008 afin de redonner confiance aux consommateurs.

Cette année, le rappel des jouets a ébranlé la confiance dans le label « fabriqué en Chine ». Environ 80 % des jouets vendus en Europe proviennent de Chine et les analystes redoutaient que la croissance de l'économie chinoise, si rapide au cours des vingt dernières années, ne fasse passer les problèmes de sécurité au second plan.

Mais, si des progrès restent nécessaires, ces informations sont de nature à rassurer les consommateurs et les importateurs européens : la Chine accorde de l'importance à la sécurité des produits.

exercice 3 page 382

Il se pourrait que dans dix ans les gens râlent qu'on ne trouve plus de plombier polonais et qu'il faut payer un ouvrier britannique beaucoup plus cher pour faire le même travail.

Cela pourrait sembler loufoque, compte tenu des chiffres officiels qui montrent que plus d'un million d'immigrants sont arrivés au cours de la dernière décennie. Deux choses vont déterminer combien de temps les Européens de l'Est vont rester : les emplois disponibles ici et les emplois disponibles chez eux.

exercice 4 page 382

The major risk of Internet shopping is the ease with which one can purchase anything. First of all, there are no opening times on the Web: shopping is open 24 hours a day throughout the year. Then there's the comfort of home shopping: no waste of time, no traffic hassle, no overcrowded shops at the end of a hard day's work.

Another serious issue is consumer debt. Already high with plastic money, it may get even higher with virtual shopping as a mouse click makes it easy to fall for products. Shopping can be made even costlier when one wants to return an item: packages are usually shipped very quickly, not allowing for second thoughts, and one may have to pay for extra shipping costs.

The Internet may also be risky for careless shoppers who post credit card information without being cautious enough. (*143 words*)

« Le papier de cet ouvrage est composé de fibres naturelles, renouvelables, recyclables et fabriquées à partir de bois provenant de forêts gérées de manière responsable et durable »

IMPRIM'VERT
Votre imprimeur agit pour l'environnement

N° de projet : 10185110 - JPM - Dépôt légal : mars 2012
Imprimé en France par I.M.E. - 25110 Baume-les-Dames